Franz Portmann

DIE PFLANZENWELT
der UNESCO Biosphäre
ENTLEBUCH

BLUMEN SIND STILLE BOTEN DER SCHÖPFUNG,
DIE UNS OHNE WORTE IMMER ETWAS ZU SAGEN HABEN.

Franz Portmann

DIE PFLANZENWELT
der UNESCO Biosphäre
ENTLEBUCH

HAUPT VERLAG

Franz Portmann von Escholzmatt erforscht seit seiner Seminarzeit die Pflanzenwelt der UNESCO Biosphäre Entlebuch. Er arbeitete als Primar- und Sekundarlehrer und als Wissenschaftlicher Mitarbeiter beim Kantonalen Amt für Natur- und Landschaftsschutz in Luzern. Franz Portmann leitet seit vielen Jahren botanische Exkursionen im Entlebuch und war Mitautor der «Flora des Kantons Luzern».

Der Haupt Verlag wird vom Bundesamt für Kultur mit einem Strukturbeitrag für die Jahre 2016–2020 unterstützt.

1. Auflage 2018

Diese Publikation ist in der Deutschen Nationalbibliografie verzeichnet. Mehr Informationen dazu finden Sie unter http://dnb.dnb.de

ISBN: 978-3-258-08080-2

Alle Rechte vorbehalten.
Copyright © 2018 Haupt Bern
Jede Art der Vervielfältigung ohne Genehmigung des Verlages ist unzulässig.

Printed in Germany

Wünschen Sie regelmäßig Informationen über unsere neuen Titel im Bereich Garten und Natur? Möchten Sie uns zu einem Buch ein Feedback geben? Haben Sie Anregungen für unser Programm? Dann besuchen Sie uns im Internet auf **www.haupt.ch.** Dort finden Sie aktuelle Informationen zu unseren Neuerscheinungen und können unseren Newsletter abonnieren.

Inhaltsverzeichnis

Vorwort		VII
Dank		IX

Teil I: Das Entlebuch

Gemeinden und Dörfer	3
Die Naturlandschaft im Entlebuch	9
Gesteinsunterlage, Gesteinsaufbau	15
Landschaftsformen	33
Bodenkundliche Hinweise	51
Klima	55

Teil II: Lebensräume

Pflanzen in ihren Lebensräumen	61
Moore	73
Hochmoore	76
Flachmoore	95
Quellfluren	115
Felsfluren	135
Steinschutt- und Geröllfluren	153
Schneebodengesellschaften	173
Kalksteinrasen	189
Nacktriedrasen	222
Zwergstrauchheiden	231
Borstgrasrasen	263
Halbtrockenrasen	283
Wiesen und Weiden (Kulturgrasland-Gesellschaften)	311
Waldnahe Staudenfluren und Gebüsche	393
Sonnige Staudensäume an Gehölzen	411
Waldlichtungsfluren	425
Hecken, Ufergehölze, Waldränder	441
Weiden- und Auengehölze	455
Moorweidengebüsche	463
Wälder	469
Nadelwälder	475
Erika-Föhrenwälder	547

    Laubmischwälder ... 565

    Ruderalfluren ... 631

Teil III: Wanderungen

    Wanderung 1: Salwidili ... 658

    Wanderung 2: Schrattenflue ... 664

    Wanderung 3: Hagleren ... 672

    Wanderung 4: Brienzer Rothorn – Eisee ... 681

    Wanderung 5: Brienzer Rothorn – Arniseeli ... 697

    Wanderung 6: Steinetli ... 705

    Wanderung 7: Fürstein ... 717

    Wanderung 8: Chessiloch – Bleikenboden ... 730

    Wanderung 9: Grönflue ... 739

    Wanderung 10: Schimbrig ... 756

    Wanderung 11: Hürnli ... 768

    Wanderung 12: Tällenmoos ... 779

    Wanderung 13: Hilferen – Beichlen ... 788

    Wanderung 14: Horgass ... 801

    Wanderung 15: Mettilimoos – Finsterwald – Balmoos ... 818

    Wanderung 16: Mülistutz – Eimättili – Goberwald ... 828

    Wanderung 17: Holzwäge – Napf ... 837

    Wanderung 18: Gruenholz – Stöckerehüsli ... 846

    Wanderung 19: Emmenuferweg ... 853

Teil IV: Anhang

    Sponsorinnen und Sponsoren ... 873

    Literaturverzeichnis ... 874

    Bildnachweis ... 876

    Register ... 877

Vorwort

Das Entlebuch darf sich seit jeher zu den eigenartigsten Landschaften des gesamten Alpenbogens zählen. Auf übersichtlicher Fläche wechseln Geologie, Geomorphologie und davon abhängige Landnutzung derart rasch, dass daraus eine bemerkenswerte Vielfalt an Lebensräumen entstanden ist. Folgerichtig wurde hier die erste Schweizer UNESCO Biosphäre modernen Zuschnitts geboren. Was als kreative Antwort auf den strengen nationalen Moorschutz entstand, hat sich heute auch als Segen für die übrigen Standorte entwickelt. Ein breiter Gradient zwischen intensiv genutzter Wiesen- und Weidelandschaft und der «Fast-Naturlandschaft» ausgedehnter Moorkomplexe erfährt durch das gestufte Pflege- und Entwicklungsmanagement innerhalb der UNESCO-Biosphäre Entlebuch echte Zukunftsperspektiven.

Um nun mit Vergnügen im «grössten Buch» der Welt – dem Entlebuch – blättern zu können, sind Kenntnisse zu dessen Landschaft und ihrer Pflanzendecke nicht nur hilfreich, sondern eigentlich obligatorisch. So war es höchste Zeit, dem Entlebuch eine präzise, aber allgemein-verständliche vegetationskundliche Darstellung zu widmen. Jedoch war auch von vorneherein klar, dass es nur wenigen Experten gelingen würde, diese enorme floristische wie standörtliche Vielfalt übersichtlich zu erfassen, mit Liebe zum Detail darzustellen und mit dem nötigen Einfühlungsvermögen zu vermitteln. Es kann als singulärer Glücksfall gelten, dass mit Franz Portmann ein Dreiklang der Fähigkeiten verknüpft ist, die ihn zum Autor der ersten modernen «Pflanzenwelt des Entlebuch» prädestinieren: Als Pädagoge sind ihm didaktisch-vermittelnde Fähigkeiten sozusagen in die Wiege gelegt. Als Escholzmatter Bürger ist er bodenständig und verfügt über exzellente Geländekenntnisse im ganzen Entlebuch. Als Fachbotaniker, der noch mit Josef Aregger botanisieren durfte, und mehrjähriger Mitarbeiter beim Kantonalen Amt für Natur- und Landschaftsschutz besitzt er herausragende Kenntnisse sowohl in der Arten- wie auch in der Pflanzengesellschaftskunde.

Aus der Summe seiner Geländeerfahrungen und in jahrzehntelanger akribischer Feldarbeit schuf Franz Portmann ein Werk, welches das Zeug zum Klassiker für viele Generationen landschaftshungriger Entlebuch-Freunde haben wird. Von der Fettwiese bis zum Hochmoor wird der Leser behutsam in die Lebensräume eingeführt. Eine weitere Fähigkeit des Autors kommt nun zum Tragen: Franz Portmann ist auch ein exzellenter Fotograf – sowohl im Porträtieren bemerkenswerter Einzelpflanzen als auch im Erstellen harmonisch gestufter Landschaftsbilder. Dadurch erschöpft sich die Darstellung einer Pflanzengesellschaft nicht in Beschreibungen ihrer Charakterarten. Vielmehr gelingt es Franz Portmann, in kluger Komposition von Text und Bild einen höchst lebendigen Eindruck der spezifischen Eigenheiten jeder Gesellschaft zu geben. Der mehr visuell veranlagte Leser wird sich dabei von den prächtigen Porträts und Übersichten entzünden lassen. Wissenschaftler erfreuen sich an den präzisen Artbeschreibungen, die jeweils die Spezifika der Entlebucher Ausprägung einer referierten Pflanzengesellschaft besonders beleuchten.

Der praktische Nutzwert des Buchs wird zusätzlich gesteigert durch die Ausarbeitung von Wanderrouten, auf denen die beschriebenen Gesellschaften in typischer Zusammenstellung und Abfolge erlaufen werden können. Spätestens hier wird deutlich, dass die «Pflanzenwelt des Entlebuch» auch erhebliche touristische Potenziale birgt. Wie stark vermisst man andernorts bei ausgeschriebenen Wanderrouten eine qualifizierte Information über das, was man sich dort erwandert. Hier schlägt der Autor ein völlig neues Kapitel der Landschaftsvermittlung auf: Erlebnisreiche und wandertechnisch absolut praktikable Routen werden kombiniert mit fundierten und tatsächlich auch dem Laien sichtbar gemachten Informationen zu den Lebensräumen.

Dem Haupt Verlag Bern ist es zu verdanken, dass dieses Mammutprojekt in die richtige Form gebracht werden konnte. Auch im digitalen Zeitalter macht sich ein Werk solchen Anspruchs nicht von selbst. In unendlicher Fleissarbeit wurden Tausende von Abbildungen und die Fülle der Textkapitel zu einem überzeugenden Layout zusammengefügt, welches sich konsequent an den Vorstellungen des Autors orientiert.

Sagen wir es geradeheraus: Als Regine Balmer, Franz Portmann und der hier Schreibende 2007 in einer ersten Runde beim Haupt Verlag in Bern saßen und die Idee zu diesem Projekt anschoben, hatte es etwas vom sprichwörtlichen Luftschlösser-Bauen. Ein Wort gab das andere – und mit angedeutetem Schrecken über die Kühnheit war etwas geboren, an dessen Realisation keiner von uns so recht glauben mochte. Doch gehören nicht zu den markanten Charakterzügen der Entlebucher ein stoischer Mut und eine Beharrlichkeit im Streben? Mit eben diesen lieferte Franz Portmann Kapitel um Kapitel, während sich ein eigens installiertes Patronatskomitee um die Finanzierung des Projektes kümmerte.

Jetzt liegt er vor uns, der prächtige Band! Und künftig ist es für Freunde der Landschaft im Allgemeinen und Freunde des Entlebuch im Speziellen unentschuldbar, dieses Werk nicht in der Bibliothek zu haben.

Dr. Thomas Coch
ehemals Oberassistent an der Professur für Natur- und Landschaftsschutz der ETH Zürich und Wissenschaftskoordinator in der UNESCO Biosphäre Entlebuch; heute Geschäftsführer der Ferienregion Münstertal Staufen im Südschwarzwald (Baden-Württemberg)

Dank

Eine gute Gesundheit, Interesse, Freude und Leidenschaft für Natur und Landschaft, hilfsbereite, verständnisvolle Menschen, genügend Zeit sowie Ausdauer und Glück haben es mir seit mehr als 50 Jahren möglich gemacht, Pflanzen und ihre Lebensräume im Entlebuch auf vielen Wanderungen zu erforschen und mit der Fotokamera festzuhalten.

Der prächtige Bauerngarten meiner Mutter, ihre Freude und das wache Auge für die Schönheiten in der Natur sowie die vielfältigen, meist mit strenger Handarbeit bewirtschafteten Wiesen auf dem elterlichen Bauernhof weckten in meiner Jugendzeit das Interesse an der Natur mit ihren Pflanzen und Tieren. Mit viel Verständnis und Opferbereitschaft haben mir meine Eltern die Ausbildung zum Primar- und Sekundarlehrer ermöglicht. Ihnen gehört mein erster Dank.

Schon früh durfte ich die freundschaftliche floristische Förderung durch Dr. Josef Aregger (1910 – 1992), dem Autor der «Flora des Kantons Luzern» (1985), erfahren. Ihm gebührt mein tief empfundener Dank. Auf vielen gemeinsamen botanischen Streifzügen durch unsere geliebte Heimat Entlebuch konnte ich meine Artenkenntnisse erweitern, mir Standorte von seltenen Pflanzen einprägen und mich an vielen Neufunden für das Entlebuch freuen.

Eine entscheidende Station für Werdegang und Inhalt des vorliegenden Buches war 1974/75 die Begegnung mit Prof. Dr. Jean-Louis Richard (1921 – 2008) an der Universität Fribourg. Mit Leidenschaft und hoher Fachkenntnis der Pflanzensoziologie hat er mir die Augen geöffnet für die Pflanzengesellschaften in ihren Lebensräumen. Damals reifte der Entschluss ein Buch zu schreiben über die Pflanzenwelt im Entlebuch. Mit grosser Dankbarkeit ist die Erinnerung an einen sehr verehrten Lehrer immer noch wach.

Ein einmaliger Glücksfall wurde für mich die freundschaftliche Bekanntschaft mit Dr. Thomas Coch aus Ehrenkirchen im deutschen Münstertal. Seit Beginn seiner Tätigkeit als Wissenschaftskoordinator in der UNESCO Biosphäre Entlebuch in Schüpfheim und auch nach dem Wegzug in seine Heimat hat mich Dr. Thomas Coch als langjähriger Oberassistent an der Professur für Natur- und Landschaftsschutz der ETH Zürich mit seinem immensen Wissen, seiner breit abgestützten Erfahrung, seinem Enthusiasmus für die Landschaft Entlebuch und seiner Menschlichkeit stets motiviert, mit guten Ratschlägen unterstützt und gefördert. Dafür wie auch für die wohlwollende Würdigung des Buchprojektes und die grossartig abgefasste Einleitung in diesem Buch danke ich Dr. Thomas Coch mit grösster Verehrung.

Nach der Fertigstellung der Rohfassung begann die Suche nach einem Patronatskomitee zwecks Geldmittelbeschaffung und einem geeigneten Verlag für Drucklegung und Vermarktung des Buches.

Zusammen mit einem sehr aktiven Patronatskomitee mit alt Nationalrat und Nationalratspräsident Ruedi Lustenberger, Romoos, als Präsident und mit Sitz und Sekretariat bei der UNESCO Biosphäre Entlebuch (UBE) konnte innert Jahresfrist der hohe Betrag für die Produktion des Buches bereitgestellt werden. Folgende prominente, erfolgreiche und weit herum anerkannte Persönlichkeiten aus Politik und Wissenschaft gehörten dem Patronatskomitee an:

Ruedi Lustenberger, alt Nationalrat und Nationalratspräsident, Romoos, Präsident
Manfred Aregger, alt Nationalrat, Hasle
Dr. Thomas Coch, Biologe und Wissenschaftler, D-Ehrenkirchen
Dr. Peter Herger, ehemals Direktor Natur-Museum Luzern, Buchrain
Christian Ineichen, Stv. Direktor UNESCO Biosphäre Entlebuch, Marbach
Pius Kaufmann, Kantonsrat, Gemeideammann Escholzmatt-Marbach, Wiggen
Fritz Lötscher, Gemeindepräsident Escholzmatt-Marbach, Marbach
Brigitte Mürner, alt Regierungsrätin, Meggen
Theo Schnider, Direktor UNESCO Biosphäre Entlebuch, Sörenberg
Dr. Anton Schwingruber, alt Regierungsrat, Werthenstein
Dr. Heinrich Zemp, alt Regierungsrat, Luzern

Ich danke allen Mitgliedern des Patronatskomitees für ihren unermüdlichen, uneigennützigen und professionellen Einsatz mit welchem sie viele Sponsoren überzeugen und für eine Spende gewinnen konnten.

Ein grosses Dankeschön richte ich mit Freude und Erleichterung an alle Sponsoren: Stiftungen, Firmen, Verbände, Gemeinden und Privatpersonen. Eine Vielzahl von Spenderinnen und Spendern hat mit grosszügigen Beiträgen das Erscheinen des umfangreichen Werkes möglich gemacht.

Peter Hahn, dipl. Forsting. ETH, Udligenswil, danke ich herzlich für die Durchsicht der Rohfassung, seine Verbesserungsvorschläge und das mit viel Lob ausgestattete Empfehlungsschreiben.

Ruedi Giger, Escholzmatt, hat während vielen Jahren all meine Computerprobleme immer rasch, kompetent und verständnisvoll gelöst. Herzlichen Dank!

Glücklicherweise hat sich der renommierte und weit über die Landesgrenzen hinaus anerkannte Haupt Verlag in Bern bereit erklärt, das Buch in vornehmer Aufmachung herauszugeben. Dafür möchte ich mich beim Verleger Matthias Haupt und der ganzen Geschäftsleitung ganz herzlich bedanken. Die Vorbereitungsarbeiten für die Drucklegung des Buches waren für alle Beteiligten eine grosse Herausforderung. Frau Regine Balmer, Leiterin Lektorat und Dr. phil. Martin Lind, Lektor, haben mit viel Gestaltungskraft, Kompetenz, Professionalität und Beharrlichkeit ihre Absicht, ein schönes Buch zu schaffen, glänzend in die Tat umgesetzt. Dr. phil. Martin Lind hat mit viel Energie, hohem Zeitaufwand und höchster Konzentration, aber auch mit Freude das aufwändige, kompliziert aufgebaute Buchprojekt für die Drucklegung vorbereitet. Frau Regine Balmer und Dr. phil. Martin Lind danke ich von Herzen für ihre ausgezeichnete Arbeit wie auch für die konstruktive, respektvolle und stets freundliche Zusammenarbeit.

Den Verantwortlichen der Druckerei Kösel danke ich für die schöne Gestaltung und den Druck des Buches.

Ein letzter Dank gehört allen hier nicht erwähnten Personen, die mich in den vergangenen Jahrzehnten in irgendeiner Art und Weise unterstützt und motiviert haben.

Gerne widme ich dieses Buch allen Entlebucherinnen und Entlebuchern innerhalb und ausserhalb der Talschaft Entlebuch, allen Besucherinnen und Besuchern, allen Naturfreunden und Verantwortlichen für Natur und Landschaft, den Lehrpersonen und Schulen aller Stufen und natürlich meiner lieben Familie: meiner Frau Anne-Marie und den beiden Söhnen Michael und Matthias mit ihren Familien, insbesondere meinen Enkelkindern; mit beglückender Liebenswürdigkeit, Lebensfreude und Fantasie haben sie mir in ihren ersten Lebensjahren unglaublich viel Kraft, Freude und Motivation geschenkt.

Möge nun dieses Buch vielen Menschen Freude bereiten und Ansporn sein die schöne Landschaft Entlebuch und ihre Pflanzenwelt mit offenen Augen zu durchwandern!

Franz Portmann

Teil I: Das Entlebuch

Gemeinden und Dörfer	3
Die Naturlandschaft im Entlebuch	9
Gesteinsunterlage, Gesteinsaufbau	15
Kalk	15
Flysch	23
Molasse	28
Landschaftsformen	33
Bodenkundliche Hinweise	51
Klima	55

Alpenrandkette: Schwändiliflue

Brienzergrat

Gemeinden und Dörfer

Die Talschaft Entlebuch liegt im Südwesten des Kantons Luzern in der Zentralschweiz. Diese Region ist flächenmässig mit fast 30 % der grösste Bezirk in unserem Kanton; der Kantonsanteil der Bevölkerung liegt aber bei nur knapp 6 %. Mit der neuen Kantonsverfassung wurden die fünf Ämter des Kantons abgeschafft und durch sechs Wahlkreise ersetzt. Zum Amt Entlebuch gehörten ursprünglich neun Gemeinden: Doppleschwand, Entlebuch, Escholzmatt, Flühli, Hasle, Marbach, Romoos, Schüpfheim und Werthenstein. Seit 2013 gehört – als Folge der neuen Kantonsverfassung – die Gemeinde Wolhusen am Knie der Kleinen Emme vor allem aus wahlpolitischen Gründen zum Wahlkreis Entlebuch; dadurch erhöhte sich die Fläche des Wahlkreises Entlebuch um 14,5 km² auf 424,5 km², die Bevölkerungszahl um gut 4300 Einwohner auf ca. 23 000. Escholzmatt und Marbach sind seit 2013 eine fusionierte Gemeinde: Escholzmatt-Marbach.

Amt Entlebuch

Basisdaten

Staat	Schweiz
Kanton	Luzern (LU)
Hauptort	Schüpfheim
Fläche	410.18 km²
Bevölkerungsdichte	45.7 Einwohner pro km²
Bevölkerung insgesamt	18 749 Einwohner

Wappen	Name der Gemeinde	Einwohner (31.12.2012)	Fläche in km²
	Doppleschwand	739	6.94
	Entlebuch	3296	56.89
	Escholzmatt	3134	61.41
	Flühli	1902	108.20
	Hasle	1751	40.29
	Marbach	1212	45.08
	Romoos	695	37.32
	Schüpfheim	4053	38.27
	Werthenstein	1967	15.78

Quelle: Wikipedia

Wahlkreis Entlebuch

Basisdaten

Staat	Schweiz
Kanton	Luzern (LU)
Hauptort	Schüpfheim
Fläche	424.56 km²
Bevölkerungsdichte	54.8 Einwohner pro km²
Bevölkerung insgesamt	23 247 Einwohner

Wappen	Name der Gemeinde	Einwohner (31.12.2015)	Fläche in km²
	Dopple-schwand	750	6.94
	Entlebuch	3349	56.89
	Escholzmatt-Marbach	4325	106.39
	Flühli	1882	108.20
	Hasle	1748	40.29
	Romoos	687	37.32
	Schüpfheim	4154	38.27
	Werthenstein	2044	15.78
	Wolhusen	4317	14.48

Quelle: Wikipedia

Escholzmatt. Die markante Kirche steht auf der Talwasserscheide zwischen der Kleinen und der Grossen Emme.

Marbach

Wiggen ist ein Ortsteil der Gemeinde Escholzmatt-Marbach. Von Escholzmatt her kommend erreicht hier der Äschlisbach die Ilfis, welche dann Richtung Langnau i. E. fliesst und bei Emmenmatt in die Grosse Emme mündet.

Schüpfheim, am Fusse der Farnere, ist der frühere Hauptort des Amtes Entlebuch und beherbergt ein Gymnasium.

Flühli, rechts oben die Schwändilifluh

Sörenberg, im Hintergrund die Schrattenflue. Flühli und der touristisch geprägte Ortsteil Sörenberg liegen im Waldemmental.

Gemeinden und Dörfer

Entlebuch, im Hintergrund die Risetenflue

Finsterwald auf gut 1000 m ü. M. gehört zur Gemeinde Entlebuch und liegt in der Moorlandschaft Glaubenberg, im Hintergrund der Schimbrig.

Hasle, im Hintergrund der Schimbrig

Hl. Kreuz in der Gemeinde Hasle ist der historische Wallfahrtsort der Entlebucher.

Die Gemeinde Romoos liegt vollständig im Napfgebiet.

Bramboden gehört zur Gemeinde Romoos und ist mit Blick auf die Pilatuskette (rechts) und die Rigi (links) ein beliebtes Ausflugsziel.

Die Gemeinde Doppleschwand liegt ebenfalls vollständig im Napfgebiet.

Wolhusen liegt am Knie der Kleinen Emme und gehört seit 2013 zum Wahlkreis Entlebuch. Der rechtsufrige Ortsteil heisst Wolhusen-Markt und ist politisch ein Teil der Gemeinde Werthenstein.

In Werthenstein mit dem markanten Kloster als Blickfang fliesst die Kleine Emme durch eine von ihr geschaffene schmale Talenge Richtung Schachen.

Schachen liegt südöstlich von Werthenstein und ist politisch ein Teil der Gemeinde Werthenstein.

Vieles wurde über den Charakter und die Lebensart der Entlebucher geschrieben. Schon die Mundart, die sich mit Ausnahme der Gemeinde Wolhusen und Teilen von Werthenstein wesentlich von der des übrigen Kantonsgebietes unterscheidet, verrät eine energischere und verschlossenere Lebensweise als anderswo.

Trotz Anlehnung an den benachbarten Emmentaler-Dialekt darf man unsere Mundart als eigenständig bezeichnen. Carl Robert Enzmann, genannt Peregrin (1888 – 1931), der Theologieprofessor aus Schüpfheim, lässt in seinem wohl bekanntesten Gedicht das Entlebuch und unsere ursprüngliche Mundart hoch leben:

Das schönscht Buech

I cha di ganzi Wält durgah,
So witt und breit i suech,
Keis schöners Buech i finde cha
As üsers Äntlibuech.
Ke Bibliothek hett so ne Band,
Nid z'London, nid z'Paris,
Äs schteit grad z'mitts im Schwizerland
Und ghört grad ume-n üs!

Und keis Papier und nüd ä so,
Das wär gar gleitig gschändt,
As Bletter hett dr Hergott gno
Nur luter Pergamänt;
Grasgrüen, wi saftigs Alpeland,
Und d'Ämme zwüschedri,
As wi nes glitzerigs Siideband
Muess z'Läsezeie si.

Dr Jband, dä isch ganz solid
Us Fäls und Nagufflueh;
Damit das Buech nid Schade lidt
Und's ou rächt lang mög tue.
Das allereinzig Exämplar
Hett sid-em erschte Tag
Dr Herrgott lieb und bsunderbar
Im Druck und Sälbstverlag.

Jetz wei mer einisch läse drinn
Im alte, liebe Band,
Druus gsei mer de mit Härz
    und Sinn:
Wie schön isch üsers Land!
Mit offne-n Ouge und Humor
Wei mier das Buech durgah,
Und si mer äntli de dürdür,
Fai mier vo vore-n a!

Gemeinden und Dörfer

Fritz René Allemann charakterisiert in seinem Buch «25 mal die Schweiz» von 1965 die Entlebucher mit folgenden Worten:

> «... es ist ein kraftvoller, trotziger, eigensinniger und bemerkenswert lebenstüchtiger Volksschlag, der hier lebt, den Unterwaldnern verwandter als den übrigen Luzernern, stockkonservativ zwar, aber doch allzeit zur Rebellion geneigt, durch vifen Witz und unbändige Spottlust von ferne an den appenzellischen erinnernd, vor allem aber mit einem stiernackigen Freiheitssinn begabt. Keine ihrer Untertanen haben den Luzerner Herren mehr zu schaffen gemacht als die Leute aus dem Tal der Kleinen Emme, die immer davon träumten, einen eigenen demokratischen Landsgemeindekanton nach innerschweizerischem Muster zu bilden, und die trotz ungezählten Aufständen nie dazu gelangten, diesen Traum zu verwirklichen.»

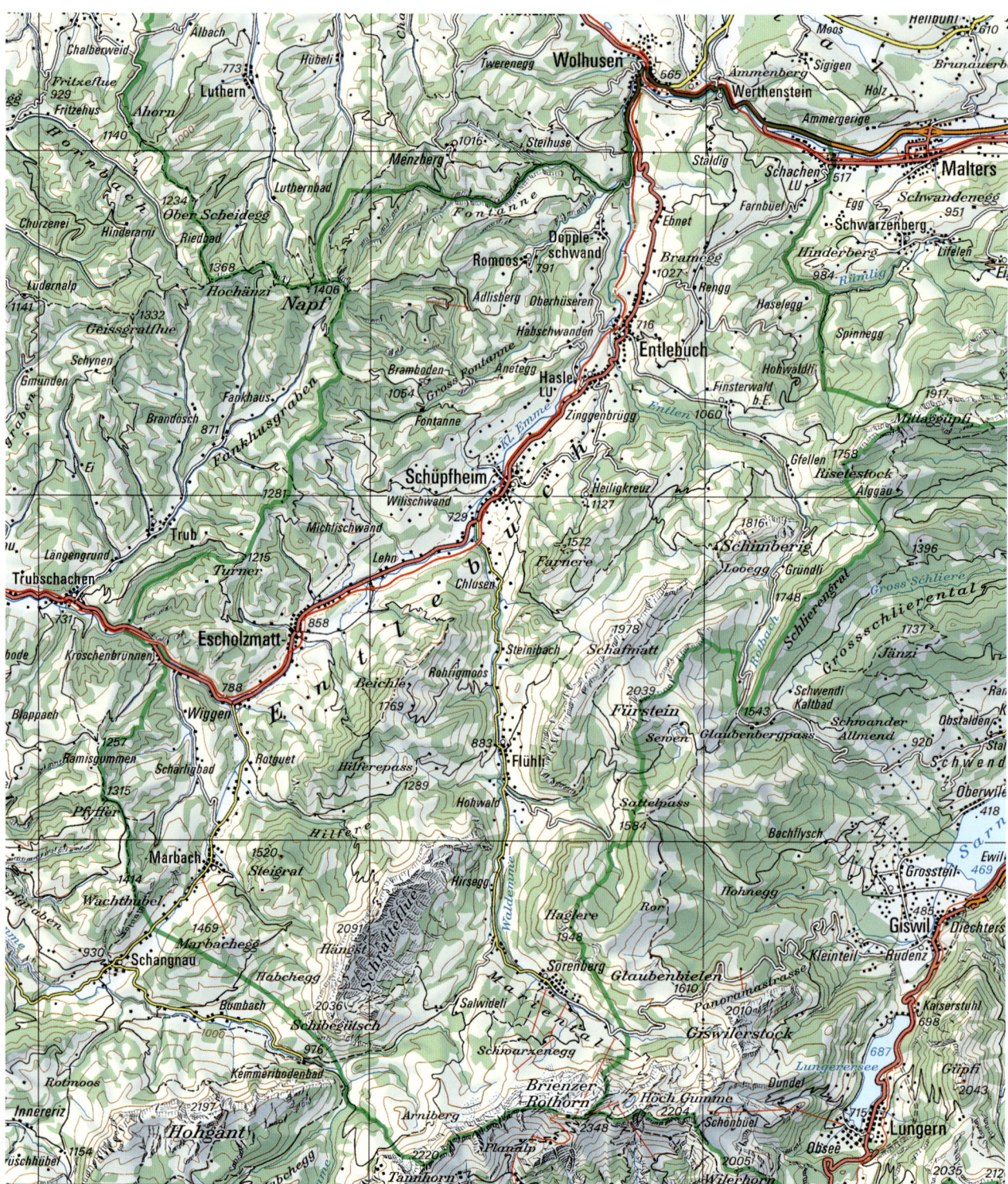

Das Entlebuch (Reproduziert mit freundlicher Genehmigung von swisstopo © swisstopo (BA180015))

Die vorliegende Arbeit befasst sich mit der Pflanzenwelt des ursprünglichen Amtes Entlebuch mit den neun Gemeinden, also ohne die Gemeinde Wolhusen. Wenn im Folgenden vom «Entlebuch» die Rede ist, ist also das frühere Amt Entlebuch und nicht der Wahlkreis Entlebuch gemeint. Mitberücksichtigt werden einige benachbarte Gebiete, die topografisch oder hydrografisch der Talschaft Entlebuch zuzurechnen wären, aus historischen Gründen aber vor allem zum Kanton Obwalden oder zum Kanton Bern gehören. Solche benachbarten Gebiete sind: das obere Mariental bis gegen Glaubenbielen, von Glaubenbielen über Rotspitz – Nünalpstock – Hagleren bis zum Wasserspitz, der Nordabhang des Brienzergrates mit Eisee- und Arniseelimulde, das Gratgebiet des Brienzer Rothorn sowie der Ostabhang des Fürstein bis zum Wissguber und der Sewenseelimulde.

Die Naturlandschaft im Entlebuch

Als typisches Voralpenland zeigt das Entlebuch den landschaftlichen Übergang vom Mittelland zu den Alpen. Das reif zertalte **Napfbergland** – geologisch ein Teil des Mittellandes –, das reich terrassierte **Haupttal**, die **Voralpenberge** und die parallel dazu verlaufenden **Kalkberge der Alpenrandkette** sowie der **Brienzergrat** bilden von Norden nach Süden die prägenden Landschaftselemente.

Blick von der Beichlen über Escholzmatt in das stark bewaldete Napfbergland, im Hintergrund die Jurakette

Das Entlebucher Haupttal bei Entlebuch mit Blick gegen Norden Richtung Wolhusen

Blick von der Schüpferegg über Schüpfheim ins Mariental, im Hintergrund Brienzergrat, Eiger und Mönch. In der Mitte rechts mündet die Wissemme, von Escholzmatt her kommend in die Waldemme, welche ab hier Kleine Emme heisst

Die Beichlen über Escholzmatt ist ein schön geformter Voralpenberg aus Molassegestein.

Der Fürstein (oben rechts) ist ein Flyschberg. Der Sattel der Wasserfallenegg bildet den Übergang zum Tal der Grossen Entle. Grönflue und Schafmatt sind Kalkberge und Teil der Alpenrandkette (links).

Die Naturlandschaft im Entlebuch

Der helle Schrattenkalk der Alpenrandkette prägt die Nordseite der Schrattenflue.

Hinter dem Brienzergrat beeindruckt die imposante Kulisse der Berner Alpen mit Eiger, Mönch und Jungfrau.

Das Entlebuch liegt im Einzugsgebiet der Kleinen und der Grossen Emme. Die Talwasserscheide zwischen den beiden Gewässersystemen verläuft durch das Dorf Escholzmatt. Die Fontanne sammelt die meisten Gewässer aus dem entlebucherischen Napfgebiet und führt sie der Kleinen Emme zu; die Grosse Entle und der Rümlig bringen das Wasser aus dem Voralpengebiet der Kleinen Emme, welche im Marientel noch Waldemme heisst. Der südwestliche Teil des Entlebuchs wird zur Grossen Emme hin entwässert. Hilferen und Schonbach vereinigen sich nach ihrem Zusammenfluss im Marbacherboden zur Ilfis, welche weiter unten noch die meist wasserarmen Bäche Äschlisbach, Schärligbach, Städiligraben sowie an der Grenze zum Kanton Bern den Hämelbach aufnimmt. Bei Dürrenbach verlässt die Ilfis das Entlebuch und den Kanton Luzern. Sie mündet in Emmenmatt westlich von Langnau i. E. in die Grosse Emme. Der wilde Bärselbach sowie der Schöniseibach vom Nordabhang des Brienzergrates in der Gemeinde Flühli sind die Quellbäche der Grossen Emme. Das Wasser der höhlenreichen Karstlandschaft Schrattenflue fliesst unterirdisch über eine Distanz von ca. 21 km in den Thunersee. Ausser dem Änggelauenenseeli am Westabhang des Fürstein fehlen dem Entlebuch natürliche, stehende Gewässer.

Der tiefste Punkt (517 m ü. M.) im Entlebuch liegt in Schachen (Gemeinde Werthenstein) bei der Einmündung des Rümlig in die Kleine Emme; die höchste Erhebung ist die Spitze des Brienzer Rothorn (2350 m ü. M.).

Nach dem Zusammenfluss der beiden Gewässer erreicht die Fontanne unweit südlich von Wolhusen die Kleine Emme.

Das Flussbett der Kleinen Emme erreicht bei Entlebuch eine ansehnliche Breite. Im Hintergrund ist die Alpenrandkette sichtbar.

Die Ilfis bildet bei Kröschenbrunnen unter der Gratflue die Grenze zwischen den Kantonen Bern (links der Ilfis) und Luzern (rechts der Ilfis).

Blick von der Schüperegg ins stark bewaldete Tal der Grossen Fontanne.

Die Kleine Fontanne entspringt im Gipfelgebiet des Napf.

Die Naturlandschaft im Entlebuch

Das Quellgebiet der Grossen Entle zwischen Äbnistettenflue, Lanzigenflue (rechts) und Fürstein, Hohmad (links) wird bereichert durch ausgedehnte Moore von nationaler Bedeutung.

Etwa einen Kilometer östlich vom Kemmeribodenbad fliessen der wilde Bärselbach und der Schöniseibach vom Nordabhang des Brienzergrates an der Kantonsgrenze zu Bern zusammen. Von hier an heisst der Fluss Grosse Emme oder einfach Emme.

Der Fuchsereweiher bei Finsterwald (Gemeinde Entlebuch) ist ein künstlich angelegter Torfweiher und eines der wenigen kleinen stehenden Gewässer im Entlebuch. Im Hintergrund erhebt sich die Risetenflue als Teil der Alpenrandkette.

Gesteinsunterlage, Gesteinsaufbau, Landschaftsformen, Bodenbeschaffenheit und **Klima** sowie der Einfluss von Mensch und Tier bestimmen die Vegetation einer Landschaft.

«Das Entlebuch, und insbesondere die Region des Kartenblattes Schüpfheim, kann als eines der schönsten geologischen Gebiete der Schweiz betrachtet werden. Dabei ist einerseits die morphologische Besonderheit der Region hervorzuheben. Andererseits bietet auch der geologische Untergrund eine Fülle von Überraschungen.»
*Geologischer Atlas der Schweiz 1:25 000,
1169 Schüpfheim, 2016, Erläuterungen*

Gesteinsunterlage, Gesteinsaufbau

Gesteinsunterlage (= geologischer Untergrund) und Gesteinsaufbau (= tektonischer Aufbau) im Entlebuch sind eng verbunden mit der Wanderung des afrikanischen Kontinents in Richtung Europa und der damit verbundenen Entstehung der Alpen.

Vor etwa 200 Millionen Jahren bedeckte das Urmittelmeer – Tethys genannt – grosse Teile der heutigen Schweiz. Die Innerschweiz lag damals im wenig tiefen nördlichen Schelfbereich des Tethysmeeres und bildete den helvetischen Schelf. Kalk, Mergel und sandige Gesteine wurden viele Millionen Jahre lang in das Tethysmeer abgelagert. Die Bauelemente unserer heutigen Landschaft sind diese Ablagerungs- oder Sedimentgesteine, also einstiger Meeresboden. Mit der anhaltenden Wanderung des afrikanischen in Richtung des europäischen Kontinents wurde dieser immer mehr zusammengestaucht, aufgefaltet und aufgeschoben, in Form von Decken nordwärts transportiert und zu den Alpen aufgetürmt. Zu Beginn der Alpenfaltung, die vor gut 100 Millionen Jahren begann, ragten verschiedene Inselbogen aus dem helvetischen Schelfmeer. Ihr Abtragungsschutt ins Meer bildet die heutigen Flyschgesteine, welche bei der Gebirgsbildung als Füll- und Schmiermaterial die Deckenbewegung begünstigten.

Mit der fortschreitenden Gebirgsbildung verstärken sich Relief und Topografie. Unzählige Wildbäche fördern die Abtragung der jungen Alpen. Ihr Abtragungsschutt gelangt in eine flache Meeressenke vor den Alpen; diese wird später aufgefüllt und anschliessend von ausgedehnten Flusssystemen bearbeitet; wiederum legt sich ein flaches Meer über die verschiedenen Sedimente. In dieses Meer wird der Alpenschutt in Form von Deltas abgelagert. Nach der erneuten Auffüllung dieses letzten Meeres am nördlichen Alpenrand wird der Deltaschutt vor ca. 15 Millionen Jahren von grossen Flüssen zu gewaltigen Schuttfächern wie z. B. dem Napf aufgeschüttet. Alle Ablagerungen am Alpennordrand in ein flaches Meer oder auf Festland werden als Molasse bezeichnet.

Drei verschiedene Sedimentgesteine bilden im Entlebuch die geologische Unterlage: Kalk (Kreide), Flysch und Molasse.

Kalk

Als helvetische Randkette markieren im Entlebuch schroffe Kalkberge mit einer Meereshöhe von ca. 1800 m bis gegen 2100 m den nördlichen Alpenrand. Schrattenflue, Schwändiliflue, Grönflue, Lanzigenflue, Äbnistettenflue, Schimbrig und Risetenflue gehören zu dieser Gebirgskette. Diese ist ein Teil der Niederhorndecke, welche sich vom Thunersee bis zum Pilatus erstreckt. Verschiedene Kalk-, aber auch Mergel- und schiefrige Schichten sind am Aufbau der helvetischen Randkette beteiligt. Der helle Schrattenkalk sowie der schön gemusterte Kieselkalk – im Volksmund «Mürlikalk» genannt – sind hier wohl die auffälligsten Kalkschichten. Viele eingeschlossene Meeresfossilien aus der Kreide- und Tertiärzeit weisen darauf hin, dass die Gesteinsschichten der Randkette einst im nördlichen Bereich des helvetischen Schelfes abgelagert wurden.

Kalk

Flysch

Molasse

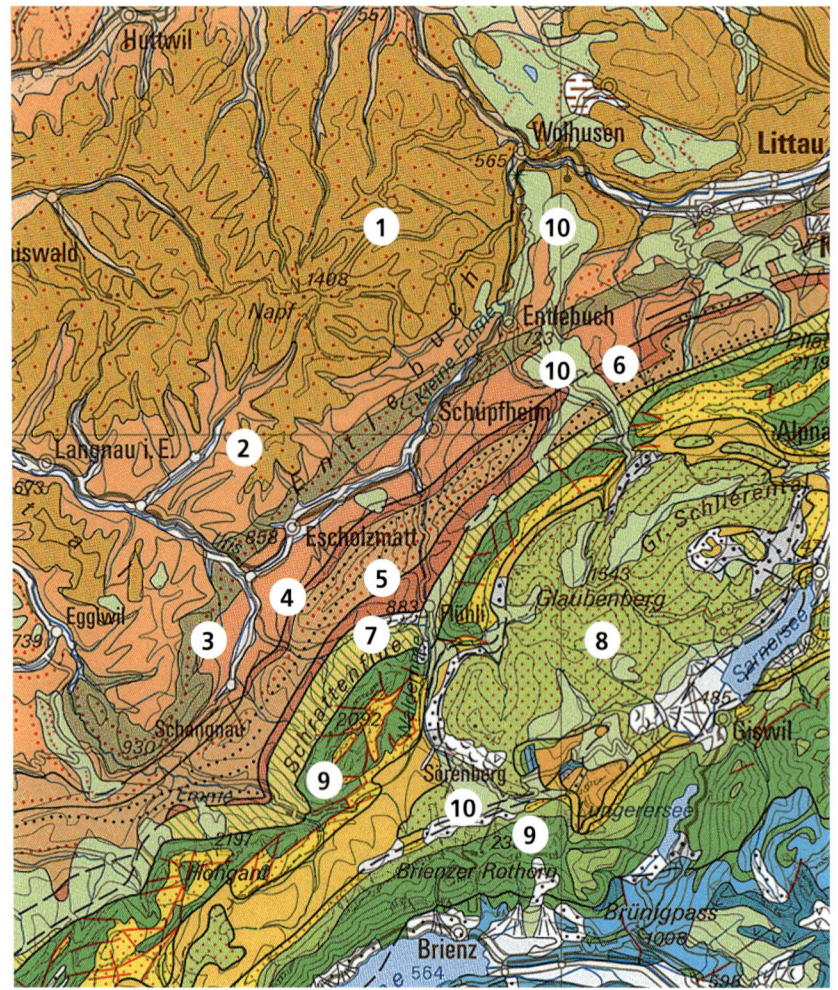

Die Geologie des Entlebuch.
Quelle: Geologische Karte der Schweiz
1:500 000. © swisstopo.

1 Obere Süsswassermolasse (Polygene Nagelfluh)
2 Obere Meeresmolasse (Polygene Nagelfluh)
3 Obere Meeresmolasse (Polygene Nagelfluh)
4 Untere Süsswassermolasse
5 Untere Süsswassermolasse (Kalknagelfluh)
6 Untere Meeresmolasse
7 Subalpiner Flysch, Wildflysch
8 Schlierenflysch
9 Kreide (verschiedene Kalkschichten)
10 Moränen der Gletscher

Die Kalkschichten am Brienzer Rothorn sind Sedimentgesteine aus der Kreidezeit.

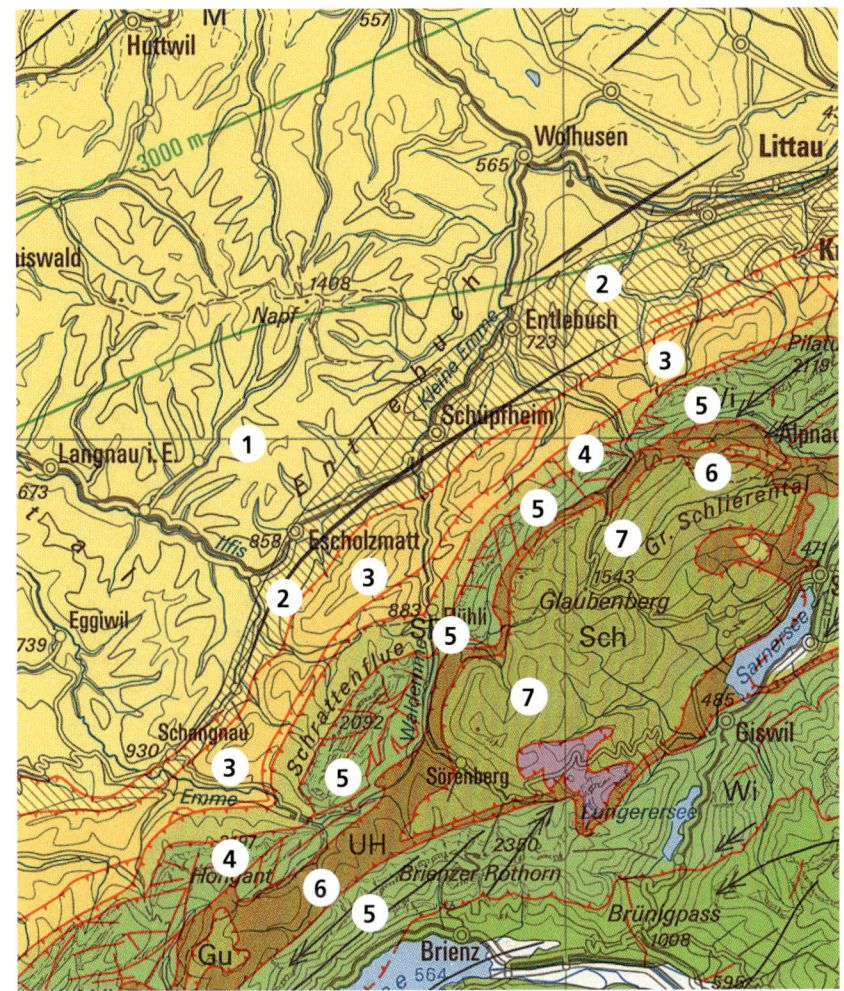

Die Tektonik des Entlebuch.
Quelle: Geologische Karte der Schweiz
1:500 000. © swisstopo.

Ausseralpin
1 Mittelländische Molasse
2 Gefaltete Molasse
3 Aufgeschobene Molasse (Subalpine Molasse)

Alpen: Helvetikum
4 Subalpiner Flysch
5 Wildhorndecke (Brienzergrat) und Niederhorndecke (Randkette R)
6 Ultrahelvetische Decken: Wildflysch

Alpen: Penninikum
7 Gurnigeldecke: Schlierenflysch

Wildflysch am Bärselbach

Die Naturlandschaft im Entlebuch

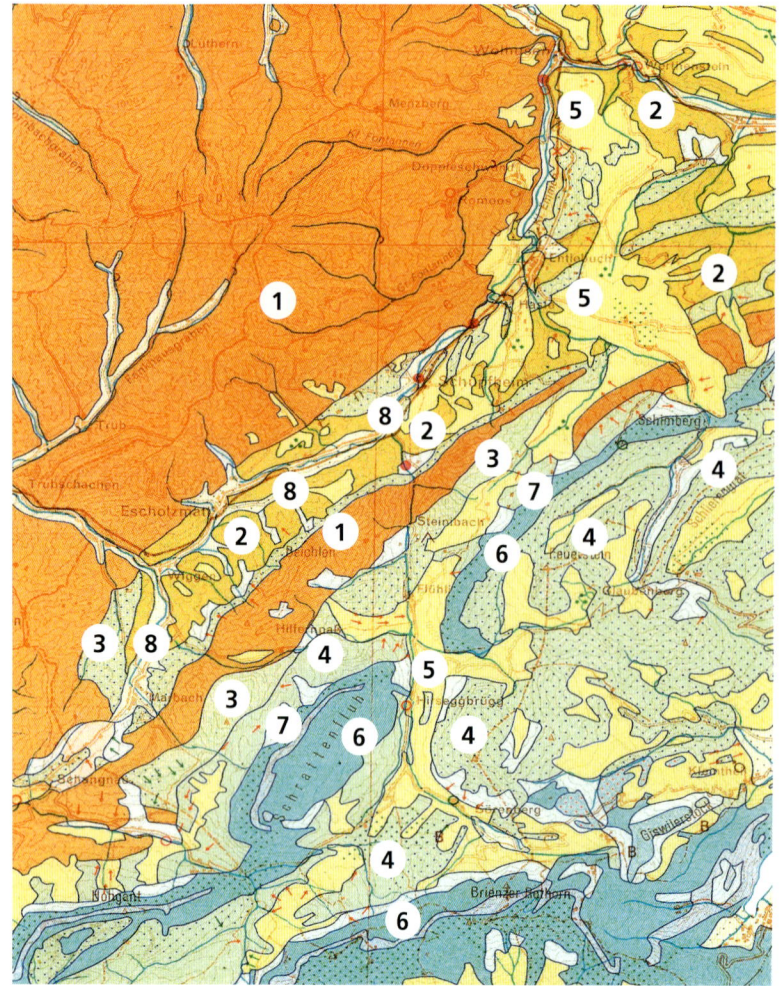

Die geotechnische Situation des Entlebuch.
Quelle: Geotechnische Karte der Schweiz
1:200 000.
© ETH Zürich (Kümmerly & Frey)

1 Konglomerate mit Sandstein- und Mergellagen (Molassenagelfluh)
2 Mergel, mit Sandsteinen und Konglomeraten (mergelreiche Molasse)
3 Mergel, mit Sandsteinen und Konglomeraten (mergelreiche Molasse der Voralpen)
4 Mergelschiefer und Sandsteine (Flysch)
5 Sande, Lehme, Grundmoränen, Oberflächenmoränen
6 Kalksteine
7 Schutt (Bergsturzmaterial, Gehängeschutt)
8 Kiese und Sande (Ablagerungen der heutigen Wasserläufe)

Die subalpine Molasse an der Beichlen besteht aus Nagelfluh, Sandstein und Mergel.

Der helle Schrattenkalk der Alpenrandkette prägt auf der Nordseite der Schrattenflue die schroffen Felsdossen des Hengst.

Schwändiliflue

Grönflue mit Kalkfelsen und Geröllhalden

Schimbrig, Südseite

Risetestock und Riseteflue

Im Chessiloch südwestlich von Flühli durchbricht der Seebebach mit einem kleinen Wasserfall das Kalkgestein der Randkette.

Fast wie von Menschenhand gemauert beeindruckt im Rotbach vor dem Chessiloch das Kalkgestein der Helvetischen Randkette.

Der Brienzergrat mit der höchsten Erhebung (2350 m ü. M.) im Entlebuch und im Kanton Luzern auf dem Brienzer Rothorn ist ein Teil der helvetischen Wildhorndecke. Die Gesteinsschichten stammen aber aus dem südlichen Bereich des helvetischen Schelfes; sie wurden ebenfalls in der Kreide- und Tertiärzeit dort als Meeresboden abgelagert. Sie sind ähnlich aufgebaut wie die Gesteine der Randkette; dem Brienzergrat fehlt aber der helle Schrattenkalk.

Der Gipfel des Brienzer Rothorn ist mit 2350 m ü. M. der höchste Punkt im Kanton Luzern. Dem ganzen Brienzergrat fehlt der helle Schrattenkalk.

Die Vegetation über dem Kalkgestein der Alpenrandkette ist artenreich und bunt. Beweidete und unbeweidete Kalksteinrasen, Bergwiesen, Nadelwälder, kalkliebende Zwergstrauchheiden, Geröllhalden und Felsen bieten vielen Pflanzen und Tieren Lebensraum.

Kalksteinrasen an der Grönflue

Steinrosen-Bergföhrenwald über dem Schrattenkalk

Kalkliebende Pflanzen der Berge: Clusius' oder Kalk-Glocken-Enzian *(Gentiana clusii)*, Berg-Hahnenfuss *(Ranunculus montanus)*, Bewimperter Mannsschild *(Androsace chamaejasme)*, Quirblättriges Läusekraut *(Pedicularis verticillata)*, Edelweiss *(Leontopodium alpinum)*, Aurikel *(Primula auricula)* oder «Flueblume» (von links)

Flysch

Wie bereits erwähnt, ist Flysch ein Sedimentgestein, welches in frühen Phasen der Alpenbildung von Inselbogen ins Meer abgelagert wurde und anschliessend bei der Bewegung der Gesteinsdecken als Schmier- und Füllmaterial diente. Flysch ist ein Mischgestein, bestehend aus harten Sandsteinen, Mergel, sandigen oder mergeligen, schwarzen oder grauen Schiefern und verschiedenartigen Einschlüssen. Flysch verwittert zu eher saurem, wenig wasserdurchlässigem Boden, was zusammen mit hohen Niederschlägen und hoher Luftfeuchtigkeit die Entstehung von Mooren und Moorwäldern begünstigte.

Nach ihrer geografischen Lage sowie der Zusammensetzung und der Struktur der Flyschgesteine kann man im Entlebuch drei verschiedene Flyscharten unterscheiden: Schlierenflysch, Wildflysch, subalpiner Flysch.

Schlierenflysch, Wildflysch: Der Schlierenflysch nimmt im Entlebuch südlich der helvetischen Randkette von Sörenberg bis ins Tal der Grossen Entle ausgedehnte Flächen ein. Die bekanntesten Flyschberge sind Nünalpstock, Hagleren, Fürstein und Schlierengrat. Mächtige, harte Sandsteinbänke und feinsandige bis mergelig-tonige Schichten sind am Aufbau des Schlierenflysch beteiligt. Der Kalkgehalt dieser Gesteine scheint da und dort recht beträchtlich zu sein. Nur so kann man erklären, dass z. B. auf der Hagleren oder dem Fürstein charakteristische Pflanzen der Kalkflora zu finden sind.

Schlierenflysch

Wildflysch

Die Naturlandschaft im Entlebuch

Die Flyschberge Hagleren (links) und Nünalpstock (rechts) neigen zu Rutschungen. Im Hintergrund links verläuft die Alpenrandkette; rechts erkennt man den Flyschberg Fürstein; dazwischen liegt die Wasserfallenegg, der Übergang zum Tal der Grossen Entle. Die Flyschgebiete sind Teil der Moorlandschaft Glaubenberg-Sörenberg mit ausgedehnten Moorwäldern, Hoch- und Flachmooren von nationaler Bedeutung.

Typisches und eindrücklich gelagertes Flyschgestein aus Sandstein, Mergel und Ton am Weg zum Ober Blattli am Nordabhang der Haglere (links) und bei der Abrutschfläche des Bergrutsches von 1910 am Nünalpstock oberhalb Sörenberg (rechts)

Zwergsträucher und Flechten bewachsen den harten Schlierensandstein auf dem Fürstein. Die Aurikel verrät den Kalkgehalt des Flyschgesteins.

An der Nordflanke des Schlierengrat wächst über dem Bergsturzgebiet der mühsam begehbare Block-Fichtenwald.

Der Wildflysch wird auch als Habkern-Mélange, der luzernische Teil im Entlebuch als Sörenberg-Mélange bezeichnet. Er ist als schmales Band dem Schlierenflysch in geringerer Meereshöhe vorgelagert. Dieser Flysch ist ein wildes Durcheinander verschiedenartiger Gesteine mit vielen Einschlüssen. Dunkelgraue bis schwarze, glänzende, kalkhaltige Mergel, verknetete Mergelschiefer und Sandsteine wechseln miteinander ab. Die Schichten sind in eigenartigster Weise gefaltet, zerrissen und geknickt. Als Einschlüsse kommen verschiedene Kalke mit Meeresfossilien, Gips und kristalline Gesteine wie der Habkerngranit vor. Wildflysch kann man im Bärselbach, am Südgrat des Hundschnubel, bei Salwiden, oberhalb Sörenberg, bei Junkholz, bei der Wasserfallenegg und bei Müliport beobachten.

Wildflysch am Bärselbach

Die Naturlandschaft im Entlebuch

Wildflysch, oder auch Sörenberg-Mélange genannt, im Bärselbach: Verschiedenartige Gesteine wie Mergel, Sandsteine und Mergelschiefer bilden ein wildes Durcheinander. Die Dellen im Gestein weisen darauf hin, dass die Einschlüsse ausgewaschen sind.

Subalpiner Flysch: Der subalpine Flysch ist als 400–1300 m breite Zone der helvetischen Randkette vorgelagert. Die bis 1000 m mächtige Flyschmasse liegt also zwischen den bekannten Kalkbergen und der subalpinen Molasse, auf die sie aufgeschoben ist. Auch der subalpine Flysch ist eine Mischungszone verschiedenartigster Gesteine. Hellgraue Tonschiefer, Mergelschiefer und plattige Sandsteine treten auf. Molassegesteine und Fossilien führende Kalke erscheinen als Einschlüsse. Der subalpine Flysch präsentiert sich am Alpenrand als schwach geneigte, wellige Sumpf- und Weidelandschaft.

An der Nordseite der Schrattenflue präsentiert sich von der Marbachegg aus betrachtet der subalpine Flysch als wellige Sumpf- und Weidelandschaft mit einigen Flachmooren von nationaler Bedeutung.

In den Flyschgebieten mit meist leicht bis stark saurem Boden liegen ausgedehnte Feuchtgebiete, wie Hoch-, Übergangs- und Flachmoore, Feuchtwiesen, Moorwälder, säureliebende Zwergstrauchheiden sowie beweidete und gemähte Borstgrasrasen.

Torfmoos- oder Hochmoor-Bergföhrenwald auf der Hagleren

Herbstliche Moorlandschaft Steinetli am Fusse des Brienzer Rothorn

Die Naturlandschaft im Entlebuch

Feuchtwiese mit Trollblume und Orchideen

Borstgrasweide im Spätsommer mit Besenheide

Molasse

Molassegesteine sind der Abtragungsschutt der werdenden Alpen. Der Begriff Molasse stammt aus der Westschweiz und bedeutete ursprünglich «weiches Gestein» (pierre molle). Die Sedimente der Molasse – hauptsächlich Nagelfluh, Sandsteine, Mergel und Tone – wurden entweder in flache Molassemeere oder, nach deren Auffüllung am Nordrand der Alpen vor ca. 35–14 Millionen Jahren, abgelagert, aufgeschüttet,

Vor 35–30 Mio. Jahren: Untere Meeresmolasse (UMM)

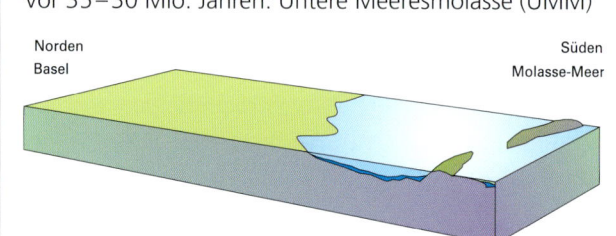

Bildung der Molasse

Das Molassegestein bildete sich, als die Alpen am stärksten abgetragen wurden.

Im Restmeer des Mittellandbeckens sammelten sich die feineren Sedimente der Unteren Meeresmolasse. Wir finden diese Gesteine z. B. von Flühli bis ins Tal der Hilferen.

Vor 30–20 Mio. Jahren: Untere Süsswassermolasse (USM)

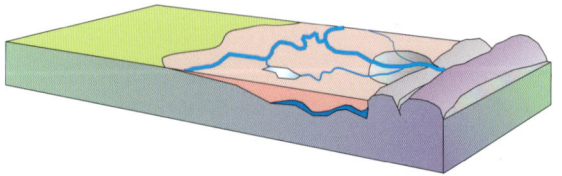

Nun folgte der Übergang zur Flusslandschaft, in der sich die Untere Süsswassermolasse bildete. An der Beichlen z. B. begegnen wir diesem eher groben Material.

Vor 20–18 Mio. Jahren: Obere Meeresmolasse (OMM)

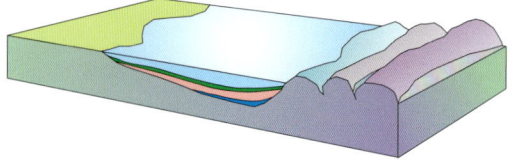

Das Mittelland wurde später wieder vom Meer überflutet. Im neu gebildeten Meeresschlauch wurden die Sedimente der Oberen Meeresmolasse sukzessive abgelagert. Vorkommen: Im Haupttal sowie im Tal der Ilfis im Übergang zur Napflandschaft.

Vor 18–14 Mio. Jahren: Obere Süsswassermolasse (OSM)

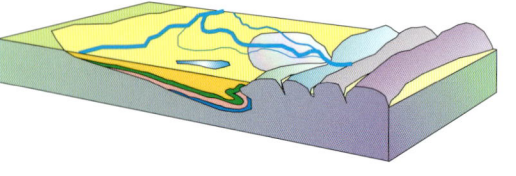

Zur Zeit der Oberen Süsswassermolasse wurde der Meeresschlauch wieder mit Schutt aufgefüllt. Der Napffluss (Uraare) bildete eine grosse Flusslandschaft und formte den mächtigen Napfschuttfächer der Oberen Süsswassermolasse.

Quelle: © Geomorphologie Escholzmatt

aufgeschoben, aufgerichtet und gefaltet. Nur der nördliche Teil dieser Schichten blieb flach liegen. Nach Ablagerungsort und Alter sind auch im Entlebuch alle vier Molassearten vertreten: Untere Meeresmolasse (UMM) vor 35 – 30 Millionen Jahren, untere Süsswassermolasse (USM) vor 30 – 20 Millionen Jahren, obere Meeresmolasse (OMM) vor 20 – 18 Millionen Jahren, obere Süsswassermolasse (OSM) vor 18 – 14 Millionen Jahren.

Meeresmolasse besteht aus Sedimenten feinerer Struktur wie Sandstein, Mergel und Ton; Süsswassermolasse ist gröberes Gestein, welches beim Transport gerundet und oft auch verfestigt wurde, wie die Nagelfluh. Nagelfluh ist ein Konglomerat, also ein zusammengesetztes Gestein aus Kies, Steinen und kleinen Blöcken; Sand, Mergel und Kalk sind am Aufbau beteiligt. Ein feiner Zement verkittet die einzelnen Bestandteile. Sind diese bunt, spricht man von bunter Nagelfluh (z. B. Napf), enthält das Konglomerat viel Kalk, bezeichnet man das Gestein als Kalknagelfluh (z. B. Beichlen).

Weiche Schiefermergel und Sandsteine im Hilferental (Gemeinde Escholzmatt-Marbach) erscheinen in ähnlicher Form in der Unteren Süsswassermolasse wie auch in der Unteren Meeresmolasse.

Nagelfluhbänder der Unteren Süsswassermolasse bilden die Horgassflue an der Nordseite der Beichlen.

Bergsturzblock aus Nagelfluh und Sandstein in der Weide unter der Horgassflue

Die Naturlandschaft im Entlebuch

Nagelfluh und Sandstein der aufgeschobenen, subalpinen Unteren Süsswassermolasse nordöstlich von Hofarni an der Südseite der Beichlen

Auf dem Beichlengrat blüht über der Beichlen-Nagelfluh die kalkliebende Aurikel *(Primula auricula)*.

In der Lammschlucht durchbricht die Waldemme die widerstandsfähigen Nagelfluh- und Sandsteinbänke der aufgeschobenen, subalpinen Unteren Süsswassermolasse.

Obere Meeresmolasse am linken Ufer der Kleinen Emme bei Hasle …

… und an der Grossen Fontanne bei Eimättili (Gemeinde Romoos)

Die Gratflue oberhalb der Ilfis bei Wiggen besteht aus Sandstein- und Nagelfluhbänken der Oberen Meeresmolasse. Auf ihr gedeiht ein schwer zugänglicher Buchenwald.

Obere Süsswassermolasse (Napfnagelfluh) im Gipfelgebiet des Napf bei Änzihüsli (links) und Stächelegg

Die Badhusflue auf der linken Seite der Grossen Fontanne (Gemeinde Romoos) gehört zur Oberen Süsswassermolasse. Diese Mittelländische Molasse ist aufgebaut aus Konglomeraten mit Sandstein- und Mergellagen (= Molassenagelfluh).

Diese bunten Steine wurden von den Ur-Aareflüssen weit von Süden her im Napfgebiet aufgeschüttet. Sie schmücken das Bachbett des Stäldiligraben. Der wasserarme Bach mündet bei Dürrenbach (Gemeinde Escholzmatt-Marbach) in die Ilfis.

Aufgrund der Lagerungsverhältnisse wird die Molasse gegliedert in Subalpine und Mittelländische Molasse. Die subalpine Molasse ist aufgeschobene Molasse und weist deshalb intensive Lagerungsstörungen auf. Als schmales Band folgt sie im Norden dem subalpinen Flysch und durchzieht das ganze Entlebuch. Weiche Mergel, tonig-sandige Schiefer, glimmerreiche Sandsteine und schiefrige Mergel der Unteren Meeresmolasse sowie bunte Mergel, Sandsteine und in höheren Lagen markante z. T. bunte Nagelfluhbänke der Unteren Süsswassermolasse bauen die Subalpine Molasse auf. Lochsitenberg, Beichlen, Brandchnubel und Farnere sind die bekannten Erhebungen der Subalpinen Molasse.

Die Beichlen (links) und die Farnere (rechts) sind die bekanntesten und markantesten Berge der Subalpinen Molasse.

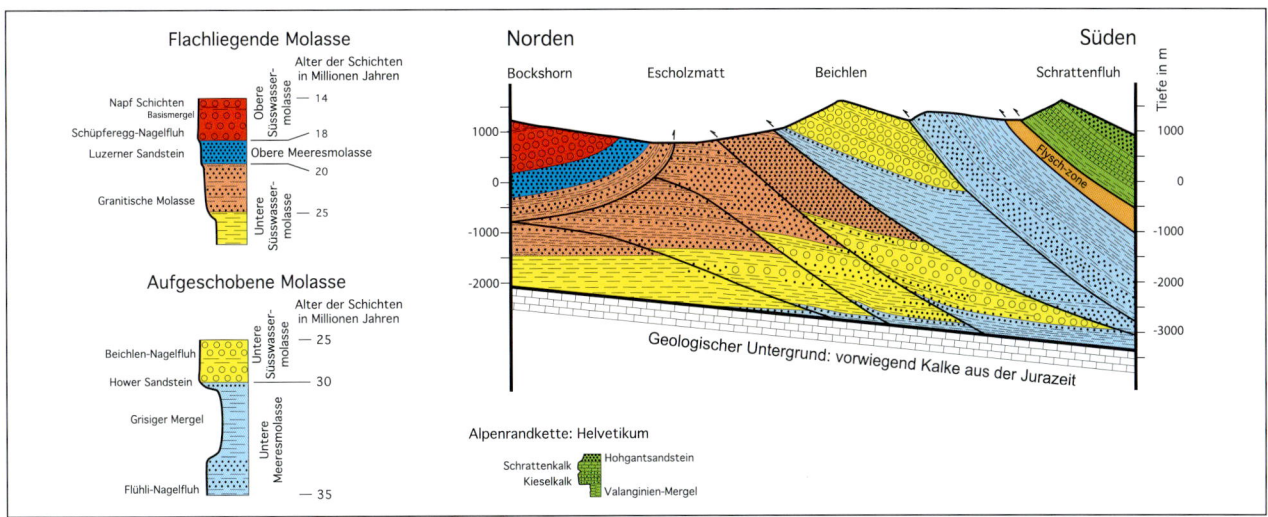

Geologischer Profilschnitt durch das Entlebuch. Quelle: © Geomorphologie Escholzmatt.

Nach Norden schliesst sich der Subalpinen Molasse die Mittelländische Molasse an. Diese ist aufgerichtet, gefaltet oder flachliegend. Graue oder rötliche, weiche Sandsteine und Mergel sowie granitische Molasse mit körnigen Sandsteinen, Mergeln und Nagelfluhbänken im Haupttal von Schüpfheim bis nach Marbach gehören zur Unteren Süsswassermolasse. Die aufgerichtete und die gefaltete Obere Meeresmolasse nehmen die Nordflanken des Haupttales ein. Mergel und Sandsteine, wie der fein strukturierte, horizontal geschichtete Luzerner Sandstein, bauen diese Zone auf, in welcher Nagelfluhbänke gegen Westen hin zunehmen. Die Mittelländische Molasse mit bunter Nagelfluh der Oberen Süsswassermolasse nimmt einen grossen Teil des entlebucherischen Napfgebietes ein.

Südlich der ehemaligen SBB-Haltestelle Doppleschwand-Romoos hat die Kleine Emme eindrucksvolle Erosionsbilder mit Nagelfluh und Sandsteinen der Oberen Süsswassermolasse in die Flusslandschaft von nationaler Bedeutung geschaffen.

Landschaftsformen

Nach der Alpenfaltung formten Gletscher, Flüsse und Bäche sowie Niederschläge und markante Temperaturunterschiede die Entlebucher Landschaft. Die Ergebnisse dieser formschaffenden Kräfte sind heute noch gut zu erkennen. Von den vier Eiszeiten hat die letzte Eiszeit vor 28 000 – 10 000 Jahren die Landschaft wesentlich geprägt. Der Waldemmegletscher und der Entlengletscher haben die meisten Spuren hinterlassen. Kleinere Lokalgletscher an der Schrattenflue, an der Beichlen, entlang der Randkette und im Gipfelgebiet des Napf schufen trichterförmige Kare. Vom Napfgebiet war in der letzten Eiszeit nur die Gipfelregion mit einer Eiskappe bedeckt. Der Waldemmengletscher bewegte sich von Sörenberg durch das Mariental nach Schüpfheim; von hier aus erstreckte sich ein Ausläufer westwärts über Escholzmatt hin nach Wiggen; die östliche Zunge reichte bis ins Dorf Entlebuch. Die zweitgrösste Ausdehnung hatte im Entlebuch der Gletscher der Grossen Entle.

Die Naturlandschaft im Entlebuch

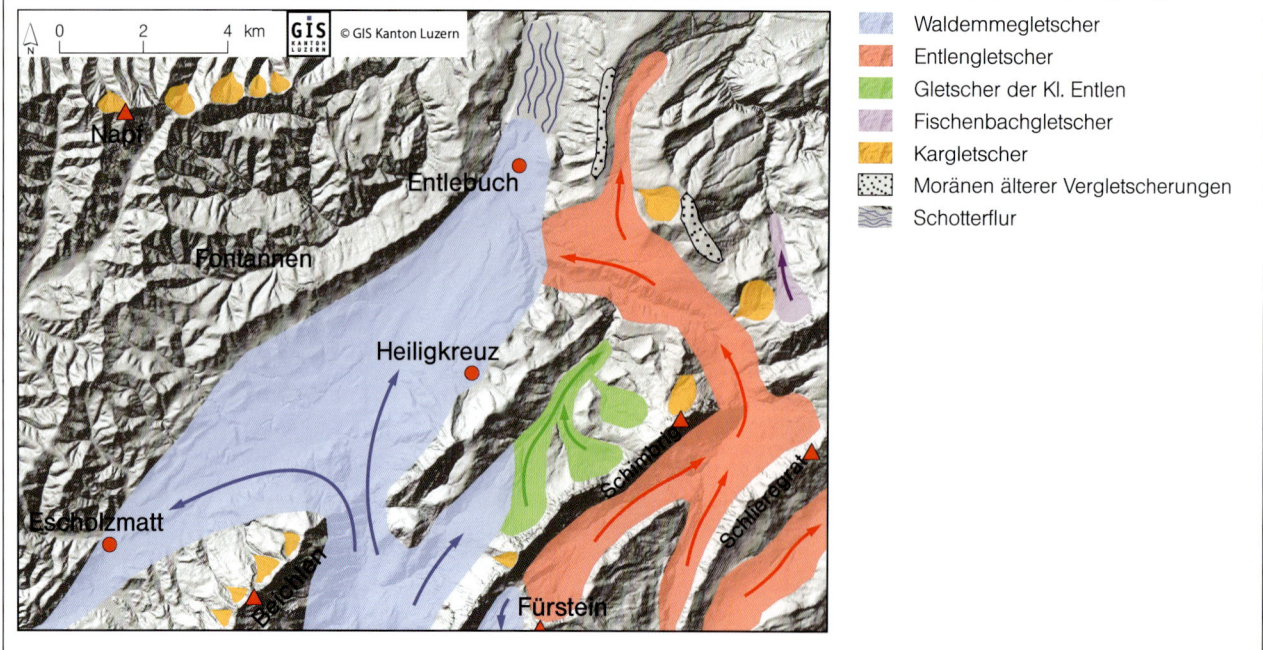

Vergletscherung des Entlebuch zur letzten Eiszeit. Quelle: © Geomorphologie Escholzmatt.

Rundhöcker, Moränen, Terrassen, Schmelzwasserrinnen und **Kare** sind auch im Entlebuch sichtbare Zeugen der Vergletscherung.

Rundhöcker sind langgezogene, gerundete oder auch fast kegelförmige Hügel, die durch frühere Gletscher und durch den Waldemmegletscher aus der Landschaft herausmodelliert wurden. In der Gemeinde Escholzmatt-Marbach und auch in Entlebuch sieht man ein paar schöne Beispiele.

Rundhöcker südlich von Escholzmatt (links) und südlich von Entlebuch (rechts) wurden durch Gletscher aus der Landschaft herausmodelliert.

Grundmoränen und Seitenmoränen sind im Entlebuch verbreitet. *Grundmoränen* sind lehmige, wenig wasserdurchlässige Flächen im Haupttal, auf Terrassen, über mergelreicher subalpiner Molasse und in den Flyschgebieten. Der verdichtete, nasse Boden begünstigte die Entstehung von Hoch- und Flachmooren, was heute noch im häufigen Flurnamen «Moos» zum Ausdruck kommt. Die meisten Moose sind allerdings auch im Entlebuch entwässert und zu fruchtbaren Wiesen umgewandelt worden.

Langgezogene und gerundete *Seitenmoränen* mit Kies und Geröll als Bestandteile sind durchlässig; sie liefern landwirtschaftlich wertvolle Böden, da sie auch bei längerer Trockenheit genügend Feuchtigkeit zurückhalten.

Das teilweise abgetorfte Mettilimoos in der Gemeinde Entlebuch liegt über Grundmoräne.

Langgezogene und gerundete Seitenmoräne bei Rütiboden in der Gemeinde Escholzmatt

Das reich terrassierte Haupttal verdankt sein heutiges Aussehen den Gletschern, insbesondere dem Waldemmengletscher sowie auch nacheiszeitlichen Einwirkungen. **Terrassen** von 10 m – 150 m über dem heutigen Talboden begleiten das Haupttal von Wiggen bis zur Ostabbiegung der Kleinen Emme bei Wolhusen. Sie sind vor allem auf der rechten Talseite gut ausgeprägt. Auf den Plateaus von Mittlist Äbnit, Rämis und Hutten in der Gemeinde Escholzmatt-Marbach liegt Schutt, der am Rande der Eismassen abgelagert wurde. Diese leicht nach NW geneigten Flächen werden als Verebnungsflächen bezeichnet. Zu ihnen dürften auch die Plateaureste mit etwa entsprechender Höhenlage von Zigerhütte, Chrummeneggli, Böschholdere, Strickegg, Rütiboden und Tällebachschwändi gehören. Offenbar handelt es sich hier um Reste eines alten Talbodens. Tiefer gelegene Terrassen erkennen wir auch zwischen Escholzmatt und Schüpfheim beidseitig der Wissemme.

Die Terrassen von Rämis (Bild oben) und Hutten (Bild nächste Seite) sind als Verebnungsflächen Reste eines alten Talbodens ca. 140 m über dem Haupttal. Unterhalb der Rämisterrasse liegt Wiggen, wo von links die Ilfis von Marbach und von rechts der Äschlisbach von Escholzmatt zusammenfliessen. Unter der Terrasse Hutten (vgl. nächste Seite) erkennt man das Dorf Escholzmatt auf der Talwasserscheide.

Zwischen Escholzmatt und Schüpfheim begleiten tiefer gelegene Terrassen das Haupttal. Auf dem Bild links erkennt man die Terrasse beim Weiler Lehn auf der linken Seite der Wissemme. Das Bild rechts zeigt die tiefer gelegene Terrasse zwischen Schwändlebach und Öschegrabe auf der rechten Seite der Wissemme.

Auf der rechten Seite des Haupttals liegen zwischen Schüpfheim und Wolhusen zwei ausgedehnte Terrassen. Die erste ist die prächtige Schwändi-Haslehowald-Terrasse. Sie erstreckt sich, talauswärts langsam sich senkend, von der Schwändi nordöstlich von Schüpfheim bis zum Quertal der Grossen Entle. Ufermoränen beleben das unruhige Relief. Die zweite langgezogene Terrasse von mehr als 7 km Länge und einer Breite von 0,5 km – 1 km verläuft vom Dorf Entlebuch über Ebnet bis zum Emmenknie bei Wolhusen. Die Seitenbäche haben sich hier bei ihrem Lauf zur Kleinen Emme schon wieder augenfällig in den Talboden eingeschnitten.

Die Schwändi-Haslehowald-Terrasse liegt auf der rechten Seite des Haupttals zwischen Schüpfheim und dem Quertal der Grossen Entle in Entlebuch. Im Talboden fliesst die Kleine Emme. Im Hintergrund die Randkette mit Risetenflue (links) und Schimbrig (rechts).

Rechts der Kleinen Emme (links) erstreckt sich die Terrasse Ebnet von Entlebuch bis gegen Wolhusen.

Die Naturlandschaft im Entlebuch

Terrassen mit Moränenschutt, Moränen und der mit glazialem und fluvialem Schotter belegte Talboden sind landwirtschaftlich die ertragreichsten, intensiv bewirtschafteten Böden für die Entlebucher Graswirtschaft.

Intensiv genutztes Kulturland

Wenig intensiv genutzte Heuwiese

Die Gletscherflüsse bildeten linienförmige Vertiefungen. Diese Vertiefungen werden als **Schmelzwasserrinnen** bezeichnet.

Durch Schmelzwasserrinnen, wie hier auf der linken Talseite zwischen Escholzmatt und Schüpfheim, floss das Schmelzwasser der Gletscher zu Tale.

Lokale Gletscher formten in trichterförmigen Mulden **Kare.** Das Kar ist eine lehnsesselartige Landschaftsform mit steiler Rückwand, die durch Verwitterung und der damit verbundenen Rückwärtserosion nach hinten weicht. Das langsam fliessende Eis modelliert durch sein Gewicht einen Karboden heraus, wo sich nach dem Abschmelzen des Eises in einer Mulde ein kleines Karseelein bilden kann. Ein solches Kar finden wir auf der Südseite der Schrattenflue unterhalb des Schibegütsch. Am Schlierengrat und an der Nordseite der Beichlen treffen wir auf weitere Kare. Imposant sind die unzugänglichen Kare im Gipfelgebiet des Napf.

Typisches Gletscherkar mit steiler Rückwand, Karmulde mit Karseelein und Karschwelle oberhalb der Alp Chlus an der Südseite der Schrattenflue

Das Kar Stächeleggflue im Gipfelgebiet des Napf (links) und das Kar oberhalb Chuchimösli an der Nordseite der Beichlen (rechts) zeugen von der gewaltigen Erosionskraft der lokalen Gletscher.

Nacheiszeitliche Spuren in der Landschaft: Nacheiszeitliche Vorgänge haben die Entlebucher Landschaft zusätzlich augenfällig verändert und geprägt. Es sind dies: *Abtragung* und *Aufschüttung durch Flüsse und Bäche, Bergstürze, Rutschungen, Geröllhalden, Karsterscheinungen, Moore.*

Nach der letzten Eiszeit förderten Flüsse und Bäche viel Abtragungsmaterial zu Tale und lagerten Schotter, Kies, Sand und Schlamm über dem bereits vorhandenen glazialen Schutt ab. Viele Schwemmfächer legen davon Zeugnis ab. Das ganze Haupttal ist reich an glazialem und fluvialem Schutt. Vor den Eiszeiten flossen vermutlich der Schonbach aus Marbach und seine Zuflüsse Richtung NO nach Escholzmatt und mündeten schliesslich in die Kleine Emme. Zusammen mit der Gletscherwirkung vermag das wohl die grösste Breite des Haupttales von ca. 1200 m beim Zusammenfluss von Schonbach und Hilferen im Marbacherboden erklären. Die nacheiszeitlichen Ablagerungen der Flüsse und Bäche erhöhten den Talboden von Escholzmatt, was im Dorf Escholzmatt zur Bildung der Talwasserscheide zwischen dem Einzugsgebiet der Kleinen und der Grossen Emme führte. Das Dorf Escholzmatt liegt auf einem mächtigen Schuttkegel des Lombach aus dem Napfbergland. Seit der letzten Eiszeit haben sich die Seitenbäche da und dort recht tief ins Haupttal eingeschnitten.

Voreiszeitliche Flüsse, Gletscherwirkung und nacheiszeitliche Ablagerungen der Bäche Schonbach, Hilferen und Ilfis haben im Marbacherboden die grösste Breite des Haupttales geschaffen.

Ein lokaler Gletscher der Beichlen und nacheiszeitlich der Vierstockenbach formten das Seitental Vierstocken zwischen den Terrassen Rämis und Hutten in der Gemeinde Escholzmatt.

Nach der Eiszeit hat sich die Bibere bei Hasle schon wieder recht tief in die Terrasse Schwändi-Haslehowald eingeschnitten.

Besondere Erwähnung verdient das **Napfbergland**. Der Napf (1408 m ü. M.) als gewaltiger Schuttfächer verdankt seine Entstehung der Alpenfaltung. Mit Ausnahme der Gipfelregion war er während der letzten Eiszeit eisfrei. Ungehindert konnten Bäche und Flüsse jahrtausendelang das Molassegestein erodieren. Sie schufen so das reif zertalte Napfbergland mit vielen v-förmigen Tälern und meist wenig breiten Schultern, die sog. «**Gräben**» und «**Eggen**». Das bewegte Relief des Napfberglandes ist dünn besiedelt, viele steile Hänge und Nagelfluhbänder sind meist mit Buchen- und Tannen-Buchenwäldern bewachsen, Mergelböden liefern Gras und Heu, flachgründige Böden über Sandstein werden als ausgedehnte Weideflächen genutzt. An sonnigen, steilen Hängen sind bis heute dank Schutz- und Pflegemassnahmen einige artenreiche, trockene Magerwiesen mit seltenen Pflanzen erhalten geblieben. Interessant ist eine Kolonie von Alpenpflanzen im Gipfelgebiet des Napf. Einige von ihnen sind vermutlich voreiszeitliche oder eiszeitliche Reliktpflanzen; andere sind erst nach den Eiszeiten eingewandert. Zwei in der Schweiz seltene Pflanzenarten verdienen besondere Aufmerksamkeit: der Österreichische Bärenklau (*Heracleum austriacum*) kommt in der Schweiz nur im grasigen Gipfelgebiet des Napf vor; das Jura-Leinkraut (*Linaria alpina* ssp. *petraea*) – eine Unterart des Alpen-Leinkrautes – ist sonst nur noch im Kalkschutt einiger Juraketten zu finden.

Blick von der Schüpferegg in das reif zertalte Napfbergland mit Eggen und Gräben. Buchen- und Tannen-Buchenwälder mit vielen Fichten bedecken steile Hänge und Nagelfluhbänder.

Die Naturlandschaft im Entlebuch

Steil, bewaldet und felsig: ein typisches Landschaftsbild im Napfbergland bei Dürrenbach in Wiggen

Der Österreichische Bärenklau *(Heracleum austriacum)* kommt in der Schweiz nur im Gipfelgebiet des Napf vor.

Das Jura-Leinkraut (*Linaria alpina* ssp. *petraea*) im Gipfelgebiet des Napf blüht auch noch im Kalk-Schutt einiger Juraketten.

Bienen-Ragwurz *(Ophrys apifera)*

Helm-Knabenkraut *(Orchis militaris)*

Hummel-Ragwurz *(Ophrys holosericea)*

Diese drei Orchideenarten blühen im Entlebuch selten in wenigen Magerwiesen des Napfberglandes.

Bergsturz, Bergrutsch: Nacheiszeitliche Bergstürze, bei denen ganze Gesteinspakete herunterstürzen, ereigneten sich an den Kalkbergen der Randkette sowie auch an den Flysch- und Molassebergen. Ihre Spuren sind heute noch sichtbar, z. B. an der Beichlen, an der Schrattenflue und am Schlierengrat. Bergsturzflächen werden als Weide genutzt oder sind von mühsam begehbaren Block-Fichtenwäldern bewachsen.

Bergsturz Horgassflue mit Bergsturzweide

Die Stängellose Schlüsselblume *(Primula acaulis)* blüht im Kanton Luzern nur in einer mageren Bergsturzweide im Hilferental in der Gemeinde Escholzmatt-Marbach.

Das Flyschgestein am Nünalpstock in der Nachbarschaft der Hagleren ist auch heute noch in Bewegung.

Die Naturlandschaft im Entlebuch

Bergrutsche und **Erdschlipfe** sind im Entlebuch nach längerer Regenzeit und nach heftigen Gewitterregen vor allem in den Flysch- und Molassegebieten oft zu beobachten. Das bekannteste Naturereignis dieser Art ist wohl der Bergrutsch von Sörenberg im Jahre 1910. Damals lösten sich als Folge von mehreren niederschlagsreichen Jahren ca. 4 Millionen m³ Flyschgestein, vor allem Sandstein und Schieferton, von der Spitze des Nünalpstock. Der mächtige, wasserarme, dunkle Schuttstrom bewegte sich als lebendiger Steinhaufen langsam ins Tal hinunter bis zur Waldemme, wo er nach zwei Tagen ankam und diese staute.

Kurze Zeit später floss durch den benachbarten Laubach ein gewaltiger, wasserreicher **Murgang** mit Schlamm und Steinen tosend ins Tal. Die Schutt- und Schlammmassen erstreckten sich bis zur Kirche im Weiler Sörenberg und bedeckten ca. 30 ha Land. Im ganzen Bergrutschgebiet bildeten sich später mehrere Tümpel, von denen heute nur noch einer vorhanden ist.

Kleinere und grössere Erdschlipfe nach längeren Niederschlagsperioden, wie z. B. Anfang September 1936, sind im Bergland Entlebuch eine fast alljährliche Erscheinung.

Geröll- und Schutthalden: Geröll- und Schutthalden gehören an den Abhängen der Kalkberge von der Schrattenflue und dem Brienzer Rothorn bis zum Schimbrig zum Landschaftsbild der Randkette. Hervorgerufen durch Spaltenfrost löst sich Gestein von den Felsen, rollt in die Tiefe und sammelt sich am Fusse der Felswände in beweglichen Geröllhalden oder als ruhender Grob- und Feinschutt in ausgedehnten Geröll- und Schutthalden.

Kalk-Geröllhalden am Brienzer Rothorn beim Roten Boden. Im beweglichen Kalkgeröll (rechts) hat das Mont Cenis-Veilchen *(Viola cenisia)* seinen einzigen Standort im Kanton Luzern.

Geröllhalde an der Südostseite der Grönflue

Die bunt blühenden Pflanzen der Geröll- und Schutthalden sind an das sich bewegende Geröll und eine immer wiederkehrende Überschüttung gut angepasst.

Das Rundblättrige Täschelkraut *(Thlaspi rotundifolium)* ist typisch für das bewegliche Kalkgeröll.

Die Grossblättrige Gemswurz *(Doronicum grandiflorum)* bevorzugt groben Ruheschutt.

 Das Mont Cenis-Veilchen (*Viola cenisia*) findet man im Kalkgeröll neben dem Roten Boden am Brienzer Rothorn.

 Der Westliche Alpenmohn (*Papaver occidentale*) ist selten im beweglichen Kalkschutt am Brienzer Rothorn. Hier ist der östlichste Standort dieser westalpinen Art.

 Der Moschus-Steinbrech (*Saxifraga moschata*) ist im feinen Ruheschutt verbreitet.

Karsterscheinungen: Wasser (H_2O) bildet mit dem Kohlendioxid (CO_2) der Luft und des Bodens Kohlensäure (H_2CO_3). Kohlensäurehaltiges Wasser vermag Kalk zu lösen. Diese chemische Verwitterung des Kalkes wird als Korrosion oder Lösungserosion bezeichnet. Die Bearbeitung des fossilreichen Kalkes durch kohlensäurehaltiges Wasser führt zur Bildung von Karst. Eine solche Karstlandschaft ist die Südseite der Schrattenflue, aus der Ferne betrachtet eine öde Steinwüste von bedrückender Einsamkeit; in der Nähe aber kann man die bizarre Schönheit des zerschrundenen Kalkgesteins bewundern.

Die Karstlandschaft auf der Südseite der Schrattenflue ist von bedrückender Einsamkeit, aber auch von bizarrer Schönheit.

Das Wasser zernagt oberflächlich den Kalk und bildet rinnenförmige, fast messerscharfe Karren, die auch als Schratten bezeichnet werden. Dolinen sind trichterförmige Einsenkungen im Schrattenkalk. Weil sich hier das versickernde Wasser und Nährstoffe anreichern, gedeiht an ihrem Grunde meist eine üppige Vegetation aus Hochstauden. Schlucklöcher und senkrechte, metertiefe Karrenschlote bereichern die eindrückliche Wanderung über die einmalige Karstlandschaft der Schrattenflue.

Die Naturlandschaft im Entlebuch

Linienförmige Rillen- und Rinnenkarren sind am hellen Schrattenkalk wahre Kunstwerke der Natur.

Doline bei Silwängen

Metertiefes Schluckloch im Schrattenkalk oberhalb der Alp Chlus

In **Dolinen**, **Schlucklöchern** und **Karrenschloten** versickert das Regenwasser in der Karstlandschaft der Schrattenflue und sucht sich seinen Weg zum Thunersee.

Verborgen bleibt den meisten Wanderern das unterirdische Werk des Wassers im Karst: die Zauberwelt der Höhlen mit dem ausgeschiedenen Kalk in Form von Tropfsteinen. Befinden sich diese an der Decke der Höhle, nennt man sie Stalaktiten, wachsen sie vom Boden in die Höhe, heissen sie Stalagmiten. Unterirdische Seen und Bäche vervollständigen die faszinierende Welt der vielen kleinen und grösseren Karsthöhlen in der Karstlandschaft Schrattenflue. Nach einem unterirdisch zurückgelegten Weg von 21 km sprudelt das versickerte Wasser der Schrattenflue nach ca. 38 Stunden als Quelle in den Thunersee.

Zauberwelt der Silwängen-Höhle: In der Höhle scheidet das Wasser den gelösten Kalk samt den Inhaltsstoffen wie Eisen- und Schwefelverbindungen, welche den Tropfsteinen die verschiedenen Farben verleihen, wieder aus. Tropfsteine, die von der Decke nach unten wachsen, nennt man Stalaktiten, jene, die auf dem Boden stehen, heissen Stalagmiten (Fotos: Theo Schnider, Sörenberg).

Bemerkenswert ist die Zahl der kalkliebenden Blütenpflanzen, Bäume, Sträucher und Farne, welche die karge Karstlandschaft der Schrattenflue besiedeln.

Erstaunlich, wie der Steinrosen-Bergföhrenwald in der Karstlandschaft gedeihen kann.

Der Starre Wurmfarn oder Villar's Wurmfarn *(Dryopteris villarii)* wächst in den Karrenspalten.

Die Bewimperte Alpenrose *(Rhododendron hirsutum)*, das Berg-Laserkraut *(Laserpitium siler)* und die Grossblättrige Weide *(Salix appendiculata)* gedeihen auch in Spalten und Nischen der Kalkfelsen.

Lanzenfarn *(Polystichum lonchitis)* in einer Karrenspalte

Der Leberbalsam *(Erinus alpinus)* bringt Farbe in die Kalkfelsen.

Moore: Nach der letzten Eiszeit waren im voralpinen Entlebuch die Voraussetzungen günstig für die Entstehung von Mooren: ein feucht-kühles Klima mit hohen Niederschlagsmengen und hoher Luftfeuchtigkeit sowie wasserundurchlässiger oder wenig durchlässiger Boden in den verschiedenen Flyschgebieten und über Grundmoränen in den Tälern und auf den seitlichen Terrassen. In ebenen Flächen, über flachen Seen, an wasserzügigen Hängen und in Mulden bildeten sich in einigen Tausend Jahren ausgedehnte, offene Flach-, Übergangs- und Hochmoore (= Torfmoore) sowie auch Hochmoor- oder Torfmoos-Bergföhrenwälder durch Versumpfung von Wäldern. Bei der Bildung von Hochmooren siedelten sich verschiedene Torfmoosarten *(Sphagnum sp.)* in einzelnen Feuchtgebieten an, konnten sich aber wegen Sauerstoffmangels im nassen Moorboden nicht vollständig zersetzen, sondern nur vertorfen. So entstanden in den Hochmooren mit der Zeit Torfschichten bis zu einer Mächtigkeit von einigen Metern.

Das Hochmoor beim Salwidili (Gemeinde Flühli) konnte seinen ursprünglichen Charakter bewahren und ist wohl eines der schönsten im Entlebuch. Im Hintergrund erkennt man die Schrattenflue.

Einige Orchideenarten und Wollgräser sind verbreitet in den Flachmooren.

Breitblättriges Knabenkraut *(Dactylorhiza majalis)*

Der Breitblättrige Sonnentau *(Drosera obovata)* ist typisch für Hochmoore.

Die grosse Zahl von Mooren im Entlebuch wurde vor allem im 19. und 20. Jahrhundert durch Entwässerung und Torfabbau stark reduziert, insbesondere im Haupttal und auf den seitlichen Terrassen. Mit über 100 Hoch-, Flach- und Übergangsmooren sowie Torfmoos-Bergföhrenwäldern von nationaler Bedeutung und einer Fläche von ca. 2000 ha besitzt das Entlebuch trotzdem auch heute noch die grösste Moordichte der Schweiz. Alle diese Moore sind gesetzlich geschützt und ihre Bewirtschaftung ist durch Verträge geregelt. Für mehrere von ihnen wäre aber eine angemessene ökologische Aufwertung angebracht. Im Entlebuch liegen zudem vier Moorlandschaften von nationaler Bedeutung.

Nicht zuletzt hat der Mensch nach der Eiszeit mit Beginn der schrittweisen Besiedelung vor ca. 1000 Jahren die Landschaft Entlebuch tiefgreifend verändert. Waldrodungen, Aufforstungen mit Bevorzugung der Fichte *(Picea abies)*, Entwässerungen, Bach- und Flusskorrektionen, Siedlungs- und Strassenbau, Beweidung sowie die Intensivierung der Landwirtschaft haben das ursprüngliche Landschafts- und Vegetationsbild der Talschaft Entlebuch wesentlich umgestaltet. Trotzdem aber ist das Entlebuch auch heute noch ein Biosphärenreservat mit weitgehend intakter, abwechslungsreicher Natur- und Kulturlandschaft.

Escholzmatt um 1890

Escholzmatt 2014

Sörenberg auf einer Postkarte von 1936

Sörenberg 2015

Das Entlebucher Haupttal zwischen Schüpfheim und Escholzmatt (Hintergrund)

Das Haupttal zwischen Wiggen und Marbach wird von der Hilferen durchquert (Mitte). Diese erreicht weiter unten den Schonbach aus Marbach; von hier an heisst das Gewässer Ilfis. Der Wachthubel (oben rechts) wird zum Napfgebiet gerechnet; im Hintergund ist die Sichel (BE) ein auffälliger Blickfang.

Bodenkundliche Hinweise

Über der Gesteinsunterlage beeinflusst der zwei- bis mehrschichtige Boden mit mehr oder weniger Humus das Vegetationsbild einer Landschaft. Durch jahrhundertelange menschliche Tätigkeiten wurde vielerorts auch der Boden und damit die ursprüngliche Pflanzendecke verändert.

Bodenbildner: Verschiedene Bodenbildner bilden die Grundlage für den Aufbau des Bodens.

1. *Lehm mit Kies und Sand* bauen Moränen und Schotterflächen auf. Wir finden sie in den Talböden der heutigen Flüsse, auf den Terrassen rechts vom Haupttal und rechts vom Waldemmental zwischen Flühli und Sörenberg, auf der Bramegg sowie in einer unterschiedlich breiten Zone vor der Randkette.
2. *Sandsteine und Mergel* sind die Bodenbildner in Molasse und Flysch. In der Molasse eingelagert sind Nagelfluhbänke, während im Flysch Mergel und feste Sandsteinbänke vorherrschen. Diese Gesteine bilden aufgelockert die Bodengrundlage der subalpinen Molasse und der Flyschgebiete von Werthenstein bis nach Marbach und Sörenberg, wobei die Böden der Alpweiden vom Schlierengrat bis zum Hundschnubel in Sörenberg von Flyschsandsteinen ohne Mergel eingenommen werden.
3. *Molassenagelfluh mit Sandstein und Mergel* nehmen im Entlebuch die grösste und zusammenhängendste Fläche ein. Zu ihr gehören fast das ganze Napfbergland sowie Teile der Molasseberge Lochsitenberg, Beichlen und Farnere.
4. *Kalkgesteine* in unterschiedlicher Zusammensetzung liefern das Bodenmaterial für die oft steinigen Böden entlang der Randkette vom Risetenstock bis zur Schrattenflue und dem Brienzergrat.
5. *Gehängeschutt* am Schlierengrat und am Fusse der Kalkberge liefert bei genügender Humusschicht gute Weideböden.

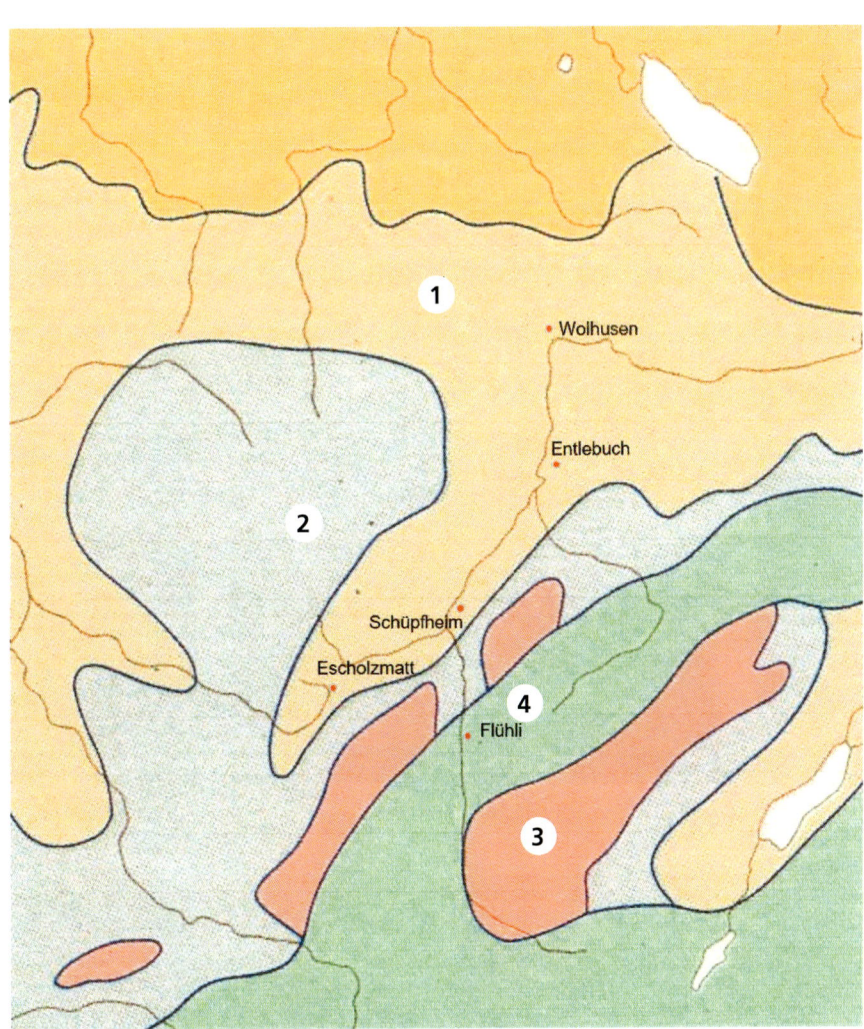

Bodenkarte des Entlebuch (© ETH Zürich, 1964)
1 Saure Braunerden (saure und basenreiche Braunerden)
2 Braunpodsole (Braunpodsole, Podsole, Braunerden i. w. S.)
3 Podsole (Podsole, Braunpodsole)
4 Rendzinen (Rendzinen, verbraunte Rendzinen)

Die Naturlandschaft im Entlebuch

Bodentypen: Gesteinsuntergrund, Klima, Wasser, Relief, Vegetation und menschlicher Einfluss sind verantwortlich für die Entwicklung verschiedener Bodentypen. Die wichtigsten Bodentypen im Entlebuch sind Braunerde, Podsol, Gley- und Pseudogley und Rendzina.

Braunerde: Die Braunerde ist der häufigste Bodentyp im feucht-gemässigten Klima des Entlebuchs. Der flach-, mittel- bis tiefgründige Boden über Molasse kann je nach Ausgangsgestein basisch bis schwach sauer oder sogar sehr sauer sein. Der Unterboden unter der Humusschicht ist durch Verwitterung braun gefärbt und verlehmt. Das Nährstoffangebot dieses Bodens reicht von nährstoffarm bis nährstoffreich; seine Wasserdurchlässigkeit ist gut; nur in höheren Lagen sind podsolierte und vergleyte Braunerdeböden weniger durchlässig. Wälder und Kulturland bedecken unsere Braunerdeböden.

Braunerde

Wiesland und Wälder bedecken den Braunerdeboden zwischen Schüpfheim und Hasle.

Podsol: Der Name Podsol kommt aus dem Russischen und bedeutet «Boden unter der Asche des Lagerfeuers». Dieser «Ascheboden» heisst seiner Farbe entsprechend Bleicherde oder Grauerde. Der saure, nährstoffarme Oberboden ist durch Auswaschung bleich geworden und verarmt; der Regen versickert schnell aus dem Oberboden und wäscht ihn aus. Podsolböden können auch vernässt sein und erscheinen dann gley- oder pseudogleyartig. Sie beherbergen Waldflächen mit mächtiger Rohhumusschicht, aber auch Feuchtgebiete mit Feuchtwiesen und Flachmooren.

Podsolboden

Fichtenwald am Fürstein

Feuchtwiese mit Trollblume *(Trollius europaeus)* und Eisenhutblättrigem Hahnenfuss *(Ranunculus aconitifolius)*

Gley, Pseudogley: Gleyböden sind vernässte, sog. hydromorphe Böden über wasserundurchlässigem Untergrund wie Grundmoränen oder Flysch. Diese Grundwasserböden können bei gleich hoch anstehendem Grundwasser oder Hangwasser über allen Gesteinsarten vorkommen. Sie sind in der Tiefe immer mit Wasser gesättigt, schlecht durchlüftet und daher ungünstig für das Wurzelwachstum der Pflanzen. Der wassergesättigte Unterboden ist blau-grau-grünlich gefärbt; die Bodenschicht darüber ist wechselfeucht, rostfleckig und besser durchlüftet. Die oberste Bodenschicht mit Humus ist vom Grundwasser unbeeinflusst. Der Name Gley bedeutet im Russischen Schlamm, in der deutschen Sprache klebrig, haftend. Erlen- und Eschenwälder der Flussauen wachsen über Gleyböden mit hohem Grundwasserspiegel. In Feuchtwiesen über Gley gedeihen typische Pflanzen wie Sauergräser *(Cyperaceae)*, die Moor-Spierstaude *(Filipendula ulmaria)* oder der Blut-Weiderich *(Lythrum salicaria)*. Andauernde Bewirtschaftung mit schweren Landmaschinen oder intensive alljährliche Beweidung mit schwerem Rindvieh verdichten den Gleyboden.

Gleyboden

Auenwald an der Waldemme bei Flühli

Pseudogley ist ein Stauwasserboden, der durch gestautes Niederschlagswasser vernässt wird. Das Stauwasser liegt oberhalb von 40 cm unter dem Boden. Der gut durchlässige Oberboden bildet die Stauzone; darunter liegt der Staukörper als dichte, undurchlässige Schicht. Der sauerstoffarme Pseudogleyboden ist oben gebleicht und fahl, darunter rostfarben und mit schwarzen Flecken. Je nach Niederschlagsrhythmus ist der Boden nass bis trocken. Pseudogley ist daher ein wechselfeuchter Boden, während Gley ständig nass ist. Pseudogley ist der typische Boden der Grundmoränen. Über diesem Boden gedeihen feuchte Wiesen und Wälder.

Pseudogleyboden

Der Scharfe Hahnenfuss *(Ranunculus acris* ssp. *friesianus)* und der Wiesen-Fuchsschwanz *(Alopecurus pratensis)* bestimmen das Erscheinungsbild dieser feuchten Fettwiese.

Rendzina: Der Begriff Rendzina stammt aus der polnischen Sprache und bedeutet das schnarrende, kreischende Geräusch des Pfluges beim Auftreffen auf festes Gestein. Rendzina ist ein flach- bis mittelgründiger Gesteinsrohboden über Kalkgestein entlang der Alpenrandkette. Unter einer aktiven, 10 – 20 cm mächtigen Humusschicht folgt direkt ein steiniger Skelettboden. Der kalkhaltige Boden hat einen pH-Wert zwischen 7 und 8, ist porös, gut durchlüftet, wasserdurchlässig und tonhaltig. Wegen der Flachgründigkeit ist der Rendzinaboden trotz nährstoffreicher Humusschicht eher karg und neigt vor allem an Südhängen zur Austrocknung, was man in den trockenen Sommermonaten 2003 und 2015 auf der Südseite der Schrattenflue gut beobachten konnte. Artenreiche Kalk-Magerrasen wie die Blaugras-Horstseggenhalde, aber auch ausgedehnte Weiden wie die Milchkrautweide sowie Wälder über dem Rendzinaboden prägen

Rendzinaboden

Steinige Milchkrautweide auf dem Brienzer Rothorn

Der Zwergbuchs-Fichtenwald wächst lückig über dem Schrattenkalk.

das abwechslungsreiche Vegetationsbild der Entlebucher Kalkberge, welches durch viele farbenfrohe Pflanzen sowie Schmetterlinge und Reptilien bereichert wird.

Klima

Das Entlebuch liegt im Übergangsgebiet vom atlantischen zum mitteleuropäischen Klima: reichliche Niederschläge – vor allem im Sommer – in fast allen Monaten und der Höhenlage entsprechend gemässigte Temperaturen. Die Berge wirken nicht als Klimascheide, sind aber genügend hoch, um Regenfänger zu sein. Die Höhenlage – die Höhendifferenz zwischen dem tiefsten und dem höchsten Punkt beträgt 1833 m – sowie das lebhafte Relief im Voralpen- wie im Napfgebiet führen bezüglich Temperatur, Regenhäufigkeit, Schneemenge, Nebelbedeckung und Winden zu einer auffälligen Vielseitigkeit des entlebucherischen Lokalklimas.

Temperatur: Über die Temperaturverhältnisse im Entlebuch gibt es keine offiziellen Messungen. Einzig auf dem Gipfel des Napf (1403 m ü. M.) befindet sich eine Messstation. Diese verzeichnet für die Periode von 1981–2010 ein Jahresmittel von 5,3 °C, für den Januar –1,6 °C und für den Juli 13,6 °C als Monatsmittel. Das vom Entlebuch nicht weit entfernte Langnau i. E. (745 m ü. M.) zeigt für den gleichen Zeitraum eine mittlere Jahrestemperatur von 7,9 °C, der Pilatus (2106 m ü. M.) bei Luzern eine solche von 1,8 °C und Luzern (454 m ü. M.) 9,6 °C. Im Entlebucher Haupttal dürften die mittleren Januartemperaturen zwischen –2 °C und –5 °C , jene vom Juli zwischen 15 °C und 18 °C liegen. Allgemein sind im Entlebuch die mittleren Temperaturen tiefer als im übrigen Kanton Luzern. Ein ausgeprägter Föhnkanal fehlt dem Entlebuch. Gegenüber dem Luzerner Mittelland erfährt die Vegetation im Frühling im höher gelegenen Haupttal eine Verzögerung von 3–6 Wochen. Der Frühling gilt eher als kühl; Spätfröste und Schneefälle sind für das Entlebuch bis Mitte Mai keine Seltenheit. Diese schränken den Obstbau stark ein und lassen die blühende Frühlingsvegetation, wie z. B. die Blüten der Heidelbeeren erfrieren. Der Herbst präsentiert sich klimatisch meist ausgeglichener. Temperaturinversionen sind in den Herbst- und Wintermonaten auf den Bergen und in den höher gelegenen Tälern keine Seltenheit. Wegen der Höhenlage bleibt das Entlebuch während des ganzen Jahres von plötzlichen Temperaturstürzen nicht verschont. Spürbar ist auch die kühlende Wirkung kahler Felsen in den Frühsommernächten; andererseits staut sich im Sommer die Wärme in einzelnen südexponierten Felsenkesseln der Kalkberge, was die wärmeliebende Vegetation dieser Lebensräume deutlich zum Ausdruck bringt.

Neben der Höhenlage spielt die Exposition eine wesentliche Rolle für die Temperaturverhältnisse. Das Haupttal verläuft in N-S- beziehungsweise O-W-Richtung und hat grösstenteils bezüglich Besonnung eine günstige Lage. Im vielfältig zertalten Napfbergland ist die Sonneneinstrahlung unterschiedlich. Sonnige Hänge mit artenreicheren, mageren Wiesen und Weiden wechseln ab mit schattigen, oft bewaldeten Abhängen. Bergschatten, wie z. B. an der N-W-Seite der Beichlen, verzögert die Entwicklung der Vegetation im Frühjahr. «Sunnsite» und «Schattsite» sind Flurnamen, die auf die unterschiedliche Wärmezufuhr hinweisen. Die Sonnenscheindauer wird wegen der Schneeschmelze und der dabei aufsteigenden feuchten Luft mit Quellwolkenbildung im Bergland Entlebuch oft eingeschränkt.

Niederschlag: Das Entlebuch gehört zum mitteleuropäischen Niederschlagstypus mit meist reichlichen Niederschlägen. Das Maximum fällt meist auf die Sommermonate, das Minimum auf die Wintermonate zu Beginn des Jahres. Die Niederschlagsmenge nimmt gegen die Alpenrandkette hin zu. Wegen des bewegten Reliefs zeigen aber die Niederschlagsverhältnisse im Entlebuch – oft auf kurze Distanz – eine unerwartete Vielseitigkeit.

Die Niederschlagsmengen werden in vier Messstationen in den Gemeinden Entlebuch, Escholzmatt, Flühli und Marbach erfasst. Zudem befindet sich eine Messstation auf dem Napf.

Mittlere Niederschlagsmengen 1900–1930 (mm)	
Entlebuch	1354
Escholzmatt	1553
Flühli	1706
Marbach	1591

Niederschlagssummen 1981–2010 (mm)
Quelle: MeteoSchweiz, Bundesamt für Meteorologie und Klimatologie

Ort	m ü. M.	Jan.	Feb.	März	April	Mai	Juni	Juli	Aug.	Sept.	Okt.	Nov.	Dez.	Jahr
Entlebch	768	92	86	106	109	163	175	175	169	121	100	98	110	1503
Escholzmatt	910	87	82	103	113	158	185	178	166	126	103	100	105	1504
Flühli	928	113	105	125	126	169	206	194	181	138	113	119	131	1718
Marbach	864	113	106	126	134	186	204	204	189	140	120	120	128	1718
Napf	1403	104	102	128	126	191	190	188	183	142	117	112	125	1708

Das Niederschlagsmaximum fällt auf den Juni, das Minimum auf den Februar. Die recht hohen Niederschläge im Mai sind für die Entwicklung der Vegetation günstig, sofern nicht plötzliche Kälteeinbrüche mit Schneefall bis ins Haupttal sie daran hindern.

Interessant und überraschend ist die Feststellung, dass die jährliche Niederschlagssumme in der Messperiode 1981–2010 gegenüber der Messperiode 1900–1930 in den damaligen Gemeinden Entlebuch, Flühli und Marbach zugenommen, in der Gemeinde Escholzmatt aber um 49 mm abgenommen hat. Leider sagen die Niederschlagstabellen nichts aus über die Anzahl der Niederschlagstage, die Dauer und die Intensität der einzelnen Niederschlagsperioden.

Bezüglich Gewitter und Hagelschlag gehört das Entlebuch zur gewitterreichsten Zone der Voralpen. Besonders das Napfgebiet sowie die Talkessel von Marbach und Sörenberg werden fast jedes Jahr von heftigen Gewittern heimgesucht. Hier sind diese auch immer wieder von harmlosen, aber auch zerstörerischen Hagelschlägen und Erdrutschen begleitet. Ausgedehnte Aufforstungen haben da und dort das Abflussregime der Bäche und Flüsse gemildert und als Folge der geringeren Verdunstung ist die Gewitter- und Hagelhäufigkeit offenbar vermindert worden. So verdient der Berg Hagleren oberhalb von Sörenberg seinen Namen heute kaum noch.

Ein erheblicher Teil des Niederschlags fällt im hochmontanen und subalpinen Bereich des Entlebuchs als Schnee. Im Talboden von Escholzmatt (ca. 850 m ü. M.) fiel der erste Schnee in den letzten Jahrzehnten ab und zu schon Ende September oder im Oktober, der letzte Anfang Mai, ganz selten Anfang Juni. Nicht selten erschwert Schneefall bis gegen Ende Juni in höheren Lagen die Beweidung auf den Alpbetrieben. Diese Wintereinbrüche im Frühling stören die Entwicklung der Vegetation empfindlich. Schneearme Winter mit grösseren Schneemengen in den Skigebieten Sörenberg und Marbach erst nach Weihnachten sind offenbar in den letzten 40 Jahren häufiger geworden. Die schneefreie Zeit liegt in den tieferen Lagen bei ca. 7–8 Monaten, in den höchsten Berggebieten bei ca. 3–4 Monaten.

Hochnebel ist bei feuchter Luft und Bisenlage in den Bergen ein häufiger Gast im Entlebuch. Das Haupttal ist mehr in Nebel gehüllt als die Seitentäler. Während in den Herbstmonaten das Mittelland unter einer dicken Nebeldecke liegt, erfreut strahlender Sonnenschein die höher gelegenen Regionen, insbesondere das Waldemmental und die Gemeinde Escholzmatt-Marbach.

Wind: Verschiedene Winde beeinflussen die Vegetation. Wegen des lebhaften Reliefs weht der gleiche Wind oft in unterschiedlicher Richtung. Am häufigsten weht der Westwind. Als Wetterwind ist er der Regenbringer. Raue, trockene Nord- und Nordostwinde blasen als kühle oder kalte Bise im Frühjahr oder Winter oft tagelang über die Napfhöhen, die Terrassen sowie die Talwasserscheide von Escholzmatt hinweg. Sie verschärfen die empfundene winterliche Kälte und trocknen im Frühling den schneefreien Boden oberflächlich rasch aus, was die Entwicklung der Vegetation verzögert. Windgefegte Grate und Kuppen in den höchsten Gebirgslagen sind manchmal auch im Winter schneefrei und somit arktischer Kälte ausgesetzt. Hier erfreuen uns im Frühling kälteresistente Zwergstrauchteppiche mit der rot blühenden Alpen-Azalee *(Loiseleuria procumbens)*.

Der Föhn ist im Frühjahr vor allem im Waldemmen- und im Entlental ein willkommener Gast, beschleunigt er doch wirksam die Schneeschmelze. Mässige bis starke Föhnstürme sind selten. Spürbar sind im Voralpenland Entlebuch der am Vormittag aufwärts wehende Talwind, ebenso der am Abend und in der Nacht stärker abwärts wehende Bergwind.

Starke und immer wiederkehrende Winde hinterlassen Spuren an windausgesetzten Bäumen. Diese neigen sich in Windrichtung und sind mit der Zeit astfrei auf der Windseite. Sie werden als Wetterfahnen oder Wettertannen bezeichnet.

Im Winter kommt es im höher gelegenen Entlebuch bei lang anhaltenden Schneefällen mit heftigen Winden zu manchmal meterhohen Schneeverfrachtungen, weshalb sich die Öffnung des ausgedehnten Güterstrassennetzes schwierig und sehr aufwändig gestaltet.

Der Klimawandel und die offenbar damit verbundene geringe durchschnittliche Erwärmung führen zu einem intensiveren Energiefluss in der Atmosphäre. Extreme Wetterlagen bezüglich Niederschlag, Wärme und Kälte mit markanten Temperaturunterschieden von bis zu 20 °C in kurzer Zeit sind deshalb auch im Entlebuch in den letzten 20 – 30 Jahren häufiger geworden. Lang anhaltende Niederschlagsphasen im Frühjahr und im Sommer sowie längere, niederschlagsarme und warme Zeiten gehören ebenfalls zum Bild des Klimawandels. Erdschlipfe, kleinere und grössere Erdrutsche und Murgänge, Hochwasser und Überschwemmungen der Hauptflüsse sowie einiger Bäche sind nach heftigen Gewittern mit viel Niederschlag oder nach längeren Regenperioden als Folge des Klimawandels im voralpinen Entlebuch intensiver und extremer geworden. Ob der langsame und kaum spürbare Wandel des Klimas die Vegetation auch schon verändert hat, kann man zum heutigen Zeitpunkt noch nicht sagen. Interessant ist die Feststellung, dass einige einheimische Pflanzen heute viel früher und meist auch länger blühen als vor mehr als 50 Jahren. Das Sumpf-Herzblatt *(Parnassia palustris)* blühte damals in einem Flachmoor auf ca. 1000 m ü. M. im Spätsommer, ebenso der Moorenzian *(Swertia perennis)* auf ca. 1400 m ü. M. In den letzten 20 Jahren konnte man die ersten Blüten dieser Pflanzen am gleichen Fundort schon Ende Juni oder Anfang Juli entdecken.

Grüne Wiesen am 17. Januar 2011 in Hasle

Das Sumpf-Herzblatt *(Parnassia palustris)* und der Moorenzian *(Swertia perennis)* blühen heute einige Wochen früher als noch vor 50 Jahren.

Die Naturlandschaft im Entlebuch

Wiederkehr und Wandel an der Beichlen-Nordseite oberhalb von Escholzmatt:

07. November 1992:
Geschlossener, gesunder Wald, kein Schnee

07. November 2015:
Durch den Borkenkäferbefall hat sich das Waldbild gewandelt, kein Schnee.

17. November 2007:
Winterlandschaft

Beichlen über dem Dorf Escholzmatt

«Frühling» im Schnee. Die Tulpe trotzt dem Klimawandel.

Klimawandel? In der Nacht vom 27. zum 28. April 2017 bringt ein Kälteeinbruch Schnee bis ins Mittelland. Im Dorf Escholzmatt liegt ca. 35 cm Neuschnee. Der schwere Schnee schädigt Bäume und Gartenpflanzen, umso mehr, weil sehr warme Frühlingstage zu Beginn des Monats April die Vegetation früher als üblich zur Entfaltung brachten.

In der Nacht auf den 20. April 2017 zerstörte zudem ein starker Frost Obstbaumkulturen (Aprikosen, Kirschen) sowie Weinreben und Gartenpflanzen in vielen Teilen der Schweiz. Der Ernteausfall lag teilweise bei 100 %.

Teil II:
Lebensräume

Pflanzen in ihren Lebensräumen

Wer mit offenen Augen die Natur- und Kulturlandschaft durchwandert, wird unschwer feststellen, dass verschiedene **Lebensräume** von Natur aus oder durch Eingriffe des Menschen die Landschaft gestalten. Einige dieser unterschiedlichen Lebensräume im Entlebuch sind: Wiesen und Weiden, Wälder, Moore, Geröll- und Schutthalden, Felswände, alpine Rasen u. a.

Fettwiese

Milchkrautweide

Subalpiner Fichtenwald

Flachmoor

Hochmoor

Kalksteinrasen

Buchenwald

Geröllhalde

Felsflur

Beim genaueren Betrachten fällt uns auf, dass in einem Lebensraum bestimmte Pflanzen in gleicher oder ähnlicher Zusammensetzung immer wieder gemeinsam vorkommen. Sie bilden eine **Pflanzengemeinschaft**. Man überlegt sich dann, warum in einem Lebensraum diese Pflanzen wachsen und in einem anderen Lebensraum ganz andere. Vielleicht bemerkt man auch, dass einige Pflanzen in einem bestimmten Lebensraum immer und meist nicht häufig anwesend sind, während andere oft häufiger und auch in anderen Lebensräumen anzutreffen sind. Gelegentlich muss man auch zur Kenntnis nehmen, dass typische Pflanzen in einer bekannten Pflanzengemeinschaft verschwunden, neue aber vielleicht dazugekommen sind. Man fragt sich dann: warum? Auf solche Fragen Antworten zu suchen, ist Aufgabe der **Pflanzensoziologie**, die als Geobotanik Teil der Vegetationskunde ist. Die Pflanzensoziologie beschäftigt sich also mit den Pflanzengemeinschaften, untersucht, welche Arten gemeinsam vorkommen und unter welchen Bedingungen sie sich zusammenfinden. Dabei bedient sie sich auch der Pflanzenökologie. Hervorragende Botaniker und Pflanzensoziologen, wie etwa der Basler *Hermann Christ* (1833–1933), der deutschstämmige Zürcher *Carl Schroeter* (1855–1939), der Bündner *Josias Braun-Blanquet* (1884–1980) – er gilt als Begründer der Pflanzensoziologie –, die Deutschen *Reinhold Tüxen* (1899–1980), *Erich Oberdorfer* (1905–2002) und *Heinz Ellenberg* (1913–1997) haben mit ihren Arbeiten die Pflanzensoziologie an den Hochschulen zu einer anerkannten Wissenschaft geführt, wo sie heute leider immer weniger gelehrt wird.

Am Anfang der geobotanischen Arbeit steht die Vegetationsaufnahme. Ausgerüstet mit ausreichender Artenkenntnis, Erfahrung und einer guten Beobachtungsgabe werden dabei in den einzelnen Lebensräumen anhand bestimmter Methoden die Pflanzengemeinschaften erfasst und ausgewertet. Als Resultat entsteht so für einen grossen Raum ein geordnetes **System der Pflanzengesellschaften**.

Jede Pflanze stellt bestimmte Bedingungen an ihren Standort. Als Standort wird die Summe aller Umwelteinwirkungen auf eine Pflanze bezeichnet. In jedem Lebensraum beeinflussen abiotische und biotische Faktoren die Zusammensetzung der Pflanzengesellschaft. Diese sog. **Standortfaktoren** kann man einteilen in *Klimafaktoren*, *Bodenfaktoren* sowie *biologische Faktoren*. Die wichtigsten zeigt uns die folgende Darstellung:

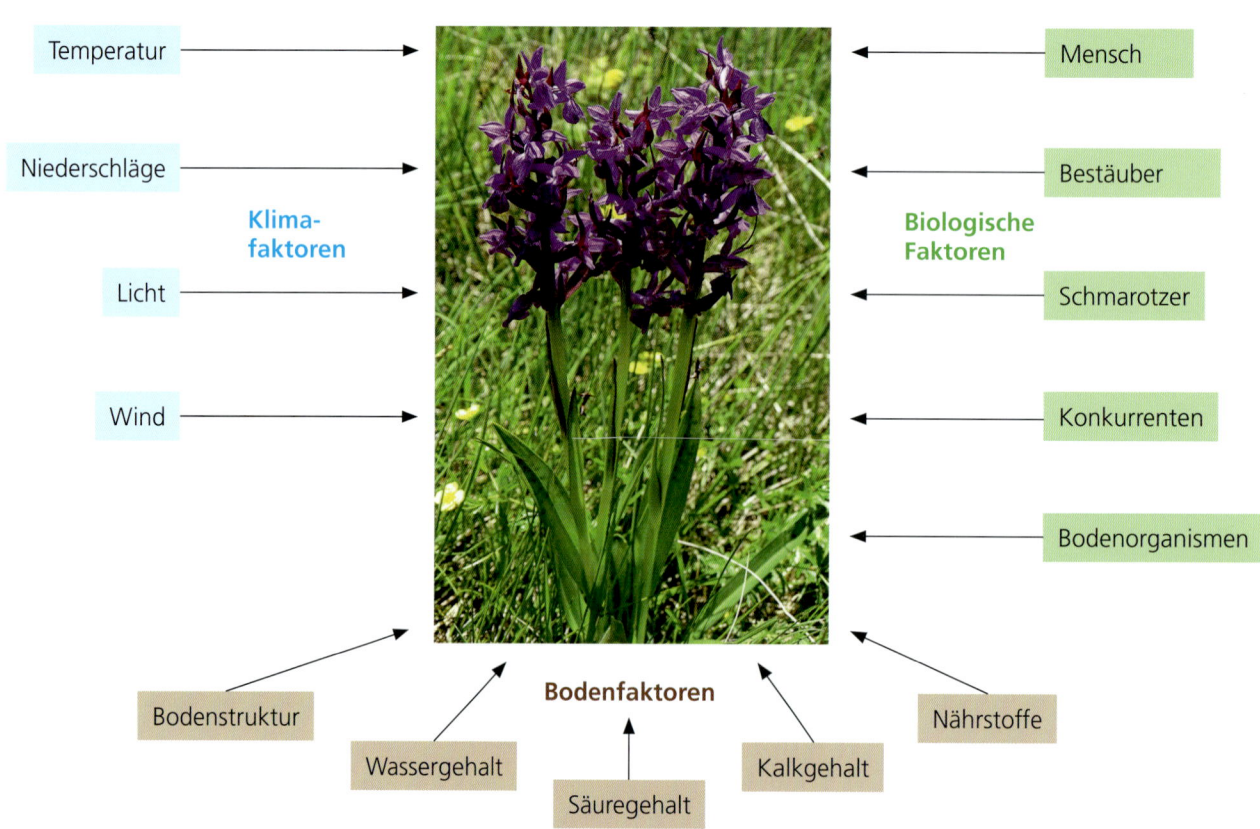

Weitere, oben nicht erwähnte Standortfaktoren können je nach Lebensraum einen wichtigen Einfluss haben auf die Zusammensetzung einer Pflanzengesellschaft. So bedingt die *Beweglichkeit des Bodens* in einer Geröllhalde eine charakteristische Pflanzengesellschaft; kommt das Geröll zur Ruhe, so entwickelt sich auf dem Ruheschutt eine andere typische Pflanzengesellschaft. *Haustiere,* wie etwa Rindvieh, Schafe oder Ziegen, können bei Dauerbeweidung mit zu grosser Bestossung und zu langer Weidezeit durch *Tritt, Tieffrass* und *Düngung* die Vegetation verändern und verarmen lassen. *Die mechanische Belastung* des Bodens durch Fahrspuren und Tritt beim Kulturland und auf Skipisten kann einer Pflanzengesellschaft mit der Zeit auch ein anderes Gesicht verpassen. Mit zunehmender *Meereshöhe* verändert sich die Einwirkung der Standortfaktoren Lichtintensität, Wärme, Niederschlag in Form von Schnee, Windstärke u. a. und nimmt so Einfluss auf das Aussehen einer Pflanzengesellschaft. Insgesamt bilden in einer Pflanzengesellschaft alle Umwelteinflüsse ein komplexes Gebilde ineinandergreifender Standortfaktoren. Dabei gibt es für jede Pflanze bezüglich Standortfaktor ein *Minimum,* ein *Optimum* und ein *Maximum,* was zur Erarbeitung von sog. *Zeigerwerten* für jede Pflanze führte.

Das System der Pflanzengesellschaften

Die Auswertung unzähliger Vegetationsaufnahmen ermöglichte die Schaffung eines Systems der Pflanzengesellschaften für einen grossen Raum wie etwa für Mitteleuropa. Dieses System schafft Übersicht und Ordnung.

Die oberste Stufe für eine Vegetationseinheit ist die **Klasse**, welche in ihrer Bezeichnung immer die lateinische Endung **-etea** hat; eine pflanzensoziologische Klasse enthält mehrere Ordnungen oder auch nur eine **Ordnung**; diese hat immer die lateinische Endung **-etalia**; eine Ordnung hat mehrere Verbände oder auch nur einen **Verband**, der die lateinische Endung **-ion** trägt; ein Verband besteht aus mehreren Assoziationen oder auch nur einer **Assoziation** mit der lateinischen Endung **-etum**. Eine Assoziation kann noch unterteilt werden in Subassoziation, Variation und Fazies. Die oberen Stufen des pflanzensoziologischen Systems (Klasse, Ordnung) haben überregionale Gültigkeit; die unteren Stufen (Verband, Assoziation) zeigen von Region zu Region ein unterschiedliches Vegetationsbild.

Die Assoziation ist die grundlegende Vegetationseinheit mit charakteristischer Artenkombination. Sie zeichnet sich aus mit eigenen Charakterarten von hoher Treue und hoher Stetigkeit sowie evtl. auch mit Trenn- oder Differenzialarten. Die Assoziation ist oft das abstrakte Idealbild – vielleicht manchmal auch das Wunschbild – einer Pflanzengesellschaft, wie man sie etwa beim Vorhandensein extremer Standortfaktoren antreffen kann. Assoziationen sind in der Natur also nicht immer einfach zu erkennen, weil eigene Charakterarten fehlen oder vielleicht zeitweise verschwinden, aber auch, weil in der Literatur viele sehr ähnliche Assoziationen beschrieben werden. Beim Erforschen einer Assoziation muss man manchmal feststellen, dass charakteristische Arten fehlen, dafür aber andere da sind, die gar nicht hier sein dürften. Man ist dann besser dran, wenn man die Vegetationseinheit auf der Stufe Verband betrachtet.

Die charakteristische Artenkombination setzt sich bei einer leicht erkennbaren Assoziation im Idealfall zusammen aus Charakterarten der Klasse, der Ordnung, des Verbandes, der Assoziation, aus Trennarten, Begleitern und zufälligen Arten.

Eine **Charakterart** – auch als **Kennart** bezeichnet – ist eine Pflanze, welche ausschliesslich oder fast ausschliesslich in einer bestimmten Vegetationseinheit vorkommt; erscheint sie nur in einer Pflanzengesellschaft, nennt man sie eine treue Art; findet man sie in mehr als 80 % der Vegetationsaufnahmen für eine bestimmte Pflanzengesellschaft, ist sie eine Charakterart von hoher Stetigkeit. Man unterscheidet zwischen Charakterarten der Assoziation, des Verbandes, der Ordnung sowie der Klasse.

Im folgenden Beispiel werden ein paar wenige Charakterarten einer Klasse, ihrer Ordnung mit zwei Verbänden und diese mit drei Assoziationen im pflanzensoziologischen System vorgestellt:

| *Klasse* | Subalpin-alpine Kalksteinrasen | Seslerietea | **Charakterarten:** Niedriger Schwingel *(Festuca quadriflora)* Blattloser Ehrenpreis *(Veronica aphylla)* |

An der Nordseite der Schrattenflue (links) wie auch an ihrer Südseite finden wir ausgedehnte subalpin-alpine Kalksteinrasen.

Niedriger Schwingel *(Festuca quadriflora)*

Blattloser Ehrenpreis *(Veronica aphylla)*

Die Charakterarten der Klasse können in allen Untereinheiten vorkommen.

| *Ordnung* | Subalpin-alpine Blaugras- und Rostseggenrasen | Seslerietalia | **Charakterarten:** Narzissen-Windröschen *(Anemone narcissiflora)* Quirlblättriges Läusekraut *(Pedicularis verticillata)* |

Rostseggenrasen an der Nordseite des Brienzer Rothorns

Blaugrasrasen an der Südseite des Brienzer Rothorn

Narzissen-Windröschen *(Anemone narcissiflora)*

Quirlblättriges Läusekraut *(Pedicularis verticillata)*

Die Charakterarten der Ordnung können in allen Untereinheiten vorkommen.

| *1. Verband* | Blaugrasrasen und Polsterseggenrasen | Seslerion caeruleae | **Charakterarten:** Bewimperter Mannsschild *(Androsace chamaejasme)* Alpen-Aster *(Aster alpinus)* |

Blaugrasrasen

Polsterseggenrasen

Bewimperter Mannsschild *(Androsace chamaejasme)*

Alpen-Aster *(Aster alpinus)*

Die Charakterarten dieses ersten Verbandes können in den beiden folgenden Assoziationen vorkommen.

1. Assoziation   Polsterseggen-rasen   Caricetum firmae   **Charakterarten:**
Polster-Segge *(Carex firma)*
Zwergorchis *(Chamorchis alpina)*
Blaugrüner Steinbrech *(Saxifraga caesia)*

Polsterseggenrasen

Polster-Segge *(Carex firma)*

Blaugrüner Steinbrech *(Saxifraga caesia)*

Zwergorchis *(Chamorchis alpina)*

Diese Charakterarten kommen ausschliesslich oder fast nur in der Assoziation des Polsterseggenrasens vor.

2. Assoziation   Blaugras-Horstseggen-halde   Seslerio-Caricetum sempervirentis   **Charakterarten:**
Edelweiss *(Leontopodium alpinum)*
Bergspitzkiel *(Oxytropis jacquinii)*
Gämswurz-Greiskraut *(Senecio doronicum)*

Blaugras-Horstseggenhalde

Edelweiss *(Leontopodium alpinum)*

Gämswurz-Greiskraut *(Senecio doronicum)*

Bergspitzkiel *(Oxytropis jacquinii)*

Pflanzen in ihren Lebensräumen

Kalk-Blaugras *(Sesleria caerulea)*

Immergrüne Horst-Segge *(Carex sempervirens)*

Die namengebenden Arten Kalk-Blaugras *(Sesleria caerulea)* und Immergrüne oder Horst-Segge *(Carex sempervirens)* kommen in dieser Ordnung häufig vor, erscheinen aber auch in anderen nicht verwandten Pflanzengesellschaften.

2. Verband Rostseggenrasen Caricion ferrugineae

Charakterarten:
Blattreiches Läusekraut *(Pedicularis foliosa)*
Gelbe Berg-Platterbse *(Lathyrus occidentalis)*
Kugelorchis *(Traunsteinera globosa)*

Rostseggenrasen

Blattreiches Läusekraut *(Pedicularis foliosa)*

Kugelorchis *(Traunsteinera globosa)*

Gelbe Berg-Platterbse *(Lathyrus occidentalis)*

Assoziation Rostseggenhalde Caricetum ferrugineae

Charakterarten:
Rost-Segge *(Carex ferruginea)*
Schöner Schwingel *(Festuca pulchella)*
Berg-Pippau *(Crepis bocconei)*

Rostseggenhalde

Rost-Segge *(Carex ferruginea)*

Berg-Pippau *(Crepis bocconei)*

Schöner Schwingel *(Festuca pulchella)*

Trenn- oder Differenzialarten sind Pflanzen, welche ökologische Besonderheiten eines Standortes aufzeigen. Sie kommen in einer Pflanzengesellschaft vor, fehlen aber in der benachbarten oder nahe verwandten Gesellschaft. Weil sie auch in anderen Lebensräumen vorkommen, können sie nicht als Charakterarten gelten. Es gibt Trennarten der Assoziation, des Verbandes, der Ordnung und der Klasse.

Begleiter in einer Pflanzengesellschaft sind Arten, die keine besonderen Ansprüche an den Standort stellen und diesbezüglich eine grosse Bandbreite aufweisen. Begleiter haben keinen ausgesprochenen Gesellschaftsanschluss.

Zufällige in einer Pflanzengesellschaft sind meist vorübergehende Einsprengsel aus anderen Pflanzengesellschaften.

Eine Pflanzengesellschaft, die keine eigenen Charakterarten und Trennarten aufweist, wird nicht als Assoziation, sondern einfach als Gesellschaft bezeichnet. Solche Gesellschaften begegnen uns insbesondere in den vom Menschen stark beeinflussten Lebensräumen wie Wirtschaftswiesen und Wäldern.

Dem aufmerksamen Leser wird bald einmal zu Recht auffallen und vielleicht auch langweilig erscheinen, dass die gleiche Pflanzenart in verschiedenen Pflanzengesellschaften immer wieder erscheint. Der Grund ist der, dass viele Arten ein grosses Spektrum von Standortfaktoren ertragen und somit keine speziellen Anforderungen an ihren Lebensraum stellen.

Pflanzengesellschaften – vor allem die Assoziationen – sind keine starren Gebilde der Natur. Sie sind oft mosaikartig miteinander verzahnt, weil die Standortfaktoren auf kurze Distanz wechseln können. So entwickelt sich z. B. über einer ruhenden Kalk-Schuttflur mit der Zeit eine Blaugras-Horstseggenhalde. In Kalk-Felsfluren kann sich in einer Felsnische Humus oder Geröll anreichern und schon bald bereichern Arten aus benachbarten Pflanzengesellschaften die artenarme Felsflur.

Bezüglich der Charakterarten einer Assoziation mag wohl gelten: **je extremer die Standortfaktoren für eine Pflanzengesellschaft sind und je geringer in dieser der Einfluss von Mensch und Tier ist, umso aussagekräftiger sind die Charakterarten und umso eindeutiger kann man die Assoziation einordnen**. In einem Hochmoor sind z. B. der Säuregehalt des Bodens wie auch die Nährstoffarmut extrem hoch. Findet man dann in einer mit Wasser gefüllten Schlenke die Schlamm-Segge (*Carex limosa*) und zugleich auch noch die Blumenbinse (*Scheuchzeria palustris*), dann erkennt man, dass es sich hier um die typische Assoziation der **Schlammseggen-Schlenke** handelt.

In einer Kalk-Geröllhalde müssen sich die Pflanzen der Beweglichkeit des Gerölls und der damit verbundenen Überschüttung wie auch der Nährstoffarmut als extreme Standortfaktoren anpassen können. Entdecken wir hier das Rundblättrige **Täschelkraut** (*Thlaspi rotundifolium*), das Mont Cenis-Veilchen (*Viola cenisia*) oder vielleicht sogar den Westlichen Alpen-Mohn (*Papaver occidentale*), dann ist die Vermutung richtig, dass es sich hier um die leicht erkennbare Assoziation der Täschelkrauthalde handelt.

An sonnigen Kalkfelsen in der alpinen Stufe sind die Standortbedingungen bezüglich Nährstoffangebot, Humus und Temperaturdifferenzen ebenfalls extrem. Erspäht man hier die Charakterarten wie den Schweizerischen Mannsschild (*Androsace helvetica*), das Filzige Hungerblümchen (*Draba tomentosa*) oder den Alpen-Schwingel (*Festuca alpina*), so wird klar, dass man hier die seltene Assoziation der Schweizer-Mannsschildflur entdeckt hat.

Schlammseggen-Schlenke

Täschelkrautflur

Schlamm-Segge *(Carex limosa)* Blumenbinse *(Scheuchzeria palustris)* Rundblättriges Täschelkraut *(Thlaspi rotundifolium)* Westlicher Alpen-Mohn *(Papaver occidentale)* Mont Cenis-Veilchen *(Viola cenisia)*

Diese beiden Arten kennzeichnen in einem Hochmoor eindeutig die Assoziation der Schlammseggen-Schlenke.

Diese drei Arten charakterisieren eindeutig die Assoziation der Täschelkrauthalde über feinem Kalkgeröll.

Wer sich die Mühe macht, die Geröll- und Schutthalden der Kalkberge in unserem Gebiet zu durchschreiten, findet mehrere Pflanzen, die sich an das leicht bewegte Kalk-Geröll und an den feinen und auch groben Kalk-Ruhschutt angepasst haben. Natürlich begegnet man in den einzelnen Geröll- und Schutthalden nicht allen nachfolgend erwähnten Arten. Eine Pflanze aber entdeckt man in den Monaten Juni und Juli fast überall: das Rundblättrige Täschelkraut *(Thlaspi rotundifolium)*. Zu welcher Pflanzengesellschaft gehört es wohl? Die Einordnung in das pflanzensoziologische System mithilfe der einschlägigen Literatur schafft Klarheit, wie die folgende Übersicht zeigt:

Klasse	Steinschutt- und Geröllfluren	Thlaspi<u>etea</u> rotundifolii	**Charakterarten:** Niedliche Glockenblume *(Campanula cochleariifolia)*, Kriechendes Gipskraut *(Gypsophila repens)*, Ruprechtsfarn *(Gymnocarpium robertianum)*, Alpen-Leinkraut *(Linaria alpina)*, Schildblättriger Ampfer *(Rumex scutatus)*, Gegenblättriger Steinbrech *(Saxifraga oppositifolia)*

Alpen-Leinkraut *(Linaria alpina)* Kriechendes Gipskraut *(Gypsophila repens)* Ruprechtsfarn *(Gymnocarpium robertianum)*

Gegenblättriger Steinbrech
(Sagifraga opposotofolia)

Schildblättriger Ampfer (Rumex scutatus)

Niedliche Glockenblume
(Campanula cochleariifolia)

Ordnung   Kalk-Schuttfluren   Thlasp<u>ie</u>talia rotundifolii   **Charakterarten:**
Alpen-Gänsekresse *(Arabis alpina)*, Bewimperte Nabelmiere *(Moehringia ciliata)*, Grossköpfige Gämswurz *(Doronicum grandiflorum)*, Kleines Rispengras *(Poa minor)*, Schwarze Schafgarbe *(Achillea atrata)*, Mont Cenis-Rispengras *(Poa cenisia)*

Bewimperte Nabelmiere
(Moehringia ciliata)

Grossköpfige Gämswurz
(Doronicum grandiflorum)

Schwarze Schafgarbe *(Achillea atrata)*

Mont-Cenis-Rispengras
(Poa cenisia)

Alpen-Gänsekresse *(Arabis alpina)*

Kleines Rispengras
(Poa minor)

Pflanzen in ihren Lebensräumen

Verband   Täschelkraut-Kalkschuttfluren   Thlaspion rotundifolii

Charakterarten:
Vielstängeliges Sandkraut *(Arenaria multicaulis)*, Schweizer Labkraut *(Galium megalospermum)*, Alpen-Gämskresse *(Pritzelago alpina)*, Hallers Margerite *(Leucanthemum halleri)*, Gäms-Schwingel *(Festuca rupicaprina)*, Berg-Milchkraut *(Leontodon montanus)*, Triglav-Pippau *(Crepis terglouensis)*

Schweizer Labkraut *(Galium megalospermum)*

Gäms-Schwingel *(Festuca rupricaprina)*

Berg-Milchkraut *(Leontodon montanus)*

Alpen-Gämskresse *(Pritzelago alpina)*

Vielstängeliges Sandkraut *(Arenaria multicaulis)*

Triglav-Pippau *(Crepis terglouensis)*

Hallers Margerite *(Leucanthemum halleri)*

Assoziation   Täschelkrauthalde   Thlaspietum rotundifolii

Charakterarten:
Rundblättriges Täschelkraut *(Thlaspi rotundifolium)*, Mont Cenis-Veilchen *(Viola cenisia)*, Westlicher Alpen-Mohn *(Papaver occidentale)*

Rundblättriges Täschelkraut *(Thlaspi rotundifolium)*

Westlicher Alpen-Mohn *(Papaver occidentale)*

Mont Cenis-Veilchen *(Viola cenisia)*

Anwendung der Pflanzensoziologie

Man kann sich fragen, welchen Nutzen das Wissen um die Pflanzengesellschaften in verschiedenen Lebensräumen für die Landschaft und den Menschen hat.

Bedrohte Lebensräume: Wer den natürlichen Aufbau bedrohter Lebensräume und ihre typische Pflanzenwelt kennt, kann die Erhaltung oder Verbesserung mit geeigneten Massnahmen verwirklichen.

Landschaftsplanung: Bei der Schaffung neuer Lebensräume, wie z.B. beim Strassen- und Siedlungsbau sowie bei der Begrünung von öffentlichen Anlagen, kann mit gezielter Bodengestaltung und Ansaat ein natürlicher Lebensraum geschaffen werden. Bei der Rückführung von Wäldern zu natürlichen Waldgesellschaften kann die Pflanzensoziologie wertvolle Dienste leisten.

Naturschutzgebiete: Wer Kenntnis hat über die Pflanzengesellschaften in Naturschutzgebieten, wie etwa in Mooren oder Magerwiesen, kann mit diesem Wissen den Schutz, die Pflege und die Entwicklungsmassnahmen optimieren.

Natürlich vergrössert sich der Nutzen der angewandten Pflanzensoziologie, wenn zusätzlich zur Kenntnis der Pflanzenwelt in einem Lebensraum auch noch die hier lebende Tierwelt bekannt ist.

Es mag auch heute noch Gültigkeit haben, was der Begründer der Pflanzensoziologie, Josias Braun-Blanquet, in der 2. Auflage seines Lehrbuchs «Pflanzensoziologie» 1951 im Vorwort schreibt: «Der Umgang mit den Pflanzengesellschaften führt aber auch zu innigerem Verbundensein mit dem Naturganzen, zu tieferem Verständnis des schöpferischen Geschehens, zu reinstem Naturgenuss. Im Zeitalter der Überschätzung wirtschaftlicher und technischer Werte möchte ich gerade hierin und nicht zuerst in ihren praktischen Auswertungsmöglichkeiten den geistigen Hauptgewinn unserer Wissenschaft erblicken.»

Lebensraum Magerwiese

Lebensraum Zwergstrauchheide

Lebensraum Borstgraswiese

Moore

Moore sind die Zierde der Entlebucher Landschaft. Dem Landwirt liefern sie zwar keine oder nur sehr geringe Erträge; für Naturliebhaber, Botaniker und Zoologen sind sie mit ihrer faszinierenden Eigenartigkeit aber ein unschätzbares Refugium für oft selten gewordene Pflanzen und Tiere. In den vergangenen Jahrzehnten wurden in der Schweiz viele Moore zerstört. Deshalb ist es besonders erfreulich, dass das Entlebuch heute noch die grösste Moordichte der Schweiz aufweist. Diese Tatsache war der UNESCO Grund genug, die Region Entlebuch mit dem Einverständnis der Bevölkerung 2001 als erstes Biosphärenreservat der Schweiz anzuerkennen. Sämtliche Hochmoore, Torfmoos-Bergföhren-Wälder sowie alle grösseren Flach- und Übergangsmoore sind durch Bund, Kanton und Gemeinden gesetzlich geschützt. Den vielen verständnisvollen Bewirtschaftern gebührt Dank für die meist sorgfältige und fachgerechte Pflege.

Moorlandschaft in der Gemeinde Flühli: von der Grönflue Richtung Hagleren – Brienzergrat – Berner Alpen

Die meisten Moore sind nach der letzten Eiszeit entstanden durch Verlandung von flachen Seen in Mulden und Senken, durch Versumpfung von Wäldern, über wasserzügigen Hängen und über Grundmoränen. Reichliche Niederschläge und hohe Luftfeuchtigkeit sowie ausreichende Wärme und ein wasserundurchlässiger Untergrund sind Voraussetzungen für die langsame Bildung von Mooren. Solche sind am Alpenrand, vor allem in den Flyschgebieten besonders gut gegeben.

Was wird denn eigentlich als Moor bezeichnet? Moore sind vegetationsbedeckte Lagerstätten von Torf. Die Mächtigkeit des Torfes reicht von wenigen Zentimetern bis zu mehreren Metern. Torf ist organische Substanz, die hauptsächlich aus wenig zersetzten Torfmoosen (*Sphagnum* sp.) besteht. Die Zersetzung der Torfmoose ist deshalb unvollständig, weil die sich bildenden Torfkörper oft unter Wasser standen. Sauerstoffmangel war die Folge – und ohne Sauerstoff verläuft die Zersetzung von organischem Material nur unvollständig.

Moore gehören zu den Feuchtgebieten. Der Wasserhaushalt ist also für ihre Entstehung und Erhaltung von entscheidender Bedeutung. Je nach Herkunft und Nährstoffgehalt des Wassers für die Pflanzendecke unterscheidet man drei Moortypen: **Hochmoore**, **Übergangsmoore** und **Flachmoore**. Der Hochmoor- oder Torfmoos-Bergföhrenwald wird meist als Waldtyp eingestuft; er wird beim Kapitel Wälder besprochen.

Hochmoor und Torfmoos-Bergföhrenwald auf der Hagleren

Flachmoor von nationaler Bedeutung auf dem Bleikenboden in der Gemeinde Flühli

Moore

Hochmoore

Hochmoor mit anschliessendem Torfmoos-Bergföhrenwald auf der Hagleren

Das Hochmoor Balmoos in der Gemeinde Hasle leidet unter Austrocknung und Verbuschung.

Wird die Torfschicht über dem mineralischen Untergrund zu mächtig, verlieren die Pflanzen den Kontakt zum Grundwasser. Sie werden nur noch vom extrem nährstoffarmen Regenwasser gespeist: Ein Hochmoor entsteht. Bei geringer Torfmächtigkeit erreichen die Wurzeln der Pflanzen das Grundwasser und damit auch mehr Nährstoffe: Es bilden sich Flachmoore, die von Grund- und überrieselndem Oberflächenwasser versorgt werden. Übergangs- oder Zwischenmoore werden sowohl durch Regenwasser wie auch durch Grundwasser gespeist.

Moore sind in der Landschaft – vor allem durch die meist braune Färbung im Herbst – als auffällige Einheit zu erkennen. Bei näherer Betrachtung aber kann man feststellen, dass diese Lebensräume mosaikartig durch verschiedene Vegetationseinheiten aufgebaut sind und durch Übergänge und Verzahnungen die Ansprechbarkeit der Pflanzengesellschaften erschwert wird. So ist es verständlich, dass die Pflanzensoziologen die Moorbiotope aufgrund des Wasserhaushaltes, des Säuregrades des Bodens und des Aspektes zwei verschiedenen Klassen zuordnen:

Offene Hochmoore (Hochmoorbulten)	Oxycocco-Sphagnetea
Kleinseggenriede Übergangsmoore Hochmoorschlenken	Scheuchzerio-Caricetea nigrae

Der Rundblättrige Sonnentau (Drosera rotundifolia) gehört zu den charakteristischen Hochmoorpflanzen. Mit den klebrigen, Drüsen tragenden Blättern fängt er kleine Insekten.

Hochmoore

Hochmoore fallen durch ihre buckelige Oberfläche auf. Dabei wechseln trockenere Erhebungen, sog. Bulten mit meist wassergefüllten, flachen Schlenken ab. Der Name Hochmoor hat nichts mit der Meereshöhe zu tun, vielmehr mit der Mächtigkeit des Torfkörpers über dem Untergrund und damit, dass die Oberfläche bei grossen Hochmooren wegen des stärkeren Wachstums der Torfmoose im Zentrum uhrglasförmig gewölbt ist. Bei unseren meist kleineren, hochmontanen und subalpinen Hochmooren im Entlebuch ist diese Erscheinung kaum sichtbar. Der weiche Gang über ein Hochmoor verrät, dass hier Moose wie ein Teppich den Boden bedecken. Es sind verschiedene Arten der äusserst anspruchslosen Torfmoose (*Sphagnum* sp.). Diese wachsen an der Spitze stets weiter; ihr Wachstum wird unterstützt durch Stickstoff liefernde Wurzelpilze (Mykorrhiza). Die abgestorbenen Teile der Torfmoose können sich im wassergetränkten, extrem sauerstoffarmen und sauren Boden – der pH-Wert liegt meist unter 4 – nicht vollständig zersetzen: es bildet sich Torf. Der Torfzuwachs beträgt in 10 Jahren ca. 1 cm. In ihren Wasserzellen speichern die Torfmoose viel Wasser; ihr Volumen kann sich so bis auf das zwanzigfache erhöhen. Moore sind somit in niederschlagsreichen Gebieten hervorragende Wasserspeicher.

Schlenken und Bulten im Hochmoor Salwidili

Rentierflechte (*Cladonia* sp.)

Die Lebensbedingungen für die Pflanzen in den Hochmooren sind extrem: Nährstoffarmut, Sauerstoffmangel, saurer und wasserdurchtränkter Boden erlauben nur wenigen Pflanzenarten ein dauerhaftes Dasein. Ein Hochmoor ist deshalb immer artenarm. Es sind ausgesprochene Spezialisten, die sich diesen Herausforderungen stellen können. Torfmoose (*Sphagnum* sp.), Rentierflechten (*Cladonia* sp.), auffällig viele Vertreter aus der Familie der Erikagewächse (*Ericaceae*) – diese gehen wie die Torfmoose eine Symbiose mit Wurzelpilzen ein –, Sauergräser (*Cyperaceae*), verschiedene, fleischfressende Sonnentauarten (*Drosera* sp.) – diese decken ihren Stickstoffbedarf durch den Fang kleiner Insekten – und die Aufrechte Bergföhre (*Pinus mugo* ssp. *uncinata*) bilden das charakteristische Artengefüge in unseren Hochmooren.

Hochmoorbulten

Übersicht

Klasse	Hochmoorbulten-Gesellschaften	Oxycocco–Sphagnetea
Ordnung	Zentraleuropäische Hochmoorbulten-Gesellschaften	Sphagnetalia magellanici
Verband	Zentraleuropäische Hochmoorbulten-Gesellschaften	Sphagnion magellanici
1. Assoziation	Torfmoosbulten-Gesellschaften	Sphagnetum magellanici
2. Assoziation	Wollgras-Rasenbinsen-Gesellschaft	Eriophoro-Trichophoretum cespitosi

Auf den höckerartigen, trockeneren Bulten und an flacheren, weniger buckeligen Stellen der offenen Hochmoore begegnen uns einige boreal-arktische Pflanzen, welche die Eiszeit überlebt (Eiszeitrelikte) und sich den extremen Standortbedingungen hervorragend angepasst haben. Deshalb findet man sie nur in Hochmooren. Andere besiedeln auch ähnliche, weniger saure und trockenere Standorte.

Charakterarten der Klasse, der **Ordnung** und des **Verbandes** sind:

Andromeda polifolia	Rosmarinheide	*Sphagnum* sp.	Torfmoose
Carex pauciflora	Wenigblütige Segge	*Trichophorum cespitosum*	Rasen-Haarbinse
Drosera rotundifolia	Rundblättriger Sonnentau	*Vaccinium microcarpum*	Kleinfrüchtige Moosbeere
Eriophorum vaginatum	Scheiden-Wollgras	*Vaccinium oxycoccos*	Gemeine Moosbeere
Polytrichum sp.	Frauenhaarmoose	*Vaccinium uliginosum*	Moorbeere, Rauschbeere

Rosmarinheide mit Torfmoos
(*Andromeda polifolia*)

Rundblättriger Sonnentau
(*Drosera rotundifolia*)

Rasen-Haarbinse
(*Trichophorum cespitosum*)

Wenigblütige Segge
(*Carex pauciflora*)

Kleinfrüchtige Moosbeere
(*Vaccinium microcarpum*)

Frauenhaarmoos (*Polytrichum* sp.)

Moorbeere, Rauschbeere
(*Vaccinium uliginosum*)

Scheiden-Wollgras
(*Eriophorum vaginatum*)

Gemeine Moosbeere
(*Vaccinium oxycoccos*)

Hochmoore

Torfmoosbulten-Gesellschaft
Sphagnetum magellanici

Die Torfmoosbulten-Gesellschaft ist in unseren intakten, offenen Hochmooren die typische Assoziation. Sie zeigt – je nach Zustand des Hochmoores – unterschiedliche Erscheinungsbilder. Torfmoose dominieren die buckeligen Erhebungen. Vereinzelt sind auch kümmerliche Bergföhren eingestreut. Bei austrocknenden Hochmooren treten vermehrt Besenheide *(Calluna vulgaris)* und Moorbeere *(Vaccinium uliginosum)* auf. Sehr selten begegnet uns die Kleinfrüchtige Moosbeere *(Vaccinium microcarpum)* mit kahlem Blütenstiel und birnenförmigen, braunen Beeren. Auf dem im 1. Weltkrieg abgetorften und gut regenerierten Hochmoor Mettilimoos oberhalb Entlebuch erfreut uns ein Hochmoorgast aus dem atlantischen Westeuropa: die Glockenheide *(Erica tetralix)*. Sie wurde vermutlich vor fast 100 Jahren von deutschen Torfstechern eingeschleppt.

Mettilimoos mit Schimbrig im Hintergrund

Glockenheide *(Erica tetralix)*

Zur charakteristischen Artenkombination der Torfmoosbulten-Gesellschaft gehören:

Andromeda polifolia	Rosmarinheide	*Sphagnum* sp.	Torfmoose
Carex pauciflora	Wenigblütige Segge	*Vaccinium microcarpum*	Kleinfrüchtige Moosbeere
Cladonia sp.	Rentierflechten	*Vaccinium myrtillus*	Heidelbeere
Drosera rotundifolia	Rundblättriger Sonnentau	*Vaccinium oxycoccos*	Gemeine Moosbeere
Eriophorum vaginatum	Scheiden-Wollgras	*Vaccinium uliginosum*	Moorbeere, Rauschbeere

Rosmarinheide *(Androeda polifolia)*

Gemeine Moosbeere (Früchte) *(Vaccinium oxycoccos)*

Rundblättriger Sonnentau *(Drosera rotundifolia)*

Die ledrigen Blätter der Rosmarinheide und der Gemeinen Moosbeere sind peinomorph (gr. Peinos = Hunger), eine Folge der Nährstoffarmut in den Hochmooren.

Die lang gestielten, klebrigen Drüsen der Sonnentauarten dienen dem Fang und der Verdauung von Insekten.

Teil II: Lebensräume

Wollgras-Rasenbinden-Gesellschaft
Eriophoro-Trichophoretum cespitosi

In dieser recht monotonen Assoziation beherrscht weithin auf den mehr oder weniger flachen, weniger bultigen und eher austrocknenden Mooroberflächen die Rasen-Haarbinse *(Trichophorum cespitosum)* das Erscheinungsbild. Das dichtrasige Sauergras verleiht dem Moor im Herbst eine einheitlich gelbbraune Färbung.

Wollgras-Rasenbinden-Gesellschaft

Die charakteristische Artenkombination der Wollgras-Rasenbinsen-Gesellschaft weist floristisch grosse Ähnlichkeit mit der Torfmoosbulten-Gesellschaft auf:

Andromeda polifolia	Rosmarinheide	*Potentilla erecta*	Tormentill
Calluna vulgaris	Besenheide	*Sphagnum* sp.	Torfmoose
Carex pauciflora	Wenigblütige Segge	*Trichophorum alpinum*	Alpen-Haarbinse
Drosera rotundifolia	Rundblättriger Sonnentau	*Trichophorum cespitosum*	Rasen-Haarbinse
Eriophorum vaginatum	Scheiden-Wollgras	*Vaccinium oxycoccos*	Gemeine Moosbeere
Eriophorum angustifolium	Schmalblättriges Wollgras	*Vaccinium uliginosum*	Moorbeere, Rauschbeere

Hochmoorschlenken – Übergangsmoore – Flachmoore

Übersicht

Klasse	*Scheuchzerio-Caricetea nigrae*	Kleinseggengesellschaften der Flachmoore, Übergangsmoore und Hochmoorschlenken
1. Ordnung	*Scheuchzerietalia palustris*	Moorschlenken und Übergangsmoore
1. Verband	*Rhynchosporion albae*	Schnabelried-Schlenkengesellschaften
1. Assoziation	*Caricetum limosae*	Schlammseggen-Schlenke
2. Assoziation	*Rhynchosporetum albae*	Schnabelbinsen-Gesellschaft
2. Verband	*Caricion lasiocarpae*	Zwischenmoorgesellschaften
2. Ordnung	*Caricetalia nigrae*	Braunseggen-Sumpfgesellschaften
Verband	*Caricion nigrae*	Braunseggensümpfe
1. Assoziation	*Caricetum nigrae*	Braunseggensumpf
2. Assoziation	*Eriophoretum scheuchzeri*	Scheuchzers Wollgrassumpf
3. Ordnung	*Caricetalia davallianae*	Kalkkleinseggenriede
Verband	*Caricion davallianae*	Kalkflachmoorgesellschaften
1. Assoziation	*Bartsio-Caricetum davallianae*	Davallseggenried
2. Assoziation	*Caricetum frigidae*	Eisseggenflur

Kleinseggen, Binsen, Wollgräser und viele andere bunte Blütenpflanzen besiedeln in der grossen Klasse der Hochmoorschlenken, Übergangsmoore und Flachmoore den oft moosreichen Boden, der von Grund-, Quell-, Sicker- und Regenwasser ständig durchtränkt ist und nur oberflächlich abtrocknet. Neben vielen intakten Lebensräumen sind auch zahlreiche von ihnen inmitten landwirtschaftlich genutzter Gebiete gelegen und durch Nährstoffeintrag mangels ausreichender Pufferzonen und Entwässerung in ihrem Artenbestand gefährdet.

Hochmoorschlenke

Übergangsmoor

Scheuchzers Wollgrassumpf

Kalk-Flachmoor

Zu den **Charakterarten** der **Klasse** gehören:

Carex dioica	Zweihäusige Segge	*Eriophorum gracile*	Schlankes Wollgras
Carex nigra	Braune Segge	*Juncus articulatus*	Glieder-Binse
Carex panicea	Hirse-Segge	*Juncus triglumis*	Dreispelzige Binse
Dactylorhiza traunsteineri	Traunsteiners Knabenkraut	*Parnassia palustris*	Sumpf-Herzblatt
		Pedicularis palustris	Sumpf-Läusekraut
Eriophorum angustifolium	Schmalblättriges Wollgras	*Trichophorum alpinum*	Alpen-Haarbinse
		Triglochin palustris	Sumpf-Dreizack

Zweihäusige Segge
(Carex dioica)

Braune Segge *(Carex nigra)*

Hirse-Segge
(Carex panicea)

Traunsteiners Knabenkraut
(Dactylorhiza traunsteineri)

Schmalblättriges Wollgras
(Eriophorum angustifolium)

Glieder-Binse
(Juncus articulatus)

Schlankes Wollgras
(Eriophorum gracile)

Dreispelzige Binse
(Juncus triglumis)

Sumpf-Herzblatt
(Parnassia palustris)

Sumpf-Dreizack
(Triglochin palustris)

Sumpf-Läusekraut
(Pedicularis palustris)

Alpen-Haarbinse
(Trichophorum alpinum)

Die **Ordnung** der Moorschlenken und Übergangsmoore (Scheuchzerietalia palustris) umfasst nur wenige **Charakterarten:**

Agrostis canina	Hunds-Straussgras	*Drosera anglica*	Langblättriger Sonnentau
Carex canescens	Graue Segge	*Scheuchzeria palustris*	Blumenbinse
Carex viridula	Oeders Gelbe Segge	*Sphagnum* sp.	Torfmoose

Hunds-Straussgras
(*Agrostis canina*)

Oeders Gelbe Segge
(*Carex viridula*)

Langblättriger
Sonnentau
(*Drosera anglica*)

Graue Segge
(*Carex canescens*)

Blumenbinse
(*Scheuchzeria
palustris*)

Schnabelried-Schlenken-Gesellschaften
Rhynochosporion albae

Schlenken sind flache, meist mit Wasser gefüllte Vertiefungen innerhalb der offenen Hochmoore. In regenarmen, warmen Sommern können sie sogar völlig austrocknen. Nebst Torfmoosen und einigen wenigen höheren Blütenpflanzen bevölkern wunderschöne Zier- und Kieselalgen sowie Libellen und ihre Larven (z. B. die grün-metallisch schillernde Alpen-Smaragdlibelle) diese reizvollen Lebensräume.

Zu den **Charakterarten** dieses **Verbandes** gehören:

Carex limosa	Schlamm-Segge
Lycopodiella inundata	Moorbärlapp
Rhynchospora alba	Weisse Schnabelbinse

Schlamm-Segge
(*Carex limosa*)

Moorbärlapp
(*Lycopodiella inundata*)

Weisse Schnabelbinse
(*Rhynchospora alba*)

Hochmoorschlenke

Die beiden kleinflächig ausgebildeten Assoziationen präsentieren sich in floristisch ähnlicher Zusammensetzung und beherbergen eine Reihe seltener Arten aus dem subarktisch-nordischen Florenbereich.

Schlammseggen-Schlenke
Caricetum limosae

Die nordisch anmutende Schlammseggen-Gesellschaft bewohnt Moorschlenken, die fast immer mit Wasser gefüllt sind und nur ganz selten austrocknen. Die Schlamm-Segge *(Carex limosa)* mit rinnig gefalteten, graugrünen Blättern und die Blumenbinse *(Scheuchzeria palustris)* mit unscheinbaren gelbgrünen Blüten und auffälligen Balgfrüchten sind die typischen Arten dieser Assoziation. Torfmoose *(Sphagnum* sp.) sowie der Langblättrige Sonnentau *(Drosera longifolia)* und der Breitblättrige Sonnentau *(Drosera obovata)* bereichern diese selten gewordene Pflanzengesellschaft. Wenn die Torfmoose die Wasserfläche überwuchern, können sich kaum trittfeste Schwingrasen entwickeln. Ihre bewegliche Vegetation schwimmt dann auf dem darunter liegenden Wasserpolster.

Die charakteristische Artenkombination zeigt folgendes Bild:

Andromeda polifolia	Rosmarinheide	*Drosera obovata*	Breitblättriger Sonnentau
Carex limosa	Schlamm-Segge	*Scheuchzeria palustris*	Blumenbinse
Carex rostrata	Schnabel-Segge	*Sphagnum* sp.	Torfmoose
Drosera anglica	Langblättriger Sonnentau		

Schnabelried-Gesellschaft
Rhynchosporetum albae

Diese Gesellschaft wächst auf Torf in flachen Schlenken, die im Frühjahr nach der Schneeschmelze austrocknen und im Sommer nur noch zeitweise nass sind. Die Weisse Schnabelbinse – auch Schnabelried genannt – *(Rhynchospora alba)* bringt erst im Spätsommer einen hellen Farbton in das sonst eher düstere Moor. Eine weitere, seltene Charakterart der Schnabelried-Gesellschaft ist der Moorbärlapp *(Lycopodiella inundata)*, der im Balmoos in Hasle und in einigen Sörenberger Mooren noch gut vertreten ist. Eine unscheinbare Besonderheit in diesen Schlenken ist die Moor-Binse *(Juncus stygius)*. Dieses Eiszeitrelikt kommt in der Schweiz nur noch in den Mooren von Gross Gfäl und Laubersmadghack in Sörenberg vor.

Zur charakteristischen Artenkombination der Schnabelried-Gesellschaft gehören:

Drosera anglica	Langblättriger Sonnentau	*Lycopodiella inundata*	Moorbärlapp
Drosera obovata	Breitblättriger Sonnentau	*Molinia caerulea*	Besenried
Juncus filiformis	Fadenförmige Binse	*Rhynchospora alba*	Weisse Schnabelbinse
Juncus stygius	Moor-Binse	*Sphagnum* sp.	Torfmoose

SCHNABELSEGGEN-SCHLENKE

Breitblättriger Sonnentau

Schnabel-Segge

Schlamm-Segge

Blumenbinse

Langblättriger Sonnentau

Torfmoos

Rosmarinheide

Typischer Standort der Moor-Binse in einer im Sommer oft ausgetrockneten Moorschlenke. Fast immer ist der seltene Sumpf-Bärlapp ihr Begleiter. Durch unsachgemässe «Naturschutzmassnahmen» ist der Bestand im Gross Gfäl seit Beginn der Jahrtausendwende stark zurückgegangen und heute – trotz Aufhebung der Wasserstau-Massnahmen – immer noch gefährdet. Der zweite Standort unweit westlich davon im Laubersmadghack ist wegen einer Hirschsuhle stark zurückgegangen und ebenfalls gefährdet.

Moor-Binse *(Juncus stygius)*: ein Eiszeitrelikt, das heute in der Schweiz nur noch in Sörenberg zu finden ist.

Übergangsmoore
Caricion lasiocarpae

Übergangs- oder Zwischenmoore sind mesotrophe Lebensräume mit mässigem Nährstoffangebot aus Grund- und Regenwasser. Sie bilden sich im nassen Randbereich von Hochmooren, aber auch über dem Schlamm am Rande von Weihern und Tümpeln. Sie sind an diesen Standorten meist kleinflächig und treten als wenig trittfeste Schwingrasen – diese werden im Entlebuch auch «Zittermoos» genannt – in Erscheinung. Hier erfreuen uns auch die beiden auffälligsten und schönsten Vertreter der Übergangsmoore: Blutauge *(Potentilla palustris)* und der den Enziangewächsen nahestehende Fieberklee *(Menyanthes trifoliata)*. Die namengebende Behaartfrüchtige oder Faden-Segge *(Carex lasiocarpa)* ist im Entlebuch selten und die beiden anderen charakteristischen Sauergräser, die Draht-Segge *(Carex diandra)* und die Torf-Segge *(Carex heleonastes)* sind in unserem Gebiet dem Verschwinden nahe. Übergangsmoore finden wir auch über nassen, oft beweideten Flachmooren, wo Torfmoose sich vermehrt ansiedeln können. Diese lassen den Boden langsam versauern, vertorfen und entziehen so den Flachmoorpflanzen das Grundwasser: ein Hochmoor mit einem Mosaik an Flach- und Hochmoorpflanzen kündigt sich an.

Der Fieberklee *(Menyanthes trifoliata)* sowie das Blutauge *(Potentilla palustris)* sind zwei typische Pflanzen der Übergangs- oder Zwischenmoore.

Übergangsmoor mit Fieberklee *(Menyanthes trifoliata)* und Blutauge *(Potentilla palustris)*

Die wichtigsten **Charakterarten** und Begleiter dieses **Verbandes** sind:

Carex diandra	Draht-Segge	*Eriophorum angustifolium*	Schmalblättriges Wollgras
Carex heleonastes	Torf-Segge		
Carex lasiocarpa	Behaartfrüchtige Segge	*Menyanthes trifoliata*	Fieberklee
Carex nigra	Braune Segge	*Peucedanum palustre*	Sumpf-Haarstrang
Carex rostrata	Schnabel-Segge	*Potentilla palustris*	Blutauge
		Sphagnum sp.	Torfmoose

Draht-Segge
(Carex diandra)

Torf-Segge
(Carex heleonastes)

Behaartfrüchtige Segge
(Carex lasiocarpa)

Braune Segge *(Carex nigra)*

Schmalblättriges Wollgras
(*Eriophorum angustifolium*)

Fieberklee
(*Menyanthes trifoliata*)

Schnabel-Segge
(*Carex rostrata*)

Blutauge
(*Potentilla palustris*)

Sumpf-Haarstrang
(*Peucedanum palustre*)

Torfmoos (*Sphagnum* sp.)

Schwingrasen im Hochmoor Salwidili

Hochmoore

Hochmoor Mettilimoos

Flachmoore

Flachmoore – auch Niedermoore oder Kleinseggenriede genannt – gehören pflanzensoziologisch zur Klasse der Kleinseggen-Gesellschaften, zu welcher auch die bereits vorgestellten Moorschlenken und Übergangsmoore gehören.

Flachmoore sind im Entlebuch im Voralpengebiet – vor allem auf der rechten Talseite der Kleinen Emme, im Marental und im Einzugsgebiet der Ilfis – noch weit verbreitet. Im Napfgebiet sind sie seltener. Wir finden sie in unterschiedlicher Ausprägung und Grösse von der montanen bis in die subalpine Stufe. Ihren Namen verdanken sie der flachen Oberfläche des Bodens. Dieser hat an der Oberfläche keine Torfschicht oder diese ist nur von geringer Mächtigkeit, was die Versorgung der Pflanzen mit Grundwasser ermöglicht. Flachmoore begegnen uns in Mulden und Senken, in Ebenen und oft als Hangmoore an wasserüberrieselten Hängen. Man unterscheidet saure, artenarme und kalkhaltige (= basische), artenreiche Flachmoore.

Kalk-Flachmoor mit Orchideen und Wollgräsern

Saurer Braunseggensumpf

Saure Braunseggensumpf-Gesellschaften
Caricetalia nigrae

Braunseggensumpf-Gesellschaften sind im Entlebuch als kleinflächige Sümpfe weit verbreitet. Man trifft sie über saurem Grundgestein, aber auch auf ausgewaschenen, staunassen Böden in Kalkgebieten. Der Boden ist torfig und stets feucht, neutral bis sauer und hält den Pflanzen ein schwaches bis mittleres Nährstoffangebot bereit. Die Braunseggensumpf-Gesellschaften bieten meist ein monotones, artenarmes Bild, wo vor allem die Braune Segge (*Carex nigra*) dominiert. Zu ihr gesellen sich weitere kleinwüchsige Seggen sowie auch einige wohltuende Farbtupfer von auffälligeren Blütenpflanzen. Die Braunseggensümpfe sind oft eingestreut in den grösseren und blumenreichen Kleinseggenrieden. Die Ordnung umfasst bei uns einen Verband, die Braunseggensümpfe (*Caricion nigrae*).

Charakterarten der **Ordnung** und des **Verbandes** sind:

Carex canescens	Graue Segge	*Epilobium palustre*	Sumpf-Weidenröschen
Carex echinata	Igel-Segge	*Ranunculus flammula*	Kleiner Sumpf-Hahnenfuss
Carex paupercula	Alpen-Schlamm-Segge	*Viola palustris*	Sumpf-Veilchen
Carex pulicaris	Floh-Segge		

Braunseggensumpf
Caricetum nigrae

Diese in unserem Gebiet häufigste Assoziation wird beherrscht von der Braunen Segge (*Carex nigra*). Der stets feuchte und moosreiche Rasen ist geschlossen und eintönig grün. Er kann sich mosaikartig mit benachbarten Pflanzengesellschaften verzahnen und wird dadurch etwas farbiger.

Zur charakteristischen Artenkombination gehören:

Carex canescens	Graue Segge	*Juncus filiformis*	Fadenförmige Binse
Carex echinata	Igel-Segge	*Pedicularis palustris*	Sumpf-Läusekraut
Carex nigra	Braune Segge	*Phleum alpinum*	Alpen-Lieschgras
Carex paupercula	Alpen-Schlamm-Segge	*Ranunculus flammula*	Kleiner Sumpf-Hahnenfuss
Carex pulicaris	Floh-Segge		
Dactylorhiza traunsteineri	Traunsteiners Knabenkraut	*Sphagnum* sp.	Torfmoose
		Trichophorum cespitosum	Rasen-Haarbinse
Epilobium palustre	Sumpf-Weidenröschen	*Viola palustris*	Sumpf-Veilchen
Eriophorum angustifolium	Schmalblättriges Wollgras		

Braunseggensumpf in Escholzmatt

Sumpf-Läusekraut
(Pedicularis palustris)

Traunsteiners Knabenkraut
(Dactylorhiza traunsteineri)

Scheuchzers Wollgrassumpf
Eriophoretum scheuchzeri

In dieser von Weitem leicht erkennbaren Assoziation zaubert Scheuchzers Wollgras *(Eriophorum scheuchzeri)* mit seinen kugeligen, grossen Köpfen am Rande von kleinen Seelein, Tümpeln und Wasserlöchern über der Waldgrenze ein Heer von weissen Flecken in die sommerlich grüne subalpin-alpine Rasenlandschaft. Saurer Boden mit viel Humus, Nährstoffarmut, wechselnde Nässe mit hohem Wasserstand und sommerliche Fröste stellen dieser markanten, aber extrem artenarmen arktisch-alpinen Verlandungsgesellschaft harte Lebensbedingungen. Wir finden sie in unserem Gebiet nur auf der Schrattenflue in den «Matten» und am Brienzergrat beim Eisee und beim Arniseeli.

Charakteristische Artenkombination:

Carex nigra	Braune Segge	*Juncus filiformis*	Fadenförmige Binse
Eriophorum scheuchzeri	Scheuchzers Wollgras	*Saxifraga stellaris*	Stern-Steinbrech

Flachmoore

SCHEUCHZERS WOLLGRASSUMPF

Braune Segge
Fadenförmige Binse
Scheuchzers Wollgras
Stern-Steinbrech

Scheuchzers Wollgrassumpf beim Eisee (OW)

Scheuchzers Wollgras
(Eriophorum scheuchzeri)

Stern-Steinbrech
(Saxifraga stellari)

Kalk-Kleinseggenriede
Caricetalia davallianae

Kalk-Kleinseggenriede sind im Entlebuch die artenreichsten und farbenprächtigsten Feuchtgebiete. Unzählige, attraktive Orchideen und viele andere Blumenschönheiten schmücken vor allem in den Monaten Mai und Juni diese zauberhaften Lebensräume, die auch vielen Insekten Nahrung und Lebensraum bieten.

Flachmoor Bleikenboden (Flühli) mit Breitblättrigem Knabenkraut *(Dactylorhiza majalis)*, Mehl-Primel *(Primula farinosa)*, Alpenhelm *(Bartsia alpina)*, Oeders Läusekraut *(Pedicularis oederi)*, Alpenmasslieb *(Aster bellidiastrum)* und Fuchs' Knabenkraut *(Dactylorhiza fuchsii)*

Die üppige, geschlossene Vegetation gedeiht auf basen- und kalkreichen, torfigen Humusböden wie auch auf mineralreichen Rohböden mit geringem Nährstoff- und Sauerstoffangebot. Der Oberboden wird fast ständig von kalkhaltigem Wasser durchrieselt und erzeugt so für die Pflanzen eine konstant hohe Luftfeuchtigkeit. Viele dieser Lebensräume überziehen als Hangmoore flache Hänge mit feuchten Mulden und trockeneren Erhebungen.

Die meisten Kleinseggenriede stehen heute unter dem Schutz von Bund, Kanton und Gemeinden. Ihre Bewirtschaftung und Pflege ist vertraglich geregelt. Viele von ihnen werden als begehrte ökologische Ausgleichsflächen im Spätsommer gemäht und als Streue abgeführt. Nur noch selten wird diese um eine Stange als kegelförmiger Haufen aufgeschichtet; diese sog. «Tristen» sind im Entlebuch mit der Mechanisierung der Landwirtschaft fast ganz aus dem Landschaftsbild verschwunden. Vor allem grössere Kleinseggenriede werden heute beweidet. Durch extensive Beweidung mit nicht allzu schwerem Jungvieh bei einem Weidebeginn gegen Mitte Juli und mit einem Pflegeschnitt im Herbst nach der Weidezeit – jährlich oder alle zwei bis drei Jahre – bleibt erstaunlicherweise die Artenvielfalt dieser für die Biosphäre so wertvollen und bereichernden, anthropogenen Lebensräume erhalten. Innerhalb der Ordnung der Kalk-Kleinseggenriede bestimmt der Verband der Kalkflachmoor-Gesellschaften *(Caricion davallianae)* das Bild dieser einsamen, aber faszinierenden Sumpf- und Weidelandschaft.

Charakterarten der **Ordnung** und des **Verbandes** sind:

Bartsia alpina	Alpenhelm, Bartschie	*Epipactis palustris*	Sumpf-Stendelwurz, Gemeine Sumpfwurz
Carex davalliana	Davalls Segge	*Eriophorum latifolium*	Breitblättriges Wollgras
Carex dioica	Zweihäusige Segge	*Parnassia palustris*	Sumpf-Herzblatt
Carex hostiana	Hosts Segge	*Pinguicula vulgaris*	Gemeines Fettblatt
Carex lepidocarpa	Kleinfrüchtige Gelbe Segge	*Primula farinosa*	Mehl-Primel
Carex panicea	Hirse-Segge	*Swertia perennis*	Moor-Enzian
Dactylorhiza incarnata	Fleischrotes Knabenkraut	*Taraxacum palustre*	Sumpf-Pfaffenöhrlein
Eleocharis quinqueflora	Wenigblütiges Sumpfried	*Tofieldia calyculata*	Gemeine Liliensimse

Flachmoorvegetation

Alpenhelm *(Bartsia alpina)*

Davalls Segge *(Carex davalliana)*

Zweihäusige Segge *(Carex dioica)*

Hosts Segge *(Carex hostiana)*

 Kleinfrüchtige Gelbe Segge *(Carex lepidocarpa)*

 Hirse-Segge *(Carex paniculata)*

 Fleischrotes Knabenkraut *(Dactylorhiza incarnata)*

 Wenigblütiges Sumpfried *(Eleocharis quinqueflora)*

 Sumpf-Stendelwurz *(Epipactis palustris)*

 Breitblättriges Wollgras *(Eriophorum latifolium)*

 Sumpf-Herzblatt *(Parnassia palustris)*

 Gemeines Fettblatt *(Pinguicula vulgaris)*

 Mehl-Primel *(Primula farinosa)*

 Moor-Enzian *(Swertia perennis)*

 Sumpf-Pfaffenöhrlein *(Taraxacum palustre)*

 Gemeine Liliensimse *(Tofieldia calyculata)*

Flachmoore

Davallseggenried
Bartsio-Caricetum davallianae

Ein blühendes, farbenfrohes und artenreiches Davallseggenried mit Tausenden von Orchideen auf wenigen Hektaren gehört im Entlebuch Ende Juni im Gebiet Salwidili oder Bleikenboden in der Gemeinde Flühli wohl zu den eindrücklichsten Erlebnissen eines aufmerksamen Wanderers. Die Gesellschaft ist je nach Höhenlage und anderen Standortfaktoren wie Beweidung, Schnitt, Topographie, Wasserversorgung, Bodenbeschaffenheit u. a. sehr vielgestaltig. Wir finden sie gross- und kleinflächig an feuchten, wasserzügigen Hängen, in Mulden, auf wenig geneigten, fast horizontalen Ebenen und als Quell- und Rieselfluren. Weil die äusseren Einflüsse oft rasch wechseln, verzahnt sich das Davallseggenried deshalb mosaikartig mit benachbarten Vegetationseinheiten wie Feuchtwiesen, Übergangsmooren, sauren Kleinseggenrieden und in höheren Lagen mit der Rostseggenhalde. Die namengebende Art der Assoziation, Davalls Segge *(Carex davalliana)*, ist ein zweihäusiges Sauergras mit unauffälligen braunen Fruchtständen. Die beiden dominanten Orchideenarten Breitblättriges Knabenkraut *(Dactylorhiza majalis)* und Fuchs' Knabenkraut *(Dactylorhiza fuchsii)* erreichen in dieser Gesellschaft im Entlebuch ihr Optimum und dürften als lokale Charakterarten gelten, obwohl sie auch noch an verschiedenen anderen Standorten vorkommen. Die dunkelroten Blüten des Breitblättrigen Knabenkrautes *(Dactylorhiza majalis)* erscheinen zuerst; etwa zehn Tage später entfalten die hell- bis dunkelrosafarbenen Blütenstände des Fuchs' Knabenkrautes *(Dactylorhiza fuchsii)* in vielen Variationen ihren Blütenzauber. Zusammen mit den weissen Fruchtköpfen des Breitblättrigen Wollgrases *(Eriophorum latifolium)* malt die Natur so einen unvergesslichen Frühsommeraspekt in die Landschaft. Immer wieder bereichern Albinos des Fuchs' Knabenkrauts und prächtige Bastarde der beiden Orchideenarten den Zauber dieser bewundernswerten Gesellschaft. Besonders in den Flyschgebieten erinnern im Spätsommer die stahlblauen bis schmutzigvioletten Blüten des Moor-Enzians *(Swertia perennis)* an die vergangene Blütenpracht.

Fuchs' Knabenkraut
(Dactylorhiza fuchsii)

Bastard zwischen den beiden
(Dactylorhiza fuchsii × majalis)

Breitblättriges Knabenkraut
(Dactylorhiza majalis)

Das Fuchs' Knabenkraut *(Dactylorhiza fuchsii)* erblüht in verschiedenen Variationen.

Zur charakteristischen Artenkombination des Davallseggenrieds gehören nebst unscheinbaren Sauergräsern viele farbenfrohe Blütenpflanzen. Mehrere aus anderen Gesellschaften gesellen sich zu ihnen:

Bartsia alpina	Alpenhelm, Bartschie
Blysmus compressus	Quellried
Carex davalliana	Davalls Segge
Carex dioica	Zweihäusige Segge
Carex flava	Gelbe Segge
Carex hostiana	Hosts Segge
Carex lepidocarpa	Kleinfrüchtige Gelbe Segge
Carex panicea	Hirse-Segge
Dactylorhiza fuchsii	Fuchs' Knabenkraut
Dactylorhiza incarnata	Fleischrotes Knabenkraut
Dactylorhiza majalis	Breitblättriges Knabenkraut
Eleocharis quinqueflora	Wenigblütiges Sumpfried
Epipactis palustris	Sumpf-Stendelwurz, Weisse Sumpfwurz
Eriophorum latifolium	Breitblättriges Wollgras
Equisetum palustre	Sumpf-Schachtelhalm

Herminium monorchis	Einorchis
Juncus articulatus	Glieder-Binse
Linum catharticum	Purgier-Lein
Listera ovata	Wiesen-Zweiblatt, Grosses Zweiblatt
Parnassia palustris	Sumpf-Herzblatt
Pinguicula alpina	Alpen-Fettblatt
Pinguicula vulgaris	Gemeines Fettblatt
Primula farinosa	Mehl-Primel
Succisa pratensis	Abbisskraut
Swertia perennis	Moor-Enzian
Taraxacum palustre	Sumpf-Pfaffenöhrlein
Tofieldia calyculata	Gemeine Liliensimse, Kelch-Simsenlilie
Trollius europaeus	Trollblume
Valeriana dioica	Sumpf-Baldrian

Flachmoore

Auf vielen Flachmooren im Entlebuch treffen wir immer wieder auf ein paar hochwüchsige, markante Kräuter aus anderen Pflanzengesellschaften:

Cirsium palustre	Sumpf-Kratzdistel	*Gentiana asclepiadea*	Schwalbenwurz-Enzian
Cirsium rivulare	Bach-Kratzdistel	*Veratrum album*	Weisser Germer

Sumpf-Kratzdistel
(*Cirsium palustre*)

Bach-Kratzdistel
(*Cirsium rivulare*)

Schwalbenwurz-Enzian
(*Gentiana asclepiadea*)

Weisser Germer
(*Veratrum album*)

Eisseggenflur
Caricetum frigidae

Die Eisseggenflur besiedelt kleinflächig überrieselte Mineralböden entlang von kalten Bächen und in feuchten Rinnen und Mulden der subalpinen Stufe. Sie ist das ökologische Bindeglied zwischen Kalk-Kleinseggenried und Quellflur, mit welchem sie einige Arten gemeinsam hat. Die stattliche Eis- oder Kälteliebende Segge (*Carex frigida*) mit ihren hängenden, fast schwarzen Fruchtständen im Juli ist die einzige Charakterart der Assoziation. Die seltene Gesellschaft finden wir bei uns vor allem im Fürsteingebiet.

Charakteristische Artenkombination:

Alchemilla xanthochlora	Gelbgrüner Frauenmantel	*Ligusticum mutellina*	Alpen-Liebstock
Aster bellidiastrum	Alpenmasslieb	*Parnassia palustris*	Sumpf-Herzblatt
Bartsia alpina	Alpenhelm, Bartschie	*Pinguicula vulgaris*	Gemeines Fettblatt
Carex echinata	Igel-Segge	*Saxifraga aizoides*	Bewimperter Steinbrech
Carex frigida	Eis-Segge	*Selaginella selaginoides*	Dorniger Moosfarn
Carex viridula	Oeders Gelbe Segge	*Soldanella alpina*	Grosse Soldanelle
Juncus alpinoarticulatus	Alpen-Binse		

Eisseggenflur mit der charakteristischen Eis-Segge *(Carex frigida)*

Gelbgrüner Frauenmantel *(Alchemilla xanthochlora)*
Oeders Gelbe Segge *(Carex viridula)*
Alpen-Binse *(Juncus alpinoarticulatus)*
Dorniger Moorfarn *(Selaginella selaginoides)*

Grosse Soldanelle *(Soldanella alpina)*
Bewimperter Steinbrech *(Saxifraga aizoides)*

Flachmoore

EISSEGGENFLUR

Alpenmasslieb

Gelbgrüner Frauenmantel

Oeders Gelbe Segge

Alpenhelm

Igel-Segge

Bewimperter Steinbrech

Eis-Segge

EISSEGGENFLUR

Im Quellbereich von Bächen und Gräben, in der offenen Landschaft, in feuchten Wäldern, an überrieselten Felswänden (= Rieselfluren) sowie da und dort in Flachmooren bilden sich nach dem Hervorquellen des Wassers aus dem Boden von der montanen bis in die subalpine Stufe Quellfluren und Quellsümpfe.

Subalpine, kalkarme Quellflur im Flyschgebiet am Nordabhang des Fürstein bei Wasserfallen. Moose und der zierliche Stern-Steinbrech verleihen der Pflanzengesellschaft das charakteristische Gepräge.

An diesen quelligen und sickerfeuchten Standorten herrscht über dem Boden ein konstantes Mikroklima: die Luftfeuchtigkeit ist stets hoch, die Temperaturschwankungen sind gering, das aus dem Boden austretende Wasser ist kühl – meist 2 – 8 °C –, sauber, sauerstoffreich, meist nährstoffarm und bewegt. Quellfluren sind daher auch im Winter bis in hohe Lagen oft schneefrei. Dies alles sind Standortfaktoren, die das Wachstum von Laubmoosen begünstigen. Die kleinflächigen, streifen- oder ringförmig angeordneten Pflanzengesellschaften sind deshalb reich an Moospolstern mit verschiedenen Farbtönen. Wenige Blütenpflanzen, wie Steinbrechgewächse, Kreuzblütler und Sauergräser sind bei den konstant kühlen Temperaturen in den Quellfluren lebensfähig (= stenotherme Arten). Der Kalkgehalt sowie die Temperatur des Quellwassers bestimmen die floristische Zusammensetzung der Pflanzengesellschaften, welche folglich in kalkarme und kalkreiche Quellfluren eingeteilt werden. Bei kalkreichem Wasser wird oft in tieferen Lagen Kalktuff (= Kalziumkarbonat) ausgeschieden.

Übersicht

Klasse	Schaumkraut-Quellflur-Gesellschaft	*Montio-Cardaminetea*
1. Ordnung	Silikat-Quellflur-Gesellschaften	*Montio fontanae-Cardaminetalia amarae*
Verband	Kalkarme Quellfluren	*Cardamino-Montion*
1. Assoziation	Bitterschaumkraut-Quellflur	*Cardaminetum amarae*
2. Assoziation	Sternsteinbrech-Quellflur	*Saxifragetum stellaris*
2. Ordnung	Waldquellfluren	*Cardamino-Chrysosplenietalia*
Verband	Winkelseggen-Waldquell-Gesell.	*Caricion remotae*
Assoziation	Waldschaumkrautflur	*Cardaminetum flexuosae*
3. Ordnung	Kalkquellflur-Gesellschaften	*Cardamino-Cratoneuretalia*
Verband	Kalkreiche Quellfluren	*Cratoneurion commutati*
Assoziation	Gänsekresse-Tuffmoosflur	*Cratoneuro-Arabidetum soyeri*

Zu den Charakterarten der Klasse und der Ordnungen der sommerkühlen Quellflur-Gesellschaften gehören Moose und wenige Blütenpflanzen:

Brachythecium rivulare	Bach-Kurzbüchsenmoos	*Philonotis fontana*	Gemeines Quellmoos
Bryum pseudotriquetrum	Bach-Birnmoos	*Philonotis seriata*	Reihenblättriges Quellmoos
Bryum schleicheri	Schleichersches Birnmoos		
Cardamine amara	Bitteres Schaumkraut	*Saxifraga stellaris*	Stern-Steinbrech
Palustriella commutata	Veränderliches Starknervmoos	*Stellaria alsine*	Moor-Sternmiere

Bach-Kurzbüchsenmoos
(*Brachythecium rivulare*)

Bach-Birnmoos
(*Bryum pseudotriquetrum*)

Schleichersches Birnmoos
(*Bryum schleicheri*)

Veränderliches Starknervmoos
(*Palustriella commutata*)

Reihenblättriges Quellmoos
(*Philonotis seriata*)

Bitteres Schaumkraut
(*Cardamine amara*)

Quellfluren

Moor-Sternmiere *(Stellaria alsine)*   Stern-Steinbrech *(Saxifraga stellaris)*   Gemeines Quellmoos *(Philonotis fontana)*

Kalkarme Quellfluren
Cardamoni-Montion

Kalkarme Quellfluren kommen im Entlebuch von der montanen bis in die subalpine Stufe über Molasse- und Flyschgestein vor. In der Umgebung dieser kalkarmen Quellstandorte (pH-Wert <7) mit ganzjährig kühlem und kalkarmem Wasser ist der Boden dauernd gut durchfeuchtet. Im montanen Bereich sind diese Lebensräume oft im Wald oder an anderen beschatteten Standorten anzutreffen. In der subalpinen Zone begleiten kalkarme Quellfluren als schmales, stets vom Wasser durchrieseltes Band die jungen Gebirgsbäche.

Kalkarme Quellfluren sind in der montanen Stufe oft im Wald (links), in der subalpinen Stufe entlang der jungen Gebirgsbäche in der offenen Landschaft anzutreffen.

Die moosreiche Vegetation der kalkarmen Quellfluren gestaltet sich ähnlich wie bei den kalkreichen Quellfluren; es fehlen aber weitgehend die kalkzeigenden Pflanzen und Kalkausscheidungen des Wassers kommen hier nicht vor.

Zu den **charakteristischen Blütenpflanzen** des **Verbandes** der kalkarmen Quellfluren gehören:

Alchemilla coriacea aggr.	Lederblättriger Frauenmantel	*Epilobium nutans*	Nickendes Weidenröschen
Chrysosplenium alternifolium	Wechselblättriges Milzkraut	*Epilobium obscurum*	Dunkelgrünes Weidenröschen
Chrysosplenium oppositifolium	Gegenblättriges Milzkraut		

Lederblättriger Frauenmantel (*Alchemilla coriacea* aggr.)

Wechselblättriges Milzkraut (*Chrysosplenium alternifolium*)

Nickendes Weidenröschen (*Epilobium nutans*)

Gegenblättriges Milzkraut (*Chrysosplenium oppositifolium*)

Dunkelgrünes Weidenröschen (*Epilobium obscurum*)

Bitterschaumkraut-Quellflur
Cardaminetum amarae

An schattigen Gräben und Quellbächen mit sauberem, schnell fliessendem, aber nicht nährstoffarmem Wasser sowie an sickerfeuchten Hängen und quelligen Standorten im Wald fällt uns im Frühling die Bitterschaumkraut-Quellflur mit dem üppig weiss blühenden Bitteren Schaumkraut (*Cardamine amara*) auf. Ebenfalls zeitig im Frühjahr blüht hier meist in grossen Mengen das Wechselblättrige Milzkraut (*Chrysosplenium alternifolium*).

Das Bittere Schaumkraut *(Cardamine amara)* sowie das Wechselblättrige Milzkraut *(Chrysosplenium alternifolium)* blühen im Frühling oft in grossen Mengen in der Bitterschaumkraut-Quellflur.

Nicht häufig findet man im Entlebuch in dieser Pflanzengesellschaft das manchmal Kolonien bildende Gegenblättrige Milzkraut *(Chrysosplenium oppositifolium)* und noch viel seltener das Dunkelgrüne Weidenröschen *(Epilobium obscurum)*. Beide Arten verschwinden im montanen Bereich mit zunehmender Meereshöhe.

Nebst Moosen sowie Begleitern aus Feuchtgebieten und nassen Waldstellen können uns in der Bitterschaumkraut-Quellflur folgende Blütenpflanzen begegnen:

Caltha palustris	Sumpf-Dotterblume	*Epilobium obscurum*	Dunkelgrünes Weidenröschen
Cardamine amara	Bitteres Schaumkraut		
Carex remota	Lockerährige Segge	*Filipendula ulmaria*	Moor-Spierstaude
Chaerophyllum hirsutum	Gebirgs-Kälberkropf	*Impatiens noli-tangere*	Wald-Springkraut
Chrysosplenium alternifolium	Wechselblättriges Milzkraut	*Lysimachia nemorum*	Hain-Friedlos
		Myosotis scorpioides	Sumpf-Vergissmeinnicht
Chrysosplenium oppositifolium	Gegenblättriges Milzkraut	*Ranunculus repens*	Kriechender Hahnenfuss
		Stellaria alsine	Moor-Sternmiere
Cirsium oleraceum	Kohldistel	*Stellaria nemorum*	Hain-Sternmiere
Crepis paludosa	Sumpf-Pippau		

Bitterschaumkraut-Quellflur

Sternsteinbrech-Quellflur
Saxifragetum stellaris

An unbeschatteten, kalkarmen Quellen sowie entlang der durchrieselten Ufer von kleinen Gebirgsbächen im Flyschgebiet oder in oberflächlich versauerten Böden über Kalkgestein erfreut uns in der subalpinen Stufe im Sommer die Sternsteinbrech-Quellflur mit dem zierlichen Stern-Steinbrech *(Saxifraga stellaris)*.

Moose, der herdenweise auftretende Stern-Steinbrech *(Saxifraga stellaris)* und das Mierenblättrige Weidenröschen *(Epilobium alsinifolium)* bestimmen das Bild der kalkarmen Sternsteinbrech-Quellflur über Flysch bei Wasserfallen am Nordabhang des Fürstein.

Der Kalkgehalt des stets kühlen Wassers ist hier gering. In die ausgebreiteten, wasserdurchtränkten Moosteppiche setzen wenige Blütenpflanzen wohltuende Farbtupfer. Im Quellgebiet der Grossen Entle – am Nordabhang des Fürstein – begegnet uns diese fast unberührte Pflanzengesellschaft in schöner Ausprägung.

Charakteristische Laubmoose und einige Blütenpflanzen sowie mehrere Begleiter gestalten das Artengefüge der subalpinen Sternsteinbrech-Quellflur:

Alchemilla coriacea	Lederblättriger Frauenmantel	*Epilobium alsinifolium*	Mierenblättriges Weidenröschen
Bryum schleicheri	Schleichersches Birnmoos	*Epilobium nutans*	Nickendes Weidenröschen
Caltha palustris var. minor	Kleine Sumpf-Dotterblume	*Juncus effusus*	Flatter-Binse
Carex frigida	Eis-Segge	*Philonotis seriata*	Reihenblättriges Quellmoos
Carex nigra	Braune Segge	*Pinguicula vulgaris*	Gemeines Fettblatt
Deschampsia cespitosa	Rasen-Schmiele	*Ranunculus aconitifolius*	Eisenhutblättriger Hahnenfuss
Diobellanella palustris (Dicranella)	Sparriges Kleingabelzahnmoos	*Sagina saginoides*	Alpen-Mastkraut
		Saxifraga stellaris	Stern-Steinbrech

Waldschaumkrautflur
Cardaminetum flexuosae

Die montane Waldschaumkrautflur mit dem unauffälligen Wald-Schaumkraut *(Cardamine flexuosa)* sowie den weiteren Charakterarten Lockerährige Segge *(Carex remota)* und Hain-Friedlos *(Lysimachia nemorum)* ist eine Schatten liebende, kleinflächige Pflanzengesellschaft in kalkarmen, langsam sickernden Quellbereichen im Wald sowie in ständig nassen Waldwegen entlang von Gräben. Neben typischen Blütenpflanzen der Quellfluren begleiten mehrere Arten von Feuchte- und Nässe liebenden Pflanzengesellschaften der Buchenwaldregion die meist artenarme Waldschaumkrautflur.

In der Waldschaumkrautflur bedecken die Blätter des Wald-Springkrautes und der grossblättrige Wollige Hahnenfuss im Sommer den nassen Boden.

Wald-Schaumkraut *(Cardamine flexuosa)* mit hin- und hergebogenem Stängel

Lockerährige Segge *(Carex remota)*

Hain-Friedlos *(Lysimachia nemorum)*

Zum typischen Artengefüge der Waldschaumkrautflur können folgende Blütenpflanzen gehören:

Ajuga reptans	Kriechender Günsel
Caltha palustris	Sumpf-Dotterblume
Cardamine amara	Bitteres Schaumkraut
Cardamine flexuosa	Wald-Schaumkraut
Carex remota	Lockerährige Segge
Chaerophyllum hirsutum	Gebirgs-Kälberkropf
Chrysosplenium alternifolium	Wechselblättriges Milzkraut
Circaea lutetiana	Grosses Hexenkraut
Eupatorium cannabinum	Wasserdost

Impatiens noli-tangere	Wald-Springkraut
Lysimachia nemorum	Hain-Friedlos, Hain-Gilbweiderich
Polygonum hydropiper	Wasserpfeffer-Knöterich
Ranunculus lanuginosus	Wolliger Hahnenfuss
Ranunculus repens	Kriechender Hahnenfuss
Rumex sanguineus	Blut-Ampfer
Stellaria alsine	Moor-Sternmiere
Veronica montana	Berg-Ehrenpreis

WALDSCHAUMKRAUTFLUR

WALDSCHAUMKRAUTFLUR

Kalkreiche Quellfluren
Cratoneurion commutati

Kalkreiche Quellfluren bilden sich dort, wo kalkhaltiges Quellwasser (pH-Wert meist > 7) Böden mit dünner Humusauflage und Feinschutt, aber auch Kalkfelswände dauernd durchtränkt. Kalktuffausscheidungen kommen allerdings bei den kalkreichen Quellfluren in der subalpinen Stufe nicht mehr vor.

Beim Emmensprung – dem Quellgebiet der Waldemme im Kanton Obwalden, nahe der Luzerner Grenze – finden viele Moospolster und wenige Blütenpflanzen wie der Strahlensame (rechts) im ständig überrieselten Bereich der Kalkfelswände optimale Wachstumsbedingungen.

Dunkelgrüne und braune Moose dominieren diesen an Blütenpflanzen armen Lebensraum, wo das Mikroklima ganzjährig kühl und feucht ist und da und dort der Boden sogar schneefrei bleibt. Über kalkhaltigem Untergrund im Bereich von Quellen, entlang schmaler Gebirgsbäche sowie bei kleinen Wasserfällen begegnen uns die kalkreichen Quellfluren von der montanen bis in die subalpine Stufe, meist auf der Nordseite unserer Kalkberge und oft im Kontakt mit Kalk-Flachmooren (Davallseggenrieden) und Rostseggenhalden.

Zu den **charakteristischen Arten** des **Verbandes** der kalkreichen Quellfluren gehören:

Palustriella commutata	Veränderliches Starknervmoos	*Pinguicula alpina*	Alpen-Fettblatt
Cratoneuron filicinum	Farnähnliches Starknervmoos	*Pinguicula vulgaris*	Gemeines Fettblatt
		Saxifraga aizoides	Bewimperter Steinbrech
Philonotis calcarea	Kalk-Quellmoos	*Silene pusilla*	Strahlensame

Quellfluren

Veränderliches Starknervmoos
(*Palustriella commutata*)

Gemeines Fettblatt
(*Pinguicula vulgaris*)

Farnähnliches Starknervmoos
(*Cratoneuron filicinum*)

Bewimperter Steinbrech (*Saxifraga aizoides*)

Alpen-Fettblatt
(*Pinguicula alpina*)

Kalk-Quellmoos (*Philonotis calcarea*)

Strahlensame (*Silene pusilla*)

Kalkreiche Quellflur an der Nordseite des Brienzer Rothorn

Gänsekresse-Tuffmoosflur
Cratoneuro-Arabidetum soyeri

An kleinen Quellen, überrieselten Felsen und entlang kalkreicher Quellbäche, insbesondere auf der Nordseite der Kalkberge Brienzergrat und Schrattenflue, entdecken wir in subalpiner Lage da und dort die Gänsekresse-Tuffmoosflur. Grüne und goldbraune Kalk-Quellmoose bilden hier weich geformte Teppiche. Zwischen und innerhalb der Moospolster finden wir über der Kalkunterlage mit wenig Feinschutt und dünner Humusschicht meist die namengebende Charakterart dieser Gesellschaft, die Bach-Gänsekresse (*Arabis subcoriacea*). Ebenfalls charakteristisch für die kalkreiche Quellflur ist ein weiss blühendes Nelkengewächs, der Strahlensame (*Silene pusilla*); an feuchten Kalkfelsen und am Fusse derselben tritt er manchmal in kleinen Herden auf. Kalktuff wird in dieser Höhenlage nicht mehr ausgeschieden.

Die blühende und fruchtende Bach-Gänsekresse *(Arabis subcoriacea)* gilt als Charakterart der kalkreichen Gänsekresse-Tuffmoosflur.

Der Strahlensame *(Silene pusilla)* liebt kalkhaltige, feuchte Felsen und Quellfluren wie hier an der Emmentalflue an der Nordseite der Schrattenflue.

Moose und einige Blütenpflanzen gehören zum typischen Artengefüge der Gänsekresse-Tuffmoosflur:

Agrostis stolonifera	Kriechendes Straussgras	*Palustriella falcata*	Sichel-Starknervmoos
Alchemilla glabra	Kahler Frauenmantel	*Epilobium alsinifolium*	Mierenblättriges Weidenröschen
Alchemilla incisa	Eingeschnittener Frauenmantel	*Philonotis calcarea*	Kalk-Quellmoos
Arabis subcoriacea	Bach-Gänsekresse	*Pinguicula alpina*	Alpen-Fettblatt
Aster bellidiastrum	Alpenmasslieb	*Pinguicula vulgaris*	Gemeines Fettblatt
Bryum pseudotriquetrum	Bach-Birnmoos	*Poa alpina*	Alpen-Rispengras
Carex frigida	Eis-Segge	*Saxifraga aizoides*	Bewimperter Steinbrech
Palustriella commutata	Veränderliches Starknervmoos	*Silene pusilla*	Strahlensame
		Viola biflora	Gelbes Bergveilchen

Das Mierenblättrige Weidenröschen *(Epilobium alsinifolium)* und der Bewimperte Steinbrech *(Saxifraga aizoides)* begleiten oft die kalkreichen Quellfluren.

GÄNSEKRESSE-TUFFMOOSFLUR

GÄNSEKRESSE-TUFFMOOSFLUR

Felsfluren

Felsen sind Extremstandorte für Pflanzen: Hohe Temperaturschwankungen von –20 °C bis +35 °C, Trockenheit, starker Wind, Humusarmut und spärlicher Wurzelraum sind Standortfaktoren, denen sich die Felsbewohner stellen müssen.

Die Aurikel *(Primula auricula)* und der Kalk-Glocken-Enzian *(Gentiana clusii)* schmücken die Kalkfelsen am Brienzer Rothorn.

Auf nacktem Fels vermögen sich nur blütenlose Pflanzen wie Flechten, Moose und Algen anzusiedeln. Sie zeichnen oft in auffälligen Formen und Farben beeindruckende Bilder auf den kahlen Fels.

Landkartenflechten auf Flyschsandstein

In Felsspalten und Ritzen, wo sich etwas Humus ansammeln kann, erfreuen uns einige Blütenpflanzen mit erstaunlicher Anpassungsfähigkeit. Es sind Felsspaltenbewohner, sog. Chasmophyten, die mit verholzter Stängelbasis, langer Pfahlwurzel und einem reich verzweigten, feinen Wurzelwerk sich festigen und so Wasser und Nährstoffe aufnehmen können. Einige charakteristische Arten fallen auf mit Rosetten und kugeligen Polstern. Ihre fleischigen, sukkulenten Blätter speichern Wasser; ein Wachsüberzug schützt vor allzu starker Verdunstung bei intensiver Sonneneinstrahlung. Felsen beherbergen artenarme Pflanzengesellschaften. Nur gut strukturierte Felsen mit kleineren und grösseren Absätzen und breiteren humus- und schuttreicheren Rinnen sind artenreicher. Hier können Blütenpflanzen aus benachbarten Polsterseggenrasen, Blaugras-Horstseggenhalden und Schuttfluren wenigstens vorübergehend ein attraktives Vegetationsbild hervorzaubern. Da nur wenig Feinerde und Humus zur Verfügung stehen, wirkt sich der Chemismus des Gesteins unmittelbar auf die Zusammensetzung der pflanzensoziologischen Vegetationseinheiten aus. So kann man gut zwischen den Kalk-Felsspalten- und Mauerfugen-Gesellschaften und den Silikat-Felsspalten-Gesellschaften unterscheiden. Nur wenige Charakterarten der Klasse kommen in beiden Ordnungen vor. Im Entlebuch ist die Felsvegetation auf Kalk gut vertreten, während an den silikathaltigen Flyschfelsen Hagleren und Fürstein die charakteristische Felsvegetation kaum in Erscheinung tritt.

Übersicht

Klasse	Felsspalten- und Mauerfugengesellschaften	Asplenietea trichomanis
Ordnung	Kalk-Felsspalten und Mauerfugengesellschaften	Potentilletalia caulescentis
1. Verband	Nordalpine Kalkspalten u. Mauerfugengesellschaften	Potentillion caulescentis
1. Assoziation	Schweizer Mannsschildflur	Androsacetum helveticae
2. Assoziation	Stängel-Fingerkrautflur	Potentilletum caulescentis
3. Assoziation	Mauerrauten-Gesellschaft	Asplenietum trichomanorutae-murariae
2. Verband	Schattige Kalkfelsen- und Mauerfugengesellschaften	Cystopteridion fragilis

Zu den **Charakterarten der Klasse,** die auf kalk- und silikathaltigem Gestein gedeihen können, zählen nur wenige Arten:

Asplenium trichomanes	Braunstieliger Streifenfarn	*Sedum dasyphyllum*	Dickblättriger Mauerpfeffer
Hieracium amplexicaule	Stängelumfassendes Habichtskraut	*Valeriana tripteris*	Dreiblatt-Baldrian

Braunstieliger Streifenfarn *(Asplenium trichomanes)*

Stängelumfassendes Habichtskraut *(Hieracium amplexicaule)*

Dickblättriger Mauerpfeffer *(Sedum dasyphyllum)*

Dreiblatt-Baldrian *(Valeriana tripteris)*

Felsfluren

Ebenfalls wenige **Charakterarten** kennzeichnen die **Ordnung** der Kalk-Felsspalten- und Mauerfugen-Gesellschaften:

Asplenium ruta-muraria	Mauerraute	*Rhamnus pumila*	Zwerg-Kreuzdorn
Daphne alpina	Alpen-Seidelbast	*Saxifraga paniculata*	Trauben-Steinbrech

Mauerraute
(*Asplenium ruta-muraria*)

Alpen-Seidelbast
(*Daphne alpina*)

Zwerg-Kreuzdorn
(*Rhamnus pumila*)

Trauben-Steinbrech
(*Saxifraga paniculata*)

Sonnige Kalkfels- und Mauerfugen-Gesellschaften
Potentillon caulescentis

Den Verband der sonnigen Kalkfels- und Mauerfugen-Gesellschaften bereichern mehrere z. T. imposante und farbenprächtige Blumengestalten. Einige von ihnen kommen allerdings nur an den Felsen im alpinen Bereich vor, wo sie zugleich Charakterarten der betreffenden Assoziation sind. Die namengebende Art des Verbandes, das Vielstängelige Fingerkraut (*Potentilla caulescens*) kommt im Entlebuch nicht vor.

Charakterarten des **Verbandes** sind:

Androsace helvetica	Schweizer Mannsschild	*Festuca alpina*	Alpen-Schwingel
Arabis bellidifolia	Zwerg-Gänsekresse	*Hieracium bupleuroides*	Hasenohr-Habichtskraut
Coronilla vaginalis	Scheiden-Kronwicke	*Hieracium humile*	Niedriges Habichtskraut
Draba aizoides	Immergrünes Felsenblümchen	*Kernera saxatilis*	Kugelschötchen
		Petrocallis pyrenaica	Steinschmückel
Draba tomentosa	Filziges Felsenblümchen	*Primula auricula*	Aurikel

Schweizer Mannsschild *(Androsace helvetica)*

Steinschmückel *(Petrocallis pyrenaica)*

Aurikel *(Primula auricula)*

Zwerg-Gänsekresse
(Arabis bellidifolia)

Hasenohr-Habichtskraut
(Hieracium bupleuroides)

Filziges Felsenblümchen
(Draba tomentosa)

Alpen-Schwingel *(Festuca alpina)*

Kugelschötchen *(Kernera saxatilis)*

Felsfluren

Immergrünes Felsenblümchen *(Draba aizoides)*

Scheiden-Kronwicke *(Coronilla vaginalis)*

Schweizer Mannsschildflur
Androsacetum helveticae

An den meist sonnigen Kalkfelsen in der subalpinen und alpinen Stufe erwecken die Pflanzen dieser artenarmen Assoziation durch ihre ungebrochene Lebenskraft unter extremen Standortbedingungen immer wieder Erstaunen und Bewunderung. Gut vertreten ist diese Gesellschaft am Brienzergrat und an der Schrattenflue. In gut strukturierten Felsen mit Absätzen und kleineren Schuttrinnen trifft man auf mehrere Vertreter benachbarter Pflanzengesellschaften. An sonnigen Felsen in subalpiner Lage bereichern zudem Arten der weiter unten liegenden Stängel-Fingerkrautflur das Artengefüge.

Im Entlebuch sind alle drei Charakterarten der Schweizer Mannsschildflur vertreten:

Androsace helvetica	Schweizer Mannsschild
Draba tomentosa	Filziges Felsenblümchen
Festuca alpina	Alpen-Schwingel

Filziges Felsenblümchen *(Draba tomentosa)*

Schweizer Mannsschild *(Androsace helvetica)*

Alpen-Schwingel *(Festuca alpina)*

Beeindruckend und unvergesslich ist die Begegnung mit dem blühenden Schweizer Mannsschild *(Androsace helvetica)*. Er gehört mit seinem Kugelpolster zu den windhärtesten Hochgebirgspflanzen der Alpen. Im Innern des Kugelpolsters ist der Vegetationspunkt durch zahlreiche dicht liegende Blättchen geschützt. Der humusgefüllte Innenraum des Polsters ist für die vielen Seitenäste Nährstoffreservoir und Wasserspeicher. Der Schweizer Mannsschild wächst sehr langsam und kann mehrere Jahrzehnte überdauern. Die charakteristische Artenkombination zeigt im subalpinen Bereich ein recht artenreiches Bild; mit zunehmender Meereshöhe verarmt die Gesellschaft. Mehrere Begleiter aus verwandten und benachbarten Pflanzengesellschaften gesellen sich da und dort zur charakteristischen Artenkombination und vervollkommnen die imposante und leicht erkennbare Schweizer Mannsschildflur.

Androsace helvetica	Schweizer Mannsschild
Arabis bellidifolia	Zwerg-Gänsekresse
Arabis serpyllifolia	Quendelblättrige Gänsekresse
Athamanta cretensis	Augenwurz
Carex firma	Polster-Segge
Draba aizoides	Immergrünes Felsenblümchen
Draba siliquosa	Kärntner Felsenblümchen
Draba tomentosa	Filziges Felsenblümchen
Festuca alpina	Alpen-Schwingel

Gentiana clusii	Clusius' Enzian, Kalk-Glocken-Enzian
Petrocallis pyrenaica	Steinschmückel
Primula auricula	Aurikel
Saxifraga caesia	Blaugrüner Steinbrech
Saxifraga moschata	Moschus-Steinbrech
Saxifraga oppositifolia	Gegenblättriger Steinbrech
Saxifraga paniculata	Trauben-Steinbrech
Sedum atratum	Dunkler Mauerpfeffer
Silene acaulis	Kalk-Polsternelke
Veronica fruticans	Felsen-Ehrenpreis

Stängel-Fingerkrautflur
Hieracio humilis-Potentilletum caulescentis

Zu dieser Assoziation passt im Entlebuch der frühere Name «Kugelschötchenflur» (Kerneretum saxatilis) besser, da die eher ostalpine namengebende Art, das Stängel-Fingerkraut *(Potentilla caulescens)* im Kanton Luzern fehlt. Dieser Vegetationstyp ersetzt im hochmontanen und subalpinen Bereich die Schweizer Mannsschildflur an warmen, sonnigen und meist gut strukturierten Kalkfelsen. Sie ist artenreicher und an weniger steilen Stellen mit mehr Humus können sich da und dort sogar Sträucher und Spaliersträucher sowie mehrere Vertreter aus benachbarten Pflanzengesellschaften als konstante Begleiter einstellen. Im Entlebuch begegnet uns die an Wärme und Trockenheit angepasste Vegetationseinheit in variabler Ausbildung an der Südseite der Schrattenflue sowie an der sonnigen Kalkkette von der Rüchiflue bis zum Schimbrig.

Zu den **Charakterarten** der **Assoziation** zählen:

Hieracium humile	Niedriges Habichtskraut
Hieracium bupleuroides	Hasenohr-Habichtskraut
Kernera saxatilis	Kugelschötchen
Rhamnus pumila	Zwerg-Kreuzdorn

Niedriges Habichtskraut *(Hieracium humile)*

Zwerg-Kreuzdorn *(Rhamnus pumila)*

Kugelschötchen *(Kernera saxatilis)*

Hasenohr-Habichtskraut *(Hieracium bupleuroides)*

SCHWEIZER MANNSSCHILDFLUR

SCHWEIZER MANNSSCHILDFLUR

Alpen-Schwingel

Augenwurz

Zwerg-Gänsekresse

Kalk-Polsternelke

Kärntner Felsenblümchen

Dunkler Mauerpfeffer

Filziges Felsenblümchen

Clusius' Enzian, Kalk-Glocken-Enzian

Moschus-Steinbrech

Die charakteristische Artenkombination der Stängel-Fingerkrautflur kann je nach Höhenlage und Struktur der Felsen recht vielseitig sein:

Asplenium ruta-muraria	Mauerraute	*Hieracium bupleuroides*	Hasenohr-Habichtskraut
Amelanchier ovalis	Felsenmispel	*Kernera saxatilis*	Kugelschötchen
Coronilla vaginalis	Scheiden-Kronwicke	*Laserpitium siler*	Berg-Laserkraut
Cotoneaster integerrimus	Kahle Steinmispel	*Primula auricula*	Aurikel
Cotoneaster tomentosus	Filzige Steinmispel	*Rhamnus pumila*	Zwerg-Kreuzdorn
Cystopteris fragilis	Zerbrechlicher Blasenfarn	*Saxifraga paniculata*	Trauben-Steinbrech
Daphne alpina	Alpen-Seidelbast	*Seseli libanotis*	Hirschheil
Dianthus sylvestris	Stein-Nelke	*Sesleria albicans*	Blaugras
Erinus alpinus	Leberbalsam	*Teucrium montanum*	Berg-Gamander
Globularia cordifolia	Herzblättrige Kugelblume	*Veronica fruticans*	Felsen-Ehrenpreis
Hieracium amplexicaule	Stängelumfassendes Habichtskraut	*Veronica fruticulosa*	Halbstrauchiger Ehrenpreis
Hieracium humile	Niedriges Habichtskraut		

Felsvegetation an der Rüchiflue

Felsband mit Aurikel

Mauerrautenflur
Asplenietum trichomano-rutae-murariae

Grüne Farbtupfer aus Farngewächsen und ein paar bunte Blütenpflanzen beleben noch da und dort die sonst leblosen Mauern um Klöster, Kirchen, Friedhöfe und bei Bahnhöfen; aber auch an natürlichen Kalk- und Sandsteinfelsen in der montanen Stufe begegnet man dieser artenarmen und anspruchslosen Pflanzengesellschaft. Durch Ausbesserung und gründliche Reinigung der Mauern verschwindet immer mehr ein vom Menschen geschaffenes vertrautes Vegetationsbild aus alter Zeit. Unterschiedliche geologische Beschaffenheit und Herkunft des Gesteins sowie die Exposition der Standorte zeichnen auch unterschiedliche Bilder dieser anthropogenen Mörtelfugen-Gesellschaft, die an natürlichen Standorten in Felsspalten auf Kalk wie auch in mineralischen Silikatgesteinen vorkommt.

STÄNGEL-FINGERKRAUTFLUR

STÄNGEL-FINGERKRAUTFLUR

Aurikel · Filzige Steinmispel · Felsen-Ehrenpreis · Niedriges Habichtskraut · Mauerraute · Felsenmispel · Zwerg-Kreuzdorn

STÄNGEL-FINGERKRAUTFLUR

Die typischen Vertreter der Mauerrautenflur sind:

Asplenium ruta-muraria	Mauerraute	*Cystopteris fragilis*	Zerbrechlicher Blasenfarn
Asplenium trichomanes	Braunstieliger Streifenfarn	*Geranium robertianum*	Ruprechtskraut, Stinkender Storchschnabel
Chelidonium majus	Schöllkraut		
Cymbalaria muralis	Mauer-Leinkraut, Zimbelkraut		

Mauerrautenflur

Mauerraute *(Asplenium ruta-muraria)*

Schöllkraut *(Chelidonium majus)*

Zerbrechlicher Blasenfarn *(Cystopteris fragilis)*

Braunstieliger Streifenfarn *(Asplenium trichomanes)*

Ruprechtskraut *(Geranium robertianum)*

Mauer-Leinkraut *(Cymbalaria muralis)*

Schattige Kalkfels- und Mauerfugen-Gesellschaften
Cystopteridion fragilis

Der Verband der schattigen Kalkfels- und Mauerfugen-Gesellschaften umfasst im Entlebuch drei ähnliche, kleinflächig ausgebildete Assoziationen von der montanen bis in die alpine Stufe. Sie werden hier nur kurz als Verband besprochen.

In diesen artenarmen Lebensräumen dominieren Farne und Moose. Sie besiedeln feuchte, schattige Felsen und Mauern in der Nähe von kleinen Wasserfällen und Wasserrinnen mit Sprühregen und hoher Luftfeuchtigkeit, aber auch feuchte Steinblöcke in Wäldern. Die Standortfaktoren Temperatur und Wasser sind viel ausgeglichener als in den sonnigen, trockenen Felsspaltengesellschaften. In unserem Gebiet bewachsen die charakteristischen Bestände Felsen und Mauern auf Kalk, aber auch silikathaltige Felsen der Flyschberge in meist nordexponierter Lage. Gut ausgebildet sind sie an der Schrattenflue am Bärsilikopf und an der Emmentalflue, aber auch beim Emmensprung am Brienzergrat.

Zu den **Charakterarten** des **Verbandes** gehören:

Asplenium viride	Grünstieliger Streifenfarn
Carex brachystachys	Kurzährige Segge
Cystopteris alpina	Alpen-Blasenfarn
Cystopteris fragilis	Zerbrechlicher Blasenfarn
Moehringia muscosa	Moos-Nabelmiere

Grünstieliger Streifenfarn
(Asplenium viride)

Kurzährige Segge
(Carex brachystachys)

Alpen-Blasenfarn *(Cystopteris alpina)*

Zerbrechlicher Blasenfarn *(Cystopteris fragilis)*

Moos-Nabelmiere *(Moehringia muscosa)*

Felsfluren

Mit den Charakterarten können sich je nach Höhenlage folgende Arten zu einem typischen Vegetationsbild vergesellschaften:

Asplenium trichomanes	Braunstieliger Streifenfarn	*Ranunculus alpestris*	Alpen-Hahnenfuss
Aster bellidiastrum	Alpen-Masslieb	*Phyllitis scolopendrium*	Hirschzunge
Campanula cochleariifolia	Niedliche Glockenblume	*Polypodium vulgare*	Gemeiner Tüpfelfarn
Geranium robertianum	Ruprechtskraut	*Silene pusilla*	Strahlensame
Gymnocarpium robertianum	Ruprechtsfarn	*Tofieldia calyculata*	Gemeine Liliensimse
		Valeriana tripteris	Dreiblatt-Baldrian
		Viola biflora	Gelbes Bergveilchen

Braunstieliger Streifenfarn (*Asplenium trichomanes*)

Hirschzunge (*Phyllitis scolopendrium*)

Alpen-Masslieb (*Aster bellidiastrum*)

Gelbes Bergveilchen (*Viola biflora*)

Dreiblatt-Baldrian (*Valeriana tripteris*)

Gemeiner Tüpfelfarn *(Polypodium vulgare)*

Strahlensame *(Silene pusilla)*

Ruprechtsfarn
(Gymnocarpium robertianum)

Gemeine Liliensimse
(Tofieldia calyculata)

Niedliche Glockenblume
(Campanula cochleariifolia)

Ruprechtskraut *(Geranium robertianum)*

Alpen-Hahnenfuss *(Ranunculus alpestris)*

Felsfluren

Die blühende Aurikel *(Primula auricula)* schmückt die Kalkfelsen.

Der Schweizer Mannsschild *(Androsace helvetica)* kann an Kalkfelsen mehrere Jahrzehnte überdauern.

Steinschutt- und Geröllfluren

Steinschutt- und Geröllfluren begleiten die Entlebucher Kalkberge von der Schrattenflue und dem Brienzergrat bis zur Risetenflue. Mantelartig umhüllen sie den Fuss von vielen schroffen Felsen, denen sie ihre Entstehung verdanken: Verwitterung durch Spaltenfrost löst das Gestein und lässt es in grösseren und kleineren Brocken in die Tiefe fallen. Geröll bewegt sich aufgrund der Schwerkraft; Schutt wird von Wasser, Schnee und Eis transportiert. Aktive Schutthalden erhalten immer wieder Zufuhr von neuem Material und sind daher weitgehend lebensfeindlich. Rutschende, d. h. noch instabile und ruhende Gesteinsfluren erscheinen von Weitem vegetationslos, lassen aber beim mühsamen Durchschreiten inselartigen Pflanzenbewuchs erkennen. Dieser nimmt mit zunehmendem Durchmesser der Gesteinsbrocken vom Feinschutt (0,2 – 2 cm) über den Grobschutt (2 – 25 cm) bis zum Blockschutt (>25 cm) wegen mangelnder Feinerde ab.

Kalkschutthalde an der Grönflue

Schutt- und Geröllfluren sind Extremstandorte für Pionierpflanzen, die sich den harten Standortbedingungen, wie Beweglichkeit des Bodens, Überschüttung durch Geröll und Schutt, Armut an Feinerde, Nährstoffen und Wasser, mechanische Schädigung von Wurzeln und Sprossen, lange Schneebedeckung von 6 – 8 Monaten und gelegentliche Trockenheit, stellen müssen, obwohl eine isolierende «Steinluftschicht» das im Kalk rasch versickernde Wasser vor allzu starker Verdunstung schützt. Die Pflanzen reagieren mit einer hohen Regenerationsfähigkeit von dehnungsfähigen Wurzeln und Sprossen, mit rascher Keimung der Samen, beschleunigtem Wachsen und Blühen und einem ausgedehnten Wurzelwerk mit Pfahlwurzeln, die der Verankerung und Festigung des Schuttes dienen, sowie mit weitmaschigen Feinwurzeln, welche die Pflanzen mit Wasser und Nährstoffen versorgen.

Die Pflanzen der Schuttfluren kann man nach ihrer Wuchsform in vier verschiedene Gruppen, die auf ihre Überlebensstrategie hinweisen, unterteilen:

Schuttwanderer: Mit langen unterirdischen Kriechtrieben (Ausläufern) durchdringen sie den Schutt, durch den sie richtiggehend wandern können.

Schuttüberkriecher: Legen sich mit schlaffen, beblätterten, teppichartigen Trieben, die sich bewurzeln, über den Schutt, der dadurch lokal stabilisiert wird.

Schuttstrecker: Nach Überschüttung arbeiten sie sich durch Verlängerung und Erstarkung aufrechter Triebe durch die Schuttdecke.

Schuttstauer: Horste und Polster mit Wurzelbündeln und Pfahlwurzeln stabilisieren den Schutt und werden so zu ersten ruhenden Inseln.

Rundblättriges Täschelkraut (*Thlaspi rotundifolium*)

Alpen-Leinkraut (*Linaria alpina*)

Säuerling (*Oxyria digyna*)

Horst-Segge (*Carex sempervirens*)

Pflanzengesellschaften der Steinschutt- und Geröllfluren

Die Klasse der Schuttfluren umfasst in unserem Gebiet zwei Ordnungen auf Kalk: die Kalkschuttfluren in subalpiner und alpiner Lage und die wärmeliebenden Raugras-Kalkschutthalden im montanen Bereich.

Übersicht

Klasse	Steinschuttfluren	*Thlaspietea rotundifolii*
1. Ordnung	Kalkschuttfluren	*Thlaspietalia rotundifolii*
1. Verband	Täschelkraut-Schuttfluren	*Thlaspion rotundifolii*
Assoziation	Täschelkrauthalde	*Thlaspietum rotundifolii*
2. Verband	Pestwurzfluren	*Petasition paradoxi*
Assoziation	Alpen-Pestwurzflur	*Petasitetum paradoxi*
2. Ordnung	Raugras-Kalkschutthalden	*Galio-Parietarietalia officinalis*
Verband	Wärmeliebende Raugras-Kalkschutthalden	*Stipion calamagrostis*

Die **Charakterarten** der **Klasse** der Steinschutt- und Geröllfluren sind in unserem Gebiet gut vertreten:

Campanula cochleariifolia	Niedliche Glockenblume	*Rumex scutatus*	Schildblättriger Ampfer
Gymnocarpium robertianum	Ruprechtsfarn	*Saxifraga oppositifolia*	Gegenblättriger Steinbrech
Gypsophila repens	Kriechendes Gipskraut		
Linaria alpina	Alpen-Leinkraut	*Silene vulgaris* ssp. *glareosa*	Alpen-Klatschnelke
Orobanche flava	Gelbe Sommerwurz		

Alpen-Leinkraut *(Linaria alpina)*

Kriechendes Gipskraut *(Gypsophila repens)*

Gegenblättriger Steinbrech
(Saxifraga oppositifolia)

Ruprechtsfarn
(Gymnocarpium robertianum)

Niedliche Glockenblume
(Campanula cochleariifolia)

Schildblättriger Ampfer
(Rumex scutatus)

Hellgelbe Sommerwurz
(Orobanche flava)

Alpen-Klatschnelke
(Silene vulgaris ssp. *glareosa)*

Kalkschuttfluren
Thlaspietalia rotundifolii

Charakterarten der **Ordnung** sind:

Achillea atrata	Schwarze Schafgarbe	*Moehringia ciliata*	Bewimperte Nabelmiere
Arabis alpina	Alpen-Gänsekresse	*Poa cenisia*	Mont-Cenis-Rispengras
Doronicum grandiflorum	Grossköpfige Gämswurz	*Poa minor*	Kleines Rispengras

Schwarze Schafgarbe *(Achillea atrata)*

Grossköpfige Gämswurz *(Doronicum grandiflorum)*

Steinschutt- und Geröllfluren

Alpen-Gänsekresse
(*Arabis alpina*)

Bewimperte Nabelmiere
(*Moehringia ciliata*)

Kleines Rispengras
(*Poa minor*)

Mont-Cenis-Rispengras
(*Poa cenisia*)

Täschelkrautfluren
Thlaspion rotundifolii

In den Schuttfluren dieses Verbandes dominiert im Entlebuch die Assoziation der Täschelkrauthalde. Andere Assoziationen sind nur fragmentarisch ausgebildet (Berglöwenzahnhalde, Triglavpippau-Gesellschaft).

Zu den **Charakterarten** des **Verbandes** gehören:

Arenaria multicaulis	Vielstängeliges Sandkraut	*Papaver occidentale*	Westlicher Alpenmohn
Crepis terglouensis	Triglav-Pippau	*Pritzelago alpina*	Alpen-Gämskresse
Festuca rupicaprina	Gäms-Schwingel	*Ranunculus montanus*	Berg-Hahnenfuss
Galium megalospermum	Schweizer Labkraut	*Thlaspi rotundifolium*	Rundblättriges Täschelkraut
Leontodon montanus	Berg-Milchkraut		
Leucanthemum halleri	Hallers Margerite	*Viola cenisia*	Mont-Cenis-Veilchen

Mont Cenis-Veilchen (*Viola cenisia*)

Rundblättriges Täschelkraut (*Thlaspi rotundifolium*)

Berg-Milchkraut
(*Leontodon montanus*)

Gäms-Schwingel
(*Festuca rupicaprina*)

Triglav-Pippau (*Crepis terglouensis*)

Westlicher Alpenmohn
(*Papaver occidentale*)

Berg-Hahnenfuss
(*Ranunculus montanus*)

Alpen-Gämskresse (*Pritzelago alpina*)

Schweizer Labkraut (*Galium megalospermum*)

Hallers Margerite (*Leucanthemum halleri*)

Steinschutt- und Geröllfluren

Vielstängeliges Sandkraut *(Arenaria multicaulis)*

Brienzer Rothorn: Schutthalde Roter Boden

Schiefer-Schutthalde beim Arniseeli (OW)

Die Grossköpfige Gämswurz *(Doronicum grandiflorum)* bevorzugt den groben, ruhenden Kalk-Blockschutt.

Täschelkrauthalde
Thlaspietum rotundifolii

Die typische Täschelkrauthalde begegnet uns in den Schutt- und Geröllfluren unserer Kalkberge in einer Meereshöhe ab ca. 1700 m in nord- und südexponierter Lage. Von Weitem erscheint dieser Lebensraum öde und vegetationslos; in der Nähe überraschen uns mehrere, meist farbenprächtige, robuste und zierliche Pflanzen. Grober, beweglicher Kalkschutt, wenig und nährstoffarme Feinerde, mechanische Belastung durch Überschüttung von bewegtem Geröll, eine lange Schneebedeckung von 6–8 Monaten und gelegentliche Trockenheit verlangen von den Pflanzen eine hohe Anpassungsfähigkeit. Die Feinerde besteht bis zu 98 % aus zermahlenem Kalkgestein, wenigen organischen Substanzen und Flugstaub, der da und dort auf der schmelzenden Schneedecke leicht zu erkennen ist.

Die Täschelkrauthalde ist meist eine dauerhafte Pioniergesellschaft mit geringem Deckungsgrad. Nur etwa 10 % der Schuttfluren sind mit Vegetation überwachsen. In ihr können mehr als 30 Arten Fuss fassen; im Durchschnitt aber umfasst diese weit offene und lückige Pflanzengesellschaft nur etwa 10 Arten. Die ersten von ihnen erblühen schon kurz nach der Schneeschmelze. Die eigentliche Charakterart der Täschelkrauthalde ist die namengebende Art, das Rundblättrige Täschelkraut *(Thlaspi rotundifolium)*, das als überschüttungsresistenter Schuttwanderer fast immer vorkommt, gelegentlich aber auch in den ganz nahe verwandten Assoziationen. Der äusserst seltene Westliche Alpenmohn *(Papaver occidentale)*, ebenfalls eine Charakterart, hat seinen einzigen Standort am Nordhang des Brienzergrates, dem östlichsten Fundort in den Alpen. In ihrer Nachbarschaft gedeihen oft die Bewimperte Nabelmiere *(Moehringia ciliata)*, das Alpen-Leinkraut *(Linaria alpina)*, die Alpen-Gämskresse *(Pritzelago alpina)* und die Grossköpfige Gämswurz *(Doronicum grandiflorum)*.

Täschelkrauthalden mit Rundblättrigem Täschelkraut *(Thlaspi rotundifolium)*, Alpen-Gämskresse *(Pritzelago alpina)*, Alpen-Leinkraut *(Linaria alpina)*, Bewimperter Nabelmiere *(Moehringia ciliata)* (von links nach rechts)

Zur charakteristischen Artenkombination der Täschelkrauthalde gehören:

Achillea atrata	Schwarze Schafgarbe	*Poa cenisia*	Mont-Cenis-Rispengras
Campanula cochleariifolia	Niedliche Glockenblume	*Poa minor*	Kleines Rispengras
Crepis terglouensis	Triglav-Pippau	*Pritzelago alpina*	Alpen-Gämskresse
Doronicum grandiflorum	Grossköpfige Gämswurz	*Rumex scutatus*	Schildblättriger Ampfer
Galium megalospermum	Schweizer Labkraut	*Saxifraga moschata*	Moschus-Steinbrech
Leontodon montanus	Berg-Milchkraut	*Saxifraga oppositifolia*	Gegenblättriger Steinbrech
Leucanthemum halleri	Hallers Margerite		
Linaria alpina	Alpen-Leinkraut	*Thlaspi rotundifolium*	Rundblättriges Täschelkraut
Moehringia ciliata	Bewimperte Nabelmiere		
Papaver occidentale	Westlicher Alpenmohn	*Viola cenisia*	Mont-Cenis-Veilchen
Petrocallis pyrenaica	Steinschmückel		

Moschus-Steinbrech *(Saxifraga moschata)*

Variante des Alpen-Leinkrauts *(Linaria alpina)* auf der Schrattenflue

Jura-Leinkraut *(Linaria alpina* ssp. *petraea)* im Gipfelgebiet des Napf

Steinschutt- und Geröllfluren

TÄSCHELKRAUTHALDE

TÄSCHELKRAUTHALDE

Pestwurzfluren
Petasition paradoxi

In der oberen montanen und in der subalpinen Stufe vertreten einige Assoziationen der Pestwurzfluren die alpinen Täschelkrautfluren. An mehr oder weniger beweglichen bis fast ruhenden frischen bis feuchten Kalkschutt- sowie an feinerdereichen Mergelhängen in Nordlage, auf Lawinenbahnen und Murflächen, in Schuttkaren, am Rand schuttiger Wildbäche, in schattigen und feuchten Grobschutt- und Blockhalden und in feinerdereichen Löchern von Karrenfeldern gedeihen robuste und zierliche, kleine und hochwüchsige Kräuter und Stauden mit grösserem Vegetationsschluss als in den Täschelkrautfluren.

Pestwurzfluren an der Nordseite des Brienzer Rothorn

Zu den **Charakterarten** des **Verbandes** gehören:

Adenostyles alpina	Kahler Alpendost	*Petasites paradoxus*	Alpen-Pestwurz
Athamantha cretensis	Augenwurz	*Polystichum lonchitis*	Lanzenfarn
Cystopteris montana	Berg-Blasenfarn	*Trisetum distichophyllum*	Zweizeiliger Grannenhafer
Dryopteris villarii	Starrer Wurmfarn	*Valeriana montana*	Berg-Baldrian
Leontodon hispidus ssp. *hyoseroides*	Glattes Schutt-Milchkraut		

Kahler Alpendost *(Adenostyles alpina)*   Alpen-Pestwurz *(Petasites paradoxus)*   Berg-Baldrian *(Valeriana montana)*

Glattes Schutt-Milchkraut
(*Leontodon hispidus* ssp. *hyoseroides*)

Augenwurz *(Athamantha cretensis)*

Starrer Wurmfarn *(Dryopteris villarii)*

Lanzenfarn *(Polystichum lonchitis)*

Zweizeiliger Grannenhafer
(Trisetum distichophyllum)

Berg-Blasenfarn
(Cystopteris montana)

Alpen-Pestwurzflur
Petasitetum paradoxi

An den feuchten, lange mit Schnee bedeckten Nordhängen unserer Kalkberge fällt uns in subalpiner Lage – vor allem am Brienzergrat und an der Schrattenflue – die Alpen-Pestwurzflur auf. Die Vegetation bedeckt bis zu 40% des Bodens. Die Gesamtartenzahl kann mehr als 30 Arten, im Mittel aber gut 10 Arten betragen. In dieser Assoziation erblüht schon bald nach der Schneeschmelze die Alpen-Pestwurz (*Petasites paradoxus*), die wegen ihrer dreieckigen, unten weissfilzigen Blätter auch Schnee-Pestwurz genannt wird. Mit den zugfesten, weit verzweigten und tief reichenden Wurzeln gehört sie zu den besten Schuttfestigern überhaupt. Die gleiche Wirkung erzielt in dieser Gesellschaft auch der hochstete Kahle Alpendost (*Adenostyles alpina*).

Sobald der Schutt zur Ruhe kommt, sammeln sich vermehrt Feinerde und Humus an und die Alpen-Pestwurzflur entwickelt sich in Richtung Rostseggenhalde und Hochstaudenflur, die in ihrer Nachbarschaft oft vorkommen. So ist es nicht erstaunlich, dass sich dieser Lebensraum als Mosaik verschiedener Pflanzengesellschaften mit vielen Übergängen präsentiert.

Typischer Standort der Alpen-Pestwurzflur mit der früh blühenden Alpen-Pestwurz am Fusse des Brienzer Rothorn in Sörenberg

Die charakteristische Artenkombination der Alpen-Pestwurzflur zeigt folgendes Bild:

Adenostyles alpina	Kahler Alpendost
Campanula cochleariifolia	Niedliche Glockenblume
Doronicum grandiflorum	Grossköpfige Gämswurz
Gypsophila repens	Kriechendes Gipskraut
Leontodon hispidus ssp. *hyoseroides*	Glattes Schutt-Milchkraut
Linaria alpina	Alpen-Leinkraut
Petasites paradoxus	Alpen-Pestwurz
Rumex scutatus	Schildblättriger Ampfer
Saxifraga aizoides	Bewimperter Steinbrech
Silene vulgaris ssp. *glareosa*	Alpen-Leimkraut
Valeriana montana	Berg-Baldrian
Viola biflora	Gelbes Bergveilchen

Als Begleiter von benachbarten Gesellschaften kommen hinzu:

Aconitum neomontanum	Blauer Eisenhut
Aconitum platanifolium	Platanenblättriger Eisenhut
Carduus defloratus	Gebirgs-Distel
Crepis bocconei	Berg-Pippau
Lilium martagon	Türkenbund
Peucedanum ostruthium	Meisterwurz

Von weiteren Assoziationen des Verbandes der Pestwurzfluren sind in unserem Gebiet einige Vertreter verbreitet anzutreffen: Im feuchten Grobschutt und in schattigen Kalkblockhalden mit einzelnen Nadelbäumen treffen wir auf die zierliche Moos-Nabelmiere *(Moehringia muscosa)*, den Ruprechtsfarn *(Gymnocarpium robertianum)* sowie den Zerbrechlichen Blasenfarn *(Cystopteris fragilis)* und an trockeneren Stellen das häufige Ruprechtskraut *(Geranium robertianum)* zusammen mit weiteren Arten der alpinen Steinschutt- und Geröllfluren auf Kalk.

PESTWURZFLUR

Moos-Nabelmiere *(Moehringia muscosa)*

Ruprechtsfarn
(Gymnocarpium robertianum)

Zerbrechlicher Blasenfarn *(Cystopteris fragilis)*

Ruprechtskraut *(Geranium robertianum)*

Raugras-Kalkschutthalden
Galio-Parietarietalia officinalis

Diese Ordnung enthält in Mitteleuropa nur einen Verband mit einigen ähnlichen Assoziationen.

Wärmeliebende Raugras-Kalkschuttfluren
Stipion calamagrostis

Die Pflanzengesellschaften dieses Verbandes sind hauptsächlich in der montanen Stufe an südexponierten, sonnigen, trockenen und beweglichen Kalkschutthalden anzutreffen. Optimal sind sie in den Südalpen und im Jura ausgebildet. In unserem Gebiet kann man sie fragmentarisch vor allem im Wärmekessel Ober Chemmeriloch an der Südseite der Schrattenflue, an der Rüchiflue und auf der Südseite des Schimbrig beobachten. Es sind offene, thermophile Gesellschaften auf beweglichem bis ruhendem Grob- und Feinschutt mit hohem bis geringem Feinerde- und Humusgehalt.

Vom charakteristischen Artengefüge des Verbandes sind im Entlebuch mehrere, wenn z. T. auch seltene Vertreter vorhanden:

Achnatherum calamagrostis	Raugras	*Geranium robertianum*	Ruprechtskraut
Anthericum ramosum	Ästige Graslilie	*Gymnocarpium robertianum*	Ruprechtsfarn
Buphthalmum salicifolium	Weidenblättriges Rindsauge	*Origanum vulgare*	Echter Dost
Calamagrostis varia	Berg-Reitgras	*Rumex scutatus*	Schildblättriger Ampfer
Clinopodium vulgare	Wirbeldost		
Epipactis atrorubens	Braunrote Stendelwurz	*Sedum album*	Weisser Mauerpfeffer
Euphorbia cyparissias	Zypressen-Wolfsmilch	*Teucrium montanum*	Berg-Gamander
Galium lucidum	Glänzendes Labkraut	*Vincetoxicum hirundinaria*	Schwalbenwurz

Raugras *(Achnatherum calamagrostis)*

Ruprechtsfarn *(Gymnocarpium robertianum)*

Ästige Graslilie
(Anthericum ramosum)

Weidenblättriges Rindsauge
(Buphthalmum salicifolium)

Wirbeldost *(Clinopodium vulgare)*

Zypressen-Wolfsmilch
(*Euphorbia cyparissias*)

Braunrote Stendelwurz
(*Epipactis atrorubens*)

Schildblättriger Ampfer
(*Rumex scutatus*)

Berg-Reitgras (*Calamagrostis varia*)

Schwalbenwurz
(*Vincetoxicum hirundinaria*)

Echter Dost (*Origanum vulgare*)

Berg-Gamander
(*Teucrium montanum*)

Glänzendes Labkraut
(*Galium lucidum*)

Weisser Mauerpfeffer (*Sedum album*)

Steinschutt- und Geröllfluren

Der Westliche Alpenmohn *(Papaver occidentale)* blüht im Kanton Luzern nur im Kalkgeröll an der Nordseite des Brienzer Rothorn.

Das prächtige Mont Cenis-Veilchen *(Viola cenisia)* kann man im Kanton Luzern nur im Kalkgeröll beim Roten Boden am Brienzer Rothorn bewundern.

Eine lange Schneebedeckung von 7–9 Monaten sowie eine fast ständige Durchfeuchtung des meist feinerde- und humusarmen Bodens sind Voraussetzungen für die Entwicklung von kleinwüchsigen Schneeboden-Gesellschaften – auch Schneetälchen genannt – in subalpiner und alpiner Lage. In Mulden, Senken, Rinnen und auf Verebnungsflächen, aber auch in Dolinen im Karst, an flachen Nordhängen und unter meterhohen Schneeverwehungen gedeihen in der kurzen Aperzeit Moose und frostempfindliche Blütenpflanzen, die sich meist vegetativ, bei längerer Aperzeit auch mit keimfähigen Samen vermehren können. Mehrere Blütenpflanzen besitzen weiche Blätter, die unter der frostsicheren Schneedecke überwintern und im Frühsommer ihre Knospen sogar durch die dünn gewordene Schneedecke treiben können (Soldanelle). Schmelzwasser und Wind bringen den Pflanzen mineralische Feinerde und Humus, der an Ort und Stelle durch die Zersetzung von Blättern der laubabwerfenden Pflanzen zusätzlich angereichert wird. Der dunkle Humusboden speichert die Wärme gut und begünstigt dadurch nach der Schneeschmelze ein rasches Wachsen und Blühen der artenarmen, aber charakteristischen Pflanzendecke der Schneeboden-Gesellschaften.

Die Vegetation der Schneetälchen entwickelt sich in flachen, feuchten Mulden, wo der Schnee lange liegen bleibt, wie hier an der Schrattenflue in den sog. «Matten».

Übersicht

Klasse	Schneeboden-Gesellschaften	*Salicetea herbaceae*
1. *Ordnung*	Sauerboden-Schneetälchen	*Salicetalia herbaceae*
1. *Verband*	Alpine Silikat-Schneeboden-Gesellschaften	*Salicion herbaceae*
1. *Assoziation*	Krautweidenflur	*Salicetum herbaceae*
2. *Assoziation*	Braunsimsenrasen	*Luzuletum alpinopilosae*
2. *Ordnung*	Kalk-Schneeböden	*Arabidetalia caeruleae*
2. *Verband*	Alpine Kalk-Schneeböden	*Arabidion caeruleae*
1. *Assoziation*	Blaukressen-Schneebodenflur	*Arabidetum caeruleae*
2. *Assoziation*	Netzweiden-Spalier	*Salicetum retusae-reticulatae*

Die Klasse der Schneeboden-Gesellschaften umfasst zwei Ordnungen: Schneeböden auf Silikat mit leicht saurem Boden und die Schneeböden auf Kalk mit neutralem bis schwach basischem Boden. Entscheidend für das charakteristische Artengefüge sind die lange Schneebedeckung und eine fast ständige Durchfeuchtung des Bodens. Weil aber im Kalk das Wasser nach der Schneeschmelze rasch versickert, trocknet der Boden aus. Deshalb besitzt die **Klasse** nur wenige gemeinsame **Charakterarten**. Es sind dies:

Alchemilla fissa	Geschlitzter Frauenmantel	*Ligusticum mutellina*	Alpen-Liebstock
Cerastium cerastoides	Dreigriffliges Hornkraut	*Sagina saginoides*	Alpen-Mastkraut
Epilobium anagallidifolium	Alpen-Weidenröschen	*Taraxacum alpinum*	Alpen-Löwenzahn
		Veronica alpina	Alpen-Ehrenpreis

Alpen-Ehrenpreis
(Veronica alpina)

Gewöhnlicher Löwenzahn
(Taraxacum officinale)

Dreigriffliges Hornkraut
(Cerastium cerastoides)

Alpen-Weidenröschen
(Epilobium anagallidifolium)

Alpen-Mastkraut
(Sagina saginoides)

Geschlitzter Frauenmantel
(Alchemilla fissa)

Alpen-Liebstock
(Ligusticum mutellina)

Schneebodengesellschaften

Kalkarme Schneetälchen
Salicetalia herbaceae

Kalkarme, leicht saure Schneeboden-Gesellschaften sind in den Alpen über silikathaltigem Gestein verbreitet. In den Kalkalpen trifft man sie in lange vom Schnee bedeckten stets durchfeuchteten Mulden, Senken und Karen, die den alten Namen Schneetälchen gut verdienen, aber auch auf schwach geneigten, weniger kalkhaltigen Böden in Nordlage. Schmelzwasser und die ständige Durchfeuchtung des Bodens sorgen für die Entkalkung und Versauerung der recht mächtigen Feinerde- und Humusschicht über Kalkgestein. Im Entlebuch begegnet uns die kalkarme Schneetälchenflora auffällig vor allem im Gebiet des Eisee und auf dem Roten Boden am Brienzergrat, im Heidenloch und auf den Matten an der Schrattenflue, aber auch fragmentarisch in den schmalen Flyschtälchen am Fürstein. Die geringe Meereshöhe von kaum 2000 m bewirkt hier eine längere Aperzeit, welche die typische Ausprägung der Schneetälchenflora beeinträchtigt. Diese ist zudem oft durchsetzt von benachbarten Vertretern der Kalksteinflora und der sauren Borstgrasrasen.

Die kalkarmen Schneetälchen gehören zur Ordnung der arktisch-alpinen Silikat-Schneeböden, auch Sauerboden-Schneetälchen genannt (Salicetalia herbaceae). Diese Ordnung umfasst in den Alpen nur einen Verband, die alpinen Silikat-Schneeböden (Salicion herbaceae).

Zu den **Charakterarten** der **Ordnung** und des **Verbandes** gehören:

Alchemilla pentaphyllea	Schneetälchen-Frauenmantel	*Luzula alpinopilosa*	Braune Hainsimse
Gnaphalium supinum	Zwerg-Ruhrkraut	*Salix herbacea*	Kraut-Weide
Leucanthemopsis alpina	Alpen-Margerite	*Sibbaldia procumbens*	Gelbling
		Soldanella pusilla	Kleine Soldanelle

Alpen-Margerite (*Leucanthemopsis alpina*)

Kraut-Weide (*Salix herbacea*)

Zwerg-Ruhrkraut (*Gnaphalium supinum*)

Kleine Soldanelle (*Soldanella pusilla*)

Schneetälchen-Frauenmantel (*Alchemilla pentaphyllea*)

Braune Hainsimse (*Luzula alpinopilosa*)

Gelbling (*Sibbaldia procumbens*)

Krautweidenflur
Salicetum herbaceae

Aufgrund der Geländeform und der grünen, kleinwüchsigen und geschlossenen Pflanzendecke verraten saure Schneetälchen von Weitem ihr Dasein. Nur ganz in der Nähe entdeckt man die wenigen charakteristischen Blütenpflanzen und Moose und kann erkennen, dass sich der Boden bei grösserer Staunässe zu einem Schneetälchen-Anmoor entwickelt. Die namengebende Art dieser Assoziation, die Kraut-Weide *(Salix herbacea)*, kommt im Gebiet nur an wenigen Stellen auf dem Brienzer Rothorn vor. Sie gilt als der kleinste Baum der Erde: das fingerdicke Stämmchen steckt tief im Boden; die Äste kriechen knapp unter der Bodenoberfläche dahin; nur die saftiggrünen rundlichen Blattpaare und die Blütenstände durchbrechen den Boden. Die Krautweide vermehrt sich meist vegetativ. Nur bei einer Aperzeit von mehr als drei Monaten kommt sie zum Blühen. Sturmwinde und warme aufsteigende Luft transportieren ihre Samen, die im durchfeuchteten, sauerstoffreichen und erwärmten Boden keimen können. Sehr selten trifft man in unserem Gebiet auf die Kleine Soldanelle *(Soldanella pusilla)*, die wie ihre nächste, häufige Verwandte, die Grosse Soldanelle *(Soldanella alpina)*, die dünn gewordene Schneedecke durchstossen kann.

Die charakteristische Artenkombination der Blütenpflanzen der Krautweidenflur ergibt folgendes Bild:

Alchemilla pentaphyllea	Schneetälchen-Frauenmantel	*Potentilla aurea*	Gold-Fingerkraut
Cerastium cerastoides	Dreigriffliges Hornkraut	*Sagina saginoides*	Alpen-Mastkraut
Epilobium anagallidifolium	Alpen-Weidenröschen	*Salix herbacea*	Kraut-Weide
Gnaphalium supinum	Zwerg-Ruhrkraut	*Sibbaldia procumbens*	Gelbling
Leucanthemopsis alpina	Alpen-Margerite	*Soldanella pusilla*	Kleine Soldanelle
Poa alpina	Alpen-Rispengras	*Taraxacum alpinum*	Alpen-Löwenzahn
Polygonum viviparum	Knöllchen-Knöterich	*Veronica alpina*	Alpen-Ehrenpreis

Im Gebiet Eisee bleibt der Schnee länger liegen; das sind günstige Voraussetzungen für die Entwicklung der Schneetälchen-Vegetation. Im Hintergrund erkennt man den Pilatus.

Schneebodengesellschaften

KRAUTWEIDENFLUR

Braunsimsenrasen
Luzuletum alpinopilosae

In etwa gleicher Höhenlage wie die Krautweidenflur gedeiht im sauren, sandig-lehmigen Feinschutt zwischen Felsblöcken und Schottern an feuchten und lange vom Schnee bedeckten Nordhängen und Hochkaren, aber auch auf Verebnungen und flach geneigten, wasserzügigen Abhängen die Gesellschaft der Braunen Hainsimse *(Luzula alpinopilosa)*. Die Charakterart dieser Assoziation kann in der eher lückigen Gesellschaft fast reine Bestände bilden. Der Braunsimsenrasen nimmt eine Mittelstellung zwischen Schneeböden und Schuttgesellschaften ein.

Auch hier gesellen sich zur charakteristischen Artenkombination mehrere Vertreter aus benachbarten Pflanzengesellschaften:

Gnaphalium supinum	Zwerg-Ruhrkraut	*Plantago alpina*	Alpen-Wegerich
Leontodon helveticus	Schweizer Milchkraut	*Sagina saginoides*	Alpen-Mastkraut
Ligusticum mutellina	Alpen-Liebstock	*Sibbaldia procumbens*	Gelbling
Luzula alpinopilosa	Braune Hainsimse	*Soldanella pusilla*	Kleine Soldanelle
Nardus stricta	Borstgras	*Veronica alpina*	Alpen-Ehrenpreis

Auf schneefeuchten Böden trifft man nicht selten den Alpen-Ehrenpreis *(Veronica alpina)*.

Schneebodengesellschaften

Kalk-Schneeböden
Arabidetalia caeruleae

Schneeböden auf Kalk sind im Gelände weniger leicht auszumachen als bodensaure Schneetälchen. Gemeinsam mit diesen verlangt auch ihre Vegetation eine lange Schneebedeckung und gute Durchfeuchtung des Bodens. Diese ist aber im Kalk, wo das Wasser im Sommer rascher versickert und kaum Staunässe vorkommt, nicht immer garantiert. Daher sind diese Pionier- und Dauergesellschaften auf Kalk meist kleinflächig und im Gegensatz zu den sauren Schneetälchen stark von Schutt und kleineren und grösseren Felsbrocken durchsetzt, weshalb man sie pflanzensoziologisch auch etwa zu den Schuttfluren auf Kalk stellt. Die typische Vegetation der Kalk-Schneeböden begegnet uns auf verfestigtem, ruhendem oder wenig bewegtem Kalk-Feinschutt, in Karrenmulden, am Boden von Trichterdolinen, in Bodensenken und am Fuss von steilen Hängen und Kalkschutthalden, aus denen Feuchtigkeit heraussickert. Kalk-Schneeböden stehen in engem Kontakt mit den benachbarten Kalkschuttfluren und den Kalksteinrasen. Sie können, wenn sich vermehrt saurer Humus anreichert, Übergänge zu den bodensauren Schneetälchen bilden. So ist verständlich, dass die moosarme charakteristische Zusammensetzung der Arten begleitet wird von mehreren Vertretern dieser Vegetationseinheiten. Die namengebende Art der Ordnung und des Verbandes, die Bläuliche Gänsekresse (*Arabis caerulea*), fehlt in unserem Gebiet zwar fast vollständig; die anderen Charakterarten aber sind meist gut vertreten.

Charakterarten der **Ordnung** und des **Verbandes** sind:

Arabis caerulea	Bläuliche Gänsekresse	*Potentilla brauneana*	Zwerg-Fingerkraut
Carex parviflora	Kleine Trauer-Segge	*Ranunculus alpestris*	Alpen-Hahnenfuss
Gentiana bavarica	Bayerischer Enzian	*Salix reticulata*	Netz-Weide
Gnaphalium hoppeanum	Hoppes Ruhrkraut	*Salix retusa*	Stumpfblättrige Weide
Plantago atrata	Berg-Wegerich	*Saxifraga androsacea*	Mannsschild-Steinbrech

Bläuliche Gänsekresse
(*Arabis caerulea*)

Bayerischer Enzian
(*Gentiana bavarica*)

Kleine Trauer-Segge
(*Carex parviflora*)

Hoppes Ruhrkraut
(*Gnaphalium hoppeanum*)

Berg-Wegerich
(*Plantago atrata*)

Alpen-Hahnenfuss (*Ranunculus alpestris*)

Mannsschild-Steinbrech
(*Saxifraga androsacea*)

Schneebodengesellschaften

Stumpfblättrige Weide *(Salix retusa)*

Zwerg-Fingerkraut
(Potentilla brauneana)

Netz-Weide *(Salix reticulata)*

Die beiden folgenden Assoziationen des Verbandes der alpinen Kalk-Schneeböden sind in unserem Gebiet kleinflächig und eher nur in fragmentarischer Ausbildung vertreten. Sie greifen ineinander und bilden Übergänge zu den ausgedehnten Kalksteinrasen und den Kalk-Schuttfluren.

Blaukressenflur
Arabidetum caeruleae

Die Blaukressenflur besiedelt in Nordlage kleine Mulden und flache bis wenig geneigte Ruhschuttböden der subalpinen und alpinen Stufe. Die humos-feinerdereichen, bis 20 cm mächtigen Humuskarbonatböden sind meist mehr als 8 Monate vom Schnee bedeckt und beim Ausapern stark durchfeuchtet. Der Anteil grösserer Kalksteine ist geringer als bei der nachfolgenden Assoziation. Wie bereits erwähnt, ist die namengebende Art, die Bläuliche Gänsekresse *(Arabis caerulea)* sehr selten und nur von einer Stelle am Brienzergrat bekannt. Einen auffälligen Aspekt bildet im Juli der weiss blühende Alpen-Hahnenfuss *(Ranunculus alpestris)*.

Auf dem Ruhschutt beim Arniseeli (OW) begegnet uns ansatzweise die Blaukressenflur mit der seltenen Bläulichen Gänsekresse.

Bläuliche Gänsekresse
(Arabis caerulea)

Die charakteristische Artenkombination setzt sich aus wenigen Charakterarten der übergeordneten Vegetationseinheiten und mehreren Begleitern aus den Kalk-Schuttfluren und den Kalksteinrasen zusammen:

Achillea atrata	Schwarze Schafgarbe	*Pritzelago alpina*	Gämskresse
Arabis alpina	Alpen-Gänsekresse	*Ranunculus alpestris*	Alpen-Hahnenfuss
Arabis caerulea	Bläuliche Gänsekresse	*Saxifraga androsacea*	Mannsschild-Steinbrech
Gentiana bavarica	Bayerischer Enzian	*Saxifraga stellaris*	Stern-Steinbrech
Gnaphalium hoppeanum	Hoppes Ruhrkraut	*Sedum atratum*	Dunkler Mauerpfeffer
Linaria alpina	Alpen-Leinkraut	*Veronica alpina*	Alpen-Ehrenpreis
Moehringia ciliata	Bewimperte Nabelmiere	*Taraxacum alpinum*	Alpen-Löwenzahn
Poa alpina	Alpen-Rispengras		

BLAUKRESSENFLUR

BLAUKRESSENFLUR

Netzweidenspalier
Salicetum retusae-reticulatae

Das Netzweidenspalier besiedelt in Mulden, an nord- und ostexponierten flacheren und steinigen Hängen ähnliche Standorte wie die Blaukressenflur, zeichnet sich aber durch eine längere Aperzeit und das Vorhandensein von kleineren und grösseren Kalksteinen aus. Diese werden überwachsen von den beiden namengebenden Spalierweiden, welche die verbreitete Gesellschaft gut charakterisieren: die Stumpfblättrige Weide *(Salix retusa)* und die Netz-Weide *(Salix reticulata)*.

Ihr Laubabwurf bewirkt die Ausbildung einer ansehnlichen Humusschicht. Die meterlangen Wurzeln der Stumpfblättrigen Weide sind ein ausgezeichneter Schuttstauer. Die charakteristische Artenkombination zeigt – mit Ausnahme der Spalierpflanzen – ein ganz ähnliches Bild wie die Blaukressenflur. Bei längerer Aperzeit und der damit verbundenen stärkeren Austrocknung entwickelt sich das Netzweidenspalier zu Kalksteinrasen.

Charakteristische Artenkombination:

Alchemilla fissa	Geschlitzter Frauenmantel	*Potentilla brauneana*	Zwerg-Fingerkraut
Carex parviflora	Kleine Trauer-Segge	*Ranunculus alpestris*	Alpen-Hahnenfuss
Dryas octopetala	Silberwurz	*Salix reticulata*	Netz-Weide
Gentiana bavarica	Bayerischer Enzian	*Salix retusa*	Stumpfblättrige Weide
Gnaphalium hoppeanum	Hoppes Ruhrkraut	*Saxifraga androsacea*	Mannsschild-Steinbrech
Homogyne alpina	Alpenlattich	*Sesleria caerulea*	Kalk-Blaugras
Ligusticum mutellina	Alpen-Liebstock	*Soldanella alpina*	Grosse Soldanelle
Poa alpina	Alpen-Rispengras	*Taraxacum alpinum*	Alpen-Löwenzahn
Polygonum viviparum	Knöllchen-Knöterich	*Veronica alpina*	Alpen-Ehrenpreis

Die Netz-Weide *(Salix reticulata)* (links) und die Stumpfblättrige Weide *(Salix retusa)* (rechts) sind zwei typische Spalierweiden im Netzweidenspalier.

NETZWEIDENSPALIER

Kleine Trauer-Segge
Bayerischer Enzian
Alpen-Ehrenpreis
Mannsschild-Steinbrech
Alpen-Hahnenfuss
Zwerg-Fingerkraut
Alpenlattich
Alpen-Rispengras
Alpen-Liebstock

Als Rasen werden Natur- oder «Urwiesen» in den Bergen bezeichnet, die vom Menschen nicht oder nur wenig beeinflusst sind. Der menschliche Einfluss beschränkt sich meist auf Beweidung durch Kleinvieh und touristische Nutzung. Beide können die ursprüngliche Vegetation verändern; vor allem die andauernde intensive Beweidung mit Schafen, welche die Artenvielfalt auf einzelnen Entlebucher Bergen verarmen lässt. Die Kalksteinrasen sind von Natur aus baumfrei. In den Sommermonaten erfreut und begeistert eine bunte und reichhaltige Blumenpracht das Auge des aufmerksamen Wanderers und erweckt Staunen, Bewunderung und Ehrfurcht vor der Natur.

Übersicht

Klasse	Subalpin-alpine Kalksteinrasen	*Seslerietea albicantis*
Ordnung	Subalpin-alpine Blaugras-Gesellschaften	*Seslerietalia caeruleae*
1. Verband	Blaugrasrasen	*Seslerion caeruleae*
Assoziation	Blaugras-Horstseggenhalde	*Seslerio-Caricetum Sempervirentis*
2. Verband	Polsterseggenrasen-Gesellschaften	*Caricion firmae*
Assoziation	Polsterseggenrasen	*Caricetum firmae*
3. Verband	Rostseggenrasen-Gesellschaften	*Caricion ferrugineae*
Assoziation	Rostseggenhalde	*Caricetum ferrugineae*

Im Entlebuch prägen Kalksteinrasen das Vegetationsbild von der Schrattenflue und dem Brienzergrat bis zum Risetenstock. Auf kalkreicher Unterlage gedeihen hier in subalpiner und alpiner Region artenreiche und buntblumige Rasengesellschaften auf basischen, oft steinigen Humusböden.

Rostseggenrasen an der Nordseite der Schrattenflue

Blaugrasrasen an der Südseite der Schrattenflue

Rostseggenrasen an der Nordseite des Brienzer Rothorn

Blaugrasrasen an der steinigen Südseite des Brienzer Rothorn

Die Pflanzengesellschaften beherbergen alpine und submediterrane Florenelemente mit vielen Süss- und Sauergräsern und farbenprächtigen Blumen. Bedingt durch vielfältige und rasch wechselnde Standortfaktoren wie Boden, Temperatur, Wasserhaushalt, Exposition, Steilheit u. a. verzahnen sich die Gesellschaften mosaikartig und bilden von den lückigen Pionierrasen bis hin zu den üppigen, geschlossenen Schlussgesellschaften charakteristische Vegetationseinheiten aus. Die Charakterarten der Klasse und der Ordnung können in allen drei Verbänden und in allen drei Assoziationen vorkommen.

Charakterarten der **Klasse** (K) und der **Ordnung** sind:

Carex sempervirens (K)	Immergrüne Segge
Festuca quadriflora (K)	Niedriger Schwingel
Minuartia verna (K)	Frühlings-Miere
Veronica aphylla (K)	Blattloser Ehrenpreis

Immergrüne Segge
(*Carex sempervirens*)

Niedriger Schwingel
(*Festuca quadriflora*)

Frühlings-Miere (*Minuartia verna*)

Blattloser Ehrenpreis
(*Veronica aphylla*)

Acinos alpinus	Alpen-Steinquendel
Agrostis alpina	Alpen-Straussgras
Alchemilla conjuncta	Kalk-Silbermantel
Anemone narcissiflora	Narzissen-Windröschen
Anthyllis alpestris	Alpen-Wundklee
Arabis ciliata	Bewimperte Gänsekresse
Astragalus frigidus	Gletscherlinse
Carduus defloratus	Berg-Distel
Centaurea alpestris	Alpen-Flockenblume
Erigeron glabratus	Vielgestaltiges Berufkraut
Euphrasia salisburgensis	Salzburger-Augentrost
Galium anisophyllon	Alpen-Labkraut
Gentiana verna	Frühlings-Enzian
Globularia cordifolia	Herzblättrige Kugelblume
Globularia nudicaulis	Schaft-Kugelblume
Hedysarum hedysaroides	Süssklee
Helianthemum nummularium ssp. *grandiflorum*	Grossblütiges Sonnenröschen

Hieracium bifidum	Gabeliges Habichtskraut
Leucanthemum adustum	Berg-Margerite
Nigritella nigra	Schwarzes Männertreu, Bränderli
Onobrychis montana	Berg-Esparsette
Oxytropis jacquinii	Berg-Spitzkiel
Pedicularis verticillata	Quirlblättriges Läusekraut
Phyteuma orbiculare	Rundköpfige Rapunzel
Polygala alpestris	Voralpen-Kreuzblume
Pulsatilla alpina	Alpen-Anemone
Scabiosa lucida	Glänzende Skabiose
Senecio doronicum	Gämswurz-Greiskraut
Sesleria caerulea	Kalk-Blaugras
Silene acaulis	Kalk-Polsternelke
Thesium alpinum	Alpen-Bergflachs
Thymus polytrichus	Gebirgs-Thymian

Kalksteinrasen

Alpen-Steinquendel *(Acinos alpinus)*

Alpen-Wundklee *(Anthyllis alpestris)*

Narzissen-Windröschen *(Anemone narcissiflora)*

Kalk-Silbermantel *(Alchemilla conjuncta)*

Gletscherlinse *(Astragalus frigidus)*

Berg-Distel *(Carduus defloratus)*

Alpen-Straussgras *(Agrostis alpina)*

Bewimperte Gänsekresse
(Arabis ciliata)

Alpen-Flockenblume
(Centaurea alpestris)

Herzblättrige Kugelblume *(Globularia cordifolia)*

Grossblütiges Sonnenröschen
(Helianthemum nummularium ssp. *grandiflorum)*

Vielgestaltiges Berufkraut
(Erigeron glabratus)

Salzburger-Augentrost
(Euphrasia salisburgensis)

Süssklee *(Hedysarum hedysaroides)*

Kalksteinrasen

Berg-Esparsette
(*Onobrychis montana*)

Gabeliges Habichtskraut
(*Hieracium bifidum*)

Schwarzes Männertreu
(*Nigritella nigra*)

Kalk-Blaugras (*Sesleria caerulea*)

Berg-Spitzkiel (*Oxytropis jacquinii*)

Quirlblättriges Läusekraut
(*Pedicularis verticillata*)

Gämswurz-Greiskraut
(*Senecio doronicum*)

Berg-Margerite
(*Leucanthemum adustum*)

Rundköpfige Rapunzel
(Phyteuma orbiculare)

Alpen-Anemone *(Pulsatilla alpina)*

Gebirgs-Thymian
(Thymus polytrichus)

Kalk-Polsternelke *(Silene acaulis)*

Alpen-Labkraut *(Galium anisophyllon)*

Voralpen-Kreuzblume
(Polygala alpestris)

Glänzende Skabiose *(Scabiosa lucida)*

Schaft-Kugelblume
(Globularia nudicaulis)

Kalksteinrasen

Frühlings-Enzian *(Gentiana verna)*

Alpen-Bergflachs *(Thesium alpinum)*

Die Blaugrashalden sind farbenfroh und artenreich.

Blaugrasrasen
Seslerion caeruleae

Die Blaugrasrasen entwickeln sich nicht selten aus Pioniergesellschaften im ruhenden Kalkschutt und bilden mosaikartige Übergänge. In den Entlebucher Kalkbergen begegnen uns die oft lückigen Blumenteppiche in den steilen Hängen der Südseite, auf Gräten und Felsabsätzen.

Zu den **Charakterarten** des **Verbandes** gehören:

Androsace chamaejasme	Bewimperter Mannsschild	*Helianthemum alpestre*	Alpen-Sonnenröschen
Aster alpinus	Alpen-Aster	*Hieracium villosum*	Zottiges Habichtskraut
Biscutella laevigata	Gemeines Brillenschötchen	*Hieracium pilosum*	Moris' Habichtskraut
Bupleurum ranunculoides	Hahnenfuss-Hasenohr	*Pedicularis oederi*	Oeders Läusekraut
Gentiana clusii	Clusius' Enzian, Kalk-Glocken-Enzian	*Saxifraga moschata*	Moschus-Steinbrech
		Sedum atratum	Dunkler Mauerpfeffer

Alpen-Aster *(Aster alpinus)*

Bewimperter Mannsschild *(Androsace chamaejasme)*

Hahnenfuss-Hasenohr *(Bupleurium ranunculoides)*

Clusius' Enzian, Kalk-Glocken-Enzian *(Gentiana clusii)*

Moris' Habichtskraut
(Hieracium pilosum)

Oeders Läusekraut
(Pedicularis oederi)

Gemeines Brillenschötchen
(Biscutella laevigata)

Kalksteinrasen

Alpen-Sonnenröschen *(Helianthemum alpestre)*   Dunkler Mauerpfeffer *(Sedum atratum)*   Zottiges Habichtskraut *(Hieracium villosum)*   Moschus-Steinbrech *(Saxifraga moschata)*

Blaugras-Horstseggenhalde
Seslerio-Caricetum sempervirentis

Die Blaugras-Horstseggenhalde gehört zu den arten- und blumenreichsten Pflanzengesellschaften in der subalpinen und alpinen Stufe. Man bestaunt diese begeisternde Blumenpracht im Entlebuch vor allem auf der sonnigen, trockeneren Südseite der Kalkberge. Im niederschlagsreichen Gebiet unserer Voralpen bevorzugen mehrere Arten, die sich andernorts in der feuchteren, nordexponierten Rostseggenhalde wohlfühlen, die Blaugras-Horstseggenhalde wie etwa die prächtige Straussblütige Glockenblume *(Campanula thyrsoides)*. Die namengebenden Arten Kalk-Blaugras *(Sesleria caerulea)* und Horst-Segge *(Carex semper-*

Aus ruhenden Schuttfluren mit Berg-Baldrian *(Valeriana montana)* entwickelt sich die Blaugras-Horstseggenhalde mit Gämswurz-Greiskraut *(Senecio doronicum)*, Alpen-Vergissmeinnicht *(Myosotis alpestris)* und Alpen-Labkraut *(Galium anisophyllon)*.

virens) besitzen für die Blaugras-Horstseggenhalde einen grossen Bauwert, können aber nicht als Charakterarten gelten, da sie auch in anderen Pflanzengesellschaften vorkommen. Das Blaugras benötigt vor allem kalkhaltigen Untergrund in verschiedener Exposition, während die Horst-Segge gegenüber der Bodenbeschaffenheit indifferent ist, aber trockene, sonnige Standorte liebt. Bedingt durch die Nachbarschaft mit nahe verwandten Kalk-Gesellschaften sowie der Entwicklung aus Fels- und Schuttfluren bevölkern bis gegen 50 Arten die Blaugras-Horstseggenhalde; 20 von ihnen sind fast immer hier anzutreffen. In den Sommermonaten gesellen sich zum Blumenreichtum viele Insekten, vor allem Schmetterlinge. So erweckt die Begegnung mit dem wunderschönen Apollofalter dem staunenden Wanderer den Eindruck einer intakten und schützenswerten Berglandschaft.

Der Aufbau der Blaugras-Horstseggenhalde ist oft treppenartig: die Horste des Kalk-Blaugrases *(Sesleria caerulea)* und der Horst-Segge *(Carex sempervirens)* sammeln reichlich Feinerde, werden aber durch die Bewegung des Bodens immer wieder nach unten gedrückt. So bilden sich Treppenstufen, die im steinigen Boden von vielen anderen Pflanzen besiedelt werden. Von unten betrachtet vermittelt die Blaugras-Horstseggenhalde dem Betrachter den Eindruck einer fast geschlossenen Vegetationsdecke; von oben erscheint die Pflanzengesellschaft lückig, felsig und steinig. Dem sonnigen, trockenen Standort passen sich viele Pflanzen an: sie schützen sich mit starker Behaarung und ledrigen Blättern vor allzu starker Verdunstung. Die Blaugras-Horstseggenhalde wird meist mit Schafen und Jungvieh genutzt, was bei intensiver Beweidung zur Verarmung dieses faszinierenden Lebensraumes führen kann.

Blaugras-Horstseggenhalde mit Grossblütigem Sonnenröschen *(Helianthemum nummularium* ssp. *grandiflorum)*, Hahnenfuss-Hasenohr *(Bupleurum ranunculoides)*, Alpen-Aster *(Aster alpinus)* und Augenwurz *(Athamanta cretensis)*.

Zu den **Charakterarten** der **Assoziation** gehören das seltene Edelweiss *(Leontopodium alpinum)* und der Berg-Spitzkiel *(Oxytropis jacquinii)*, aber auch Alpen-Aster *(Aster alpinus)*, Gämswurz-Greiskraut *(Senecio doronicum)*, Glattes Brillenschötchen *(Biscutella laevigata)*, Straussblütige Glockenblume *(Campanula thyrsoides)*, Berg-Esparsette *(Onobrychis montana)*, Alpen-Sonnenröschen *(Helianthemum alpestre)*, Hahnenfuss-Hasenohr *(Bupleurum ranunculoides)* und Clusius' Enzian – auch Kalk-Glocken-Enzian genannt – *(Gentiana clusii)* sind eng an diese Assoziation gebunden. whdbckjhdbvkvb

Zur charakteristischen Artenkombination der Blaugras-Horstseggenhalde gehören viele Vertreter aus den benachbarten und ökologisch nahe verwandten Gesellschaften der Rostseggenhalde, des Polsterseggenrasens und der Fels- und Schuttfluren.

Edelweiss *(Leontopodium alpinum)*

Berg-Spitzkiel *(Oxytropis jacquinii)*

Acinos alpinus	Alpen-Steinquendel
Alchemilla conjuncta	Kalk-Silbermantel
Androsace chamaejasme	Bewimperter Mannsschild
Anthyllis alpestris	Alpen-Wundklee
Arabis ciliata	Bewimperte Gänsekresse
Aster alpinus	Alpen-Aster
Biscutella laevigata	Glattes Brillenschötchen
Bupleurum ranunculoides	Hahnenfuss-Hasenohr
Campanula scheuchzeri	Scheuchzers Glockenblume
Campanula thyrsoides	Strauss-Glockenblume
Carduus defloratus	Berg-Distel
Carex sempervirens	Immergrüne Segge
Centaurea scabiosa ssp. *alpestris*	Alpen-Flockenblume
Dryas octopetala	Silberwurz
Erigeron glabratus	Vielgestaltiges Berufkraut
Euphrasia salisburgensis	Salzburger-Augentrost
Galium anisophyllon	Alpen-Labkraut
Gentiana clusii	Kalk-Glocken-Enzian
Gentiana verna	Frühlings-Enzian
Globularia cordifolia	Herzblättrige Kugelblume
Globularia nudicaulis	Schaft-Kugelblume
Gymnadenia odoratissima	Wohlriechende Handwurz
Helianthemum alpestre	Alpen-Sonnenröschen
Helianthemum nummularium ssp. *grandiflorum*	Grossblütiges Sonnenröschen
Hieracium bifidum	Gabeliges Habichtskraut
Hieracium pilosum	Moris' Habichtskraut
Hieracium villosum	Zottiges Habichtskraut
Leontopodium alpinum	Edelweiss
Minuartia verna	Frühlings-Miere
Myosotis alpestris	Alpen-Vergissmeinnicht
Nigritella nigra	Schwarzes Männertreu
Onobrychis montana	Berg-Esparsette
Orobanche reticulata	Distel-Würger
Oxytropis jacquinii	Berg-Spitzkiel
Pedicularis verticillata	Quirlblättriges Läusekraut
Phyteuma orbiculare	Rundköpfige Rapunzel
Potentilla crantzii	Crantz' Fingerkraut
Primula auricula	Aurikel
Pulsatilla alpina	Alpen-Anemone
Saxifraga paniculata	Trauben-Steinbrech
Scabiosa lucida	Glänzende Skabiose
Sedum atratum	Dunkler Mauerpfeffer
Sempervivum tectorum	Dach-Hauswurz
Senecio doronicum	Gämswurz-Greiskraut
Silene acaulis	Kalk-Polsternelke
Thymus praecox ssp. *polytrichus*	Gebirgs-Feld-Thymian

BLAUGRAS-HORSTSEGGENHALDE

BLAUGRAS-HORSTSEGGENHALDE

BLAUGRAS-HORSTSEGGENHALDE

BLAUGRAS-HORSTSEGGENHALDE

Gabeliges Habichtskraut
Rundköpfige Rapunzel
Alpen-Vergissmeinnicht
Quirlblättriges Läusekraut
Schwarzer Mauerpfeffer
Alpen-Labkraut

BLAUGRAS-HORSTSEGGENHALDE

Glänzende Skabiose
Gebirgs-Feld-Thymian
Distel-Würger
Bewimperte Gänsekresse
Kalk-Silbermantel
Dach-Hauswurz

Die Blaugras-Horstseggenhalde erfreut uns im Sommer mit einer wahren Blütenpracht.

Polsterseggenrasen
Caricetum firmae (Firmetum)

Auf früh ausapernden Gipfeln, Gräten, kleinen felsigen Verebnungsflächen und Windecken charakterisiert auf feinerdearmem, hartem Kalkgestein eine lockere, langsam wachsende, kurzrasige Pflanzengesellschaft unsere Kalkberge: der Polsterseggenrasen. Wind, Kälte, Trockenheit, Schnee und Wasser ertragen die Pflanzen dieser Assoziation, vor allem die namengebende Art, die Polster-Segge *(Carex firma)*. Der Polsterseggenrasen kann sich auch auf wenig beweglichem Kalkschutt und Fels entwickeln. Pionierpflanzen sind hier die zählebige Silberwurz *(Dryas octopetala)* und die Stumpfblättrige Weide *(Salix retusa)*. Sie sammeln Feinerde, bilden reichlich Humus und bereiten so den Boden für die nachfolgenden Pflanzen vor.

Der Polsterseggenrasen löst auf felsigen Graten auf dem Brienzer Rothorn und auf der Schrattenflue die Blaugras-Horstseggenhalde ab, mit der er mehrere Arten gemeinsam hat.

Zu den **Charakterarten** der **Assoziation** gehören:

Carex firma	Polster-Segge	*Saxifraga caesia*	Blaugrüner Steinbrech
Chamorchis alpina	Zwergorchis		

Polster-Segge *(Carex firma)*

Blaugrüner Steinbrech
(Saxifraga caesia)

Zwergorchis *(Chamorchis alpina)*

Die Polster-Segge gehört zur Familie der Sauergräser (Cyperaceae). Im Kalkfels und im ruhenden Kalkschutt bildet sie kälte- und windharte, halbkugelige Polster mit sparrigen, dunkelgrünen Blättern. Sie wurzelt auf dem Fels nur locker und wird daher von Lawinen und Steinschlag immer wieder in die Tiefe gerissen. Als Stütze und Halt ist sie für den Bergsteiger heimtückisch. Erstaunlich ist die Kälteresistenz der Polster-Segge: im Winter kann sie Temperaturen bis $-70\,°C$ überstehen. An geschützten Standorten erreicht sie ein Alter von einigen Jahrzehnten.

Die Zwergorchis *(Chamorchis alpina)* steigt am höchsten unter den einheimischen Orchideen. Im Boden verankert sie sich mit fast kugeligen Wurzelknollen. Der blühende Stängel mit nur 5 bis 10 gelblichgrünen, duftlosen Blüten ragt aus einem Büschel grasartiger Blätter nur wenig hervor.

Der Blaugrüne Steinbrech *(Saxifraga caesia)* baut als Felsspalten- und Schuttbewohner kugelige Polster auf. Die dachziegelartig angeordneten Grundblätter tragen an der Oberseite kalkausscheidende Grübchen. Der abgegebene kohlensaure Kalk überzieht die Blätter mit einer hellgrauen Kruste, die das ganze Polster bläulich erscheinen lässt. Von Weitem fallen die weissen, breiten Kronblätter auf.

Zu den **Charakterarten** der **Assoziation** gesellen sich auch mehrere Arten aus übergeordneten Vegetationseinheiten sowie einige Begleiter und Pioniere aus verwandten Gesellschaften, die zusammen die charakteristische Artenkombination des Polsterseggenrasens ausmachen:

Agrostis alpina	Alpen-Straussgras
Androsace chamaejasme	Bewimperter Steinbrech
Anthyllis alpestris	Alpen-Wundklee
Aster alpinus	Alpen-Aster
Carex firma	Polster-Segge
Chamorchis alpina	Zwergorchis
Dryas octopetala	Silberwurz
Festuca quadriflora	Niedriger Schwingel
Galium anisophyllon	Alpen-Labkraut
Gentiana clusii	Clusius' Enzian
Helianthemum alpestre	Alpen-Sonnenröschen
Minuartia verna	Frühlings-Miere
Primula auricula	Aurikel
Ranunculus alpestris	Alpen-Hahnenfuss
Rhododendron hirsutum	Bewimperte Alpenrose
Saxifraga caesia	Blaugrüner Steinbrech
Saxifraga moschata	Moschus-Steinbrech
Saxifraga paniculata	Trauben-Steinbrech
Sesleria caerulea	Kalk-Blaugras
Silene acaulis	Kalk-Polsternelke

Kalksteinrasen

Der Polsterseggenrasen ist auf steinigen Kalkböden eine Dauergesellschaft, die sich wegen extremer Feinerdearmut und Trockenheit nicht zu einem geschlossenen Rasen entwickeln kann. Wo aber die Standortbedingungen nicht zu extrem sind, wie z. B. auf dem zur Ruhe gekommenen Kalkschutt, beginnt die Entwicklung zur Blaugras-Horstseggenhalde, mit der der Polsterseggenrasen durch zahlreiche gemeinsame Arten verwandt ist.

Die Polstersegge wurzelt am Fels nur locker; als Stütze und Halt ist sie daher für den Bergsteiger heimtückisch.

POLSTERSEGGENRASEN

Rostseggenrasen
Caricion ferruginei

Der Verband der Rostseggenrasen ist im Entlebuch vor allem durch eine auffällige und leicht erkennbare Assoziation vertreten: die Rostseggenhalde.

Rostseggenhalden an der Nordseite des Brienzer Rothorn. Die nach unten gebogenen, schmalen Blätter und Stängel der Rost-Segge *(Carex ferruginea)* erinnern an gekämmte Haare.

Die **charakteristischen Arten** des **Verbandes** sind:

Allium victorialis	Allermannsharnisch	*Festuca violacea*	Violetter Schwingel
Carex ferruginea	Rost-Segge	*Lathyrus occidentalis*	Gelbe Berg-Platterbse
Dianthus superbus	Pracht-Nelke	*Traunsteinera globosa*	Kugelorchis

Rost-Segge *(Carex ferruginea)*   Kugelorchis *(Traunsteinera globosa)*   Gelbe Berg-Platterbse *(Lathyrus occidentalis)*

Kalksteinrasen

Allermannsharnisch *(Allium victorialis)*   Violetter Schwingel *(Festuca violacea)*   Pracht-Nelke *(Dianthus superbus)*

Rostseggenhalde
Caricetum ferrugineae

Auf frischen bis feuchten, wasserdurchlässigen, nährstoffreichen, steilen Hängen und Mulden gedeiht in subalpiner bis alpiner Lage hauptsächlich auf der niederschlags- und wolkenreicheren Nordseite unserer Kalkberge eine üppige und dichte, hochrasige Pflanzengesellschaft mit der dominierenden Rost-Segge *(Carex ferruginea)*, Süssgräsern und vielen bunten Kräutern: die Rostseggenhalde. Die schmalen Blätter und Stängel der Rost-Segge – sie verdankt ihren Namen den grundständigen, rostfarbenen Blattscheiden – sind hangabwärts gebogen und erinnern an gekämmte Haare. Auf der Südseite trifft man die Rostseggenhalde ab und zu in feuchteren, schattigen Lagen und Mulden. Eine geschlossene Schneedecke im Winter, die die Pflanzendecke erst freigibt, wenn die starken Fröste vorbei sind, hohe Luftfeuchtigkeit und ein tiefgründiger Boden, der im Sommer nie austrocknet, sind ideale Voraussetzungen für die Entstehung dieser Pflanzengesellschaft, die mit ihrem farbenprächtigen Artenreichtum der benachbarten Blaugras-Horstseggenhalde kaum nachsteht. Die Entwicklung der Rostseggenhalde geht meistens von feuchten Kalkschuttböden mit der Pestwurzflur aus. Mit der Zeit können sich Weiden, Grünerlen und Fichten in ihr ansiedeln; ebenso mischen sich im bewegten Relief Pflanzen aus den benachbarten Hochstauden- und Karfluren unter die bunte Gesellschaft. Die Rostseggenhalde wird im Entlebuch oft mit Kleinvieh beweidet, selten nur noch als Wildheu alle 2–3 Jahre gemäht. Für das Bergwild ist sie in höheren Lagen eine willkommene und abwechslungsreiche Futterquelle. Bleibt die Nutzung aus, können die abgestorbenen und niedergedrückten Pflanzen eine ideale Gleitbahn für Lawinen bilden. Der mitgerissene Boden schafft Raum für Pionierpflanzen, lässt aber die Pflanzengesellschaft verarmen.

Zu den **Charakterarten** der Rostseggenhalde gehören:

Crepis bocconei	Berg-Pippau
Festuca pulchella	Schöner Schwingel
Phleum hirsutum	Behaartes Lieschgras
Pedicularis foliosa	Blattreiches Läusekraut

Schöner Schwingel
(Festuca pulchella)

Berg-Pippau
(Crepis bocconei)

Behaartes Lieschgras
(Phleum hirsutum)

Blattreiches Läusekraut
(Pedicularis foliosa)

Die charakteristische Artenkombination der variantenreichen Rostseggenhalde umfasst viele Arten der Kalksteinrasen. Dazu gesellt sich wegen der günstigen Standortbedingungen eine stattliche Anzahl von Trennarten und Begleitern aus anderen Vegetationseinheiten.

Charakteristische Artenkombination:

Alchemilla conjuncta	Kalk-Silbermantel	*Geranium sylvaticum*	Wald-Storchschnabel
Alchemilla splendens	Glänzender Frauenmantel	*Hedysarum hedysaroides*	Süssklee
Allium victorialis	Allermannsharnisch	*Helictotrichon pubescens*	Flaum-Wiesenhafer
Anemone narcissiflora	Narzissen-Windröschen	*Knautia dipsacifolia*	Wald-Witwenblume
Anthyllis alpestris	Alpen-Wundklee	*Lathyrus occidentalis*	Gelbe Berg-Platterbse
Astragalus alpinus	Alpen-Tragant	*Leontodon hispidus*	Raues Milchkraut
Astragalus frigidus	Gletscherlinse	*Ligusticum mutellina*	Alpen-Liebstock
Astrantia major	Grosse Sterndolde	*Myosotis alpestris*	Alpen-Vergissmeinnicht
Carduus defloratus	Berg-Distel	*Pedicularis foliosa*	Blattreiches Läusekraut
Carex ferruginea	Rost-Segge	*Phleum hirsutum*	Behaartes Lieschgras
Centaurea montana	Berg-Flockenblume	*Phyteuma orbiculare*	Rundköpfige Rapunzel
Crepis bocconei	Berg-Pippau	*Pulsatilla alpina*	Alpen-Anemone
Crepis pyrenaica	Pyrenäen-Pippau	*Ranunculus montanus*	Berg-Hahnenfuss
Festuca pulchella	Schöner Schwingel	*Sesleria caerulea*	Kalk-Blaugras
Festuca violacea	Violetter Schwingel	*Traunsteinera globosa*	Kugelorchis
Gentiana lutea	Gelber Enzian		

Die Rostseggenhalden sind grasig und kräuterreich.

Kalksteinrasen

ROSTSEGGENHALDE

ROSTSEGGENHALDE

ROSTSEGGENHALDE

Auf kalkreichen, tonig-mergeligen, wechselfrischen, nährstoffarmen und steilen Rutschhängen der montanen und subalpinen Stufe findet man eine nahe verwandte Gesellschaft, wo die Rost-Segge ihre Vorherrschaft verliert. An ihre Stelle tritt das Berg-Reitgras *(Calamagrostis varia)*. Es wird begleitet von Vertretern der Kalksteinrasen und Arten aus anderen Pflanzengesellschaften. Zum Gesellschaftsgefüge zählen:

Achnatherum calamagrostis	Raugras	*Gentiana lutea*	Gelber Enzian
Anemone narcissiflora	Narzissen-Windröschen	*Gymnadenia odoratissima*	Wohlriechende Handwurz
Aster bellidiastrum	Alpenmasslieb	*Knautia dipsacifolia*	Wald-Witwenblume
Calamagrostis varia	Berg-Reitgras, Bunt-Reitgras	*Laserpitium latifolium*	Breitblättriges Laserkraut
Carex flacca	Schlaffe Segge	*Sesleria caerulea*	Kalk-Blaugras

Berg-Reitgras *(Calamagrostis varia)*

Wohlriechende Handwurz *(Gymnadenia odoratissima)*

Breitblättriges Laserkraut *(Laserpitium latifolium)*

Alpenmasslieb *(Aster bellidiastrum)*

Raugras *(Achnatherum calamagrostis)*

Wald-Witwenblume
(*Knautia dipsacifolia*)

Gelber Enzian (*Gentiana lutea*)

Schlaffe Segge (*Carex flacca*)

Narzissen-Windröschen (*Anemone narcissiflora*)

Kalk-Blaugras (*Sesleria caerulea*)

Die Nacktriedrasen- oder Windecken-Gesellschaften sind ein Bindeglied zwischen den basischen Kalksteinrasen und der bodensauren Gesellschaft der Alpenazalee oder Gämsheide in alpiner Lage. Die meist arktisch-alpinen Charakterarten werden deshalb häufig von Pflanzen dieser benachbarten Gesellschaften begleitet.

Übersicht

Klasse	Hochgebirgs-Nacktriedrasen	*Carici rupestris-Kobresietea*
Ordnung	Nacktriedrasen-Gesellschaften	*Oxytropido-Kobresietalia*
Verband	Nacktried-Windecken	*Oxytropido-Elynion*
Assoziation	Nacktriedrasen	*Elynetum*

Auf windgefegtem Grat, auf Felsbuckeln und Windecken trotzt der Nacktriedrasen als kleinflächige Gesellschaft den harten kontinental geprägten klimatischen Bedingungen in den Alpen. Der windgepeitschte Boden ist im Winter schneearm oder oft auch schneefrei. Die kleinwüchsigen Pflanzen sind an extreme jahreszeitliche und bei Strahlungswetter an tägliche hohe Temperaturdifferenzen (–30 °C bis +40 °C) sowie an grosse Trockenheit und stürmische Winde angepasst.

Kalksteinrasen

Der Nacktriedrasen ist im Gipfelgebiet des Brienzer Rothorn nur fragmentarisch ausgebildet.

Nacktriedrasen mit Flechten

Nacktried *(Elyna myosuroides)*

Nacktriedrasen

Der Humusboden muss reich sein an mineralischer Feinerde. Die charakteristischen Arten wachsen im leicht sauren bis neutralen pH-Bereich sowohl über Kalkgestein, dessen Boden zur Versauerung neigt und Flysch, dem Mischgestein aus Silikat und Kalk. Im Entlebuch ist die Pflanzengesellschaft auf den höchsten Erhebungen des Brienzergrates und auf dem Flysch des Fürsteingebietes nur fragmentarisch ausgebildet. Das hartstängelige, leuchtend braune Nacktried *(Elyna myosuroides)* bildet hier keine grossen Herden und ist wie die meisten Charakterarten der Gesellschaft selten anzutreffen.

Die Klasse der Nacktriedrasen, die pflanzensoziologisch auch etwa als Ordnung zu den Kalksteinrasen gestellt wird, umfasst im Gebiet nur eine Ordnung mit einem Verband und einer Assoziation: den Nacktriedrasen *(Elynetum)*.

Nacktriedrasen
Elynetum

Zu den **Charakterarten** der **Klasse**, der **Ordnung**, des **Verbandes** und der **Assoziation** gehören:

Antennaria carpatica	Karpaten-Katzenpfötchen	*Elyna myosuroides*	Nacktried
Aster alpinus	Alpen-Aster	*Erigeron uniflorus*	Einköpfiges Berufkraut
Astragalus alpinus	Alpen-Tragant	*Gentiana nivalis*	Schnee-Enzian
Astragalus australis	Südlicher Tragant	*Gentiana tenella*	Zarter Enzian
Carex atrata	Gewöhnliche Trauer-Segge	*Ligusticum mutellinoides*	Zwerg-Liebstock
		Lloydia serotina	Faltenlilie
Carex rupestris	Felsen-Segge	*Oxytropis campestris*	Alpen-Spitzkiel
Cerastium alpinum	Alpen-Hornkraut	*Oxytropis halleri*	Hallers Spitzkiel
Draba siliquosa	Kärntner Felsenblümchen	*Potentilla crantzii*	Crantz' Fingerkraut
Dryas octopetala	Silberwurz		

Karpaten-Katzchenpfötchen *(Antennaria carpatica)*

Alpen-Aster *(Aster alpinus)*

Alpen-Tragant *(Astragalus alpinus)*

Südlicher Tragant *(Astragalus australis)*

Crantz' Fingerkraut *(Potentilla crantzii)*

Zwerg-Liebstock *(Ligusticum mutellinoides)*

Gewöhnliche Trauer-Segge *(Carex atrata)*

Alpen-Hornkraut *(Cerastium alpinum)*

Hallers Spitzkiel *(Oxytropis halleri)*

Felsen-Segge *(Carex rupestris)*

Einköpfiges Berufkraut *(Erigeron uniflorus)*

Zarter Enzian *(Gentiana tenella)*

Nacktriedrasen

Nacktried *(Elyna myosuroides)*

Schnee-Enzian *(Gentiana nivalis)*

Kärntner Felsenblümchen *(Draba siliquosa)*

Faltenlilie *(Lloydia serotina)*

Feld-Spitzkiel *(Oxytropis campestris)*

Silberwurz *(Dryas octopetala)*

In der charakteristischen Artenkombination vergesellschaften sich die Charakterarten mit mehreren Arten der oft benachbarten Kalksteinrasen und vor allem im Flyschgebiet mit Vertretern der Alpen-Azalee-Gesellschaft:

Agrostis alpina	Alpen-Straussgras	*Erigeron uniflorus*	Einköpfiges Berufkraut
Androsace chamaejasme	Bewimperter Mannsschild	*Festuca quadriflora*	Niedriger Schwingel
Antennaria carpatica	Karpaten-Katzenpfötchen	*Gentiana nivalis*	Schnee-Enzian
Arenaria ciliata	Bewimpertes Sandkraut	*Gentiana orbicularis*	Rundblättriger Enzian
Aster alpinus	Alpen-Aster	*Gentiana tenella*	Zarter Enzian
Astragalus alpinus	Alpen-Tragant	*Helianthemum alpestre*	Alpen-Sonnenröschen
Astragalus australis	Südlicher Tragant	*Juncus jacquinii*	Jacquins Binse
Carex atrata	Gewöhnliche Trauer-Segge	*Leontopodium alpinum*	Edelweiss
		Ligusticum mutellinoides	Zwerg-Liebstock
Carex ericetorum	Heide-Segge	*Lloydia serotina*	Faltenlilie
Carex parviflora	Kleine Trauer-Segge	*Minuartia verna*	Frühlings-Miere
Carex rupestris	Felsen-Segge	*Oxytropis campestris*	Alpen-Spitzkiel
Chamorchis alpina	Zwergorchis	*Oxytropis halleri*	Hallers Spitzkiel
Cerastium alpinum	Alpen-Hornkraut	*Polygonum viviparum*	Knöllchen-Knöterich
Draba siliquosa	Kärntner Felsenblümchen	*Potentilla crantzii*	Crantz' Fingerkraut
Dryas octopetala	Silberwurz	*Saxifraga paniculata*	Trauben-Steinbrech
Elyna myosuroides	Nacktried	*Silene acaulis*	Kalk-Polsternelke

NACKTRIEDRASEN

Kärntner Felsenblümchen
Trauben-Steinbrech
Gewöhnliche Trauer-Segge
Knöllchen-Knöterich
Alpen-Straussgras
Zwergorchis
Jacquins Binse
Alpen-Hornkraut

Zwergstrauchheiden

Niedrige, dem Boden eng anliegende dicht geschlossene Spalierteppiche, lockere, bis ein Meter hohe Zwergsträucher mit oft auffälliger Blüten- und Blätterpracht bestimmen das Erscheinungsbild der Zwergstrauchheiden. Es sind verholzte Pflanzen – oft aus der Familie der Heidekrautgewächse (Ericaceae) – mit kleinen, lederigen, immergrünen oder auch sommergrünen Blättern, die sich im Herbst bunt verfärben.

Zwergstrauchvegetation verzahnt mit Borstgrasrasen auf der Hagleren im Spätsommer

Die Blattstreu ist nährstoffarm und zersetzt sich langsam. Dank einer Wurzelsymbiose mit Pilzen können die Erikagewächse die Stickstoffarmut des Bodens ausgleichen. Zwergstrauchheiden besiedeln sehr saure bis kalkreiche Standorte von der oberen montanen bis zur alpinen Stufe. Wir begegnen ihnen oberhalb und im Bereich der Wald- und Baumgrenze, aber auch weiter unten in Weiden und als Unterwuchs in offenen Bergwäldern. Beschaffenheit des Bodens, Dauer und Höhe der Schneedecke, Wind, Frost, Hitze, Meereshöhe, Niederschlag, Exposition und menschliche Bewirtschaftung bestimmen das Bild der einzelnen Pflanzengesellschaften. Vor allem die Rostblättrige und die Bewimperte Alpenrose (*Rhododendron ferrugineum* und *Rhododendron hirsutum*) benötigen eine ausreichend hohe und lange Schneebedeckung, da sie sonst durch Frosttrocknis zerstört werden. In der waldfreien Zone wirkt sich das Relief stark auf das Vegetationsbild aus: Mulden und Rinnen sind im Winter schneegefüllt, im Sommer geschützt und warm und erlauben hier den frostempfindlichen Alpenrosen oft eine massenhafte Entfaltung. Kuppen, Rippen und Grate sind weniger schneebedeckt bis schneefrei, kühl und windgepeitscht. Sie beherbergen niedrige Sträucher, die an die harten klimatischen Bedingungen gut angepasst sind. So präsentiert sich die Zwergstrauchvegetation in der subalpinen und alpinen Stufe reliefotientiert.

Zwergstrauchheiden nehmen kleinere oder auch grössere Flächen ein. Sie verzahnen sich oft mosaikartig mit Magerrasen: über sauren Böden mit Borstgrasrasen, über kalkhaltigen mit Blaugras- und Schuttgesellschaften. Vereinzelte Krüppelfichten und Bergföhren begleiten sie im Bereich der Wald- und Baumgrenze. Bei starker Beweidung werden sie zurückgedrängt, bleibt diese aus, breitet sich die Zwergstrauchheide aus und Nadelbäume dringen vermehrt in die Pflanzengesellschaft ein.

Fürsteingebiet gegen Wissguber: Gegen die windgepeitschte Gratkante hin wird die Zwergstrauchvegetation immer niedriger. Vor dem Bergfrühling fallen die grau-braunen Borstgrasflecken besonders auf.

Kalk-Alpenrosengebüsch mit der Bewimperten Alpenrose an der Nordseite des Brienzer Rothorn

Rostalpenrosenheide auf Flysch am Fürstein

Zwergstrauchheiden

Übersicht

Klasse	Subalpin-alpine Kalksteinrasen und Schneeheide-Gesellschaften	*Seslerietea albicantis*
Ordnung	Wimperalpenrosen-Schneeheide-Gesellschaften	*Rhododendro hirsuti-Ericetalia carneae*
Verband	Kalkalpine Zwergstrauchheiden	*Ericion carneae*
Assoziation	Kalk-Alpenrosengebüsch	*Rhododendretum hirsuti*
Klasse	Bodensaure, arktisch-alpine Zwergstrauchheiden und Windheiden	*Loiseleurio-Vaccinietea*
Ordnung	Bodensaure, arktisch-alpine Zwergstrauchheiden	*Rhododendro-Vaccinietalia*
1. Verband	Rostalpenrosen-Heidelbeerheide-Gesellschaften	*Rhododendro-Vaccinion*
Assoziation	Rostalpenrosenheide	*Rhododendretum ferruginei*
2. Verband	Zwergwacholderheide	*Juniperion nanae*
Assoziation	Zwergwacholder-Bärentraubenheide	*Junipero-Arctostaphyletum*
3. Verband	Alpine Windheiden	*Loiseleurio-Vaccinion*
1. Assoziation	Krähenbeeren-Rauschbeerenheide	*Empetro-Vaccinietum Gaultherioidis*
2. Assoziation	Alpenazaleen-Windheide	*Cetrario-Loiseleurietum*

Zwergstrauchheiden auf der Hagleren

Zwergstrauchheide im Mosaik mit Borstgrasrasen auf der Hagleren

Wimperalpenrosen-Schneeheide-Gesellschaften
Rhododendro hirsuti-Ericetalia carneae

Wimperalpenrosen-Schneeheide-Gesellschaften sind kalkalpine Zwergstrauchheiden. Sie begegnen uns im Entlebuch in grösserer Ausdehnung auf Ruhschutt, Blockhalden und Karrenfels, kleinflächig in Felsnischen, über Felsblöcken und Felsköpfen sowie auf steinigen Weiden in nord- wie auch südexponierter Lage in der subalpinen Stufe. Sie bevorzugen gut entwässerte, trockene Kalkböden. Zur Blütezeit bestimmt die Bewimperte Alpenrose (*Rhododendron hirsutum*) oft in grossen Mengen den auffälligen Aspekt. Die zeitig im Frühjahr erblühende Schneeheide (*Erica carnea*) ist im Entlebuch eher selten und bildet kaum grössere Bestände. Diese beliebten Zwergstrauchheiden treten im Bereich der kalkliebenden Blaugras- und Rostseggenrasen sowie der Schutt-, Fels- und Hochstaudenfluren auf, mit welchen sie sich in einem farbenprächtigen Mosaik präsentieren. So ist verständlich, dass viele Begleitpflanzen der kalkalpinen Zwergstrauchheiden aus diesen benachbarten Pflanzengesellschaften kommen.

Beweidete kalkalpine Zwergstrauchheide mit der Bewimperten Alpenrose *(Rhododendron hirsutum)* und anderen Kalkzeigern auf der Südseite der Schrattenflue

Einzelne Sträucher bereichern ab und zu die artenreichen Zwergstrauchheiden. Es sind dies: Zwerg-Wacholder *(Juniperus communis* ssp. *alpina)*, Zwerg-Mispel *(Sorbus chamaemespilus)*, Grossblättrige Weide *(Salix appendiculata)*, Spiessblättrige Weide *(Salix hastata)*.

Die Ordnung der Wimperalpenrosen-Schneeheide-Gesellschaften umfasst nur einen Verband, in dem zwei Assoziationen beschrieben werden. Die Schneeheide-Gesellschaft mit vorherrschender Schneeheide *(Erica carnea)* ist auf steinigen, sonnigen Kalkhängen nur schwach vertreten. Markant und häufiger ist auf unseren Kalkbergen das Kalk-Alpenrosengebüsch mit der vorherrschenden Bewimperten Alpenrose *(Rhododendron hirsutum)*, auch Steinrose genannt.

Die Schneeheide *(Erica carnea)* ist in unserem Gebiet die einzige **Charakterart** der **Ordnung** und des **Verbandes** der kalkalpinen Zwergstrauchheiden. Hochstete Begleiter sind die Bewimperte Alpenrose *(Rhododendron hirsutum)* und der Zwerg-Wacholder *(Juniperus communis* ssp. *alpina)*.

Schneeheide *(Erica carnea)*

Bewimperte Alpenrose *(Rhododendron hirsutum)*

Zwerg-Wacholder *(Juniperus communis* ssp. *alpina)*

Kalk-Alpenrosengebüsch
Rhododendretum hirsuti

Wohltuend ist im Sommer auf unseren Kalkbergen in der subalpinen Stufe der Anblick des blühenden Kalk-Alpenrosengebüsches mit der vorherrschenden und beliebten Bewimperten Alpenrose *(Rhododendron hirsutum)*. Die meist durch Rodung und Weidgang offen gehaltene, oft baumfreie Pflanzengesellschaft besiedelt in kleineren und grösseren Flächen mit mehrmonatigem winterlichem Schneeschutz harten Kalk- und Karrenfels, wenig bewegliches Kalkgeröll, ruhenden Kalkschutt und Blockhalden in jeder Exposition.

Kalk-Alpenrosengebüsch in der Weide Ober Ruchweid am Südfuss der Schrattenflue

Die Kalkböden sind trocken bis mässig feucht, flachgründig, nährstoffarm und steinig. Die Bewimperte Alpenrose wird begleitet von vielen krautigen Kalkzeigern benachbarter Pflanzengesellschaften und auch einigen Sträuchern. Exposition, Struktur des Lebensraumes, Feuchtigkeitsgehalt und Grad der Versauerung des Bodens, Beweidung und Meereshöhe bestimmen das Bild der vielen möglichen Begleiter im Kalk-Alpenrosengebüsch.

In der variantenreichen Gesellschaft des Kalk-Alpenrosengebüsches können uns folgende Pflanzenarten begegnen:

Aconitum compactum	Dichtblütiger Eisenhut	*Leucanthemum adustum*	Berg-Margerite
Aconitum platanifolium	Platanenblättriger Eisenhut	*Ligusticum mutellina*	Alpen-Liebstock
Adenostyles alpina	Kahler Alpendost	*Luzula sylvatica*	Wald-Hainsimse
Alchemilla conjuncta	Kalk-Silbermantel	*Phyteuma spicatum*	Ährige Rapunzel
Arctostaphylos uva-ursi	Immergrüne Bärentraube	*Polygala chamaebuxus*	Buchsblättrige Kreuzblume
Aster bellidiastrum	Alpenmasslieb		
Chaerophyllum villarsii	Villars Kälberkropf	*Rhododendron hirsutum*	Bewimperte Alpenrose
Daphne mezereum	Gemeiner Seidelbast	*Rumex scutatus*	Schildblättriger Ampfer
Polystichum lonchitis	Lanzenfarn	*Salix appendiculata*	Grossblättrige Weide
Geranium sylvaticum	Wald-Storchschnabel	*Salix hastata*	Spiessblättrige Weide
Globularia nudicaulis	Schaft-Kugelblume	*Sesleria caerulea*	Kalk-Blaugras
Helianthemum nummularium ssp. *grandiflorum*	Grossblütiges Sonnenröschen	*Silene vulgaris* ssp. *glareosa*	Alpen-Leimkraut
		Sorbus chamaemespilus	Zwergmispel
Homogyne alpina	Alpenlattich	*Valeriana montana*	Berg-Baldrian
Juniperus communis ssp. *alpina*	Zwerg-Wacholder	*Valeriana tripteris*	Dreiblatt-Baldrian
		Viola biflora	Gelbes Bergveilchen

Bewimperte Alpenrose *(Rhododendron hirsutum)* im Kalk-Blockschutt

Isoliertes Kalk-Alpenrosengebüsch in einer Kalk-Blockschutt-Geröllhalde an der Nordseite des Brienzer Rothorn

Die Berg-Margerite *(Leucanthemum adustum)* begegnet uns oft im sonnigen Kalk-Alpenrosengebüsch.

Die Zwergmispel *(Sorbus chamaemespilus)* bereichert das Kalk-Alpenrosengebüsch wie auch den benachbarten Zwergbuchs-Fichtenwald.

Zwergstrauchheiden

KALK-ALPENROSENGEBÜSCH

KALK-ALPENROSENGEBÜSCH

Gemeiner Seidelbast

Schaft-Kugelblume

Dichtblütiger Eisenhut

Immergrüne Bärentraube

Kahler Alpendost

Gelbes Bergveilchen

Buchsblättrige Kreuzblume

Spiessblättrige Weide

Kalk-Blaugras

Ährige Rapunzel

Bodensaure, arktisch-alpine Zwergstrauchheiden und Windheiden
Loiseleurio-Vaccinietea

Auf sauren Böden in der subalpinen und der unteren alpinen Stufe umfasst diese Klasse nur eine Ordnung: die bodensauren, arktisch alpinen Zwergstrauchheiden *(Rhododendro-Vaccinietalia)*.

Zu den **Charakterarten** der **Klasse** und der **Ordnung** gehören:

Arctostaphylos alpina	Alpen-Bärentraube	*Empetrum nigrum* ssp. *hermaphroditum*	Zwittrige Krähenbeere
Cetraria sp.	Island-Flechten	*Loiseleuria procumbens*	Alpenazalee
Cladonia sp.	Rentierflechten		

Alpenazalee (*Loiseleuria procumbens*)

Zwittrige Krähenbeere (*Empetrum nigrum* ssp. *hermaphroditum*)

Alpen-Bärentraube (*Arctostaphylos alpina*)

Rentierflechte (*Cladonia* sp.)

Isländisch Moos (*Cetraria islandica*)

Zwergstrauchheiden

Dauer und Mächtigkeit der Schneebedeckung, Exposition, Feuchtigkeitsgehalt und Dicke des Bodens, Meereshöhe, Wuchsform und menschliche Einflüsse bestimmen das charakteristische Erscheinungsbild der drei Verbände dieser Ordnung mit einzelnen dominanten Arten:

Übersicht

1. Verband	Rostalpenrosen-Heidelbeerheide-Gesellschaften mit der Rostblättrigen Alpenrose	Rhododendro-Vaccinion
2. Verband	Zwergwacholder-Heiden mit Zwerg-Wacholder und Besenheide	Juniperion nanae
3. Verband	Alpine Windheiden mit Alpenazalee, Rausch- und Heidelbeeren	Loiseleurio-Vaccinion

Bodensaure Alpenrosenheiden
Rhododendro-Vaccinion

Bodensaure Alpenrosenheiden besiedeln saure, nährstoffarme, frische Rohhumusböden in der subalpinen Stufe oberhalb der Waldgrenze, aber auch eher wenig intensiv genutzte Weiden und lichte Stellen in Bergwäldern mit Nadelbäumen in der oberen montanen Stufe. Die Alpenrosenheide mit der dominierenden Rostblättrigen Alpenrose *(Rhododendron ferrugineum)* entwickelt sich oft als Ersatzgesellschaft abgeholzter Bergwälder. An der Wald- und Baumgrenze bildet sie Übergänge zu Wald-, Borstgrasrasen- und anderen Zwergstrauch-Gesellschaften. Die bodensaure Alpenrosenheide ist auf winterlichen Schneeschutz von mindestens sechs Monaten angewiesen, weil die immergrüne Rostblättrige Alpenrose *(Rhododendron ferrugineum)* Frosttrocknis nicht erträgt. Bevorzugte Standorte sind deshalb Mulden, frische Nordhänge und Blockschutthalden.

Rostblättrige Alpenrose *(Rhododendron ferrugineum)* auf Flysch (links) und auf Rohhumus im Kalkgebiet Schrattenflue

Die Gesellschaft gedeiht in allen Expositionen, liebt aber hohe Luftfeuchtigkeit und ist deshalb auf der Nordseite der Berge stärker verbreitet. Sie ist in den Flyschgebieten (Hagleren, Fürstein u. a.) gut vertreten, begegnet uns auch auf Molasse und oft auch an den Kalkbergen, wo sie allerdings eine recht mächtige isolierende Rohhumusschicht benötigt. Nicht selten trifft man hier den Bastard zwischen der kalksteten Bewimperten Alpenrose *(Rhododendron hirsutum)* und der säureliebenden Rostblättrigen Alpenrose *(Rhododendron ferrugineum)*, die Bastard-Alpenrose *(Rhododendron × intermedium)*.

Die einzige **Charakterart** des **Verbandes** der bodensauren Alpenrosenheiden ist die Rostblättrige Alpenrose *(Rhododendron ferrugineum)*.

Rostalpenrosenheide
Rhododendretum ferruginei

Eine leuchtend rot blühende Alpenrosenheide mit der Rostblättrigen Alpenrose *(Rhododendron ferrugineum)* in waldfreier Umgebung lässt wohl jeden Bergwanderer stille stehen und staunen. Der lichtbedürftige Zwergstrauch wird hier etwa einen halben Meter hoch; an schattigen Stellen und im offenen Wald, wo er weniger reichlich blüht, kann er eine Wuchshöhe von mehr als einem Meter erreichen. Der immergrüne Strauch verdankt seinen Namen drüsigen Schuppenhaaren auf der Unterseite der Blätter und der Blütenkrone; diese sind zuerst gelb, verfärben sich dann rostbraun und verströmen den charakteristischen, würzigen Geruch der Alpenrose. Auf den Blättern erkennt man ab und zu wachsartige Auswüchse, sog. «Alpenrosenäpfel», die durch einen parasitischen Pilz *(Exobasidium rhododendri)* verursacht werden. Auf älteren Blättern erzeugt ein Rostpilz *(Chrysomyxa rhododendri)* orangerote Flecken. Dieser Parasit wechselt den Wirt, befällt Fichtennadeln und bewirkt, dass sie vergilben und abfallen. Die Rostblättrige Alpenrose *(Rhododendron ferrugineum)* auf saurem Boden und ihre nächste Verwandte auf stets kalkhaltigem Substrat, die Bewimperte Alpenrose *(Rhododendron hirsutum)* sind beim Volk beliebt und gelten zusammen mit dem seltenen Edelweiss *(Leontopodium alpinum)* wohl als Symbol der Alpenflora.

Den rostbraunen Drüsenschuppen verdankt die Rostblättrige Alpenrose *(Rhododendron ferrugineum)* ihren Namen und den würzigen Geruch.

«Alpenrosenapfel»

Rostalpenrosenheiden begegnen uns im Entlebuch in der oberen montanen und in der subalpinen Stufe in grösseren und kleineren Flecken von den Molassegebieten Napf über Farneren und Beichlen bis zu den Kalkbergen. Die ausgedehntesten Bestände aber liegen in den Flyschgebieten. Auf dem aschegrauen, sauren, nährstoffarmen und frischen Podsol-Boden (auch Bleicherde oder Grauerde genannt) begleiten Heidelbeeren *(Vaccinium myrtillus)* und andere Erikagewächse, grosse Moospolster, Flechten, Zwerg-Wacholder *(Juniperus communis* ssp. *alpina)*, Wolliges Reitgras *(Calamagrostis villosa)*, Draht-Schmiele *(Avenella flexuosa)*, Wald-Hainsimse *(Luzula sylvatica)*, manchmal auch Fichte *(Picea abies)*, Aufrechte Berg-Föhre *(Pinus mugo* ssp. *uncinata)*, Vogelbeerbaum *(Sorbus aucuparia)*, meist farbenprächtige Vertreter aus benachbarten Borstgrasrasen und Hochstaudenfluren sowie Pflanzen aus dem Unterwuchs ehemaliger subalpiner Nadelwälder die Rostblättrige Alpenrose *(Rhododendron ferrugineum)*. Die einzige Charakterart der Assoziation, die Blaue Heckenkirsche *(Lonicera caerulea)*, ist im Entlebuch sehr selten; einzig auf der Südseite der Schrattenflue, in der Ober Ruchweid, blühen und fruchten jedes Jahr in einem beweideten Blockwald mit Fichten, Berg-Föhren, Alpenrosen und Weiden mehrere Sträucher. In der Alpenrosenheide fehlen immer die Kalkzeiger.

Zwergstrauchheiden

Blaue Heckenkirsche (*Lonicera caerulea*) | Draht-Schmiele (*Avenella flexuosa*) | Heidelbeere (*Vaccinium myrtillus*) | Wolliges Reitgras (*Calamagrostis villosa*) | Zwerg-Wacholder (*Juniperus communis* ssp. *alpina*)

Eine stattliche Anzahl von Pflanzen aus verschiedenen Gesellschaften gehört zur variantenreichen Ausbildung der Rostalpenrosenheide:

Aconitum compactum	Dichtblütiger Eisenhut	*Juniperus communis* ssp. *alpina*	Zwerg-Wacholder
Arnica montana	Arnika	*Lonicera caerulea*	Blaue Heckenkirsche
Astrantia minor	Kleine Sterndolde	*Luzula sylvatica*	Wald-Hainsimse
Avenella flexuosa	Draht-Schmiele, Wald-Schmiele	*Nardus stricta*	Borstgras
Blechnum spicant	Rippenfarn	*Picea abies*	Fichte
Calamagrostis villosa	Wolliges Reitgras	*Pinus mugo* ssp. *uncinata*	Aufrechte Berg-Föhre
Calluna vulgaris	Besenheide	*Rhododendron ferrugineum*	Rostblättrige Alpenrose
Campanula barbata	Bärtige Glockenblume	*Solidago virgaurea* ssp. *minuta*	Alpen-Goldrute
Empetrum nigrum ssp. *hermaphroditum*	Zwittrige Krähenbeere	*Sorbus aucuparia*	Vogelbeerbaum
Gentiana purpurea	Purpur-Enzian	*Vaccinium gaultherioides*	Alpen-Rauschbeere
Geranium sylvaticum	Wald-Storchschnabel	*Vaccinium myrtillus*	Heidelbeere
Hieracium alpinum	Alpen-Habichtskraut	*Vaccinium vitis-idaea*	Preiselbeere
Homogyne alpina	Alpenlattich		
Huperzia selago	Tannen-Bärlapp		

Zwergwacholderheiden
Juniperion nanae

Der Verband der Zwergwacholderheiden umfasst nur eine Assoziation, die Zwergwacholder-Bärentrauben-Heide (*Junipero-Arctostaphyletum*).

Zwergwacholder-Bärentrauben-Heide

ROSTALPENROSENHEIDE

Purpur-Enzian
Aufrechte Bergföhre
Dichtblütiger Blauer Eisenhut
Blaue Heckenkirsche
Kleine Sterndolde
Rostblättrige Alpenrose

Zwergwacholder-Bärentraubenheide
Junipero-Arctostaphyletum

Die Zwergwacholder-Bärentraubenheide ersetzt an sonnigen, trockenen und kalkarmen Südhängen die bodensaure Alpenrosenheide. Diese wärmeliebende Pflanzengesellschaft ist angepasst an sommerliche Trockenheit wie auch an tiefe Wintertemperaturen. Die oft beweideten Rohhumusböden sind sauer, nährstoffarm und meist flachgründig. Die Zwergwacholderheide weist keine eigentlichen Charakterarten auf; sie fällt auf durch trockenheitszeigende Zwergsträucher wie Zwerg-Wacholder *(Juniperus communis* ssp. *alpina)*, Besenheide *(Calluna vulgaris)*, Immergrüne Bärentraube *(Arctostaphylos uva-ursi)* und andere Heidekrautgewächse.

Zwergwacholder-Bärentraubenheide am Fürstein mit Immergrüner Bärentraube *(Arctostaphylos uva-ursi)*, Zwerg-Wacholder *(Juniperus communis* ssp. *alpina)*, Besenheide *(Calluna vulgaris)* und Fichte *(Picea abies)*

Zu ihnen gesellen sich mosaikartig Vertreter aus den bodensauren Borstgrasrasen wie Borstgras *(Nardus stricta)*, Arnika *(Arnika montana)*, Kochscher oder Silikat-Glocken-Enzian *(Gentiana acaulis)* u. a. Die Zwergwacholder-Bärentraubenheide – vermutlich an Stelle ehemaliger Wälder – bedeckt kleinere und grössere Flächen in den kalkarmen Flyschgebieten Fürstein und Hagleren, aber auch ausgelaugte, felsige Böden in den Kalkgebieten. Bei starker Beweidung und Bekämpfung der Zwergsträucher entwickelt sich die recht artenreiche und schöne Pflanzengesellschaft zu Borstgrasrasen; bleiben Beweidung und menschliche Einflüsse aus, leiten aufkommende Bäume die Entwicklung zum lockeren Wald ein.

Antennaria dioica	Gemeines Katzenpfötchen
Anthoxanthum alpinum	Alpen-Ruchgras
Arctostaphylos uva-ursi	Immergrüne Bärentraube

Arnica montana	Arnika
Astrantia minor	Kleine Sterndolde
Avenella flexuosa	Draht-Schmiele, Wald-Schmiele

Calamagrostis villosa	Wolliges Reitgras	*Nardus stricta*	Borstgras
Calluna vulgaris	Besenheide	*Picea abies*	Fichte
Campanula barbata	Bärtige Glockenblume	*Potentilla aurea*	Gold-Fingerkraut
Campanula scheuchzeri	Scheuchzers Glockenblume	*Potentilla erecta*	Tormentill
		Pseudorchis albida	Weisszunge
Carex pallescens	Bleiche Segge	*Rhododendron ferrugineum*	Rostblättrige Alpenrose
Gentiana acaulis	Silikat-Glocken-Enzian, Kochscher Enzian	*Solidago virgaurea* ssp. *minuta*	Alpen-Goldrute
Gentiana purpurea	Purpur-Enzian		
Homogyne alpina	Alpenlattich	*Trifolium alpinum*	Alpen-Klee
Juniperus communis ssp. *alpina*	Zwerg-Wacholder	*Vaccinium gaultherioides*	Kleinblättrige Rauschbeere
Leontodon helveticus	Schweizer Milchkraut	*Vaccinium myrtillus*	Heidelbeere
Luzula sylvatica	Wald-Hainsimse	*Vaccinium vitis-idaea*	Preiselbeere

Windheiden
Loiseleurio-Vaccinion

In der subalpinen und untersten alpinen Stufe lösen Windheiden oberhalb der Waldgrenze im Bereich der Baumgrenze auf stets sauren, mächtigen bis flachgründigen Böden den Zwergstrauchgürtel der Rostblättrigen Alpenrose *(Rhododendron ferrugineum)* ab. Die zwergstrauch- und flechtenreichen Gesellschaften dieses Verbandes ertragen frostige Kälte und starke Winde, benötigen einige Monate winterlichen Schneeschutz, kommen aber auf Kuppen und Graten auch ohne diesen aus. Mit zunehmender Meereshöhe und härteren klimatischen Bedingungen (Kälte, Wind) nimmt die Wuchshöhe der Zwergsträucher ab und geht auf windgepeitschten Standorten mit flachgründigem Boden in meist kleinere Spalierteppiche über. Mosaikartig durchdringen Borstgrasrasen die Zwergstrauchgesellschaften und ergänzen diese mit mehreren Säurezeigern. Bodensaure Windheiden begegnen uns im Entlebuch in schöner Ausprägung auf den Flyschbergen Hagleren und Fürstein, vereinzelt aber auch auf ausgelaugten Rohhumusböden der Kalkberge (Schafmatt, Schrattenflue, Brienzergrat). Besondere Erwähnung verdient das Gipfelgebiet der Hagleren, eine Moorlandschaft von nationaler Bedeutung. Seit 1946 erfreut uns hier ein ca. 45 ha grosses Pro Natura-Schutzgebiet, wo jegliche menschliche Bewirtschaftung ausbleibt. Hochmoor-Bergföhrenwald, bodensaure Zwergstrauchheiden mit allen Übergangsformen, karge Borstgrasrasen, seltene Pflanzen wie die Weissfilzige Alpenscharte *(Saussurea discolor)* und die Pracht-Nelke *(Dianthus superbus)* sowie das imposante, aber scheue Auerwild verleihen dieser faszinierenden Landschaft ein arktisches Gepräge.

Windheiden auf den Flyschbergen Hagleren und Fürstein

ZWERGWACHOLDER-BÄRENTRAUBENHEIDE

Krähenbeeren-Rauschbeerenheide
Empetro-Vaccinietum gaultherioidis

Beerenheide auf der Hagleren

Diese Beerenheide mit vielen Rausch- und Heidelbeeren *(Vaccinium gaultherioides, Vaccinium myrtillus)* ist im Bereich der Baumgrenze eine Übergangsgesellschaft von der subalpinen Alpenrosenheide der Rostblättrigen Alpenrose *(Rhododendron ferrugineum)* zur alpinen, spalierartigen Windheide der Alpenazalee *(Loiseleuria procumbens)*. Wir treffen sie auf kalkarmer Unterlage im Flyschgebiet der Hagleren und im weiten Umkreis des Fürstein in recht typischer Ausprägung. Die Gesellschaft benötigt im Winter einige Monate Schneebedeckung. Mit zunehmender Meereshöhe und Nähe zu windgepeitschten Kuppen und Graten geht diese attraktive, zweischichtige Zwergstrauchheide mit vielen bodennahen Island- und Rentierflechten *(Cetraria sp., Cladonia sp.)* in die frosthärtere, spalierartige Gesellschaft der Alpenazalee *(Loiseleuria procumbens)* über. Nur selten und zerstreut begegnet uns in dieser Beerenheide im Entlebuch am Nordrand der Alpen die unauffällige, immergrüne Zwittrige Krähenbeere *(Empetrum nigrum ssp. hermaphroditum)*. Zwischen den nicht immer Früchte tragenden, oft dominierenden Heidelbeer- und Rauschbeersträuchern fallen uns immer wieder Streifen und Flecken von sauren Borstgrasrasen auf, aber auch einzelne kümmerliche Fichten *(Picea abies)* und kleine Aufrechte Bergföhren *(Pinus mugo ssp. uncinata)*. Ab und zu erfreut uns in der Nähe der Alpenazaleenheide die niederliegende Charakterart der Assoziation, der Alpen-Bärlapp *(Diphasiastrum alpinum)*.

Beerenheide auf der Hagleren

Rentierflechte (*Cladonia* sp.)

Alpen-Bärlapp
(*Diphasiastrum alpinum*)

Zum charakteristischen Artengefüge der Krähenbeeren-Rauschbeerenheide gehören:

Arctostaphylos alpina	Alpen-Bärentraube	*Luzula sylvatica*	Wald-Hainsimse
Calluna vulgaris	Besenheide	*Pedicularis oederi*	Oeders Läusekraut
Cetraria sp.	Islandflechten	*Phyteuma hemisphaericum*	Halbkugelige Rapunzel
Cladonia sp.	Rentierflechten		
Diphasiastrum alpinum	Alpen-Bärlapp	*Picea abies*	Fichte
Empetrum nigrum ssp. *hermaphroditum*	Zwittrige Krähenbeere	*Pinus mugo* ssp. *uncinata*	Aufrechte Berg-Föhre
		Potentilla aurea	Gold-Fingerkraut
Gentiana acaulis	Kochscher Enzian, Silikat-Glocken-Enzian	*Ranunculus alpestris*	Alpen-Hahnenfuss
		Silene acaulis	Kalk-Polsternelke
Gentiana purpurea	Purpur-Enzian	*Solidago virgaurea* ssp. *minuta*	Alpen-Goldrute
Helictotrichon versicolor	Bunter Wiesenhafer		
Hieracium alpinum	Alpen-Habichtskraut	*Trifolium alpinum*	Alpen-Klee
Homogyne alpina	Alpenlattich	*Vaccinium gaultherioides*	Kleinblättrige Rauschbeere
Huperzia selago	Tannenbärlapp		
Juniperus communis ssp. *alpina*	Zwerg-Wacholder	*Vaccinium myrtillus*	Heidelbeere
		Vaccinium vitis-idaea	Preiselbeere
Loiseleuria procumbens	Alpenazalee		

Krähenbeeren-Rauschbeerenheiden auf der Hagleren

KRÄHENBEEREN-RAUSCHBEERENHEIDE

KRÄHENBEEREN-RAUSCHBEERENHEIDE

Alpenazaleen-Teppich
Cetrario-Loiseleurietum

Alpenazaleen- oder Gemsheideteppich am Fürstein

Auf windgepeitschten, im Winter oft schneefreien, exponierten Graten, felsigen Kuppen, Rücken und Hängen in der untersten alpinen Stufe oberhalb der klimatischen Baumgrenze bilden Alpenazalee *(Loiseleuria procumbens)* und verschiedene Arten von Flechten *(Cetraria* sp., *Cladonia* sp.) u. a., meist kleinflächige, dicht geschlossene, dem Boden eng anliegende Spalierteppiche. Diese Windheide besiedelt saure, flachgründige Böden im kalkarmen Flyschgebiet (Hagleren, Fürstein und Umgebung), aber auch da und dort saure Rohhumusböden über Kalk von der Riseten- bis zur Schrattenflue und dem Brienzergrat. Auf windgescheuerten, felsigen Kanten und Graten oder windgefegten Hängen und Kuppen müssen die Spalierteppiche tiefsten Temperaturen und der Austrocknung durch stürmische Winde trotzen können. Die dicht geschlossenen, immergrünen, nach unten umgelegten Blätter der Alpenazalee – auch Gemsheide genannt – *(Loiseleuria procumbens)* erzeugen zusammen mit den Flechten im Spalierteppich bezüglich Temperatur und Wasserhaushalt ein günstiges Mikroklima, vergleichbar mit dem ausgeglichenen Klima in einem geschlossenen Wald. Wasserdampf und Wärme werden hier gespeichert. Der arktisch anmutende Azaleen-Teppich kann mehrere hundert Jahre überdauern, ist aber sehr weideempfindlich.

Alpenazalee *(Loiseleuria procumbens)*, begleitet von Flechten

Alpenazaleen-Teppich

Das charakteristische Artengefüge des Alpenazaleen-Teppichs über Flysch setzt sich – nebst der dominierenden Alpenazalee und den Flechten – zusammen aus Vertretern der übrigen Zwergstrauchheiden und der alpinen, bodensauren Borstgrasrasen. Weil der Flysch auch kalkiges Gestein enthält, mischen sich unter die Säurezeiger auch ab und zu einige kälteertragende, kalkliebende Arten:

Agrostis rupestris	Felsen-Straussgras	*Leontodon helveticus*	Schweizer Milchkraut
Arctostaphylos alpina	Alpen-Bärentraube	*Loiseleuria procumbens*	Alpenazalee, Gemsheide
Avenella flexuosa	Draht-Schmiele, Wald-Schmiele	*Pedicularis oederi*	Oeders Läusekraut
Calluna vulgaris	Besenheide	*Phyteuma hemisphaericum*	Halbkugelige Rapunzel
Cetraria sp.	Islandflechten		
Cladonia sp.	Rentierflechten	*Polygonum viviparum*	Brut-Knöterich
Diphasiastrum alpinum	Alpen-Bärlapp	*Primula hirsuta*	Rote Felsenprimel
Dryas octopetala	Silberwurz	*Ranunculus alpestris*	Alpen-Hahnenfuss
Empetrum nigrum ssp. *hermaphroditum*	Zwittrige Krähenbeere	*Salix retusa*	Stumpfblättrige Weide
		Silene acaulis	Kalk-Polsternelke
Helictotrichon versicolor	Bunter Wiesenhafer	*Trifolium alpinum*	Alpen-Klee
Hieracium alpinum	Alpen-Habichtskraut	*Vaccinium gaultherioides*	Kleinblättrige Rauschbeere
Homogyne alpina	Alpenlattich		
Huperzia selago	Tannenbärlapp	*Vaccinium myrtillus*	Heidelbeere
Juncus trifidus	Dreispaltige Binse	*Vaccinium vitis-idaea*	Preiselbeere

Auf der Hagleren geht die Beerenheide über in den Alpenazaleen-Teppich.

Kälteertragende, kalkliebene Arten auf dem Flyschberg Fürstein: Silberwurz *(Dryas octopetala)*, Oeders Läusekraut *(Pedicularis oederi)*, Kalk-Polsternelke *(Silene acaulis)*

Wurmflechte und Tannenbärlapp *(Huperzia selago)* im Alpenazaleen-Teppich auf der Hagleren

Alpenazaleen-Teppich

Zwergstrauchheiden

ALPENAZALEENHEIDE

Borstgrasrasen
Nardo-Callunetea

Prächtige Borstgraswiese mit Purpur-Enzian *(Gentiana purpurea)* und Arnika *(Arnica montana)* (Alp Stein, Gemeinde Escholzmatt-Marbach); im Hintergrund die Schrattenflue mit den imposanten, senkrechten Felswänden des Hengst.

Borstgrasrasen begegnen und erfreuen uns im Entlebuch als Borstgrasweide und gemähte Borstgraswiese in verschiedenster Ausprägung von der oberen montanen bis in die subalpine Stufe. Sie gedeihen auf saurem, nährstoffarmem und ungedüngtem, frischem bis trockenem Boden im silikathaltigen Flyschgebiet, wie auch auf oberflächlich versauerten und ausgewaschenen Böden in den niederschlagsreichen Kalk- und Molassebergen. Borstgrasrasen bevorzugen keine bestimmte Exposition und Neigung im Gelände. In den von Schafen intensiv beweideten und teilweise übernutzten Kalkgebieten sind die Borstgrasweiden artenarm und vermischen sich mit Blaugrasrasen und Milchkrautweiden. Im subalpinen Flyschgebiet (Hagleren, Fürstein) bilden die Borstgrasweiden bei Unternutzung ein buntes Mosaik mit Zwergstrauchheiden. In den höchsten Lagen dieser Region tauchen sogar einige Vertreter der im Entlebuch fehlenden Krummseggenrasen auf.

Das Borstgras *(Nardus stricta)* kommt mit unterschiedlicher Häufigkeit in allen Borstgrasrasen vor. Es verdankt seinen Namen den zähen, borstigen und früh vergilbenden Blättern. Es wird von den Tieren kaum gefressen und kann sich deshalb besonders in den stark genutzten Weiden ausbreiten. In den Borstgraswiesen, die erst im August gemäht werden, fällt es weniger auf. Zu den stattlichen, bunten und beliebten charakteristischen Arten der Borstgrasrasen zählen zudem: Arnika *(Arnica montana)*, Purpur-Enzian *(Gentiana purpurea)*, Einköpfiges Ferkelkraut *(Hypochaeris uniflora)*, Kochscher oder Silikat-Glocken-Enzian *(Gentiana acaulis)* und Bärtige Glockenblume *(Campanula barbata)*. Blühende Borstgraswiesen und von jungem Rindvieh extensiv genutzte Borstgrasweiden gehören Ende Juli wohl zu den schönsten Lebensräumen im Alpenraum.

Übersicht

Klasse	Bodensaure Borstgrasrasen	*Nardo-Callunetea*
Ordnung	Borstgrasrasen-Gesellschaften	*Nardetalia strictae*
1. Verband	Subalpin-alpine Borstgrasrasen-Gesellschaften	*Nardion strictae*
Assoziation	Bergnelkenwurz-Borstgrasrasen	*Geum montani-Nardetum Strictae*
2. Verband	Gesellschaft der Sparrigen Binse	*Juncion squarrosi*

Die Klasse der bodensauren Borstgrasrasen umfasst nur eine Ordnung und ist im Alpenraum weit verbreitet. Zu den **Charakterarten** der **Klasse** und der **Ordnung** gehören:

Ajuga pyramidalis	Pyramiden-Günsel
Antennaria dioica	Gemeines Katzenpfötchen
Arnica montana	Arnika
Botrychium lunaria	Gemeine Mondraute
Carex pilulifera	Pillentragende Segge
Carex pallescens	Bleiche Segge
Coeloglossum viride	Hohlzunge

Danthonia decumbens	Dreizahn
Hieracium lactucella	Öhrchen-Habichtskraut
Hypericum maculatum	Geflecktes Johanniskraut
Luzula multiflora	Vielblütige Hainsimse
Luzula sudetica	Sudeten-Hainsimse
Nardus stricta	Borstgras
Potentilla erecta	Gemeiner Tormentill, Blutwurz

Borstgras *(Nardus stricta)*

Arnika *(Arnica montana)*

Gemeines Katzenpfötchen *(Antennaria dioica)*

Pyramiden-Günsel *(Ajuga pyramidalis)*

Bleiche Segge *(Carex pallescens)*

Gemeine Mondraute *(Botrychium lunaria)*

Sudeten-Hainsimse *(Luzula sudetica)*

Borstgrasrasen

Pillentragende Segge
(Carex pilulifera)

Hohlzunge
(Coeloglossum viride)

Vielblütige Hainsimse
(Luzula multiflora)

Dreizahn
(Danthonia decumbens)

Geflecktes Johanniskraut
(Hypericum maculatum)

Gemeiner Tormentill
(Potentilla erecta)

Öhrchen-Habichtskraut
(Hieracium lactucella)

Subalpin-alpine Borstgrasrasengesellschaften
Nardion strictae

Das Erscheinungsbild dieser Gebirgs-Borstgrasrasen ist vielfältig. Je nach Höhenlage, Nutzung und Gesteinsunterlage präsentiert sich dieser Verband mit artenarmen und borstgrasreichen bis artenreichen und oft farbenprächtigen Gesellschaften. Die Blütenvielfalt einer hochmontanen Borstgraswiese mit Mähnutzung im Gebiet Hürnli – Alp Stein (Gemeinde Escholzmatt-Marbach) hebt sich im Blühaspekt stark ab von einer mit Schafen intensiv genutzten, artenarmen Borstgrasweide an der Schrattenflue und wieder anders erfreut uns im Eiseegebiet (Brienzer Rothorn) eine von Rindvieh extensiv genutzte Borstgrasweide, wo Einköpfiges Ferkelkraut *(Hypochaeris uniflora)*, Purpur-Enzian *(Gentiana purpurea)*, Arnika *(Arnica montana)*, Bärtige Glockenblume *(Campanula barbata)* und Kleine Sterndolde *(Astrantia minor)* mit ihren bunten Blüten unser Auge verweilen lassen. Im Flyschgebiet der Hagleren und in der weiteren Umgebung des Fürsteins wiederum verzahnen sich die Borstgrasweiden mit Zwergstrauchheiden, wo die Rostblättrige Alpenrose *(Rhododendron ferrugineum)* und der Zwerg-Wacholder *(Juniperus communis* ssp. *alpina)* dominieren. Hier erwecken auf kargem Boden ein paar kleinwüchsige Arten unsere Aufmerksamkeit: Silikat-Glocken-Enzian *(Gentiana acaulis)*, Alpen-Klee *(Trifolium alpinum)*, Halbkugelige Rapunzel *(Phyteuma hemisphaericum)*, Alpen-Habichtskraut *(Hieracium alpinum)*, Berg-Nelkenwurz *(Geum montanum)* und einige Seltenheiten der Entlebucher Flora: Jacquins Binse *(Juncus jacquinii)*, Alpen-Bärlapp *(Diphasiastrum alpinum)*, Schwefel-Anemone *(Pulsatilla alpina* ssp. *apiifolia)* und die wunderschöne Frühlings- oder Pelz-Anemone *(Pulsatilla vernalis)*. Neben dem Borstgras *(Nardus stricta)* beherbergen alle diese Gebirgs-Borstgrasrasen eine stattliche Anzahl gemeinsamer Arten, welche den Verband gut charakterisieren.

Borstgrasweide im Spätsommer mit blühender Besenheide *(Calluna vulgaris)* auf dem Brienzer Rothorn

Borstgrasweide mit Berg-Nelkenwurz *(Geum montanum)*

Das seltene Einköpfige Ferkelkraut *(Hypochaeris uniflora)* und der Purpur-Enzian *(Gentiana purpurea)* blühen in der Borstgrasweide wie auch in der Borstgraswiese.

Borstgrasrasen und Zwergstrauchvegetation im Fürsteingebiet

Jacquins Binse *(Juncus jacquinii)*

Alpen-Klee *(Trifolium alpinum)* (links) und Halbkugelige Rapunzel *(Phyteuma hemisphaericum)* (rechts) am Fürstein

Frühlings-Anemone *(Pulsatilla vernalis)*

Zu den **Charakterarten** des **Verbandes** gehören:

Alchemilla alpina	Alpen-Frauenmantel	*Leontodon helveticus*	Schweizer Milchkraut
Campanula barbata	Bärtige Glockenblume	*Phyteuma betonicifolium*	Betonienblättrige Rapunzel
Diphasiastrum alpinum	Alpen-Bärlapp		
Gentiana acaulis	Kochscher Enzian, Silikat-Glocken-Enzian	*Plantago alpina*	Alpen-Wegerich
		Potentilla aurea	Gold-Fingerkraut
Gentiana purpurea	Purpur-Enzian	*Pseudorchis albida*	Weisszunge
Geum montanum	Gemeine Berg-Nelkenwurz	*Pulsatilla alpina* ssp. *apiifolia*	Schwefel-Anemone
Hieracium alpinum	Alpen-Habichtskraut	*Ranunculus villarsii*	Villars' Berg-Hahnenfuss
Hieracium aurantiacum	Orangerotes Habichtskraut	*Solidago virgaurea* ssp. *minuta*	Alpen-Goldrute
Hypochaeris uniflora	Einköpfiges Ferkelkraut	*Trifolium alpinum*	Alpen-Klee

Bärtige Glockenblume
(Campanula barbata)

Purpur-Enzian
(Gentiana purpurea)

Einköpfiges Ferkelkraut
(Hypochaeris uniflora)

Alpen-Klee
(Trifolium alpinum)

Alpen-Frauenmantel
(Alchemilla alpina)

Alpen-Habichtskraut
(Hieracium alpinum)

Betonienblättrige Rapunzel
(Phyteuma betonicifolium)

Weisszunge
(Pseudorchis albida)

Kochscher Enzian
(*Gentiana acaulis*)

Gemeine Berg-Nelkenwurz
(*Geum montanum*)

Alpen-Bärlapp
(*Diphasiastrum alpinum*)

Gelbes Veilchen
(*Viola lutea*)

Schweizer Milchkraut
(*Leontodon helveticus*)

Alpen-Wegerich
(*Plantago alpina*)

Gold-Fingerkraut
(*Potentilla aurea*)

Alpen-Goldrute
(*Solidago virgaurea* ssp. *minuta*)

Villars' Berg-Hahnenfuss
(*Ranunculus villarsii*)

Orangerotes Habichtskraut
(*Hieracium aurantiacum*)

Schwefel-Anemone
(*Pulsatilla alpina* ssp. *apiifolia*)

Bergnelkenwurz-Borstgrasrasen
Geo montani-Nardetum strictae

Diese Assoziation umfasst mehrere Varianten mit Trennarten und vielen Begleitern, die sich bezüglich Standortfaktoren und Nutzung sowohl im Artengefüge wie auch im Blühaspekt voneinander abheben.

Zur charakteristischen Artenkombination der verschiedenen Nardeten gehören viele Arten. Von der hochmontanen bis zur subalpinen Stufe treten in den einzelnen Varianten einige zurück, andere kommen neu hinzu:

Agrostis rupestris	Felsen-Straussgras	*Arnica montana*	Arnika
Agrostis schraderiana	Zartes Straussgras	*Astrantia minor*	Kleine Sterndolde
Ajuga pyramidalis	Pyramiden-Günsel	*Avenella flexuosa*	Draht-Schmiele
Anthoxanthum alpinum	Alpen-Ruchgras	*Botrychium lunaria*	Gemeine Mondraute
Antennaria dioica	Gemeines Katzenpfötchen	*Calluna vulgaris*	Besenheide
		Campanula barbata	Bärtige Glockenblume

Borstgrasrasen

Campanula scheuchzeri	Scheuchzers Glockenblume	*Leontodon helveticus*	Schweizer Milchkraut
Carex brunnescens	Bräunliche Segge	*Leontodon hispidus*	Raues Milchkraut
Carex pallescens	Bleiche Segge	*Luzula spicata*	Ährige Hainsimse
Carex pilulifera	Pillentragende Segge	*Luzula sudetica*	Sudeten-Hainsimse
Coeloglossum viride	Hohlzunge	*Nardus stricta*	Borstgras
Danthonia decumbens	Dreizahn	*Nigritella nigra*	Schwarzes Männertreu
Diphasiastrum alpinum	Alpen-Bärlapp	*Phyteuma betonicifolium*	Betonienblättrige Rapunzel
Euphrasia minima	Zwerg-Augentrost		
Festuca rubra	Rot-Schwingel	*Phyteuma hemisphaericum*	Halbkugelige Rapunzel
Gentiana acaulis	Kochscher Enzian, Silikat-Glocken-Enzian	*Plantago alpina*	Alpen-Wegerich
Gentiana lutea	Gelber Enzian	*Polygala serpyllifolia*	Quendelblättrige Kreuzblume
Gentiana purpurea	Purpur-Enzian		
Geum montanum	Gemeine Berg-Nelkenwurz	*Potentilla aurea*	Gold-Fingerkraut
		Potentilla erecta	Gemeiner Tormentill
Gnaphalium sylvaticum	Wald-Ruhrkraut	*Pseudorchis albida*	Weisszunge
Helictotrichon versicolor	Bunter Wiesenhafer	*Pulsatilla apiifolia*	Schwefel-Anemone
Hieracium alpinum	Alpen-Habichtskraut	*Pulsatilla vernalis*	Frühlings-Anemone
Hieracium aurantiacum	Orangerotes Habichtskraut	*Ranunculus villarsii*	Villars' Berg-Hahnenfuss
Hieracium lactucella	Öhrchen-Habichtskraut	*Solidago virgaurea* ssp. *minuta*	Alpen-Goldrute
Hieracium piliferum	Grauzottiges Habichtskraut		
Hieracium pilosella	Langhaariges Habichtskraut	*Trifolium alpinum*	Alpen-Klee
		Trifolium pratense	Rot-Klee
Homogyne alpina	Alpenlattich	*Vaccinium myrtillus*	Heidelbeere
Hypochaeris uniflora	Einköpfiges Berufkraut	*Vaccinium uliginosum*	Moorbeere
Hypericum maculatum	Geflecktes Johanniskraut	*Vaccinium vitis-idaea*	Preiselbeere
Juncus jacquinii	Jacquins Binse	*Veronica bellidioides*	Rosetten-Ehrenpreis

Borstgrasweide

Borstgraswiese

Farbenfrohe Borstgrasweide im Sommer auf dem Brienzer Rothorn beim Eisee (OW)

Herbstliche Borstgrasweide im Tal der Grossen Entle

Borstgraswiese vor der Alp Stein

Raues Milchkraut
(Leontodon hispidus)

Scheuchzers Glockenblume
(Campanula scheuchzeri)

Ährige Hainsimse
(Luzula spicata)

Rosetten-Ehrenpreis
(Veronica bellidioides)

Borstgrasrasen

BORSTGRASWEIDE

BORSTGRASWEIDE

BORSTGRASWEIDE

Rot-Schwingel
Gelber Enzian
Heidelbeere
Schweizer Milchkraut
Besenheide
Einköpfiges Ferkelkraut

BORSTGRASWEIDE

BORSTGRASWIESE

Scheuchzers Glockenblume

Arnika

Wald-Ruhrkraut

Raues Milchkraut

Gemeiner Tormentill, Blutwurz

Borstgras

Gold-Fingerkraut

Geflecktes Johanniskraut

Bärtige Glockenblume

Rot-Klee

Gesellschaft der Sparrigen Binse
Juncion squarrosi

Die Charakterart dieses Verbandes, die Sparrige Binse *(Juncus squarrosus)* hat in der Schweiz im Entlebuch im Gebiet der Hürnliegg (Gemeinde Escholzmatt-Marbach) einen ihrer wenigen Verbreitungsschwerpunkte. Die Gesellschaft wächst hier auf feucht-nassem, saurem, torfigem und nährstoffarmem Boden.

Charakterarten dieses kleinen **Verbandes** sind:

Juncus squarrosus	Sparrige Binse
Pedicularis sylvatica	Waldmoor-Läusekraut
Polygala serpyllifolia	Quendelblättrige Kreuzblume

Sparrige Binse *(Juncus squarrosus)*

Waldmoor-Läusekraut *(Pedicularis sylvatica)*

Quendelblättrige Kreuzblume *(Polygala serpyllifolia)*

Mit ihnen vergesellschaften sich einige Arten der Kleinseggenriede und der Borstgrasrasen:

Arnica montana	Arnika
Calluna vulgaris	Besenheide
Carex nigra	Braune Segge
Carex panicea	Hirse-Segge
Dactylorhiza fuchsii	Fuchs' Knabenkraut
Eriophorum angustifolium	Schmalblättriges Wollgras

Eriophorum vaginatum	Scheidiges Wollgras
Lotus pedunculatus	Sumpf-Hornklee
Molinia caerulea	Besenried
Nardus stricta	Borstgras
Viola palustris	Sumpf-Veilchen

Borstgrasrasen

GESELLSCHAFT DER SPARRIGEN BINSE

GESELLSCHAFT DER SPARRIGEN BINSE

Blaues Pfeifengras
Schmalblättriges Wollgras
Hirse-Segge
Braune Segge
Quendelblättrige Kreuzblume
Borstgras

Ein strahlender Sonnentag führt uns im Juni ins steile, sonnige Napfbergland nach Romoos zum Mülistutz. Eine überwältigende, farbenfrohe Blütenpracht, gaukelnde Schmetterlinge, das Summen und Brummen von Hummeln und anderen Hautflüglern, am Boden lebende und blütenbesuchende Käfer, zirpende Grillen und hüpfende Heuschrecken, lauernde Spinnen und aromatische Düfte lassen den aufmerksamen Wanderer stille stehen und staunen. Es ist das Erlebnis «Magerwiese», das Gemüt und Seele nährt, erfreut und unvergesslich bleibt.

Magerwiese Mülistutz Romoos

Übersicht

Klasse	Trocken- und Halbtrockenrasen	*Festuco-Brometea*
Ordnung	Subozeanische Trocken- und Halbtrockenrasen	*Brometalia erecti*
1. Verband	Mitteleuropäische Halbtrockenrasen	*Mesobromion*
1. Assoziation	Esparsetten-Trespen-Halbtrockenrasen	*Onobrychido-Brometum Erecti (Mesobrometum)*
2. Assoziation	Nordalpiner Kalk-Halbtrockenrasen	*Carlino acaulis-Caricetum sempervirentis (Mesobrometum praealpinum)*
3. Assotiation	Enzian-Zwenkenrasen	*Gentiano-Koelerietum*

Halbtrockenrasen sind ungedüngte, artenreiche, vom Menschen geschaffene Wiesen und Weiden. Sie verdanken ihre Entstehung einer jahrhundertealten extensiven landwirtschaftlichen Nutzung durch Mahd oder Beweidung. Steile, sonnige, flachgründige und rasch austrocknende Kalk- und Mergelböden bieten einer Vielzahl von oft selten gewordenen Pflanzen und Insekten Schutz und Lebensraum. Nährstoffarmut und zeitweilige Trockenheit sind also Merkmale der halbtrockenen Wiesen und Weiden. Im niederschlagsreichen Entlebuch sind Halbtrockenrasen allerdings selten optimal ausgebildet; meist stellen sie Übergänge von mageren, trockenen Fettwiesen zu Halbtrockenrasen dar. Wir begegnen ihnen noch im reif zertalten, steilen Napfgebiet, an wenigen geschützten Stellen von Beichlen und Farneren, aber auch in den tiefer gelegenen südexponierten Lagen der Kalkberge, wo sie meist als Weiden genutzt werden. Hier mischen sich oft mehrere Arten der darüber liegenden Blaugrashalden unter das typische Artengefüge der Halbtrockenrasen.

Blick von der Schüpferegg ins Napfbergland

Magere Weide im Hilferental

Von der Klasse der Trocken- und Halbtrockenrasen *(Festuco-Brometea)* ist die Ordnung der Kontinentalen Trocken- und Halbtrockenrasen *(Festucetalia valesiacae)* im Entlebuch nicht vertreten. Von den beiden Verbänden der Ordnung Subozeanische Trocken- und Halbtrockenrasen *(Brometalia erecti)* fehlt im Entlebuch aus klimatischen Gründen der Verband der Subozeanischen Trockenrasen *(Xerobromion)*.

Die Charakterarten der Klasse der Trocken- und Halbtrockenrasen – auch Kalk-Magerrasen genannt – und der Ordnung der Subozeanischen Trocken- und Halbtrockenrasen sind im Entlebuch in den mageren und trockenen Wiesen und Weiden in stattlicher Anzahl vorhanden, gut verbreitet und recht häufig bis sehr selten anzutreffen.

Charakterarten der **Klasse**:

Allium sphaerocephalon	Kugelköpfiger Lauch	*Galium verum*	Gelbes Labkraut
Brachypodium pinnatum	Fieder-Zwenke	*Gentiana cruciata*	Kreuzblättriger Enzian
Campanula glomerata	Knäuelblütige Glockenblume	*Minuartia verna*	Frühlings-Miere
		Pimpinella saxifraga	Kleine Bibernelle
Carex humilis	Niedrige Segge	*Prunella grandiflora*	Grossblütige Brunelle
Centaurea jacea	Gemeine Flockenblume	*Salvia pratensis*	Wiesen-Salbei
Centaurea scabiosa	Skabiosen-Flockenblume	*Sanguisorba minor*	Kleiner Wiesenknopf
Euphorbia cyparissias	Zypressen-Wolfsmilch	*Trifolium montanum*	Berg-Klee

Halbtrockenrasen

Wiesen-Salbei
(*Salvia pratensis*)

Gelbes Labkraut
(*Galium verum*)

Fieder-Zwenke
(*Brachypodium pinnatum*)

Skabiosen-Flockenblume
(*Centaurea scabiosa*)

Frühlings-Miere
(*Minuartia verna*)

Grossblütige Brunelle
(*Prunella grandiflora*)

Kleine Bibernelle
(*Pimpinella saxifraga*)

Zypressen-Wolfsmilch
(*Euphorbia cyparissias*)

Kreuzblättriger Enzian
(*Gentiana cruciata*)

Kleiner Wiesenknopf
(*Sanguisorba minor*)

Kugelköpfiger Lauch
(*Allium sphaerocephalon*)

Berg-Klee
(*Trifolium montanum*)

Gemeine Flockenblume *(Centaurea jacea)*

Niedrige Segge *(Carex humilis)*

Knäuelblütige Glockenblume *(Campanula glomerata)*

Charakterarten der **Ordnung** sind:

Anthyllis vulneraria	Gemeiner Wundklee	*Hippocrepis comosa*	Hufeisenklee
Arabis hirsuta	Rauhaarige Gänsekresse	*Koeleria pyramidata*	Pyramiden-Kammschmiele
Bromus erectus	Aufrechte Trespe		
Carex caryophyllea	Frühlings-Segge	*Potentilla verna*	Frühlings-Fingerkraut
Helianthemum nummularium ssp. *obscurum*	Ovalblättriges Sonnenröschen	*Scabiosa columbaria*	Gemeine Skabiose
		Teucrium montanum	Berg-Gamander

Aufrechte Trespe *(Bromus erectus)*

Gemeine Skabiose *(Scabiosa columbaria)*

Ovalblättriges Sonnenröschen *(Helianthemum nummularium* ssp. *obscurum)*

Halbtrockenrasen

Gemeiner Wundklee
(*Anthyllis vulneraria*)

Frühlings-Segge
(*Carex caryophyllea*)

Berg-Gamander
(*Teucrium montanum*)

Frühlings-Fingerkraut
(*Potentilla verna*)

Rauhaarige Gänsekresse
(*Arabis hirsuta*)

Hufeisenklee
(*Hippocrepis comosa*)

Pyramiden-Kammschmiele
(*Koeleria pyramidata*)

Die Gesellschaften der halbtrockenen Wiesen und Weiden im Entlebuch gehören alle zum Verband der Mitteleuropäischen Halbtrockenrasen (*Mesobromion*).

Auffällig viele, z. T. sehr seltene Orchideen bereichern diesen Verband. Mehrere Charakterarten des Verbandes gelten auch als Charakterarten der Assoziationen.

Charakterarten des **Verbandes** sind:

Anacamptis pyramidalis	Spitzorchis	*Ononis spinosa*	Dornige Hauhechel
Carlina acaulis	Silberdistel	*Ophrys apifera*	Bienen-Ragwurz
Carlina vulgaris	Golddistel	*Ophrys holosericea*	Hummel-Ragwurz
Cirsium acaule	Stängellose Kratzdistel	*Ophrys insectifera*	Fliegen-Ragwurz
Erigeron acris	Scharfes Berufkraut	*Orchis militaris*	Helm-Knabenkraut
Gentiana ciliata	Gefranster Enzian	*Orchis morio*	Kleines Knabenkraut
Gentiana germanica	Deutscher Enzian	*Orchis ustulata*	Schwärzliches Knabenkraut
Herminium monorchis	Einorchis		
Medicago lupulina	Hopfenklee	*Primula veris*	Frühlings-Schlüsselblume
Onobrychis viciifolia	Saat-Esparsette	*Ranunculus bulbosus*	Knolliger Hahnenfuss
Ononis repens	Kriechende Hauhechel	*Spiranthes spiralis*	Herbst-Wendelähr

Helm-Knabenkraut
(*Orchis militaris*)

Frühlings-Schlüsselblume
(*Primula veris*)

Hummel-Ragwurz
(*Ophrys holosericea*)

Saat-Esparsette
(*Onobrychis viciifolia*)

Stängellose Kratzdistel
(*Cirsium acaule*)

Silberdistel
(*Carlina acaulis*)

Kriechende Hauhechel
(*Ononis repens*)

Golddistel
(*Carlina vulgaris*)

Deutscher Enzian
(*Gentiana germanica*)

Fliegen-Ragwurz
(*Ophrys insectifera*)

Spitzorchis
(*Anacamptis pyramidalis*)

Dornige Hauhechel
(*Ononis spinosa*)

Knolliger Hahnenfuss
(*Ranunculus bulbosus*)

Schwärzliches Knabenkraut
(*Orchis ustulata*)

Einorchis
(*Herminium monorchis*)

Halbtrockenrasen

Kleines Knabenkraut
(Orchis morio)

Scharfes Berufkraut
(Erigeron acris)

Bienen-Ragwurz
(Ophrys apifera)

Herbst-Wendelähre
(Spiranthes spiralis)

Hopfenklee *(Medicago lupulina)*

Gefranster Enzian *(Gentiana ciliata)*

Esparsetten-Trespen-Halbtrockenrasen
Onobrychido-Brometum erecti (Mesobrometum)

Von den vielen beschriebenen Assoziationen dieses Verbandes entspricht das Artengefüge der gemähten Halbtrockenrasen im montanen Napfgebiet am ehesten dem Vegetationsbild des Esparsetten-Trespen-Halbtrockenrasens. Als eigentliche Charakterart der Assoziation gilt die häufige Saat-Esparsette *(Onobrychis viciifolia)*. Zu den charakteristischen Arten zählen auch mehrere seltene bis sehr seltene Orchideen: Helm-Knabenkraut *(Orchis militaris)*, Kleines Knabenkraut *(Orchis morio)*, Herbst-Wendelähre *(Spiranthes spiralis)*, Bienen-Ragwurz *(Ophrys apifera)*, Hummel-Ragwurz *(Ophrys holosericea)*; ganz selten findet man in den halbtrockenen Wiesen im Napfgebiet zwei Enzianarten: Deutscher Enzian *(Gentiana germanica)* und Kreuzblättriger Enzian *(Gentiana cruciata)*. Verschwunden ist offenbar die Spitzorchis *(Anacamptis pyramidalis)*. Immer begleiten mehrere Arten aus mageren Fettwiesen und benachbarten Waldrändern die äusserst attraktive und artenreiche Gesellschaft.

Die Magerwiese im Jahreslauf

Schon zeitig im Frühjahr hebt sich das fahle Grün der mageren Wiesen vom frischen Grün der Fettwiesen ab. Die meisten höheren Pflanzen haben die ungünstige Jahreszeit mit ihren Überdauerungsknospen unmittelbar an der Oberfläche durch Blattrosetten und Horste überstanden (Hemikryptophyten); andere bereiten sich im Boden mit Knollen und Rhizomen auf das kommende Blühen vor (Geophyten). Die ersten Frühlingsboten sind eher klein und unscheinbar. Zum charakteristischen Frühlingsaspekt der halbtrockenen Magerwiesen gehören:

Arabis hirsuta	Rauhaarige Gänsekresse
Carex caryophyllea	Frühlings-Segge
Carex montana	Berg-Segge
Luzula campestris	Feld-Hainsimse
Potentilla sterilis	Erdbeer-Fingerkraut
Primula veris	Frühlings-Schlüsselblume
Viola hirta	Rauhaariges Veilchen

Bei günstiger Witterung verändert sich nun das Bild der Magerwiese fast von Woche zu Woche. Die höher steigende Sonne erwärmt und trocknet rasch den kargen Boden und treibt viele Pflanzen zur Blüte. Nicht selten treffen wir auf einige Orchideen, die uns und viele Insekten durch Farbe, Form und Zeichnung der Blüte in ihren Bann ziehen:

Cephalanthera longifolia	Langblättriges Waldvögelein
Orchis mascula	Stattliches Knabenkraut
Orchis militaris	Helm-Knabenkraut
Orchis morio	Kleines Knabenkraut

Im Juni erreicht die Magerwiese ihren floristischen Höhepunkt. Blaue, gelbe, weisse, rötliche und grüne Farbtöne herrschen vor und locken an sonnigen Tagen zahlreiche Insekten an: Schmetterlinge wie Schachbrett, Kleiner Fuchs, Scheckenfalter, Schwalbenschwanz und Widderchen, aber auch Hummeln, Bienen, Schwebefliegen, Blattwespen, Wanzen, Käfer und Spinnen bevölkern das Blütenmeer, suchen Nahrung und besorgen ungewollt die arterhaltende Bestäubung der dazu oft raffiniert eingerichteten Blüten. Grillen und Heuschrecken stimmen mit ihrem «Gesang» ein in die Sommersymphonie der Magerwiese. Mit etwas Glück begegnet man auf wenigen Halbtrockenwiesen in der Gemeinde Romoos dem seltenen Schmetterlingshaft, einem Netzflügler, der mehr in südlichen Regionen beheimatet ist. In die bunte Palette der farbenfrohen Kräuter mischt sich das Grün der hohen Gräser, dominiert von der namengebenden Charakterart der Halbtrockenrasen, der Aufrechten Trespe *(Bromus erectus)*. Jedem Naturliebhaber schlägt das Herz höher, wenn er gut verborgen in der Krautschicht die beiden seltensten Orchideen der Entlebucher Magerwiesen entdeckt: die Bienen-Ragwurz *(Ophrys apifera)* und die noch seltenere Hummel-Ragwurz *(Ophrys holosericea)*.

Magerwiese Mülistutz

Schwalbenschwanz

Widderchen (Blutströpfchen)

Schachbrettfalter

Schmetterlingshaft

Zum Sommeraspekt der gemähten Esparsetten-Trespen-Halbtrockenrasen gehören folgende charakteristische Arten mit ihren Begleitern:

Anthyllis vulneraria	Gemeiner Wundklee	*Ophrys holosericea*	Hummel-Ragwurz
Aquilegia vulgaris	Gemeine Akelei	*Pimpinella saxifraga*	Kleine Bibernelle
Bromus erectus	Aufrechte Trespe	*Phyteuma orbiculare*	Rundköpfige Rapunzel
Centaurea jacea	Gemeine Flockenblume	*Polygala vulgaris*	Gemeine Kreuzblume
Centaurium erythraea	Gemeines Tausendgüldenkraut	*Ranunculus bulbosus*	Knolliger Hahnenfuss
		Rhinanthus alectorolophus	Zottiger Klappertopf
Daucus carota	Wilde Möhre		
Festuca ovina	Schaf-Schwingel	*Salvia pratensis*	Wiesen-Salbei
Galium pumilum	Niedriges Labkraut	*Sanguisorba minor*	Kleiner Wiesenknopf
Galium verum	Echtes Labkraut	*Scabiosa columbaria*	Gemeine Skabiose
Hieracium piloselloides	Florentiner Habichtskraut	*Silene nutans*	Nickendes Leimkraut
Knautia arvensis	Feld-Witwenblume	*Silene vulgaris*	Gewöhnliche Klatschnelke
Leucanthemum vulgare	Margerite	*Thymus pulegioides*	Arznei-Thymian
Onobrychis viciifolia	Saat-Esparsette	*Tragopogon orientalis*	Wiesen-Bocksbart
Ophrys apifera	Bienen-Ragwurz		

Im Hochsommer verstummen die Grillen und andere Musikanten. Das Blühen lässt allmählich nach. Bräunliche Schimmer künden das Welken der Blüten und Blätter an. Noch aber brauchen die Pflanzen Zeit, um Samen zu bilden und neue Nährstoffe in den Blattrosetten, Wurzeln und Knollen anzureichern. Der Schnitt der Magerwiese nach Mitte Juli bereitet der sommerlichen Pracht ein jähes Ende.

Im Spätsommer beginnt erneut ein neues – wenn auch viel bescheideneres – Blühen. Bis in den Oktober hinein erinnern uns ein paar zierliche und meist seltene Blumen an die sommerliche Blütenpracht:

Erigeron acris	Scharfes Berufkraut
Gentiana ciliata	Gefranster Enzian
Gentiana cruciata	Kreuzblättriger Enzian

Gentiana germanica	Deutscher Enzian
Spiranthes spiralis	Herbst-Wendelähre

Ausgereifte Samen und neue grüne Blattrosetten wecken in uns Hoffnung auf ein weiteres reiches Blühen im nächsten Jahr.

Grosser Perlmutterfalter

Das Grüne Heupferd kann man in Wiesen, an Waldrändern, aber auch in Gärten entdecken.

Schwebefliege

Zitronenfalter, ein Männchen

Ochsenauge

Magerwiesen in Romoos mit Wiesen-Salbei (*Salvia pratensis*) und Gemeiner Akelei (*Aquilegia vulgaris*)

Halbtrockenrasen

ESPARSETTEN-TRESPEN-HALBTROCKENRASEN

ESPARSETTEN-TRESPEN-HALBTROCKENRASEN

Frühlings-Schlüsselblume

Rauhaariges Veilchen

Gemeine Skabiose

Langblättriges Waldvöglein

Wiesen-Bocksbart

Gemeine Kreuzblume

Männliches Knabenkraut

Kreuzblättriger Enzian

Echtes Tausendgüldenkraut

ESPARSETTEN-TRESPEN-HALBTROCKENRASEN

Kleines Knabenkraut
Knolliger Hahnenfuss
Feld-Witwenblume
Herbst-Wendelähre
Florentiner Habichtskraut
Rauhaarige Gänsekresse
Kleine Bibernelle
Wiesen-Salbei
Scharfes Berufkraut

ESPARSETTEN-TRESPEN-HALBTROCKENRASEN

Nordalpiner Kalk-Halbtrockenrasen
Carlino acaulis-Caricetum sempervirentis (Mesobrometum praealpinum)

Kalk-Halbtrockenrasen an der Südseite der Schrattenflue

Kalk-Halbtrockenrasen an der Grönfluh

Die nordalpinen Kalk-Halbtrockenrasen sind von Jungvieh beweidete, ungedüngte Hänge. Wir finden sie vor allem an sonnigen Stellen im hochmontanen und unteren subalpinen Bereich der Kalkberge. Der trockene, flachgründige Boden ist kalkhaltig und steinig (Rendzina). Diese mageren Kalkweiden stehen in Kontakt mit den darüber liegenden Blaugras-Horstseggenhalden und verzahnen sich auch mit gedüngten Fettweiden. Die Beweidung erlaubt das Aufkommen von Sträuchern (Rosen, Weissdorn u. a.). Bedingt durch ihre Lage und nicht zu früh einsetzende extensive Beweidung zählen die Kalk-Halbtrockenrasen zu den artenreichen Pflanzengesellschaften.

Von den gemähten Halbtrockenrasen unterscheiden sich die Magerweiden in ihrem Artengefüge dadurch, dass niederliegende Arten, Rosettenpflanzen und stachelige, vom Vieh verschmähte Kräuter hier vermehrt auftreten: Silberdistel *(Carlina acaulis)*, Stängellose Kratzdistel *(Cirsium acaule)*, Frühlings-Enzian *(Gentiana verna)*, Gefranster Enzian *(Gentiana ciliata)*. Die Fieder-Zwenke *(Brachypodium pinnatum)* wird durch die Beweidung gefördert, weil sie nur im ganz jungen Zustand gefressen wird. Zurückgedrängt werden die Aufrechte Trespe *(Bromus erectus)* und die meisten Orchideenarten. Die Beweidung hat aber insgesamt den Vorteil, dass während der gesamten Vegetationszeit – insbesondere, wenn die Beweidung erst im späten Frühjahr einsetzt – viele Pflanzen zur Blüte, aber nicht immer zur Samenbildung kommen können.

Die charakteristische Artenkombination des beweideten Nordalpinen Kalk-Halbtrockenrasens zeigt ein reichhaltiges und buntes Vegetationsbild, weil die eigentlichen Charakterarten der halbtrockenen Standorte begleitet werden von mehreren alpinen Arten der artenreichen Blaugras-Horstseggenhalden und den artenärmeren Fettweiden. Als Charakterarten der Assoziation gelten die verbreitete Silberdistel *(Carlina acaulis)* und das eher seltene Schwärzliche Knabenkraut *(Orchis ustulata)*.

Silberdistel *(Carlina acaulis)*

Schwärzliches Knabenkraut *(Orchis ustulata)*

Die charakteristischen Arten und ihre Begleiter sind:

Anthyllis vulneraria	Gemeiner Wundklee	*Hieracium pilosella*	Langzottiges Habichtskraut
Arabis ciliata	Bewimperte Gänsekresse	*Hippocrepis comosa*	Hufeisenklee
Arabis hirsuta	Rauhaarige Gänsekresse	*Koeleria pyramidata*	Pyramiden-Kammschmiele
Brachypodium pinnatum	Fieder-Zwenke	*Leontodon hispidus*	Raues Milchkraut
Bromus erectus	Aufrechte Trespe	*Leucanthemum adustum*	Berg-Margerite
Calluna vulgaris	Besenheide	*Lotus alpinus*	Alpen-Hornklee
Campanula glomerata	Knäuelblütige Glockenblume	*Ophrys insectifera*	Fliegen-Ragwurz
Campanula scheuchzeri	Scheuchzers Glockenblume	*Orchis ustulata*	Schwärzliches Knabenkraut
Carex sempervirens	Immergrüne Segge, Horst-Segge	*Phyteuma orbiculare*	Rundköpfige Rapunzel
		Plantago media	Mittlerer Wegerich
Carlina acaulis	Silberdistel	*Polygala alpestris*	Voralpen-Kreuzblume
Centaurea scabiosa	Skabiosen-Flockenblume	*Polygala chamaebuxus*	Buchs-Kreuzblume
Cirsium acaule	Stängellose Kratzdistel	*Potentilla erecta*	Grossblütige Brunelle
Gentiana verna	Frühlings-Enzian	*Rosa canina*	Hunds-Rose
Gymnadenia conopsea	Langspornige Handwurz	*Sesleria caerulea*	Kalk-Blaugras
Helianthemum nummularium ssp. *obscurum*	Ovalblättriges Sonnenröschen	*Thymus pulegioides*	Arznei-Thymian
		Trifolium montanum	Berg-Klee

Enzian-Zwenkenrasen
Gentiano-Koelerietum

Magerweide Hilferen

Mülistutz mit Magerwiesen

Auf Molasseunterlage (Napfgebiet, Beichlen, Farneren) entwickeln sich in der montanen Stufe auf meist beweideten Hängen Pflanzengesellschaften, die dem Enzian-Zwenkenrasen nahestehen. Auf mergeligen, sandigen und tonigen, trockenen bis frischen Böden in südlicher, südwestlicher oder südöstlicher Lage sind die charakteristischen Arten Deutscher Enzian *(Gentiana germanica)*, Knolliger Hahnenfuss *(Ranunculus bulbosus)* und Fliegen-Ragwurz *(Ophrys insectifera)* meist selten oder fehlen sogar über weite Strecken ganz, ebenso mehrere Arten der Kalk-Magerweide. Je nach Art und Dauer der Beweidung ist das Artenspektrum reicher oder ärmer und Sträucher mischen sich unter die Kräuter und Gräser. Besondere Erwähnung verdient die Stängellose Schlüsselblume *(Primula vulgaris)* auf steiniger, magerer und trockener Weide im Hilferental in der Gemeinde Escholzmatt. Die grossblütige, früh blühende Primel hat hier ihren einzigen natürlichen Standort im Kanton Luzern. Durch artfremde Beweidung mit Hirschen, Düngung und Verbuschung ist der Bestand in den letzten 20 Jahren erheblich kleiner geworden.

Zur variantenreichen charakteristischen Artenkombination des Enzian-Zwenkenrasens gehören:

Arabis hirsuta	Rauhaarige Gänsekresse	*Koeleria pyramidata*	Pyramiden-Kammschmiele
Agrimonia eupatoria	Odermennig	*Linum catharticum*	Purgier-Lein
Brachypodium pinnatum	Fieder-Zwenke	*Ononis repens*	Kriechende Hauhechel
Briza media	Zittergras	*Ophrys insectifera*	Fliegen-Ragwurz
Bromus erectus	Aufrechte Trespe	*Orchis mascula*	Männliches Knabenkraut
Carex caryophyllea	Frühlings-Segge	*Origanum vulgare*	Dost
Carlina acaulis	Silberdistel	*Polygala amarella*	Bittere Kreuzblume
Carlina vulgaris	Golddistel	*Polygala vulgaris*	Gemeine Kreuzblume
Cirsium acaule	Stängellose Kratzdistel	*Potentilla verna*	Frühlings-Fingerkraut
Festuca ovina	Schaf-Schwingel	*Potentilla sterilis*	Erdbeer-Fingerkraut
Gentiana ciliata	Gefranster Enzian	*Primula vulgaris*	Stängellose Schlüsselblume
Gentiana germanica	Deutscher Enzian		
Hieracium pilosella	Langzottiges Habichtskraut	*Ranunculus bulbosus*	Knolliger Hahnenfuss
		Spiranthes spiralis	Herbst-Wendelähre

Halbtrockenrasen

Die Stängellose Schlüsselblume *(Primula vulgaris)* blüht im Hilferental oft schon Anfang März.

Männliches Knabenkraut *(Orchis mascula)* auf der Magerweide Hilferen

Dickkopffalter

Vierfleckenbock Landkärtchen Rosenkäfer Schmalbock

NORDALPINER KALK-HALBTROCKENRASEN

NORDALPINER KALK-HALBTROCKENRASEN

ENZIAN-ZWENKENRASEN

Erdbeer-Fingerkraut
Herbst-Wendelähre
Fliegen-Ragwurz
Schaf-Schwingel
Frühlings-Fingerkraut
Knolliger Hahnenfuss
Stängellose Kratzdistel
Fieder-Zwenke

Bedeutung und Pflege der Halbtrockenstandorte

Magere Wiesen und Weiden sind naturschützerisch und ökologisch von unschätzbarer Bedeutung. Sie sind ein Refugium für zahlreiche bedrohte Tier- und Pflanzenarten. Heute stehen viele der hier lebenden Arten auf der Roten Liste. Sie sind gefährdet oder sogar vom Aussterben bedroht. Auf Magerwiesen und gebüschreichen trockenen Weiden finden viele Insekten, Spinnen, Eidechsen, Blindschleichen und Vögel Nahrung und Lebensraum. Landwirtschaftlich gesehen sind magere Wiesen und Weiden Grenzertragsstandorte. Trotz mässiger Qualität und Quantität kann aber das artenreiche und aromatische Futter für Jungvieh und Mutterkühe verwendet werden. Das ausgedehnte Wurzelwerk der an zeitweilige Trockenheit angepassten Pflanzen festigt den Boden. Deshalb sind steile, ungedüngte Hänge viel weniger durch Rutschungen gefährdet als gedüngte. Nicht zu unterschätzen ist auch der psychohygienische Wert der vielfältigen und prächtigen Magerwiesen für uns Menschen. Schliesslich sind diese selten gewordenen Lebensräume schützenswerte Relikte einer früheren Kulturlandschaft.

Halbtrockene Wiesen und Weiden gedeihen an Stelle ehemaliger Wälder. Ihre Erhaltung wird mit einer standortgerechten Nutzung durch Mensch und Tier gesichert. Magerwiesen benötigen eine jährliche Mahd zwischen Mitte Juli und Anfang August. So wird vielen Pflanzen die Samenreife, den Tieren die Sicherung der Nachkommenschaft ermöglicht. Für ausmagernde Wiesen kann eine kurze Herbstweide mit Jungvieh oder Schafen dem Boden weitere Nährstoffe entziehen. Bei der Mahd ist darauf zu achten, dass jedes Jahr abwechslungsweise eine kleine Restfläche stehen bleibt als Überwinterungsschutz für Kleintiere und ihre Larven. Magerweiden sollten bis ins späte Frühjahr nicht beweidet werden. Für die anschliessende Dauerbeweidung ist junges Rindvieh in angepasster Bestossungszahl am besten geeignet. Schafe, Ziegen und Hirsche zerstören bei längerer intensiver Beweidung durch tiefen Verbiss die typische Vegetation. Durch selektives Fressen können sich verschmähte Pflanzen rasch ausdehnen und andere mit der Zeit verdrängen. Durch die bessere Erschliessung der Berggebiete erleiden Magerweiden durch Düngung mit Kunstdünger oder sogar Gülle einen empfindlichen Artenrückgang in kurzer Zeit. Bei verbuschenden Weiden ist die Entfernung einzelner Sträucher im Spätherbst oder Frühling der Erhaltung der Artenvielfalt förderlich.

Wegen ihrem Reichtum an Pflanzen und Tieren sind halbtrockene, magere Wiesen und Weiden absolut schutzwürdig. Den Bauern gebührt – nebst verantwortungsbewussten Behörden, Politikern, landwirtschaftlichen Lehrkräften und Naturschützern – unser grösster Dank. In oft beschwerlicher und mühsamer Arbeit sorgen sie dafür, dass für weitere Jahrzehnte die bezaubernde Artenvielfalt und Schönheit der mageren Wiesen und Weiden im Entlebuch erhalten bleibt.

Angesäte Magerwiese im Hilferental; die Gemeine Akelei *(Aquilegia vulgaris)* blüht hier in vier Farbvarianten.

Wiesen und Weiden

Wirtschaftsgrünland

Wiesen und Weiden prägen zusammen mit Bergen, Wäldern und Mooren die Entlebucher Landschaft. Sie bilden die Grundlage für eine oft recht intensive und vielfach beschwerliche Landwirtschaft von den Tälern bis hinauf zu den Alpbetrieben. Zur Steigerung des Futterertrages werden Wiesen und Weiden vom Landwirt mit Hofdünger (Mist, Gülle) und Kunstdünger in unterschiedlicher Intensität versorgt. Dies trifft aber für Feuchtwiesen und Bachuferfluren nicht immer zu. Die intensive Düngung ermöglicht bei den Mähwiesen (Vielschnittwiesen zur Grasgewinnung, Heuwiesen) zwei bis sechs Schnitte, bei den Weiden eine grössere Bestossungszahl und eine längere Weidezeit. Die Intensivierung ist aber mit einem spürbaren Artenschwund dieser Lebensräume verbunden. In den letzten 20 Jahren haben allerdings die Ökologisierung der Landwirtschaft durch Extensivierung, Schutzmassnahmen durch Verträge mit den Bewirtschaftern und Vernetzungsprojekte die Biodiversität dieser vielfältigen Lebensräume wieder steigern können.

Fettwiese Brunehus Escholzmatt

Die meist gedüngten Wiesen und Weiden werden in einer grossen, heterogenen pflanzensoziologischen Klasse *(Molinio-Arrhenatheretea)* zusammengefasst. Diese trägt verschiedene Namen, wie etwa: Europäische Wirtschaftswiesen und -weiden, Kulturwiesen, Wirtschaftsgrünland, Gedüngte Wiesen und Weiden, Grünland-Gesellschaften, Fettwiesen und Fettweiden, Kulturgrasland-Gesellschaften. Die Klasse umfasst zwei umfangreiche Ordnungen: die gedüngten Wiesen und Weiden auf frischen bis trockenen Standorten *(Arrhenatheretalia)* und die nicht immer gedüngten Feuchtwiesen und Bachuferfluren auf feuchten bis nassen und wechselfeuchten Standorten *(Molinietalia)*. Alle diese Lebensräume sind vom Menschen geschaffene, also anthropogene Dauergesellschaften, die an Stelle ehemaliger Wälder stehen und bei fehlender Bewirtschaftung sich wieder zu solchen entwickeln.

Übersicht

Klasse	Kulturgrasland-Gesellschaften	Molinio-Arrhenatheretea
1. Ordnung	Wiesen- und Weiden-Gesellschaften	Arrhenatherethalia elatioris
1. Verband	Glatthaferwiesen-Gesellschaften	Arrhenatherion elatioris
Assoziation	Glatthaferwiese	Arrhenatheretum elatioris
2. Verband	Goldhafer-Bergwiesen-Gesellschaften	Polygono-Trisetion
Assoziation	Goldhaferwiese	Trisetetum flavescentis
3. Verband:	Kammgrasweiden	Cynosurion cristati
1. Assoziation	Frauenmantel-Kammgrasweide	Alchemillo-Cynosuretum
2. Assoziation	Goldpippau-Kammgrasweide	Crepido-Cynosuretum
4. Verband	Subalpine Milchkrautweiden	Poion alpinae
Assoziation	Milchkrautweide	Crepido-Festucetum nigrescentis
2. Ordnung	Feuchtwiesen und Bachuferfluren	Molinietalia caeruleae
1. Verband	Pfeifengraswiesen	Molinion caeruleae
2. Verband	Spierstaudenflur-Gesellschaften	Filipendulion ulmariae
3. Verband	Nährstoffreiche Feuchtwiesen (Dotterblumenwiesen)	Calthion palustris
1. Assoziation	Trollblumen-Bachkratzdistelwiese	Trollio-Cirsietum rivularis
2. Assoziation	Kälberkropfwiese	Chaerophyllo-Ranunculetum aconitifolii
3. Assoziation	Waldsimsenwiese	Polygono-Scirpetum sylvatici

Feuchtwiese mit Trollblume und Orchideen

Milchkrautweide auf dem Brienzer Rothorn

Goldhaferwiese Hofarni

Dotterblumenwiese Bleikenboden

Wiesen und Weiden

In der Klasse der Kulturgrasland-Gesellschaften sind die sich rasch regenerierenden Gräser bezüglich Artenzahl und Menge stark vertreten. Mit zunehmender Meereshöhe und Feuchtigkeit des Bodens sowie weniger intensiver Nutzung nimmt ihr Anteil zusehends ab. An ihre Stelle treten vermehrt bunt blühende Kräuter.

Charakterarten der **Klasse** sind:

Agrostis gigantea	Riesen-Straussgras, Fioringras	*Leontodon hispidus*	Raues Milchkraut
Alopecurus pratensis	Wiesen-Fuchsschwanz	*Plantago lanceolata*	Spitzwegerich
Cardamine pratensis	Wiesen-Schaumkraut	*Poa pratensis*	Wiesen-Rispengras
Centaurea jacea	Gemeine Flockenblume	*Poa trivialis*	Gemeines Rispengras
Cerastium fontanum ssp. *vulgare*	Gewöhnliches Hornkraut	*Prunella vulgaris*	Gemeine Brunelle
		Ranunculus acris ssp. *friesianus*	Scharfer Hahnenfuss
Euphrasia rostkoviana	Wiesen-Augentrost	*Rhinanthus minor*	Kleiner Klappertopf
Festuca pratensis	Wiesen-Schwingel	*Rumex acetosa*	Wiesen-Sauerampfer
Festuca rubra	Rot-Schwingel	*Sanguisorba officinalis*	Grosser Wiesenknopf
Holcus lanatus	Wolliges Honiggras	*Trifolium pratense*	Rot-Klee
Lathyrus pratensis	Wiesen-Platterbse	*Vicia cracca*	Vogel-Wicke

Wiesen-Fuchsschwanz *(Alopecurus pratensis)*

Wiesen-Schaumkraut *(Cardamine pratensis)*

Scharfer Hahnenfuss *(Ranunculus acris* ssp. *friesianus)*

Rot-Klee *(Trifolium pratense)*

Gemeine Flockenblume *(Centaurea jacea)*

Wiesen-Schwingel *(Festuca pratensis)*

Wiesen-Augentrost *(Euphrasia rostkoviana)*

Wolliges Honiggras *(Holcus lanatus)*

Gemeine Brunelle *(Prunella vulgaris)*

Raues Milchkraut
(Leontodon hispidus)

Wiesen-Rispengras
(Poa pratensis)

Vogel-Wicke *(Vicia cracca)*

Spitzwegerich
(Plantago lanceolata)

Rot-Schwingel
(Festuca rubra)

Gewöhnliches Hornkraut
(Cerastium fontanum
ssp. *vulgare)*

Wiesen-Sauerampfer
(Rumex acetosa)

Wiesen-Platterbse
(Lathyrus pratensis)

Kleiner Klappertopf
(Rhinanthus minor)

Gemeines Rispengras
(Poa trivialis)

Grosser Wiesenknopf
(Sanguisorba officinalis)

Riesen-Straussgras
(Agrostis gigantea)

Wiesen und Weiden

Gedüngte Fettwiesen und -weiden
Arrhenatheretalia

Die vier Verbände dieser Ordnung begegnen uns im Entlebuch von der montanen bis in die subalpine Stufe. Sie zeigen uns ganz unterschiedliche Gesichter. Ihr Aspekt reicht von monoton bis artenreich und ist abhängig von der Meereshöhe, von der Intensität und Art der Düngung sowie dem Schnitt- und Weideregime. Sofern Schnitt oder Beweidung im Frühjahr und Frühsommer nicht allzu früh einsetzen, präsentieren sich diese Lebensräume vor dem ersten jahreszeitlichen Eingriff von Mensch und Tier in vielfältiger Schönheit und können so vielen Tieren Lebensraum und Nahrung bieten. Mit der Intensivierung und veränderten Bewirtschaftung (Silage) in den letzten Jahrzehnten des 20. Jahrhunderts setzte auch im Entlebuch diese teils um Wochen früher ein und bringt dadurch Flora und Fauna der vom Menschen geschaffenen Lebensräume in Bedrängnis.

Zu den **Charakterarten** der **Ordnung** gehören:

Achillea millefolium	Gemeine Schafgarbe	*Heracleum sphondylium*	Wiesen-Bärenklau
Alchemilla monticola	Berg-Frauenmantel	*Knautia arvensis*	Feld-Witwenblume
Alchemilla xanthochlora	Gelbgrüner Frauenmantel	*Leucanthemum vulgare*	Margerite
Anthriscus sylvestris	Wiesen-Kerbel	*Taraxacum officinale*	Löwenzahn
Bellis perennis	Massliebchen	*Tragopogon orientalis*	Östlicher Wiesen-Bocksbart
Carum carvi	Kümmel		
Dactylis glomerata	Knäuelgras	*Trisetum flavescens*	Goldhafer
Helictotrichon pubescens	Flaum-Wiesenhafer		

Löwenzahn
(Taraxacum officinale)

Wiesen-Bärenklau
(Heracleum sphondylium)

Gelbgrüner Frauenmantel
(Alchemilla xanthochlora)

Knäuelgras
(Dactylis glomerata)

Feld-Witwenblume
(Knautia arvensis)

Margerite
(Leucanthemum vulgare)

Wiesen-Bocksbart
(Tragopogon orientalis)

Goldhafer
(Trisetum flavescens)

 Kümmel *(Carum carvi)*
 Berg-Frauenmantel *(Alchemilla monticola)*
 Wiesen-Kerbel *(Anthriscus sylvestris)*
 Flaum-Wiesenhafer *(Helictotrichon pubescens)*

 Massliebchen *(Bellis perennis)*
 Gemeine Schafgarbe *(Achillea millefolium)*

Glatthaferwiesen
Arrhenatherion elatioris

Typische Glatthaferwiesen erreichen im Entlebuch bei ca. 800 m ü. M. ihre obere Grenze. Darüber beginnen die gemähten Wiesen, die den Übergang zur Goldhaferwiese markieren. Das Auftreten der Rautenblättrigen Glockenblume *(Campanula rhomboidalis)* liefert dafür einen ersten Hinweis. Im Talboden hat die Intensivierung der Landwirtschaft (stärkere Düngung, früherer erster Heuschnitt, Silage, Grasnutzung) die zweischürigen Mähwiesen mit Heuen und Emden weitgehend zum Verschwinden gebracht. An sonnigen Hügeln und Talflanken sind artenreiche Glatthaferwiesen, die zwei- bis höchstens dreimal gemäht und im Herbst noch beweidet werden, bis ins mittlere Entlebuch aber auch heute noch anzutreffen.

Zum Verband der Glatthaferwiesen gehören meist ertragreiche Fettwiesen von der kollinen bis in die untere montane Stufe. Sie gedeihen mit unterschiedlichem Erscheinungsbild auf frisch-feuchten bis frisch-trockenen, manchmal auch auf schlecht entwässerten, wechselfeuchten, torfigen Böden in der Ebene. Der Boden besteht mehrheitlich aus nährstoffreicher Braunerde, seltener aus Gley (vom Grundwasser beeinflusst) oder Pseudogley (von Stauwasser beeinflusst). Je nach Intensität der Düngung, Schnittregime, Bodenbeschaffenheit, Exposition und Meereshöhe präsentieren sich Glatthaferwiesen in artenarmer bis recht artenreicher Ausprägung. Das namengebende Gras, der Glatthafer *(Arrhenatherum elatius)*, auch Französisches Raygras oder Fromental genannt, tritt mit zunehmender Meereshöhe und Feuchtigkeit des Bodens zurück. An seine Stelle treten vermehrt andere hohe Gräser wie Wiesen-Fuchsschwanz *(Alopecurus pratensis)*, Weiche Trespe *(Bromus hordeaceus)*, Knäuelgras *(Dactylis glomerate)*, Wiesen-Schwingel *(Festuca pratensis)*, Wolliges Honiggras *(Holcus lanatus)*, Gemeines Rispengras *(Poa trivialis)* u. a. Alle Glatthaferwiesen kennzeichnen sich durch einen stockwerkartigen Aufbau mit hohen, lichtbedürftigen Gräsern und Kräutern und Schatten ertragenden, niedrigen Pflanzen. Die schnellwüchsigen Mähwiesen liefern wertvolles Gras, Heu und Emd.

Fettwiese im Mai mit Wiesen-Schaumkraut *(Cardamine pratensis)*

Artenreiche Fettwiese im Hilferental

Feuchte, torfige Fettwiese im Mai mit Wiesen-Sauerampfer *(Rumex acetosa)* und Schlangen-Knöterich *(Polygonum bistorta)*

Zu den **Charakterarten** des **Verbandes** gehören:

Arrhenatherum elatius	Glatthafer, Französisches Raygras, Fromental	*Galium album*	Wiesen-Labkraut
Campanula patula	Wiesen-Glockenblume	*Pimpinella major*	Grosse Bibernelle
Crepis biennis	Wiesen-Pippau	*Trifolium dubium*	Kleiner Klee

Glatthafer, Französisches Raygras, Fromental *(Arrhenatherum elatius)*

Wiesen-Glockenblume *(Campanula patula)*

Wiesen-Pippau *(Crepis biennis)*

Teil II: Lebensräume

Grosse Bibernelle
(Pimpinella major)

Kleiner Klee (Trifolium dubium)

Wiesen-Labkraut
(Galium album)

Glatthaferwiese
Arrhenatheretum elatioris

Die typische, zweischürige Glatthaferwiese entwickelt sich im Entlebuch optimal auf frisch-trockenem Boden in leichter Hanglage bei einmaliger Düngergabe mit Mist, Gülle oder Kunstdünger und einem Schnittzeitpunkt Ende Mai bis Anfang Juni. Solche Glatthaferwiesen gehören mit ca. 50 Arten zu den artenreichsten Fettwiesen.

Gedüngte und schwach gedüngte Fettwiesen in Hasle Mitte Januar 2011 (links) und Anfang Mai 2009 (rechts).

Schon zeitig im Vorfrühling oder, nach regenreichen Wärmeeinbrüchen, oft schon im Januar hebt sich das frische Grün der Fettwiesen von den schwach oder ungedüngten Wiesen ab. Verantwortlich dafür ist der regenerationsfreudige und schnellwüchsige Grasteppich. Vorerst drängen ein paar unscheinbare Pflanzen zur Blüte, bevor ihnen höherwüchsige Gräser und Kräuter das Licht streitig machen: Massliebchen *(Bellis perennis)*, Ruchgras *(Anthoxanthum odoratum)*, Kriechender Günsel *(Ajuga reptans)*. Rasch schiessen nun die Gräser in die Höhe, während zur gleichen Zeit im Mai mehrere mittelhohe und hohe Kräuter blühen und Samen bilden können: Löwenzahn *(Taraxacum officinale)*, Wiesen-Schaumkraut *(Cardamine pratense)*, Scharfer Hahnenfuss *(Ranunculus acris* ssp. *friesianus)*, Margerite *(Leucanthemum vulgare)*, Rote Waldnelke *(Silene dioica)*, Gewöhnliches Hornkraut *(Cerastium fontanum* ssp. *vulgare)*, Gamander-Ehrenpreis *(Veronica chamaedrys)* u. a. Ende Mai bis Anfang Juni dominiert nun der Sommeraspekt die Glatthaferwiese mit vielen blühenden Gräsern und hohen Kräutern wie Wiesen-Pippau *(Crepis biennis)* und Wiesen-Sauerampfer *(Rumex acetosa)*. Eine trockene Bise versetzt das Gräsermeer in wogende Wellen und verrät dem Bauern, dass bei günstiger Witterung die Zeit der Heuernte vor der Türe steht.

Glatthaferwiesen mit Löwenzahn *(Taraxacum officinale)*, Wiesen-Schaumkraut *(Cardamine pratensis)*, Glatthafer *(Arrhenatherum elatius)*, Margerite *(Leucanthemum vulgare)*, Wiesen-Pippau *(Crepis biennis)*, Wiesen-Sauerampfer *(Rumex acetosa)*, Wiesen-Kerbel *(Anthriscus sylvestris)* u. a.

Nach dem Heuet tritt das Wachstum der Gräser zurück. Vermehrt wachsen nun Kräuter wie Wiesen-Bärenklau *(Heracleum sphondylium)*, Spitzwegerich *(Plantago lanceolata)* u. a., welche dem trockenen Emd die dunklere Farbe verleihen. In den variantenreichen Glatthaferwiesen gesellen sich zu den Charakterarten der Fettwiesen viele Begleiter:

Achillea millefolium	Gemeine Schafgarbe	*Lolium perenne*	Englisches Raygras
Ajuga reptans	Kriechender Günsel	*Silene flos-cuculi*	Kuckucks-Lichtnelke
Alchemilla vulgaris agg.	Gemeiner Frauenmantel	*Malva moschata*	Bisam-Malve
Alopecurus pratensis	Wiesen-Fuchsschwanz	*Medicago lupulina*	Hopfenklee
Anthoxanthum odoratum	Ruchgras	*Pastinaca sativa*	Pastinak
Anthriscus sylvestris	Wiesen-Kerbel	*Pimpinella major*	Grosse Bibernelle
Arrhenatherum elatius	Glatthafer	*Plantago lanceolata*	Spitzwegerich
Bellis perennis	Massliebchen	*Poa pratensis*	Wiesen-Rispengras
Briza media	Zittergras	*Poa trivialis*	Gemeines Rispengras
Bromus erectus	Aufrechte Trespe	*Ranunculus acris* ssp. *friesianus*	Scharfer Hahnenfuss
Bromus hordeaceus	Weiche Trespe		
Campanula patula	Wiesen-Glockenblume	*Rhinanthus alectorolophus*	Zottiger Klappertopf
Cardamine pratensis	Wiesen-Schaumkraut		
Carex caryophyllea	Frühlings-Segge	*Rumex acetosa*	Wiesen-Sauerampfer
Centaurea jacea	Gemeine Flockenblume	*Rumex obtusifolius*	Stumpfblättriger Sauerampfer
Cerastium fontanum ssp. *vulgare*	Gewöhnliches Hornkraut		
		Silene dioica	Rote Waldnelke
Crepis biennis	Wiesen-Pippau	*Silene vulgaris*	Gemeines Leimkraut
Cynosurus cristatus	Gemeines Kammgras	*Stellaria graminea*	Gras-Sternmiere
Dactylis glomerata	Knäuelgras	*Taraxacum officinale*	Löwenzahn
Festuca pratensis	Wiesen-Schwingel	*Tragopogon orientalis*	Östlicher Wiesen-Bocksbart
Festuca rubra	Rot-Schwingel		
Galium album	Wiesen-Labkraut	*Trifolium dubium*	Kleiner Klee
Helictotrichon pubescens	Flaum-Wiesenhafer	*Trifolium pratense*	Rot-Klee
Heracleum sphondylium	Wiesen-Bärenklau	*Trifolium repens*	Kriechender Klee
Holcus lanatus	Wolliges Honiggras	*Trisetum flavescens*	Goldhafer
Hypochoeris radicata	Gewöhnliches Ferkelkraut	*Veronica arvensis*	Feld-Ehrenpreis
Knautia arvensis	Feld-Witwenblume	*Veronica chamaedrys*	Gamander-Ehrenpreis
Lathyrus pratensis	Wiesen-Platterbse	*Veronica serpyllifolia*	Quendelblättriger Ehrenpreis
Leontodon hispidus	Raues Milchkraut		
Leucanthemum vulgare	Margerite	*Vicia cracca*	Vogel-Wicke
Lolium multiflorum	Italienisches Raygras	*Vicia sepium*	Zaun-Wicke

Diese artenreiche Assoziation ist auch im Entlebuch selten geworden. Intensivere Düngung, früher Schnittzeitpunkt, mehrere Schnitte und ab und zu auch Verdichtung des Bodens durch die Mechanisierung der Landwirtschaft haben auch hier die Artenvielfalt schwinden lassen.

Von den vielen Typen der Glatthaferwiese ist die Fettwiese mit viel Wiesen-Fuchsschwanz *(Alopecurus pratensis)* und einigen Feuchtigkeitszeigern in Ebenen und flachen Mulden vermehrt anzutreffen. Sie lässt sich herleiten von Feuchtwiesen auf feuchten bis nassen, lehmigen oder torfigen Böden mit unvollständiger Entwässerung, was das häufige Vorkommen des Schlangen-Knöterichs *(Polygonum bistorta)* in dieser Fettwiese verrät. Von den mehrmals mit Gülle gedüngten frischen Grasmatten fallen jene im Frühjahr wohltuend auf, wo Löwenzahn *(Taraxacum officinale),* Wiesen-Schaumkraut *(Cardamine pratensis),* Scharfer Hahnenfuss *(Ranunculus acris* ssp. *friesianus),* Wiesen-Kerbel *(Anthriscus sylvestris)* und Gebirgs-Kälberkropf *(Chaerophyllum hirsutum)* den Aspekt bestimmen und so dem aufmerksamen Betrachter verraten, dass nun auch im Entlebuch der Frühling ins Land gezogen ist.

Viele Fettwiesen im Entlebuch stellen Übergänge dar von der Talfettwiese (Glatthaferwiese) zur höher gelegenen Bergfettwiese (Goldhaferwiese).

Wiesen und Weiden

GLATTHAFERWIESE

Quendelblättriger Ehrenpreis
Wiesen-Kerbel
Wiesen-Schaumkraut
Wiesen-Fuchsschwanz
Gemeine Flockenblume
Zaun-Wicke

GLATTHAFERWIESE

GLATTHAFERWIESE

Bisam-Malve
Zittergras
Pastinak
Kleiner Klee
Italienisches Raygras
Gemeine Schafgarbe
Ruchgras
Wiesen-Schwingel
Gamander-Ehrenpreis
Wiesen-Bocksbart
Feld-Witwenblume

Margerite *(Leucanthemum vulgare)*, Wiesen-Pippau *(Crepis biennis)*, Wiesen-Sauerampfer *(Rumex acetosa)* und Gräser bestimmen den Vorsommeraspekt in frischen und mässig gedüngten Goldhaferwiesen und ihren Übergängen.

Auf feuchten, oft torfigen Böden dominieren im Mai Wiesen-Fuchsschwanz *(Alopecurus pratensis)*, Scharfer und Kriechender Hahnenfuss *(Ranunculus acris* ssp. *friesianus, Ranunculus repens)*.

Goldhaferwiesen
Polygono-Trisetion

Goldhaferwiesen – auch Berg-Fettwiesen genannt – ersetzen von der montanen Stufe ab ca. 800 m ü. M. bis in die subalpine Region die Glatthafer- oder Tal-Fettwiesen. Die meisten von ihnen sind aber nicht typische Goldhaferwiesen. Sie stellen im Entlebuch Übergänge der beiden Wiesentypen dar. Das niederschlagsreichere und kühlere Klima im voralpinen Lebensraum Entlebuch mag dafür verantwortlich sein. In klimatisch geschützten Gebieten, wie z. B. im Hilferental (Escholzmatt, Flühli), erfreuen uns im Sommer aber ein paar fast optimal entwickelte, blumenreiche und farbenprächtige Goldhaferwiesen. Diese Wirtschaftswiesen werden in der Regel einmal pro Jahr mit Mist oder Gülle gedüngt. Die ein- bis zweimalige Mahd liefert ein vorzügliches Futter. Im Herbst werden die weit verbreiteten Bergwiesen oft auch noch beweidet.

Goldhaferwiesen sind viel blumenreicher und bunter als die Tal-Fettwiesen. Wald-Storchschnabel *(Geranium sylvaticum)* und Rautenblättrige Glockenblume *(Campanula rhomboidalis)* gehören zur charakteristischen Artenkombination (Hilferental und Hürnli). Die meisten Goldhaferwiesen stellen aber im Entlebuch Übergänge von der Talfettwiese zur Bergfettwiese dar. Der Goldhafer *(Trisetum flavescens)* ist im Entlebuch in den höher gelegenen Goldhaferwiesen eher selten anzutreffen.

Goldhaferwiesen und ihre Übergänge wachsen auf mässig trockenen, frischen und mässig feuchten, tiefgründigen und fruchtbaren Braunerdeböden, die schwach sauer bis leicht basisch sind. Sie weisen weniger Grasarten und mehr Kräuter auf als die Tal-Fettwiese und befinden sich meist in Hanglage. Je nach Wassergehalt, Nährstoffangebot, Exposition, Meereshöhe und Bewirtschaftung ist das Artenspektrum der Berg-Fettwiesen sehr veränderlich. In ihrer Umgebung stossen wir auf Krautsäume, Hochstaudenfluren und Feuchtwiesen. Von hier aus finden einige auffällige Arten den Weg in die Goldhaferwiesen: Wald-Storchschnabel *(Geranium sylvaticum)*, Trollblume *(Trollius europaeus)* und Schlangen-Knöterich *(Polygonum bistorta)*. Das bunte Mosaik der Berg-Fettwiesen wird zusätzlich noch bereichert durch Übergänge zu Tal- und Berg-Fettweiden, Feuchtwiesen, Hochstaudenfluren und Magerwiesen.

Die einzelnen Assoziationen der Goldhaferwiesen besitzen keine strengen Charakterarten. Sie unterscheiden sich durch Trennarten, die auf ökologische Besonderheiten des Standortes hinweisen. Der namengebende Goldhafer *(Trisetum flavescens)* kommt auch in den Glatthaferwiesen vor und gilt als Charakterart der Ordnung der gedüngten Fettwiesen. Die Charakterarten des Verbandes lassen die einzelnen Gesellschaften der Goldhaferwiesen gut als solche erkennen.

Zu den **Charakterarten** des **Verbandes** gehören:

Alchemilla vulgaris agg.	Gemeiner Frauenmantel
Campanula rhomboidalis	Rautenblättrige Glockenblume
Crocus albiflorus	Frühlings-Krokus
Geranium sylvaticum	Wald-Storchschnabel
Narcissus radiiflorus	Weisse Berg-Narzisse

Pimpinella major ssp. *rubra*	Grosse Bibernelle
Thlaspi brachypetalum	Voralpen-Täschelkraut
Thlaspi caerulescens	Wildes Täschelkraut
Viola tricolor	Echtes Stiefmütterchen

Rautenblättrige Glockenblume *(Campanula rhomboidalis)*

Gemeiner Frauenmantel *(Alchemilla vulgaris* agg.)

Grosse Bibernelle *(Pimpinella major)*

Wiesen und Weiden

Wildes Täschelkraut
(Thlaspi caerulescens)

Wald-Storchschnabel
(Geranium sylvaticum)

Voralpen-Täschelkraut
(Thlaspi brachypetalum)

Auf frisch-feuchten Bergwiesen kündigt der Frühlings-Krokus *(Crocus albiflorus)* nach der Schneeschmelze den farbenfrohen Blumenreichtum der Goldhaferwiese an.

Frühlings-Krokus
(Crocus albiflorus)

Echtes Stiefmütterchen (Viola tricolor)

Weisse Berg-Narzisse
(Narcissus radiiflorus)

Goldhaferwiese
Trisetetum flavescentis

Die Goldhaferwiese ist blumenreicher als die Tal-Fettwiese. Auf einer Wanderung vom Hilferental bis Hofarni erfreuen uns je nach Standort mehrere Ausprägungen dieser artenreichen Berg-Fettwiese. An sonnigen, trockenen Abhängen und Strassenböschungen, aber auch an wenig geneigten, frisch-trockenen bis frisch-feuchten Lagen sind diese Berg-Heuwiesen ein wohltuender Anblick. Die artenreichsten von ihnen werden kaum gedüngt, bei den meisten aber bewirken Mist und vor allem Gülle sowohl eine Ertragssteigerung als auch einen sichtbaren Artenrückgang.

Auf der Beichle südlich Punkt 1661 entwickelte sich aus einer Borstgraswiese mit viel Arnika *(Arnica montana)* und Purpur-Enzian *(Gentiana purpurea)* nach der Erschliessung mit einem Bewirtschaftungsweg und nachfolgender Intensivierung eine farbenprächtige Übergangs-Goldhaferwiese, eine sogenannte Umbruchwiese.

Wiesen und Weiden

Der Goldhafer *(Trisetum flavescens)* tritt zwar nie häufig auf, aber auffällige und oft in grosser Zahl vorhandene Blumen verraten, dass es sich hier um montane Goldhaferwiesen handelt: Rautenblättrige Glockenblume *(Campanula rhomboidalis)*, Wald-Storchschnabel *(Geranium sylvaticum)*, Zottiger Klappertopf *(Rhinanthus alectorolophus)*, Margerite *(Leucanthemum vulgare)*, Rote Waldnelke *(Silene dioica)*, Kümmel *(Carum carvi)*, Ährige Rapunzel *(Phyteuma spicatum)*, Berg-Flockenblume *(Centaurea montana)* u. a. verleihen dieser schönen Bergwiese das charakteristische Gepräge. Leider nur noch selten trifft man im Entlebuch auf frischen Bergwiesen die wunderschöne Weisse Berg-Narzisse *(Narcissus radiiflorus)*. Ein faszinierendes, weisses Blütenmeer kann man aber auch heute noch beim Tiergarten in der Gemeinde Escholzmatt-Marbach bewundern. Die Goldhaferwiesen und ihre Übergänge liefern im Juli ein wertvolles und aromatisches Heu. Bei ausreichender Düngung ist meist auch noch ein zweiter Schnitt möglich, gefolgt von einer kurzen Herbstweide. In den frisch-feuchten oder sogar feuchten, hoch montan gelegenen Berg-Fettwiesen, die den Übergang zu Gesellschaften der Feuchtwiesen erkennen lassen, treten viele Arten zurück oder verschwinden ganz. Kurz nach der Schneeschmelze bringt der weiss oder violett-weiss blühende Frühlings-Krokus *(Crocus albiflorus)* Farbtupfer in die noch eintönige Bergwiese. Schlangen-Knöterich *(Polygonum bistorta)* und Berg-Kälberkropf *(Chaerophyllum hirsutum)* können hier dominant auftreten. Unübersehbar ist die Trollblume *(Trollius europaeus)*. Ende August kündigt die Herbst-Zeitlose *(Colchicum autumnale)* den nahenden Herbst an.

Weisse Berg-Narzisse *(Narcissus radiiflorus)* bei Tiergarten oberhalb Schärlig (Marbach)

In der frisch-feuchten Berg-Fettwiese ist der Schlangen-Knöterich *(Polygonum bistorta)* oft anzutreffen.

Gross ist die Zahl der Arten, denen man in der Goldhaferwiese und ihren Übergängen begegnen kann:

Agrostis capillaris	Haar-Straussgras	*Leucanthemum vulgare*	Margerite
Ajuga reptans	Kriechender Günsel	*Lolium perenne*	Englisches Raygras
Alchemilla vulgaris agg.	Gemeiner Frauenmantel	*Myosotis sylvatica*	Wald-Vergissmeinnicht
Anthoxanthum odoratum	Ruchgras	*Narcissus radiiflorus*	Weisse Berg-Narzisse
Anthriscus sylvestris	Wiesen-Kerbel	*Phyteuma spicatum*	Ährige Rapunzel
Arrhenatherum elatius	Glatthafer	*Pimpinella major*	Grosse Bibernelle
Bellis perennis	Massliebchen	*Plantago lanceolata*	Spitzwegerich
Bromus hordeaceus	Gersten-Trespe	*Poa trivialis*	Gemeines Rispengras
Campanula rhomboidalis	Rautenblättrige Glockenblume	*Polygonum bistorta*	Schlangen-Knöterich
Cardamine pratensis	Wiesen-Schaumkraut	*Primula elatior*	Wald-Schlüsselblume
Carum carvi	Kümmel	*Prunella vulgaris*	Gemeine Brunelle
Centaurea jacea	Gemeine Flockenblume	*Ranunculus acris* ssp. *friesianus*	Scharfer Hahnenfuss
Centaurea montana	Berg-Flockenblume	*Rhinanthus alectorolophus*	Zottiger Klappertopf
Cerastium fontanum ssp. *vulgare*	Gewöhnliches Hornkraut	*Rumex acetosa*	Wiesen-Sauerampfer
Chaerophyllum hirsutum	Gebirgs-Kälberkropf	*Silene dioica*	Rote Waldnelke
Crepis biennis	Wiesen-Pippau	*Stellaria graminea*	Gras-Sternmiere
Crocus albiflorus	Frühlings-Krokus	*Taraxacum officinale*	Löwenzahn
Cynosurus cristatus	Gemeines Kammgras	*Thlaspi brachypetalum*	Voralpen-Täschelkraut
Dactylis glomerata	Knäuelgras	*Thlaspi caerulescens*	Wildes Täschelkraut
Euphrasia rostkoviana	Wiesen-Augentrost	*Tragopogon orientalis*	Östlicher Wiesen-Bocksbart
Festuca pratensis	Wiesen-Schwingel	*Trifolium pratense*	Rot-Klee
Festuca rubra	Rot-Schwingel	*Trifolium repens*	Kriechender Klee
Geranium sylvaticum	Wald-Storchschnabel	*Trisetum flavescens*	Goldhafer
Helictotrichon pubescens	Flaum-Wiesenhafer, Flaumhafer	*Veronica arvensis*	Feld-Ehrenpreis
Heracleum sphondylium	Wiesen-Bärenklau	*Veronica chamaedrys*	Gamander-Ehrenpreis
Holcus lanatus	Wolliges Honiggras	*Veronica serpyllifolia*	Quendelblättriger Ehrenpreis
Knautia arvensis	Feld-Witwenblume	*Vicia cracca*	Vogel-Wicke
Lathyrus pratensis	Wiesen-Platterbse	*Vicia sepium*	Zaun-Wicke
Leontodon hispidus	Raues Milchkraut		

Blühende Goldhaferwiesen

Wiesen und Weiden

GOLDHAFERWIESE

Wiesen-Schaumkraut

Östlicher Wiesen-Bocksbart

Grosse Bibernelle

Wiesen-Augentrost

Gemeines Kammgras

Gersten-Trespe

Quendelblättriger Ehrenpreis

Vogel-Wicke

Wald-Schlüsselblume

Wiesen-Bärenklau

Raues Milchkraut

Kammgrasweiden
Cynosurion cristati

Gedüngte Weiden sind im niederschlagsreichen und luftfeuchten Entlebuch von der montanen bis in die subalpine Stufe weit verbreitet. Mist, Gülle und Kunstdünger versorgen die Braunerde-, Gley-, Pseudogley- und Rendzinaböden auf Kalkgestein reichlich mit Nährstoffen. Untergräser und andere niedrigwüchsige, tritt- und weidefeste Arten mit Ausläufern und Rosetten dominieren die Weiden der tieferen Lagen und ermöglichen eine intensivere Beweidung mit langer Weidezeit. In den höher gelegenen Berggebieten ist die Düngung meist geringer, die Weidedauer kürzer und die Weiden sind blumen- und artenreicher und stärker strukturiert. Geilstellen mit Kuhfladen, zähen und giftigen Pflanzen und Lagerplätze gehören zu den Weideflächen ebenso wie an Hängen die treppenartigen, hangparallelen Viehwege. Meist werden die Weiden mit Jungvieh, Rindern und Milchkühen bestossen. Eine intensive Beweidung mit Schafen führt zu einer extrem starken Verarmung der Vegetation (z. B. Schimbrig). In regenreichen Sommern fördert eine intensive Dauerbeweidung im steilen Gelände die Erosion des Bodens augenfällig.

Frauenmantel-Kammgrasweide

Goldpippau-Kammgrasweide

Ständiger Einfluss von Viehtritt, Verbiss und Düngung bestimmen das Bild der Weidegesellschaften. Kammgrasweiden besitzen keine eigenen Charakterarten. Sie sind charakterisiert durch das Fehlen von beweideempfindlichen Arten.

Am besten **charakterisieren** den **Verband** der **Kammgrasweiden** folgende Arten:

Bellis perennis	Massliebchen	*Senecio jacobaea*	Jakobs-Greiskraut
Crepis capillaris	Dünnästiger Pippau	*Trifolium repens*	Kriechender Klee
Cynosurus cristatus	Gemeines Kammgras	*Veronica filiformis*	Feinstieliger Ehrenpreis
Leontodon autumnalis	Herbst-Milchkraut	*Veronica serpyllifolia*	Quendelblättriger Ehrenpreis
Lolium perenne	Englisches Raygras		
Phleum pratense	Wiesen-Lieschgras		

Wiesen und Weiden

Kammgras
(Cynosurus cristatus)

Dünnästiger Pippau
(Crepis capillaris)

Quendelblättriger Ehrenpreis *(Veronica serpyllifolia)*

Wiesen-Lieschgras
(Phleum pratense)

Jakobs-Greiskraut
(Senecio jacobaea)

Massliebchen *(Bellis perennis)*

Herbst-Milchkraut
(Leontodon autumnalis)

Kriechender Klee
(Trifolium repens)

Feinstieliger Ehrenpreis *(Veronica filiformis)*

Englisches Raygras
(Lolium perenne)

Zu den gedüngten Kammgrasweiden gehören im Entlebuch vor allem zwei Assoziationen, die sich nicht nur in der Meereshöhe sondern auch im Artengefüge und der Art der Bewirtschaftung unterscheiden: die montane Frauenmantel-Kammgrasweide *(Alchemillo-Cynosuretum)* und die hochmontane bis subalpine Goldpippau-Kammgrasweide *(Crepido-Cynosuretum)*.

Frauenmantel-Kammgrasweide
Alchemillo-Cynosuretum

Die montane Frauenmantel-Kammgrasweide finden wir im hügeligen Bergland auf beiden Seiten der Hauptflüsse in Hofnähe, aber auch in weiter entfernten Gebieten. Sie wird heute meist mit Gülle, weniger mit Stallmist oder Kunstdünger versorgt. Mehr oder weniger steile Hänge an recht trockenen und sonnigen sowie an frischen, weniger besonnten Standorten liefern als Umtriebs- oder Standweide dem heranwachsenden Rindvieh wertvolles Futter. Mehrmals mit Gülle gedüngte Talfettweiden in der Ebene sind gräserreich und artenarm und meist mit Milchvieh bestossen.

In der Frauenmantel-Kammgrasweide bildet der Feinstielige Ehrenpreis *(Veronica filiformis)* im Frühjahr oft grosse Teppiche.

Die artenarme fette Weide in der Ebene wird vom Milchvieh, die steile artenreichere Weide vom Jungvieh beweidet.

Auf geeigneten Flächen sorgt ein Pflegeschnitt nach der Beweidung dafür, dass unliebsame Weidepflanzen nicht überhand nehmen können. Je nach Intensität und Art der Bewirtschaftung, Feuchtigkeit und Exposition der Weide können Pflanzen, die Magerkeit, Überdüngung, Trockenheit oder Bodenfeuchte anzeigen, in die wenig attraktive Pflanzengesellschaft eindringen.

Zum charakteristischen Artengefüge einer mässig gedüngten, frisch-trockenen Frauenmantel-Kammgrasweide gehören:

Achillea millefolium	Gemeine Schafgarbe
Alchemilla xanthochlora aggr.	Gemeiner Frauenmantel
Anthoxanthum odoratum	Ruchgras
Bellis perennis	Massliebchen
Briza media	Zittergras
Cerastium fontanum ssp. *vulgare*	Gewöhnliches Hornkraut
Cynosurus cristatus	Gemeines Kammgras
Festuca rubra	Rot-Schwingel
Heracleum sphondylium	Wiesen-Bärenklau
Hieracium pilosella	Langzottiges Habichtskraut
Holcus lanatus	Wolliges Honiggras
Leontodon autumnalis	Herbst-Milchkraut
Leontodon hispidus	Raues Milchkraut
Leucanthemum vulgare	Margerite
Lolium perenne	Englisches Raygras
Lotus corniculatus	Wiesen-Hornklee
Luzula campestris	Feld-Hainsimse
Plantago lanceolata	Spitzwegerich
Plantago major	Breitwegerich
Poa annua	Spitzgras
Poa trivialis	Gemeines Rispengras
Prunella vulgaris	Gemeine Brunelle
Ranunculus acris ssp. *friesianus*	Scharfer Hahnenfuss
Rumex acetosa	Wiesen-Sauerampfer
Rumex obtusifolius	Stumpfblättriger Ampfer
Stellaria graminea	Gras-Sternmiere
Stellaria media	Vogelmiere
Taraxacum officinale	Löwenzahn
Trifolium repens	Kriechender Klee
Veronica filiformis	Feinstieliger Ehrenpreis
Veronica serpyllifolia	Quendlblättriger Ehrenpreis

Wiesen und Weiden

Goldpippau-Kammgrasweide
Crepido-Cynosuretum

Goldpippau-Kammgrasweiden mit Gold-Pippau *(Crepis aurea)* und Kammgras *(Cynosurus cristatus)*.

Diese subalpine Kammgrasweide ist das variantenreiche, pflanzensoziologische Bindeglied zwischen den montanen Kammgrasweiden und der höher gelegenen subalpin-alpinen Milchkrautweide. Ihre optimale Ausbildung erreicht die Goldpippau-Kammgrasweide auf kalkiger Unterlage in einer Meereshöhe von ca. 1300–1600 m ü. M. In ähnlicher Zusammensetzung tritt sie auch im Flyschgebiet auf. Sie gedeiht auf steinigen, frischen bis recht trockenen Kalkböden (Rendzina), Braunerden und Braunerdegleyen. Die saftig grünen, ertragreichen Weiden werden ab und zu mit Hof- und Kunstdünger, oft aber nur durch das weidende Vieh gedüngt.

Der Goldpippau-Kammgrasweide fehlen – wie auch den übrigen Kammgrasweiden – die eigentlichen Charakterarten. Durch die Kombination von Arten der montanen Kammgrasweiden mit einigen Vertretern der alpinen Milchkrautweide ist diese Assoziation aber gut charakterisiert. Zu den montanen Kammgrasweide-Arten gehören: Gemeines Kammgras *(Cynosurus cristatus)*, Gemeiner Frauenmantel *(Alchemilla xanthochlora* aggr.*)*, Spitzwegerich *(Plantago lanceolata)*, Wiesen-Schwingel *(Festuca pratensis)*, Gemeines Rispengras *(Poa trivialis)*, Gemeine Flockenblume *(Centaurea jacea)*, Knäuelgras *(Dactylis glomerata)*, Mittlerer Wegerich *(Plantago media)*, Kümmel *(Carum carvi)*, Gemeine Schafgarbe *(Achillea millefolium)*, Wald-Segge *(Carex sylvatica)*, Scharfer Hahnenfuss *(Ranunculus acris* ssp. *friesianus)*, Frühlings-Krokus *(Crocus albiflorus)*. Von der höher gelegenen Milchkrautweide vergesellschaften sich oft folgende Arten mit der Goldpippau-Kammgrasweide; Gold-Pippau *(Crepis aurea)*, Alpen-Rispengras *(Poa alpina)*, Rätisches Alpen-Lieschgras *(Phleum rhaeticum)*, Bergwegerich *(Plantago atrata)*, Alpenwegerich *(Plantago alpina)*, Berg-Hahnenfuss *(Ranunculus montanus)*, Grosse Soldanelle *(Soldanella alpina)*, Scheuchzers Glockenblume *(Campanula scheuchzeri)*, Knöllchen-Knöterich *(Polygonum viviparum)*, Alpen-Mastkraut *(Sagina saginoides)*. Auch einige Magerkeitszeiger aus den Borstgrasweiden finden sich häufig in der subalpinen Kammgrasweide: Borstgras *(Nardus stricta)*, Bleiche Segge *(Carex pallescens)*, Öhrchen-Habichtskraut *(Hieracium lactucella)*.

Goldpippau-Kammgrasweide im Kontakt mit der Alpen-Pestwurzflur und der Milchkrautweide am Brienzer Rothorn

Artenreiche Goldpippau-Kammgrasweide am Hirschwängiberg unterhalb Achs (Schrattenflue)

Raues Milchkraut *(Leontodon hispidus)* in der Goldpippau-Kammgrasweide

Scheuchzers Glockenblume *(Campanula scheuchzeri)*

Berg-Hahnenfuss *(Ranunculus montanus)*

Bergwegerich *(Plantago atrata)*

In der vielgestaltigen Goldpippau-Kammgrasweide können uns folgende Arten begegnen:

Achillea millefolium	Gemeine Schafgarbe
Agrostis capillaris	Haar-Straussgras
Ajuga reptans	Kriechender Günsel
Alchemilla vulgaris agg.	Gemeiner Frauenmantel
Anthoxanthum odoratum	Ruchgras
Bellis perennis	Massliebchen
Briza media	Zittergras
Campanula scheuchzeri	Scheuchzers Glockenblume
Carex flacca	Schlaffe Segge
Carex montana	Berg-Segge
Carex pallescens	Bleiche Segge
Carex sylvatica	Wald-Segge
Carlina acaulis	Silberdistel
Carum carvi	Kümmel
Cerastium fontanum ssp. *vulgare*	Gewöhnliches Hornkraut
Cirsium acaule	Stängellose Kratzdistel
Coeloglossum viride	Hohlzunge
Crepis aurea	Gold-Pippau
Crocus albiflorus	Frühlings-Krokus
Cynosurus cristatus	Gemeines Kammgras
Dactylis glomerata	Knäuelgras
Euphrasia rostkoviana	Wiesen-Augentrost
Festuca pratensis	Wiesen-Schwingel
Festuca rubra	Rot-Schwingel
Galium anisophyllon	Alpen-Labkraut
Hieracium lactucella	Öhrchen-Habichtskraut
Leontodon autumnalis	Herbst-Milchkraut
Leontodon hispidus	Raues Milchkraut
Leucanthemum adustum	Berg-Margerite
Lotus corniculatus	Hornklee
Luzula campestris	Feld-Hainsimse
Nardus stricta	Borstgras
Phleum rhaeticum	Rätisches Alpen-Lieschgras

Plantago alpina	Alpenwegerich	*Ranunculus montanus*	Berg-Hahnenfuss
Plantago atrata	Bergwegerich	*Ranunculus tuberosus*	Knolliger Hain-Hahnenfuss
Plantago lanceolata	Spitzwegerich	*Sagina saginoides*	Alpen-Mastkraut
Plantago media	Mittlerer Wegerich	*Soldanella alpina*	Grosse Soldanelle
Poa alpina	Alpen-Rispengras	*Taraxacum officinale*	Löwenzahn
Poa trivialis	Gemeines Rispengras	*Thymus pulegioides*	Arznei-Thymian
Polygala alpestris	Voralpen-Kreuzblume	*Trifolium pratense*	Rot-Klee
Polygonum viviparum	Knöllchen-Knöterich	*Trifolium repens*	Kriechender Klee
Potentilla aurea	Gold-Fingerkraut	*Trollius europaeus*	Trollblume
Potentilla erecta	Gemeiner Tormentill	*Veronica chamaedrys*	Gamander-Ehrenpreis
Prunella vulgaris	Gemeine Brunelle	*Veronica serpyllifolia*	Quendelblättriger Ehrenpreis
Ranunculus acris ssp. *friesianus*	Scharfer Hahnenfuss		

Eine magere Ausbildung der Goldpippau-Kammgrasweide wächst da und dort auf leicht saurem Boden vor allem im Flyschgebiet. Hier treten die Arten der Fettweide zurück. An ihre Stelle treten einige trittfeste Vertreter der Borstgrasweiden wie Arnika *(Arnica montana)*, Gemeines Katzenpfötchen *(Antennaria dioica)*, Langzottiges Habichtskraut *(Hieracium pilosella)*, Kochscher Enzian *(Gentiana acaulis)*, Bärtige Glockenblume *(Campanula barbata)*, Gemeine Berg-Nelkenwurz *(Geum montanum)*, Besenheide *(Calluna vulgaris)*.

Die magere Ausbildung der Goldpippau-Kammgrasweide mit Arnika *(Arnica montana)*, Purpur-Enzian *(Gentiana purpurea)*, Bart-Glockenblume *(Campanula barbata)*, Alpen-Goldrute *(Solidago virgaurea* ssp. *minuta)* und Orangerotem Habichtskraut *(Hieracium aurantiacum)* bildet auf leicht saurem Boden den Übergang zur Borstgrasweide und den Zwergstrauchheiden.

Subalpine Milchkrautweiden
Poion alpinae

Die saftig-grüne, krautige, auffällig bunte und ziemlich niedrigwüchsige Milchkrautweide mit wenig Grasarten ersetzt in der oberen subalpinen und in der alpinen Stufe die subalpine Kammgrasweide. Die Übergänge der beiden benachbarten Pflanzengesellschaften sind fliessend. Milchkrautweiden finden wir verbreitet auf Kalk, aber auch auf lehmig-toniger Flyschunterlage. Die braunerdeartigen Böden sind meist tiefgründig, gut mit Wasser versorgt und neutral bis schwach sauer. Die üppigsten Milchkrautweiden gedeihen auf wenig geneigtem Gelände mit langer Schneebedeckung. Die Fettweide der Alpbetriebe verdankt ihre Entstehung der Verdrängung von Bergwäldern und Zwergstrauchheiden mit anschliessender Düngung. Gedüngt wird gelegentlich mit Stallmist oder Gülle. Regelmässige Düngung mit Gülle oder Kunstdünger, aber auch eine starke Beweidung mit Schafen lässt die Milchkrautweide floristisch verarmen.

Milchkrautweide mit Milchkräutern, Braun-Klee *(Trifolium badium)* und Rot-Klee *(Trifolium pratense)* am Brienzer Rothorn

Die Milchkrautweide – auch Bergfettweide genannt – hat ihren Namen von den Milchsaft führenden Korbblütlern Gold-Pippau *(Crepis aurea)*, Raues Milchkraut *(Leontodon hispidus)* und Herbst-Milchkraut *(Leontodon autumnalis)*. Mit ihnen vergesellschaften sich die Kleearten Braun-Klee *(Trifolium badium)* und Thals Klee *(Trifolium thalii)* sowie die Schneebodenarten Alpen-Rispengras *(Poa alpina)*, Rätisches Alpen-Lieschgras *(Phleum rhaeticum)*, Alpen-Mutterwurz *(Ligusticum mutellina)*, Alpenwegerich *(Plantago alpina)* und Berg-Wegerich *(Plantago atrata)*. Diese Pflanzen bilden den Kern der charakteristischen Artenkombination der Milchkrautweide. Zu ihnen stossen auch Fettwiesenpflanzen wie Rot-Klee *(Trifolium pratense)*, Kriechender Klee *(Trifolium repens)* und Gemeiner Frauenmantel *(Alchemilla xanthochlora* aggr.*)*. Auf nährstoffärmeren und eher sauren Böden dringen Magerkeitszeiger aus den Borstgrasrasen in die Milchkrautweide ein: Gemeiner Tormentill *(Potentilla erecta)*, Gemeine Berg-Nelkenwurz *(Geum montanum)*, Kochscher oder Silikat-Glocken-Enzian *(Gentiana acaulis)*, Bärtige Glockenblume *(Campanula barbata)* und Arnika *(Arnica montana)*. Daneben finden sich auch immer wieder Weideunkräuter wie das Borstgras *(Nardus stricta)* und die Rasen-Schmiele *(Deschampsia cespitosa)*. Die artenreiche Milchkrautweide kann 40–50 Blütenpflanzen beherbergen. In einem bewegten Relief mit rasch wechselnden Standortfaktoren verzahnt sich die Milchkrautweide mit Rostseggen- und Blaugrashalden, Borstgrasrasen und Schneeboden-Gesellschaften und vermittelt so dem Wanderer das Bild einer intakten, farbenfrohen Bergwelt.

Der **Verband** der Milchkrautweiden ist arm an treuen **Charakterarten**. Zu ihnen gehören:

Crepis aurea	Gold-Pippau
Euphrasia rostkoviana ssp. *montana*	Berg-Augentrost
Phleum rhaeticum	Rätisches Alpen-Lieschgras
Poa alpina	Alpen-Rispengras
Trifolium badium	Braun-Klee
Trifolium thalii	Thals Klee

Gold-Pippau *(Crepis aurea)*

Braun-Klee *(Trifolium badium)*

Alpen-Rispengras *(Poa alpina)*

Thals Klee *(Trifolium thalii)*

Rätisches Alpen-Lieschgras *(Phleum rhaeticum)*

Berg-Augentrost *(Euphrasia rostkoviana* ssp. *montana)*

Milchkrautweide
Crepido-Festucetum nigrescentis

Auf den höher gelegenen Alpbetrieben liefert die Milchkrautweide ab Mitte Juni bis Anfang September das wertvolle Futter für das junge Sömmerungs-Rindvieh aus dem Unterland wie auch für das Milchvieh, dessen Milch noch da und dort zu begehrtem Alpkäse verarbeitet wird. Die fruchtbaren Weiden in Alpnähe werden gelegentlich mit Mist oder Gülle, in grösserer Entfernung von den Alphütten nur noch durch das Vieh gedüngt.

Düngung, Wassergehalt des Bodens, Meereshöhe, Bodenreaktion und Art der Beweidung bewirken unterschiedliche Ausprägungen dieser Pflanzengesellschaft. Alpen-Mutterwurz *(Ligusticum mutellina)*, Thals Klee *(Trifolium thalii)*, Alpen-Kratzdistel *(Cirsium spinosissimum)*, Alpen-Ehrenpreis *(Veronica alpina)* und Frauenmantel-Arten *(Alchemilla sp.)* trennen diese Assoziation von der subalpinen Kammgrasweide. Eigentliche Charakterarten fehlen ihr. Milchkräuter, Kleearten, Frauenmantel, Gräser – auch die Kleinart des Rot-Schwingels, der Schwarzwerdende Schwingel *(Festuca nigrescens)* – und viele Begleiter kennzeichnen diese subalpin-alpine Assoziation gut.

Milchkrautweide bei der Alp Stein am Nordabhang der Schrattenflue

Eine grosse Zahl von Pflanzen kann uns in der Milchkrautweide begegnen:

Agrostis capillaris	Haar-Straussgras	*Campanula scheuchzeri*	Scheuchzers Glockenblume
Alchemilla coriacea	Lederblättriger Frauenmantel	*Carex flacca*	Schlaffe Segge
Alchemilla glabra	Kahler Frauenmantel	*Carex pallescens*	Bleiche Segge
Alchemilla hybrida	Bastard-Frauenmantel	*Crepis aurea*	Gold-Pippau
Anthoxanthum odoratum	Ruchgras	*Deschampsia cespitosa*	Rasen-Schmiele
Bellis perennis	Massliebchen	*Euphrasia rostkoviana* ssp. *montana*	Berg-Augentrost

Wiesen und Weiden

Festuca nigrescens	Schwarzwerdender Schwingel	*Potentilla aurea*	Gold-Fingerkraut
Festuca rubra	Rot-Schwingel	*Primula elatior*	Wald-Schlüsselblume
Hieracium lactucella	Öhrchen-Habichtskraut	*Prunella vulgaris*	Gemeine Brunelle
Hieracium pilosella	Langzottiges Habichtskraut	*Ranunculus acris* ssp. *friesianus*	Scharfer Hahnenfuss
Hypericum maculatum	Geflecktes Johanniskraut	*Ranunculus montanus*	Berg-Hahnenfuss
Leontodon autumnalis	Herbst-Milchkraut	*Ranunculus tuberosus*	Knolliger Hain-Hahnenfuss
Leontodon hispidus	Raues Milchkraut	*Sagina saginoides*	Alpen-Mastkraut
Leucanthemum adustum	Berg-Margerite	*Soldanella alpina*	Grosse Soldanelle
Leucanthemum vulgare	Margerite	*Taraxacum officinale*	Löwenzahn
Ligusticum mutellina	Alpen-Mutterwurz, Muttern	*Trifolium badium*	Braun-Klee
		Trifolium pratense	Rot-Klee
Nardus stricta	Borstgras	*Trifolium repens*	Kriechender Klee
Phleum rhaeticum	Rätisches Alpen-Lieschgras	*Trifolium thalii*	Thals Klee
		Veronica alpina	Alpen-Ehrenpreis
Plantago alpina	Alpenwegerich	*Veronica serpyllifolia* ssp. *humifusa*	Zarter Ehrenpreis
Plantago atrata	Bergwegerich		
Poa alpina	Alpen-Rispengras		

Alpen-Mutterwurz, Muttern
(*Ligusticum mutellina*)

Raues Milchkraut
(*Leontodon hispidus*)

Lederblättriger Frauenmantel
(*Alchemilla coriacea*)

MILCHKRAUTWEIDE

- Scharfer Hahnenfuss
- Margerite
- Rätisches Alpen-Lieschgras
- Alpenwegerich
- Thals Klee
- Hain-Hahnenfuss
- Bleiche Segge
- Zarter Ehrenpreis
- Ruchgras
- Haar-Straussgras

Feuchtwiesen und Bachuferfluren
Molinietalia caeruleae

Feuchtwiese mit Trollblume *(Trollius europaeus)* und Eisenhutblättrigem Hahnenfuss *(Ranunculus aconitifolius)*

Montane Pfeifengraswiese mit der seltenen Echten Betonie *(Stachys officinalis)* bei Gruenholz in der Gemeinde Schüpfheim

Im voralpinen, niederschlagsreichen und luftfeuchten Entlebuch bereichern immer noch recht viele artenreiche, auffällige Feuchtwiesen und Bachuferfluren das Landschaftsbild. Auf wechselfeuchten, lehmig-tonigen, schlecht durchlüfteten Böden wachsen dichte und hohe Pflanzenbestände mit Kräutern, Süssgräsern und auch Stauden, die vielen Insekten und auch Vögeln Nahrung und Lebensraum bieten. Grundwasserbeeinflusste Gleyböden, aber auch zeitweise überflutete, staunasse Pseudogleyböden zeigen eine schwach saure bis schwach basische Bodenreaktion. Vernässung mit hohem Grundwasserstand oder sogar Überflutung wechseln während der Vegetationszeit mit zeitweiliger Austrocknung ab. In regenarmen Sommern und oft auch im Herbst können diese Lebensräume also recht trocken sein. Wir finden sie im Entlebuch in ebener Lage, an schwach geneigten Hängen, entlang von Bächen und Gräben, in der Umgebung von Kleinseggenrieden, Mooren sowie auch von gedüngten Wirtschaftswiesen bis in die unterste subalpine Stufe. Nährstoffgehalt des Bodens, Ausmass und Dauer der Vernässung sowie die Art der Bewirtschaftung bestimmen die pflanzensoziologische Zusammensetzung der drei Verbände dieser Ordnung. Die Feuchtwiesen werden teilweise mit Mist gedüngt, gemäht oder beweidet. Die Bachuferfluren werden vom Menschen nicht gedüngt, unregelmässig gemäht und selten beweidet. Neben Feuchtwiesenpflanzen gehören auch Vertreter der Hochstaudenfluren, der Flachmoore sowie der gedüngten, frischen Wirtschaftswiesen zum Grundstock der Feuchtwiesen.

Auf den blumenreichen Feuchtwiesen finden Schmetterlinge Nektar in den Blüten. Widderchen (Blutströpfchen) (links), Schachbrett (Mitte), Zitronenfalter (Männchen) (rechts).

Wiesen und Weiden

Zu den **Charakterarten** der **Ordnung** gehören:

Achillea ptarmica	Sumpf-Schafgarbe	*Juncus conglomeratus*	Knäuelblütige Binse
Angelica sylvestris	Wilde Brustwurz	*Juncus effusus*	Flatterige Binse
Chaerophyllum hirsutum	Gebirgs-Kälberkropf	*Linum catharticum*	Purgier-Lein
Cirsium palustre	Sumpf-Kratzdistel	*Molinia caerulea*	Blaues Pfeifengras, Besenried
Dactylorhiza majalis	Breitblättriges Knabenkraut	*Platanthera chlorantha*	Grünliches Breitkölbchen
Equisetum palustre	Sumpf-Schachtelhalm	*Silene flos-cuculi*	Kuckucks-Lichtnelke
Galium uliginosum	Moor-Labkraut	*Succisa pratensis*	Abbisskraut
Geum rivale	Bach-Nelkenwurz	*Trollius europaeus*	Trollblume
Gymnadenia conopsea	Langspornige Handwurz	*Valeriana dioica*	Sumpf-Baldrian

Trollblume
(Trollius europaeus)

Sumpf-Kratzdistel
(Cirsium palustre)

Abbisskraut
(Succisa pratensis)

Flatterige Binse
(Juncus effusus)

Breitblättriges Knabenkraut
(Dactylorhiza majalis)

Sumpf-Schachtelhalm
(Equisetum palustre)

Kuckucks-Lichtnelke
(Silene flos-cuculi)

Grünliches Breitkölbchen
(Platanthera chlorantha)

Bach-Nelkenwurz
(Geum rivale)

Moor-Labkraut
(Galium uliginosum)

Knäuelblütige Binse
(Juncus conglomeratus)

Langspornige Handwurz
(Gymnadenia conopsea)

Wilde Brustwurz
(Angelica sylvestris)

Sumpf-Baldrian
(Valeriana dioica)

Besenried
(Molinia caerulea)

Gebirgs-Kälberkropf
(Chaerophyllum hirsutum)

Sumpf-Schafgarbe *(Achillea ptarmica)*

Purgier-Lein *(Linum catharticum)*

Pfeifengraswiesen
Molinion caeruleae

Montanes Pfeifengrasried mit Echter Betonie *(Stachys officinalis)* und Schwalbenwurz-Enzian *(Gentiana asclepiadea)* (nordöstlich Gruenholz, Schüpfheim und Stöckerehüsli, Hasle)

Pfeifengraswiesen sind anthropogene, ungedüngte, nährstoffarme Feuchtwiesen mit artenreicher, dichter und hochwüchsiger Pflanzendecke. Der wechselfeuchte Boden ist meist kalkhaltig, aber oberflächlich versauert. Das Grundwasser reicht vorübergehend bis an die Erdoberfläche und bewirkt eine temporäre Staunässe.

In niederschlagsarmen Sommern und auch im Herbst kann der Boden aber sogar zeitweise austrocknen. Diese Wechselfeuchtigkeit macht begreiflich, dass solche Riedwiesen Pflanzen feuchter wie auch trockner Standorte beherbergen. Die Pfeifengraswiesen brauchen für ihre Erhaltung eine einmalige Mahd im Herbst. Bei fehlender Bewirtschaftung dringen Hochstauden und Gebüsche in diese selten gewordenen Riedwiesen ein. Bei Düngung oder stärkerem Nährstoffeintrag aus benachbarten Fettwiesen entwickeln sich die Pfeifengraswiesen zu gedüngten Feuchtwiesen *(Calthion)* oder Spierstaudenfluren *(Filipendulion)*. Das namengebende Blaue Pfeifengras – auch Besenried *(Molinia caerulea)* genannt – wurde früher im Entlebuch getrocknet und zusammen mit Binsen *(Juncus sp.)* zu kleinen Handbesen – im Volksmund «Schmäubäse» genannt – gebunden. Damit wischte man Asche aus dem Feuerofen oder Kochherd oder beförderte die Glut weiter in den Ofen hinein.

Im montanen Entlebuch mit rauerem Klima als im Mittelland sind die typischen Pfeifengraswiesen nur noch fragmentarisch ausgebildet. Es fehlen die meisten wärmeliebenden **Charakterarten** des **Verbandes** oder sind selten anzutreffen. Zu ihnen gehören:

Gentiana asclepiadea	Schwalbenwurz-Enzian
Ophioglossum vulgatum	Natterzunge
Stachys officinalis	Echte Betonie

Echte Betonie *(Stachys officinalis)* Natterzunge *(Ophioglossum vulgatum)* Schwalbenwurz-Enzian *(Gentiana asclepiadea)*

Beim Stöckerenhüsli (Gemeinde Hasle), nordöstlich von Gruenholz (Gemeinde Schüpfheim) und im Waldbühlmoos (Gemeinde Escholzmatt) begegnen uns in fast ebener oder schwach geneigter Lage und umgeben von intensiv genutztem Wiesland drei Riedwiesen, die mit ihrem Artengefüge den Eindruck einer montanen Pfeifengraswiese *(Molinietum)* erwecken. Feuchtwiesen- und Fettwiesenpflanzen bilden den Grundstock für eine artenreiche und farbenprächtige Pflanzengesellschaft:

Angelica sylvestris	Wilde Brustwurz	*Molinia arundinacea*	Strand-Pfeifengras
Carex flacca	Schlaffe Segge	*Molinia caerulea*	Blaues Pfeifengras, Besenried
Carex panicea	Hirse-Segge		
Cirsium palustre	Sumpf-Kratzdistel	*Myosotis scorpioides*	Sumpf-Vergissmeinnicht
Cynosurus cristatus	Gemeines Kammgras	*Ophioglossum vulgatum*	Natterzunge
Dactylis glomerata	Knäuelgras	*Plantago lanceolata*	Spitzwegerich
Dactylorhiza majalis	Breitblättriges Knabenkraut	*Platanthera chlorantha*	Grünliches Breitkölbchen
		Poa pratensis	Wiesen-Rispengras
Equisetum palustre	Sumpf-Schachtelhalm	*Poa trivialis*	Gemeines Rispengras
Filipendula ulmaria	Moor-Spierstaude	*Rhinanthus glacialis*	Grannen-Klappertopf
Galium uliginosum	Moor-Labkraut	*Rhinanthus minor*	Kleiner Klappertopf
Gentiana asclepiadea	Schwalbenwurz-Enzian	*Rumex acetosa*	Wiesen-Sauerampfer
Hypericum desetangsii	Des Etangs' Johanniskraut	*Sanguisorba officinalis*	Grosser Wiesenknopf
Juncus acutiflorus	Spitzblütige Binse	*Silene flos-cuculi*	Kuckucks-Lichtnelke
Juncus conglomeratus	Knäuelblütige Binse	*Stachys officinalis*	Echte Betonie
Juncus effusus	Flatterige Binse	*Succisa pratensis*	Abbisskraut
Juncus subnodulosus	Stumpfblütige Binse	*Taraxacum officinale*	Löwenzahn
Lathyrus pratensis	Wiesen-Platterbse	*Trifolium pratense*	Rot-Klee
Linum catharticum	Purgier-Lein	*Trifolium repens*	Kriechender Klee
Lotus corniculatus	Wiesen-Hornklee	*Valeriana dioica*	Sumpf-Baldrian
Lotus pedunculatus	Sumpf-Hornklee	*Veronica chamaedrys*	Gamander-Ehrenpreis
Lysimachia nummularia	Pfennigkraut	*Vicia cracca*	Vogel-Wicke

Wiesen und Weiden

PFEIFENGRASWIESE

Spierstaudenflur
Filipendulion ulmariae

Spierstaudenfluren in verschiedener Ausprägung begleiten als artenarme, aber markante Hochstaudenriede meist bandförmig Gräben, Bäche, Wald- und Gebüschränder bis in die subalpine Stufe. Sie können sich in benachbarte, nicht mehr bewirtschaftete Feuchtwiesen ausbreiten und bewachsen auch sumpfige Quellgebiete.

Spierstaudenfluren in Schüpfheim (links) und in Escholzmatt (rechts)

Der Boden ist stets gut durchfeuchtet, liegt doch der Grundwasserstand oft schon 20 cm unter der Erdoberfläche. Der sog. Sumpfhumusboden ist nährstoffreich, gut mit Stickstoff versorgt, mild bis mässig sauer, humos, sandig, lehmig oder tonig. Gelegentliche Überflutungen und Aushubmaterial von der Grabenpflege reichern den Nassboden mit nährstoffreichem Schlamm und Feuchtigkeit an. Bedingt durch diese Standortfaktoren dominieren in den Spierstaudenfluren hohe Stauden und Kräuter. Kleinwüchsige Kräuter und Gräser werden zurückgedrängt. Aus stickstoffliebenden Saumgesellschaften, Feuchtwiesen, Kleinseggenrieden und frischen Fettwiesen dringen da und dort Pflanzen in die Spierstaudenflur ein und verleihen ihr mit den charakteristischen Vertretern wie Moor-Spierstaude, auch Mädesüss genannt *(Filipendula ulmaria)*, Gebräuchlichem Baldrian *(Valeriana officinalis)*, Zottigem Weidenröschen *(Epilobium hirsutum)*, Rohr-Glanzgras *(Phalaris arundinacea)*, Blut-Weiderich *(Lythrum salicaria)*, Gewöhnlichem Gilbweiderich *(Lysimachia vulgaris)* u.a. das unverwechselbare Gepräge. Die nassen Hochstaudenriede sind mahd- und beweidungsempfindlich. Eine Mahd der äusserst üppigen Pflanzenbestände alle zwei bis vier Jahre wäre aber für ihre optimale Entfaltung von Vorteil.

Der Verband der Spierstaudenfluren wird in unserem Gebiet nur durch wenige Arten charakterisiert. Auffällig und manchmal bestandesbildend ist die Moor-Spierstaude *(Filipendula ulmaria)*.

Spierstaudenfluren begleiten offene Gräben inmitten der Kulturlandschaft.

Zu den **Charakterarten** des **Verbandes** gehören:

Filipendula ulmaria	Moor-Spierstaude	*Hypericum tetrapterum*	Vierflügeliges Johanniskraut
Hypericum desetangsii	Des Etangs' Johanniskraut	*Lythrum salicaria*	Blut-Weiderich
Hypericum maculatum ssp. *obtusiusculum*	Stumpfes Johanniskraut		

Moor-Spierstaude (*Filipendula ulmaria*) | Des Etangs' Johanniskraut (*Hypericum desetangsii*) | Blut-Weiderich (*Lythrum salicaria*) | Stumpfes Johanniskraut (*Hypericum maculatum* ssp. *obtusiusculum*) | Vierflügeliges Johanniskraut (*Hypericum tetrapterum*)

Insgesamt ist aber das Erscheinungsbild der Spierstaudenfluren durch die Kombination feuchtigkeits- und nährstoffliebender Pflanzen gut charakterisiert. Die verschiedenen Assoziationen unterscheiden sich meist nur durch das Fehlen oder die Dominanz einzelner Arten.

Spierstaudenflur mit Kohldistel (*Cirsium oleraceum*)

Spierstaudenflur zwischen Fettwiesen

Die wichtigsten und häufigsten Vertreter der Spierstaudenfluren sind:

Aegopodium podagraria	Geissfuss	*Epilobium hirsutum*	Zottiges Weidenröschen
Angelica sylvestris	Wilde Brustwurz	*Epilobium palustre*	Sumpf-Weidenröschen
Caltha palustris	Dotterblume	*Eupatorium cannabinum*	Wasserdost
Calystegia sepium	Zaun-Winde	*Filipendula ulmaria*	Moor-Spierstaude
Carex acutiformis	Scharfkantige Segge	*Galium palustre*	Sumpf-Labkraut
Cirsium oleraceum	Kohldistel	*Hypericum desetangsii*	Des Etangs' Johanniskraut
Cirsium palustre	Sumpf-Kratzdistel		
Crepis paludosa	Sumpf-Pippau	*Hypericum maculatum* ssp. *obtusiusculum*	Stumpfes Johanniskraut
Deschampsia cespitosa	Rasen-Schmiele		

Wiesen und Weiden

Hypericum tetrapterum	Vierflügeliges Johanniskraut	*Polygonum bistorta*	Schlangen-Knöterich
Juncus effusus	Flatterige Binse	*Petasites hybridus*	Rote Pestwurz
Lysimachia vulgaris	Gemeiner Gilbweiderich	*Rumex conglomeratus*	Knäuelblütiger Ampfer
Lythrum salicaria	Blut-Weiderich	*Rumex obtusifolius*	Stumpfblättriger Ampfer
Molinia caerulea	Blaues Pfeifengras	*Scirpus sylvaticus*	Waldried, Waldsimse, Waldbinse
Myosotis scorpioides	Sumpf-Vergissmeinnicht	*Silene flos-cuculi*	Kuckucks-Lichtnelke
Mentha aquatica	Bach-Minze	*Succisa pratensis*	Abbisskraut
Mentha longifolia	Ross-Minze	*Trollius europaeus*	Trollblume
Mentha arvensis	Acker-Minze	*Urtica dioica*	Grosse Brennnessel
Phalaris arundinacea	Rohr-Glanzgras	*Valeriana dioica*	Sumpf-Baldrian
Phragmites australis	Schilf	*Valeriana officinalis*	Gebräuchlicher Baldrian

Spierstaudenfluren gedeihen auf dem nährstoffreichen Boden üppig, sind aber artenarm.

Nährstoffreiche Feuchtwiesen, Dotterblumenwiesen
Calthion palustris

Dotterblumenwiesen bereichern im Frühling das Landschaftsbild im Entlebuch bis in die subalpine Stufe mit üppiger, hochwüchsiger Krautvegetation und auffälliger Blütenpracht. Von den drei Verbänden der Ordnung der Feuchtwiesen und Bachuferfluren besitzen sie im Allgemeinen die nährstoffreichsten Böden. Es sind feucht-nasse bis wechselnasse Gleyböden oder entwässerte torfige Böden, mehr oder weniger humos und schwach bis stark sauer. Der Grundwasserspiegel liegt tiefer als bei den Bachuferfluren (30 cm – 120 cm). Nach der Schneeschmelze im Frühling sind die Böden oft stark vernässt. Auf den fast ebenen bis schwach geneigten Feuchtwiesen begegnet man da und dort Flecken mit Staunässe. Dotterblumenwiesen werden ein- bis zweimal gemäht oder beweidet, mit Stallmist vom Vieh oder überhaupt nicht gedüngt. Ungedüngte Feuchtwiesen liegen meist im Bereich von geschützten Flachmooren. Ihre Bewirtschaftung – meist ohne Düngung – ist durch Verträge mit den Bewirtschaftern festgelegt. Bei einer Düngung mit verrottetem Mist alle drei bis fünf Jahre – keinesfalls mit frischem Mist oder Gülle – erreichen die Dotterblumenwiesen ihre optimale Entfaltung. Beweidete Feuchtwiesen erleiden in nassen Sommern erhebliche Trittschäden. Sie sollten nur mit Jungvieh beweidet werden. Ein Pflegeschnitt alle paar Jahre im Herbst mit anschliessender Beseitigung des Schnittgutes kann das Aufkommen von Binsen wie der Flatterigen Binse *(Juncus effusus)* einschränken.

Dotterblumenwiese Bleikenboden (Flühli)

Feuchtwiese mit Trollblume *(Trollius europaeus)* und Eisenhutblättrigem Hahnenfuss *(Ranunculus aconitifolius)*

Je nach Feuchtigkeitsgehalt, Nährstoffangebot, Meereshöhe und Bewirtschaftung präsentieren sich die nährstoffreichen Feuchtwiesen in verschiedenster Ausprägung. Sie sind im voralpinen Entlebuch von der montanen bis in die untere subalpine Stufe gut vertreten. Das Artengefüge der mehr oder weniger nährstoffreichen, anthropogenen Feuchtwiesen setzt sich hauptsächlich zusammen aus Vertretern von Hochstauden- und Kleinseggenrieden, Tal- und Bergfettwiesen, Fettweiden und Borstgrasrasen. Der Verband zeichnet sich deshalb nur durch schwache Charakterarten aus. Kombination und Häufigkeit einzelner Arten sowie der auffällige Blühaspekt kennzeichnen aber diese Feuchtwiesen gut.

Diese hochmontane Feuchtwiese entwickelte sich auf Waldboden nach einem Windsturm.

Kohldistelwiese

Zu den **Charakterarten** des **Verbandes** gehören:

Caltha palustris	Dotterblume	*Polygonum bistorta*	Schlangen-Knöterich
Cirsium oleraceum	Kohldistel	*Ranunculus aconitifolius*	Eisenhutblättriger Hahnenfuss
Crepis paludosa	Sumpf-Pippau		
Juncus filiformis	Fadenförmige Binse	*Scirpus sylvaticus*	Waldried, Waldsimse, Waldbinse
Lotus pedunculatus	Sumpf-Hornklee		
Myosotis nemorosa	Hain-Vergissmeinnicht	*Senecio aquaticus*	Wasser-Greiskraut

Dotterblume *(Caltha palustris)*

Eisenhutblättriger Hahnenfuss *(Ranunculus aconitifolius)*

Schlangen-Knöterich *(Polygonum bistorta)*

Kohldistel *(Cirsium oleraceum)*

Hain-Vergissmeinnicht *(Myosotis nemorosa)*

Sumpf-Hornklee *(Lotus pedunculatus)*

Fadenförmige Binse *(Juncus filiformis)*

Wiesen und Weiden

Waldried, Waldsimse *(Scirpus sylvaticus)*

Sumpf-Pippau *(Crepis paludosa)*

Wasser-Greiskraut *(Senecio aquaticus)*

Feuchtwiese mit dem Eisenhutblättrigen Hahnenfuss *(Ranunculus aconitifolius)* beim Rohrblattli an der Hagleren

Trollblumen-Bachkratzdistelwiese
Trollio-Cirsietum rivularis

Immer wieder eine wohltuende Augenweide sind im Frühling und Vorsommer die blühenden Feuchtwiesen, Flachmoore und mageren Fettwiesen auf dem Bleikenboden in der Gemeinde Flühli. Seit mehr als 20 Jahren werden diese wertvollen Lebensräume von nationaler Bedeutung nicht mehr gedüngt und vertragsgemäss als Mähwiesen sorgfältig bewirtschaftet. Ein gelbes Heer von Trollblumen (*Trollius europaeus*), der weisse Eisenhutblättrige Hahnenfuss (*Ranunculus aconitifolius*), hübsche, rötliche Orchideen (*Dactylorhiza majalis, Dactylorhiza fuchsii*) sowie die hohe, oberwärts blattlose Bach-Kratzdistel (*Cirsium rivulare*) ziehen uns in ihren Bann, laden zum Betrachten ein und erwecken Staunen und Bewunderung. Die Pflanzengesellschaften verzahnen sich hier mosaikartig je nach Relief und Wassergehalt des mässig nährstoffreichen Bodens. Von den verschiedenen Feuchtwiesentypen fällt wegen der hohen Disteln vor allem die Trollblumen-Bachkratzdistelwiese auf. Die Charakterart der artenreichen Assoziation ist die Bach-Kratzdistel (*Cirsium rivulare*). Zu ihr gesellen sich typische Pflanzen der Feuchtwiesen und viele Begleiter aus benachbarten Pflanzengesellschaften.

Trollblumen-Bachkratzdistelwiese auf dem Bleikenboden mit Trollblume (*Trollius europaeus*) und Bach-Kratzdistel (*Cirsium rivulare*)

Folgende Arten kann man in der Trollblumen-Bachkratzdistelwiese antreffen:

Alopecurus pratensis	Wiesen-Fuchsschwanz	*Holcus lanatus*	Wolliges Honiggras
Caltha palustris	Dotterblume	*Juncus effusus*	Flatterige Binse
Cardamine pratensis	Wiesen-Schaumkraut	*Lathyrus pratensis*	Wiesen-Platterbse
Carex panicea	Hirse-Segge	*Leucanthemum vulgare*	Margerite
Centaurea jacea	Gemeine Flockenblume	*Lotus pedunculatus*	Sumpf-Hornklee
Cirsium oleraceum	Kohldistel	*Myosotis scorpioides*	Sumpf-Vergissmeinnicht
Cirsium palustre	Sumpf-Kratzdistel	*Phyteuma orbiculare*	Rundköpfige Rapunzel
Cirsium rivulare	Bach-Kratzdistel	*Polygonum bistorta*	Schlangen-Knöterich
Colchicum autumnale	Herbst-Zeitlose	*Primula elatior*	Wald-Schlüsselblume
Crepis paludosa	Sumpf-Pippau	*Ranunculus aconitifolius*	Eisenhutblättriger Hahnenfuss
Dactylorhiza fuchsii	Fuchs' Geflecktes Knabenkraut	*Ranunculus acris*	Scharfer Hahnenfuss
Dactylorhiza majalis	Breitblättriges Knabenkraut	*Silene flos-cuculi*	Kuckucks-Lichtnelke
		Succisa pratensis	Abbisskraut
Equisetum palustre	Sumpf-Schachtelhalm	*Trifolium pratense*	Rot-Klee
Filipendula ulmaria	Moor-Spierstaude	*Trollius europaeus*	Trollblume
Galium uliginosum	Moor-Labkraut	*Valeriana dioica*	Sumpf-Baldrian

Wiesen und Weiden

TROLLBLUMEN-BACHKRATZDISTELWIESE

Kälberkropfwiese
Chaerophyllo-Ranunculetum aconitifolii

Auf nassen, grundwasserbeeinflussten, lehmig-tonigen und nährstoffreichen Böden in kühler und feuchter Berglage begegnen wir dieser üppigen Pflanzengesellschaft entlang von Bächen, an quelligen Wiesenstandorten und in feucht-nassen Mulden. In dieser Quellstaudenflur dominiert im Sommer der weisse Farbton. Verantwortlich dafür sind der oft in grosser Menge auftretende Eisenhutblättrige Hahnenfuss *(Ranunculus aconitifolius)* und der doldenblütige Gebirgs-Kälberkropf *(Chaerophyllum hirsutum)*. Diese beiden Arten sowie der Wald-Storchschnabel *(Geranium sylvaticum)* gelten als Trennarten der Assoziation. Schlangen-Knöterich *(Polygonum bistorta)*, Sumpf-Pippau *(Crepis paludosa)*, Sumpf-Kratzdistel *(Cirsium palustre)*, Kuckucks-Lichtnelke *(Silene flos-cuculi)* und viele andere Arten bilden wohltuende Farbtupfer im weissen Schleier der Landschaft. Gräser, kleinwüchsige und vereinzelt auch höhere Kräuter und Stauden, die vorübergehende Nässe ertragen können, vervollständigen das Artenspektrum der auffälligen Kälberkropfwiese.

Kälberkropfwiesen: Gebirgs-Kälberkropf *(Chaerophyllum hirsutum)*, Eisenhutblättriger Hahnenfuss *(Ranunculus aconitifolius)*, Schlangen-Knöterich *(Polygonum bistorta)*

In der Kälberkropfwiese können wir folgenden Arten begegnen:

Alchemilla xanthochlora aggr.	Gemeiner Frauenmantel	*Lotus pedunculatus*	Sumpf-Hornklee
Alopecurus pratensis	Wiesen-Fuchsschwanz	*Myosotis scorpioides*	Sumpf-Vergissmeinnicht
Anthoxanthum odoratum	Ruchgras	*Poa trivialis*	Gemeines Rispengras
Caltha palustris	Dotterblume	*Polygonum bistorta*	Schlangen-Knöterich
Cardamine pratensis	Wiesen-Schaumkraut	*Prunella vulgaris*	Gemeine Brunelle
Chaerophyllum hirsutum	Gebirgs-Kälberkropf	*Ranunculus aconitifolius*	Eisenhutblättriger Hahnenfuss
Cirsium palustre	Sumpf-Kratzdistel	*Ranunculus acris*	Scharfer Hahnenfuss
Crepis paludosa	Sumpf-Pippau	*Rumex acetosa*	Wiesen-Sauerampfer
Dactylorhiza majalis	Breitblättriges Knabenkraut	*Sanguisorba officinalis*	Grosser Wiesenknopf
Filipendula ulmaria	Moor-Spierstaude	*Scirpus sylvaticus*	Waldried, Waldsimse, Waldbinse
Geranium sylvaticum	Wald-Storchschnabel	*Silene dioica*	Rote Waldnelke
Geum rivale	Bach-Nelkenwurz	*Silene flos-cuculi*	Kuckucks-Lichtnelke
Heracleum sphondylium	Wiesen-Bärenklau	*Trifolium pratense*	Rot-Klee
Holcus lanatus	Wolliges Honiggras	*Trifolium repens*	Kriechender Klee
Lathyrus pratensis	Wiesen-Platterbse	*Trollius europaeus*	Trollblume

Diese drei Arten sind typisch für die Kälberkropfwiese:

Eisenhutblättriger Hahnenfuss
(Ranunculus aconitifolius)

Wald-Storchschnabel
(Geranium sylvaticum)

Gebirgs-Kälberkropf
(Chaerophyllum hirsutum)

Kälberkropfwiese

Waldsimsenwiese
Polygono-Scirpetum sylvatici

In der Waldsimsen- oder Waldriedwiese bestimmt das häufige Auftreten des Waldrieds – auch Waldsimse oder Waldbinse genannt – *(Scirpus sylvaticus)* als Charakterart den Aspekt der Gesellschaft. Im Übrigen unterscheidet sich das Artenspektrum dieser meist kleinflächigen, nährstoffreichen Feuchtwiese nicht erheblich von den anderen Dotterblumenwiesen. Im kühlen und niederschlagsreichen Voralpengebiet finden wir diese beweidete oder gemähte Pflanzengesellschaft bis in die obere montane Stufe in quelligen Mulden in der Ebene wie auch an nassen Hängen mit bewegtem Relief, meist im Kontakt mit Kleinseggenrieden und Feuchtwiesen. Der lehmig-tonige, humose und ziemlich saure Boden wird vom langsam sickernden oder gestauten Wasser stark durchfeuchtet.

Waldsimsenwiese

Waldsimse
(Scirpus sylvaticus)

Sumpf-Dotterblume
(Caltha palustris)

Sumpf-Kratzdistel
(Cirsium palustre)

Moor-Spierstaude
(Filipendula ulmaria)

Sumpf-Schachtelhalm
(Equisetum palustre)

Schlangen-Knöterich
(Polygonum bistorta)

Breitblättriges Knabenkraut
(Dactylorhiza majalis)

Folgende Arten prägen das Bild der Waldsimsenwiese:

Caltha palustris	Dotterblume	*Myosotis scorpioides*	Sumpf-Vergissmeinnicht
Cardamine pratensis	Wiesen-Schaumkraut	*Polygonum bistorta*	Schlangen-Knöterich
Chaerophyllum hirsutum	Berg-Kälberkropf	*Ranunculus aconitifolius*	Eisenhutblättriger Hahnenfuss
Carex panicea	Hirse-Segge		
Cirsium palustre	Sumpf-Kratzdistel	*Ranunculus acris*	Scharfer Hahnenfuss
Crepis paludosa	Sumpf-Pippau	*Ranunculus repens*	Kriechender Hahnenfuss
Dactylorhiza majalis	Breitblättriges Knabenkraut	*Rumex acetosa*	Wiesen-Sauerampfer
		Scirpus sylvaticus	Waldried, Waldsimse, Waldbinse
Equisetum palustre	Sumpf-Schachtelhalm		
Filipendula ulmaria	Moor-Spierstaude	*Silene flos-cuculi*	Kuckucks-Lichtnelke
Galium uliginosum	Moor-Labkraut	*Succisa pratensis*	Abbisskraut
Holcus lanatus	Wolliges Honiggras	*Trifolium pratense*	Rot-Klee
Juncus effusus	Flatterige Binse	*Trollius europaeus*	Trollblume
Lotus pedunculatus	Sumpf-Hornklee	*Valeriana dioica*	Sumpf-Baldrian

Wiesen und Weiden

WALDSIMSENWIESE

Waldnahe Staudenfluren und Gebüsche

Hochstaudenfluren und Grünerlengebüsche
(Betulo-Adenostyletea)

Zu dieser im niederschlagsreichen, voralpinen Entlebuch weit verbreiteten Klasse gehören:
- Subalpine und montane Hochstaudenfluren
- Lägerfluren
- Grünerlengebüsche

Hochstaudenflur (Karflur)

Lägerflur

Grünerlengebüsch

Hochstaudenfluren

Hochstaudenfluren treffen wir im Entlebuch auf kalkreichen und kalkarmen Böden. In Mulden und Runsen, in Schluchten und Dolinen, an nebelreichen Nordhängen mit Grobschutt und Felsblöcken, am Fusse feuchter Felsen und Gehängeschuttkegel, entlang von blockreichen Gebirgsbächen und in lichten Wäldern in Nordlage gedeihen in der hochmontanen und subalpinen Stufe üppige, mastige Pflanzengesellschaften mit imposanten Blumengestalten. Die manchmal fast mannshohen Kräuter und Stauden tragen grossflächige Blätter und meist reichblütige, farbenprächtige Blütenstände. In ihrem Schatten und am Rande fristen ein paar kleine Pflanzen ein kümmerliches Dasein. Reichliche Niederschläge und hohe Luftfeuchtigkeit schaffen im voralpinen Gebiet günstige Voraussetzungen für Entstehung und Erhaltung der Hochstaudenfluren. Hang-, Riesel- und Quellwasser schwemmt die natürlichen Nährstoffe an ihre Standorte. Der Boden ist also zeitweise sehr feucht, feinerde- und nährstoffreich und gut durchlüftet. Er apert spät aus, aber doch so früh, dass die sommerliche Wärme in kurzer Zeit ein überaus üppiges Pflanzenwachstum ermöglicht. Diese Hochstaudenfluren brauchen keinen tierischen Dünger; sie werden deshalb – im Gegensatz zu den Lägerfluren – oft auch als *Karfluren* bezeichnet.

Hochstaudenfluren begegnen uns auch in der montanen Stufe entlang von feuchten und schattigen Waldbächen und Waldstrassen, in Wäldern und unter Gebüsch als Unterwuchs, eigentlich überall dort, wo der Mensch feuchte, nährstoffreiche Stellen nicht mehr mäht oder beweiden lässt. In den montanen Hochstaudenfluren – diese bilden eine eigene Ordnung innerhalb der Klasse – fehlen die subalpinen charakteristischen Arten wie Alpen-Milchlattich (*Cicerbita alpina*), Berg-Sauerampfer (*Rumex alpestris*), Quirlblättriges Weidenröschen (*Epilobium alpestre*) und Grauer Alpendost (*Adenostyles alliariae*). Die Hochstaudenfluren beherbergen wenige bis keine treuen Arten. Der Artenbestand als Gesamtheit verleiht aber den Vegetationseinheiten ein charakteristisches Gepräge.

Übersicht

Klasse	Hochstaudenfluren und Feuchtgebüsche	*Betulo-Adenostyletea*
Ordnung	Subalpine Alpendost-Hochstaudenfluren	*Adenostyletalia*
1. Verband	Subalpine Hochstaudenfluren und Gebüsche	*Adenostylion alliariae*
1. Assoziation	Grünerlengebüsch	*Alnetum viridis*
2. Assoziation	Alpendost-Hochstaudenflur	*Adenostylo-Cicerbitetum alpinae*
2. Verband	Subalpine Lägerfluren	*Rumicion alpini*
Assoziation	Alpenampferflur	*Rumicetum alpini*

Zur **Klasse** der Hochstaudenfluren und Feuchtgebüsche und zur **Ordnung** der subalpinen Alpendost-Hochstaudenfluren gehören folgende **Charakterarten:**

Adenostyles alliariae	Grauer Alpendost
Athyrium distentifolium	Gebirgs-Frauenfarn
Cicerbita alpina	Alpen-Milchlattich
Crepis pyrenaica	Pyrenäen-Pippau
Epilobium alpestre	Quirlblättriges Weidenröschen
Geranium sylvaticum	Wald-Storchschnabel
Ranunculus platanifolius	Platanenblättriger Hahnenfuss

Ribes petraeum	Felsen-Johannisbeere
Rosa pendulina	Alpen-Hagrose
Rumex alpestris	Berg-Sauerampfer
Saxifraga rotundifolia	Rundblättriger Steinbrech
Senecio hercynicus	Busch-Greiskraut
Streptopus amplexifolius	Knotenfuss
Tozzia alpina	Tozzie
Viola biflora	Gelbes Bergveilchen

Grauer Alpendost
(*Adenostyles alliariae*)

Gebirgs-Frauenfarn
(*Athyrium distentifolium*)

Alpen-Milchlattich (*Cicerbita alpina*)

Waldnahe Staudenfluren und Gebüsche

Pyrenäen-Pippau
(Crepis pyrenaica)

Quirlblättriges Weidenröschen *(Epilobium alpestre)*

Platanenblättriger Hahnenfuss *(Ranunculus platanifolius)*

Wald-Storchschnabel *(Geranium sylvaticum)*

Felsen-Johannisbeere *(Ribes petraeum)*

Alpen-Hagrose *(Rosa pendulina)*

Berg-Sauerampfer *(Rumex alpestris)*

Rundblättriger Steinbrech *(Saxifraga rotundifolia)*

Busch-Greiskraut *(Senecio hercynicus)*

Knotenfuss *(Streptopus amplexifolius)*

Tozzie *(Tozzia alpina)*

Gelbes Bergveilchen *(Viola biflora)*

Subalpine Hochstaudenfluren und Gebüsche
(Adenostylion alliariae)

Von den beiden Assoziationen dieses Verbandes hebt sich das Grünerlengebüsch *(Alnetum viridis)* im Aspekt deutlich von der Alpendost-Hochstaudenflur *(Adenostylo-Cicerbitetum alpinae)* ab. Die Grün-Erle *(Alnus viridis)* bestimmt von Weitem das Erscheinungsbild dieser Gesellschaft. So ist es verständlich, dass Grünerlengebüsche innerhalb der Klasse der Hochstaudenfluren einen eigenen Verband *(Alnion viridis)* oder sogar eine eigene Klasse *(Alnetea viridis)* bilden. Das Artengefüge der Kräuter und Stauden entspricht aber weitgehend der Alpendost-Hochstaudenflur.

Charakterarten des **Verbandes** sind:

Achillea macrophylla	Grossblättrige Schafgarbe	*Delphinium elatum*	Hoher Rittersporn
Aconitum neomontanum	Blauer Eisenhut	*Heracleum sphondylium* ssp. *elegans*	Berg-Bärenklau
Aconitum variegatum ssp. *paniculatum*	Rispiger Eisenhut	*Peucedanum ostruthium*	Meisterwurz
Chaerophyllum villarsii	Villars Kälberkropf	*Poa hybrida*	Bastard-Rispengras

Grossblättrige Schafgarbe *(Achillea macrophylla)* — Blauer Eisenhut *(Aconitum neomontanum)* — Rispiger Eisenhut *(Aconitum variegatum* ssp. *paniculatum)* — Villars Kälberkropf *(Chaerophyllum villarsii)*

Hoher Rittersporn *(Delphinium elatum)* — Berg-Bärenklau *(Heracleum sphondylium* ssp. *elegans)* — Meisterwurz *(Peucedanum ostruthium)* — Bastard-Rispengras *(Poa hybrida)*

Grünerlengebüsch
(Alnetum viridis)

Das Grünerlengebüsch besiedelt in unseren Voralpen niederschlags- und nebelreiche, feuchte Hänge von ca. 1500 m ü. M. bis zur Waldgrenze. Hohe Luftfeuchtigkeit, nährstoffreicher, feuchter und tiefgründiger Boden sind weitere standörtliche Voraussetzungen, dass die Grün-Erle *(Alnus viridis)* in geschlossenen bis lockeren Beständen an steilen Nordhängen, in Lawinenrunsen und Gräben im wasserundurchlässigen Flyschgebiet, aber auch über wasserhaltendem, mergel- und tonhaltigem Kalkgestein ein auffälliges, von Weitem oft monotones Vegetationsbild in die Landschaft stellen kann.

Grünerlengebüsch an der Ostseite der Hagleren ...

... und am Nesslestock (OW)

Die winterliche Schneelast drückt die biegsamen Stämmchen und Äste hangabwärts, ohne sie zu brechen. Ein geschlossenes Grünerlengebüsch ist für den Menschen fast undurchdringlich, stabilisiert aber den Hang und ist für Wildtiere ein willkommenes Versteck. Die Wurzeln der Grün-Erle *(Alnus viridis)* besitzen Wurzelknöllchen mit Bakterien, die den Luftstickstoff binden können und den Boden damit anreichern. Auf dem feuchten und nährstoffreichen Boden ist der Unterwuchs im Grünerlengebüsch fast identisch mit den subalpinen Hochstaudenfluren; vor allem an lichten Stellen und am Rande ist diese üppige Vegetation optimal entwickelt. Zwei häufige Weiden sind im lockeren Grünerlengebüsch oft heimisch: die Spiessblättrige Weide *(Salix hastata)* und die Grossblättrige Weide *(Salix appendiculata)*, ebenso die Rostblättrige Alpenrose *(Rhododendron ferrugineum)*. Die Grün-Erle *(Alnus viridis)* dringt auch in die benachbarte, ebenfalls feuchtigkeitsliebende Rostseggenhalde ein.

Charakteristische Artenkombination:

Achillea macrophylla	Grossblättrige Schafgarbe	*Rhododendron ferrugineum*	Rostblättrige Alpenrose
Aconitum neomontanum	Blauer Eisenhut	*Rosa pendulina*	Alpen-Hagrose
Aconitum platanifolium	Platanenblättriger Eisenhut	*Rumex alpestris*	Berg-Sauerampfer
Adenostyles alliariae	Grauer Alpendost	*Salix appendiculata*	Grossblättrige Weide
Agrostis schraderiana	Zartes Straussgras	*Salix hastata*	Spiessblättrige Weide
Alnus viridis	Grün-Erle	*Saxifraga rotundifolia*	Rundblättriger Steinbrech
Athyrium distentifolium	Gebirgs-Frauenfarn	*Senecio hercynicus*	Busch-Greiskraut
Chaerophyllum cicutaria	Berg-Kälberkropf	*Stellaria nemorum*	Wald-Sternmiere
Cicerbita alpina	Alpen-Milchlattich	*Streptopus amplexifolius*	Knotenfuss
Geranium sylvaticum	Wald-Storchschnabel	*Veratrum album*	Weisser Germer
Peucedanum ostruthium	Meisterwurz	*Viola biflora*	Gelbes Bergveilchen
Poa hybrida	Bastard-Rispengras		

GRÜNERLENGEBÜSCH

Wald-Storchschnabel
Platanenblättriger Eisenhut
Grauer Alpendost
Meisterwurz
Gebirgs-Kälberkropf
Zartes Straussgras
Gebirgs-Frauenfarn
Grossblättrige Schafgarbe

GRÜNERLENGEBÜSCH

Berg-Sauerampfer

Wald-Sternmiere

Gelbes Bergveilchen

Bastard-Rispengras

Alpen-Hagrose

Grün-Erle

Alpen-Milchlattich

GRÜNERLENGEBÜSCH

Blauer Eisenhut

Grossblättrige Weide

Weisser Germer

Knotenfuss

Spiessblättrige Weide

Busch-Greiskraut

Rundblättriger Steinbrech

Rostblättrige Alpenrose

Alpendost-Hochstaudenflur
(Adenostylo-Cicerbitetum alpinae)

Alpendost-Hochstaudenflur an der Nordseite des Brienzer Rothorn

An feuchten, nährstoffreichen und lange vom Schnee bedeckten Hängen über Kalk und im Flyschgebiet, in Runsen und Mulden, in schuttreichen Weiden mit groben Felsblöcken, in Dolinen und am Fusse von feuchten Felsen und Schuttkegeln treffen wir in der waldfreien, subalpinen Stufe in kleineren und grösseren Flecken auf die überaus üppige und hochwüchsige Alpendost-Hochstaudenflur. Sie begegnet uns aber auch im hochmontanen Bereich in ähnlicher Zusammensetzung in Waldlichtungen, Schlagflächen und entlang von Waldstrassen und Bächen. Rosarote, blaue, gelbe und grüne Farbtöne herrschen vor. Das dichte Blätterwerk verhindert das Aufkommen von Sträuchern und Bäumen. Auf den grossen Blättern erfreuen immer wieder metallisch schillernde Blattkäfer das Auge des aufmerksamen Wanderers. Je nach Höhenlage, Feuchtigkeit, Tiefgründigkeit des Bodens, Nährstoffangebot und Lichtverhältnissen präsentiert sich die weit verbreitete Gesellschaft in variabler Ausprägung. Vom Grünerlengebüsch unterscheidet sie sich insbesondere in der subalpinen Stufe nur durch das Fehlen der Sträucher. Mosaikartige Übergänge zu diesen, den Lägerfluren sowie den Schlagfluren kann man öfters beobachten.

Zur charakteristischen Artenkombination der Alpendost-Hochstaudenflur und ihren Varianten gehören:

Aconitum neomontanum	Blauer Eisenhut
Aconitum paniculatum	Rispiger Eisenhut
Adenostyles alliariae	Grauer Alpendost
Alchemilla vulgaris agg.	Gemeiner Frauenmantel
Carduus personata	Kletten-Distel
Cerinthe glabra	Alpen-Wachsblume
Chaerophyllum villarsii	Villars Kälberkropf
Cicerbita alpina	Alpen-Milchlattich
Delphinium elatum	Hoher Rittersporn
Epilobium alpestre	Quirlblättriges Weidenröschen
Geranium sylvaticum	Wald-Storchschnabel
Heracleum sphondylium ssp. *elegans*	Berg-Bärenklau
Hypericum maculatum	Geflecktes Johanniskraut
Petasites albus	Weisse Pestwurz
Peucedanum ostruthium	Meisterwurz
Prenanthes purpurea	Hasenlattich
Ranunculus platanifolius	Platanenblättriger Hahnenfuss
Rumex alpestris	Berg-Sauerampfer
Saxifraga rotundifolia	Rundblättriger Steinbrech
Senecio hercynicus	Busch-Greiskraut
Senecio ovatus	Fuchs' Greiskraut
Streptopus amplexifolius	Knotenfuss
Thalictrum aquilegiifolium	Akeleiblättrige Wiesenraute
Tozzia alpina	Tozzie
Viola biflora	Gelbes Bergveilchen

ALPENDOST-HOCHSTAUDENFLUR

Quirlblättriges Weidenröschen

Grossblättrige Schafgarbe

Wald-Storchschnabel

Busch-Greiskraut

Kahler Frauenmantel

Geflecktes Johanniskraut

Hoher Rittersporn

Berg-Sauerampfer

Alpen-Wachsblume

ALPENDOST-HOCHSTAUDENFLUR

Subalpine Lägerfluren
(Rumicion alpini)

Die subalpinen Lägerfluren sind zoo-anthropogene, stickstoffliebende (= nitrophile) Pflanzengesellschaften. Der Dünger kommt vom Rindvieh und auch etwa von Schafen und Wildtieren, aber auch aus Jauche, die in der Umgebung der Alpbetriebe mit dem Regenwasser verschwemmt wird. Die Gesellschaften können jahrelang überdauern, da die meisten Pflanzen von den Tieren nicht gefressen werden. Wir begegnen ihnen in der näheren Umgebung von Alphütten, Ställen und Tränkstellen, in feuchten, flachen Mulden, auf trockeneren Verebnungen und Kuppen, wo das Vieh immer wieder stehen bleibt und mistet, aber auch am Fusse von Felsen und Felsvorsprüngen, wo die Tiere Schutz und Schatten suchen. Die krautigen Gesellschaften sind artenarm, hochwüchsig und blattreich. Einzelne Pflanzen können zu lästigen Weideunkräutern werden.

Lägerflur mit Alpen-Ampfer *(Rumex alpinus)*

Lägerflur mit Alpen-Kratzdistel *(Cirsium spinosissimum)*

Zu den subalpinen Lägerfluren gehören einige Assoziationen; die auffälligste und häufigste Assoziation ist die Alpenampferflur, auch etwa Alpenblackenflur genannt.

Zu den **Charakterarten** des **Verbandes** gehören:

Cirsium spinosissimum	Alpen-Kratzdistel	*Senecio alpinus*	Alpen-Greiskraut
Rumex alpinus	Alpen-Ampfer	*Veratrum album*	Weisser Germer

Alpen-Ampfer
(Rumex alpinus)

Alpen-Kratzdistel
(Cirsium spinosissimum)

Alpen-Greiskraut
(Senecio alpinus)

Weisser Germer
(Veratrum album)

Alpenampferflur
(Rumicetum alpini)

In der näheren Umgebung von Alphütten und Ställen, wo Gülle und Mist den feuchten Boden mit Stickstoff anreichern, an oft besuchten Lägerstellen des Rindviehs, aber auch in flachen Geländemulden und auf überdüngten Weideflächen fällt uns oft die meist monotone Alpenampferflur auf. Sie wird dominiert vom Alpen-Ampfer *(Rumex alpinus)*, der auch etwa als «wilder Rhabarber» bezeichnet wird. Er wurde früher als Schweinefutter und in Form von Tee als Reinigungstrank für das Vieh verwendet. Das Alpen-Greiskraut *(Senecio alpinus)* und einige andere krautige Pflanzen mischen sich oft zur Alpenampferflur.

Alpenampferflur   Alpen-Greiskraut *(Senecio alpinus)*   Dichtblütiger Blauer Eisenhut *(Aconitum compactum)*   Guter Heinrich *(Chenopodium bonus-henricus)*

In der weiteren und etwas weniger nährstoffreichen Umgebung der Alphütten und Ställe tritt der Alpen-Ampfer *(Rumex alpinus)* etwas zurück. An seine Stelle treten vermehrt das Alpen-Greiskraut *(Senecio alpinus)*, der Dichtblütige Blaue Eisenhut *(Aconitum compactum)*, der Weisse Germer *(Veratrum album)* und einige Vertreter der Feuchtwiesen.

Alpenampferflur   Überdüngte Weide mit Alpen-Greiskraut *(Senecio alpinus)*

Zur charakteristischen Artenkombination der Alpenampferflur gehören:

Aconitum compactum	Dichtblütiger Blauer Eisenhut	*Ranunculus repens*	Kriechender Hahnenfuss
Alchemilla glabra	Kahler Frauenmantel	*Rumex alpestris*	Berg-Sauerampfer
Chenopodium bonus-henricus	Guter Heinrich	*Rumex alpinus*	Alpen-Ampfer
		Senecio alpinus	Alpen-Greiskraut
Deschampsia caespitosa	Rasen-Schmiele	*Urtica dioica*	Grosse Brennnessel
Epilobium alpestre	Quirlblättriges Weidenröschen	*Veratrum album*	Weisser Germer
		Veronica serpyllifolia ssp. *humifusa*	Zarter Ehrenpreis

Zum Verband der subalpinen Lägerfluren gehören in unserem Gebiet auch noch weitere, ähnliche Assoziationen. Im Traufbereich von Alphütten und Viehställen, aber auch unter Felsen entlang von Schaf- und Wildwegen fühlt sich der Gute Heinrich *(Chenopodium bonus-henricus)* besonders wohl mit einigen Begleitern in seiner Gesellschaft *(Poo supinae-Chenopodietum bonus-henrici)*.

Auf etwas trockeneren Weideflächen in Lägernähe sowie in humosen Mulden und Runsen erblüht oft in grosser Dichte die äusserst stachelige, gelbgrüne Alpen-Kratzdistel *(Cirsium spinosissimum)*. Einige Lägerarten sind stete Begleiter dieser vom Älpler ungern gesehenen Gesellschaft *(Cirsietum spinosissimi)*.

ALPENAMPFERFLUR

Sonnige Staudensäume an Gehölzen
(Trifolio-Geranietea sanguinei)

An der sonnigen Südseite des Schimbrig finden wärmeliebende Kraut- und Staudensäume mit Gehölzen bei extensiver Beweidung günstige Standortbedingungen vor.

Hilferenmättili: Magere, trockene Weide mit Gebüsch und Saumgesellschaften

Der wärmebedürftige Blutrote Storchschnabel *(Geranium sanguineum)* wächst im Kanton Luzern nur an der Südseite des Schimbrig.

Wärmebedürftige, trockenheitsertragende Kraut- und Staudensäume an Gebüschen und Wäldern bilden in der montanen Stufe an wenig geneigten bis steilen süd- und südostexponierten Hängen am Rand der Gehölze einen meist schmalen Saum. Im Schatten der Bäume und Sträucher entwickeln die Pflanzen grossflächige, gegen das Licht gestellte Blattspreiten. Optimal gedeihen diese Saumgesellschaften mit nur vereinzelten Sträuchern bei extensiver Beweidung und seltener oder fehlender Mahd. Einerseits können so Sträucher vom Gehölzrand her immer stärker in den Krautsaum vordringen und diesen verdrängen, andererseits breiten sich die Saumpflanzen immer mehr in die benachbarten, halbtrockenen Weiden und Wiesen aus, was zu einer eigentlichen «Versaumung» oder «Verstaudung» dieser Standorte führen kann. Meist aber greift der Mensch in diesen Prozess ein, indem er die Säume mäht oder intensiver beweiden lässt und die Gehölze entfernt, um so der Verbuschung Einhalt zu gebieten.

Übersicht

Klasse	Sonnige Staudensäume an Gehölzen	Trifolio-Geranietea sanguinei
Ordnung	Thermophile und mesophile Saumgesellschaften	Origanetalia vulgaris
1. Verband	Thermophile Saumgesellschaften	Geranion sanguinei
2. Verband	Mesophile Saumgesellschaften	Trifolion medii
1. Assoziation	Mittelklee-Odermennig-Saum	Trifolio medii-Agrimonietum eupatoriae
2. Assoziation	Waldwickensaum	Vicietum sylvaticae
3. Assoziation	Waldwitwenblumen-Saum	Knautietum dipsacifoliae

Zu den **Charakterarten** der **Klasse** und der **Ordnung** gehören:

Astragalus glycyphyllos	Süsser Tragant	*Origanum vulgare*	Dost
Clinopodium vulgare	Wirbeldost	*Pleurospermum austriacum*	Rippensame
Hypericum perforatum	Gemeines Johanniskraut		
Inula conyza	Dürrwurz	*Securigera varia*	Bunte Kronwicke
Laserpitium latifolium	Breitblättriges Laserkraut	*Silene nutans*	Nickendes Leimkraut
Lathyrus heterophyllus	Verschiedenblättrige Platterbse	*Verbascum lychnitis*	Lampen-Wollkraut
		Viola hirta	Rauhhaariges Veilchen
Lathyrus sylvestris	Wald-Platterbse		

Dost *(Origanum vulgare)*   Dürrwurz *(Inula conyza)*   Wirbeldost *(Clinopodium vulgare)*   Gemeines Johanniskraut *(Hypericum perforatum)*

Sönnige Staudensäume an Gehölzen

Rauhhariges Veilchen
(*Viola hirta*)

Nickendes Leimkraut
(*Silene nutans*)

Verschiedenblättrige Platterbse
(*Lathyrus heterophyllus*)

Breitblättriges Laserkraut
(*Laserpitium latifolium*)

Süsser Tragant
(*Astragalus glycyphyllos*)

Wald-Platterbse
(*Lathyrus sylvestris*)

Rippensame
(*Pleurospermum austriacum*)

Lampen-Wollkraut
(*Verbascum lychnitis*)

Bunte Kronwicke
(*Securigera varia*)

Thermophile Saumgesellschaften
(*Geranion sanguinei*)

Der Verband dieses trockenwarmen Krautsaums besiedelt in der Schweiz hauptsächlich trockene und warme, steinige Südhänge tieferer Lagen im Wallis, im Jura und im Südtessin. Erstaunlich ist das Vorkommen mehrerer charakteristischer Arten dieser wärmeliebenden Gesellschaften im Entlebuch an der kalkhaltigen, steilen und gebüschreichen Südseite des Schimbrig. Hier erfreut uns in grosser Menge der Blutrote Storchschnabel (*Geranium sanguineum*) in einer Meereshöhe von 1250–1350 m. Zu ihm gesellen sich in den extensiv oder ungenutzten Hängen weitere typische Arten der sonnigen Krautsäume:

Anthericum liliago	Astlose Graslilie
Anthericum ramosum	Ästige Graslilie
Buphthalmum salicifolium	Weidenblättriges Rindsauge
Galium lucidum	Glänzendes Labkraut
Geranium sanguineum	Blutroter Storchschnabel
Hypericum montanum	Berg-Johanniskraut
Laserpitium siler	Berg-Laserkraut
Lathyrus heterophyllus	Verschiedenblättrige Platterbse
Pleurospermum austriacum	Rippensame
Polygonatum odoratum	Echtes Salomonssiegel
Seseli libanotis	Hirschheil
Silene nutans	Nickendes Leimkraut
Thalictrum minus	Kleine Wiesenraute
Vincetoxicum hirundinaria	Schwalbenwurz

Blutroter Storchschnabel *(Geranium sanguineum)* | Ästige Graslilie *(Anthericum ramosum)* | Weidenblättriges Rindsauge *(Buphthalmum salicifolium)* | Hirschheil *(Seseli libanotis)*

Berg-Johanniskraut *(Hypericum montanum)* | Glänzendes Labkraut *(Galium lucidum)* | Schwalbenwurz *(Vincetoxicum hirundinaria)* | Kleine Wiesenraute *(Thalictrum minus)*

Mesophile Saumgesellschaften
(Trifolion medii)

Diese Saumgesellschaften – auch Mittelklee-Krautsäume genannt – benötigen weniger Wärme und Trockenheit als die thermophilen Saumgesellschaften. Blumenreich und bunt gedeihen sie als schmaler, unterbrochener Streifen am Rand von Gebüschen und Wäldern, an Waldwegrändern, Böschungen und Lichtungen und manchmal auch grossflächiger in trockenen, verbuschenden Extensivweiden, wo sie den Übergang zum Wald deutlich machen. Im niederschlagsreichen Entlebuch finden wir diese Krautsäume meist nur lückenhaft in der montanen Stufe an sonnigen Standorten. Sie bevorzugen kalkhaltige, ungedüngte Böden. Ihr Artengefüge beinhaltet immer auch Wald- und Wiesenpflanzen. Von den wenigen bei uns vorkommenden Charakterarten des Verbandes sind Mittlerer Klee *(Trifolium medium)* und Wald-Witwenblume *(Knautia dipsacifolia)* verbreitet und recht häufig anzutreffen.

Charakterarten des **Verbandes** sind:

Agrimonia eupatoria	Gemeiner Odermennig	*Trifolium medium*	Mittlerer Klee
Knautia dipsacifolia	Wald-Witwenblume	*Vicia sylvatica*	Wald-Wicke

Sonnige Staudensäume an Gehölzen

THERMOPHILE SAUMGESELLSCHAFTEN

THERMOPHILE SAUMGESELLSCHAFTEN

Astlose Graslilie

Schwalbenwurz

Berg-Johanniskraut

Nickendes Leimkraut

Glänzendes Labkraut

Blutroter Storchschnabel

Berg-Laserkraut

Mittlerer Klee
(Trifolium medium)

Gemeiner Odermennig
(Agrimonia eupatoria)

Wald-Witwenblume
(Knautia dipsacifolia)

Wald-Wicke
(Vicia sylvatica)

Mittelklee-Odermennig-Saum
(Trifolio medii-Agrimonietum eupatoriae)

Auf trockenen, kalkhaltigen und extensiv genutzten Weiden mit Gebüsch und Waldanschluss, aber auch auf gebüschreichem, lehmigem Ödland gedeiht in der montanen Stufe diese blumenreiche und bunte Saumgesellschaft. Sie besteht aus verschiedenen, wärmeliebenden und trockenheitsertragenden, auch spätblühenden Arten und bietet der Insektenwelt Unterschlupf und Nahrung.

Der Mittlere Klee *(Trifolium medium)* ist typisch für trockene Waldsäume.

MITTELKLEE-ODERMENNIG-SAUM

Gemeiner Odermennig
Gemeine Schafgarbe
Pairas Stachel-Segge
Fieder-Zwenke
Behaartes Kreuzlabkraut
Weisses Wiesen-Labkraut
Bunte Kronwicke
Gamander-Ehrenpreis

MITTELKLEE-ODERMENNIG-SAUM

Charakteristische Artenkombination:

Achillea millefolium	Gemeine Schafgarbe	*Galium verum*	Gelbes Labkraut
Agrimonia eupatoria	Gemeiner Odermennig	*Hypericum perforatum*	Gemeines Johanniskraut
Brachypodium pinnatum	Fieder-Zwenke	*Lathyrus pratensis*	Wiesen-Platterbse
Carex pairae	Pairas Stachel-Segge	*Origanum vulgare*	Dost
Clinopodium vulgare	Wirbeldost	*Securigera varia*	Bunte Kronwicke
Cruciata laevipes	Behaartes Kreuzlabkraut	*Veronica chamaedrys*	Gamander-Ehrenpreis
Dactylis glomerata	Knaulgras	*Vicia cracca*	Vogel-Wicke
Galium album	Weisses Labkraut	*Vicia sepium*	Zaun-Wicke

Gemeine Schafgarbe *(Achillea millefolium)* — Fieder-Zwenke *(Brachypodium pinnatum)* — Pairas Stachel-Segge *(Carex pairae)* — Gamander-Ehrenpreis *(Veronica chamaedrys)* — Zaun-Wicke *(Vicia sepium)*

Waldwickensaum
(Vicietum sylvaticae)

In der oberen montanen Stufe der Randkette von der Riseteflue bis zur Schrattenflue wächst auf ihrer Südseite am Rande von Gebüschen, in Waldschlägen und an Waldwegen der wärmeliebende Waldwickensaum. Die artenarme Gesellschaft bevorzugt etwas beschattete, feuchte, nährstoffreiche, meist lehmig-kalkhaltige und steinige Böden. Die Charakterart der Assoziation, die Wald-Wicke *(Vicia sylvatica)* bildet hier oft auffallende Schleier. In Waldschlägen ist die Gesellschaft in Kontakt mit den floristisch ähnlichen Weidenröschen-Waldlichtungsfluren.

Charakteristische Artenkombination:

Angelica sylvestris	Wilde Brustwurz	*Galium album*	Weisses Labkraut
Astragalus glycyphyllos	Süsser Tragant	*Stachys alpina*	Alpen-Ziest
Cirsium oleraceum	Kohldistel	*Trifolium medium*	Mittlerer Klee
Deschampsia caespitosa	Rasen-Schmiele	*Vicia sepium*	Zaun-Wicke
Fragaria vesca	Wald-Erdbeere	*Vicia sylvatica*	Wald-Wicke

Wilde Brustwurz
(Angelica sylvestris)

Alpen-Ziest
(Stachys alpina)

Süsser Tragant *(Astragalus glycyphyllos)*

Waldwitwenblumen-Saum
(Knautietum dipsacifoliae)

Die Saumgesellschaft der Wald-Witwenblume *(Knautia dipsacifolia)* mit ihren violetten Blütenköpfen fällt uns bis in die subalpine Stufe an schattigen und oft etwas feuchten Waldrändern und Waldlichtungen auf. Weitere Frischezeiger finden sich hier ein und weisen auf den Anschluss zu den Hochstaudenfluren hin.

Charakteristische Artenkombination:

Astrantia major	Grosse Sterndolde	*Ranunculus lanuginosus*	Wolliger Hahnenfuss
Dactylis glomerata	Knaulgras	*Trifolium medium*	Mittlerer Klee
Fragaria vesca	Wald-Erdbeere	*Veronica chamaedrys*	Gamander-Ehrenpreis
Knautia dipsacifolia	Wald-Witwenblume	*Vicia cracca*	Vogel-Wicke
Lathyrus pratensis	Wiesen-Platterbse		

Waldsaum mit der Wald-Witwenblume
(Knautia dipsacifolia)

Wiesen-Platterbse
(Lathyrus pratensis)

Wald-Erdbeere
(Fragaria vesca)

Waldlichtungsfluren

Waldlichtungsfluren und -gebüsche
(Epilobietea angustifolii)

Waldlichtungsfluren, Kahlschlagfluren und Waldlichtungsgebüsche sind kurzlebige Vegetationseinheiten, die ihre Entstehung menschlichen Eingriffen oder Naturereignissen wie Windwurf, Brand oder Erdrutschen verdanken. Die Sukzession verläuft über Kraut- und Staudenfluren zu Gebüschen mit Sträuchern und einzelnen Bäumen. Ohne weitere Eingriffe entwickelt sich nach zehn bis zwanzig Jahren wieder Wald. Übergänge in den einzelnen Gesellschaften sind häufig. Im Entlebuch finden wir diese artenarmen, aber üppigen Fluren von der unteren montanen Mischwaldzone bis zur subalpinen Nadelwaldstufe in unterschiedlicher, oft fragmentarischer Ausprägung.

Waldlichtungsflur mit dem Wald-Weidenröschen *(Epilobium angustifolium)*

Vorwaldgesellschaft beim Hilferenpass

Sobald der Waldboden von Stämmen und Ästen befreit ist, beginnt ein rasantes, üppiges Wachstum von hochwüchsigen Kräutern, deren Samen schon lange vor der Keimung in riesiger Anzahl den Boden bevölkerten. Durch den Eingriff haben sich die Standortfaktoren schlagartig verändert: mehr Licht, Wärme und Niederschläge beschleunigen den Humusabbau und stellen den Pflanzen ein grosses Nährstoffangebot zur Verfügung, das aber nach ein paar wenigen Jahren aufgebraucht ist. Die Pionierpflanzen verschwinden allmählich; an ihre Stelle treten Stauden, Sträucher und einzelne Bäume; die natürliche Waldentwicklung setzt wieder ein. Seit den verheerenden Windstürmen «Vivian» (1990) und «Lothar» (1999) und der anschliessenden Borkenkäferinvasion kann man im Entlebuch die verschiedenen Stadien der Sukzessionsreihe von der hochstaudenartigen Waldlichtungsflur bis zur Mischwaldvegetation an vielen Orten gut beobachten.

Übersicht

Klasse	Waldlichtungsfluren und -gebüsche	*Epilobietea angustifolii*
Ordnung	Mitteleuropäische Schlag- und Vorwaldgesellschaften	*Atropetalia*
1. Verband	Weidenröschen-Waldlichtungsfluren auf sauren Böden	*Epilobion angustifolii*
2. Verband	Tollkirschen-Waldlichtungsfluren auf kalkhaltigen Böden	*Atropion*
3. Verband	Waldlichtungsgebüsche	*Sambuco-Salicion capreae*

Zu den **Charakterarten** der **Klasse** und der **Ordnung** gehören:

Calamagrostis epigejos	Gemeines Reitgras	*Fragaria vesca*	Wald-Erdbeere
Carex muricata	Stachlige Segge	*Gnaphalium sylvaticum*	Wald-Ruhrkraut
Centaurium erythraea	Gemeines Tausendgüldenkraut	*Myosotis sylvatica*	Wald-Vergissmeinnicht
		Rubus idaeus	Himbeere
Epilobium angustifolium	Wald-Weidenröschen	*Verbascum thapsus*	Kleinblütiges Wollkraut

Gemeines Reitgras *(Calamagrostis epigejos)*

Wald-Weidenröschen *(Epilobium angustifolium)*

Stachlige Segge *(Carex muricata)*

Gemeines Tausendgüldenkraut *(Centaurium erytrhaea)*

Wald-Erdbeere *(Fragaria vesca)*

Wald-Ruhrkraut *(Gnaphalium sylvaticum)*

Wald-Vergissmeinnicht *(Myosotis sylvatica)*

Himbeere *(Rubus idaeus)*

Kleinblütiges Wollkraut *(Verbascum thapsus)*

Waldlichtungsfluren

Weidenröschen-Waldlichtungsfluren auf sauren Böden
(Epilobion angustifolii)

Die Gesellschaften dieses Verbandes haben ihren Verbreitungsschwerpunkt im atlantischen Klimabereich Westeuropas in kühlen und regenreichen Lagen. Im sauren, verarmten Boden geht der Nährstoffabbau weniger rasch vor sich, sodass sich die Pionierpflanzen mehrere Jahre halten können und so die Sukzession verlangsamen. Meist dominiert das Wald-Weidenröschen *(Epilobium angustifolium)*; es lässt diese Waldlichtungsflur, welche im Entlebuch vor allem in den Nadelwäldern der montanen und subalpinen Stufe anzutreffen ist, von Weitem gut erkennen. Die Charakterarten dieses Verbandes fehlen bei uns weitgehend. Während der Grossblütige Fingerhut *(Digitalis grandiflora)* nicht selten und zerstreut vorkommt, taucht der atlantische Rote Fingerhut *(Digitalis purpurea)* nur sporadisch im Napfgebiet auf, so in den Achtzigerjahren des letzten Jahrhunderts nach dem Bau einer abgelegenen Waldstrasse in der Gemeinde Romoos. Mit zunehmender Meereshöhe verarmt der Artenbestand der Weidenröschen-Waldlichtungsfluren.

In der Weidenröschen-Waldlichtungsflur bildet das Wald-Weidenröschen *(Epilobium angustifolium)* oft grosse Bestände.

Folgende Arten verleihen diesen Kahlschlag-Gesellschaften im Wald und auch an lichtoffenen Böschungen von Waldstrassen ein charakteristisches Gepräge:

Agrostis capillaris	Haar-Straussgras	*Gnaphalium sylvaticum*	Wald-Ruhrkraut
Avenella flexuosa	Draht-Schmiele	*Holcus mollis*	Weiches Honiggras
Calamagrostis epigejos	Gemeines Reitgras	*Luzula luzuloides*	Weissliche Hainsimse
Calluna vulgaris	Besenheide	*Mycelis muralis*	Mauerlattich
Carex pilulifera	Pillentragende Segge	*Myosotis sylvatica*	Wald-Vergissmeinnicht
Digitalis grandiflora	Grossblütiger Fingerhut	*Rubus hirtus*	Drüsige Brombeere
Epilobium angustifolium	Wald-Weidenröschen	*Solidago virgaurea*	Gemeine Goldrute
Galeopsis tetrahit	Gemeiner Hohlzahn	*Vaccinium myrtillus*	Heidelbeere

WEIDENRÖSCHEN-WALDLICHTUNGSFLUREN

WEIDENRÖSCHEN-WALDLICHTUNGSFLUREN

Tollkirschen-Waldlichtungsfluren auf kalkhaltigen Böden
(Atropion)

Die Gesellschaften dieses Verbandes sind im Entlebuch im montanen Bereich nur lückenhaft ausgebildet. Die basiphilen Schlagfluren bevorzugen Standorte über Kalkgestein, kalkhaltigem Lehm und Mergeln. Wir begegnen ihnen in Kahlschlägen, an Waldwegböschungen und in der Umgebung der Köhlereiplätze im Napfgebiet. Die namengebende Art, die giftige Tollkirsche *(Atropa bella-donna)* erreicht nur selten das untere Entlebuch. Die kurzlebigen Waldlichtungsfluren werden nach kurzer Zeit von Gebüschvegetation verdrängt.

Alpen-Ziest *(Stachys alpina)*

Tollkirsche *(Atropa bella-donna)*

Gelber Fingerhut *(Digitalis lutea)*

Zum charakteristischen Artengefüge des Verbandes gesellen sich ab und zu Feuchtigkeitszeiger und mehrere Begleiter aus der Buchenwald- und Gebüschvegetation:

Arctium nemorosum	Hain-Klette
Atropa bella-donna	Tollkirsche
Brachypodium sylvaticum	Wald-Zwenke
Bromus benekenii	Benekens Trespe
Calamagrostis epigejos	Gemeines Reitgras
Carex sylvatica	Wald-Segge
Cirsium vulgare	Lanzettblättrige Kratzdistel
Digitalis lutea	Gelber Fingerhut
Eupatorium cannabinum	Wasserdost
Fragaria vesca	Wald-Erdbeere
Galeopsis tetrahit	Gemeiner Hohlzahn
Impatiens noli-tangere	Wald-Springkraut
Hypericum hirsutum	Behaartes Johanniskraut
Mycelis muralis	Mauerlattich
Rubus idaeus	Himbeere
Salvia glutinosa	Klebriger Salbei
Sambucus ebulus	Zwerg-Holunder
Senecio ovatus	Fuchs' Greiskraut
Stachys alpina	Alpen-Ziest
Stachys sylvatica	Wald-Ziest
Verbascum nigrum	Dunkle Königskerze, Dunkles Wollkraut
Verbascum thapsus	Kleinblütige Königskerze, Kleinblütiges Wollkraut

Waldlichtungsgebüsche
(Sambuco-Salicion capreae)

Die Gesellschaften dieses Verbandes sind Vorwaldgesellschaften der montanen Stufe in verschiedenster Ausprägung. Sie stellen in der Sukzessionsreihe der Waldlichtungsfluren meist für mehrere Jahre die Vorstufe zum Wald dar. Mittlere und hohe Sträucher, einzelne junge Bäume, lichtliebende Pionierpflanzen aus Waldlichtungen und Waldsäumen und Vertreter aus Wiesen und ausdauernden Ruderalgesellschaften bauen die Vegetationseinheiten dieses Verbandes auf. Alte Waldschläge, Waldrandbuchten, verlassene Kies- und Schottergruben, Blockhalden in Steinbrüchen, Wegböschungen und Trümmerschutt, aber auch Brach- und Ödlandflächen sind auf sauren bis basischen, nährstoffarmen bis nährstoffreichen Böden ihre Lebensräume.

Das Salweidengebüsch *(Salicetum capreae)* ist in diesem Verband, der auch etwa zur Klasse der sommergrünen Gebüsch- und Waldmantelgesellschaften *(Rhamno-Prunetea spinosae)* gestellt wird, wohl die häufigste Assoziation. Weitere Assoziationen sind: das Himbeergebüsch *(Rubetum idaei)*, das Fuchs-Greiskraut-Traubenholunder-Gebüsch *(Senecioni fuchsii-Sambucetum racemosi)* und das Fichten-Vogelbeergebüsch *(Piceo-Sorbetum aucupariae)* in höheren Lagen.

Sommerflieder *(Buddleja davidii)*

Trauben-Holunder *(Sambucus racemosa)*

Sal-Weide *(Salix caprea)*

Sommerflieder *(Buddleja davidii)* – ein Schmetterlingsstrauch

Hasel *(Corylus avellana)*

Zitter-Pappel *(Populus tremula)*

Schwarzer Holunder *(Sambucus nigra)*

Vogelbeerbaum *(Sorbus aucuparia)*

Vorwaldgesellschaft 20 Jahre nach dem Windwurf von 1990 (Gemeinde Flühli)

Die wichtigsten Bäume, Sträucher, Stauden und Kräuter dieses standörtlich heterogenen Verbandes sind:

Stauden und Bäume:

Betula pendula	Hänge-Birke
Buddleja davidii	Sommerflieder
Corylus avellana	Hasel
Picea abies	Fichte
Populus tremula	Zitter-Pappel
Salix caprea	Sal-Weide
Sambucus nigra	Schwarzer Holunder
Sambucus racemosa	Trauben-Holunder
Sorbus aucuparia	Vogelbeerbaum

Stauden und Kräuter:

Bromus benekenii	Benekens Trespe
Epilobium angustifolium	Wald-Weidenröschen
Galium album	Weisses Wiesen-Labkraut
Galium aparine	Kletten-Labkraut
Mycelis muralis	Mauerlattich
Oxalis acetosella	Wald-Sauerklee, Gemeiner Sauerklee
Rubus idaeus	Himbeere
Rubus montanus	Weissliche Brombeere
Senecio ovatus	Fuchs' Greiskraut
Urtica dioica	Grosse Brennnessel
Vaccinium myrtillus	Heidelbeere

Vorwaldgesellschaft mit Weiden auf ehemaliger Schotterdeponie

Waldlichtungsfluren

WALDLICHTUNGSGEBÜSCHE

Hecken, Ufergehölze, Waldränder

Hecken, Gebüsche, mehr oder weniger naturnahe Uferbestockungen, gestufte Waldränder sowie Baumgruppen und markante Einzelbäume beleben, gliedern, vernetzen und bereichern im Napf- und Voralpengebiet Entlebuch die Kulturlandschaft.

Hecken, Baumgruppen und Einzelbäume bereichern und gliedern die Landschaft südöstlich von Entlebuch.

Heckenlandschaft bei Schüpfheim

Ufervegetation an der Hilferen im Marbacherboden

Die meisten dieser lichtbedürftigen Lebensräume verdanken ihre Entstehung, Beeinträchtigung und Erhaltung bezüglich Erscheinungsform und Artengefüge dem Menschen. So verschiedenartig diese landschaftsprägenden Elemente sind, eines haben sie gemeinsam: an ihrem Aufbau sind fast ausschliesslich holzige Pflanzen beteiligt. Sträucher bestimmen weitgehend den Aspekt; Bäume sind insbesondere in strauchreichen, linienförmigen Uferbestockungen entlang von Bächen und Flüssen, aber auch in Hecken oft anzutreffen. Ein düngerfreier Krautsaum von ca. 3 m Breite erhöht den Wert dieser variantenreichen Lebensräume. Für Vögel und Insekten haben Hecken, Uferbestockungen, gestufte Waldmäntel und Gebüsche als beerenreiche Nahrungsquelle, Versteck und Nistgelegenheit eine hohe Bedeutung.

Übersicht

Klasse	Kreuzdorn-Schlehengebüsche	*Rhamno-Prunetea spinosae*
Ordnung	Schlehengebüsch-Gesellschaften	*Prunetalia spinosae*
1. Verband	Mesophile Schlehengebüsche	*Prunion spinosae*
2. Verband	Berberitzengebüsch-Gesellschaften	*Berberidion*
Assoziation	Felsenmispelgebüsch	*Cotoneastro-Amelanchieretum*

Typische Hecke im Entlebuch mit wenigen Strauch- und einigen Baumarten

Felsengebüsch an der Rüchiflue

Kreuzdorn-Schlehengebüsche
(Rhamno-Prunetea spinosae)

Die **charakteristischen Arten** dieser **Klasse** und der zugehörigen **Ordnung** sind:

Clematis vitalba	Gemeine Waldrebe, Niele	*Humulus lupulus*	Hopfen
Cornus sanguinea	Hartiegel, Roter Hornstrauch	*Lonicera xylosteum*	Rote Heckenkirsche
		Prunus spinosa	Schlehdorn, Schwarzdorn
Corylus avellana	Haselstrauch	*Rhamnus cathartica*	Gemeiner Kreuzdorn
Crataegus monogyna	Eingriffeliger Weissdorn	*Rosa canina*	Hunds-Rose
Crataegus laevigata	Zweigriffeliger Weissdorn	*Rosa corymbifera*	Busch-Rose
Euonymus europaeus	Gemeines Pfaffenhütchen	*Salix caprea*	Sal-Weide

Hunds-Rose *(Rosa canina)*

Rote Heckenkirsche *(Lonicera xylosteum)*

Busch-Rose *(Rosa corymbifera)*

Hecken, Ufergehölze, Waldränder

Schlehdorn, Schwarzdorn *(Prunus spinosa)* — Gemeiner Kreuzdorn *(Rhamnus cathartica)* — Sal-Weide *(Salix caprea)*, männlicher Strauch — Sal-Weide *(Salix caprea)*, weiblicher Strauch

Gemeines Pfaffenhütchen *(Euonymus europaeus)* — Eingriffeliger Weissdorn *(Crataegus monogyna)* — Hopfen *(Humulus lupulus)* — Roter Hornstrauch *(Cornus sanguinea)*

Männliche Kätzchen und weibliche Blüten sind beim Haselstrauch *(Corylus avellana)* getrennt am Zweig. — Zweigriffeliger Weissdorn *(Crataegus laevigata)* — Gemeine Waldrebe *(Clematis vitalba)*

Mesophile Schlehengebüsche
(Prunion spinosae)

Der Schlehdorn *(Prunus spinosa)* – auch Schwarzdorn genannt – zaubert im Frühling in Hecken, in Uferbestockungen und an Waldrändern eine weisse Blütenpracht in die Landschaft.

Hecken im meist gemähten oder beweideten Kulturland, Gebüsche, gestufte Waldränder als gebüschreiche Waldmäntel sowie schmale Uferbestockungen mit Sträuchern und Bäumen, die bezüglich Wärme mittlere, d. h. mesophile Ansprüche an ihren Standort stellen, sind im Entlebuch in der montanen Stufe verbreitet. Wir finden sie auf trockenen bis frischen Böden in verschiedenen Erscheinungsformen und in unterschiedlicher Artenzusammensetzung.

Hecken bilden oft Grundstücksgrenzen oder markieren Geländestufen. Artenreiche Hecken mit dornigen, stacheligen und anderen Sträuchern mit roten oder schwarzen Früchten oder Haselnüssen sind im Entlebuch recht selten, abgesehen von den seit 1990 neu gepflanzten Hecken, die von Kanton und Gemeinde finanziert werden. Die meisten Hecken sind auch heute noch im Entlebuch monotone Haselhecken, oft aufgelockert mit einzelnen Bäumen. Die kantonale Heckenschutzverordnung, die seit 1990 in Kraft ist, regelt den Schutz und die Pflege der Hecken, Feldgehölze und Uferbestockungen. Nach dieser Verordnung sind diese Lebensräume grundsätzlich geschützt und dürfen ohne Bewilligung weder abgeholzt noch abgebrannt werden. Die Pflege besteht darin, dass alle drei Jahre höchstens ein Drittel einer Hecke, eines Feldgehölzes oder einer Uferbestockung auf den Stock gesetzt werden darf; bei Uferbestockungen darf die auf den Stock gesetzte Länge 200 m nicht überschreiten.

Kleinflächige Gebüsche mit Rosen- und Weissdornarten (*Rosa* sp., *Crataegus* sp.) begegnen uns heute noch auf eher trockenen, auch steinigen Weiden. Viele von ihnen mussten aber in den vergangenen Jahrzehnten bei der «Säuberung» der Weideflächen verschwinden.

Gestufte Waldmäntel mit Sträuchern und jungen Bäumen werden durch die Forstfachleute seit rund 25 Jahren gefördert. Diese Lebensräume sind dank ihrem Aufbau und ihrem Artengefüge ökologisch, wildbiologisch und landschaftsästhetisch viel wertvoller als gerade Waldränder ohne Strauchmantel, wie man sie häufig noch sehen kann.

Nebst Bäumen wie der Gemeinen Esche (*Fraxinus excelsior*), dem Berg-Ahorn (*Acer pseudoplatanus*), der Grau-Erle (*Alnus incana*), der Fichte (*Picea abies*) sowie Weiden wie der Sal-Weide (*Salix caprea*), der Silber-Weide (*Salix alba*) und häufig der Lavendel-Weide (*Salix elaeagnos*) begleiten Strauchgürtel mit verschiedenen Heckensträuchern unsere Bäche und Flüsse.

Artenreichere Hecke mit Bäumen und Sträuchern

Monotone Haselhecke

Hecken und gestufter Waldmantel bei Wiggen

Uferbestockung am Emmenuferweg

Je nach Höhenlage, Exposition, Bodenbeschaffenheit und Bewirtschaftung können uns in Hecken, Uferbestockungen, Waldmänteln und Gebüschen mit mittleren Standortfaktoren folgende Sträucher, Stauden und Bäume begegnen:

Acer pseudoplatanus	Berg-Ahorn
Alnus incana	Grau-Erle
Clematis vitalba	Gemeine Waldrebe, Niele
Cornus sanguinea	Hartriegel, Roter Hornstrauch
Corylus avellana	Haselstrauch
Crataegus monogyna	Eingriffeliger Weissdorn
Crataegus laevigata	Zweigriffeliger Weissdorn
Euonymus europaeus	Gemeines Pfaffenhütchen
Humulus lupulus	Hopfen
Ligustrum vulgare	Gemeiner Liguster
Lonicera xylosteum	Rote Heckenkirsche
Prunus spinosa	Schlehdorn, Schwarzdorn
Quercus robur	Stiel-Eiche
Rhamnus cathartica	Gemeiner Kreuzdorn
Rosa arvensis	Feld-Rose
Rosa canina	Hunds-Rose
Rosa corymbifera	Busch-Rose
Rubus caesius	Blaue Brombeere
Rubus idaeus	Himbeere
Rubus montanus	Weissliche Brombeere
Salix alba	Silber-Weide
Salix caprea	Sal-Weide
Salix elaeagnos	Lavendel-Weide
Salix myrsinifolia	Schwarzwerdende Weide
Viburnum lantana	Wolliger Schneeball
Viburnum opulus	Gemeiner Schneeball

HECKEN, GEBÜSCHE, UFERBESTOCKUNGEN

HECKEN, GEBÜSCHE, UFERBESTOCKUNGEN

Am rechten, sonnigen Ufer der Kleinen Emme bei Hasle ist die Ufervegetation da und dort noch recht dicht und artenreich: die orangeroten Früchte des Gemeinen Pfaffenhütchens *(Euonymus europaeus)*, das braunrote Laub des Hartriegels (= Roter Hornstrauch) *(Cornus sanguinea)*, die weinroten Früchte des Eingriffeligen Weissdorns *(Crataegus monogyna)*, giftige, schwarze oder rote Beeren vom Gemeinen Liguster *(Ligustrum vulgare)* oder vom Gemeinen Schneeball *(Viburnum opulus)* sowie die majestätische Silber-Weide *(Salix alba)* und andere Bäume machen hier den Emmenuferweg im Herbst zu einem farbenfrohen Erlebnis.

Ufervegetation an der Ilfis

Schlehdorn, Schwarzdorn *(Prunus spinosa)*

Trockenwarme Gebüsche
(Berberidion)

Die wärmeliebenden (= thermophilen) Gebüsche dieses Verbandes sind aus klimatischen Gründen im Entlebuch auf sonnigen, trockenen, mageren und steinigen Weiden in Hanglage sowie an sonnigen Kalkfelsen mit ausreichender Menge Erde nur schwach ausgebildet.

An den sonnigen Kalkfelsen der Rüchifluh sowie bei Ober Chemmeriloch an der Schrattenflue verzahnt sich trockenwarmes Gebüsch mit der weissblühenden Felsenmispel *(Amelanchier ovalis)* (= Felsenbirne) mit lückigen Blaugrashalden, Erika-Bergföhrenwald und Felsvegetation.

Einige dornige und auch dornenlose Sträucher, die im Entlebuch wenig verbreitet und meist eher selten sind, gehören zu den **Charakterarten** des **Verbandes** der trockenwarmen Gebüsche:

Amelanchier ovalis	Felsenmispel, Felsenbirne	*Cotoneaster tomentosus*	Filzige Steinmispel
Berberis vulgaris	Gemeine Berberitze, Sauerdorn	*Ligustrum vulgare*	Gemeiner Liguster
Cotoneaster integerrimus	Kahle Steinmispel	*Viburnum lantana*	Wolliger Schneeball

Felsenmispel, Felsenbirne
(Amelanchier ovalis)

Kahle Steinmispel
(Cotoneaster integerrimus)

Gemeine Berberitze, Sauerdorn
(Berberis vulgaris)

Hecken, Ufergehölze, Waldränder

Filzige Steinmispel
(*Cotoneaster tomentosus*)

Wolliger Schneeball
(*Viburnum lantana*)

Gemeiner Liguster
(*Ligustrum vulgare*)

Felsenmispelgebüsch
(*Cotoneastro-Amelanchieretum*)

In sonnenexponierten Felskesseln, auf Felsbändern, Felsköpfen und Felsrippen beeindruckt uns auf flachgründigem, schwer zugänglichem Boden über Kalkgestein das Felsenmispelgebüsch mit der zur Blütezeit auffälligen Felsenmispel (*Amelanchier ovalis*). Ein kleinflächiges, schütteres Gebüsch mit wenigen charakteristischen Sträuchern und einigen Kalkzeigern als Begleiter trotzt hier den widrigen Standortbedingungen.

Die Gesellschaft verzahnt sich mit den ebenfalls kalkliebenden benachbarten Blaugrashalden, mit Felsvegetation, lückigem Bergföhrenwald und sonnigen Staudensäumen. Am besten ausgeprägt erfreut uns diese fast mediterran anmutende Felsenheide auf der Südseite der Kalkberge Ober Chemmeriloch, Rüchiflue, Grönflue und Schimbrig.

Im Felsenmispelgebüsch können wir auf folgende charakteristische Sträucher, Bäume und Kräuter treffen:

Amelanchier ovalis	Felsenmispel, Felsenbirne	*Rhamnus alpina*	Alpen-Kreuzdorn
Berberis vulgaris	Gemeine Berberitze, Sauerdorn	*Rosa glauca*	Bereifte Rose
		Rosa micrantha	Kleinblütige Rose
Carex sempervirens	Immergrüne Segge	*Sesleria caerulea*	Kalk-Blaugras
Cotoneaster integerrimus	Kahle Steinmispel	*Sorbus aria*	Echter Mehlbeerbaum
Cotoneaster tomentosus	Filzige Steinmispel	*Sorbus mougeotii*	Berg-Mehlbeerbaum
Pinus mugo ssp. *uncinata*	Aufrechte Berg-Föhre	*Viburnum lantana*	Wolliger Schneeball

FELSENMISPELGEBÜSCH

Aufrechte Berg-Föhre

Bereifte Rose

Filzige Steinmispel

Berg-Mehlbeerbaum

Alpen-Kreuzdorn

Kalk-Blaugras

Echter Mehlbeerbaum

FELSENMISPELGEBÜSCH

Weiden- und Auengehölze

Die Klasse der Weiden-Auengehölze auf Kies- und Schotterböden der Flussauen hat nur eine Ordnung:

Weiden-Auengehölze
(Salicetalia purpureae)

Der Flusslauf der Kleinen Emme gehört im Bereich der Gemeinde Entlebuch zu den Auenlandschaften von nationaler Bedeutung.

Zu den **Charakterarten** der **Klasse** und der **Ordnung** der Weiden-Auengehölze gehören:

Salix alba	Silber-Weide
Salix purpurea	Purpur-Weide
Salix viminalis	Korb-Weide

Silber-Weide *(Salix alba)*

Korb-Weide *(Salix viminalis)*

Purpur-Weide *(Salix purpurea)*

Auen-Weidengebüsch
(Salicion eleagno-daphnoidis)

Das Auen-Weidengebüsch – auch Gebirgs-Weidenauengebüsch genannt – wächst als Weichholzaue auf sandigen Kies- und Schotterbänken. Die Weiden dieses montanen Uferweiden-Gebüsches sind durch biegsame Äste mit schmalen Blättern gut angepasst an die mechanische Belastung durch immer wiederkehrende Überflutungen bei Hochwasser. Stockausschläge und Adventivwurzeln ermöglichen ihnen nach Zerstörung wieder ein rasches Aufkommen.

Auen-Weidengebüsch in der Kleinen Emme und …

… im Rotbach (Flühli)

Die **charakteristischen Arten** des **Verbandes** des Auen-Weidengebüsches sind:

Salix daphnoides   Reif-Weide
Salix elaeagnos   Lavendel-Weide

Bei der Reif-Weide *(Salix daphnoides)* fallen die jungen Zweige mit einer leicht abwischbaren Wachsschicht auf; die Blätter sind unterseits blaugrün.

Bei der Lavendel-Weide *(Salix elaeagnos)* erscheinen die Kätzchen vor oder mit den Blättern; die Blätter sind unterseits dicht graufilzig; am Rand nach unten gerollt.

Lavendelweidengebüsch
(Salicetum elaeagni)

Weiden dominieren das Lavendelweidengebüsch in der Kleinen Emme bei Entlebuch.

Auf Kies- und Schotterbänken der Kleinen Emme, im Unterlauf der Grossen Entle bei Entlebuch sowie in der Waldemme und im Rotbach bei Flühli begünstigen die bewegte Auendynamik und die ansehnliche Breite dieser Bergflüsse die Entstehung und den Fortbestand des Lavendelweidengebüsches. Es präsentiert sich als lockeres Gebüsch in der Flussmitte; am Uferrand sind die Bestände dichter und deuten Übergänge zum montanen Grauerlen-Auenwald an. Die Tamariske (Myricaria germanica) mit ähnlichen Standortansprüchen wie das Lavendelweidengebüsch ist in der Kleinen Emme sowie in der Grossen Entle in der zweiten Hälfte des 20. Jahrhunderts offenbar verschwunden.

Die Krautschicht des Lavendelweidengebüsches auf dem im Sommer recht warmen Boden besteht aus einem Mosaik von Rohboden-Pionieren, Alpenschwemmlingen und zufälligen, vorübergehenden Arten aus verschiedenen Pflanzengesellschaften.

Huflattich *(Tussilago farfara)*

Stinkender Storchschnabel oder Ruprechtskraut *(Geranium robertianum)*

Quendelblättriges Sandkraut *(Arenaria serpyllifolia)*

Gemeine Akelei *(Aquilegia vulgaris)*

Gemeine Winterkresse *(Barbarea vulgaris)*

Gelbfrüchtiger Kälberkropf *(Chaerophyllum aureum)*

Bach-Nelkenwurz *(Geum rivale)*

Im Lavendelweidengebüsch können sich nebst den charakteristischen Weidenarten Lavendel-Weide *(Salix elaeagnos)* und Reif-Weide *(Salix daphnoides)* in wechselnder Zusammensetzung folgende Arten einfinden:

Agrostis stolonifera	Kriechendes Straussgras	*Populus tremula*	Zitter-Pappel
Alnus incana	Grau-Erle	*Potentilla reptans*	Kriechendes Fingerkraut
Arenaria serpyllifolia	Quendelblättriges Sandkraut	*Salix daphnoides*	Reif-Weide
Calamagrostis epigeios	Land-Reitgras	*Salix elaeagnos*	Lavendel-Weide
Equisetum arvense	Acker-Schachtelhalm	*Salix myrsinifolia*	Schwarzwerdende Weide
Geranium robertianum	Stinkender Storchschnabel, Ruprechtskraut	*Salix purpurea*	Purpur-Weide
		Salix triandra	Mandel-Weide
		Tussilago farfara	Huflattich

Erlenbrüche und Moorweidengebüsche
(Alnetea glutinosae)

Die Klasse der Erlenbrüche und Moorweidengebüsche umfasst nur eine Ordnung: Erlenbrüche und Moorweidengebüsche *(Salicetalia auritae)*. Zu dieser Ordnung gehören zwei Verbände: Der Verband der Erlenbrüche ist im Entlebuch als Erlenbruchwald mit der namengebenden Schwarz-Erle *(Alnus glutinosa)* nicht vertreten. Die Schwarz-Erle findet man bei uns hie und da in Auenwäldern, in Riedern und am Rande von Mooren.

Die Schwarz-Erle *(Alnus glutinosa)* hat rundliche, vorne stumpfe oder ausgerandete Blätter. Sie bevorzugt feuchte bis nasse Standorte.

Der zweite Verband ist im Entlebuch mehr oder weniger gut ausgebildet in unterschiedlichen Ausprägungen da und dort anzutreffen.

Moorweidengebüsche
(Salicion cinereae)

Die Moorweidengebüsche – auch nach der namengebenden Art als Grauweiden-Gebüsch bezeichnet – erscheinen im Entlebuch am Rande von Hochmooren, in austrocknenden Hochmooren sowie in sumpfigen Mulden von Flachmooren. Die schlecht durchlüfteten Böden sind nass, moorig, tonig-lehmig, sauerstoffarm und meist sauer. Die kugelwüchsigen Weiden wie die Grau-Weide *(Salix cinerea)* und die Ohr-Weide *(Salix aurita)* werden begleitet von der Moor-Birke *(Betula pubescens)* und der Hänge- oder Weiss-Birke *(Betula pendula)*. Auch Bastarde der beiden Arten sind vorhanden. In austrocknenden Hochmooren wuchert der Faulbaum *(Frangula alnus)*. Die niedrige Moor-Weide *(Salix repens)* begegnet uns im Entlebuch in den Mooren Balmoos (Gemeinde Hasle) und Gruenholz (Gemeinde Schüpfheim). Offenbar verschwunden ist im letzten Jahrhundert der Sumpffarn *(Thelypteris palustris)*.

Zu den **charakteristischen Arten** der **Klasse**, der **Ordnung** und des **Verbandes** gehören in unserem Gebiet:

Frangula alnus	Faulbaum	*Salix cinerea*	Grau-Weide
Salix aurita	Ohr-Weide	*Salix pentandra*	Lorbeer-Weide

Moorweidengebüsch mit Weiden und Moor-Birken im Pro Natura-Schutzgebiet Balmoos (Hasle)

Grau-Weide *(Salix cinerea)*

Ohr-Weide *(Salix aurita)*

Lorbeer-Weide *(Salix pentandra)*

Faulbaum *(Frangula alnus)*

Die artenarmen Moorweidengebüsche werden begleitet von Torfmoosen (*Sphagnum* sp.), Gräsern, Sauergräsern und einigen krautigen Pflanzen. In den unterschiedlichen Gesellschaften der Moorweidengebüsche können wir auf folgende Pflanzen treffen:

Agrostis canina	Hunds-Straussgras
Betula pendula	Hänge-Birke
Betula pubescens	Moor-Birke
Cirsium palustre	Sumpf-Kratzdistel
Dryopteris carthusiana	Dorniger Wurmfarn
Eriophorum angustifolium	Schmalblättriges Wollgras
Filipendula ulmaria	Moor-Spierstaude
Frangula alnus	Faulbaum
Galium palustre	Sumpf-Labkraut
Juncus effusus	Flatter-Binse
Molinia caerulea	Blaues Pfeifengras, Besenried
Peucedanum palustre	Sumpf-Haarstrang
Phalaris arundinacea	Rohr-Glanzgras
Salix aurita	Ohr-Weide
Salix cinerea	Grau-Weide
Salix repens	Moor-Weide
Salix pentandra	Lorbeer-Weide
Sphagnum sp.	Torfmoose

Moorweidengebüsche

Kugelförmige Weiden wie die Grau-Weide *(Salix cinerea)* und die Ohr-Weide *(Salix aurita)* sind charakteristisch für Weidengebüsche.

Moorbirken *(Betula pubescens)*

Der Sumpffarn *(Thelypteris palustris)* ist im Entlebuch offenbar verschwunden.

Moorweidengebüsche verdrängen im austrocknenden Hochmoor Balmoos in der Gemeinde Hasle die Hochmoorvegetation.

MOORWEIDENGEBÜSCH

Vor der allmählichen Besiedlung durch den Menschen vor etwa 1000 Jahren war das Entlebuch eine wilde Urlandschaft aus Wäldern, Sümpfen und Mooren, Bächen und Flüssen, Felsen, Schutthalden und alpinen Rasen. Unter normalen – vom Menschen nicht beeinflussten – Standortbedingungen bildeten Buchen-, Tannen-Buchen-, Bergföhren- und Fichtenwälder das Endglied der Vegetationsentwicklung, die Klimax. Diese Wälder bedeckten den weitaus grössten Teil der Talschaft Entlebuch.

Herbstlicher Buchenwald im Napfgebiet

Tannen-Buchenwald bei Holzwegen (Romoos)

Subalpiner Fichtenwald bei Guggenen (Flühli)

Bis gegen Ende des 19. Jahrhunderts wurde der Wald vielerorts und oft bis zur Waldgrenze schonungslos gerodet, um Platz zu schaffen für Wiesen-, Acker- und Weideland. Der übrig gebliebene Wald war als Privat- und Hochwald ein dem Menschen feindlich gesinntes, reines Nutzungsobjekt, welches Bau- und Brennholz lieferte und auch als Waldweide diente. Hochwald ist eine lokale Bezeichnung für das allgemeine Wald- und Weidegebiet der Entlebucher. Er ist also die Allmend der Entlebucher, aus der später die Korporationen hervorgingen. Hochwald ist «Weide mit alleinstehenden Tannen und Ahornen, Baumgruppen und kleinen Wäldchen und Wald mit eingestreuten Weide- und Riedflächen. Der Weidewald nimmt einen grossen Raum ein; Wald und Weide gehen ständig ineinander über; eine ausgesprochene Grenze findet sich nicht» (Bühler, S. 66).

Torfmoos-Bergföhrenwald auf der Hagleren

Der Pflege der Wälder schenkte man in früheren Zeiten wenig Beachtung. Schonungslos wurde nur genutzt und nicht gepflegt. In der Waldweide trieben vor allem die Ziegen durch Verbiss der Jungpflanzen ihr Unwesen. Mangels Erschliessungsstrassen flösste man die Holzstämme durch gestaute Gebirgsbäche und Flüsse hinunter ins Tal und talauswärts ins Mittelland. Die entwaldeten Einzugsgebiete der Flüsse sowie die durch das Flössen zerstörten Ufer waren Ursache für viele Rutschungen und Überschwemmungen mit Verwüstungen im Tal. Vor allem im 18. und 19. Jahrhundert verschlangen Glasindustrie und Milchzuckerfabrikation durch Kahlschlag viel Holz; dazu fanden riesige Holzmengen Absatz ausserhalb des Entlebuchs. Pfarrer Schnider von Schüpfheim schreibt 1782: «Tannenwälder hat es viele und grosse, doch wird damit abscheulich gehaust» (Schnider, S. 63). Pfarrer Stalder von Escholzmatt doppelt 1797 nach, wenn er über die Hochwälder sagt, dass diese zum Verderben vorherbestimmte Gegenden seien. Das Eidgenössische Forstgesetz von 1876 stellte dann die Weichen für die zukünftige Nutzung und Pflege des Waldes, indem es unter anderem die Waldweide und das unkontrollierte Abholzen verbot. Im Entlebuch allerdings hatten es die Forstfachleute beim Vollzug des Gesetzes schwer, mussten sie doch oft gegen den hartnäckigen Widerstand der Waldbesitzer und der Behörden kämpfen und dies umso mehr, weil im Entlebuch mehr als 80 % der Waldfläche Privatwald ist.

Aufforstungen im 19. und bis ins 20. Jahrhundert hinein vergrösserten im Entlebuch stetig die Waldfläche, was sich für die Wasserregulierung der Bäche und Flüsse spürbar vorteilhaft auswirkte (siehe auch Hahn, P. 2011 «Zeitspuren im Entlebuch», S. 16, Haupt Verlag Bern). Leider wurden die Neupflanzungen wie überall nicht nach ökologischen Gesichtspunkten durchgeführt: man bevorzugte aus wirtschaftlichen Gründen die Fichte oder Rottanne *(Picea abies)*, pflanzte sie oft geometrisch streng in Reih und Glied und nahm so bewusst oder unbewusst eine Veränderung des Bodens und damit auch die Verarmung der Waldvegetation in Kauf, welche auch heute noch vielerorts das Waldbild prägt. Heftige Windstürme wie «Vivian» (1990) und «Lothar» (1999) richteten auch im Entlebuch vor allem an flach wurzelnden Fichtenwäldern erhebliche Schäden an. Anschliessend sorgte nach dem sehr trockenen Sommer 2003 der Borkenkäfer vielerorts im geschwächten Wald für das grossflächige Absterben der Fichte.

Wälder

Bewaldung an der Nordseite der Beichlen (Escholzmatt) im Jahre 1992

Bewaldung an der Nordseite der Beichlen (Escholzmatt) 2012, abgestorbener Wald teilweise geräumt (rechts)

Die pflanzensoziologische Kartierung der Luzerner Wälder (2003) zeigt für das Entlebuch mehr als 80 potentielle, d.h. von Natur aus gegebene, vom Menschen unbeeinflusste Waldgesellschaften; diese entsprechen aber sehr oft nicht dem aktuellen Waldbild, weil die Fichte aus den bereits erwähnten Gründen andere standortgerechte Bäume, Sträucher, Kräuter, Farne und Moose verdrängt.

Der gesamte Entlebucher Wald ist Schutzwald, früher Bannwald genannt. Er bedeckt zurzeit ca. 30 % der Fläche. Die heutige Gesetzgebung fördert eine nachhaltige, ökologische Nutzung und Pflege des Waldes. Er bleibt so für die Zukunft vermehrt natürlicher Lebensraum für viele einheimische Bäume, Sträucher, Kräuter, Farne, Moose, Flechten und Pilze, aber auch für unzählige Säugetiere, Vögel und Insekten. In der voralpinen, niederschlagsreichen und oft steilen Landschaft Entlebuch erfüllt ein gesunder Wald eine wichtige Nutz- und Schutzfunktion als prägendes Element der ganzen Talschaft und nicht zuletzt auch eine psychohygienische Funktion für den Menschen: wer mit wachen Sinnen in aller Ruhe einen intakten Hochmoor-Bergföhrenwald, einen naturnahen subalpinen Heidelbeer-Fichtenwald, einen blühenden Alpenrosen-Bergföhrenwald oder einen artenreichen herbstlichen Auenwald an der Kleinen Emme durchstreift, der erlebt spürbar, welche Schönheit, Ruhe und Kraft ein fast unberührter Wald dem stillen Wanderer zu schenken vermag.

Alpenrosen-Bergföhrenwald bei Müliport im Grossen Entletal

Auenwald Waldemme Flühli

Auenlandschaft Kleine Emme Entlebuch

Nadelwälder

Im Entlebuch beherrschen Nadelwälder von der hochmontanen bis in die subalpine Stufe das Waldbild, insbesondere auf der rechten Seite der Hauptflüsse im voralpinen Bereich. Die Fichte oder Rottanne *(Picea abies)* ist hier weitaus der häufigste Baum. Wegen der wirtschaftlichen Bevorzugung nimmt sie auch im montanen Napfgebiet innerhalb der Buchen- und Tannen-Buchenwälder oft grosse Flächen ein. Die Fichte stellt wenig Ansprüche an den Boden, liefert als raschwüchsiger Baum gutes Bau- und Brennholz, behindert so aber auch das Aufkommen anderer Bäume. Die Fichtennadeln sind schwer abbaubar, bilden mit der Zeit auf dem Waldboden eine saure Rohhumusschicht, welche die natürliche Krautvegetation verdrängt und so säuretoleranten und säureliebenden Pflanzen Platz begünstigt.

Die Nadelwälder im Entlebuch gehören zwei verschiedenen pflanzensoziologischen Klassen an:

Boreal-alpine Nadelwälder	meist vom Menschen (mit Ausnahme der Moorwälder) stark beeinflusste Wirtschaftswälder
Erika-Föhrenwälder	meist naturnahe bis unberührte Wälder

Übersicht

1. Klasse	Boreal-alpine Nadelwälder	*Vaccinio-Piceetea*
Ordnung	Bodensaure Nadelwälder	*Piceetalia abietis*
1. Verband	Tannen-Fichtenwälder	*Abieti-Piceion*
1. Assoziation	Heidelbeer-Tannen-Fichtenwald	*Vaccinio myrtilli-Abieti-Piceetum*
2. Assoziation	Schachtelhalm-Tannen-Fichtenwald	*Equiseto-Abieti-Piceetum*
3. Assoziation	Hochstauden-Tannen-Fichtenwald	*Adenostylo-Abieti-Piceetum*
4. Assoziation	Blockschutt-Tannen-Fichtenwald	*Asplenio-Abieti-Piceetum*
2. Verband	Fichtenwälder	*Vaccinio-Piceion*
1. Assoziation	Heidelbeer-Fichtenwald	*Homogyno-Piceetum*
2. Assoziation	Torfmoos-Fichtenwald	*Sphagno-Piceetum*
3. Assoziation	Buntreitgras-Fichtenwald	*Calamagrostio variae-Piceetum*
4. Assoziation	Zwergbuchs-Fichtenwald	*Polygala chamaebuxi-Piceetum*
3. Verband	Hochmoor-Bergföhrenwälder	*Ledo-Pinion*
1. Assoziation	Torfmoos-Bergföhrenwald	*Sphagno-Pinetum montanae*
2. Assoziation	Hochmoor-Birkenwald	*Pino-Betuletum*
2. Klasse	Erika-Föhrenwälder	*Erico-Pinetea*
Ordnung	Erika-Föhrenwälder	*Erico-Pinetalia*
1. Verband	Kalkreiche Bergföhrenwälder	*Erico-Pinion mugo*
1. Assoziation	Erika-Bergföhrenwald	*Erico-Pinetum montanae*
2. Assoziation	Steinrosen-Bergföhrenwald	*Rhododendro hirsuti-Pinetum montanae*
2. Verband	Silikat-Bergföhrenwälder	*Vaccinio-Pinion mugo*
1. Assoziation	Alpenrosen-Bergföhrenwald	*Rhododendro ferrugineae-Pinetum montanae*

Boreal-alpine Nadelwälder
(Vaccinio-Piceetea)

Die grosse Klasse hat nur eine Ordnung:

Bodensaure Nadelwälder
(Piceetalia abietis)

Zu den **Charakterarten** der **Klasse** und der **Ordnung** der bodensauren Nadelwälder gehören:

Corallorhiza trifida	Korallenwurz	*Orthilia secunda*	Einseitswendiges Wintergrün
Huperzia selago	Tannen-Bärlapp		
Juniperus communis ssp. *alpina*	Zwerg-Wacholder	*Picea abies*	Fichte, Rottanne
		Pyrola minor	Kleines Wintergrün
Listera cordata	Kleines Zweiblatt, Moor-Zweiblatt	*Pyrola rotundifolia*	Rundblättriges Wintergrün
Lonicera caerulea	Blaue Heckenkirsche	*Vaccinium myrtillus*	Heidelbeere
Lycopodium annotinum	Wald-Bärlapp	*Vaccinium uliginosum*	Rauschbeere, Moorbeere
Melampyrum sylvaticum	Wald-Wachtelweizen	*Vaccinium vitis-idaea*	Preiselbeere
Moneses uniflora	Einblütiges Wintergrün		

Fichte, Rottanne
(Picea abies)

Korallenwurz
(Corallorhiza trifida)

Heidelbeere
(Vaccinium myrtillus)

Wald-Wachtelweizen
(Melampyrum sylvaticum)

Wald-Bärlapp
(Lycopodium annotinum)

Blaue Heckenkirsche
(Lonicera caerulea)

Rauschbeere, Moorbeere
(Vaccinium uliginosum)

Kleines Zweiblatt
(Listera cordata)

Zwerg-Wacholder (*Juniperus communis* ssp. *alpina*)　Einblütiges Wintergrün (*Moneses uniflora*)　Preiselbeere (*Vaccinium vitis-idaea*)　Rundblättriges Wintergrün (*Pyrola rotundifolia*)

Kleines Wintergrün (*Pyrola minor*)　Tannen-Bärlapp (*Huperzia selago*)　Einseitswendiges Wintergrün (*Orthilia secunda*)

Die Tannen-Fichtenwälder und die Fichtenwälder werden auch etwa zu einem Verband zusammengefasst *(Piceion abietis)*. Sie sind im Entlebuch von der montanen bis in die subalpine Stufe weit verbreitet. Wir treffen die dunklen Wälder über Molasse-, Flysch- und auch Kalkgestein, sofern eine genügend dicke Rohhumusschicht über dem felsigen Untergrund liegt. Dafür sorgen meist die schwer zersetzbaren Fichtennadeln sowie die Laubstreu der Heidelbeeren. Im feucht gemässigten Klima ist der podsolartige, aschgraue Waldboden nährstoffarm und sauer und je nach Relief und Unterlage feucht bis trocken.

Die geschlossenen, aber auch lückigen Waldgesellschaften sind oft recht artenarm. Die Baumarten Fichte *(Picea abies)* und Tanne *(Abies alba)* dominieren, oft aus bereits erwähnten Gründen nur die Fichte. Die Tannen-Fichtenwälder *(Abieti-Piceion)* begegnen uns von der montanen bis in die untere subalpine Stufe; sie beherbergen noch eine stattliche Anzahl von Arten der Laubmischwälder *(Fagetalia)*, aber auch Nadelwaldzeiger. Die subalpinen Fichtenwälder *(Vaccinio-Piceion)* ohne Buche und Tanne gedeihen im Entlebuch in grossen Beständen bis zur Waldgrenze. In ihnen treten die Waldlaubzeiger zurück. Mithalten können hier noch der Berg-Ahorn *(Acer pseudoplatanus)* sowie der Vogelbeerbaum *(Sorbus aucuparia)*. Begünstigt durch die unvollständige Zersetzung der Nadel- und Laubstreu erscheinen hier im Unterwuchs säureliebende Rohhumusbesiedler.

Den Tannen-Fichten- und den Fichtenwäldern fehlen gute Charakterarten. Deshalb spricht man in der Waldwirtschaft nicht von Assoziationen, sondern von Waldgesellschaften. Montanzeiger und Pflanzen, die den mässig sauren Boden bevorzugen, sind Artengruppen, die diese vielgestaltigen Waldgesellschaften kennzeichnen.

Mässig sauren Boden zeigen folgende Arten an:

Blechnum spicant	Rippenfarn	*Maianthemum bifolium*	Zweiblättrige Schattenblume
Dryopteris dilatata	Breiter Wurmfarn		
Galium rotundifolium	Rundblättriges Labkraut	*Vaccinium myrtillus*	Heidelbeere
Luzula luzulina	Gelbliche Hainsimse		verschiedene Moose
Luzula sylvatica	Wald-Hainsimse		

Rippenfarn *(Blechnum spicant)*   Rundblättriges Labkraut *(Galium rotundifolium)*   Gelbliche Hainsimse *(Luzula luzulina)*   Heidelbeere *(Vaccinium myrtillus)*

Zweiblättrige Schattenblume *(Maianthemum bifolium)*   Wald-Hainsimse *(Luzula sylvatica)*   Breiter Wurmfarn *(Dryopteris dilatata)*

Einige Montanzeiger in den Tannen-Fichtenwäldern und den Fichtenwäldern sind:

Actaea spicata	Christophskraut	*Lonicera alpigena*	Alpen-Heckenkirsche
Adenostyles alliariae	Grauer Alpendost	*Lonicera nigra*	Schwarze Heckenkirsche
Aruncus dioicus	Wald-Geissbart	*Polygonatum verticillatum*	Quirlblättriges Salomonssiegel
Festuca altissima	Wald-Schwingel		
Hordelymus europaeus	Waldgerste	*Polystichum aculeatum*	Gelappter Schildfarn

Nadelwälder

Christophskraut
(Actaea spicata)

Grauer Alpendost
(Adenostyles alliariae)

Waldgerste
(Hordelymus europaeus)

Alpen-Heckenkirsche
(Lonicera alpigena)

Wald-Schwingel
(Festuca altissima)

Quirlblättriges Salomonssiegel
(Polygonatum verticillatum)

Wald-Geissbart
(Aruncus dioicus)

Schwarze Heckenkirsche
(Lonicera nigra)

Gelappter Schildfarn
(Polystichum aculeatum)

Tannen-Fichtenwälder
(Abieti-Piceion)

Im klimatisch gemässigten, niederschlagsreichen Entlebuch gedeihen Tannen-Fichtenwälder – oft mosaikartig verzahnt mit Buchenwald- und Fichtenwald-Gesellschaften – von der oberen montanen bis in die untere subalpine Stufe über Molasse, Flysch, Kalk und Kalkmergel auf sauren bis basischen, frischen bis trockenen, tiefgründigen Böden. Fichte *(Picea abies)* und Tanne *(Abies alba)* dominieren; die Buche *(Fagus sylvatica)* fehlt nicht gänzlich. In einzelnen Gesellschaften ist die Tanne schwach vertreten oder fehlt sogar ganz.

Die stattliche Tanne *(Abies alba)* – auch Weiss- oder Edeltanne genannt – mit weissgrauer Borke, horizontal abgehenden Ästen, zweizeilig angeordneten Nadeln, die auf der Unterseite zwei weisse Wachsstreifen aufweisen und aufrecht stehenden, grünbraunen Zapfen, die bei der Reife zerfallen und als einzelne Schuppen mit zwei Samen zu Boden fallen, ist eine Baumart des ozeanischen und des gemässigten Kontinentalklimas.

Tanne mit aufrecht stehenden Zapfen

Tannenzweig *(Picea abies)*

Tannen leiden oft durch den Verbiss von Rehen.

Reh im Brameggwald

Herbstlicher Heidelbeer-Tannen-Fichtenwald

Schachtelhalm-Tannen-Mischwald

Hochstauden-Tannen-Fichtenwald

Die frost- und dürreempfindliche Tanne ist bodenvag und gedeiht als Tiefwurzler am besten auf tiefgründigen, frischen Standorten. Staunässe und extreme Lagen meidet sie. Auf Luftverschmutzung und Verbiss durch Rehe, Hirsche oder Gämsen reagiert sie empfindlich. Die Tanne hat ihre natürliche Verbreitung in den montanen Tannen-Buchenwäldern und den meist höher gelegenen Tannen-Fichtenwäldern; hier allerdings sucht man sie auch im Entlebuch oft vergeblich, weil sie in den letzten 200 Jahren durch waldbauliche Massnahmen, Kahlschlag, Verbiss, Schädlinge und Umweltschäden arg verdrängt wurde.

Die pflanzensoziologische Karte der Luzerner Wälder beinhaltet für das Entlebuch 11 Waldgesellschaften, die zu den Tannen-Fichtenwäldern gehören. Ihr Vorkommen erstreckt sich von häufig bis extrem selten. Entsprechend den unterschiedlichen Standortbedingungen präsentiert sich das Artengefüge in den einzelnen Waldgesellschaften der Tannen-Fichtenwälder recht unterschiedlich.

In fast allen Gesellschaften kommen vor:

Abies alba	Tanne	*Oxalis acetosella*	Wald-Sauerklee
Athyrium filix-femina	Gemeiner Waldfarn	*Picea abies*	Fichte
Blechnum spicant	Rippenfarn	*Sorbus aucuparia*	Vogelbeerbaum
Dryopteris dilatata	Breiter Wurmfarn	*Vaccinium myrtillus*	Heidelbeere

Nadelwälder

Tanne *(Abies alba)*

Vogelbeerbaum *(Sorbus aucuparia)*

Heidelbeere *(Vaccinium myrtillus)*

Rippenfarn
(Blechnum spicant)

Wald-Sauerklee *(Oxalis acetosella)*

Fichte *(Picea abies)*

Gemeiner Waldfarn *(Athyrium filix-femina)*

Breiter Wurmfarn *(Dryopteris dilatata)*

Heidelbeer-Tannen-Fichtenwald
(Vaccinio myrtilli-Abieti-Piceetum)

Der Heidelbeer-Tannen-Fichtenwald ist im Entlebuch auf der rechten Talseite der Kleinen Emme über Molasse- und Flyschgestein in kleineren bis ausgedehnten Beständen öfters anzutreffen. Im Haupttal zwischen Escholzmatt und Schüpfheim finden wir ihn auf verdichteten Grundmoränenböden. Im Napfgebiet nimmt er nur kleine Flächen ein. Die Höhenverbreitung erstreckt sich von 840 bis ca. 1500 m ü. M.

Heidelbeeren *(Vaccinium myrtillus)*, Tannen *(Abies alba)*, Fichten *(Picea abies)* und Vogelbeeren *(Sorbus aucuparia)* im Heidelbeer-Tannen-Fichtenwald (Brameggwald)

Der Heidelbeer-Tannen-Fichtenwald bevorzugt Plateaus, Terrassen, flache Mulden und leicht bis mittel geneigte Hänge; er wird deshalb auch als montaner Plateau-Tannen-Fichtenwald bezeichnet. Auf dem frisch-feuchten, wenig durchlässigen, lehmreichen Podsol- oder Gleyboden liegt eine meist mächtige, saure und nährstoffarme Rohhumusschicht. Im typischen Heidelbeer-Tannen-Fichtenwald dominieren Fichte *(Picea abies)* und Tanne *(Abies alba)*, wobei die Tanne aus bereits bekannten Gründen vielfach in den Hintergrund tritt. Der Vogelbeerbaum *(Sorbus aucuparia)* ist meist vorhanden. Vor allem in den tiefer gelegenen Gebieten erscheint ab und zu auch die Buche *(Fagus sylvatica)*. Über einer fast geschlossenen Moosdecke blüht und fruchtet je nach Lichteinfall und Frühjahrswitterung ein dichter Heidelbeerteppich. Die überaus wertvollen Heidelbeeren *(Vaccinium myrtillus)* werden im Entlebuch von Hand oder mit dem Kamm eifrig gesammelt. Farne, wie der fächerförmig ausgebreitete Breite Wurmfarn *(Dryopteris dilatata)* und der Rippenfarn *(Blechnum spicant)* mit seinen schönen, ungleich geformten fertilen und sterilen Fiedern sowie der meterlange Wald-Bärlapp *(Lycopodium annotinum)*, die zierliche Zweiblättrige Schattenblume *(Maianthemum bifolium)* und andere Säurezeiger überziehen den Waldboden monatelang mit einheitlichem Grün.

Heidelbeeren, Farne, Moose und der Wald-Sauerklee *(Oxalis acetosella)* bilden einen dichten Unterwuchs im Heidelbeer-Tannen-Fichtenwald.

Auf schwer durchlässigen, lehmigen Moränenböden, auf Terrassen, Plateaus und in flachen Mulden liegt eine mächtige, stark saure Schicht aus Rohhumus und Torf. Der Waldboden ist hier feucht, im Untergrund dauernd und an der Oberfläche zeitweise vernässt. Hier stockt der Heidelbeer-Tannen-Fichtenwald mit Torfmoos. Neben den bekannten Säurezeigern wachsen hier an nassen Stellen verschiedene Torfmoose *(Sphagnum* sp.*)* und da und dort auch der Faulbaum *(Frangula alnus)*.

Heidelbeer-Tannen-Fichtenwald auf lehmigem Moränenboden mit Rohhumus und Torf (Tällenmoos Escholzmatt)

In schöner Ausprägung finden wir im Entlebuch den typischen und den torfmoosreichen Heidelbeer-Tannen-Fichtenwald in den Gemeinden Werthenstein (Oberstaldigwald), Entlebuch (Brameggwald, Fuchserenwald), Hasle (Fankhuswald), Schüpfheim (Gruenholz, Acherguetwald), Escholzmatt (Tällenmooswald) und Flühli (Blattli).

Zum typischen Artengefüge des Heidelbeer-Tannen-Fichtenwaldes gehören:

Abies alba	Tanne, Weisstanne	*Maianthemum bifolium*	Zweiblättrige Schattenblume
Athyrium filix-femina	Wald-Frauenfarn, Gemeiner Waldfarn	*Oxalis acetosella*	Wald-Sauerklee
Avenella flexuosa	Draht-Schmiele, Wald-Schmiele	*Phyteuma spicatum*	Ährige Rapunzel
		Picea abies	Fichte, Rottanne
Blechnum spicant	Rippenfarn	*Prenanthes purpurea*	Hasenlattich
Dryopteris dilatata	Breiter Wurmfarn	*Rubus* sp.	Brombeeren
Fagus sylvatica	Buche, Rot-Buche	*Sorbus aucuparia*	Vogelbeerbaum, Eberesche
Hieracium murorum	Wald-Habichtskraut		
Homogyne alpina	Alpenlattich	*Vaccinium myrtillus*	Heidelbeere
Luzula pilosa	Behaarte Hainsimse	*Sphagnum* sp.	Torfmoose
Luzula sylvatica	Wald-Hainsimse		übrige Moose
Lycopodium annotinum	Wald-Bärlapp		

Wald-Bärlapp *(Lycopodium annotinum)*, der Breitblättrige Wurmfarn *(Dryopteris dilatata)*, Moose und Torfmoose sind im Heidelbeer-Tannen-Fichtenwald mit Rohhumus und Torf oft anzutreffen.

Nadelwälder

Schachtelhalm-Tannen-Fichtenwald
(Equiseto-Abieti-Piceetum)

Der Schachtelhalm-Tannen-Fichtenwald – auch etwa als Schachtelhalm-Tannen-Mischwald bezeichnet – erscheint in der oberen montanen bis in die untere subalpine Stufe von ca. 1200–1500 m ü. M. in den Flyschgebieten und seltener in der subalpinen Molasse als lückige, parkartig aufgelichtete, klimaxnahe Waldgesellschaft. Der Wald stockt über wasserundurchlässigen, meist flach geneigten Flyschsandsteinen oder Mergel an wasserzügigen Hängen und vernässten Hangfusslagen mit Quellaustritten und quelligen Rinnsalen in Mulden.

Üppiger Schachtelhalm-Tannen-Fichtenwald über dem subalpinen Flysch im Hilferental (Flühli)

Der tonreiche Gleyboden ist im Untergrund dauernd nass, mässig sauer, in den mit Lehm und Mull gefüllten Mulden und Senken nass, aber nicht staunass, auf den Kuppen und leichten Erhebungen mit saurem Rohhumus und Moder eher trocken und nährstoffarm.

Entsprechend dem Standortmosaik feucht-nass-basisch oder trocken-sauer gestaltet sich die Vegetation: auf den trockenen, sauren Kuppen dominiert die Fichte *(Picea abies)*; die Tanne *(Abies alba)* ist nur spärlich anzutreffen oder fehlt ganz. Vereinzelt sind hier auch die Esche *(Fraxinus excelsior)* und der Berg-Ahorn *(Acer pseudoplatanus)* vorhanden. Der Vogelbeerbaum *(Sorbus aucuparia)* und die Sal-Weide *(Salix caprea)* gesellen sich oft zu ihnen. Säureliebende Pflanzen wie die Heidelbeere *(Vaccinium myrtillus)*, der Rippenfarn *(Blechnum spicant)*, der Breite Wurmfarn *(Dryopteris dilatata)*, der Wald-Sauerklee *(Oxalis acetosella)* und Moose vervollständigen die artenarme Vegetation auf den Kuppen. An steileren, feuchten Rutschhängen stellt sich in höheren Lagen die Grün-Erle *(Alnus viridis)* ein.

Üppiger und artenreicher präsentiert sich der Pflanzenwuchs in den feuchten bis nassen, nährstoffreicheren Mulden und Senken: Eisenhutblättriger Hahnenfuss *(Ranunculus aconitifolius)*, Wald-Schachtelhalm *(Equisetum sylvaticum)*, Sumpf-Dotterblume *(Caltha palustris)*, Sumpf-Pippau *(Crepis paludosa)*, Gebirgs-Kälberkropf *(Chaerophyllum hirsutum)*, Rundblättriger Steinbrech *(Saxifraga rotundifolia)*, Weisse Pestwurz *(Petasites albus)* und viele andere Feuchte- und Nässezeiger, Hochstauden und in tieferen Lagen Laubwaldbegleiter überziehen hier im Sommer den morastigen Boden mit einem dichten, weiss-grünen Teppich.

Auf den eher trockenen Kuppen bedecken Heidelbeeren *(Vaccinium myrtillus)*, Farne und Moose den sauren Boden; in den feuchten bis nassen Mulden und Senken gedeihen üppig Feuchtezeiger wie der Wald-Schachtelhalm *(Equisetum sylvaticum)*, der Eisenhutblättrige Hahnenfuss *(Ranunculus aconitifolius)*, die Sumpf-Dotterblume *(Caltha palustris)*, der Gebirgs-Kälberkropf *(Chaerophyllum hirsutum)*, der Weisse Germer *(Veratrum album)*, die Weisse Pestwurz *(Petasites albus)* und der Rundblättrige Steinbrech *(Saxifraga rotundifolia)*.

Schöne und grosse Bestände des Schachtelhalm-Tannen-Fichtenwaldes finden wir auf der Nordseite der Schrattenflue über dem subalpinen Flysch bei Sammligen, Wildmüsele, Bättenalp, Stein, Hürnli, Buhütte (Flühli, Escholzmatt-Marbach). Zu ihrer Nachbarschaft gehören der Heidelbeer-Tannen-Fichtenwald und der Hochstauden-Tannen-Fichtenwald.

Nadelwälder

Die typischen und häufigsten Arten im Schachtelhalm-Tannen-Fichtenwald sind:

Abies alba	Tanne	*Lonicera nigra*	Schwarze Heckenkirsche
Acer pseudoplatanus	Berg-Ahorn	*Oxalis acetosella*	Wald-Sauerklee
Adenostyles alliariae	Grauer Alpendost	*Paris quadrifolia*	Vierblättrige Einbeere
Alnus incana	Grau-Erle	*Petasites albus*	Weisse Pestwurz
Alnus viridis	Grün-Erle	*Phyteuma spicatum*	Ährige Rapunzel
Athyrium filix-femina	Wald-Frauenfarn, Gemeiner Waldfarn	*Picea abies*	Fichte, Rottanne
Blechnum spicant	Rippenfarn	*Prenanthes purpurea*	Hasenlattich
Caltha palustris	Sumpf-Dotterblume	*Primula elatior*	Wald-Schlüsselblume
Chaerophyllum hirsutum	Gebirgs-Kälberkropf	*Ranunculus aconitifolius*	Eisenhutblättriger Hahnenfuss
Crepis paludosa	Sumpf-Pippau	*Ranunculus lanuginosus*	Wolliger Hahnenfuss
Dryopteris dilatata	Breiter Wurmfarn	*Salix caprea*	Sal-Weide
Equisetum sylvaticum	Wald-Schachtelhalm	*Saxifraga rotundifolia*	Rundblättriger Steinbrech
Fragaria vesca	Wald-Erdbeere	*Sorbus aucuparia*	Vogelbeerbaum
Fraxinus excelsior	Gemeine Esche	*Stellaria nemorum*	Hain-Sternmiere
Geum rivale	Bach-Nelkenwurz	*Vaccinium myrtillus*	Heidelbeere
Hieracium murorum	Wald-Habichtskraut	*Veratrum album*	Weisser Germer
Homogyne alpina	Alpenlattich	*Viola biflora*	Gelbes Berg-Veilchen
Knautia dipsacifolia	Wald-Witwenblume		Moose
Lamium galeobdolon ssp. *montanum*	Berg-Goldnessel		

Der zierliche Wald-Schachtelhalm (*Equisetum sylvaticum*) fühlt sich wohl im Schachtelhalm-Tannen-Mischwald an bodenfeuchteren Stellen.

SCHACHTELHALM-TANNEN-FICHTENWALD

SCHACHTELHALM-TANNEN-FICHTENWALD

SCHACHTELHALM-TANNEN-FICHTENWALD

SCHACHTELHALM-TANNEN-FICHTENWALD

Wald-Schlüsselblume
Wald-Erdbeere
Grauer Alpendost
Ährige Rapunzel
Breiter Wurmfarn
Wolliger Hahnenfuss

SCHACHTELHALM-TANNEN-FICHTENWALD

Hochstauden-Tannen-Fichtenwald
(Adenostylo-Abieti-Piceetum)

Der artenreiche Hochstauden-Tannen-Fichtenwald bildet im Entlebuch auf Flysch (Hagleren, N-Seite der Schrattenflue, NW-Seite Schlierengrat) und auf subalpiner Molasse (Beichlen, Farneren) in der obersten montanen und bis in die subalpine Stufe von 1400–1700 m ü. M. die Klimaxgesellschaft. An luftfeuchten, schneereichen, eher schattigen, mässig steilen Hanglagen und Tobelflanken, die zu Rutschungen neigen, wächst dieser Nadelwald im kleinräumigen Wechsel mit bunt blühenden, üppigen Hochstaudenfluren in frischfeuchten, aber nicht nassen Mulden.

Der Hochstauden-Tannen-Fichtenwald nimmt an der Beichlen grosse Flächen ein.

Fuchs' Greiskraut *(Senecio ovatus)*, Grauer Alpendost *(Adenostyles alliariae)*, Hasenlattich *(Prenanthes purpurea)*, Wald-Frauenfarn *(Athyrium filix-femina)* und Alpen-Milchlattich *(Cicerbita alpina)* bilden im Hochstauden-Tannen-Fichtenwald in frischfeuchten Mulden im Sommer eine bunte Hochstaudenflur.

Die schmalsäulige Fichte *(Picea abies)* dominiert in ziemlich geschlossenen Beständen auf leicht erhöhten, versauerten Kuppen mit Moder oder Rohhumus. Zu ihr gesellen sich einige Sträucher, wie die Vogelbeere *(Sorbus aucuparia)*, die Schwarze Heckenkirsche *(Lonicera nigra)*, die Grün-Erle *(Alnus viridis)* und viele Heidelbeeren *(Vaccinium myrtillus)* nebst Alpenlattich *(Homogyne alpina)*, Zweiblättriger Schattenblume *(Maianthemum bifolium)* und säurezeigenden Moosen. Die Tanne *(Abies alba)* ist auch hier spärlich vorhanden oder fehlt ganz. In den frischfeuchten, tiefgründigen, tonhaltigen, feinerde- und nährstoffreicheren Mulden entwickelt sich über Mullbraunerden und Moder eine reichhaltige Vegetation aus Kräutern und Hochstauden. Im späten Frühling und Vorsommer erscheinen insbesondere in tieferen Lagen mehrere Laubwaldarten, wie die Wald-Schlüsselblume *(Primula elatior)*, die Ährige Rapunzel *(Phyteuma spicatum)*, die Vierblättrige Einbeere (Paris quadrifolia), die Wald-Segge *(Carex sylvatica)*, der Wald-Frauenfarn *(Athyrium filix-femina)* und andere.

Im Hochsommer verzaubert ein mastiges Blütenmeer von Kräutern und Hochstauden den abwechslungsreichen Hochstauden-Tannen-Fichtenwald: Grauer Alpendost *(Adenostyles alliariae)*, Alpen-Milchlattich *(Cicerbita alpina)*, Weisse Pestwurz *(Petasites albus)*, Gebirgs-Kälberkropf *(Chaerophyllum hirsutum)*, Rundblättriger Steinbrech *(Saxifraga rotundifolia)*, Weisser Germer *(Veratrum album)*, Wolliger Hahnenfuss *(Ranunculus lanuginosus)*, Eisenhutblättriger Hahnenfuss *(Ranunculus aconitifolius)* und andere erinnern an die waldfreien Hochstaudenfluren.

Der Hochstauden-Tannen-Fichtenwald ist oft in Übergängen zum nahestehenden Schachtelhalm-Tannen-Fichtenwald anzutreffen, ist aber trockener als dieser.

Zum typischen Artengefüge des Hochstauden-Tannen-Fichtenwaldes gehören:

Abies alba	Tanne
Aconitum vulparia	Gelber Eisenhut
Adenostyles alliariae	Grauer Alpendost
Alnus viridis	Grün-Erle
Athyrium distentifolium	Alpen-Frauenfarn
Athyrium filix-femina	Wald-Frauenfarn
Avenella flexuosa	Draht-Schmiele, Wald-Schmiele
Blechnum spicant	Rippenfarn
Carex sylvatica	Wald-Segge
Chaerophyllum hirsutum	Gebirgs-Kälberkropf
Cicerbita alpina	Alpen-Milchlattich
Dryopteris dilatata	Breiter Wurmfarn
Hieracium murorum	Wald-Habichtskraut
Homogyne alpina	Alpenlattich
Knautia sylvatica	Wald-Witwenblume
Lonicera nigra	Schwarze Heckenkirsche
Luzula sylvatica	Wald-Hainsimse
Maianthemum bifolium	Zweiblättrige Schattenblume
Melampyrum sylvaticum	Wald-Schachtelhalm
Oxalis acetosella	Wald-Sauerklee
Paris quadrifolia	Vierblättrige Einbeere
Petasites albus	Weisse Pestwurz
Phyteuma spicatum	Ährige Rapunzel
Picea abies	Fichte
Prenanthes purpurea	Hasenlattich
Primula elatior	Wald-Schlüsselblume
Ranunculus aconitifolius	Eisenhutblättriger Hahnenfuss
Ranunculus lanuginosus	Wolliger Hahnenfuss
Ranunculus serpens	Wurzelnder Hain-Hahnenfuss
Rosa pendulina	Alpen-Hagrose
Rubus idaeus	Himbeere
Salix appendiculata	Grossblättrige Weide
Saxifraga rotundifolia	Rundblättriger Steinbrech
Solidago virgaurea	Echte Goldrute
Sorbus aucuparia	Vogelbeerbaum
Stellaria nemorum	Hain-Sternmiere
Vaccinium myrtillus	Heidelbeere
Valeriana tripteris	Dreiblatt-Baldrian
Veratrum album	Weisser Germer
Veronica urticifolia	Nessel-Ehrenpreis
Viola biflora	Gelbes Bergveilchen

Der Graue Alpendost *(Adenostyles alliariae)* ist charakteristisch für diese Waldgesellschaft. Man bezeichnet sie deshalb auch als Alpendost-Tannen-Fichtenwald.

Der Alpen-Frauenfarn *(Athyrium distentifolium)* bei der Alp Stein (Marbach) ist im Wald selten in so grosser Menge anzutreffen.

Schlanke Fichten *(Picea abies)* sind typisch für den Bergwald (Farneren, Hasle).

Im Hochstauden-Tannen-Fichtenwald bilden schattenertragende Pflanzen eine üppige Krautschicht.

Blockschutt-Tannen-Fichtenwald über dem Bergsturzgebiet am Schlierengrat.

HOCHSTAUDEN-TANNEN-FICHTENWALD

HOCHSTAUDEN-TANNEN-FICHTENWALD

HOCHSTAUDEN-TANNEN-FICHTENWALD

Platanenblättriger Eisenhut
Schwarze Heckenkirsche
Vogelbeerbaum
Himbeere
Wald-Witwenblume
Echte Goldrute
Draht-Schmiele
Wald-Habichtskraut

Blockschutt-Tannen-Fichtenwald
(Asplenio-Abieti-Piceetum)

Block-Fichtenwald über Bergsturz im Schlieren-Flysch bei Ober Risch am Nordwesthang des Schlierengrates

Der Blockschutt-Tannen-Fichtenwald wie auch der Block-Fichtenwald gehören im Entlebuch von ca. 1000–1600 m ü. M. zu den abwechslungs- und artenreichsten Nadelwald-Gesellschaften. Ehemalige Bergsturzgebiete, grobe, ruhende Blockschutthalden sowie anstehende Karren im Schrattenkalk auf der Südseite der Schrattenflue ermöglichen in einem stark ausgeprägten Kleinrelief aus grösseren und kleineren Felsblöcken, Blockschutt mit Hohlräumen, Mulden und teilweise mit Moos trügerisch überwachsenen Spalten und Löchern ein vielfältiges, variantenreiches Pflanzenwachstum.

Bergsturzwald in der subalpinen Molasse oberhalb Hilferenhütli

Block-Fichtenwald auf anstehenden Karren im Schrattenkalk auf der Südseite der Schrattenflue

Der Blockschutt-Tannen-Fichtenwald und der Block-Fichtenwald mit schattigen und offenen, besser beleuchteten Stellen wachsen über Flysch, Molasse und Kalk. Saurer, nährstoffarmer Rohhumus bedeckt die trockenen Felsblöcke und den ruhenden Blockschutt; in den feuchten Mulden und Spalten sammelt sich milder, nährstoffreicherer, moder- oder mullartiger Humus und Hanglehm taschenförmig an. Hier und in den Hohlräumen bewirkt in der Vegetationszeit die hangabwärts fliessende Kaltluft ein kühleres Bodenklima.

In der Baumschicht dominiert die Fichte *(Picea abies)*; die Tanne *(Abies alba)* ist viel schwächer vertreten oder fehlt ganz. Laubbäume wie der Vogelbeerbaum *(Sorbus aucuparia)*, der Mehlbeerbaum *(Sorbus aria)*, der Berg-Ahorn *(Acer pseudoplatanus)* und in tieferen Lagen die Buche *(Fagus sylvatica)* sind im stufig und locker aufgebauten, mühsam begehbaren Waldbestand nicht oft anzutreffen. Dichte Moosteppiche und Heidelbeeren *(Vaccinium myrtillus)* überziehen die unbesonnten Felsblöcke und Steine; zu ihnen gesellen sich verschiedene Farne, wie der Eichenfarn *(Gymnocarpium dryopteris)*, der Wald-Bärlapp *(Lycopodium annotinum)*, der Tannen-Bärlapp *(Huperzia selago)*, die Schwarze Heckenkirsche *(Lonicera nigra)* und andere. Aus den feuchten und nährstoffreichen Mulden spriesst eine üppige Hochstaudenvegetation.

Eichenfarn *(Gymnocarpium dryopteris)*, Wald-Bärlapp *(Lycopodium annotinum)*, Heidelbeeren *(Vaccinium myrtillus)* und Moose sowie der Grünstielige Streifenfarn *(Asplenium viride)* überziehen die Felsblöcke im Block-Fichtenwald.

Buchenwaldbegleiter wie die Berg-Goldnessel *(Lamium galeobdolon* ssp. *montanum)*, die Ährige Rapunzel *(Phyteuma spicatum)* und der Waldmeister *(Galium odoratum)* erscheinen in diesem schutzwürdigen Wald bis in die obere montane Stufe. Neben vielen säureliebenden und säuretoleranten Arten bereichern auch mehrere kalkliebende Pflanzen wie der namengebende Grünstielige Streifenfarn *(Asplenium viride)* die artenreiche Waldgesellschaft. Über dem Schrattenkalk stockt der Blockschutt-Tannen-Fichtenwald nicht auf Blockschutt, sondern auf anstehenden Karren. Der Tanne fehlt hier weitgehend der ideale Wurzelraum. Nebst den bekannten säureliebenden Rohhumuszeigern fühlen sich hier auf dem flachgründigen Rendzinaboden mehrere Kalkzeiger wohl. Im Schrattenkalk bildet der Karren-Fichtenwald Übergänge und mosaikartige Verzahnungen mit dem benachbarten Zwergbuchs-Fichtenwald. Im Block-Fichtenwald mit ausgedehnten Hohlraumsystemen als Kaltluftspeicher und grossen überwachsenen Felsblöcken dominieren schmalkronige Fichten auf dem kargen Boden. Hier fehlen die krautigen Taschen und auch die Tanne.

Kleines Wintergrün *(Pyrola minor)*, aber auch Wald-Bärlapp *(Lycopodium annotinum)*, Wald-Sauerklee *(Oxalis acetosella)* und Lanzenfarn *(Polystichum lonchitis)* sind typisch für den Block-Fichtenwald.

Fichtenwurzeln klammern sich an die Molasse-Sandsteine im Bergsturzwald.

Der Lanzenfarn *(Polystichum lonchitis)* schmückt die Schrattenkarren.

Ihre grösste Ausdehnung erreichen der Blockschutt-Tannen-Fichtenwald und der Block-Fichtenwald im Entlebuch auf der Nordwestseite des Schlierengrates im Tal der Grossen Entle und im Rotbachtal. Die Karren-Blockwälder im Schrattenkalk auf der Südseite der Schrattenflue stellt man auch zu den Block-Fichtenwäldern.

Säureliebende und säuretolerante Nadelwaldpflanzen, Kalkzeiger, Felspioniere, Hochstauden und auch einige Buchenwaldbegleiter sorgen in diesen Waldgesellschaften für ein reichhaltiges Pflanzenkleid.

Schlierengrat

Im Block-Fichtenwald gedeiht in feuchten Mulden und Löchern eine üppige Vegetation

Die wichtigsten Arten im Blockschutt-Tannen-Fichtenwald und im Block-Fichtenwald sind:

Abies alba	Tanne	*Melampyrum sylvaticum*	Wald-Wachtelweizen
Acer pseudoplatanus	Berg-Ahorn	*Oxalis acetosella*	Wald-Sauerklee
Adenostyles alliariae	Grauer Alpendost	*Paris quadrifolia*	Vierblättrige Einbeere
Adenostyles alpina	Kahler Alpendost	*Petasites albus*	Weisse Pestwurz
Asplenium viride	Grünstieliger Streifenfarn	*Phegopteris connectilis*	Buchenfarn
Aster bellidiastrum	Alpenmasslieb	*Phyteuma spicatum*	Ährige Rapunzel
Athyrium filix-femina	Wald-Frauenfarn	*Picea abies*	Fichte
Blechnum spicant	Rippenfarn	*Polygonatum verticillatum*	Quirlblättriges Salomonssiegel
Chaerophyllum hirsutum	Gebirgs-Kälberkropf	*Polypodium vulgare*	Gemeiner Tüpfelfarn, Engelsüss
Cystopteris fragilis	Zerbrechlicher Blasenfarn		
Dryopteris dilatata	Breiter Wurmfarn	*Polystichum lonchitis*	Lanzenfarn
Dryopteris filix-mas	Echter Wurmfarn	*Prenanthes purpurea*	Hasenlattich
Fagus sylvatica	Rot-Buche	*Primula elatior*	Wald-Schlüsselblume
Fragaria vesca	Wald-Erdbeere	*Pyrola minor*	Kleines Wintergrün
Galium odoratum	Echter Waldmeister	*Pyrola secunda*	Einseitswendiges Wintergrün, Birngrün
Geranium robertianum	Stinkender Storchschnabel		
Gymnocarpium dryopteris	Eichenfarn	*Ribes alpinum*	Alpen-Johannisbeere
		Rosa pendulina	Alpen-Hagrose
Gymnocarpium robertianum	Ruprechtsfarn	*Rubus idaeus*	Himbeere
		Rubus saxatilis	Steinbeere
Hieracium murorum	Wald-Habichtskraut	*Saxifraga rotundifolia*	Rundblättriger Steinbrech
Homogyne alpina	Alpenlattich		
Huperzia selago	Tannen-Bärlapp	*Solidago virgaurea*	Gewöhnliche Goldrute
Lamium galeobdolon ssp. *montanum*	Berg-Goldnessel	*Sorbus aria*	Mehlbeerbaum
		Sorbus aucuparia	Vogelbeerbaum
Lonicera alpigena	Alpen-Heckenkirsche	*Vaccinium myrtillus*	Heidelbeere
Lonicera nigra	Schwarze Heckenkirsche	*Vaccinium vitis-idaea*	Preiselbeere
Luzula sylvatica	Wald-Hainsimse	*Valeriana tripteris*	Dreiblatt-Baldrian
Lycopodium annotinum	Wald-Bärlapp	*Veronica urticifolia*	Nessel-Ehrenpreis
Maianthemum bifolium	Zweiblättrige Schattenblume	*Viola biflora*	Gelbes Berg-Veilchen

Hasenlattich *(Prenanthes purpurea)*, Weisse Pestwurz *(Petasites albus)* und Farne spriessen in der feuchten Mulde; Moose und Heidelbeeren *(Vaccinium myrtillus)* bedecken den Felsblock im Blockschutt-Tannen-Fichtenwald.

Block-Fichtenwald in den Karren des Schrattenkalkes

Nadelwälder

BLOCKSCHUTT-TANNEN-FICHTENWALD

BLOCKSCHUTT-TANNEN-FICHTENWALD

Fichtenwälder
(Vaccinio-Piceion)

Fichtenwälder in verschiedener Ausprägung begegnen uns im Entlebuch in einer Meereshöhe von ca. 1300–1700 m ü. M. über Flysch, subalpiner Molasse sowie über Kalkgestein mit dicker Rohhumusauflage in flachen bis steilen Lagen und in allen Expositionen. Durch herabhängende Äste entledigen sich die schlanken Säulenfichten der winterlichen Schneelast. Die Fichten *(Picea abies)* stehen oft in Gruppen, sog. Rotten, zusammen; dadurch ermöglichen sie lichtbedürftigen Sträuchern und Kräutern ein optimales Wachstum.

Rüchiwald (links) und Guggenenwald (rechts) sind heidelbeerreiche, subalpine Fichtenwälder (Flühli).

Subalpiner Fichtenwald mit Berg-Föhre (*Pinus mugo* ssp. *uncinata*), Heidelbeeren (*Vaccinium myrtillus*) und Torfmoosen (*Sphagnum* sp.) (Gross Gfäl, Sörenberg)

Der lückige Zwergbuchs-Fichtenwald über dem Schrattenkalk auf der Südseite der Schrattenflue beherbergt im Unterwuchs auch Kalkzeiger.

Buche *(Fagus sylvatica)* und Tanne *(Abies alba)* fehlen in den Fichtenwäldern; die Vogelbeere *(Sorbus aucuparia)* finden wir fast immer. Der Unterwuchs besteht aus säureliebenden Rohhumuszeigern wie Heidelbeere *(Vaccinium myrtillus)*, Alpenlattich *(Homogyne alpina)*, Wald-Hainsimse *(Luzula sylvatica)*, Wald-Wachtelweizen *(Melampyrum sylvaticum)*, Rippenfarn *(Blechnum spicant)*, Draht-Schmiele *(Avenella flexuosa)*, Wald-Bärlapp *(Lycopodium annotinum)*, Tannen-Bärlapp *(Huperzia selago)*, Breitem Wurmfarn *(Dryopteris dilatata)*, den recht seltenen Orchideen Kleines Zweiblatt *(Listera cordata)* und Korallenwurz *(Corallorhiza trifida)* sowie aus vielen verschiedenen Moosen. Im Zwergbuchs-Fichtenwald über dem Schrattenkalk auf der Südseite der Schrattenflue treten vermehrt Kalkzeiger auf. An bodenfrischen Stellen beobachtet man in den Fichtenwald-Gesellschaften auch Hochstauden.

Heidelbeer-Fichtenwald
(Homogyno-Piceetum)

Der Heidelbeer-Fichtenwald wird auch als Alpenlattich-Fichtenwald bezeichnet. Diese Waldgesellschaft gehört zusammen mit ähnlichen Waldbeständen zum subalpinen Fichtenwald *(Piceetum subalpinum)*. Die Heidelbeere *(Vaccinium myrtillus)* tritt in allen Gesellschaften mit hoher Stetigkeit auf, oft in grossen, kniehohen Strauchteppichen.

Schlanke, langsamwüchsige Säulenfichten prägen den subalpinen Fichtenwald (Guggenenwald, Flühli).

Über dem ausgewaschenen, sauren und nährstoffarmen Podsol- oder Bleicherdeboden liegt eine meist dicke Rohhumusschicht, die nur wenigen Pflanzenarten geeigneten Lebensraum bieten kann. Das von Weitem geschlossen erscheinende Waldbild präsentiert sich beim Durchwandern lückig, weil die dominierende Fichte *(Picea abies)* in allen Altersstufen oft in Rotten wächst. Den Unterwuchs bilden Heidelbeere *(Vaccinium myrtillus)*, Alpenlattich *(Homogyne alpina)*, Farne, Wald- und Tannen-Bärlapp *(Lycopodium annotinum, Huperzia selago)*, Wolliges Reitgras *(Calamagrostis villosa)*, Wald-Hainsimse *(Luzula sylvatica)*, Wald-Sauerklee *(Oxalis acetosella)* und andere. Verschiedene säureliebende Moose bedecken in grosser Menge den Boden.

Der Heidelbeer-Fichtenwald gedeiht als subalpiner Fichtenwald in flach geneigten bis steilen Lagen über Flysch, subalpiner Molasse und Kalkgestein mit mächtiger Rohhumusauflage. Er kommt in allen Expositionen vor, bevorzugt aber eher schattige Hänge. Im Entlebuch finden wir ihn hauptsächlich im Grossen Entlental, am Schlierengrat, im Fürsteingebiet, an der Schwändiliflue, auf der Südseite der Beichlen sowie in Sörenberg. Von allen Untereinheiten dieser Waldgesellschaft erreichen der subalpine Fichtenwald mit Heidelbeere und der typische subalpine Fichtenwald mit Torfmoos die grösste Ausdehnung. In den lückigen Wäldern bedeckt die lichtbedürftige Heidelbeere grosse Flächen und versorgt in guten Erntejahren viele eifrige Sammler und auch das Auerwild mit den geschmackvollen, äusserst gesunden Beeren.

Heidelbeer-Fichtenwald Guggenenwald; im Hintergrund die Schwändiliflue

Subalpiner Fichtenwald mit Torfmoos (*Sphagnum* sp.) und Aufrechter Berg-Föhre (*Pinus mugo* ssp. *uncinata*) (Türnliwald, Sörenberg).

Der typische subalpine Fichtenwald mit Torfmoos bevorzugt über Flyschsandstein mit Mulden und Plateaus niederschlagsreiche, kühle, schattige, luftfeuchte, flache bis mässig geneigte Hänge. Der Subalpine Fichtenwald mit der Aufrechten Berg-Föhre (*Pinus mugo* ssp. *uncinata*) und Torfmoos (*Sphagnum* sp.) ist in den Moorgebieten da und dort in der Nachbarschaft der Bergföhrenwälder anzutreffen.

Heidelbeeren *(Vaccinium myrtillus)* und Besenheide *(Calluna vulgaris)* sind lichtbedürftig und bevorzugen sauren und trockenen Boden.

Dieses Torfmoos (*Sphagnum* sp.) schmückt den Heidelbeer-Fichtenwald (Guggenenwald, Flühli).

Heidelbeere *(Vaccinium myrtillus)*, Alpenlattich *(Homogyne alpina)*, Farne und Moose sind typisch für den Heidelbeer-Fichtenwald. In der Nähe von Rostalpenrosenheiden befällt ein Rostpilz als Wirt die Fichtennadeln und bewirkt, dass sie vergilben.

Zum typischen Artengefüge des subalpinen Fichtenwaldes mit Heidelbeere und der nahe verwandten Waldgesellschaft gehören:

Adenostyles alliariae	Grauer Alpendost	*Luzula sylvatica*	Wald-Hainsimse
Athyrium distentifolium	Gebirgs-Frauenfarn	*Lycopodium annotinum*	Wald-Bärlapp
Avenella flexuosa	Draht-Schmiele, Wald-Schmiele	*Melampyrum sylvaticum*	Wald-Wachtelweizen
		Orthilia secunda	Birngrün, Nickendes Wintergrün
Blechnum spicant	Rippenfarn		
Calamagrostis villosa	Wolliges Reitgras	*Oxalis acetosella*	Wald-Sauerklee
Cicerbita alpina	Alpen-Milchlattich	*Picea abies*	Fichte
Corallorhiza trifida	Korallenwurz	*Pinus mugo* ssp. *uncinata*	Aufrechte Berg-Föhre
Dryopteris dilatata	Breiter Wurmfarn	*Prenanthes purpurea*	Hasenlattich
Hieracium murorum	Wald-Habichtskraut	*Sorbus aucuparia*	Vogelbeerbaum
Homogyne alpina	Alpenlattich	*Sphagnum* sp.	Torfmoose
Huperzia selago	Tannenbärlapp	*Vaccinium myrtillus*	Heidelbeere
Listera cordata	Kleines Zweiblatt, Moor-Zweiblatt	*Vaccinium vitis-idaea*	Preiselbeere
			Moose
Luzula luzulina	Gelbliche Hainsimse		

Nadelwälder

HEIDELBEER-FICHTENWALD

HEIDELBEER-FICHTENWALD

Wolliges Reitgras

Birngrün

Vogelbeerbaum

Wald-Hainsimse

Kleines Zweiblatt

Hasenlattich

Wald-Habichtskraut

Torfmoos

Wald-Wachtelweizen

Torfmoos-Fichtenwald
(Sphagno-Piceetum)

Den Torfmoos-Fichtenwald – auch als Moorrand-Fichtenwald bezeichnet – finden wir im Entlebuch in den Moorgebieten von Sörenberg, vor allem im geschützten Wald Laubersmahdghack. In seiner Nachbarschaft erfreut uns der Torfmoos-Bergföhrenwald *(Sphagno-Pinetum montanae)*. Im Flyschgebiet gedeiht auf ebenen bis schwach geneigten Plateaus und nassen Mulden über saurem, nährstoffarmem Torf und feuchtem Rohhumus eine artenarme Waldgesellschaft. Im Gegensatz zum Hochmoor besteht ein Wasseraustausch mit der Umgebung. Dem Torfmoos-Fichtenwald fehlen folglich die typischen Hochmoorpflanzen. Die fast reinen, schwachwüchsigen, auch kümmerlichen Fichtenbestände sind stufig aufgebaut und lückig.

Im geschützten Wald Laubersmadghack treffen sich der Torfmoos-Fichtenwald und der Torfmoos-Bergföhrenwald; im Hintergrund der Brienzergrat mit dem Tannhorn (rechts).

Fichten *(Picea abies)*, Heidelbeeren *(Vaccinium myrtillus)*, Besenried *(Molinia caerulea)*, Torfmoose *(Sphagnum* sp.) und andere Moose bedecken den sauren Torfboden im Torfmoos-Fichtenwald.

Die Aufrechte Berg-Föhre *(Pinus mugo* ssp. *uncinata)* und die Vogelbeere *(Sorbus aucuparia)* sind vereinzelt anzutreffen. Den organischen Nassboden überziehen Heidelbeerteppiche sowie viele Torfmoose und andere Moose in unterschiedlichen Grüntönen. Der Alpenlattich *(Homogyne alpina)* und das unscheinbare, aber äusserst zierliche Kleine Zweiblatt, auch Moor-Zweiblatt genannt *(Listera cordata)*, sind typische Fichtenwaldbegleiter. Farne sind hier nicht häufig. Trotz der Artenarmut ist der Torfmoos-Fichtenwald absolut schutzwürdig, bietet er doch zusammen mit dem lichtungsreichen Torfmoos-Bergföhrenwald dem attraktiven Auerwild und mehreren Spechtarten günstigen Lebensraum.

Lichtungen, kümmerliche Fichten *(Picea abies)*, Heidelbeeren *(Vaccinium myrtillus)* auf trockeneren Kuppen, Torfmoose *(Sphagnum* sp.) und das Kleine oder Moor-Zweiblatt *(Listera cordata)* als seltene Orchidee charakterisieren in den Moorgebieten den wenig verbreiteten Torfmoos-Fichtenwald.

Folgende Arten sind typisch für den Torfmoos-Fichtenwald:

Avenella flexuosa	Draht-Schmiele, Wald-Schmiele	*Picea abies*	Fichte
Eriophorum vaginatum	Scheiden-Wollgras	*Pinus mugo* ssp. *uncinata*	Aufrechte Berg-Föhre
Homogyne alpina	Alpenlattich	*Sorbus aucuparia*	Vogelbeerbaum
Listera cordata	Kleines Zweiblatt, Moor-Zweiblatt	*Sphagnum* sp.	Torfmoose
Lycopodium annotinum	Wald-Bärlapp	*Vaccinium myrtillus*	Heidelbeere
Molinia caerulea	Besenried, Blaues Pfeifengras	*Vaccinium uliginosum*	Rauschbeere, Moorbeere
		Vaccinium vitis-idaea	Preiselbeere
			Moose

Schlanke, schüttere Fichten *(Picea abies)*, Torfmoose *(Sphagnum* sp.) und andere Moose, Heidelbeeren *(Vaccinium myrtillus)*, Rauschbeeren *(Vaccinium uliginosum)* und Rippenfarn *(Blechnum spicant)* gehören zum typischen Torfmoos-Fichtenwald.

TORFMOOS-FICHTENWALD

Buntreitgras-Fichtenwald
(Calamagrostio variae-Piceetum)

Der Buntreitgras-Fichtenwald begegnet uns im Entlebuch vom Schimbrig bis zur Schrattenflue in einer Meereshöhe von 1400–1800 m an steilen Hängen aller Expositionen. Er tritt uns in zwei Ausbildungsformen entgegen: An den mergeligen, eher tiefgründigen, schattigen und wechselfeuchten Steilhängen der Molasseberge Beichlen und Farneren sowie am Flyschberg Hagleren nimmt diese Waldgesellschaft die höchsten Lagen ein. Waldfreie, grasige Runsen schieben sich oft keilförmig durch die Bestände und begünstigen das Schneegleiten über den flachgedrückten Grashalden.

Der Buntreitgras-Fichtenwald besiedelt am Molasseberg Beichlen in lückigen Beständen die obersten Partien. Der Borkenkäferbefall zu Beginn des 21. Jahrhunderts beeinträchtigt das Waldbild.

An der Westseite der Farneren (links) wird der Buchen- und der Tannen-Buchenwald nach oben abgelöst vom Buntreitgras-Fichtenwald. Im Hintergrund dominiert die Schwändiliflue.

Buntreitgras-Fichtenwald an der Westseite des Flyschberges Hagleren

Nadelwälder

An den Kalkbergen Schimbrig, Baumgartenfluh, Schafmatt, Schwändilifluh und Schrattenflue besiedelt der Buntreitgras-Fichtenwald in lichten Beständen felsige, wechseltrockene, flachgründige, mergelreiche und meist gut besonnte Kalkrendzinahänge. Die Fichte *(Picea abies)* dominiert; dazu kommen Vogelbeere *(Sorbus aucuparia)*, Grün-Erle *(Alnus viridis)*, Alpen-Hagrose *(Rosa pendulina)* und die Schwarze Heckenkirsche *(Lonicera nigra)*. Auf den durch die Nadelstreu versauerten Kuppen wachsen Heidelbeere *(Vaccinium myrtillus)*, Preiselbeere *(Vaccinium vitis-idaea)*, Wald-Hainsimse *(Luzula sylvatica)*, Wald-Sauerklee *(Oxalis acetosella)* und säureliebende Moose. An den steilen Grashalden spriesst auch hier das Berg- (= Bunte) Reitgras *(Calamagrostis varia)* an sonnigen Stellen in grossen Herden. Zu ihm gesellen sich auf dem basischen, wechselfeuchten Mergel Rost-Segge *(Carex ferruginea)*, Schlaffe Segge *(Carex flacca)*, Alpenmassliep *(Aster bellidiastrum)*, Berg-Flockenblume *(Centaurea montana)*, Schwalbenwurz-Enzian *(Gentiana asclepiadea)*, Kahler Alpendost *(Adenostyles alpina)*, Wald-Witwenblume *(Knautia dipsacifolia)* und andere.

Der aufgelockerte Buntreitgras-Fichtenwald wird auf der warmen Südseite des Schimbrig bereichert durch wärmeliebende Kalkzeiger.

An der Westseite der Schwändilifluh bei Flühli stockt der Buntreitgras-Fichtenwald oberhalb des Tannen-Buchenwaldes an steilen Felshängen. Die Waldbesitzer wurden 2014 für die vorbildliche Pflege des schwer zugänglichen Bergwaldes ausgezeichnet.

An den Molassebergen fehlen die Trockenheitszeiger weitgehend. In den sonnigen Grashalden über Kalk bereichern ab und zu bunte Vertreter aus benachbarten Pflanzengesellschaften das sonst eher bescheidene Artengefüge des Buntreitgras-Fichtenwaldes.

Das Bunte Reitgras oder Berg-Reitgras *(Calamagrostis varia)* tritt im Buntreitgras-Fichtenwald in grossen Herden auf.

Im Buntreitgras-Fichtenwald an der Beichlen sind die Schneerunsen im Winter besonders gut sichtbar.

Zu den beiden Ausbildungsformen des Buntreitgras-Fichtenwaldes gehören folgende Arten:

Acer pseudoplatanus	Berg-Ahorn	Lonicera nigra	Schwarze Heckenkirsche
Adenostyles alpina	Kahler Alpendost	Luzula sylvatica	Wald-Hainsimse
Alnus viridis	Grün-Erle	Picea abies	Fichte
Aster bellidiastrum	Alpenmasslieb	Rosa pendulina	Alpen-Hagrose
Calamagrostis varia	Berg-Reitgras, Buntes Reitgras	Salix appendiculata	Grossblättrige Weide
		Sorbus aria	Mehlbeerbaum
Carex ferruginea	Rost-Segge	Sorbus aucuparia	Vogelbeerbaum
Carex flacca	Schlaffe Segge	Vaccinium myrtillus	Heidelbeere
Centaurea montana	Berg-Flockenblume	Vaccinium vitis-idaea	Preiselbeere
Gentiana asclepiadea	Schwalbenwurz-Enzian	Valeriana tripteris	Dreiblatt-Baldrian
Gentiana lutea	Gelber Enzian	Viola biflora	Gelbes Berg-Veilchen
Homogyne alpina	Alpenlattich		Moose
Knautia dipsacifolia	Wald-Witwenblume		

Berg-Reitgras *(Calamagrostis varia)*, Berg-Flockenblume *(Centaurea montana)* (mit Kleinem Fuchs) und Alpenmasslieb *(Aster bellidiastrum)* begegnen uns oft im Buntreitgras-Fichtenwald.

Nadelwälder

BUNTREITGRAS-FICHTENWALD

BUNTREITGRAS-FICHTENWALD

Berg-Ahorn
Berg-Flockenblume
Wald-Hainsimse
Alpen-Hagrose
Dreiblatt-Baldrian
Schwalbenwurz-Enzian
Kahler Alpendost

Zwergbuchs-Fichtenwald
(Polygala chamaebuxi-Piceetum)

Der mühsam begehbare Zwergbuchs-Fichtenwald wächst in grösserer Ausdehnung auf der südexponierten, trockenen Seite der Schrattenflue über Schrattenkalk. Kleinere Bestände finden wir an den sonnigen Kalkfelsen des Schimbrig und der Grönflue.

Im Zwergbuchs-Fichtenwald an der trockenen Südseite der Schrattenflue kämpfen die Fichten *(Picea abies)* auf dem kargen Boden über Schrattenkalk ums Überleben.

Vom Böli (links) bis Silwängen bildet der Zwergbuchs-Fichtenwald auf der Südseite der Schrattenflue die heutige Waldgrenze.

Über dem flachgründigen, durchlässigen und kalkhaltigen Rendzinaboden mit Moder, Kalkmull und Rohhumus entwickelt sich eine artenreiche Pflanzengesellschaft. Im lückigen Wald mit vielen offenen, lichtreichen Flächen dominiert die Fichte *(Picea abies)* in ausgeprägter Rottenstruktur auf erhöhten Stellen. In den rasigen Flecken erfreut uns eine artenreiche und bunte Krautschicht, welche immer wieder von

Schrattenkarren oder Kalkfelsbändern unterbrochen wird. Vogelbeere *(Sorbus aucuparia)*, Mehlbeere *(Sorbus aria)* sowie mehrere kalkliebende Sträucher und Zwergsträucher wie die hübsche Buchsblättrige Kreuzblume *(Polygala chamaebuxus)* begleiten den Fichtenwald. Im Übergang zum benachbarten Steinrosen-Bergföhrenwald treten vereinzelte Aufrechte Berg-Föhren *(Pinus mugo* ssp. *uncinata)* auf. Auf den kleinflächigen, sauren Rohhumuskuppen wachsen eher spärlich Heidelbeere *(Vaccinium myrtillus)*, Preiselbeere *(Vaccinium vitis-idaea)*, Alpenlattich *(Homogyne alpina)*, Wald-Wachtelweizen *(Melampyrum sylvaticum)* und säurezeigende Moose. In der rasigen Krautschicht mit basisch-trockenem bis basisch-wechselfeuchtem Untergrund sowie an den trockenen Felsen bestimmen bunt blühende und auffällige Kalkzeiger den Sommeraspekt: Berg-Reitgras *(Calamagrostis varia)*, Nickendes Perlgras *(Melica nutans)*, Schlaffe Segge *(Carex flacca)*, Buchsblättrige Kreuzblume *(Polygala chamaebuxus)*, Breitblättriges Laserkraut *(Laserpitium latifolium)*, Alpen-Hornklee *(Lotus alpinus)*, Breitblättrige Ständelwurz *(Epipactis helleborine)* und selten das Weidenblättrige Rindsauge *(Buphthalmum salicifolium)*. Pflanzen der benachbarten Felsspalten und der Blaugrashalden bereichern den schutzwürdigen Zwergbuchs-Fichtenwald, der da und dort überleitet zu den Bergföhrenwäldern und systematisch oft auch zu diesen gestellt wird.

Die Buchsblättrige Kreuzblume *(Polygala chamaebuxus)*, auch Zwergbuchs genannt, die Zwergmispel *(Sorbus chamaemespilus)*, das Breitblättrige Laserkraut *(Laserpitium latifolium)* und das Weidenblättrige Rindsauge *(Buphthalmum salicifolium)* sind oft bis selten im kalkhaltigen Zwergbuchs-Fichtenwald anzutreffen.

Zum abwechslungsreichen Artengefüge des Zwergbuchs-Fichtenwaldes gehören:

Aster bellidiastrum	Alpenmassliebn	*Melampyrum sylvaticum*	Wald-Wachtelweizen
Blechnum spicant	Rippenfarn	*Melica nutans*	Nickendes Perlgras
Buphthalmum salicifolium	Weidenblättriges Rindsauge	*Picea abies*	Fichte
		Pinus mugo ssp. *uncinata*	Aufrechte Berg-Föhre
Calamagrostis varia	Berg-Reitgras, Buntes Reitgras	*Polygala chamaebuxus*	Buchsblättrige Kreuzblume
Carduus defloratus	Berg-Distel	*Polystichum lonchitis*	Lanzenfarn
Carex ferruginea	Rost-Segge	*Rosa pendulina*	Alpen-Hagrose
Carex flacca	Schlaffe Segge	*Salix appendiculata*	Grossblättrige Weide
Carex sempervirens	Immergrüne Segge	*Sesleria caerulea*	Kalk-Blaugras
Centaurea montana	Berg-Flockenblume	*Sorbus aria*	Mehlbeerbaum
Epipactis helleborine	Breitblättrige Stendelwurz	*Sorbus aucuparia*	Vogelbeerbaum
Galium anisophyllon	Alpen-Labkraut	*Sorbus chamaemespilus*	Zwergmispel
Globularia nudicaulis	Schaft-Kugelblume	*Vaccinium myrtillus*	Heidelbeere
Homogyne alpina	Alpenlattich	*Vaccinium vitis-idaea*	Preiselbeere
Laserpitium latifolium	Breitblättriges Laserkraut	*Valeriana tripteris*	Dreiblatt-Baldrian
Lotus alpinus	Alpen-Hornklee	*Viola biflora*	Gelbes Berg-Veilchen

Im aufgelockerten Zwergbuchs-Fichtenwald führen die Fichten auf dem steinigen, humusarmen und oft trockenen Boden einen harten Überlebenskampf.

Bodenbeschaffenheit, Feuchtigkeit, Lichtmenge und Steilheit begünstigen einen abwechslungsreichen Unterwuchs mit Kalk- und Säurezeigern im Zwergbuchs-Fichtenwald.

Nadelwälder

ZWERGBUCHS-FICHTENWALD

ZWERGBUCHS-FICHTENWALD

Hochmoor-Bergföhrenwälder
(Ledo-Pinion)

Torfmoos-Bergföhrenwald
(Sphagno-Pinetum montanae)

Der Torfmoos-Bergföhrenwald gehört zur Klasse der bodensauren Nadelwälder *(Vaccinio-Piceetea)*, zeigt aber floristisch grosse Ähnlichkeit mit den offenen Hochmooren. Der lückige Bestand an Berg-Föhren – diese wurden im Entlebuch früher «Dählen» genannt – rechtfertigt aber die pflanzensoziologische Zuteilung zu den Wäldern.

Der Torfmoos-Bergföhrenwald – auch als Hochmoor-Bergföhrenwald oder Bergföhren-Hochmoor bezeichnet – ist ein faszinierender Lebensraum für Tiere, Pflanzen und Menschen. Die Aufrechte Berg-Föhre (*Pinus mugo* ssp. *uncinata*) wird wegen ihres aufrechten Wuchses und den hakig gekrümmten Schuppenschildern der Zapfen Aufrechte Berg-Föhre oder auch Haken-Kiefer genannt.

Torfmoos-Bergföhrenwald auf dem Pro Natura-Schutzgebiet Hagleren

Mit seinen Bergföhren als imposanter Baum, wie auch als bizarre Krüppelform und Jungwuchs, mit seinen kleineren und grösseren hochmoorartigen, sumpfigen Lichtungen und seinem Reichtum an Auerwild und Spechten darf er wohl mit Recht als Juwel der Entlebucher Moorlandschaft bezeichnet werden. Im Raum Flühli-Sörenberg sowie im Tal der Grossen Entle begegnen wir ihm in seinen schönsten Ausprägungen (Laubersmahdghack, Türnliwald, Hagleren, Gugelwald, Müliport). Die Bergföhren bilden einen lockeren Bestand, der viel Licht durchlässt. Den Boden bedecken als dicke Moosdecke Torfmoose und andere Moose, Flechten und Erikagewächse. Der sehr saure, mächtige Torfboden verhindert, dass selbst die Wurzeln der Bäume weder den Mineralboden noch das mineralische Grundwasser erreichen können. Die Berg-Föhren sterben da und dort immer wieder ab und bieten so Spechten und Insekten Wohnraum und Nahrung. Die artenarme Vegetation des Torfmoos-Bergföhrenwaldes unterscheidet sich vom offenen Hochmoor nur durch den Bestand an Berg-Föhren, weshalb dieser Lebensraum als ökologische Grenze des Waldes (Nässegrenze) pflanzensoziologisch auch etwa zu den Hochmooren gestellt und als Bergföhren-Hochmoor bezeichnet wird.

In unserem Gebiet leiten offene Hochmoore mit ihren Bulten und Schlenken oft zum Torfmoos-Bergföhrenwald über, welcher seinerseits fliessend in den Heidelbeer- und pilzreichen Torfmoos-Fichtenwald übergeht.

Der Torfmoos-Bergföhrenwald (Türnliwald, links; Hagleren, rechts) ist mit den prächtigen Berg-Föhren (*Pinus mugo* ssp. *uncinata*) und den kleinen und grösseren Lichtungen mit Hochmoor-Schlenken und Bulten ein idealer Lebensraum für das Auerwild und Spechte.

Als Hochmoor mit Bergföhren und eingebettet zwischen offenem Hochmoor und Torfmoos-Fichtenwald präsentiert sich dementsprechend die charakteristische Artenkombination des Torfmoos-Bergföhrenwaldes:

Andromeda polifolia	Rosmarinheide	*Picea abies*	Fichte
Calluna vulgaris	Besenheide	*Pinus mugo* ssp. *uncinata*	Aufrechte Berg-Föhre
Carex rostrata	Schnabel-Segge	*Sphagnum* sp.	Torfmoose
Cladonia sp.	Rentierflechten	*Trichophorum cespitosum*	Rasen-Haarbinse
Drosera rotundifolia	Rundblättriger Sonnentau		
Eriophorum vaginatum	Scheiden-Wollgras	*Vaccinium myrtillus*	Heidelbeere
Lycopodium annotinum	Wald-Bärlapp	*Vaccinium oxycoccos*	Gemeine Moosbeere
Melampyrum pratense	Wiesen-Wachtelweizen	*Vaccinium uliginosum*	Moorbeere, Rauschbeere
Molinia caerulea	Blaues Pfeifengras, Besenried	*Vaccinium vitis-idaea*	Preiselbeere

Aufrechte Berg-Föhren (*Pinus mugo* ssp. *uncinata*) und Hochmoorflächen mit dem Scheiden-Wollgras (*Eriophorum vaginatum*), der Rosmarinheide (*Andromeda polifolia*) und Torfmoosen (*Sphagnum* sp.) begeistern jeden aufmerksamen Wanderer im Torfmoos-Bergföhrenwald.

Nadelwälder

TORFMOOS-BERGFÖHRENWALD

TORFMOOS-BERGFÖHRENWALD

Dreizehenspecht

Schwarzspecht

Auerhahn

Hochmoor-Birkenwald
(Pino-Betuletum)

Der Hochmoor-Birkenwald ist im Entlebuch in abgetorften oder austrocknenden Hochmooren wie z. B. im Mettilimoos (Entlebuch) oder im Tällenmoos (Escholzmatt) nur andeutungsweise anzutreffen. Wir begegnen hier nicht einem eigentlichen Wald; vielmehr sind es kleinere und grössere lückige Baumgruppen mit Birken *(Betula* sp.) und der Aufrechten Berg-Föhre *(Pinus mugo* ssp. *uncinata)*. Ihre Wurzeln erreichen im sauren, nährstoffarmen und zeitweise trockenen Hochmoorboden den Grundwasserspiegel nicht. Unterwuchs bilden verschiedene Heidekrautgewächse *(Ericaceae)*, das im Herbst auffällige Blaue Pfeifengras oder Besenried *(Molinia caerulea)*, Torfmoose *(Sphagnum* sp.) und andere Moose sowie der manchmal zahlreich vorhandene Faulbaum *(Frangula alnus)* mit gelbgrünen Blüten und schwarzen Beeren.

Auf dem abgetorften Hochmoor Mettilimoos (1917–1920 und 1941–1946) entwickelte sich da und dort ein lockerer Hochmoor-Birkenwald.

Moor-Birke *(Betula pubescens)*, Hänge-Birke *(Betula pendula)*, Aufrechte Berg-Föhre *(Pinus mugo* ssp. *uncinata)*, der Faulbaum *(Frangula alnus)* und das Blaue Pfeifengras *(Molinia caerulea)* gehören zum Hochmoor-Birkenwald.

Der nur unvollkommen ausgebildete Hochmoor-Birkenwald wird meist zur Klasse der Moorgebüsche und Erlenbrücher *(Alnetea glutinosae)* und dort zum Verband der Birkenbrücher *(Betulion pubescentis)* gestellt. Er erscheint in der Nähe von Torfmoos-Bergföhren- und Torfmoos-Fichtenwäldern, auch isoliert in austrocknenden Hochmooren. Eigentliche Charakterarten fehlen. Die Moor-Birke *(Betula pubescens)* mit waagrecht abstehenden Ästen und meist bis zum Grunde silberweissem Stamm, die Hänge-Birke *(Betula pendula)* mit hängenden Zweigen und eher schwarzem Stammunterteil sowie der Bastard der beiden Birkenarten kennzeichnen den Moor-Birkenwald gut und bereichern im Herbst mit ihrem leuchtenden Farbenspiel die Moorlandschaft.

Birken und Aufrechte Berg-Föhren beleben im austrocknenden Hochmoor Tällenmoos das Landschaftsbild.

Die häufigsten Arten im Hochmoor-Birkenwald sind:

Anthoxanthum odoratum	Ruchgras
Avenella flexuosa	Draht-Schmiele, Wald-Schmiele
Betula pendula	Hänge-Birke
Betula pubescens	Moor-Birke
Calluna vulgaris	Besenheide
Dryopteris carthusiana	Dorniger Wurmfarn
Eriophorum vaginatum	Scheiden-Wollgras
Frangula alnus	Faulbaum
Melampyrum pratense	Wiesen-Wachtelweizen
Molinia caerulea	Blaues Pfeifengras, Besenried
Pinus mugo ssp. *uncinata*	Aufrechte Berg-Föhre
Salix aurita	Ohr-Weide
Sphagnum sp.	Torfmoose und andere Moose
Vaccinium myrtillus	Heidelbeere
Vaccinium uliginosum	Rauschbeere, Moorbeere
Vaccinium vitis-idaea	Preiselbeere

HOCHMOOR-BIRKENWALD

Hänge-Birke

Zitterpappel, Espe

Aufrechte Berg-Föhre

Ohr-Weide

Moor-Birken im Mettilimoos

Scheiden-Wollgras

Faulbaum

Wiesen-Wachtelweizen

Besenheide

HOCHMOOR-BIRKENWALD

Erika-Föhrenwälder

Erika-Föhrenwälder
(Erico-Pinetea)

Die Klasse der Erika-Bergföhrenwälder ist im Entlebuch mit einer Ordnung *(Erico-Pinetalia)* und diese mit zwei Verbänden meist kleinflächig, aber in guter charakteristischer Ausprägung vertreten. Über Kalkgestein in sonniger Lage erfreut uns der Verband der Kalkreichen Bergföhrenwälder *(Erico-Pinion mugo)*, über Flysch auf saurem Boden bestaunen wir die Silikat-Bergföhrenwälder *(Vaccinio-Pinion mugo)*.

Auf der Südseite der Schrattenflue geben die Aufrechte Berg-Föhre, die Bewimperte Alpenrose *(Rhododendron hirsutum)* (= Steinrose) und die bizarre Karstlandschaft des Schrattenkalkes dem Steinrosen-Bergföhrenwald das charakteristische Gepräge.

Die Aufrechte Berg-Föhre *(Pinus mugo* ssp. *uncinata)*, die Bewimperte Alpenrose *(Rhododendron hirsutum)*, die Schneeheide *(Erica carnea)* und die Rostblättrige Alpenrose *(Rhododendron ferrugineum)* verleihen den Erika-Bergföhrenwäldern ein attraktives Aussehen.

Die Erika-Föhrenwälder gehören zusammen mit dem Torfmoos-Bergföhrenwald wohl zu den beeindruckendsten und interessantesten Waldgesellschaften im Entlebuch. Die Aufrechte Berg-Föhre (*Pinus mugo* ssp. *uncinata*), kurz Berg-Föhre oder im Entlebuch früher auch Dähle genannt, kommt hier in markanten Ausbildungsformen in allen Waldgesellschaften vor. Sie ist ebenso anspruchslos wie anpassungsfähig und wächst an extrem trockenen Kalkfelsstandorten wie auch auf nassen, sauren Moorböden. Die Schneeheide (*Erica carnea*), die zweite namengebende Art der Klasse, ist in den kalkreichen Bergföhrenwäldern nur selten anzutreffen oder fehlt sogar ganz.

Die beiden Verbände unterscheiden sich in den Standortfaktoren sehr stark: Bei den Kalkreichen Bergföhrenwäldern *(Erico-Pinion mugo)* mit den beiden Assoziationen Erika-Bergföhrenwald *(Erico-Pinetum montanae)* und Steinrosen-Bergföhrenwald *(Rhododendro hirsuti-Pinetum montanae)* ist der Unterwuchs weitgehend identisch mit den kalkreichen Zwergstrauchheiden. Die Bewimperte Alpenrose (*Rhododendron hirsutum*) und die Schneeheide (*Erica carnea*) sind hier typisch. Die bodensauren Silikat-Bergföhrenwälder *(Vaccinio-Pinion mugo)* beherbergen einen Unterwuchs wie die kalkarmen subalpinen Wälder und Zwergstrauchheiden. In der einzigen Assoziation in unserem Gebiet, dem Alpenrosen-Bergföhrenwald *(Rhododendro ferrugineae-Pinetum montanae)* dominiert im Unterwuchs als gern gepflückter Zwergstrauch die Rostblättrige Alpenrose (*Rhododendron ferrugineum*).

Alpenrosen-Bergföhrenwald bei Müliport im Tal der Grossen Entle

Erika-Föhrenwälder

Kalkreiche Bergföhrenwälder
(Erico-Pinion mugo)

Die Kalkreichen Bergföhrenwälder bevorzugen warme, trockene Kalkfelsen im Karstgebiet auf der Südseite der Schrattenflue sowie an der schwer zugänglichen Rüchifluh in der Gemeinde Flühli.

Folgende Arten sind **charakteristisch** für diesen **Verband:**

Aquilegia atrata	Dunkle Akelei	*Erica carnea*	Schneeheide
Calamagrostis varia	Berg-Reitgras, Bunt-Reitgras	*Gymnadenia odoratissima*	Wohlriechende Handwurz
Coronilla vaginalis	Scheiden-Kronwicke	*Polygala chamaebuxus*	Buchsblättrige Kreuzblume
Epipactis atrorubens	Braunrote Stendelwurz	*Rhododendron hirsutum*	Bewimperte Alpenrose

Bewimperte Alpenrose
(Rhododendron hirsutum)

Buchsblättrige Kreuzblume
(Polygala chamaebuxus)

Dunkle Akelei
(Aquilegia atrata)

Schneeheide
(Erica carnea)

Braunrote Stendelwurz
(Epipactis atrorubens)

Berg-Reitgras
(Calamagrostis varia)

Scheiden-Kronwicke
(Coronilla vaginalis)

Wohlriechende Handwurz
(Gymnadenia odoratissima)

Erika-Bergföhrenwald
(Erico-Pinetum montanae)

Den äusserst seltenen, aber attraktiven Erika-Bergföhrenwald finden wir im Entlebuch in nicht optimaler Ausprägung nur an der felsigen Südseite der Rüchifluh in der Gemeinde Flühli in einer Meereshöhe zwischen 1300–1500 m. An den steilen, sonnigen, trockenen, schutt- und felsreichen Kalkhängen trotzt die Aufrechte Berg-Föhre *(Pinus mugo* ssp. *uncinata)* mit markanten, knorrigen Wuchsformen in stark lückigen Beständen den harten Standortbedingungen. Einzelne Krüppelfichten *(Picea abies)* gesellen sich zu ihr. Über dem kalkreichen Rendzinaboden entwickeln sich trockener Kalkmull und Kalkmoder. Das unruhige Kleinrelief begünstigt ein Mosaik von wärmeliebenden Pflanzenarten aus Fels-, Schutt- und Rasengesellschaften.

Erika-Bergföhrenwald an der Rüchifluh (oben); darunter Felsvegetation mit kalk- und wärmeliebenden Sträuchern, Kräutern und Gräsern.

Felsenmispel *(Amelanchier ovalis)*, Berg-Mehlbeerbaum *(Sorbus mougeotii)*, Kahle Steinmispel *(Cotoneaster integerrimus)*, Scheiden-Kronwicke *(Coronilla vaginalis)*, Berg-Gamander *(Teucrium montanum)*, Buchsblättrige Kreuzblume *(Polygala chamaebuxus)*, Kalk-Blaugras *(Sesleria caerulea)* und die Schaft-Kugelblume *(Globularia nudicaulis)* sind Sträucher und Kräuter im Erika-Bergföhrenwald, der an der Rüchifluh nur kleinflächig ausgebildet und schwer zugänglich ist. Die namengebende Schneeheide *(Erica carnea)* fehlt fast immer. Die grössten Bestände des Erika-Bergföhrenwaldes sind Übergänge zum Zwergbuchs-Fichtenwald.

Zum farbenfrohen Artengefüge des Erika-Bergföhrenwaldes gehören:

Amelanchier ovalis	Felsenmispel
Aquilegia atrata	Dunkle Akelei
Calamagrostis varia	Berg-Reitgras, Bunt-Reitgras
Carduus defloratus	Berg-Distel
Carex sempervirens	Immergrüne Segge
Coronilla vaginalis	Scheiden-Kronwicke
Cotoneaster integerrimus	Kahle Steinmispel
Epipactis atrorubens	Braunrote Stendelwurz
Erica carnea	Schneeheide
Globularia cordifolia	Herzblättrige Kugelblume
Globularia nudicaulis	Schaft-Kugelblume
Gymnadenia odoratissima	Wohlriechende Handwurz
Hippocrepis comosa	Hufeisenklee
Leontodon hispidus	Raues Milchkraut
Lotus alpinus	Alpen-Hornklee
Melampyrum sylvaticum	Wald-Wachtelweizen
Picea abies	Fichte
Pinus mugo ssp. *uncinata*	Aufrechte Berg-Föhre
Polygala chamaebuxus	Buchsblättrige Kreuzblume
Sesleria caerulea	Kalk-Blaugras
Sorbus aria	Mehlbeerbaum
Sorbus mougeotii	Berg-Mehlbeerbaum
Teucrium montanum	Berg-Gamander
Vaccinium vitis-idaea	Preiselbeere

Felsenmispel *(Amelanchier ovalis)*, Kahle Steinmispel *(Cotoneaster integerrimus)*, Berg-Mehlbeerbaum *(Sorbus mougeotii)* mit etwas gelappten Blättern und der Berg-Gamander *(Teucrium montanum)* sind an sonnigen Kalkfelsen nicht oft anzutreffen.

Aufrechte Berg-Föhre
(Pinus mugo ssp. *uncinata)*

Herzblättrige Kugelblume
(Globularia cordifolia)

Alpen-Hornklee
(Lotus alpinus)

Berg-Distel
(Carduus defloratus)

ERIKA-BERGFÖHRENWALD

ERIKA-BERGFÖHRENWALD

Steinrosen-Bergföhrenwald
(Rhododendro hirsuti-Pinetum montanae)

Im zerklüfteten Schrattenkalk bilden die Aufrechte Berg-Föhre (*Pinus mugo* ssp. *uncinata*), die Bewimperte Alpenrose (*Rhododendron hirsutum*), kalkliebende Pflanzen aus benachbarten Pflanzengesellschaften und säureliebende Rohhumuszeiger in Nischen und Löchern den attraktiven Steinrosen-Bergföhrenwald.

Schön und wild präsentiert sich der abwechslungsreiche Steinrosen-Bergföhrenwald auf Schrattenkalk an der sonnigen Südseite der Schrattenflue südlich der Alp Silwängen in Sörenberg. Über dem flachgründigen, stark durchlässigen Rendzinaboden mit Kalkmoder oder frischen Rohhumusflächen entwickelt sich ein farbenfrohes Pflanzenmosaik aus Kalk- und Säurezeigern. Im Sommer erblüht in grosser Menge die Bewimperte Alpenrose (*Rhododendron hirsutum*), auch «Steinrösili» genannt. Wo der Steinrosen-Bergföhrenwald an den sauren Alpenrosen- oder Torfmoos-Bergföhrenwald grenzt, finden wir auch den Bastard zwischen der kalksteten Bewimperten Alpenrose und der säureliebenden Rostblättrigen Alpenrose (*Rhododendron ferrugineum*), die Bastard-Alpenrose (*Rhododendron* x *intermedium*).

Steinrosen-Bergföhrenwald auf der Südseite der Schrattenflue bei der Alp Silwängen

Zwergmispel *(Sorbus chamaemespilus)*, Buchsblättrige Kreuzblume *(Polygala chamaebuxus)*, Steinbeere *(Rubus saxatilis)*, Berg-Distel *(Carduus defloratus)*, Berg-Baldrian *(Valeriana montana)* und das Kalk-Blaugras *(Sesleria caerulea)* bevorzugen kalkhaltigen, trockenen Boden. Preiselbeere *(Vaccinium vitis-idaea)*, Wald-Wachtelweizen *(Melampyrum sylvaticum)*, Heidelbeere *(Vaccinium myrtillus)*, Wald-Hainsimse *(Luzula sylvatica)*, Alpenlattich *(Homogyne alpina)* und die Kleinblättrige Moorbeere *(Vaccinium gaultherioides)* gedeihen auf dem sauren Rohhumusboden. Im strukturreichen Kleinrelief mit offenen und felsigen Abschnitten bereichern bunte Vertreter der Blaugrashalden und Kalkfelspflanzen das artenreiche, mosaikartige Vegetationsbild im Steinrosen-Bergföhrenwald. Die langsam wachsende Aufrechte Berg-Föhre *(Pinus mugo* ssp. *uncinata)* besiedelt den felsigen Boden in lückigen Beständen mit aufrechten, aber auch knorrig gewundenen Bäumen, deren Wurzeln sich oft an den kargen Felsen festklammern.

Im Steinrosen-Bergföhrenwald, zu dessen Nachbarschaft an der Schrattenflue der Zwergbuchs-Fichtenwald und seltener der Torfmoos- sowie der Alpenrosen-Bergföhrenwald gehören, können folgende Pflanzen das standörtlich heterogene Artengefüge bilden:

Aster bellidiastrum	Alpenmasslieb	*Rhododendron hirsutum*	Bewimperte Alpenrose
Carduus defloratus	Berg-Distel	*Rhododendron* x *intermedium*	Bastard-Alpenrose
Dryas octopetala	Silberwurz	*Rubus saxatilis*	Steinbeere
Globularia cordifolia	Herzblättrige Kugelblume	*Salix appendiculata*	Grossblättrige Weide
Globularia nudicaulis	Schaft-Kugelblume	*Sesleria caerulea*	Kalk-Blaugras
Homogyne alpina	Alpenlattich	*Sorbus aucuparia*	Vogelbeerbaum
Juniperus communis ssp. *alpina*	Zwerg-Wacholder	*Sorbus chamaemespilus*	Zwergmispel
Luzula sylvatica	Wald-Hainsimse	*Vaccinium gaultherioides*	Kleinblättrige Rauschbeere
Melampyrum sylvaticum	Wald-Wachtelweizen	*Vaccinium myrtillus*	Heidelbeere
Picea abies	Fichte	*Vaccinium vitis-idaea*	Preiselbeere
Pinus mugo ssp. *uncinata*	Aufrechte Berg-Föhre	*Valeriana montana*	Berg-Baldrian
Polystichum lonchitis	Lanzenfarn		

Im zerklüfteten Schrattenkalk ist der Steinrosen-Bergföhrenwald nur mühsam begehbar.

Silikat-Bergföhrenwälder
(Vaccinio-Pinion mugo)

Der Verband der Silikat-Bergföhrenwälder ist im Entlebuch nur durch eine Assoziation vertreten: den Alpenrosen-Bergföhrenwald.

Alpenrosen-Bergföhrenwald
(Rhododendro ferrugineae-Pinetum montanae)

Im Tal der Grossen Entle bei Müliport beherrschen die Aufrechte Berg-Föhre (*Pinus mugo* ssp. *uncinata*) und die Rostblättrige Alpenrose *(Rhododendron ferrugineum)* das attraktive Bild des Alpenrosen-Bergföhrenwaldes.

Der attraktive Alpenrosen-Bergföhrenwald auf stark saurem und nährstoffarmem Boden ist das artenärmere Gegenstück zum Steinrosen-Bergföhrenwald auf Kalk. Im wolkenreichen und kühlfeuchten Flyschgebiet prägen stattliche Aufrechte Berg-Föhren (*Pinus mugo* ssp. *uncinata*) und oft dichte Teppiche der Rostblättrigen Alpenrose (*Rhododendron ferrugineum*) das eindrückliche Waldbild. Auf dem sauren Hohgantsandstein liegt über Podsolboden eine dicke Rohhumusschicht, die von einem fast lückenlosen Teppich von Moosen, Torfmoosen und Rentierflechten bedeckt ist. Heidelbeere *(Vaccinium myrtillus)*, Preiselbeere *(Vaccinium vitis-idaea)*, Rauschbeere *(Vaccinium uliginosum)*, Besenheide *(Calluna vulgaris)* sowie einige andere säureliebende Pflanzen füllen die Lücken zwischen den Alpenrosen auf dem frischen bis feuchten Boden.

Im Alpenrosen-Bergföhrenwald erwecken beim Wanderer im Sommer blühende Alpenrosen (*Rhododendron ferrugineum*) und prächtige Bergföhren (*Pinus mugo* ssp. *uncinata*) Staunen und Bewunderung.

Im Tal der Grossen Entle, zwischen Wasserfallenegg-Grön-Guggenen, auf der Obwaldner Seite des Fürsteins und auf der Hagleren entdecken wir kleinflächig, aber auch in grösseren Beständen den bezaubernden Alpenrosen-Bergföhrenwald. In seiner Nachbarschaft beeindrucken uns der Torfmoos-Bergföhrenwald oder der subalpine Fichtenwald. Auch isolierte Vorkommen sind da und dort anzutreffen.

Zum charakteristischen Artengefüge des eindrucksvollen, fast unberührten Alpenrosen-Bergföhrenwaldes gehören:

Avenella flexuosa	Draht-Schmiele, Wald-Schmiele	*Picea abies*	Fichte
Calluna vulgaris	Besenheide	*Rhododendron ferrugineum*	Rostblättrige Alpenrose
Homogyne alpina	Alpenlattich	*Sorbus aucuparia*	Vogelbeerbaum
Huperzia selago	Tannenbärlapp	*Vaccinium myrtillus*	Heidelbeere
Juniperus communis ssp. *alpina*	Zwerg-Wacholder	*Vaccinium uliginosum*	Rauschbeere, Moorbeere
		Vaccinium vitis-idaea	Preiselbeere
Listera cordata	Kleines Zweiblatt	*Cetraria islandica*	Isländisch Moos
Luzula sylvatica	Wald-Hainsimse	*Cladonia* sp.	Rentierflechten
Lycopodium annotinum	Wald-Bärlapp	*Sphagnum* sp.	Torfmoose
Melampyrum sylvaticum	Wald-Wachtelweizen		Moose

Prächtige Aufrechte Berg-Föhren (*Pinus mugo* ssp. *uncinata*) sowie die beliebte Rostblättrige Alpenrose (*Rhododendron ferrugineum*) machen den Alpenrosen-Bergföhrenwald unvergesslich.

ALPENROSEN-BERGFÖHRENWALD

Sommergrüne Laubmischwälder

Sommergrüne Laubmischwälder – insbesondere Buchen- und Tannen-Buchenwälder – sind im Entlebuch in der montanen Stufe weit verbreitet. Der Verbreitungsschwerpunkt liegt im Napfgebiet; aber auch im voralpinen Bereich auf der rechten Seite der Hauptflüsse sind diese Waldgesellschaften recht häufig anzutreffen. Eschen-Ahorn-Mischwälder und Grauerlenwälder begleiten sie an entsprechenden Standorten auf dieser Höhenstufe. Nach oben folgen ihnen die Fichtenwälder.

Im reif zertalten Napfgebiet mit Eggen und Gräben prägen Buchen- und Tannen-Buchenwälder das Landschaftsbild. Blick von der Schüpferegg Richtung Bramboden (links).

Das Erscheinungsbild der Buchen- und Tannen-Buchenwälder ist äusserst vielfältig. Die pflanzensoziologische Kartierung der Luzerner Wälder (2003) zeigt für das Entlebuch mehr als 50 Waldgesellschaften, die zu den Buchen- und Tannen-Buchenwäldern gehören. Die meisten sind allerdings nur kleinflächig und eher selten vorhanden.

Diese Karte dokumentiert aber das natürliche, potenzielle Waldbild, welchem die ursprüngliche Bodenvegetation (siehe ökologische Gruppen, S. 578 f.) und der Aufbau des Bodens zugrunde liegen. Die Bevorzugung der Fichte durch den Waldbau seit dem 19. Jahrhundert hat nicht nur den Baumbestand, sondern oft auch durch die langsame Zersetzung der Fichtennadeln, den Boden und damit die charakteristische bodennahe Vegetation verändert. Das Kartenbild steht deshalb vielerorts im krassen Gegensatz zum aktuellen Waldbild.

Buchen-, Tannen-Buchen- und Fichtenwälder lösen sich von unten nach oben beim Ausgang des Marientales auf der rechten Seite der Waldemme ab. Im Hintergrund beeindrucken die schroffen Kalkfelsen der Schwändilifluh.

Der Chilewald an der Nordseite der Beichlen in Escholzmatt liegt zwischen 900–1030 m ü. M. und besteht hauptsächlich aus Tannen und Fichten, wovon ein Teil zu Beginn des 20. Jahrhunderts in Reih und Glied gepflanzt wurde (links). Die charakteristische Bodenvegetation dieses Waldes, der in der Waldsoziologischen Karte des Kantons Luzern grösstenteils als potenzieller Waldhirsen-Buchenwald eingestuft wird, ist nur noch spärlich vorhanden (rechts).

Die Buche *(Fagus sylvatica)* – wegen ihres leicht rötlich schimmernden Holzes auch Rotbuche genannt – ist in unseren Buchen- und Tannen-Buchenwäldern gut bis schwach vertreten. Reinbestände sind selten. Die Buche ist eine gute Zeigerart im feucht-gemässigten Klima des Alpenvorlandes. Der schattentolerante Baum mit silbergrauem Stamm bevorzugt nährstoffreiche, schwach saure bis kalkreiche, mässig podsolierte Braunerde-, Sand-, Lehm- und Mergelböden über Molasse, Rendzinaböden und Moränen in flacher bis steiler Lage. Spätfröste, Trockenperioden, Staunässe sowie stark schwankende Grundwasserspiegel behagen der Buche nicht.

Als mehr als 30 m hoher schattentoleranter Baum liefert die Buche *(Fagus sylvatica)* ausgezeichnetes Brenn- und Möbelholz. Die hängenden männlichen und die aufrecht stehenden weiblichen Blüten des einhäusig zweigeschlechtlichen Baumes wachsen an verschiedenen Zweigen. Die ölhaltigen Bucheckern wurden früher zur Schweinemast verwendet. In Notzeiten dienten sie sogar dem Menschen als Nahrung. Die Buche besiedelt sowohl kalkhaltige wie auch Braunerde- und saure Böden.

Steilhang-Buchenwald über Kalkgestein an der Südseite der Schrattenflue am Hirschwängiberg

Herbstlicher Waldhirsen-Buchenwald auf Braunerde im Napfgebiet zwischen Schüpfheim und Hasle

Die grosse Klasse der sommergrünen Laubmischwälder präsentiert sich sehr vielgestaltig. Die Ordnung der buchenwaldartigen Laubwälder umfasst eine Vielzahl von z. T. sehr ähnlichen Waldgesellschaften. Die verbreitetsten und häufigsten Assoziationen dieser Klasse gehören im Entlebuch zum Verband der Tannen-Buchenwälder sowie zum Verband der Auen- und Quellwälder.

Übersicht

Klasse	Sommergrüne Laubmischwälder	*Querco-Fagetea*
Ordnung	Buchenwaldartige Laubwälder = Buchen- und Edellaubmischwälder	*Fagetalia*
1. Verband	Buchen- und Tannen-Buchenwälder	*Fagion sylvaticae*
1. Unterverband *Assoziation*	Alpenheckenkirschen-Buchenwälder Waldhirsen-Buchenwald	*Lonicero-Fagenion* *Milio-Fagetum*
2. Unterverband *Assoziation*	Orchideen-Buchenwälder Eiben-Steilhang-Buchenwald	*Cephalanthero-Fagenion* *Taxo-Fagetum*
3. Unterverband *Assoziation*	Tannen-Buchenwälder Waldschwingel-Tannen-Buchenwald	*Abieti-Fagenion* *Festuco-Abieti-Fagetum*

2. Verband	Auen- und Quellwälder	*Alno-Ulmion*
1. Unterverband	Eschenwälder	*Fraxinion*
1. Assoziation	Ahorn-Eschenwald	*Aceri-Fraxinetum*
2. Assoziation	Ulmen-Eschen-Hartholzauenwald inkl. Zweiblatt-Eschenmischwald	*Ulmo-Fraxinetum*
2. Unterverband	Grauerlenwälder	*Alnion incanae*
Assoziation	Hochmontaner Grauerlenauenwald	*Violo-Alnetum incanae*

Laubmischwälder bei Werthenstein

Auen- und Quellwälder an Flüssen, Bächen und feuchten Hängen gehören auch zu den sommergrünen Laubmischwäldern.

Die nachfolgend beschriebenen Waldgesellschaften gehören innerhalb der Klasse der sommergrünen Laubmischwälder alle zur Ordnung der buchenwaldartigen Laubwälder. Die Fichte (*Picea abies*) ist hier aus den bereits bekannten Gründen fast überall mehr oder weniger stark vertreten. Die Charakterarten der Klasse und der Ordnung stellen ähnliche ökologische Ansprüche und können sehr selten bis recht häufig von der montanen bis in die untere subalpine Stufe in den meisten Gesellschaften erscheinen.

Charakterarten der **Klasse** der sommergrünen Laubmischwälder sind:

Aegopodium podagraria	Geissfuss	*Geum urbanum*	Echte Nelkenwurz, Benediktenkraut
Anemone nemorosa	Busch-Windröschen		
Aquilegia vulgaris	Gemeine Akelei	*Lonicera xylosteum*	Rote Heckenkirsche, Rotes Geissblatt
Brachypodium sylvaticum	Wald-Zwenke		
Campanula trachelium	Nesselblättrige Glockenblume	*Melica nutans*	Nickendes Perlgras
		Moehringia trinervia	Dreinervige Nabelmiere, Wald-Nabelmiere
Carex digitata	Finger-Segge		
Carex sylvatica	Wald-Segge	*Mycelis muralis*	Mauerlattich
Cephalanthera longifolia	Langblättriges Waldvögelein	*Poa nemoralis*	Hain-Rispengras
		Quercus robur	Stiel-Eiche
Cephalanthera rubra	Rotes Waldvögelein	*Ranunculus ficaria*	Scharbockskraut
Convallaria majalis	Maiglöckchen	*Ribes alpinum*	Alpen-Johannisbeere
Corylus avellana	Haselstrauch	*Taxus baccata*	Eibe
Cypripedium calceolus	Frauenschuh	*Vinca minor*	Kleines Immergrün
Fraxinus excelsior	Gemeine Esche		

Rote Heckenkirsche
(Lonicera xylosteum)

Wald-Segge
(Carex sylvatica)

Geissfuss
(Aegopodium podagraria)

Rotes Waldvögelein
(Cephalanthera rubra)

Gemeine Esche
(Fraxinus excelsior)

Wald-Zwenke
(Brachypodium sylvaticum)

Kleines Immergrün
(Vinca minor)

Maiglöckchen
(Convallaria majalis)

Echte Nelkenwurz
(*Geum urbanum*)

Finger-Segge
(*Carex digitata*)

Mauerlattich
(*Mycelis muralis*)

Haselstrauch
(*Corylus avellana*)

Busch-Windröschen
(*Anemone nemorosa*)

Nickendes Perlgras (*Melica nutans*)

Scharbockskraut (*Ranunculus ficaria*)

Eibe (*Taxus baccata*)

Nesselblättrige Glocken-
blume (*Campanula
trachelium*)

Langblättriges Waldvöge-
lein (*Cephalanthera
longifolia*)

Hain-Rispengras
(*Poa nemoralis*)

Frauenschuh
(*Cypripedium calceolus*)

Stiel-Eiche (*Quercus robur*)

Dreinervige Nabelmiere
(*Moehringia trinervia*)

Laubmischwälder

Alpen-Johannisbeere *(Ribes alpinum)*

Gemeine Akelei *(Aquilegia vulgaris)*

Die **Charakterarten** der **Ordnung** der Buchenwaldartigen Laubwälder, auch Buchen- und Edellaubmischwälder genannt, sind im Entlebuch in den einzelnen Waldgesellschaften gut vertreten. Zu ihnen gehören:

Acer pseudoplatanus	Berg-Ahorn	*Mercurialis perennis*	Wald-Bingelkraut
Actaea spicata	Christophskraut	*Milium effusum*	Waldhirse
Allium ursinum	Bärlauch	*Neottia nidus-avis*	Nestwurz
Aruncus dioicus	Wald-Geissbart	*Paris quadrifolia*	Vierblättrige Einbeere
Bromus benekenii	Benekens Trespe	*Phyteuma spicatum*	Ährige Rapunzel
Circaea lutetiana	Grosses Hexenkraut	*Polygonatum multiflorum*	Vielblütiges Salomonssiegel
Daphne mezereum	Echter Seidelbast		
Dryopteris filix-mas	Echter Wurmfarn	*Primula elatior*	Wald-Schlüsselblume
Epilobium montanum	Berg-Weidenröschen	*Ranunculus lanuginosus*	Wolliger Hahnenfuss
Epipactis helleborine	Breitblättrige Stendelwurz	*Salvia glutinosa*	Klebrige Salbei
Festuca gigantea	Riesen-Schwingel	*Sanicula europaea*	Sanikel
Galium odoratum	Echter Waldmeister	*Scrophularia nodosa*	Knotige Braunwurz
Impatiens noli-tangere	Wald-Springkraut, Rührmichnichtan	*Stachys sylvatica*	Wald-Ziest
		Stellaria nemorum	Hain-Sternmiere
Lamium galeobdolon ssp. *montanum*	Berg-Goldnessel	*Ulmus glabra*	Berg-Ulme
		Veronica montana	Berg-Ehrenpreis
Lilium martagon	Türkenbund	*Viola reichenbachiana*	Wald-Veilchen
Lysimachia nemorum	Hain-Friedlos, Hain-Gilbweiderich		

Berg-Ahorn *(Acer pseudoplatanus)*

Berg-Ulme *(Ulmus glabra)*

Bärlauch *(Allium ursinum)*

Berg-Goldnessel *(Lamium galeobdolon* ssp. *montanum)*

Wald-Ziest
(Stachys sylvatica)

Ährige Rapunzel
(Phyteuma spicatum)

Türkenbund
(Lilium martagon)

Wald-Schlüsselblume
(Primula elatior)

Wald-Veilchen
(Viola reichenbachiana)

Riesen-Schwingel
(Festuca gigantea)

Vierblättrige Einbeere
(Paris quadrifolia)

Berg-Weidenröschen
(Epilobium montanum)

Echter Wurmfarn
(Dryopteris filix-mas)

Breitblättrige Stendelwurz
(Epipactis helleborine)

Grosses Hexenkraut
(Circaea lutetiana)

Hain-Friedlos
(Lysimachia nemorum)

Laubmischwälder

Waldhirse *(Milium effusum)*

Wolliger Hahnenfuss *(Ranunculus lanuginosus)*

Echter Waldmeister *(Galium odoratum)*

Berg-Ehrenpreis *(Veronica montana)*

Wald-Geissbart *(Aruncus dioicus)*

Nestwurz *(Neottia nidus-avis)*

Wald-Springkraut *(Impatiens noli-tangere)*

Echter Seidelbast *(Daphne mezereum)*

Klebrige Salbei *(Salvia glutinosa)*

Benekens Trespe *(Bromus benekenii)*

Wald-Bingelkraut *(Mercurialis perennis)*

Knotige Braunwurz *(Scrophularia nodosa)*

Christophskraut *(Actaea spicata)*   Sanikel *(Sanicula europaea)*   Vielblütiges Salomonssiegel *(Polygonatum multiflorum)*   Hain-Sternmiere *(Stellaria nemorum)*

Napflandschaft mit Eggen und Gräben, Buchen- und Tannen-Buchenwald

Buchen- und Tannen-Buchenwälder
Fagion sylvaticae

Buchen- und Tannen-Buchenwälder bilden auch im montanen Bereich des Entlebuchs von Natur aus unter normalen Standortbedingungen, d.h., nicht auf vernässten oder allzu trockenen Böden und instabilen Hängen, die Klimaxgesellschaft, also das Endglied der Vegetationsentwicklung. Allerdings hat die wirtschaftliche Bevorzugung der Fichte *(Picea abies)* durch den Menschen seit Jahrhunderten das natürliche Waldbild mehr oder weniger stark verändert. Die Fichte als schnellwüchsiger Nutzbaum verdrängt in vielen Waldgesellschaften die ursprüngliche Vegetation. Aus der Ferne betrachtet erscheint so mancher Buchenwald als Nadelwald und selbst im Waldesinnern ist manchmal die typische, krautige Buchenwaldvegetation spärlich oder fehlt ganz.

Buchenwald oberhalb der Kleinen Emme bei Schüpfheim

Buchen- und Tannen-Buchenwälder erreichen im Entlebuch auf mittleren, tiefgründigen Böden über Molassegestein mit Mergel, Sandstein und Nagelfluh ihre grösste Verbreitung. Auf sauren sowie auf kalkreichen Böden und über Flyschgestein sind sie seltener. Der Grad der Trockenheit bestimmt das Aussehen der Buchenwälder: auf eher trockenen Böden dominieren grasartige Pflanzen mit schmalen Blättern den Unterwuchs, während auf frisch-feuchten, tiefgründigen Standorten uns eine Krautschicht mit grossen, flach ausgebreiteten Blättern begegnet.

Buchenwälder – vor allem jene mit einem geringen Anteil an Nadelbäumen – erfreuen uns jedes Jahr immer wieder neu mit ihrem wohltuenden Frühlings- und Herbstaspekt: das frische, helle Grün des jungen Buchenwaldes setzt im Mai einen ersten Farbtupfer in die reif zertalte Napflandschaft. Auf dem Waldboden ergrünen und blühen vor dem Laubaustrieb die ersten Frühlingsgeophyten wie Busch-Windröschen *(Anemone nemorosa)* und Bärlauch *(Allium ursinum)*. Zu ihnen gesellen sich etwas später Echter Waldmeister *(Galium odoratum)*, Berg-Goldnessel *(Lamium galeobdolon* ssp. *montanum)*, Wald-Veilchen *(Viola reichenbachiana)*, Ährige Rapunzel *(Phyteuma spicatum)* u. a. Sobald sich im Spätfrühling das Kronendach geschlossen hat, wird es dunkler im Buchenwald und weniger lichtbedürftige Pflanzen, wie die Farne, bevölkern den Waldboden. Das dunkle Sommerlaub der Buchen taucht in nadelholzreichen Buchenwäldern unter und lässt von Weitem diese nicht mehr als solche erkennen. Im Herbst aber bescheren uns buchenreiche Laubmischwälder ein prächtiges Farbenspiel von gelbgrün bis rotbraun, sofern nicht frühe Kälteeinbrüche den Abbauprozess des Laubes abrupt beschleunigen. Im Winter bilden die dunklen Nadelbäume einen augenfälligen Kontrast zu den grauen Buchenstämmen.

Der Buchenwald im Wechsel der Jahreszeiten (Buechwald Hasle):

Frühling

Sommer

Herbst

Winter

Im vielseitigen **Verband** der Buchen- und Tannen-Buchenwälder sind aussagekräftige **Charakterarten** nicht leicht auszumachen. Zu ihnen dürften gehören:

Abies alba	Tanne, Weisstanne	*Hordelymus europaeus*	Waldgerste
Cardamine pentaphyllos	Fingerblättrige Zahnwurz	*Lonicera alpigena*	Alpen-Geissblatt
Cephalanthera damasonium	Weisses Waldvögelein	*Luzula luzuloides*	Weissliche Hainsimse
		Petasites albus	Weisse Pestwurz
Fagus sylvatica	Buche	*Prenanthes purpurea*	Hasenlattich
Festuca altissima	Wald-Schwingel	*Veronica urticifolia*	Nessel-Ehrenpreis
Galium rotundifolium	Rundblättriges Labkraut		

Laubmischwälder

Buche *(Fagus sylvatica)*

Tanne *(Abies alba)*

Alpen-Heckenkirsche *(Lonicera alpigena)*

Waldgerste *(Hordelymus europaeus)*

Fingerblättrige Zahnwurz *(Cardamine pentaphyllos)*

Wald-Schwingel *(Festuca altissima)*

Weisse Pestwurz *(Petasites albus)*

Nessel-Ehrenpreis *(Veronica urticifolia)*

Weissliche Hainsimse *(Luzula luzuloides)*

Weisses Waldvögelein *(Cephalanthera damasonium)*

Rundblättriges Labkraut *(Galium rotundifolium)*

Hasenlattich *(Prenanthes purpurea)*

Wesentlich aussagekräftiger für das Erkennen von Waldgesellschaften sowie für die Beurteilung der Waldstandorte sind Waldbodenpflanzen, die in **ökologischen Gruppen** auftreten.

Zu einer ökologischen Gruppe werden Pflanzenarten zusammengefasst, die in ihrem soziologischen und ökologischen Verhalten weitgehend übereinstimmen. (Hofmeister, Lebensraum Wald)

Diese Pflanzengruppen treten also immer in gleicher oder ähnlicher Vergesellschaftung und an gleichen oder ähnlichen Standorten auf. Die einzelnen Arten einer ökologischen Gruppe sind meist nicht Charakterarten einer pflanzensoziologischen Einheit; sie kommen also auch in anderen Pflanzengesellschaften vor. In ihrer Kombination können sie als Ganzes zur Charakterisierung von Standorten, insbesondere Bodenfeuchte, pH-Wert und auch etwa bezüglich Nährstoffangebot verwendet werden.

Eine in Buchenwäldern verbreitete ökologische Gruppe mit grosser Bandbreite ist die umfangreiche Buschwindröschen-Gruppe, auch als Waldmeister-Gruppe bezeichnet. Diese hat ihr Optimum auf mässig bis schwach sauren, mehr oder weniger frischen, d.h. mittleren Böden; sie umfasst aber auch neutrale bis basische, sowohl mässig trockene als auch feuchte Bereiche. Diese Gruppe fehlt also nur auf sehr feuchten, sauren bis stark sauren Böden.

Die häufigsten Arten der Buschwindröschen-Gruppe sind:

Anemone nemorosa	Busch-Windröschen	*Mycelis muralis*	Mauerlattich
Brachypodium sylvaticum	Wald-Zwenke	*Oxalis acetosella*	Wald-Sauerklee
Carex digitata	Finger-Segge	*Phyteuma spicatum*	Ährige Rapunzel
Carex sylvatica	Wald-Segge	*Poa nemoralis*	Hain-Rispengras
Dryopteris filix-mas	Echter Wurmfarn	*Polygonatum multiflorum*	Vielblütiges Salomonssiegel
Epilobium montanum	Berg-Weidenröschen		
Galium odoratum	Echter Waldmeister	*Prenanthes purpurea*	Hasenlattich
Hieracium murorum	Wald-Habichtskraut	*Solidago virgaurea*	Gewöhnliche Goldrute
Milium effusum	Waldhirse	*Vinca minor*	Kleines Immergrün

Busch-Windröschen
(*Anemone nemorosa*)

Echter Wurmfarn
(*Dryopteris filix-mas*)

Wald-Sauerklee (*Oxalis acetosella*)

Echter Waldmeister
(*Galium odoratum*)

Wald-Segge
(*Carex sylvatica*)

Hasenlattich
(*Prenanthes purpurea*)

Gewöhnliche Goldrute (*Solidago virgaurea*)

Finger-Segge
(*Carex digitata*)

Laubmischwälder

Berg-Weidenröschen (*Epilobium montanum*)
Wald-Habichtskraut (*Hieracium murorum*)
Hain-Rispengras (*Poa nemoralis*)
Mauerlattich (*Mycelis muralis*)
Ährige Rapunzel (*Phyteuma spicatum*)

Kleines Immergrün (*Vinca minor*)
Wald-Zwenke (*Brachypodium sylvaticum*)
Waldhirse (*Milium effusum*)
Vielblütiges Salomonssiegel (*Polygonatum multiflorum*)

Je nach Feuchtigkeitsgehalt und pH-Wert des Waldbodens finden sich andere ökologische Gruppen ein:

Goldnessel-Gruppe: mässig trockener bis mässig feuchter, basenreicherer Boden
Bingelkraut-Gruppe: mässig trockener bis mässig feuchter, kalkreicher Boden
Frauenfarn-Gruppe: mässig feuchter bis feuchter, mässig saurer Boden
Scharbockskraut-Gruppe: mässig feuchter bis feuchter, basenreicherer Boden

Im bewegten Relief der Entlebucher Wälder wechseln die Standortfaktoren bezüglich Feuchtigkeit, Trockenheit, pH-Wert und menschlichem Einfluss oft auf kurze Distanz sehr rasch. Somit erschwert sich die Ansprache der ökologischen Gruppen und damit auch das Erkennen der Waldgesellschaft.

An der Bergstossflue in Romoos (links) sowie an der Gratflue in Wiggen (rechts) besiedeln mehrere ähnliche Buchenwald-Gesellschaften das bewegte Relief in sonniger und felsiger Lage.

Waldhirsen-Buchenwald
Milio-Fagetum

Der Waldhirsen-Buchenwald ist auf mittleren, tiefgründigen Böden ein hochstämmiger, wüchsiger, meist nadelholzreicher Buchenwald. Je nach Bodenbeschaffenheit, Feuchtegrad, Höhenlage, Exposition und Bewirtschaftung sind Fichte *(Picea abies),* Tanne *(Abies alba),* Berg-Ahorn *(Acer pseudoplatanus),* Berg-Ulme *(Ulmus glabra),* Esche *(Fraxinus excelsior)* und Vogelbeere *(Sorbus aucuparia)* beigemischt. Die Esche *(Fraxinus excelsior)* wird seit einigen Jahren bedroht durch die Eschenwelke, eine eingeschleppte Pilzkrankheit. In der Strauchschicht finden wir junge Buchen *(Fagus sylvatica)* und die Rote Heckenkirsche *(Lonicera xylosteum).* Die Krautschicht ist lückig bis reichhaltig; in den luftfeuchten Lagen des Entlebuchs bestimmen oft verschiedene Farnarten den Bodenaspekt, weshalb der Waldhirsen-Buchenwald auch als Farn-Buchenwald bezeichnet wird. Unter Fichten stellt sich oft eine dichte Brombeerdecke ein.

Der Waldhirsen-Buchenwald mit eingestreuten Tannen und Fichten markiert auf der linken Talseite der Kleinen Emme bei Schüpfheim den Beginn des Napfberglandes.

Der Waldhirsen-Buchenwald ist offenbar nur aus der Schweiz bekannt. Unter den Buchenwäldern hat er im montanen Bereich des Entlebuchs über Molassegestein und Moränen in flachen bis mässig steilen Lagen jeglicher Exposition die grösste Ausdehnung, hauptsächlich im Napfgebiet, aber auch auf der rechten Seite der Hauptflüsse. Er gedeiht auf mittleren, d.h. weder sehr sauren noch kalkreichen Böden über wenig ausgelaugten, mull- bis leicht moderartigen, frischen bis leicht feuchten Braunerden mit mittlerer bis guter Nährstoffverfügbarkeit. Der Waldhirsen-Buchenwald grenzt nach oben an den nadelholzreichen Tannen-Buchenwald, nach unten an den im Entlebuch wenig verbreiteten Waldmeister-Buchenwald *(Galio odorati-Fagetum).*

Der Waldhirsen-Buchenwald tritt auch im Entlebuch in mehreren Ausbildungsformen auf. Am häufigsten sind der typische Waldhirsen-Buchenwald, der typische Waldhirsen-Buchenwald mit Wald-Ziest *(Stachys sylvatica),* der Waldhirsen-Buchenwald mit Breitem Wurmfarn *(Dryopteris dilatata)* und der Waldhirsen-Buchenwald mit Rippenfarn *(Blechnum spicant).* Die namengebende Waldhirse *(Milium effusum)* ist verbreitet, aber nicht häufig in diesen Wäldern, wo Fichten einzeln oder inselartig das natürliche Waldbild oft unterbrechen. Die Krautschicht ist reich bis lückig und beherbergt oft viele Farne.

Der nach SO gerichtete Waldhirsen-Buchenwald bei Hasle ist steil und hat nur einen geringen Anteil an Nadelholz.

Der nach NW gerichtete, luftfeuchte Waldhirsen-Buchenwald Gober (Doppleschwand) ist eher flach, hat einen hohen Anteil an Nadelholz und ist farnreich.

Waldhirsen-Buchenwald bei Wiggen an einem kühlen Frühlingsmorgen

Waldhirsen-Buchenwald Oberischwandwald bei Schüpfheim im Sommeraspekt

Die krautige Bodenvegetation im Waldhirsen-Buchenwald ist üppig bis spärlich; die namengebende Waldhirse *(Milium effusum)* (2. Bild von links) ist verbreitet, aber nicht häufig. In luftfeuchten Lagen sind Farne gut vertreten, weshalb der Waldhirsen-Buchenwald auch etwa als Farn-Buchenwald bezeichnet wird.

Die wichtigsten Arten im weit verbreiteten typischen Waldhirsen-Buchenwald sind:

Abies alba	Tanne	*Lamium galeobdolon* ssp. *montanum*	Berg-Goldnessel
Acer pseudoplatanus	Berg-Ahorn	*Lonicera xylosteum*	Rote Heckenkirsche
Anemone nemorosa	Busch-Windröschen	*Milium effusum*	Waldhirse
Aruncus dioicus	Wald-Geissbart	*Oxalis acetosella*	Wald-Sauerklee
Athyrium filix-femina	Wald-Frauenfarn	*Picea abies*	Fichte
Carex sylvatica	Wald-Segge	*Polygonatum multiflorum*	Vielblütiges Salomonssiegel
Dryopteris filix-mas	Echter Wurmfarn		
Fagus sylvatica	Rot-Buche	*Polystichum aculeatum*	Gelappter Schildfarn
Festuca altissima	Wald-Schwingel	*Rubus hirtus*	Drüsige Brombeere
Fraxinus excelsior	Gemeine Esche	*Sorbus aucuparia*	Vogelbeerbaum
Galium odoratum	Echter Waldmeister	*Viola reichenbachiana*	Wald-Veilchen
Galium rotundifolium	Rundblättriges Labkraut		
Hedera helix	Efeu		

Rot-Buche *(Fagus sylvatica)*

Tanne *(Abies alba)*

Rote Heckenkirsche *(Lonicera xylosteum)*

Vogelbeerbaum *(Sorbus aucuparia)*

Wald-Sauerklee *(Oxalis acetosella)*

Echter Wurmfarn *(Dryopteris filix-mas)*

Vielblütiges Salomonssiegel *(Polygonatum multiflorum)*

Laubmischwälder

Fichte *(Picea abies)*

Waldhirse *(Milium effusum)*

Efeu *(Hedera helix)*

Gelappter Schildfarn *(Polystichum aculeatum)*

Echter Waldmeister *(Galium odoratum)*

Wald-Frauenfarn *(Athyrium filix-femina)*

Rundblättriges Labkraut *(Galium rotundifolium)*

Busch-Windröschen *(Anemone nemorosa)*

Berg-Ahorn *(Acer pseudoplatanus)*

Wald-Veilchen *(Viola reichenbachiana)*

Berg-Goldnessel *(Lamium galeobdolon* ssp. *montanum)*

Wald-Schwingel *(Festuca altissima)*

Teil II: Lebensräume

Gemeine Esche
(Fraxinus excelsior)

Drüsige Brombeere
(Rubus hirtus)

Wald-Segge
(Carex sylvatica)

Wald-Geissbart
(Aruncus dioicus)

Der typische Waldhirsen-Buchenwald mit Wald-Ziest *(Stachys sylvatica)* ist über leicht vernässter Braunerde mit Mullauflage an Hangfüssen und Tallagen anzutreffen. Der tiefgründige, nährstoffreiche Boden mit üppiger Krautschicht ist feuchter als bei der vorangehenden Gesellschaft.

Auf die leichte bis mittlere Vernässung weisen folgende Pflanzen hin:

Aegopodium podagraria	Geissfuss	*Primula elatior*	Wald-Schlüsselblume
Carex pendula	Hänge-Segge	*Sanicula europaea*	Sanikel
Circaea lutetiana	Grosses Hexenkraut	*Stachys sylvatica*	Wald-Ziest
Impatiens noli-tangere	Wald-Springkraut, Rührmichnichtan		

Wald-Ziest
(Stachys sylvatica)

Hänge-Segge
(Carex pendula)

Wald-Springkraut
(Impatiens noli-tangere)

Geissfuss
(Aegopodium podagraria)

Wald-Schlüsselblume
(Primula elatior)

Der Waldhirsen-Buchenwald mit Breitem Wurmfarn *(Dryopteris dilatata)* bevorzugt nährstoffärmeren und oberflächlich versauerten Boden auf Kuppen und an Hängen. Der Anteil an Nadelhölzern ist daher höher; der Unterwuchs ist spärlicher und artenarm. Brombeeren sind häufiger.

Laubmischwälder

Typische Säurezeiger sind hier:

Athyrium filix-femina	Wald-Frauenfarn	*Dryopteris filix-mas*	Echter Wurmfarn
Dryopteris dilatata	Breiter Wurmfarn	*Luzula sylvatica*	Wald-Hainsimse

Im Waldhirsen-Buchenwald mit Breitem Wurmfarn *(Dryopteris dilatata)* ist die Bodenvegetation artenärmer. Nadelbäume, Farne und Brombeeren sind häufiger.

Der Waldhirsen-Buchenwald mit Rippenfarn *(Blechnum spicant)* an flachen Hängen, Plateaus und Kuppen ist deutlich nährstoffärmer, saurer und trockener als die anderen Waldhirsen-Buchenwälder. Auf dem Moderboden sind Nadelhölzer stark vertreten, ebenso Heidelbeeren, Farne, Brombeeren und Moose.

Oft treffen wir hier auf:

Blechnum spicant	Rippenfarn
Dryopteris dilatata	Breiter Wurmfarn
Luzula sylvatica	Wald-Hainsimse
Rubus sp.	Brombeeren
Vaccinium myrtillus	Heidelbeere
	Moose

Im Waldhirsen-Buchenwald mit Rippenfarn *(Blechnum spicant)* erinnern Farne, Moose, Heidelbeeren *(Vaccinium myrtillus)* und Brombeeren (*Rubus* sp.) an den Nadelwald.

WALDHIRSEN-BUCHENWALD

WALDHIRSEN-BUCHENWALD

Eiben-Steilhang-Buchenwald
Taxo-Fagetum

Der Eiben-Steilhang-Buchenwald gehört zu den Orchideen-Buchenwäldern. Steile, schwer begehbare Mergelhänge in allen Expositionen, wie sie häufig über Molasse im Napfgebiet, an den Vorbergen der Randkette und seltener entlang der Kalkberge über kalkreichem Untergrund vorkommen, sind der Lebensraum für den in Südlagen lückigen, artenreichen, wechseltrockenen, in Bachtobeln und an schattigen Hängen geschlossenen, artenarmen, wechselfeuchten, aber immer schwer zugänglichen Eiben-Steilhang-Buchenwald. Der mittel- bis flachgründige Mullboden ist neutral bis basisch, gut durchwurzelt und meist stabil. Die schwachwüchsige Eibe *(Taxus baccata)* mit dunkelgrünem, nadelförmigem Laub ist unseren Nadelhölzern nicht näher verwandt. Wegen ihres elastischen Holzes, ihrer Giftigkeit – nur der knallrote Samenmantel der weiblichen Bäume ist ungiftig – und ihrer Anfälligkeit für Wildverbiss ist die zweihäusige Eibe auch im Entlebuch stark zurückgegangen und gilt heute als schutzbedürftig.

Der Eiben-Steilhang-Buchenwald zeigt an den Mergelhängen ein abwechslungsreiches Waldbild: gerade, schiefe, krumme und knorrig verästelte Buchenstämme wechseln im lichtreichen Wald ab mit grasreichen Flächen, wechselfeuchten Mergelanrissen, Sträuchern und mehreren krautigen Arten der Kalkbuchenwälder. Die typischen Orchideen Waldvögelein *(Cephalanthera* sp.), Frauenschuh *(Cypripedium calceolus)* und Breitblättrige Stendelwurz *(Epipactis helleborine)* sind wenig bis sehr selten anzutreffen.

Prächtiger Eiben-Steilhang-Buchenwald Büelwald an der Renggstrasse in Entlebuch

Eiben-Steilhang-Buchenwald im Napfgebiet: im Tal der Grossen Fontanne bei Bärrüti und Eimättili (links und Mitte) sowie bei Holzwegen (rechts)

An steilen, meist sonnigen Mergelhängen im Napfgebiet führt die Eibe *(Taxus baccata)* mit brauner Rinde, oberseits glänzenden Nadeln und dem ungiftigen, roten, saftigen Samenmantel ein verborgenes Dasein.

Die Bodenvegetation im Eiben-Steilhang-Buchenwald ist je nach Lichteinfall grasig bis krautig. Wolliger Schneeball *(Viburnum lantana)*, Vogelbeerbaum *(Sorbus aucuparia)* und Mehlbeerbaum *(Sorbus aria)* begleiten sie oft im Randbereich des Waldes.

Der Eiben-Steilhang-Buchenwald ist im Entlebuch vor allem im Napfgebiet zwischen der Kleinen und der Grossen Fontanne in verschiedenen Ausbildungsformen bis auf ca. 1200 m ü. M. gut vertreten und wie alle Buchenwald-Gesellschaften mehr oder weniger mit Fichten durchsetzt. Eigene Charakterarten fehlen auch dieser Buchenwald-Gesellschaft.

Die wichtigsten, häufigen bis seltenen Arten im abwechslungsreichen Eiben-Steilhang-Buchenwald sind:

Abies alba	Tanne
Adenostyles glabra	Kahler Alpendost
Aruncus dioicus	Wald-Geissbart
Aster bellidiastrum	Alpenmasslieb
Brachypodium sylvaticum	Wald-Zwenke
Calamagrostis varia	Berg-Reitgras
Carduus defloratus	Berg-Distel
Carex flacca	Schlaffe Segge
Centaurea montana	Berg-Flockenblume
Cephalanthera damasonium	Weisses Waldvögelein
Cephalanthera longifolia	Langblättriges Waldvögelein
Cephalanthera rubra	Rotes Waldvögelein
Cypripedium calceolus	Frauenschuh
Epipactis helleborine	Breitblättrige Stendelwurz
Fagus sylvatica	Rot-Buche
Galium odoratum	Echter Waldmeister
Gentiana asclepiadea	Schwalbenwurz-Enzian
Knautia dipsacifolia	Wald-Witwenblume
Lamium galeobdolon ssp. *montanum*	Berg-Goldnessel
Ligustrum vulgare	Gemeiner Liguster
Lonicera xylosteum	Rote Heckenkirsche
Mercurialis perennis	Wald-Bingelkraut
Picea abies	Fichte
Sanicula europaea	Sanikel
Sesleria caerulea	Kalk-Blaugras
Sorbus aria	Mehlbeerbaum
Sorbus aucuparia	Vogelbeerbaum
Taxus baccata	Eibe
Viburnum lantana	Wolliger Schneeball
Vincetoxicum hirundinaria	Schwalbenwurz

Laubmischwälder

EIBEN-STEILHANG-BUCHENWALD

Gemeiner Liguster

Rotes Waldvögelein

Vogelbeerbaum

Schwalbenwurz-Enzian

Schlaffe Segge

Wald-Witwenblume

Berg-Goldnessel

Langblättriges Waldvögelein

Wald-Geissbart

Weisses Waldvögelein

Tannen-Buchenwald
Abieti-Fagetum

Tannen-Buchenwälder sind im Entlebuch in einer Höhenlage von ca. 900–1400 m ü. M. im Napfgebiet wie auch im voralpinen Bereich auf der rechten Seite der Hauptflüsse über Molasse, Moränen und Flysch stark verbreitet. Rot-Buche *(Fagus sylvatica)*, Tanne *(Abies alba)* und Fichte *(Picea abies)* bestimmen in wechselnden Anteilen das Waldbild. Berg-Ahorn *(Acer pseudoplatanus)*, Vogelbeerbaum *(Sorbus aucuparia)* und Pionierbaumarten ergänzen dieses stellenweise. Je nach Standort und herkömmlicher Bewirtschaftung ist die Buche gut bis sehr schwach vertreten; ihren Platz nimmt dann die Fichte ein.

Montaner Tannen-Buchenwald bei Holzwegen in der Gemeinde Romoos (ca. 1100 m ü. M.)

Tannen-Buchenwälder gedeihen in Hanglagen aller Expositionen über Mull oder Moder, bez. Feuchte- und Säuregrad auf neutralen, sog. mittleren, mehr oder weniger tiefgründigen Böden, aber auch an sauren, eher feuchten sowie wechseltrockenen wie auch an leicht basischen Standorten. Der krautige Unterwuchs ist in den variantenreichen Tannen-Buchenwäldern vielgestaltig. Bergpflanzen und Arten mit mittleren Standortansprüchen herrschen vor. Man trifft aber auch Heidelbeeren, Farne und üppige Hochstaudenfluren. Sträucher sind nicht oft anzutreffen. Der Waldschwingel-Tannen-Buchenwald *(Festuco-Abieti-Fagetum)* mit dem zierlichen Wald-Schwingel *(Festuca altissima)* ist im Entlebuch unter den Tannen-Buchenwäldern die häufigste Waldgesellschaft.

Bedingt durch die verschiedenen Standortfaktoren erscheint der Tannen-Buchenwald im Entlebuch in mehreren Ausbildungsformen: Am meisten verbreitet ist der typische Tannen-Buchenwald mit Wald-Schwingel *(Festuca altissima)* an mittleren Standorten auf mittel- bis tiefgründigem Boden, der teilweise nur oberflächlich versauert ist. Wenn der Boden bei weniger steilen Lagen etwas feuchter und nährstoffreicher ist, stellt sich ein üppiger Unterwuchs ein mit Wald-Ziest *(Stachys sylvatica)*, Wolligem Hahnenfuss *(Ranunculus lanuginosus)*, Rundblättrigem Steinbrech *(Saxifraga rotundifolia)* u. a. Der Tannen-Buchenwald mit Breitem Wurmfarn *(Dryopteris dilatata)* erscheint an flachen Hängen, auf Plateaus und Rippen. Der Boden ist saurer und nährstoffärmer als beim typischen Tannen-Buchenwald. Nadelbäume sind hier häufiger. Auf der Moderauflage wachsen Heidelbeere *(Vaccinium myrtillus)*, Rippenfarn *(Blechnum spicant)*, Breiter Wurmfarn *(Dryopteris dilatata)*, Wald-Frauenfarn *(Athyrium filix-femina)*, Wald-Hainsimse *(Luzula sylvatica)* sowie die Zweiblättrige Schattenblume *(Maianthemum bifolium)*.

Laubmischwälder

Bei der wechseltrockenen Ausbildung des Tannen-Buchenwaldes an Steilhängen ist der Boden flach bis mittelgründig, wechseltrocken und basenreich. Im eher lichten Wald erscheint der Unterwuchs grasig. Berg-Reitgras *(Calamagrostis varia)*, Schlaffe Segge *(Carex flacca)*, Berg-Flockenblume *(Centaurea montana)*, Alpenmasslieb *(Aster bellidiastrum)*, Rost-Segge *(Carex ferruginea)*, Dreiblatt-Baldrian *(Valeriana tripteris)* u. a. stellen sich hier ein.

Voralpiner Tannen-Buchenwald im Hilferental in der Gemeinde Escholzmatt-Marbach

Tannen-Buchenwald bei der Schüpferegg im Napfgebiet

Im Tannen-Buchenwald kann die krautige Bodenvegetation recht üppig sein. Farne, wie der Wald-Frauenfarn *(Athyrium filix-femina)* und der Breite Wurmfarn *(Dryopteris dilatata)*, fallen hier besonders auf.

Durch jahrzehntelange wirtschaftliche Bevorzugung der Fichte wird aus dem Tannen-Buchenwald ein artenarmer Fichtenwald. Säurezeiger wie die Besenheide stellen sich ein. Die Buche führt nur noch ein kümmerliches Dasein.

Im wechseltrockenen, lichten Tannen-Buchenwald beim Chessiloch (Flühli) wächst auf dem kalkreichen Untergrund viel Berg-Reitgras *(Calamagrostis varia)* (rechts).

Die folgenden Bilder sind eine Auswahl von typischen, verbreiteten oder häufigen Kräutern aus dem variantenreichen Tannen-Buchenwald:

Wald-Schwingel
(Festuca altissima)

Berg-Flockenblume
(Centaurea montana)

Buchenfarn
(Phegopteris connectilis)

Hasenlattich
(Prenanthes purpurea)

Wald-Frauenfarn
(Athyrium filix-femina)

Wald-Habichtskraut
(Hieracium murorum)

Waldgerste
(Hordelymus europaeus)

Alpenmasslieb
(Aster bellidiastrum)

Nessel-Ehrenpreis
(Veronica urticifolia)

Gelbes Bergveilchen
(Viola biflora)

Wald-Ziest
(Stachys sylvatica)

Quirlblättriges Salomonssiegel *(Polygonatum verticillatum)*

Wolliger Hahnenfuss
(Ranunculus lanuginosus)

Berg-Reitgras
(Calamagrostis varia)

Ährige Rapunzel
(Phyteuma spicatum)

Eichenfarn
(Gymnocarpium dryopteris)

Wald-Sauerklee *(Oxalis acetosella)*

Breiter Wurmfarn
(Dryopteris dilatata)

Laubmischwälder

Gross ist die Zahl der Arten, die uns in den einzelnen Waldgesellschaften des Tannen-Buchenwaldes begegnen können:

Abies alba	Tanne	*Maianthemum bifolium*	Zweiblättrige Schattenblume
Acer pseudoplatanus	Berg-Ahorn	*Mercurialis perennis*	Wald-Bingelkraut
Aster bellidiastrum	Alpenmasslieb	*Oxalis acetosella*	Wald-Sauerklee
Athyrium filix-femina	Wald-Frauenfarn	*Paris quadrifolia*	Vierblättrige Einbeere
Blechnum spicant	Rippenfarn	*Phegopteris connectilis*	Buchenfarn
Calamagrostis varia	Berg-Reitgras	*Phyteuma spicatum*	Ährige Rapunzel
Carex ferruginea	Rost-Segge	*Picea abies*	Fichte
Carex flacca	Schlaffe Segge	*Polygonatum verticillatum*	Quirlblättriges Salomonssiegel
Centaurea montana	Berg-Flockenblume	*Prenanthes purpurea*	Hasenlattich
Dryopteris dilatata	Breiter Wurmfarn	*Primula elatior*	Wald-Schlüsselblume
Dryopteris filix-mas	Echter Wurmfarn	*Ranunculus aconitifolius*	Eisenhutblättriger Hahnenfuss
Fagus sylvatica	Rot-Buche	*Ranunculus lanuginosus*	Wolliger Hahnenfuss
Festuca altissima	Wald-Schwingel	*Sanicula europaea*	Sanikel
Galium odoratum	Echter Waldmeister	*Saxifraga rotundifolia*	Rundblättriger Steinbrech
Galium rotundifolium	Rundblättriges Labkraut	*Stachys sylvatica*	Wald-Ziest
Geranium sylvaticum	Wald-Storchschnabel	*Vaccinium myrtillus*	Heidelbeere
Gymnocarpium dryopteris	Eichenfarn	*Valeriana tripteris*	Dreiblatt-Baldrian
Hieracium murorum	Wald-Habichtskraut	*Veronica urticifolia*	Nessel-Ehrenpreis
Hordelymus europaeus	Waldgerste	*Viola biflora*	Gelbes Bergveilchen
Lamium galeobdolon ssp. *montanum*	Berg-Goldnessel	*Viola reichenbachiana*	Wald-Veilchen
Lonicera nigra	Schwarze Heckenkirsche, Schwarzes Geissblatt		
Luzula sylvatica	Wald-Hainsimse		

Herbstlicher Tannen-Buchenwald auf dem Glichenberg (Gemeinde Escholzmatt-Marbach)

TANNEN-BUCHENWALD

TANNEN-BUCHENWALD

TANNEN-BUCHENWALD

Schwarze Heckenkirsche
Berg-Ahorn
Zweiblättrige Schattenblume
Sanikel
Wald-Schwingel
Eichenfarn
Waldgerste

Auen- und Quellwälder
Alno-Ulmion

Zum Verband der Auen- und Quellwälder gehören die Eschenwälder *(Fraxinion)* und die Grauerlenwälder *(Alnion incanae)*. Auenwälder mit Hartholz-Baumarten wie Esche *(Fraxinus excelsior)* und Berg-Ulme *(Ulmus glabra)* im meist ehemaligen Überschwemmungsbereich der Kleinen Emme und von grösseren Bächen, Ahorn-Eschenwälder an wasserzügigen Hängen und in schlecht entwässerten Mulden sowie meist schmale Streifen von Grauerlenwäldern entlang der grösseren Gewässer sind Waldgesellschaften dieses Verbandes im Molasse- und Flyschgebiet.

Dieser dichte Hartholz-Auenwald mit der hochwüchsigen, schlanken Esche *(Fraxinus excelsior)* begleitet die Waldemme bei Flühli.

Ahorn-Eschenwald beim Bleikenboden (Flühli)

Der Grauerlen-Auenwald begleitet den Rotbach in der Gemeinde Flühli.

Der Boden der Auen- und Quellwälder ist oft feucht, zeitweise vernässt und meist nährstoffreich, alles Standortfaktoren, die den üppigen, artenreichen und manchmal fast dschungelartigen Unterwuchs erklären. Von Natur aus sind diese Standorte nicht geeignet für die Buche *(Fagus sylvatica)*. Flusskorrektionen im 19. und 20. Jahrhundert entlang der Hauptflüsse und grösserer Bäche ermöglichten aber der Buche und der Fichte *(Picea abies)* das Eindringen in den trockener gewordenen Auenwaldboden. Die Ansprechbarkeit dieser veränderten Waldgesellschaften ist deshalb nicht immer leicht.

Die typischen Arten der Auen- und Quellwälder sind weit verbreitete Feuchte- und Nährstoffzeiger; einige davon sind:

Carex pendula	Hänge-Segge
Carex remota	Lockerährige Segge
Chrysosplenium alternifolium	Wechselblättriges Milzkraut
Circaea lutetiana	Grosses Hexenkraut
Elymus caninus	Hunds-Quecke
Equisetum hyemale	Winter-Schachtelhalm
Equisetum sylvaticum	Wald-Schachtelhalm
Equisetum telmateia	Riesen-Schachtelhalm

Impatiens noli-tangere	Wald-Springkraut, Rührmichnichtan
Prunus padus	Trauben-Kirsche
Stachys sylvatica	Wald-Ziest
Stellaria nemorum	Hain-Sternmiere
Thalictrum aquilegiifolium	Akeleiblättrige Wiesenraute
Veronica montana	Berg-Ehrenpreis

Wald-Springkraut *(Impatiens noli-tangere)*

Akeleiblättrige Wiesenraute *(Thalictrum aquilegiifolium)*

Trauben-Kirsche *(Prunus padus)*

Riesen-Schachtelhalm *(Equisetum telmateia)*

Wald-Ziest *(Stachys sylvatica)*

Hänge-Segge *(Carex pendula)*

Hain-Sternmiere *(Stellaria nemorum)*

Grosses Hexenkraut *(Circaea lutetiana)*

Hunds-Quecke *(Elymus caninus)*

Laubmischwälder

Wald-Schachtelhalm *(Equisetum sylvaticum)*

Berg-Ehrenpreis *(Veronica montana)*

Lockerährige Segge *(Carex remota)*

Winter-Schachtelhalm *(Equisetum hyemale)*

Wechselblättriges Milzkraut *(Chrysosplenium alternifolium)*

Hartholzauenwald an der Waldemme bei Flühli

Ahorn-Eschenwald
Aceri-Fraxinetum

Der Ahorn-Eschenwald ist ein wüchsiger Laubmischwald an wasserzügigen Hängen und in feuchten, nährstoffreichen Mulden. Der leicht saure bis basische Mullboden erscheint wechselfeucht bis vernässt; er wird von Hang-, Grund- und auch Stauwasser versorgt. In der Baumschicht dominieren der Berg-Ahorn *(Acer pseudoplatanus)* und die Esche *(Fraxinus excelsior)*. Weniger oft findet man Fichte *(Picea abies)*, Tanne *(Abies alba)*, Rot-Buche *(Fagus sylvatica)* und die Berg-Ulme *(Ulmus glabra)*. Die Strauch- und die hochstaudenreiche Krautschicht sind üppig. Der Ahorn-Eschenwald besiedelt im Entlebuch in kleineren und grösseren Flächen mergelreiches Molasse- und Flyschgebiet bis gegen 1300 m ü. M. Die Bestände bilden entlang von Bächen sowie an feuchten, rutschigen Hängen oft Übergänge zum ähnlichen Bach-Eschenwald *(Carici remotae-Fraxinetum)* und zu Pionierstadien des Grauerlen-Auenwaldes.

Ahorn-Eschenwald am Hilferenbach (Escholzmatt-Marbach). Grau-Erlen *(Alnus incana)* und Weiden *(Salix* sp.*)* säumen das Bachbett.

Ahorn-Eschenwald beim Bleikenboden (Flühli)

An feuchten Abhängen bestimmen über krautreichem Untergrund hochwüchsige, schlanke Eschen *(Fraxinus excelsior)* und Berg-Ahorne *(Acer pseudoplatanus)* das Waldbild des Ahorn-Eschenwaldes. Feuchtigkeitsliebende Pflanzen wie die Rote und die Weisse Pestwurz *(Petasites hybridus, Petasites albus)* begleiten ihn (Rotbach, Flühli, Hilferenbach, Escholzmatt-Marbach).

Berg-Ahorn *(Acer pseudoplatanus)*, Grau-Erle *(Alnus incana)*, Fichte *(Picea abies)* und wenige Eschen *(Fraxinus excelsior)* bewirken ein mosaikartiges Waldbild (Rotbach, Flühli).

Der Bach-Eschenwald ist im Entlebuch weniger oft anzutreffen als der Ahorn-Eschenwald. Wir finden ihn an quelligen, sickernassen Stellen entlang von Bächen, in vernässten Mulden und auf Terrassen. Der Boden ist dauernd wassergesättigt, nährstoff- und basenreich. Der Berg-Ahorn *(Acer pseudoplatanus)* erscheint hier seltener; eine artenreiche, üppige Krautschicht mit Hochstauden prägt den Unterwuchs.

Die folgenden Bilder zeigen einige typische oder häufige Pflanzen im Unterwuchs des Ahorn-Eschenwaldes und seinen Übergangsstadien:

Rote Pestwurz
(Petasites hybridus)

Gebirgs-Kälberkropf
(Chaerophyllum hirsutum)

Akeleiblättrige Wiesenraute *(Thalictrum aquilegiifolium)*

Wald-Springkraut
(Impatiens noli-tangere)

Bach-Nelkenwurz
(Geum rivale)

Kriechender Günsel *(Ajuga reptans)* — Rote Waldnelke *(Silene dioica)* — Weisse Pestwurz *(Petasites albus)* — Rasen-Schmiele *(Deschampsia cespitosa)* — Geissfuss *(Aegopodium podagraria)*

Gemeiner Schneeball *(Viburnum opulus)* — Schwarzer Holunder *(Sambucus nigra)* — Rote Heckenkirsche *(Lonicera xylosteum)* — Rundblättriger Steinbrech *(Saxifraga rotundifolia)* — Kohldistel *(Cirsium oleraceum)*

Zum vielfältigen Artengefüge des Ahorn-Eschenwaldes gehören:

Acer pseudoplatanus	Berg-Ahorn
Adenostyles alliariae	Grauer Alpendost
Aegopodium podagraria	Geissfuss
Ajuga reptans	Kriechender Günsel
Anemone nemorosa	Busch-Windröschen
Angelica sylvestris	Wilde Brustwurz
Athyrium filix-femina	Wald-Frauenfarn
Caltha palustris	Sumpf-Dotterblume
Carex pendula	Hänge-Segge
Carex sylvatica	Wald-Segge
Chaerophyllum hirsutum	Gebirgs-Kälberkropf
Chrysosplenium alternifolium	Wechselblättriges Milzkraut
Circaea lutetiana	Grosses Hexenkraut
Cirsium oleraceum	Kohldistel
Deschampsia cespitosa	Rasen-Schmiele
Dryopteris filix-mas	Echter Wurmfarn
Fraxinus excelsior	Gemeine Esche
Geum rivale	Bach-Nelkenwurz
Impatiens noli-tangere	Wald-Springkraut
Lamium galeobdolon ssp. *montanum*	Berg-Goldnessel
Lonicera xylosteum	Rotes Geissblatt, Rote Heckenkirsche
Oxalis acetosella	Wald-Sauerklee
Petasites albus	Weisse Pestwurz
Petasites hybridus	Rote Pestwurz
Picea abies	Fichte
Prenanthes purpurea	Hasenlattich
Primula elatior	Wald-Schlüsselblume
Ranunculus lanuginosus	Wolliger Hahnenfuss
Sambucus nigra	Schwarzer Holunder
Saxifraga rotundifolia	Rundblättriger Steinbrech
Silene dioica	Rote Waldnelke
Sorbus aucuparia	Vogelbeerbaum
Stachys sylvatica	Wald-Ziest
Thalictrum aquilegiifolium	Akeleiblättrige Wiesenraute
Veronica urticifolia	Nessel-Ehrenpreis
Viburnum opulus	Gemeiner Schneeball

Laubmischwälder

AHORN-ESCHENWALD

AHORN-ESCHENWALD

Ulmen-Eschen-Hartholz-Auenwald
Ulmo-Fraxinetum

Zweiblatt-Eschenmischwald
Ulmo-Fraxinetum listeritosum

Auf einer abwechslungsreichen, romantischen Wanderung flussaufwärts von der ehemaligen SBB-Haltestelle Doppleschwand-Romoos bis hinter das Dorf Flühli durchstreifen wir da und dort entlang dem Emmenuferweg den von schlanken, hochwüchsigen Eschen *(Fraxinus excelsior)* beherrschten Hartholz-Auenwald.

Der Hartholz-Auenwald beeindruckt mit hohen, schlanken Eschen *(Fraxinus excelsior)* und einem dichten, dschungelartigen Unterwuchs mit Sträuchern und Kräutern (Rotbach, Waldemme hinter dem Dorf Flühli).

Seit den bereits erwähnten Flusskorrektionen aber hat dieser artenreiche und selten gewordene Lebensraum seine Dynamik weitgehend verloren. Die Überschwemmungen für den sandig-tonigen, nährstoffreichen und gut durchlässigen Aueboden bleiben meist aus. Dieser ist daher nur noch von Grund- und Regenwasser beeinflusst, wird dadurch trockener und verändert deshalb die typische Vegetation des Hartholz-Auenwaldes. Die charakteristischen Bäume Esche *(Fraxinus excelsior)*, Berg-Ahorn *(Acer pseudoplatanus)* sowie ab und zu auch die Berg-Ulme *(Ulmus glabra)* sind immer noch vorhanden; Fichte *(Picea abies)* und die Rot-Buche *(Fagus sylvatica)* dringen aber immer mehr in die Waldgesellschaften der Hartholzaue ein. Die Strauch- und die Krautschicht präsentieren sich trotz fehlender Überschwemmungen an mehreren Stellen immer noch sehr artenreich. Einige Arten weisen aber auf den trockeneren Boden hin, wie z. B. die Weisse Segge *(Carex alba)*; auch die namengebende Orchideen-Art des Zweiblatt-Eschenmischwaldes, das Grosse Zweiblatt *(Listera ovata)*, ist hier nicht oft anzutreffen.

Der Ulmen-Eschen-Auenwald ist an der verbauten Kleinen Emme zwischen Wolhusen und Entlebuch nur noch ansatzweise ausgebildet. Der Zweiblatt-Eschenmischwald hingegen begegnet uns in wechselnder Ausbildung von der unteren montanen Stufe bis gegen 1000 m ü. M. als schmaler Streifen bis zu ausgedehnten Wäldern in den drei Auenlandschaften von nationaler Bedeutung: Ämmenmatt (Kleine Emme), Entlental (Grosse Entle) und Flühli (Waldemme, Rotbach, Howäldlibach). Beim Zusammenfluss von Waldemme, Rotbach und Howäldlibach südlich des Dorfes Flühli erfreuen uns die naturnahesten, ausgedehntesten und schönsten Hartholzauen im Entlebuch.

Artenreicher Hartholz-Auenwald an der Waldemme und an der Kleinen Emme

Dichter Zweiblatt-Eschenmischwald an der Waldemme hinter dem Dorf Flühli

Der Hartholz-Auenwald an der Waldemme bei Flühli sowie an der Kleinen Emme (Entlebuch) ist reich an Bäumen, Sträuchern, Kräutern und Gräsern.

Laubmischwälder

Im reichhaltigen Artengefüge der Hartholzaue können uns folgende Pflanzen begegnen:

Acer pseudoplatanus	Berg-Ahorn	*Listera ovata*	Grosses Zweiblatt
Aegopodium podagraria	Geissfuss	*Lonicera xylosteum*	Rote Heckenkirsche
Ajuga reptans	Kriechender Günsel	*Mercurialis perennis*	Wald-Bingelkraut
Allium ursinum	Bärlauch	*Paris quadrifolia*	Vierblättrige Einbeere
Anemone nemorosa	Busch-Windröschen	*Phyteuma spicatum*	Ährige Rapunzel
Angelica sylvestris	Wilde Brustwurz	*Picea abies*	Fichte
Asarum europaeum	Europäische Haselwurz	*Polygonatum multiflorum*	Vielblütiges Salomonssiegel
Brachypodium sylvaticum	Wald-Zwenke		
Carex alba	Weisse Segge	*Polygonatum verticillatum*	Quirlblättriges Salomonssiegel
Carex digitata	Finger-Segge		
Carex pendula	Hänge-Segge	*Primula elatior*	Wald-Schlüsselblume
Corylus avellana	Haselstrauch	*Prunus padus*	Traubenkirsche
Crataegus monogyna	Eingriffeliger Weissdorn	*Ranunculus ficaria*	Scharbockskraut
Daphne mezereum	Echter Seidelbast	*Rubus caesius*	Blaue Brombeere
Euonymus europaeus	Gemeines Pfaffenhütchen	*Salix alba*	Silber-Weide
Euonymus latifolius	Breitblättriges Pfaffenhütchen	*Sambucus nigra*	Schwarzer Holunder
		Stachys sylvatica	Wald-Ziest
Euphorbia dulcis	Süsse Wolfsmilch	*Thalictrum aquilegiifolium*	Akeleiblättrige Wiesenraute
Fagus sylvatica	Rot-Buche		
Fraxinus excelsior	Gemeine Esche	*Ulmus glabra*	Berg-Ulme
Hedera helix	Efeu	*Viburnum lantana*	Wolliger Schneeball
Impatiens noli-tangere	Wald-Springkraut	*Viburnum opulus*	Gemeiner Schneeball
Lamium galeobdolon ssp. *montanum*	Berg-Goldnessel	*Vinca minor*	Kleines Immergrün
		Viola reichenbachiana	Wald-Veilchen

Schlanke, hohe Eschen *(Fraxinus excelsior)* und Berg-Ahorne *(Acer pseudoplatanus)* prägen den Harthlz-Auenwald am Rotbach bei Flühli.

BÄRLAUCH UND HERBST-ZEITLOSE

Der Bärlauch *(Allium ursinum)* wie auch die Herbst-Zeitlose *(Colchicum autumnale)* sind zwei verbreitete und bekannte Pflanzen. Im Frühling werden die jungen Blätter des Bärlauchs von vielen Leuten eifrig gesammelt. Unverständlicherweise kommt es dabei immer wieder zu Verwechslungen mit den stark giftigen Blättern der Herbst-Zeitlose, die im Frühling erscheinen. Eine Gegenüberstellung der beiden Pflanzen könnte deshalb für das Sammeln wichtig sein.

Bärlauch

Der ungiftige Bärlauch kommt in eher feuchten **Buchenwäldern, Laubmischwäldern, Auenwäldern** und auch etwa unter **Hecken** vor. Er blüht und fruchtet im April/Mai. Die grundständigen Blätter sind lang gestielt mit eilanzettlichen bis 20 cm langer Blattspreite. Sie verströmen einen unverwechselbaren, intensiven typischen Lauchgeruch, den man bei grossen Kolonien schon von Weitem oder ganz sicher dann beim Zerreiben wahrnimmt. Nie blüht der Bärlauch in feuchten Wiesen.

Im Mittelland erscheint der Bärlauch im April oft in grossen Kolonien im Aronstab-Buchenwald.

Ruhelos streift der Lauchbär durch das schön
  ergrünte Land.
Die jungen Blätter trägt er gern in eine liebe Hand.

Der Lauch schmeckt gut, frischt auf das Blut,
  gibt neue Kraft und starken Mut.
Das tut euch allen wirklich gut!

Doch nach reichlich köstlichem Genuss verströmt
  das Kraut gar starken Duft.
Drum rasch hinaus in die Natur an die laue
  Frühlingsluft!

Aronstab-Buchenwald   Bärlauch

Herbst-Zeitlose

Die in allen Teilen stark giftige Herbst-Zeitlose blüht im Herbst auf **feuchten Wiesen** und auch etwa in **Auenwäldern** wie der Bärlauch. Erst im **Frühjahr** erscheinen die bis 25 cm langen, **glänzend dunkelgrünen, zungenförmigen Blätter;** sie umhüllen die Frucht, eine vielsamige, hellgrüne Kapsel. Die Herbst-Zeitlose enthält das stark giftige Alkaloid Colchicin und etwa 20 weitere Alkaloide. Sie blüht im Herbst und bildet erst im Frühling Blätter und Frucht; sie ist eben zeitlos.

HARTHOLZ-AUENWALD

HARTHOLZ-AUENWALD

Montaner Grauerlen-Auenwald
Alnetum incanae

Montaner Grauerlen-Auenwald an der Grossen Entle in der Gemeinde Entlebuch

Am Rotbach in Flühli, entlang der Grossen Entle bis gegen 1200 m ü. M., am Unterlauf der Grossen Fontanne, an der Kleinen Emme sowie an der Hilferen erwecken graugrüne Farbtöne des geschlossenen bis leicht lückigen Grauerlen-Auenwaldes unsere Aufmerksamkeit. Andere feuchtigkeitsliebende Auen- und Quellwälder sowie ab und zu Weidengebüsch mit hellem Grün und bunter Farbenpracht im Herbst begleiten entlang der Bäche und Flüsse das monotone Waldbild des Grauerlen-Auenwaldes, der uns in grösseren Flächen wie auch in schmalen Streifen entgegentritt. Auf dem schotterreichen, kiesigen, meist basischen und nährstoffreichen Auerohboden stehen die schlanken Grauerlenstämme dicht gedrängt. Im Sommer bedeckt eine sattgrüne Krautschicht mit wenigen Blüten den lichtarmen Boden. In den lichtreicheren Lücken entwickelt sich eine üppige, grossblättrige Krautschicht mit Hochstauden.

Grauerlen-Auenwald am Rotbach (Flühli)

Schneeglöckchen *(Galanthus nivalis)*

Grauerlen-Auenwald an der Kleinen Emme (Hasle)

An der Hilferen wird der montane Grauerlen-Auenwald begleitet vom Ahorn-Eschenwald.

Grauerlen-Auenwald an der Kleinen Emme zwischen Hasle und Entlebuch im Vorfrühling

Frühblüher wie das Busch-Windröschen (*Anemone nemorosa*) und das Wechselblättrige Milzkraut (*Chrysosplenium alternifolium*) sind im Frühling die ersten Farbtupfer im Grauerlen-Auenwald. Hier begegnet uns auch an seinem ursprünglichen Standort an der Kleinen Emme das Schneeglöckchen (*Galanthus nivalis*). Bald aber bedeckt eine üppige Krautschicht den Boden; das geschlossene Laubdach der Grau-Erlen (*Alnus incana*) lässt aber nur wenige Kräuter erblühen.

Nach der heute selten gewordenen Überflutung durch Hochwasser und damit verbundener wiederkehrender Geschiebeablagerung kann der krautige Unterwuchs vorübergehend verschwinden. Im sumpfigen Rohboden spriessen dann Grauerlenkeimlinge. Umgestürzte oder gefällte Grau-Erlen (*Alnus incana*) können dank Stockausschlag drei bis vier neue Stämme hervorbringen. Auf dem extremen Standort des Grauerlen-Auenwaldes haben andere Bäume kaum eine Chance. Immerhin bereichern einige wenige Sträucher den eintönigen Grauerlen-Auenwald. Von der unteren montanen bis in die obermontane Stufe bestimmen in wechselnder Ausprägung folgende Pflanzen das Bild des montanen Grauerlen-Auenwaldes:

Aconitum napellus agg.	Blauer Eisenhut	*Deschampsia cespitosa*	Rasen-Schmiele
Aegopodium podagraria	Geissfuss	*Fragaria vesca*	Wald-Erdbeere
Alnus incana	Grau-Erle	*Galanthus nivalis*	Schneeglöckchen
Anemone nemorosa	Busch-Windröschen	*Geranium sylvaticum*	Wald-Storchschnabel
Angelica sylvestris	Wilde Brustwurz	*Glechoma hederacea*	Gundelrebe
Caltha palustris	Sumpf-Dotterblume	*Knautia dipsacifolia*	Wald-Witwenblume
Chaerophyllum hirsutum	Gebirgs-Kälberkropf	*Lonicera xylosteum*	Rote Heckenkirsche
Chrysosplenium alternifolium	Wechselblättriges Milzkraut	*Mercurialis perennis*	Wald-Bingelkraut
Cirsium oleraceum	Kohldistel	*Petasites albus*	Weisse Pestwurz
Corylus avellana	Haselstrauch	*Petasites hybridus*	Rote Pestwurz
Crepis paludosa	Sumpf-Pippau	*Primula elatior*	Wald-Schlüsselblume
		Ranunculus ficaria	Scharbockskraut

Rubus caesius	Blaue Brombeere	*Stachys sylvatica*	Wald-Ziest
Salix elaeagnos	Lavendel-Weide	*Thalictrum aquilegiifolium*	Akeleiblättrige Wiesenraute
Salix purpurea	Purpur-Weide		
Sambucus nigra	Schwarzer Holunder	*Viburnum opulus*	Gemeiner Schneeball
Silene dioica	Rote Waldnelke	*Viola biflora*	Gelbes Berg-Veilchen

Die Grau-Erle *(Alnus incana)* ist ein bis 20 m hoher, einhäusig zweigeschlechtlicher Baum mit glatter, grauer Rinde. Die männlichen (Kätzchen) und die weiblichen Blütenstände sitzen an voneinander getrennten Zweigen.

GRAUERLEN-AUENWALD

Blauer Eisenhut

Wilde Brustwurz

Sumpf-Dotterblume

Akeleiblättrige Wiesenraute

Gebirgs-Kälberkropf

Weisse Pestwurz

Wald-Storchschnabel

Rasen-Schmiele

GRAUERLEN-AUENWALD

Ruderalfluren

Das ist ja nur «Jät» oder «Gjät»! Damit meint der nutzungsorientierte Mensch all die «Unkräuter», die seinen Kulturen schaden oder seinen Ordnungs- und Sauberkeitssinn stören können. Rudera ist der Plural des lateinischen Wortes rudus und heisst Schutt. Ruderale Pflanzengesellschaften besiedeln also – wenn auch oft nur für kurze Zeit – als blühende Passanten Bahnareale zwischen Gleis und Station, Schuttplätze, Kiesgruben, Lagerplätze, Strassenränder, Trümmerhaufen, Baustellen und Siedlungsbereiche des Menschen.

Unkrautfluren hingegen bewachsen als Ackerbegleitflora Äcker und Gärten. Oft vermischen sich aufgrund ähnlicher Standortansprüche die beiden Pflanzengesellschaften zu einem farbenfrohen, äusserst artenreichen Mosaik. So finden früher verbreitete und häufige Unkräuter aus landwirtschaftlichen Kulturen und Gärten auf Ruderalfluren ihre letzte Zufluchtsstätte.

Ruderalflur bei der ehemaligen SBB-Haltestelle Doppleschwand-Romoos

Charakteristik der Ruderalstandorte

Ruderalfluren können nur unter dem Einfluss des Menschen entstehen, sind also sog. anthropogene Pflanzengesellschaften. Sie gedeihen auf offenen, stickstoffbeeinflussten, meist nährstoffreichen Böden. Hier können sie sich rasch entfalten und ihren Lebenszyklus durchlaufen, werden aber meist schon im darauffolgenden Jahr von mehrjährigen bis ausdauernden Arten überwachsen, sofern der Mensch nicht durch immer wiederkehrende Eingriffe die Standorte offen hält. Nach der Lebensdauer werden die Ruderalfluren folglich in zwei Gruppen eingeteilt: kurzlebige, einjährige sowie ausdauernde, mehrjährige.

Kurzlebige Ruderalfluren

Kurzlebige Ruderalfluren beherbergen sommer- und winterannuelle Pflanzen. Sommerannuelle Arten beginnen und beenden ihren Lebenslauf in einer Vegetationsperiode vom Frühling bis zum Herbst, winterannuelle keimen bereits im Herbst, überdauern bodennah den Winter, blühen und fruchten im nächsten Frühjahr bis zum Sommer. Annuelle Ruderalpflanzen sind als konkurrenzschwache Pioniere bestens an ihren gestörten Standort angepasst. Der offene Boden nimmt viel Wärme auf und ermöglicht dem Licht freien Zutritt.

Die Schotterdeponie der SBB bei der ehemaligen Haltestelle Doppleschwand-Romoos war vor allem in den letzten 20 Jahren des vergangenen Jahrhunderts der schönste, artenreichste und eindrücklichste Lebensraum ruderaler Pflanzengesellschaften im Entlebuch. Jedes Jahr führte uns dieses Eldorado ein Kommen und Gehen ruderaler Pflanzenarten aus der Schweiz und anderen Ländern vor Augen.

Bei der ehemaligen Ausladestelle der SBB für die landwirtschaftliche Genossenschaft Escholzmatt fanden sich trotz Herbizideinsatz immer wieder seltene Ruderalpflanzen ein. Heute ist der Standort asphaltiert.

In kurzer Zeit produzieren die reichlich blühenden Pflanzen riesige Mengen von Samen, welche bei ungünstigen Wachstumsbedingungen oft Jahre im Boden überdauern. Selbst während eines Jahres können viele Samen den Zeitpunkt des Keimens den günstigsten Standortbedingungen anpassen. Es ist immer wieder erstaunlich, wie neu geschaffene Ruderalstandorte von einer artenreichen Flora erobert werden. Obwohl kurzlebige Ruderalfluren – bedingt durch den raschen Wechsel der Standortbedingungen – ein Sammelplatz für zufällige, vertriebene und eingeschleppte Arten sind, finden sich hier viele Pflanzen zu einem charakteristischen Artengefüge zusammen.

Übersicht

Klasse	Einjährige Ruderalgesellschaften	*Sisymbrietea officinalis*
Ordnung	Raukengesellschaften	*Sisymbrietalia officinalis*
Verband	Einjährige Ruderalflur	*Sisymbrion*

Zu den **Charakterarten** der **Klasse** und der **Ordnung** gehören:

Conyza canadensis	Kanadisches Berufkraut
Sisymbrium officinale	Weg-Rauke

Zu den **charakteristischen Arten** des **Verbandes** der einjährigen Ruderalfluren rechnet man:

Bromus sterilis	Taube Trespe	*Lactuca serriola*	Wilder Lattich
Crepis capillaris	Dünnästiger Pippau, Kleinköpfiger Pippau	*Malva neglecta*	Kleine Malve, Chäslichrut
Hordeum murinum	Mäuse-Gerste	*Sisymbrium altissimum*	Hohe Rauke

Weg-Rauke
(*Sisymbrium officinale*)

Kanadisches Berufkraut
(*Conyza canadensis*)

Dünnästiger Pippau
(*Crepis capillaris*)

Wilder Lattich
(*Lactuca serriola*)

Kleine Malve
(*Malva neglecta*)

Taube Trespe
(*Bromus sterilis*)

Hohe Rauke
(*Sisymbrium altissimum*)

Mäuse-Gerste
(*Hordeum murinum*)

Weitere typische Pflanzenarten der verschiedenen einjährigen Ruderalfluren sind:

Amaranthus retroflexus	Zurückgekrümmter Amaranth	*Saxifraga tridactylites*	Dreifingerige Steinbrech
Barbarea intermedia	Mittlere Winterkresse	*Senecio viscosus*	Klebriges Greiskraut
Capsella bursa-pastoris	Gemeines Hirtentäschchen	*Setaria viridis*	Grüne Borstenhirse
Geranium columbinum	Tauben-Storchschnabel	*Solanum nigrum*	Schwarzer Nachtschatten
Lepidium virginicum	Virginische Kresse	*Sonchus oleraceus*	Kohl-Gänsedistel

 Gemeines Hirtentäschchen *(Capsella bursa-pastoris)*

 Mittlere Winterkresse *(Barbarea intermedia)*

 Zurückgekrümmter Amaranth *(Amaranthus retroflexus)*

 Tauben-Storchschnabel *(Geranium columbinum)*

 Schwarzer Nachtschatten *(Solanum nigrum)*

 Dreifingeriger Steinbrech *(Saxifraga tridactylites)*

 Klebriges Greiskraut *(Senecio viscosus)*

 Virginische Kresse *(Lepidium virginicum)*

 Grüne Borstenhirse *(Setaria viridis)*

 Kohl-Gänsedistel *(Sonchus oleraceus)*

Ausdauernde Ruderalfluren

Bleibt bei kurzlebigen Ruderalfluren die Störung des Bodens durch den Menschen aus, so werden die einjährigen Ruderalpflanzen bald verdrängt von ausdauernden, tiefer wurzelnden und hochwüchsigen Arten. Die ausdauernden Ruderalfluren sind noch vielgestaltiger als die kurzlebigen. Ihre Böden sind sehr nährstoffreich, vor allem gut versorgt mit Stickstoff und mehr oder weniger frisch. Bald gesellt sich eine bunte Palette von Kräutern, Stauden und Sträuchern aus verschiedenen Lebensräumen zu den ausdauernden Ruderalpflanzen. Offene Stellen werden rasch von Einjährigen besiedelt: ein buntes Pflanzenmosaik entsteht. Auf Schotter-, Schutt- und Steinaufschüttungen bei Eisenbahndämmen und Lagerplätzen malt deshalb vor allem der Sommeraspekt der ausdauernden Ruderalfluren ein wohltuendes, farben- und formenprächtiges Bild in die sonst eher düstere Landschaft der Bahn-, Industrie- und Baustellenanlagen.

Ausdauernde Ruderalfluren fallen auf durch hochwüchsige, kräftige Pflanzen.

Übersicht

Klasse:	Ruderale Beifuss- und Distel-Gesellschaften	*Artemisietea vulgaris*
Ordnung:	Zwei- bis mehrjährige Ruderalgesellschaften	*Onopordetalia acanthii*
Verband:	Möhren-Honigklee (= Steinklee)-Ruderalfluren	*Dauco-Melilotion*

Mehrere imposante Blütenpflanzen gehören zu den **Charakterarten** der **Klasse** und der **Ordnung** der ausdauernden Ruderalfluren:

Artemisia vulgaris	Gemeiner Beifuss	*Malva alcea*	Sigmarswurz
Cirsium vulgare	Gemeine Kratzdistel	*Malva sylvestris*	Wilde Malve
Dipsacus fullonum	Wilde Karde	*Silene pratensis*	Weisse Waldnelke
Erigeron annuus ssp. *septentrionalis*	Nordisches Einjähriges Berufkraut	*Solidago canadensis*	Kanadische Goldrute
Geranium pyrenaicum	Pyrenäen-Storchschnabel	*Solidago gigantea*	Spätblühende Goldrute
Linaria vulgaris	Gemeines Leinkraut	*Tanacetum vulgare*	Rainfarn

Gemeiner Beifuss (*Artemisia vulgaris*) | Spätblühende Goldrute (*Solidago gigantea*) | Wilde Malve (*Malva sylvestris*) | Gemeines Leinkraut (*Linaria vulgaris*) | Nordisches Einjähriges Berufkraut (*Erigeron annuus* ssp. *septentrionalis*)

Ruderalfluren bei der ehemaligen SBB-Haltestelle Doppleschwand-Romoos (Gemeinde Entlebuch)

Gemeine Kratzdistel
(*Cirsium vulgare*)

Rainfarn
(*Tanacetum vulgare*)

Weisse Waldnelke
(*Silene pratensis*)

Pyrenäen-Storchschnabel
(*Geranium pyrenaicum*)

Wilde Karde
(*Dipsacus fullonum*)

Kanadische Goldrute
(*Solidago canadensis*)

Sigmarswurz (*Malva alcea*)

Steinkleeflur auf Bahnschotter

Die mässig wärmebedürftige (= mesophile) ruderale Honig- oder Steinkleeflur ist eine hochwüchsige, stark lichtbedürftige Pioniergesellschaft auf Eisenbahnschotter, unbebautem Ödland und bei Kiesgruben. Sie ist sehr artenreich und benötigt stickstoffreichen Boden. In der Schotterdeponie bei der ehemaligen SBB-Haltestelle Doppleschwand-Romoos in der Gemeinde Entlebuch erfreut sie uns in schönster Ausprägung.

Zu den **Charakterarten** des **Verbandes** der Möhren-Honigklee-Ruderalfluren gehören:

Berteroa incana	Graukresse	*Oenothera glazioviana*	Lamarcks Nachtkerze
Cichorium intybus	Wegwarte	*Oenothera parviflora*	Kleinblütige Nachtkerze
Daucus carota	Wilde Möhre	*Pastinaca sativa*	Pastinak
Echium vulgare	Gemeiner Natternkopf	*Picris hieracioides*	Bitterkraut
Malva moschata	Moschus-Malve	*Reseda lutea*	Gelbe Reseda
Melilotus albus	Weisser Honigklee	*Verbascum densiflorum*	Grossblütige Königskerze
Melilotus officinalis	Echter Honigklee	*Verbascum thapsus*	Kleinblütige Königskerze
Oenothera biennis	Gewöhnliche Zweijährige Nachtkerze		

 Echter Honigklee *(Melilotus officinalis)*
 Wilde Möhre *(Daucus carota)*
 Zweijährige Nachtkerze *(Oenothera biennis)*
 Moschus-Malve *(Malva moschata)*
 Gemeiner Natternkopf *(Echium vulgare)*

 Lamarcks Nachtkerze *(Oenothera glazioviana)*
 Wegwarte *(Cichorium intybus)*
 Weisser Honigklee *(Melilotus albus)*
 Grossblütige Königskerze *(Verbascum densiflorum)*
 Gelbe Reseda *(Reseda lutea)*

 Bitterkraut *(Picris hieracioides)*
 Graukresse *(Berteroa incana)*
 Kleinblütige Königskerze *(Verbascum thapsus)*
 Pastinak *(Pastinaca sativa)*
 Kleinblütige Nachtkerze *(Oenothera parviflora)*

Weitere typische, teilweise sehr seltene Pflanzenarten in den einzelnen Gesellschaften der ausdauernden Ruderalfluren sind:

Achillea millefolium	Gemeine Schafgarbe	*Medicago lupulina*	Hopfenklee
Cirsium arvense	Acker-Kratzdistel	*Poa compressa*	Plattes Rispengras
Convolvulus arvensis	Acker-Winde	*Saponaria officinalis*	Echtes Seifenkraut
Crepis biennis	Wiesen-Pippau	*Senecio erucifolius*	Raukenblättriges Greiskraut
Dactylis glomerata	Wiesen-Knäuelgras		
Linaria repens	Gestreiftes Leinkraut	*Tussilago farfara*	Huflattich
Lolium perenne	Englisches Raygras		

Gestreiftes Leinkraut
(*Linaria repens*)

Raukenblättriges Greiskraut (*Senecio erucifolius*)

Plattes Rispengras
(*Poa compressa*)

Echtes Seifenkraut
(*Saponaria officinalis*)

Acker-Kratzdistel
(*Cirsium arvense*)

Englisches Raygras
(*Lolium perenne*)

Gemeine Schafgarbe
(*Achillea millefolium*)

Hopfenklee
(*Medicago lupulina*)

Wiesen-Pippau
(*Crepis biennis*)

Acker-Winde (*Convolvulus arvensis*)

Wiesen-Knäuelgras
(*Dactylis glomerata*)

Huflattich (*Tussilago farfara*)

Wie bereits erwähnt, sind Ruderalfluren oft ein letztes Refugium für die selten gewordene Ackerbegleitflora oder die Acker-Unkräuter, wie sie immer noch genannt werden. Waren im Entlebuch während des Zweiten Weltkrieges und bis kurz nach der Mitte des 20. Jahrhunderts Getreide- und Kartoffeläcker wegen der Anbaupflicht noch verbreitet, sind sie heute fast gänzlich aus dem Landschaftsbild verschwunden. Längst sind die Zeiten vorbei, als es noch freie Schulhalbtage gab für das Pflanzen und Ernten der Kartoffeln, und als Garben mit bunten Seilen auf dem Getreidefeld von Hand gebunden wurden. Wirtschaftliche und klimatische Gründe, Saatgutreinigung sowie der Einsatz von Herbiziden sind verantwortlich, dass Äcker und damit auch die Ackerbegleitflora im Entlebuch sehr selten geworden sind. Artenarme Maisfelder haben da und dort in den letzten Jahrzehnten in unserem Tal Einzug gehalten. Mit dem Verschwinden der Äcker sowie mit der Versiegelung des Bodens bei Ruderalstellen sind die Pflanzen aus Äckern und Gärten auch in den Ruderalfluren immer seltener geworden. Die nachfolgend erwähnten Pflanzen mit dem ursprünglichen Standort in Äckern und Gärten wurden alle in den letzten 50 Jahren mindestens einmal im Entlebuch in kurzlebigen wie auch in ausdauernden Ruderalfluren gefunden, insbesondere auf der Schotterdeponie bei der ehemaligen SBB-Haltestelle Doppleschwand-Romoos und auf den Bahnarealen von Escholzmatt, Hasle und Entlebuch.

Pflanzen aus Getreide-Unkrautfluren

Die ursprüngliche Ackerbegleitflora aus Getreidefeldern, auch Segetalflora genannt, gehört pflanzensoziologisch zur Klasse der Getreide-Unkrautfluren *(Secalinetea)* und kommt andernorts in kalkarmen oder kalkreichen Getreideäckern vor:

Alopecurus myosuroides	Acker-Fuchsschwanz	*Papaver dubium*	Saat-Mohn
Anagallis foemina	Blauer Gauchheil	*Papaver rhoeas*	Klatsch-Mohn
Anthemis arvensis	Acker-Hundskamille	*Ranunculus arvensis*	Acker-Hahnenfuss
Apera spica-venti	Acker-Windhalm	*Rapistrum rugosum*	Runzeliger Rapsdotter
Aphanes arvensis	Gemeiner Ackerfrauenmantel	*Scandix pecten-veneris*	Venuskamm
Bifora radians	Strahlen-Hohlsame	*Sherardia arvensis*	Ackerröte
Centaurea cyanus	Kornblume	*Silene gallica*	Französisches Leimkraut
Euphorbia exigua	Kleine Wolfsmilch	*Silene noctiflora*	Acker-Waldnelke
Fallopia convolvulus	Gemeiner Windenknöterich	*Sinapis arvensis*	Acker-Senf
Galeopsis angustifolia	Schmalblättriger Hohlzahn	*Torilis arvensis*	Feld-Borstendolde
		Trifolium arvense	Hasen-Klee
Kickxia spuria	Eiblättriges Schlangenmaul	*Valerianella carinata*	Gekielter Ackersalat
		Valerianella locusta	Echter Ackersalat
Lathyrus hirsutus	Rauhaarige Platterbse	*Veronica arvensis*	Feld-Ehrenpreis
Legousia speculum-veneris	Venus-Frauenspiegel	*Veronica hederifolia*	Efeu-Ehrenpreis
		Vicia hirsuta	Rauhaarige Wicke
Matricaria chamomilla	Echte Kamille	*Vicia tetrasperma*	Viersamige Wicke
Myosotis arvensis	Acker-Vergissmeinnicht	*Viola arvensis*	Acker-Stiefmütterchen
		Viola tricolor	Feld-Stiefmütterchen

Klatsch-Mohn *(Papaver rhoeas)*

Acker-Hahnenfuss *(Ranunculus arvensis)*

Efeu-Ehrenpreis *(Veronica hederifolia)*

Hasen-Klee *(Trifolium arvense)*

Blauer Gauchheil *(Anagallis foemina)*

Eiblättriges Schlangenmaul *(Kickxia spuria)*

Acker-Fuchsschwanz *(Alopecurus myosuroides)*

Acker-Vergissmeinnicht *(Myosotis arvensis)*

Rauhaarige Wicke *(Vicia hirsuta)*

Saat-Mohn *(Papaver dubium)*

Acker-Senf
(Sinapis arvensis)

Acker-Waldnelke
(Silene noctiflora)

Venus-Frauenspiegel
(Legousia speculum-veneris)

Acker-Stiefmütterchen (Viola arvensis)

Echter Ackersalat
(Valerianella locusta)

Kleine Wolfsmilch
(Euphorbia exigua)

Schmalblättriger Hohlzahn (Galeopsis angustifolia)

Acker-Windhalm
(Apera spica-venti)

Runzeliger Rapsdotter (Rapistrum rugosum)

Rauhaarige Platterbse (Lathyrus hirsutus)

Gemeiner Windenknöterich (Fallopia convolvulus)

Gekielter Ackersalat
(Valerianella carinata)

Echte Kamille
(Matricaria chamomilla)

Französisches Leimkraut (Silene gallica)

Venuskamm
(Scandix pecten-veneris)

Feld-Ehrenpreis
(Veronica arvensis)

Viersamige Wicke
(Vicia tetrasperma)

Gemeiner Ackerfrauenmantel
(Aphanes arvensis)

Strahlen-Hohlsame
(Bifora radians)

Feld-Borstendolde
(Torilis arvensis)

Ruderalfluren

Feld-Stiefmütterchen
(*Viola tricolor*)

Acker-Hundskamille
(*Anthemis arvensis*)

Kornblume
(*Centaurea cyanus*)

Pflanzen aus Hackfruchtäckern und Gärten

Gross ist die Zahl der Blütenpflanzen aus Hackfruchtäckern und Gärten, die häufig bis sehr selten in den kurzlebigen und in den ausdauernden Ruderalfluren sich einfinden. Sie gehören pflanzensoziologisch zur Klasse und Ordnung der Acker- und Garten-Unkrautgesellschaften (*Chenopodietea, Chenopodietalia*).

Ihre ursprünglichen Standorte sind kalkarme, lehmige oder kalkreiche Hackfruchtäcker.

Aethusa cynapium	Hundspetersilie	*Fagopyrum esculentum*	Echter Buchweizen
Allium oleraceum	Ross-Lauch	*Fumaria officinalis*	Gewöhnlicher Erdrauch
Allium scorodoprasum	Schlangen-Lauch	*Galinsoga ciliata*	Bewimpertes Knopfkraut
Anagallis arvensis	Acker-Gauchheil	*Geranium dissectum*	Schlitzblättriger Storchschnabel
Anchusa officinalis	Echte Ochsenzunge		
Antirrhinum majus	Garten-Löwenmaul	*Geranium rotundifolium*	Rundblättriger Storchschnabel
Arabidopsis thaliana	Schotenkresse		
Atriplex patula	Gewöhnliche Melde	*Glebionis segetum*	Saat-Margerite
Atriplex prostrata	Spiessblättrige Melde	*Lamium purpureum*	Acker-Taubnessel
Brassica napus	Raps	*Lepidium campestre*	Feld-Kresse
Brassica rapa	Rüben-Kohl	*Mentha arvensis*	Acker-Minze
Cardamine hirsuta	Behaartes Schaumkraut	*Misopates orontium*	Feld-Löwenmaul
Cerastium glomeratum	Knäuel-Hornkraut	*Panicum capillare*	Haarästige Hirse
Chenopodium album	Weisser Gänsefuss	*Polygonum persicaria*	Pfirsichblättriger Knöterich
Chenopodium polyspermum	Vielsamiger Gänsefuss		
Chenopodium rubrum	Roter Gänsefuss	*Scrophularia canina*	Hunds-Braunwurz
Digitaria sanguinalis	Bluthirse	*Senecio vulgaris*	Gemeines Greiskraut
Echinochloa crus-galli	Hühnerhirse	*Setaria pumila*	Graugrüne Borstenhirse
Raphanus raphanistrum	Acker-Rettich	*Sonchus arvensis*	Acker-Gänsedistel
Rostraria cristata	Echtes Büschelgras	*Sonchus asper*	Raue Gänsedistel
Erodium cicutarium	Gemeiner Reiherschnabel	*Stellaria media*	Vogelmiere
Erucastrum gallicum	Französische Rampe	*Thlaspi arvense*	Acker-Täschelkraut
Erysimum cheiranthoides	Acker-Schöterich	*Veronica agrestis*	Acker-Ehrenpreis
Euphorbia helioscopia	Sonnenwend-Wolfsmilch	*Veronica peregrina*	Wander-Ehrenpreis
Euphorbia peplus	Garten-Wolfsmilch	*Veronica persica*	Persischer Ehrenpreis
		Veronica polita	Glänzender Ehrenpreis

Weisser Gänsefuss
(Chenopodium album)

Acker-Gauchheil
(Anagallis arvensis)

Gemeines Greiskraut
(Senecio vulgaris)

Persischer Ehrenpreis
(Veronica persica)

Rundblättriger Storchschnabel
(Geranium rotundifolium)

Acker-Taubnessel
(Lamium purpureum)

Rüben-Kohl
(Brassica rapa)

Hundspetersilie
(Aethusa cynapium)

Glänzender Ehrenpreis
(Veronica polita)

Pfirsichblättriger Knöterich *(Polygonum persicaria)*

Raue Gänsedistel
(Sonchus asper)

Vogelmiere
(Stellaria media)

Roter Gänsefuss
(Chenopodium rubrum)

Acker-Minze
(Mentha arvensis)

Französische Rampe
(Erucastrum gallicum)

Vielsamiger Gänsefuss
(Chenopodium polyspermum)

Gemeiner Reiherschnabel
(Erodium cicutarium)

Behaartes Schaumkraut
(Cardamine hirsuta)

Ruderalfluren

Saat-Margerite *(Glebionis segetum)*

Acker-Täschelkraut *(Thlaspi arvense)*

Hunds-Braunwurz *(Scrophularia canina)*

Sonnenwend-Wolfsmilch *(Euphorbia helioscopia)*

Gewöhnlicher Erdrauch *(Fumaria officinalis)*

Schlitzblättriger Storchschnabel *(Geranium dissectum)*

Gewöhnliche Melde *(Atriplex patula)*

Raps *(Brassica napus)*

Ross-Lauch *(Allium oleraceum)*

Garten-Wolfsmilch *(Euphorbia peplus)*

Echte Ochsenzunge *(Anchusa officinalis)*

Spiessblättrige Melde *(Atriplex prostrata)*

Feld-Löwenmaul *(Misopates orontium)*

Acker-Gänsedistel *(Sonchus arvensis)*

Acker-Ehrenpreis *(Veronica agrestis)*

Knäuel-Hornkraut *(Cerastium glomeratum)*

Bluthirse *(Digitaria sanguinalis)*

Echter Buchweizen *(Fagopyrum esculentum)*

Schlangen-Lauch *(Allium scorodoprasum)*

Acker-Rettich *(Raphanus raphanistrum)*

Haarästige Hirse *(Panicum capillare)* — Feld-Kresse *(Lepidium campestre)* — Bewimpertes Knopfkraut *(Galinsoga ciliata)* — Hühnerhirse *(Echinochloa crus-galli)* — Acker-Schöterich *(Erysimum cheiranthoides)*

Schotenkresse *(Arabidopsis thaliana)* — Garten-Löwenmaul *(Antirrhinum majus)* — Wander-Ehrenpreis *(Veronica peregrina)* — Echtes Büschelgras *(Rostraria cristata)* — Graugrüne Borstenhirse *(Setaria pumila)*

In den feuchten, verdichteten, lehmigen Lücken entdeckt man in der ehemaligen Schotterdeponie der SBB bei der früheren Haltestelle Doppleschwand-Romoos mehrere Pflanzen der feuchten Trittfluren.

Im feucht-frischen Brachland an der Hauptstrasse gegen Marbach begegnen uns nach der Stilllegung der Schotterdeponie auch Pflanzen der feuchten Trittfluren.

Ruderalfluren

Im Bereich der Ruderalstandorte finden sich aufgrund der mechanischen Belastung des Bodens durch die menschliche Tätigkeit immer wieder Pflanzen der feuchten oder auch der trockenen Trittfluren ein. Die feuchten Trittfluren gehören pflanzensoziologisch zur Klasse und zur Ordnung der Flutrasen und feuchten Trittrasen *(Agrostietea stoloniferae* bzw. *Agrostietalia stoloniferae)* und hier zum Verband der feuchten Trittfluren *(Agropyro-Rumicion).* Die lückige, krautige Pioniervegetation besiedelt feuchte, nährstoffreiche, verdichtete Lehmböden mit häufigen mechanischen Störungen, vor denen sie sich oft mit Ausläufern, Rosetten und niedrigem Wuchs schützen. Innerhalb von langjährigen Schotterdeponien und Kiesgruben, an feuchten Wegen sowie auf feuchtem Brachland von ehemaligen Schotterdeponien treffen wir auch im Entlebuch in der montanen Stufe auf mehrere Vertreter der feuchten Trittfluren:

Agrostis stolonifera	Kriechendes Straussgras	*Plantago major* ssp. *intermedia*	Kleiner Breitwegerich
Barbarea vulgaris	Gemeine Winterkresse	*Potentilla anserina*	Gänse-Fingerkraut
Blysmus compressus	Quellried	*Potentilla norvegica*	Norwegisches Fingerkraut
Carex hirta	Behaarte Segge	*Potentilla reptans*	Kriechendes Fingerkraut
Centaurium pulchellum	Kleines Tausendgüldenkraut	*Rorippa islandica*	Island-Sumpfkresse
Equisetum arvense	Acker-Schachtelhalm	*Rorippa palustris*	Echte Sumpfkresse
Juncus compressus	Zusammengedrückte Binse	*Rorippa sylvestris*	Wilde Sumpfkresse
Juncus tenuis	Zarte Binse	*Rumex conglomeratus*	Knäuelblütiger Ampfer
Mentha longifolia	Ross-Minze	*Rumex crispus*	Krauser Ampfer
Plantago major	Breitwegerich	*Rumex obtusifolius*	Stumpfblättriger Ampfer
		Verbena officinalis	Eisenkraut

Gemeine Winterkresse *(Barbarea vulgaris)*

Kriechendes Straussgras *(Agrostis stolonifera)*

Gänse-Fingerkraut *(Potentilla anserina)*

Krauser Ampfer *(Rumex crispus)*

Quellried *(Blysmus compressus)*

Ross-Minze *(Mentha longifolia)*

Island-Sumpfkresse *(Rorippa islandica)*

Behaarte Segge *(Carex hirta)*

Eisenkraut *(Verbena officinalis)*

Norwegisches Fingerkraut *(Potentilla norvegica)*

Breitwegerich *(Plantago major)*

Kriechendes Fingerkraut *(Potentilla reptans)*

Kleiner Breitwegerich *(Plantago major* ssp. *intermedia)*

Stumpfblättriger Ampfer *(Rumex obtusifolius)*

Wilde Sumpfkresse *(Rorippa sylvestris)*

Zarte Binse *(Juncus tenuis)*

Echte Sumpfkresse *(Rorippa palustris)*

Zusammengedrückte Binse *(Juncus compressus)*

Knäuelblütiger Ampfer *(Rumex conglomeratus)*

Acker-Schachtelhalm *(Equisetum arvense)*

Kleines Tausendgüldenkraut *(Centaurium pulchellum)*

Die trockenen Trittfluren gehören pflanzensoziologisch als Verband *(Polygonion avicularis)* zur Klasse und Ordnung der Trittpflanzen-Gesellschaften *(Plantaginetea majoris* bzw. *Plantaginetalia majoris)*. Die ein- oder zweijährigen, trittfesten Kriech- und Rosettenpflanzen sind resistent gegen mechanische Belastungen. Sie bevorzugen trockene, ruderale, kiesige oder kiesig-sandige Standorte bei Bahnarealen sowie entlang von Bahngleisen, aber auch Naturwege und Wegränder.

Zu den typischen, teilweise im Entlebuch sehr seltenen Pflanzen der trockenen Trittfluren bei Ruderalstandorten gehören:

Erophila verna	Frühlings-Hungerblümchen
Euphorbia maculata	Gefleckte Wolfsmilch
Hordeum jubatum	Mähnen-Gerste
Lolium perenne	Englisches Raygras
Matricaria discoidea	Strahlenlose Kamille
Oxalis corniculata	Gehörnter Sauerklee
Plantago major	Breitwegerich
Poa annua	Einjähriges Rispengras

Gehörnter Sauerklee
(*Oxalis corniculata*)

Frühlings-Hungerblümchen
(*Erophila verna*)

Strahlenlose Kamille
(*Matricaria discoidea*)

Gefleckte Wolfsmilch
(*Euphorbia maculata*)

Mähnen-Gerste
(*Hordeum jubatum*)

Einjähriges Rispengras
(*Poa annua*)

Englisches Raygras
(*Lolium perenne*)

Bleibt in Schotterdeponien die mechanische Störung durch den Menschen längere Zeit aus, stellen sich in ihrem Randbereich bald einmal Sträucher und auch Bäume ein. Nebst verschiedenen Weiden und Grau-Erlen (*Alnus incana*) findet man hier oft zwei fremdländische Sträucher aus Ostasien: den Schmetterlingsstrauch (*Buddleja davidii*) und den Japanischen Staudenknöterich (*Reynoutria japonica*).

Schmetterlingsstrauch, Sommerflieder (*Buddleja davidii*)

Japanischer Staudenknöterich (*Reynoutria japonica*)

Wie bereits erwähnt, ist die Schotterdeponie bei der ehemaligen SBB-Haltestelle Doppleschwand-Romoos die struktur- und artenreichste Ruderalflur im Entlebuch. In den letzten Jahren ist sie allerdings wegen veränderter Bewirtschaftung ärmer geworden. In der Nähe der Gebüsche, aber auch auf lange ungestörten Schotterhaufen haben sich hier einige typische Pflanzen aus nährstoffreichen oder sogar wärmeliebenden Krautsäumen angesiedelt. Die meisten von ihnen sind weit verbreitet, andere sind selten im Entlebuch und geben auf der Schotterdeponie meist nur ein kurzes Gastspiel oder werden durch menschliche Tätigkeit zum Verschwinden gebracht.

Pflanzen aus nährstoffreichen Krautsäumen

Am Rand der Gebüsche entwickelt sich auf frischem und nährstoffreichem Boden in der Ruderalflur ansatzweise ein schattentoleranter, nährstoffreicher Krautsaum. Die meisten Pflanzen, die man hier findet, gehören zu den Verbänden Nährstoffreiche Krautsäume *(Aegopodion + Alliarion)*. Diese werden eingegliedert in die Ordnung der Gundelreben-Gesellschaften *(Glechometalia)*, welche zur Klasse der ruderalen Beifuss- und Distel-Gesellschaften *(Artemisietea)* gehört.

Erwähnenswert sind folgende Pflanzen auf der Schotterdeponie, die zu den nährstoffreichen Krautsäumen zählen:

Aegopodium podagraria	Geissfuss	*Glechoma hederacea*	Gundelrebe
Alliaria petiolata	Knoblauchhederich	*Hesperis matronalis*	Gemeine Nachtviole
Chelidonium majus	Schöllkraut	*Impatiens parviflora*	Kleines Springkraut
Euphorbia stricta	Steife Wolfsmilch	*Lamium maculatum*	Gefleckte Taubnessel
Geranium robertianum ssp. *purpureum*	Purpur-Storchschnabel	*Lapsana communis*	Rainkohl
		Mycelis muralis	Mauerlattich
Geum urbanum	Echte Nelkenwurz, Benediktenkraut	*Torilis japonica*	Wald-Borstendolde
		Vicia sepium	Zaun-Wicke

Geissfuss (*Aegopodium podagraria*)

Gundelrebe (*Glechoma hederacea*)

Steife Wolfsmilch (*Euphorbia stricta*)

Zaun-Wicke (*Vicia sepium*)

Echte Nelkenwurz (*Geum urbanum*)

Gemeine Nachtviole (*Hesperis matronalis*)

Wald-Borstendolde (*Torilis japonica*)

Rainkohl (*Lapsana communis*)

Knoblauchhederich (*Alliaria petiolata*)

Gefleckte Taubnessel (*Lamium maculatum*)

Kleines Springkraut *(Impatiens parviflora)* Mauerlattich *(Mycelis muralis)* Purpur-Storchschnabel *(Geranium robertianum* ssp. *purpureum)* Schöllkraut *(Chelidonium majus)*

Pfanzen aus wärmeliebenden Krautsäumen

In der Schotterdeponie bei der früheren SBB-Haltestelle Doppleschwand-Romoos auf gut 600 m über Meer erscheinen immer wieder Kräuter und Stauden, die mittlere (= mesophile) Wärmeansprüche an ihren Standort stellen. Der schotterreiche Boden nimmt viel Wärme auf und ermöglicht so einigen stattlichen, bunt blühenden Kräutern und Stauden an sonnigen Stellen ein meist kurzes Dasein. Diese Pflanzen gehören zum Verband Mittelklee-Krautsäume *(Trifolion medii)*, der Bestandteil der Ordnung und der Klasse der sonnigen Staudensäume an Gehölzen *(Origanetalia bzw. Trifolio-Geranietea)* ist. Die Pflanzengesellschaften der mesophilen Krautsäume findet man üblicherweise in wärmerer Lage am Rand von Gehölzen und Wäldern.

Wärmeliebender Krautsaum in der Schotterdeponie mit dem Echten Dost *(Origanum vulgare)* (links) und der gelb und selten weiss blühenden Lampen-Königskerze *(Verbascum lychnitis)* (rechts)

Zu den auffälligen Arten des mesophilen Krautsaums auf der Schotterdeponie gehören:

Agrimonia eupatoria	Gemeiner Odermennig	*Origanum vulgare*	Echter Dost
Campanula rapunculus	Rapunzel-Glockenblume	*Securigera varia*	Bunte Kronwicke
Clinopodium vulgare	Wirbeldost	*Sedum telephium*	Riesen-Fettkraut
Hypericum perforatum	Echtes Johanniskraut	*Verbascum lychnitis*	Lampen-Königskerze
Lathyrus sylvestris	Wald-Platterbse	*Verbascum nigrum*	Dunkle Königskerze

Echter Dost *(Origanum vulgare)*

Lampen-Königskerze *(Verbascum lychnitis)*

Rapunzel-Glockenblume *(Campanula rapunculus)*

Wald-Platterbse *(Lathyrus sylvestris)*

Gemeiner Odermennig *(Agrimonia eupatoria)*

Dunkle Königskerze *(Verbascum nigrum)*

Wirbeldost *(Clinopodium vulgare)*

Riesen-Fettkraut *(Sedum telephium)*

Echtes Johanniskraut *(Hypericum perforatum)*

Bunte Kronwicke *(Securigera varia)*

Lamarcks Zweijährige Nachtkerze *(Oenothea glazioviana)*

Schmetterlingsstrauch, Sommerflieder *(Buddleja davidii)*

Diese beiden invasiven Neophyten aus Nordamerika und China verdrängen heute die einheimische Flora entlang von Verkehrswegen und Flussufern. Oft findet man sie auch in Ruderalfluren.

Ruderalfluren

Herkunft der Ruderalpflanzen

Nach ihrer geografischen Herkunft kann man drei Gruppen von Ruderalpflanzen unterscheiden: heimische, archaeophytische und neophytische.

Heimische Ruderalpflanzen gehörten schon vor dem Eingreifen des Menschen zur Flora von Mitteleuropa. Einige Vertreter davon sind: Gemeiner Beifuss *(Artemisia vulgaris)*, Rainfarn *(Tanacetum vulgare)*, Acker-Kratzdistel *(Cirsium arvense)*, Weisse Waldnelke *(Silene pratensis)*, Bitterkraut *(Picris hieracioides)*.

Archaeophytische Ruderalpflanzen kamen bereits vor Beginn der Neuzeit, aber mit Hilfe des Menschen nach Mitteleuropa. Es sind dies: Gemeiner Windenknöterich *(Fallopia convolvulus)*, Vielsamiger Gänsefuss *(Chenopodium polyspermum)*, Gemeiner Natterkopf *(Echium vulgare)*, Weisser Honigklee *(Melilotus albus)*, Gebräuchlicher Honigklee *(Melilotus officinalis)*, Eisenkraut *(Verbena officinalis)* u. a.

Neophytische Ruderalpflanzen treten erst seit Beginn der Neuzeit in Mitteleuropa auf. Die Intensivierung des internationalen Handels und Verkehrs sowie die weltweite Migration haben vor allem in den letzten 100 Jahren im Zeitalter zunehmender Globalisierung das Erscheinen dieser Neuankömmlinge oder Neophyten ermöglicht. Oft wanderten sie als blinde Passagiere mit Bahn, Schiff, Motorfahrzeug und Flugzeug bei uns ein. Viele von diesen Zuwanderern sind sog. Adventivpflanzen (lat. advenire = hinzukommen). Ein grosser Teil von ihnen verschwindet infolge mangelnder Anpassungsfähigkeit alsbald wieder; andere sind schon lange fest eingebürgert, wie die Kanadische und die Spätblühende Goldrute *(Solidago canadensis, Solidago gigantea)*, der Japanische Staudenknöterich *(Reynoutria japonica)*, die Nachtkerzen *(Oenothera* sp.*)*, der Schmetterlingsstrauch *(Buddleja davidii)* u. a. Diese invasiven Arten mit Migrationshintergrund können da und dort die einheimische Flora und die davon abhängige Fauna arg bedrängen. Mit aufwändigen Arbeitseinsätzen versucht man ihre Ausbreitung zu stoppen.

Neophytenflur an der Kleinen Emme bei Schachen

Der Mittelmeerraum, Nordamerika und Asien – meist trockenere und wärmere Gebiete als das Entlebuch – sind die wichtigsten Herkunftsgebiete unserer Ruderalpflanzen. Einige Arten wanderten allmählich ein, andere wurden bewusst oder unbewusst eingeschleppt und wieder andere verwilderten aus Gärten und früheren landwirtschaftlichen Kulturen.

Im voralpinen Entlebuch ist wegen der härteren klimatischen Bedingungen sowie wegen der weitgehend fehlenden Industrieanlagen mit Lagerplätzen die Zahl der Ruderalpflanzen geringer als in weiten Teilen der übrigen Schweiz. Erwähnenswert ist immerhin eine beachtliche Anzahl von ca. 50 Arten, die in unserem Tal in den vergangenen 40 Jahren nur einmal, nur an einer Stelle oder sehr selten ruderal aufgetaucht sind.

Bedeutung und Gefährdung der Ruderalflora

Ruderalpflanzen sind wohl für die meisten Menschen bedeutungslos oder lästig. Durch Saatgutreinigung, mit dem Verschwinden der Getreide- und Hackfruchtäcker und durch chemische Bekämpfung mit Herbiziden sind viele Arten der äusserst artenreichen und bunten Ruderalflora in den letzten Jahrzehnten selten geworden oder sogar verschwunden. Wie bereits erwähnt, finden mehrere von ihnen auf den Ruderalstandorten meist vorübergehend ein letztes Refugium. Ruderalfluren können also einen Beitrag leisten zur Erhaltung der Artenvielfalt. Bedrohten Tierarten wie Schmetterlingen, Käfern und anderen Insekten, Eidechsen, Schlangen und Blindschleichen bieten diese Blüteninseln mit vielen Verstecken in einer oft eintönigen Kulturlandschaft Nahrung und Lebensraum.

Tagpfauenauge und Admiral auf Schmetterlingsstrauch

Moschusbockkäfer auf Wilder Brustwurz

Landkärtchen auf Goldrute

Distelfalter

Schwalbenschwanzraupe auf Pastinak

«Fliegenkongress» auf Bärenklau

Grosser Perlmutterfalter auf Dost

Gefleckter Schmalbock

Aurorafalter (Männchen)

Vierfleckenbock

Gefahr droht den Ruderalfluren nur vom Menschen und zwar in zweifacher Hinsicht: durch die Versiegelung des Bodens mit Asphalt und die chemische Unkrautbekämpfung. Beide sollten nur dort erfolgen, wo Arbeitsabläufe oder die Sicherheit des Bahnverkehrs dies erfordern. Es ist deshalb völlig unverständlich, wenn jedes Jahr die Ruderalflora in der Umgebung von Neben- und Abstellgleisen auf den meisten Entlebucher Bahnhöfen sowie bei Industrieanlagen aus Gründen der Sauberkeit mit Herbiziden zu Tode gespritzt wird. Auf die Dauer überleben meist nur triviale Arten den massiven Gifteinsatz; die Verarmung der Ruderalflora ist offensichtlich.

Glücklicherweise schafft der Mensch durch seine Tätigkeiten immer wieder neue Ruderalstandorte. So werden diese kurzlebigen Lebensgemeinschaften uns auch in Zukunft jedes Jahr neu und eindrucksvoll vor Augen halten, was für alles Lebendige gilt: **Werden, Sein** und **Vergehen.**

Wandervorschläge

Die folgenden Wanderungen führen uns in der Biosphäre Entlebuch durch viele Landschaften und Lebensräume mit ihrer Pflanzenwelt. Der Schwerpunkt der Wandervorschläge liegt allerdings in den beiden flächenmässig grössten Gemeinden Flühli/Sörenberg und Escholzmatt-Marbach mit den durch Wanderwege gut erschlossenen Bergen Brienzer Rothorn, Schrattenflue, Hagleren, Fürstein, Grönflue und Beichle. Dieses Gebiet zeichnet sich aus durch eine grosse Vielfalt von Pflanzen in verschiedenen Lebensräumen. Es sind auch die Gegenden, welche von Touristen am meisten besucht werden.

Auf unseren botanischen Wanderungen folgen wir oft – aber nicht immer – markierten Wanderwegen und Bergpfaden. Vom Weg aus kann man zur richtigen Zeit recht viele Pflanzen entdecken. Wer aber die verschiedenen Lebensräume mit ihrer teilweise gut verborgenen Pflanzenwelt erwandern will, der muss öfters den Wanderweg verlassen und mit genügend Zeit, aufmerksamen Augen, Geduld und, insbesondere in den Bergen, mit der nötigen Vorsicht das Gelände durchstreifen. Das gilt vor allem für die anspruchsvollen Wanderungen Brienzer Rothorn, Schrattenflue und Schimbrig.

Im Kanton Luzern gibt es kein Betretungsverbot für geschützte Moore. Allerdings ist es nicht erlaubt, auf Wanderkarten die Wanderroute durch geschützte Moore einzuzeichnen. Empfindliche Lebensräume, wie geschützte Hoch- und Übergangsmoore, Magerwiesen und Wälder mit brütendem Auerwild, sollte man sehr schonend unter kundiger Führung oder überhaupt nicht betreten. Unbedingt unterlassen sollten Gruppen ohne fachkundige Führung das Suchen von seltenen Pflanzen in empfindlichen Lebensräumen wie Hochmooren und Magerwiesen. Geschützte und seltene Pflanzen wie etwa die fast 40 Orchideenarten im Entlebuch darf man selbstverständlich nicht pflücken; man belässt es also beim Betrachten, Fotografieren und Staunen. Vorsicht ist auch angebracht bei Weidetieren und aggressiven Herdeschutzhunden. Landwirte haben bestimmt keine Freude, wenn ganze Gruppen blühende Wiesen durchqueren.

Auf einer Wanderung zum richtigen Zeitpunkt kann man an einem Tag viele blühende Pflanzen eines Lebensraumes, aber sicher nie alle entdecken. Vollständiger wird das Bild, wenn man die gleiche Wanderung zu jahreszeitlich unterschiedlichen Zeitpunkten oder auch in verschiedenen Jahren macht.

Auf einzelnen Wanderkarten bezeichnen gestrichelte Routen zusätzliche oder alternative Möglichkeiten, die den Erlebniswert einer Wanderung bereichern können.

Die 19 vorgeschlagenen Wanderungen ermöglichen uns interessante Einblicke in die Vielfalt der Pflanzenwelt im Entlebuch in den verschiedensten Lebensräumen. Nicht vergessen wollen wir dabei die zwei-, vier- und sechsbeinige Tierwelt der Vögel, Amphibien, Reptilien, Säugetiere und Insekten.

Auf den Wanderungen Brienzer Rothorn, Schrattenflue und Schimbrig ist beim Verlassen der Wege besondere Vorsicht geboten.

Brienzer Rothorn

Schrattenflue

Schimbrig

Eisee – Arnihaaggen – Giswilerstöcke

Wanderung 1

SALWIDILI

Halbtages- oder Tageswanderung	Idealer Zeitpunkt: Ende Juni – Mitte August, Spätsommer

Diese botanisch wie auch landschaftlich eindrucksvolle Wanderung zwischen Schrattenflue und Brienzergrat darf ruhig als die klassische Moor- und Orchideenwanderung bezeichnet werden. Hier begegnen uns alle Lebensräume, die mit dem Begriff «Moor» in Verbindung gebracht werden können: intakte, gut erhaltene oder wenig beeinflusste **Hoch-, Übergangs- und Flachmoore** sowie fast unberührte, faszinierende **Moorwälder**.

Der Ausgangspunkt der Wanderung ist beim Restaurant Salwidili. Es lohnt sich, zuerst das kleine, aber wunderschöne **Hochmoor** westlich Salwidili beim Wagliseibode vom Waldrand her zu betrachten. Hier können wir fast alle charakteristischen Hochmoorpflanzen in Schlenken und auf Bulten beobachten und bestaunen, wie den Rundblättrigen Sonnentau *(Drosera rotundifolia)*, der mit seinen klebrigen Drüsen an den Blättern kleine Insekten fängt und verdaut, die Rosmarinheide *(Andromeda polifolia)*, die Blumenbinse *(Scheuchzeria palustris)*, die Schlamm-Segge *(Carex limosa)*, die Wenigblütige Segge *(Carex pauciflora)*, die verbreitete Gemeine Moosbeere *(Vaccinium oxycoccos)* und die äusserst seltene Kleinfrüchtige Moosbeere *(Vaccinium microcarpum)*, die hier mit ein paar wenigen Exemplaren offenbar ihren einzigen bekannten Standort im Kanton Luzern hat. Ein schöner Schwingrasen – auch Zittermoos genannt – und zwei typische Pflanzen der Übergangsmoore, das Blutauge *(Potentilla palustris)*, ein Fingerkraut mit dunkelpurpurnen Blüten sowie der weiss blühende Fieberklee *(Menyanthes trifoliata)*, bereichern dieses Kleinod unter den Hochmooren im Entlebuch.

Rosmarinheide *(Andromeda polifolia)*

Blumenbinse *(Scheuchzeria palustris)*

Fieberklee *(Menyanthes trifoliata)*

Blutauge *(Potentilla palustris)*

Rundblättriger Sonnentau *(Drosera rotundifolia)*

Armblütige Segge *(Carex pauciflora)*

Kleinfrüchtige Moosbeere *(Vaccinium microcarpum)*

Beim Restaurant Salwidili beginnt nun die eigentliche Orchideenwanderung. Der Strasse entlang begleiten uns zuerst frische **Berg-Fettwiesen.** Im anschliessenden Wald erkennen wir an eher feuchten Stellen den **Schachtelhalm-Tannenmischwald,** moosreiche und eher trockene Flächen werden vom heidelbeerreichen **Torfmoos-Fichtenwald** oder vom **Torfmoos-Bergföhrenwald** eingenommen. Eine üppige **Alpendost-Hochstaudenflur** bringt zur Blütezeit etwas Farbe in den Wald.

Bei der Strassenverzweigung mit dem Parkplatz gehen wir in südlicher Richtung noch etwas weiter und werfen unseren Blick dann hinauf in die Türnliweide mit leicht sauren und kalkhaltigen **Flachmooren** sowie mit kleineren **Feuchtwiesen.** Weil die eher extensive Beweidung mit jungem Rindvieh meist erst anfangs Juli einsetzt, kann man hier etwa ab Mitte Juni Tausende von blühenden Orchideen bewundern. Zuerst erscheint das dunkelrote Breitblättrige Knabenkraut (Dactylorhiza majalis), ihm folgt etwa zehn Tage später das rosafarbene bis weisse Fuchs' Knabenkraut (Dactylorhiza fuchsii). Auch prächtige Bastarde der beiden Arten fallen uns da und dort auf. Ob aller Begeisterung über die Orchideen sollten wir aber die typischen Flachmoorpflanzen nicht übersehen: Alpenhelm (Bartsia alpina), Breitblättriges Wollgras (Eriophorum latifolium), Davalls-Segge (Carex davalliana), Grosses Zweiblatt (Listera ovata), Gemeine Liliensimse (Lloydia serotina), das fleischfressende Gemeine Fettblatt (Pinguicula vulgaris) u. a. im kalkreichen Flachmoor, Schmalblättriges Wollgras (Eriophorum angustifolium), Scheidiges Wollgras (Eriophorum vaginatum), Braune Segge (Carex nigra), Sumpf-Läusekraut (Pedicularis palustris), Waldmoor-Läusekraut (Pedicularis sylvatica) u. a. in den leicht sauren Braunseggensümpfen.

Breitblättriges Knabenkraut (Dactylorhiza majalis)

Fuchs' Knabenkraut (Dactylorhiza fuchsii)

Davalls Segge (Carex davalliana)

Alpenhelm (Bartsia alpina)

Gemeines Fettblatt (Pinguicula vulgaris)

Braune Segge (Carex nigra)

Schmalblättriges Wollgras (Eriophorum angustifolium)

Sumpf-Läusekraut (Pedicularis palustris)

Auf dem weiteren Weg Richtung Zopf – Blatteschwand – Blattli – Blatte begegnen uns unbeweidete und beweidete Flachmoore sowie eher frische Fettwiesen.

Auf diesem Wegstück beeindruckt uns die markante Berglandschaft mit Brienzergrat, Hohgant und Schrattenflue.

Blick von Blatte nach Westen; links der Hohgant, rechts die Schrattenflue; im Vordergrund rechts das Südende des Türnliwaldes.

Brienzergrat mit dem markanten Tannhorn; das Tannhorn ist auf der Luzerner Seite ein eidgenössisches Jagdbanngebiet.

Von der Alp Blatte bis zum Gross Gfäl begleitet uns auf der linken Strassenseite der eindrückliche Türnliwald. Auerwild, Spechte und andere Vögel finden hier einen idealen Lebensraum. An seinem Aufbau sind der **Torfmoos-Fichtenwald** und hauptsächlich der **Torfmoos-Bergföhrenwald** beteiligt. Mehrere baumfreie Hochmoorflecken mit einigen typischen Hochmoorpflanzen lockern ihn auf. Im **Torfmoos-Fichtenwald** blüht anfangs Juli – zwischen Moosen und Heidelbeeren gut versteckt – das zierliche Kleine Zweiblatt *(Listera cordata)*, eine Charakterart des Torfmoos-Fichtenwaldes. Bewunderung und Staunen erweckt bei uns der recht seltene **Torfmoos-Bergföhrenwald.** Aufrechte Berg-Föhren *(Pinus mugo* ssp. *uncinata)* in bizarren Wuchs- und Lebensformen, Heidelbeeren *(Vaccinium myrtillus)*, Rauschbeeren *(Vaccinium uliginosum)*, Rostblättrige Alpenrose *(Rhododendron ferrugineum)* sowie die kleineren und grösseren Lichtungen mit den typischen Hochmoorpflanzen zaubern ein unauslöschliches Bild in unser Bewusstsein. «Staunen nur kann ich und staunend mich freu'n!»

Aufrechte Berg-Föhre
(Pinus mugo ssp. *uncinata)*

Kleines Zweiblatt
(Listera cordata)

Breitblättriger Sonnentau
(Drosera x *obovata)*

Heidelbeere *(Vaccinium myrtillus)*

Nach der Abzweigung des Wanderweges Richtung Rossweid fällt uns ein Stück weit oberhalb des Weges der heidelbeer- und torfmoosreiche **subalpine Fichtenwald mit Bergföhren** auf. Östlich der Strasse bei Gross Gfäl entdecken wir unschwer einen äusserst vielfältigen, aber auch sensiblen Lebensraum, der mosaikartig von **Hoch-, Flach-** und **Übergangsmooren** eingenommen wird. In den nassen Schlenken fühlen sich der Langblättrige und der Breitblättrige Sonnentau *(Drosera anglica, Drosera* x *obovata)* wohl. In wenigen im Sommer oft austrocknenden Schlenken kann man bei guter Artenkenntnis die unscheinbare Moor-Binse *(Juncus stygius)* oft zusammen mit dem Moor-Bärlapp *(Lycopodiella inundata)* erspähen. Die Moor-Binse ist ein Eiszeitrelikt, welches in der Schweiz nur noch hier und im nicht weit entfernten Wald Laubersmahdghack spärlich vorkommt. Blutauge *(Potentilla palustris)*, Fieberklee *(Menyanthes trifoliata)*, Moorenzian *(Swertia perennis)*, Einorchis *(Herminium monorchis)* und andere Orchideen bereichern diesen bis gegen Ende des 20. Jahrhunderts beweideten Lebensraum.

Langblättriger Sonnentau (*Drosera anglica*)

Moor-Binse (*Juncus stygius*)

Einorchis (*Herminium monorchis*)

Moorenzian (*Swertia perennis*)

Vor der Alp Salwide entdecken wir noch einmal einen lockeren **Torfmoos-Bergföhrenwald.** An mehreren Stämmen der Berg-Föhre lenken fast parallele Ringe ihre Aufmerksamkeit auf uns. Es ist das Werk des kleinen Dreizehenspechtes, der hier unter der Rinde den zuckerhaltigen Baumsaft hervorholt. Auf dem letzten Wegstück zurück zum Salwidili begleiten uns ein Stück weit noch einmal beweidete **Flachmoore** mit vielen Orchideen.

Auf diese Wanderung kann man sich auch im Spätsommer oder Herbst begeben. Allerdings ist dann die Blütezeit der meisten erwähnten Pflanzen vorbei. Dafür werden wir belohnt mit dem warmen Herbstaspekt einer Landschaft, deren Moore – insbesondere die Hochmoore – sich braun verfärbt haben.

Standort der Moor-Binse (*Juncus stygius*)

Moor-Bärlapp (*Lycopodiella inundata*)

Torfmoos-Bergföhrenwald Türnliwald

Flachmoor Türnliweid

Wanderung 1: Salwidili

Spechtringe an der Berg-Föhre

Dreizehenspecht

Hochmoor beim Salwidili

Gegen Ende Juni kann man auf der Wanderung «Salwidili» Tausende von Orchideen bewundern.

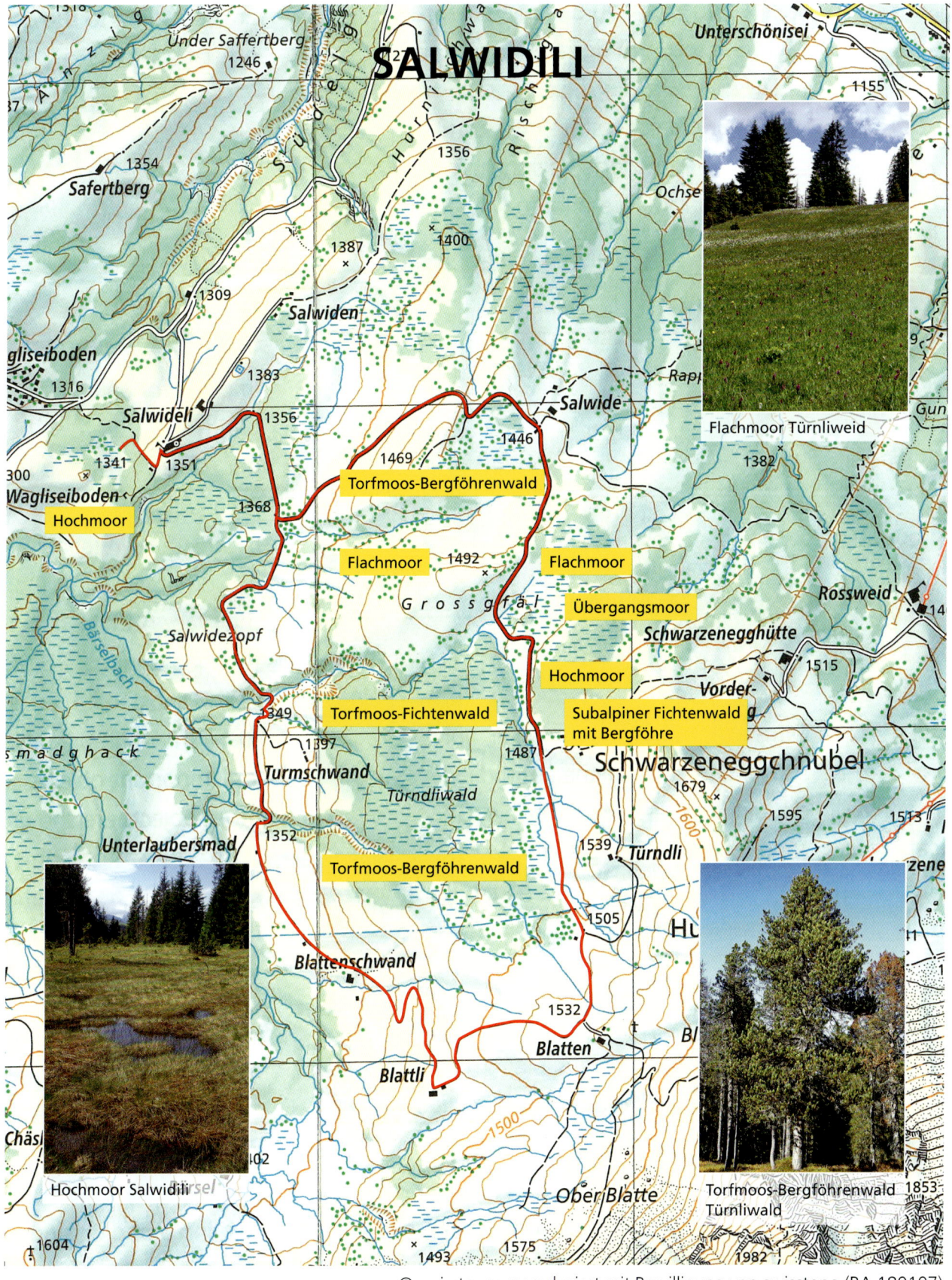

SCHRATTENFLUE

Wanderung 2

| Tageswanderung | Idealer Zeitpunkt: Mitte Juni–Mitte August |

Die abwechslungsreiche, aber auch recht anspruchsvolle Wanderung durch die geschützte Karstlandschaft der Schrattenflue beginnt und endet bei der Alp Schlund, wo auch Parkplätze vorhanden sind.

Zuerst marschieren wir auf der Strasse Richtung Alp Silwängen. Wer vormittags früh startet, hat vielleicht die Möglichkeit, nach vorangehender Anfrage beim Besitzer der Alpwirtschaft Silwängen die vor dem Haus liegende Karsthöhle unter seiner Führung zu besichtigen. Ist der Höhlenbesuch nicht möglich, dann biegen wir kurz vor Silwängen links ab in die Weide. Im felsigen Gelände erwarten uns bereits die ersten kalkliebenden Pflanzen, Schrattenkarren und kleine Dolinen. Bald macht der Wanderweg bei einem Zaundurchlass einen rechten Winkel. Kurz vorher verlassen wir ihn für ca. 20 Minuten, damit wir im unwegsamen Gelände Richtung Pt. 1594 den urtümlichen und seltenen, aber faszinierenden **Steinrosen-Bergföhrenwald** bestaunen können. Knorrige Berg-Föhren *(Pinus mugo* ssp. *uncinata)* und die Bewimperte Alpenrose oder Steinrose *(Rhododendron hirsutum)* klammern sich auf dem kargen Boden an die Schrattenkarren. Zurück auf dem Wanderweg erblicken wir bald beim Anstieg links des Weges auf mächtiger, saurer Rohhumusauflage den **Torfmoos-Bergföhrenwald** mit viel kriechendem Zwerg-Wacholder *(Juniperus communis* ssp. *alpina)* und den **Alpenrosen-Bergföhrenwald** mit der Rostblättrigen Alpenrose *(Rhododendron ferrugineum)* nebst anderen Säurezeigern.

Steinrosen-Bergföhrenwald mit der Bewimperten Alpenrose *(Rhododendron hirsutum)* bei Silwängen

Alpenrosen-Bergföhrenwald mit der Rostblättrigen Alpenrose *(Rhododendron ferrugineum)* bei Silwängen

Unvermittelt – vor dem Einstieg in die schroffe Karstlandschaft – bestimmt nun der Kalkgehalt des Bodens die Vegetation. Kalkliebende Pflanzen der **Blaugras-Horstseggenhalde,** der **Kalkfelsen** und der **Kalkschuttfluren** erfreuen uns hier mit einem bunten Mosaik mit fliessenden Übergängen: Schaft-Kugelblume *(Globularia nudicaulis)*, Herzblättrige Kugelblume *(Globularia cordifolia)*, Silberwurz *(Dryas octopetala)*, Clusius' oder Kalk-Glocken-Enzian *(Gentiana clusii)*, Leberbalsam *(Erinus alpinus)*, Berg-Laserkraut *(Laserpitium siler)* und viele andere.

Die anstrengende Wanderung über die einsame und einzigartige Karstlandschaft nehmen wir langsam und vorsichtig unter die Füsse, können so auch die wunderschönen Rillen- und Rinnenkarren sowie die scharfkantigen Kalksteine mit ihren Meeresfossilien nicht übersehen. Immer wieder fällt uns auf, wie ein Farn mit graugrünen Blättern büschelförmig aus den humusarmen Karrenspalten hervorragt; es ist Villars' Wurmfarn *(Dryopteris villarii)*. Der Wanderweg führt uns – vorbei an einem metertiefen Karrenschlot – hinauf zu Pt. 1840, einem mehrschichtigen Kalkfelsen, den die Einheimischen «Schiff» nennen.

Bei einer Verschnaufpause entdecken wir Ende Juni in seiner Umgebung einen bunten Strauss kalkliebender Pflanzen auf Schutt, an Felsen und im Rasen: Alpen-Leinkraut *(Linaria alpina)*, Gämskresse *(Pritzelago alpina)*, Polster-Segge *(Carex firma)*, Aurikel *(Primula auricula)*, Schwarzes Männertreu *(Nigritella nigra)*, Grossblütiges Sonnenröschen *(Helianthemum nummularium* ssp. *grandiflorum)* u. a. In eher schattiger Lage auf frischem Boden verrät der Geruch eine Lauchart, den Allermannsharnisch *(Allium victorialis),* zusammen mit der Rost-Segge *(Carex ferruginea)*

Der Wanderweg führt zum «Schiff».

Villars' Wurmfarn *(Dryopteris villarii)*

Leberbalsam *(Erinus alpinus)*

Schaft-Kugelblume *(Globularia nudicaulis)*

Silberwurz *(Dryas octopetala)*

Herzblättrige Kugelblume *(Globularia cordifolia)*

und der Kugelorchis *(Traunsteinera globosa)*. Nach dem «Schiff» verabschieden wir uns bald vom Karst. Im steinigen, sonnigen Rasen gibt nun die Flora der **Blaugras-Horstseggenhalde** den Ton an, wo vor allem die Kalk-Polsternelke *(Silene acaulis)*, der Bewimperte Mannsschild *(Androsace chamaejasme)*, das Immergrüne Felsenblümchen *(Draba aizoides)*, das Alpen-Sonnenröschen *(Helianthemum alpestre)* und viele andere Vertreter der Kalksteinrasen ab Mitte Juni eine farbenprächtige, artenreiche Blütenpracht hervorzaubern.

Alpen-Leinkraut *(Linaria alpina)*

Aurikel, Clusius' Enzian *(Primula auricula, Gentiana clusii)*

Bewimperter Mannschild *(Androsace chamaejasme)*

Schwarzes Männertreu *(Nigritella nigra)*

Grossblütiges Sonnenröschen *(Helianthemum nummularium ssp. grandiflorum)*

Kalk-Polsternelke *(Silene acaulis)*

Immergrünes Felsenblümchen *(Draba aizoides)*

Oberhalb des Wanderweges beherbergen ausgedehnte **Kalkschuttfluren** die typische Vegetation. Das fein duftende Rundblättrige Täschelkraut *(Thlaspi rotundifolium)*, die Alpen-Gänsekresse *(Arabis alpina)*, die zierliche Bewimperte Nabelmiere *(Moehringia ciliata)*, das Kriechende Gipskraut *(Gypsophila repens)* und der Schildblättrige Ampfer *(Rumex scutatus)* trotzen hier im beweglichen Geröll und im ruhenden Schutt den harten Standortbedingungen. In flachen Mulden, wo noch Schnee liegt, und an feuchten Felsen bereichern die Grosse Soldanelle *(Soldanella alpina)* und der Alpen-Hahnenfuss *(Ranunculus alpestris)* den Bergfrühling.

Alpen-Hahnenfuss *(Ranunculus alpestris)*

Rundblättriges Täschelkraut *(Thlaspi rotundifolium)*

Kriechendes Gipskraut *(Gypsophila repens)*

Schildblättriger Ampfer *(Rumex scutatus)*

Bewimperte Nabelmiere *(Moehringia ciliata)*

Grosse Soldanelle *(Soldanella alpina)*

Alpen-Gänsekresse *(Arabis alpina)*

Vor dem Anstieg zum Kleinen Hängst (Pt. 2011) können wir im **Schneetälchen** beim Heidenloch das Dreigrifflige Hornkraut *(Cerastium cerastoides)*, das Zwerg-Fingerkraut *(Potentilla brauneana)* und mit etwas Glück den kleinen Alpen-Gelbling *(Sibbaldia procumbens)* entdecken.

Zwerg-Fingerkraut *(Potentilla brauneana)*

Dreigriffliges Hornkraut *(Cerastium cerastoides)*

Alpen-Gelbling *(Sibbaldia procumbens)*

Nach dem kurzen Aufstieg zum Kleinen Hängst schweift unser Blick vorerst einmal von der Nordseite der Schrattenflue über die weiche und wellige Sumpf- und Weidelandschaft des subalpinen Flysches ins Hilferental, hinüber zum Molasseberg Beichle, ins Mittelland und weiter bis zu den Juraketten. Eine angenehme Wanderung führt uns nun entlang von Felsen mit hellem Schrattenkalk, Schuttfluren und über Rasen hinunter zu den fast ebenen «Matten» mit feuchten und nassen Stellen in den **Schneetälchen**, wo wir das seltene Scheuchzers Wollgras *(Eriophorum scheuchzeri)* nicht übersehen können. Die **Felsvegetation** an der

Schrattenflue von der Hächle bis zum Schibegütsch ist reichhaltig. Charakteristische und prächtige Felspflanzen finden sich hier ein: Schweizer Mannsschild *(Androsace helvetica)*, Steinschmückel *(Petrocallis pyrenaica)*, Filziges Felsenblümchen *(Draba tomentosa)*, Hirschheil *(Seseli libanotis)*, Augenwurz *(Athamanta cretensis)*, Aurikel *(Primula auricula)*, Zottiges Habichtskraut *(Hieracium villosum)*, Glänzende Skabiose *(Scabiosa lucida)* u. a.

Schweizer Mannsschild *(Androsace helvetica)*

Steinschmückel *(Petrocallis pyrenaica)*

Filziges Felsenblümchen *(Draba tomentosa)*

Hirschheil *(Seseli libanotis)*

Zottiges Habichtskraut *(Hieracium villosum)*

Augenwurz *(Athamanta cretensis)*

Glänzende Skabiose *(Scabiosa lucida)*

Schuttpflanzen, Vertreter der **Blaugrashalden,** der Schneetälchen und ab und zu ein paar typische Pflanzen der leicht sauren **Borstgrasrasen** vereinigen sich hier zu einem bunten und vielfältigen Alpengarten über Kalkgestein.

Wer die alpine Flora und die Aussicht noch vermehrt geniessen will, macht den beschwerlichen Weg zum höchsten Punkt der Schrattenflue, dem Hängst, und kann hier etwas weiter als bis zum Türstehäuptli wandern. Grobe **Blockschutthalden** mit der Grossköpfigen Gämswurz *(Doronicum grandiflorum),* **Blaugras-Horstseggenhalden,** verzahnt mit dem **Polsterseggenrasen,** wo wir die Polster-Segge *(Carex firma),* den Blaugrünen Steinbrech *(Saxifraga caesia)* und mit Glück die Zwergorchis *(Chamorchis alpina)* finden können. Ganz selten trifft man auf dem Grat einen Vertreter des **Nacktriedrasens,** das Alpen-Hornkraut *(Cerastium alpinum).*

Grossköpfige Gämswurz *(Doronicum grandiflorum)*

Polster-Segge *(Carex firma)*

Blaugrüner Steinbrech *(Saxifraga caesia)*

Zwergorchis *(Chamorchis alpina)*

Alpen-Hornkraut *(Cerastium alpinum)*

Wanderung 2: Schrattenflue

Das ganze Gebiet oberhalb der Karrenfelder wird von vielen Schafen beweidet, die vor allem in trockenen Sommern die Alpenflora arg bedrängen.

Vor Mattestall bei Pt. 1834 folgen wir nicht dem Wegweiser «Chlus», sondern wählen den alten, etwas mühsamen Wanderweg über die **Schuttflur,** wo wir noch einmal den charakteristischen Arten dieser Pflanzengesellschaft begegnen. Besonders zahlreich ist hier der Moschus-Steinbrech *(Saxifraga moschata)*. Wir biegen dann ab in den Wanderweg vom Türstehäuptli und betrachten das schöne Gletscherkar mit dem kleinen Karseelein, welches aber trotz Beweidung immer noch umsäumt ist von **Scheuchzers Wollgrassumpf.**

Schneetälchen in den Matten, links oben der Schibegütsch

Kar Chlus mit dem Karseelein, rechts oben das Türstehäuptli

Der Abstieg zur Alphütte Chlus führt uns noch einmal einige schöne Blumengestalten der **Blaugrashalden** vor Augen: die seltene Straussblütige Glockenblume *(Campanula thyrsoides)*, die weiss blühende Alpen-Anemone *(Pulsatilla alpina)*, die Kugelorchis *(Traunsteinera globosa)*, das Schwarze Männertreu *(Nigritella nigra)*, das Quirlblättrige Läusekraut *(Pedicularis verticillata)*, den Alpen-Steinquendel *(Acinos alpinus)*, den Felsen-Ehrenpreis *(Veronica fruticans)*, das Bewimperte Sandkraut *(Arenaria ciliata)* und andere mehr.

Blühende Blaugras-Horstseggenhalden an der Schrattenflue

Moschus-Steinbrech
(*Saxifraga moschata*)

Felsen-Ehrenpreis
(*Veronica fruticans*)

Straussblütige Glockenblume (*Campanula thyrsoides*)

Quirlblättriges Läusekraut
(*Pedicularis verticillata*)

Kugelorchis (*Traunsteinera globosa*)

Alpen-Anemone
(*Pulsatilla alpina*)

Alpen-Steinquendel
(*Acinos alpinus*)

Bewimpertes Sandkraut
(*Arenaria ciliata*)

Vor der Alphütte Chlus weist der Orangerote Pippau (*Crepis aurea*) auf die **Goldpippau-Kammgrasweide** hin.

Nach einer kurzen Verschnaufpause bei der Alphütte Chlus nehmen wir das letzte, steinige Wegstück zur Alp Schlund unter die wohl etwas müden Füsse. Links und rechts des Weges erfreuen uns in der Weide erneut mehrere typische Pflanzen der Kalksteinflora wie etwa das Gämswurz-Greiskraut (*Senecio doronicum*). Bei Ober Ruchweid fesselt eine blühende Pflanzengesellschaft unseren Blick: es ist das **Kalk-Alpenrosengebüsch** mit der dominanten Bewimperten Alpenrose (*Rhododendron hirsutum*), begleitet von anderen Sträuchern, vielen Kräutern und Gräsern. Auf der rechten Seite, fast am Wegrand, können wir mit gutem Auge im **Fichtenwald mit Berg-Föhren** einen Strauch ausfindig machen, dessen Blätter auf der Unterseite blaugrün sind: es ist die im Kanton Luzern sehr seltene Blaue Heckenkirsche (*Lonicera caerulea*). Auf dem letzten Wegstück kommt uns eine recht seltene Waldgesellschaft sehr nahe, der lückige, felsige und mühsam begehbare **Zwergbuchs-Fichtenwald**. Er nimmt auf der sonnigen Südseite der Schrattenflue über dem Schrattenkalk grosse Flächen ein. Kalk- und säureliebende Pflanzen bilden in diesem Wald ein buntes Mosaik, wo die Buchsblättrige Kreuzblume, auch Zwergbuchs genannt (*Polygala chamaebuxus*), oft anzutreffen ist.

Bei der Alp Schlund können wir uns nun bei einem wohlverdienten Trunk von der anstrengenden, aber bestimmt unvergesslichen Wanderung über die Karstlandschaft der sagenumwobenen Schrattenflue erholen.

Gämswurz-Greiskraut
(*Senecio doronicum*)

Blaue Heckenkirsche
(*Lonicera caerulea*)

Buchsblättrige Kreuzblume, Zwergbuchs
(*Polygala chamaebuxus*)

Kalk-Alpenrosengebüsch

Bewimperte Alpenrose
(*Rhododendron hirsutum*)

Zwergbuchs-Fichtenwald an der Südseite der Schrattenflue

Zwergbuchs-Fichtenwald

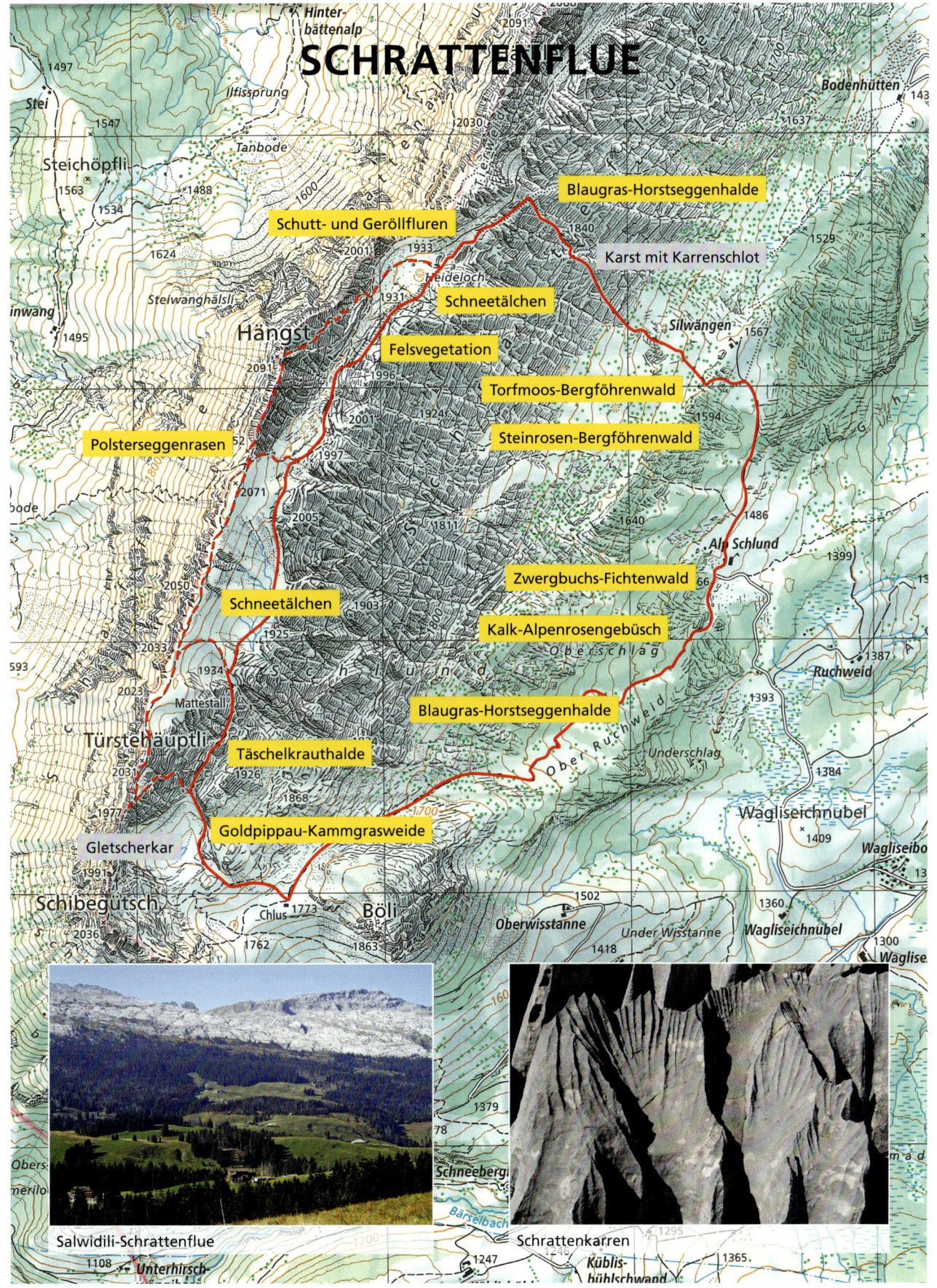

Wanderung 3

HAGLEREN

| Tageswanderung | Idealer Zeitpunkt: Mitte Juni – Mitte August |

Mit dem Postauto gelangen wir von Schüpfheim oder Sörenberg auf der Panoramastrasse Sörenberg – Giswil zum Parkplatz Glaubenbielen. Wir befinden uns hier im Kanton Obwalden und sind umgeben von einer imposanten Landschaft. Im Südosten erheben sich die hellen Dolomitfelsen der Giswilerstöcke; im Süden dominiert der aus Kreide- und Tertiärsedimenten aufgebaute Brienzergrat mit dem Brienzer Rothorn das Panorama; nach Westen schweift unser Blick über das Marienthal mit der Waldemme weiter bis zum Hohgant. Im Nordwesten fällt uns die scheinbar öde und schroffe Karstlandschaft der Schrattenflue mit dem hellen Schrattenkalk auf; zwischen Brienzergrat und Schrattenflue erstreckt sich eine wellige Weide- und Moorlandschaft, aufgebaut aus Schlieren- und Wildflysch.

Die Giswilerstöcke Schafnase (links) und Rossflue (rechts) bestehen aus Dolomit (Calcium- und Magnesiumkarbonat).

Das Brienzer Rothorn ist mit 2350 m ü. M. der höchste Berg im Kanton Luzern.

Der erste Teil unserer mehrstündigen Wanderung führt uns gemächlich über das eindrückliche Gipsplateau von Glaubenbielen. Weisser und grauer Gips (= Kalziumsulfat) sowie kleinere und grössere Gipsdolinen verleihen dieser Landschaft ein fast fremdartiges Aussehen. Zu Beginn erkennen wir links des Weges eine gedüngte, frische subalpine **Goldpippau-Kammgrasweide** mit einigen Orchideen; den Wegrand säumt die Schneeheide (*Erica carnea*). Nach ein paar Minuten verlassen wir den Wanderweg und bewegen uns auf seiner rechten Seite kreuz und quer durch das bewegte, frische, bis trockene Gipsplateau mit Weiderasen, Gipsblöcken und Gipsdolinen. Weil die Standortfaktoren rasch wechseln, können wir hier eine artenreiche Flora auf kleinem Raum entdecken. Mehrere Arten der kalkliebenden **Blaugras-Horstseggenhalde** und andere Kalkzeiger verdienen unsere Aufmerksamkeit: Clusius' oder Kalk-Glocken-Enzian (*Gentiana clusii*), Kalk-Blaugras (*Sesleria caerulea*), Horst- oder Immergrüne Segge (*Carex sempervirens*), Bewimperter Mannsschild (*Androsace chamaejasme*), Schaft-Kugelblume (*Globularia nudicaulis*), Bewimpertes Sandkraut (*Arenaria ciliata*), Wohlriechende Handwurz (*Gymnadenia odoratissima*), Hohlzunge (*Coeloglossum viride*) und andere Orchideen. Spalierartig überziehen die Silberwurz (*Dryas octopetala*), die Herzblättrige Kugelblume (*Globularia cordifolia*) und die Stumpfblättrige Weide (*Salix retusa*) die trockenen Gipsblöcke. Zwischen einzelnen Berg-Föhren (*Pinus mugo* ssp. *uncinata*) fühlen sich an sonnigem Bord die Schneeheide (*Erica carnea*) und die Bewimperte Alpenrose (*Rhododendron hirsutum*) wohl. Auf dem feuchten Grund der Gipsdolinen bestimmen einige hochwüchsige Vertreter der **Hochstaudenfluren** den Aspekt: Grauer Alpendost (*Adenostyles alliariae*), Dichtblütiger Blau-Eisenhut (*Aconitum compactum*), Rundblättriger Steinbrech (*Saxifraga rotundifolia*) u. a. Auch zwei charakteristische Pflanzen der **Nordalpinen Kalk-Halbtrockenrasen** können uns hier begegnen: unschwer die Silberdistel (*Carlina acaulis*) und mit Glück eine wunderschöne blühende Orchidee, das Schwärzliche oder Angebrannte Knabenkraut (*Orchis ustulata*).

 Clusius' oder Kalk-Glocken-Enzian (*Gentiana clusii*)
 Bewimperter Mannsschild (*Androsace chamaejasme*)
 Schaft-Kugelblume (*Globularia nudicaulis*)
 Bewimpertes Sandkraut (*Arenaria ciliata*)
 Wohlriechende Handwurz (*Gymnadenia odoratissima*)

 Herzblättrige Kugelblume (*Globularia cordifolia*)
 Silberwurz (*Dryas octopetala*)
 Stumpfblättrige Weide (*Salix retusa*)

 Grauer Alpendost (*Adenostyles alliariae*)
 Rundblättriger Steinbrech (*Saxifraga rotundifolia*)
 Dichtblütiger Blau-Eisenhut (*Aconitum compactum*)
 Silberdistel (*Carlina acaulis*)
 Schwärzliches Knabenkraut (*Orchis ustulata*)

Zurück auf dem Wanderweg schauen wir bei der Abbiegung zur Alp Glaubenbielen kurz hinunter zum Rübiseeli. Eine Besonderheit dieses Standortes ist der Rotgelbe Fuchsschwanz (*Alopecurus aequalis*).

Vorbei an der Alp Glaubenbielen geben sich auf der linken Seite **Feuchtwiesen** mit den typischen Arten Eisenhutblättriger Hahnenfuss (*Ranunculus aconitifolius*), Sumpf-Dotterblume (*Caltha palustris*), Schlangen-Knöterich (*Polygonum bistorta*) u. a. zu erkennen.

Bei Pt. 1584 mit einer **Lägerflur** beim Alpstall beginnt nun der steile Aufstieg zum Rotspitz. Bei kurzen Verschnaufpausen können wir hier viele bereits bekannte Arten der subalpinen Weiden sowie der **Blaugrashalden** beobachten. Beim Rotspitz fallen uns mehrfach eisenoxidhaltige rötliche und grünliche Steine auf. Am Aufbau des Rotspitz sind verschiedene Dolomite, Kalke und Mergel beteiligt. Obwohl sein Gipfel aus hellem Malmkalk besteht, hat dieser Berg seinen Namen von den roten, selten grünlich gefärbten, Fossilien führenden mergeligen Kalken und kalkigen Mergelschiefern, den sogenannten Couches rouges, erhalten. Der Rotspitz gehört wie die Giswilerstöcke, das Stanserhorn und die Mythen zu den sogenannten Klippen, welche bei der Alpenfaltung weit von Süden her überschoben und aufgerichtet worden sind.

Auf dem Weg über das Weideland der Heimegg betreten wir nun die Flyschlandschaft mit wenig durchlässigem Schlierenflysch. Dieser setzt sich grösstenteils aus gut gebankten, z. T. sehr harten Sandsteinen zusammen, die mit fein sandigen bis mergelig-tonigen Schichten abwechseln. Der Kalkgehalt dieser Mischungszone ist meist ziemlich hoch, was auf unserem Weg zur Hagleren erklärt, weshalb in Pflanzengesellschaften mit säureliebenden Pflanzen auch immer wieder kalkstete Arten erscheinen.

Auf dem leicht sauren Boden der Heimegg erfreuen uns die typischen Pflanzen der **Borstgrasweide:** Borstgras *(Nardus stricta),* Bleiche Segge *(Carex pallescens),* Kochs oder Silikat-Glocken-Enzian *(Gentiana acaulis),* Purpur-Enzian *(Gentiana purpurea),* Bärtige Glockenblume *(Campanula barbata),* Gemeines Katzenpfötchen *(Antennaria dioica),* Arnika *(Arnica montana),* Gold-Fingerkraut *(Potentilla aurea)* und Weisszunge *(Pseudorchis albida)* gehören zum farbenprächtigen Bestand der Borstgrasweide.

Purpur-Enzian *(Gentiana purpurea)*

Borstgras *(Nardus stricta)*

Bärtige Glockenblume *(Campanula barbata)*

Gemeines Katzenpfötchen *(Antennaria dioica)*

Kochs oder Silikat-Glocken-Enzian *(Gentiana acaulis)*

Gold-Fingerkraut *(Potentilla aurea)*

Weisszunge *(Pseudorchis albida)*

Arnika *(Arnica montana)*

Der zweite anstrengende Aufstieg zum Nünalpstock führt uns ein Mosaik verschiedener Pflanzengesellschaften vor Augen. Bereits bekannte Vertreter der **Blaugras-Horstseggenhalde,** an frischen bis feuchten, weniger besonnten Stellen, aber auch einige stattliche Pflanzen der **Rostseggenhalde** säumen unseren Weg. Blattreiches Läusekraut *(Pedicularis foliosa),* Rost-Segge *(Carex ferruginea),* Kugelorchis *(Traunsteinera globosa)* und der Grosse Wiesenknopf *(Sanguisorba officinalis)* sind hier nicht zu übersehen.

Blattreiches Läusekraut *(Pedicularis foliosa)*

Kugelorchis *(Traunsteinera globosa)*

Rost-Segge *(Carex ferruginea)*

Grosser Wiesenknopf *(Sanguisorba officinalis)*

Mit etwas Respekt passieren wir am Nünalpstock die Anrissstelle des Bergrutsches von 1910. Schätzungsweise 4 Mio. m³ wasserdurchtränktes Flyschgestein bewegte sich damals langsam Richtung Waldemme und staute diese. Auch heute noch sind die Gesteinsmassen nicht ganz zur Ruhe gekommen.

Nach dem Teufimattsattel begleiten uns rechts des Weges üppige **Hochstaudenfluren** und ausgedehnte **Grünerlengebüsche** mit hochwüchsigen Kräutern und Sträuchern, wie etwa Alpen-Milchlattich *(Cicerbita alpina)*, Meisterwurz *(Peucedanum ostruthium)*, Villars Kälberkropf *(Chaerophyllum villarsii)*, Alpen-Hagrose *(Rosa pendulina)*, die Grün-Erle *(Alnus viridis)* u. a. Kurz vor dem Gipfel der Hagleren (1948 m ü. M.) verzaubert im Spätsommer eine farbenfrohe **Zwergstrauchheide** mit Heidelbeere *(Vaccinium myrtillus)*, Rauschbeere *(Vaccinium uliginosum)*, Preiselbeere *(Vaccinium vitis-idaea)*, Rostblättriger Alpenrose *(Rhododendron ferrugineum)*, Besenheide *(Calluna vulgaris)* und Zwerg-Wacholder *(Juniperus communis* ssp. *alpina)* den Ostabhang der Hagleren.

Alpen-Milchlattich *(Cicerbita alpina)*

Meisterwurz *(Peucedanum ostruthium)*

Alpen-Hagrose *(Rosa pendulina)*

Villars Kälberkropf *(Chaerophyllum villarsii)*

Grün-Erle *(Alnus viridis)*

So heterogen das Flyschgestein aufgebaut ist, so verschiedenartig bezüglich Bodenansprüchen ist die Vegetation im Gipfelgebiet der Hagleren. An der Südwestseite des Gipfels treffen wir eher kalkliebende Pflanzen. Im grasigen, frischen Hang mit der Rost-Segge *(Carex ferruginea)* schmückt im Sommer ein Heer von dunkelrosafarbenen bis weiss blühenden Pracht-Nelken *(Dianthus superbus)* den ganzen Hang. Ihren einzigen Fundort im Kanton Luzern hat in Gipfelnähe auf wenigen Quadratmetern eine weitere Art, die anderswo in Blaugrasgesellschaften zu Hause ist: es ist die Weissfilzige Alpenscharte *(Saussurea discolor)*, deren Blattunterseite dicht weissfilzig überzogen ist. Überraschend ist das Vorkommen von zwei weiteren Pflanzenarten im Gipfelgebiet: das Hahnenfuss-Hasenohr *(Bupleurum ranunculoides)*, eine Charakterart der Kalksteinrasen sowie ein Vertreter der im Kanton Luzern fehlenden kalkliebenden Krummseggenrasen, der Masslieb- oder Rosetten-Ehrenpreis *(Veronica bellidioides)*.

Pracht-Nelke *(Dianthus superbus)* Weissfilzige Alpenscharte *(Saussurea discolor)* Hahnenfuss-Hasenohr *(Bupleurum ranunculoides)* Masslieb-Ehrenpreis *(Veronica bellidioides)*

Vom Gipfel der Hagleren überblicken wir in Richtung Süden die Moorlandschaft mit Zwergstrauchheiden und Bergföhrenwald auf moosreichem Boden. Ein Steinwall bis gegen den Wasserspitz markiert die Kantonsgrenze zwischen LU und OW. Auf der Luzerner Seite bestaunen wir ein einmaliges Pro Natura-Schutzgebiet. Auf Vorschlag von Dr. Werner Lüdi konnte hier der SBN (Schweiz. Bund für Naturschutz) im Jahre 1946 rund 45 ha eindrückliches Moorgebiet von der Korporation Escholzmatt erwerben und so für spätere Generationen sicherstellen. Diese grossartige Landschaft ist auch der Lebensraum von Auerwild.

Saurer Boden, Kälte und Wind bestimmen hier die Vegetationsdecke. Oberhalb der Waldgrenze sind es die bodensauren **Zwergstrauchheiden.** In Mulden mit langer Schneebedeckung erblüht die **Rostalpenrosenheide** mit der Rostblättrigen Alpenrose *(Rhododendron ferrugineum)*, welche sich unter der mächtigen Schneedecke vor Frosttrocknis schützen kann. Sie ist umgeben von der **Rauschbeerenheide** mit vielen Heidelbeeren *(Vaccinium myrtillus)* und Rauschbeeren *(Vaccinium uliginosum)* sowie weiteren Säurezeigern, wie Purpur-Enzian *(Gentiana purpurea)*, Arnika *(Arnica montana)*, Besenheide *(Calluna vulgaris)*, Berg-Nelkenwurz *(Geum montanum)*. Borstgrasflecken mit weiteren säureliebenden Arten lockern die fast geschlossene Beerenheide auf.

Blühende Beerenheide im Juni mit Heidelbeeren *(Vaccinium myrtillus)*   Rauschbeerenheide im Spätsommer

Zwergstrauchheide mit Borstgrasflecken   Alpenrosen-Bergföhrenwald

Der seltene, kriechende Alpen-Bärlapp *(Diphasiastrum alpinum)* markiert den Übergang der Beerenheide zur spalierartigen, kälteresistenten **Alpenazaleen-Windheide.** Oberhalb des Wasserspitz erfreut sie uns auf windgefegtem Grat mit der nicht jedes Jahr blühenden Alpenazalee *(Loiseleuria procumbens)*. Begleitet wird der niederliegende Alpenazaleenteppich vom Tannenbärlapp *(Huperzia selago)*, der Kleinblättrigen Rauschbeere *(Vaccinium gaultherioides)*, dem Silikat- oder Alpen-Frauenmantel *(Alchemilla alpina)*, von Rentierflechten *(Cladonia* sp.), Wurmflechten *(Thamnolia* sp.) und Islandflechten *(Cetraria* sp.). Eine grosse Seltenheit sind hier die Rote Felsen-Primel *(Primula hirsuta)*, das Resedablättrige Schaumkraut *(Cardamine resedifolia)* und die Moschus-Schafgarbe *(Achillea erba-rotta* ssp. *moschata)*.

Gegen den Grat beim Wasserspitz geht die Beerenheide über in die niederliegende Alpenazaleen-Windheide.

Die Krüppelfichten zeigen die Haupt-Windrichtung aus Nordwesten an.

Alpenazaleenteppich mit der Alpenazalee und der Kleinblättrigen Rauschbeere

Alpenazalee *(Loiseleuria procumbens)*

Kleinblättrige Rauschbeere *(Vaccinium gaultherioides)*

Tannenbärlapp *(Huperzia selago)*

Alpen-Frauenmantel *(Alchemilla alpina)*

Alpen-Bärlapp *(Diphasiastrum alpinum)*

Wurmflechte *(Thamnolia* sp.)

Rentierflechte *(Cladonia* sp.)

Islandflechte *(Cetraria* sp.)

In den bodensauren Zwergstrauchheiden treffen wir ab und zu auch kälteertragende, kalkliebende Pflanzen, wie die Kalk-Polsternelke *(Silene acaulis)*, die Silberwurz *(Dryas octopetala)* und den Alpen-Hahnenfuss *(Ranunculus alpestris)*.

Rote Felsen-Primel *(Primula hirsuta)*

Resedablättriges Schaumkraut *(Cardamine resedifolia)*

Kalk-Polsternelke *(Silene acaulis)*, Berg-Nelkenwurz *(Geum montanum)*, Alpen-Hahnenfuss *(Ranunculus alpestris)*, Oeders Läusekraut *(Pedicularis oederi)* und Kochs Enzian *(Gentiana acaulis)* auf Schlierenflysch

Weiche Torfmoospolster (*Sphagnum* sp.), die oft heimtückische Löcher überwachsen, leiten über zum faszinierenden **Torfmoos-** oder **Hochmoor-Bergföhrenwald.** Imposante Berg-Föhren *(Pinus mugo* ssp. *uncinata)* mit eindrücklichen Wuchsformen und artenarme **Hochmoor-Schlenken** mit dem Scheidigen Wollgras *(Eriophorum vaginatum)*, dem Schmalblättrigen Wollgras *(Eriophorum angustifolium)*, der Rosmarinheide *(Andromeda polifolia)*, der Gemeinen Moosbeere *(Vaccinium oxycoccos)*, der Faden-Binse *(Juncus filiformis)*, der Braunen Segge *(Carex nigra)* und der Rasen-Haarbinse *(Trichophorum cespitosum)* erwecken beim Wanderer Staunen und Bewunderung.

Torfmoos- oder Hochmoor-Bergföhrenwald auf der Hagleren mit imposanten Berg-Föhren (*Pinus mugo* ssp. *uncinata*) und Hochmoor-Schlenken

Scheidiges Wollgras *(Eriophorum vaginatum)*

Rosmarinheide *(Andromeda polifolia)*

Schmalblättriges Wollgras *(Eriophorum angustifolium)*

Gemeine Moosbeere *(Vaccinium oxycoccos)*

Rasen-Haarbinse *(Trichophorum cespitosum)*

Im bewegten Relief begegnen uns auch immer wieder zwei stattliche Pflanzen: der Weisse Germer *(Veratrum album)* und der Blauer Eisenhut *(Aconitum napellus)*.

Auf dem Wanderweg bei Pt. 1804 verweilen wir einen Augenblick und lassen unsere Augen noch einmal schweifen über den Torfmoos-Bergföhrenwald und die Zwergstrauchheiden, die dieser einzigartigen Landschaft ein arktisches Gepräge verleihen. Bestimmt können wir hier Gottfried Keller beipflichten, wenn er in seinem «Abendlied» sagt:

«Trinkt, o Augen, was die Wimper hält,
Von dem goldnen Überfluss der Welt!»

Bereichert durch viele unvergessliche Eindrücke und im Bewusstsein und der Überzeugung, dass man eine wertvolle Landschaft nur schützen und erhalten kann, wenn man sie mit offenen Augen erlebt und durchwandert hat, bewältigen wir jetzt auch noch das letzte Wegstück über Mittlist Gfäl nach Sörenberg.

Gipsplateau Glaubenbielen

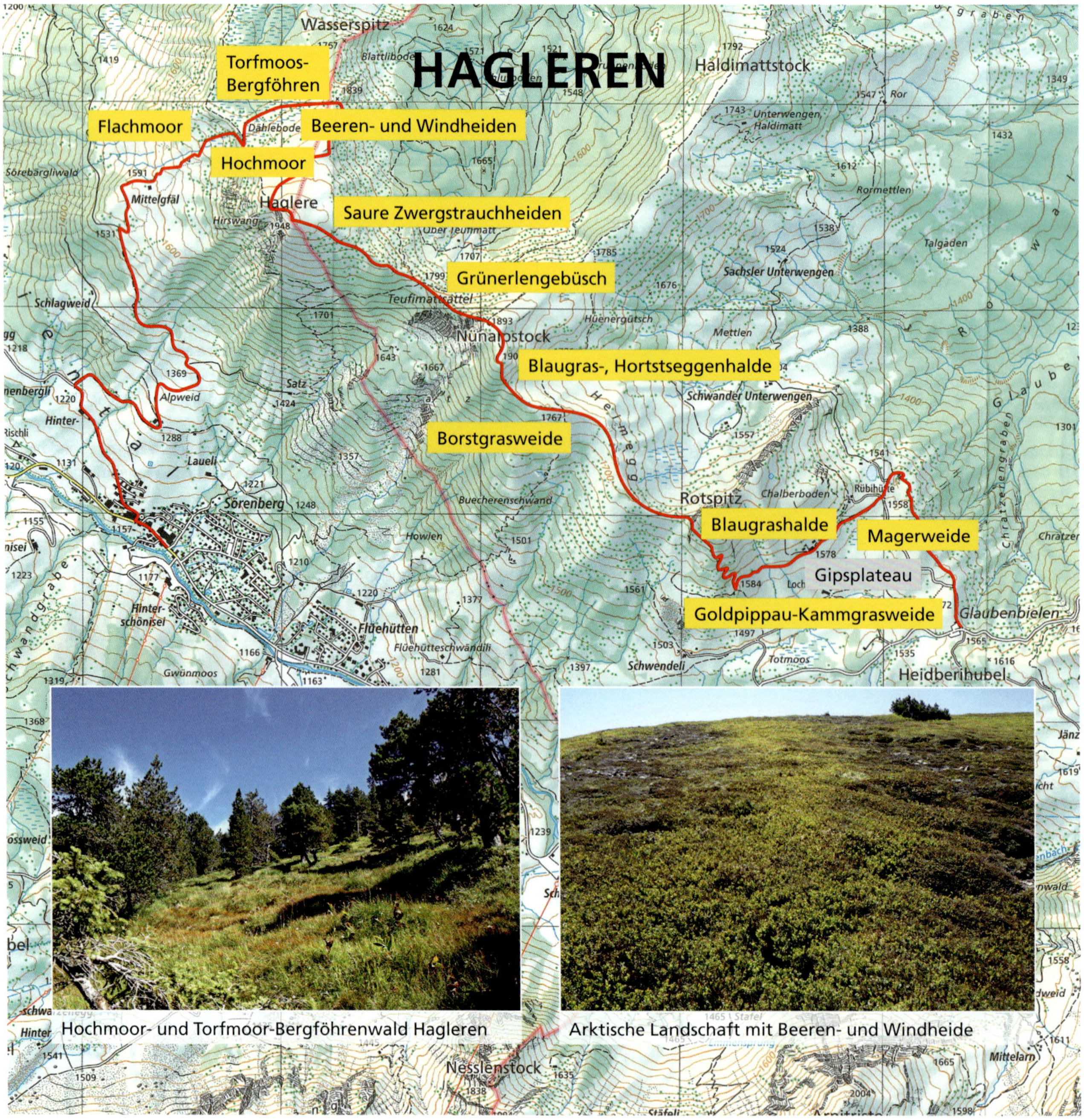

© swisstopo; reproduziert mit Bewilligung von swisstopo (BA 180107)

|⊢——————⊣ 1 km

Hochmoor- und Torfmoor-Bergföhrenwald Hagleren

Arktische Landschaft mit Beeren- und Windheide

Hagleren, Nünalpstock, im Tal Sörenberg; hinten die Giswilerstöcke

Wanderung 4: BRIENZER ROTHORN – EISEE

Tageswanderung　　　　　　　　　　Idealer Zeitpunkt: Juli, August

Blick vom Brienzer Rothorn über den Brienzersee zu den Berner Alpen

Mit der Luftseilbahn fahren wir von der Talstation Sörenberg auf das Brienzer Rothorn. Von der Terrasse der Bergstation geniessen wir vorerst einmal das fantastische Panorama über den Brienzersee in die Berner Alpen mit Eiger, Mönch und Jungfrau.

Bei dieser abwechslungsreichen und anspruchsvollen Wanderung im Grenzgebiet der Kantone Luzern, Bern und Obwalden können wir eine grosse Vielfalt der Alpenflora in verschiedenen Lebensräumen mit ihren Pflanzengesellschaften erleben. Dort, wo extreme Standortfaktoren herrschen, sind die Charakterarten der Gesellschaften auffällig und markant, wie etwa an den Kalkfelsen oder in den Kalkschuttfluren. Oft aber beobachten wir gleitende Übergänge und mosaikartige Verzahnungen der Pflanzengesellschaften, weil die Standortfaktoren für die Pflanzen ausgeglichener sind, oft auf kurze Distanz wechseln und auch der Einfluss von Mensch und Tier stärker ist.

Es lohnt sich, zuerst einen Abstecher in die Schutthalden auf dem Roten Boden zu machen. Nach dem steilen, aber kurzen Abstecher vom Grat sticht uns sofort die markante Grenze zwischen der hellen Kalkschuttflur auf der linken und der braunroten Schuttflur auf der rechten Seite ins Auge. In der hellen Kalkschuttflur westlich des Wanderweges begegnen uns in lückiger Folge die charakteristischen Arten der **Täschelkrauthalde:** Rundblättriges Täschelkraut *(Thlaspi rotundifolium)*, Alpen-Leinkraut *(Linaria alpina)*, Gämskresse *(Pritzelago alpina)*, Bewimperte Nabelmiere *(Moehringia ciliata)*, Hallers Margerite *(Leucanthemum halleri)*, Mont-Cenis-Rispengras *(Poa cenisia)* mit auffallend zweizeiligen Blättern, Berg-Milchkraut *(Leontodon montanus)*, Niedliche Glockenblume *(Campanula cochleariifolia)* und, als grosse Seltenheit im Kanton Luzern, das wunderschöne Mont-Cenis-Veilchen *(Viola cenisia)*.

Rundblättriges Täschelkraut (*Thlaspi rotundifolium*)

Gämskresse (*Pritzelago alpina*)

Alpen-Leinkraut (*Linaria alpina*)

Berg-Milchkraut (*Leontodon montanus*)

Niedliche Glockenblume (*Campanula cochleariifolia*)

Mont-Cenis-Rispengras (*Poa cenisia*)

Bewimperte Nabelmiere (*Moehringia ciliata*)

Hallers Margerite (*Leucanthemum halleri*)

Mont Cenis-Veilchen (*Viola cenisia*)

Im braunroten Schutt östlich des Wanderweges ist der Boden offenbar weniger kalkhaltig, mehr im Bergschatten und somit länger schneebedeckt und feuchter als die helle Kalkschuttflur. Nebst Schuttpflanzen kann man hier an feuchten Stellen und rasigen Flecken Pflanzen der sonst eher säureliebenden **Schneebodenvegetation** beobachten. Alpen-Ehrenpreis (*Veronica alpina*), Dreigriffliges Hornkraut (*Cerastium trigynum*), Geschlitzter Frauenmantel (*Alchemilla fissa*) und der seltene Säuerling (*Oxyria digyna*) gehören dazu.

Alpen-Ehrenpreis (*Veronica alpina*)

Dreigriffliges Hornkraut (*Cerastium trigynum*)

Geschlitzter Frauenmantel (*Alchemilla fissa*)

Säuerling (*Oxyria digyna*)

Wieder zurück auf dem Grat schenken wir zuerst unsere Aufmerksamkeit der windgepeitschten Gratvegetation, dem Nacktriedrasen und dem Polsterseggenrasen. Der **Nacktriedrasen** ist auf dem Brienzergrat nur schwach ausgebildet. Einige typische und seltene Vertreter können wir aber westlich und nordöstlich des Gipfels im Gratgebiet entdecken. Gleich gegenüber der Station Rothorn Kulm erblüht auf der Luzernerseite der einjährige, nur wenige Zentimeter hohe Zarte Enzian (*Gentiana tenella*). Am Wanderweg und auf dem Grat zum Gipfel und darüber hinaus bis gegen Pt. 2128 finden wir mit gutem Auge und etwas Glück weitere charakteristische Pflanzen des Nacktriedrasens: den Südlichen Tragant (*Astragalus australis*), ganz selten das Kärntner Felsenblümchen (*Draba siliquosa*), das Nacktried (*Elyna myosuroides*), die Trauer-Segge (*Carex atrata*), die Faltenlilie (*Lloydia serotina*), den Ährigen Goldhafer (*Trisetum spicatum*), das Einköpfige Berufkraut (*Erigeron uniflorus*) sowie den Schnee-Enzian (*Gentiana nivalis*). Vier Pflanzen aus der Familie der Nelkengewächse begleiten im Gratgebiet den Nacktriedrasen, das Aufrechte Acker-Hornkraut (*Cerastium arvense* ssp. *strictum*), die Frühlings-Miere (*Minuartia verna*), das Bewimperte Sandkraut (*Arenaria ciliata*) und die Zwerg-Miere (*Minuartia sedoides*).

Nacktriedrasen auf dem Gipfel des Brienzer Rothorn

Nacktried (*Elyna myosuroides*)

Zarter Enzian (*Gentiana tenella*)

Kärntner Felsenblümchen *(Draba siliquosa)*

Trauer-Segge *(Carex atrata)*

Faltenlilie *(Lloydia serotina)*

Ähriger Goldhafer *(Trisetum spicatum)*

Einköpfiges Berufkraut *(Erigeron uniflorus)*

Schnee-Enzian *(Gentiana nivalis)*

Frühlings-Miere *(Minuartia verna)*

Aufrechtes Acker-Hornkraut *(Cerastium arvense ssp. strictum)*

Südlicher Tragant *(Astragalus australis)*

Bewimpertes Sandkraut *(Arenaria ciliata)*

Zwerg-Miere *(Minuartia sedoides)*

In felsiger Gratnähe oder auf dem Grat trotzt der **Polsterseggenrasen** in Übergängen zur benachbarten Blaugras-Horstseggenhalde sowie zur Schutt- und Felsvegetation den harten klimatischen Bedingungen über Kalkgestein. Die kälte- und windharte Polster-Segge *(Carex firma)* bildet kugelige Polster mit sparrigen Blättern. Zu ihr gesellen sich als weitere Charakterarten des Polsterseggenrasens da und dort der Blaugrüne Steinbrech *(Saxifraga caesia)* und selten die Zwergorchis *(Chamorchis alpina)*. Viele Pflanzen der benachbarten Pflanzengesellschaften sind Begleiter des kurzwüchsigen Polsterseggenrasens.

An der sonnigen, steinigen Südseite des Brienzergrates erfreut uns im Sommer die arten- und blumenreichste Pflanzengesellschaft der Kalksteinrasen, die **Blaugras-Horstseggenhalde.** Diese entwickelt sich aus Schutt- und Felsfluren und zeigt einen treppenartigen, lückigen Aufbau.

Polster-Segge *(Carex firma)*

Blaugrüner Steinbrech *(Saxifraga caesia)*

Zwergorchis *(Chamorchis alpina)*

Das Kalk-Blaugras *(Sesleria caerulea)* und die Horst- oder Immergrüne Segge *(Carex sempervirens)* sind hier häufig anzutreffen. Die eigentlichen Charakterarten der Blaugras-Horstseggenhalde sind das seltene Edelweiss *(Leontopodium alpinum)*, welches wir hier auf unserer Wanderung noch entdecken und bewundern können und der Berg-Spitzkiel *(Oxytropis jacquinii).* Die Alpen-Aster *(Aster alpinus)*, das Gämswurz-Greiskraut *(Senecio doronicum)*, das Glatte Brillenschötchen *(Biscutella laevigata)*, die Straussblütige Glockenblume *(Campanula thyrsoides)*, das Hahnenfuss-Hasenohr *(Bupleurum ranunculoides)*, das Grossblütige Sonnenröschen *(Helianthemum nummularium* ssp. *grandiflorum)*, das Alpen-Sonnenröschen *(Helianthemum alpestre)*, der Clusius' oder Kalk-Glocken-Enzian *(Gentiana clusii)*, das Quirlblättrige Läusekraut *(Pedicularis verticillata)*, das Schwarze Männertreu *(Nigritella nigra)* sind weitere typische Blumen der Blaugras-Horstseggenhalde. Bis gegen 50 Arten können am Aufbau dieser wohl schönsten Pflanzengesellschaft über Kalkgestein beteiligt sein.

Blaugras-Horstseggenhalde

Blaugras-Horstseggenhalde mit Grossblättrigem Sonnenröschen *(Helianthemum nummularium* ssp. *grandiflorum)*, Alpen-Aster *(Aster alpinus)*, Hahnfuss-Hasenohr *(Bupleurum ranunculoides)* und Augenwurz *(Athamanta cretensis)*

 Kalk-Blaugras (*Sesleria caerulea*)
 Horst-Segge (*Carex sempervirens*)
 Alpen-Aster (*Aster alpinus*)
 Gämswurz-Greiskraut (*Senecio doronicum*)
 Clusius' Enzian (*Gentiana clusii*)

 Berg-Spitzkiel (*Oxytropis jacquinii*)
 Grossblütiges Sonnenröschen (*Helianthemum nummularium* ssp. *grandiflorum*)
 Hahnenfuss-Hasenohr (*Bupleurum ranunculoides*)

 Alpen-Sonnenröschen (*Helianthemum alpestre*)
 Schwarzer Männertreu (*Nigritella nigra*)
 Straussblütige Glockenblume (*Campanula thyrsoides*)
 Glattes Brillenschötchen (*Biscutella laevigata*)
 Quirlblättriges Läusekraut (*Pedicularis verticillata*)

Auf dem ruhenden Kalkschutt und im lockeren Fels entwickelt sich die Blaugras-Horstseggenhalde.

Besondere Erwähnung verdient hier ein sehr seltener Gast, der in der Schweiz nur im Val de Travers und auf dem La Dôle in der Südwestschweiz im steinigen Rasen, an Kalkfelsen und im Kalkgeröll vorkommt. Es ist der Berg-Wundklee *(Anthyllis montana)*. Er blühte mehrere Jahre oberhalb des Wanderweges bei der Bergstation Sörenberg – Brienzer Rothorn im Kalksteinrasen. Eine fragwürdige Edelweisspflanzung hat ihn dort offenbar verschwinden lassen.

Ebenso beeindruckend, aber weniger artenreich ist die **Felsvegetation** an den sonnigen Kalkfelsen im Gratgebiet des Brienzer Rothorns. Imposant ist hier die **Schweizer Mannsschildflur.** Der prächtig blühende Schweizer Mannsschild *(Androsace helvetica)* erweckt bei jedem Wanderer Staunen und Bewunderung. Weniger auffällig sind das Filzige Felsenblümchen *(Draba tomentosa)* und der Alpen-Schwingel *(Festuca alpina)*. Einige weitere Felsbewohner dieser Pflanzengesellschaft sind die Aurikel *(Primula auricula)*, der Gegenblättrige Steinbrech *(Saxifraga oppositifolia)*, der Trauben-Steinbrech *(Saxifraga paniculata)*, die Zwerg-Gänsekresse *(Arabis bellidifolia)* und der Felsen-Ehrenpreis *(Veronica fruticans)*.

Berg-Wundklee *(Anthyllis montana)*

Kugelpolster der Schweizer Mannsschildflur

Schweizer Mannsschild *(Androsace helvetica)*

Alpen-Schwingel *(Festuca alpina)*

Filziges Felsenblümchen *(Draba tomentosa)*

Felsen-Ehrenpreis *(Veronica fruticans)*

Zwerg-Gänsekresse *(Arabis bellidifolia)*

Aurikel *(Primula auricula)*

Trauben-Steinbrech *(Saxifraga paniculata)*

Gegenblättriger Steinbrech *(Saxifraga oppositifolia)*

Vom Gratgebiet schlendern wir kreuz und quer über die Weide mit trockenen, kleinen Felsbändern und Rasen, feuchten Mulden, Blockschutt und schattigen Felsblöcken, wo man viele bekannte und auch neue Pflanzen entdecken kann, wie den Rundblättrigen Enzian *(Gentiana orbicularis)*, den Mannsschild-Steinbrech *(Saxifraga androsacea)* oder den Bayerischen Enzian *(Gentiana bavarica)*.

Rundblättriger Enzian *(Gentiana orbicularis)*

Mannsschild-Steinbrech *(Saxifraga androsacea)*

Bayerischer Enzian *(Gentiana bavarica)*

Milchkrautweiden sind wertvolle Futterweiden mit vielen Kräutern und Gräsern.

Unterhalb der Blaugrashalden fällt uns sicher ein blumenreicher Lebensraum auf; es ist die kräuter- und ertragreiche **Milchkrautweide.** Alpen-Liebstock, auch Mutterwurz oder Muttern genannt *(Ligusticum mutellina),* Raues Milchkraut *(Leontodon hispidus),* Braun-Klee *(Trifolium badium),* Thals Klee *(Trifolium thalii),* Rot-Klee *(Trifolium pratense),* Rhätisches Alpen-Lieschgras *(Phleum rhaeticum),* Frauenmantel-Arten *(Alchemilla* sp.), Gold-Pippau *(Crepis aurea),* Berg-Margerite *(Leucanthemum adustum)* und viele andere Kräuter und Gräser liefern hier dem Rindvieh im Sommer wertvolles Futter.

Alpen-Liebstock *(Ligusticum mutellina)* — Raues Milchkraut *(Leontodon hispidus)* — Braun-Klee *(Trifolium badium)* — Rhätisches Alpen-Lieschgras *(Phleum rhaeticum)* — Thals Klee *(Trifolium thalii)*

Kurz vor dem Erreichen des Wanderweges Richtung Eisee ändert sich plötzlich das Vegetationsbild. Eine oft dicke, leicht saure Rohhumusschicht über dem kalkhaltigen Untergrund und jahrhundertelange Beweidung haben die Entstehung einer **Borstgrasweide** begünstigt. Purpur-Enzian *(Gentiana purpurea),* Arnika *(Arnica montana),* Bärtige Glockenblume *(Campanula barbata),* Gemeines Katzenpfötchen *(Antennaria dioica),* Kochs Enzian *(Gentiana acaulis),* Besenheide *(Calluna vulgaris)* sowie das zähe Borstgras *(Nardus stricta)* dominieren den Sommeraspekt der Borstgrasweide. Weniger leicht zu finden sind hier zwei Hainsimsen, die Ährige Hainsimse *(Luzula spicata)* und die Sudeten-Hainsimse *(Luzula sudetica).*

Borstgrasweiden im Eiseegebiet

Purpur-Enzian *(Gentiana purpurea)* — Arnika *(Arnica montana)* — Bärtige Glockenblume *(Campanula barbata)* — Borstgras *(Nardus stricta)* — Ährige Hainsimse *(Luzula spicata)*

Wanderung 4: Brienzer Rothorn–Eisee

Kochs Enzian *(Gentiana acaulis)*

Gemeines Katzenpfötchen *(Antennaria dioica)*

Sudeten-Hainsimse *(Luzula sudetica)*

Besenheide *(Calluna vulgaris)*

Das Quellbächlein zum Eisee begleiten einige typische Pflanzen der **Quellfluren,** wie der Sternblütige Steinbrech *(Saxifraga stellaris)* und das Mierenblättrige Weidenröschen *(Epilobium alsinifolium)*. In den feuchten **Schneetälchen** am Eisee erwarten uns nebst bereits erwähnten Pflanzen der Schneebodenvegetation weitere typische Arten, wie das Zwerg-Ruhrkraut *(Gnaphalium supinum)*, die Alpen-Margerite *(Leucanthemopsis alpina)*, der Schneetälchen-Frauenmantel *(Alchemilla pentaphyllea)* und das Alpen-Weidenröschen *(Epilobium anagallidifolium)*. Nicht zu übersehen ist an der Westseite des Eisee **Scheuchzers Wollgrassumpf** mit Scheuchzers Wollgras *(Eriophorum scheuchzeri)*.

Sternblütiger Steinbrech *(Saxifraga stellaris)*

Mierenblättriges Weidenröschen *(Epilobium alsinifolium)*

Zwerg-Ruhrkraut *(Gnaphalium supinum)*

Alpen-Margerite *(Leucanthemopsis alpina)*

Schneetälchen-Frauenmantel *(Alchemilla pentaphyllea)*

Alpen-Weidenröschen *(Epilobium anagallidifolium)*

Nach einer erholsamen Pause beim Bergrestaurant Eisee wandern wir weiter Richtung Eiseesattel. Links und rechts des Weges beeindruckt uns eine offenbar leicht gedüngte, schwach saure **Borstgrasweide** mit prächtigen Blumengestalten. Nebst bereits bekannten typischen Arten entgehen unserem Auge sicher nicht das stattliche Einköpfige Ferkelkraut *(Hypochaeris uniflora)* und die Kleine Sterndolde *(Astrantia minor)*.

Scheuchzers Wollgrassumpf beim Eisee mit Scheuchzers Wollgras *(Eriophorum scheuchzeri)*

Einköpfiges Ferkelkraut *(Hypochaeris uniflora)*

Kleine Sterndolde *(Astrantia minor)*

Beim Eiseesattel geniessen wir noch einmal das imposante Panorama der Berner Alpen und folgen dann dem Wanderweg auf die feuchtere und schattigere Nordseite des Brienzer Rothorns. Bald begleiten uns üppige, kräuter- und grasreiche **Rostseggenhalden.** Rost-Segge *(Carex ferruginea)*, Kugelorchis *(Traunsteinera globosa)*, Blattreiches Läusekraut *(Pedicularis foliosa)*, Schöner Schwingel *(Festuca pulchella)*, Süssklee *(Hedysarum hedysaroides)*, Gletscherlinse *(Astragalus frigidus)*, Berg-Pippau *(Crepis bocconei)*, Alpen-Anemone *(Pulsatilla alpina)*, Grosse Sterndolde *(Astrantia major)*, Gelber Enzian *(Gentiana lutea)*, Narzissen-Windröschen *(Anemone narcissiflora)* und viele andere gehören zu dieser artenreichen Pflanzengesellschaft, die auch etwa als Wildheuplanke bezeichnet wird.

Rostseggenhalden an der Nordseite des Brienzer Rothorns

Rost-Segge *(Carex ferruginea)*   Kugelorchis *(Traunsteinera globosa)*   Blattreiches Läusekraut *(Pedicularis foliosa)*   Alpen-Anemone *(Pulsatilla alpina)*

Süssklee *(Hedysarum hedysaroides)*   Berg-Pippau *(Crepis bocconei)*   Schöner Schwingel *(Festuca pulchella)*

Gletscherlinse *(Astragalus frigidus)*   Grosse Sterndolde *(Astrantia major)*   Gelber Enzian *(Gentiana lutea)*   Narzissen-Windröschen *(Anemone narcissiflora)*

Ein vielfältiges, mosaikartiges Bild mit Übergängen zu benachbarten Pflanzengesellschaften vermitteln die **Schutt**-, **Geröll**- und **Hochstaudenfluren** an der Nordseite des Brienzer Rothorns. Typische Schutt- und Geröllpflanzen wechseln ab mit kräftigen Vertretern der Hochstaudenfluren, der Pestwurzflur und den Blaugrashalden.

Im groben Ruheschutt der Kalk-Schuttflur fühlt sich die Grossköpfige Gämswurz *(Doronicum grandiflorum)* wohl.

Karflur mit Hochstauden

Im groben Ruheschutt fallen uns immer wieder die Grossköpfige Gämswurz *(Doronicum grandiflorum)* und der Kahle Alpendost *(Adenostyles alpina)* auf. In Löchern und Mulden sammeln sich vermehrt Wasser und Nährstoffe. Viele kräftige und bunte Hochstauden finden in diesen Karfluren günstige Wachstumsbedingungen. Einige von ihnen sind: die Meisterwurz *(Peucedanum ostruthium)*, der Graue Alpendost *(Adenostyles alliariae)*, der Blaue Eisenhut *(Aconitum napellus* aggr.*)*, der Platanenblättrige Eisenhut *(Aconitum vulparia* x *platanifolium)*, die Alpen-Kratzdistel *(Cirsium spinosissimum)*. Recht oft begegnet uns hier der Türkenbund *(Lilium martagon)* und sehr selten der Hohe Rittersporn *(Delphinium elatum)*.

Grossköpfige Gämswurz *(Doronicum grandiflorum)*

Kahler Alpendost *(Adenostyles alpina)*

Meisterwurz *(Peucedanum ostruthium)*

Grauer Alpendost *(Adenostyles alliariae)*

Blauer Eisenhut *(Aconitum napellus* aggr.*)*

Alpen-Kratzdistel *(Cirsium spinosissimum)*

Hoher Rittersporn *(Delphinium elatum)*

Türkenbund *(Lilium martagon)*

Der Weisse Germer *(Veratrum album)* als giftiges Weideunkraut kündigt vor der Alp Stäfeli die üppige **Alpenampferflur** mit dem mastigen Alpen-Ampfer *(Rumex alpinus)* und dem Alpen-Greiskraut *(Senecio alpinus)* an.

In der nährstoffreichen Alpenampferflur bildet der Alpen-Ampfer *(Rumex alpinus)* oft Reinbestände.

Alpen-Greiskraut
(Senecio alpinus)

Weisser Germer
(Veratrum album)

Schon vor der Alp Stafel erkennt man rechts unterhalb des Weges von Weitem zwischen dem Ruheschutt das blühende **Kalk-Alpenrosengebüsch** mit der Bewimperten Alpenrose *(Rhododendron hirsutum)*.

Kalk-Alpenrosengebüsch

Bewimperte Alpenrose
(Rhododendron hirsutum)

Vor der Alp Stafel biegen wir links ab zum Emmensprung. An der ständig überrieselten Kalkfelswand gedeihen an dieser rauschenden **Quellflur** viele Moose und auch der charakteristische Strahlensame *(Silene pusilla)*. Wenn wir den Weg über die Alp Stafel wählen, können wir im unteren Teil drei recht seltene Pflanzen einer üppigen, sehr feuchten **Hochstaudenflur** nicht übersehen, den Rispigen Eisenhut *(Aconitum variegatum* ssp. *paniculatum)*, die Grossblättrige Schafgarbe *(Achillea macrophylla)* sowie das hohe Bastard-Rispengras *(Poa hybrida)*.

Der Emmensprung ist eine moosreiche Kalk-Quellflur.

Strahlensame *(Silene pusilla)*

Rispiger Eisenhut *(Aconitum variegatum* ssp. *paniculatum)*

Grossblättrige Schafgarbe *(Achillea macrophylla)*

Bastard-Rispengras *(Poa hybrida)*

Müde, aber bereichert durch bleibende Eindrücke beenden wir unsere Wanderung beim Parkplatz der Luftseilbahn. Eine Vielzahl von farbenprächtigen, aber auch eher verborgenen Pflanzen in markanten wie auch weniger eindeutig erkennbaren Pflanzengesellschaften, das unvergessliche Alpenpanorama, eindrückliche Felsformationen am Brienzer Rothorn und vielleicht sogar die Begegnung mit dem Alpen-Steinbock, den Gämsen, den Murmeltieren sowie vielen Schmetterlingen, Käfern und anderen Insekten haben uns auf dieser Wanderung den Reichtum unserer Bergwelt entdecken und bewundern lassen.

BRIENZER ROTHORN – EISEE

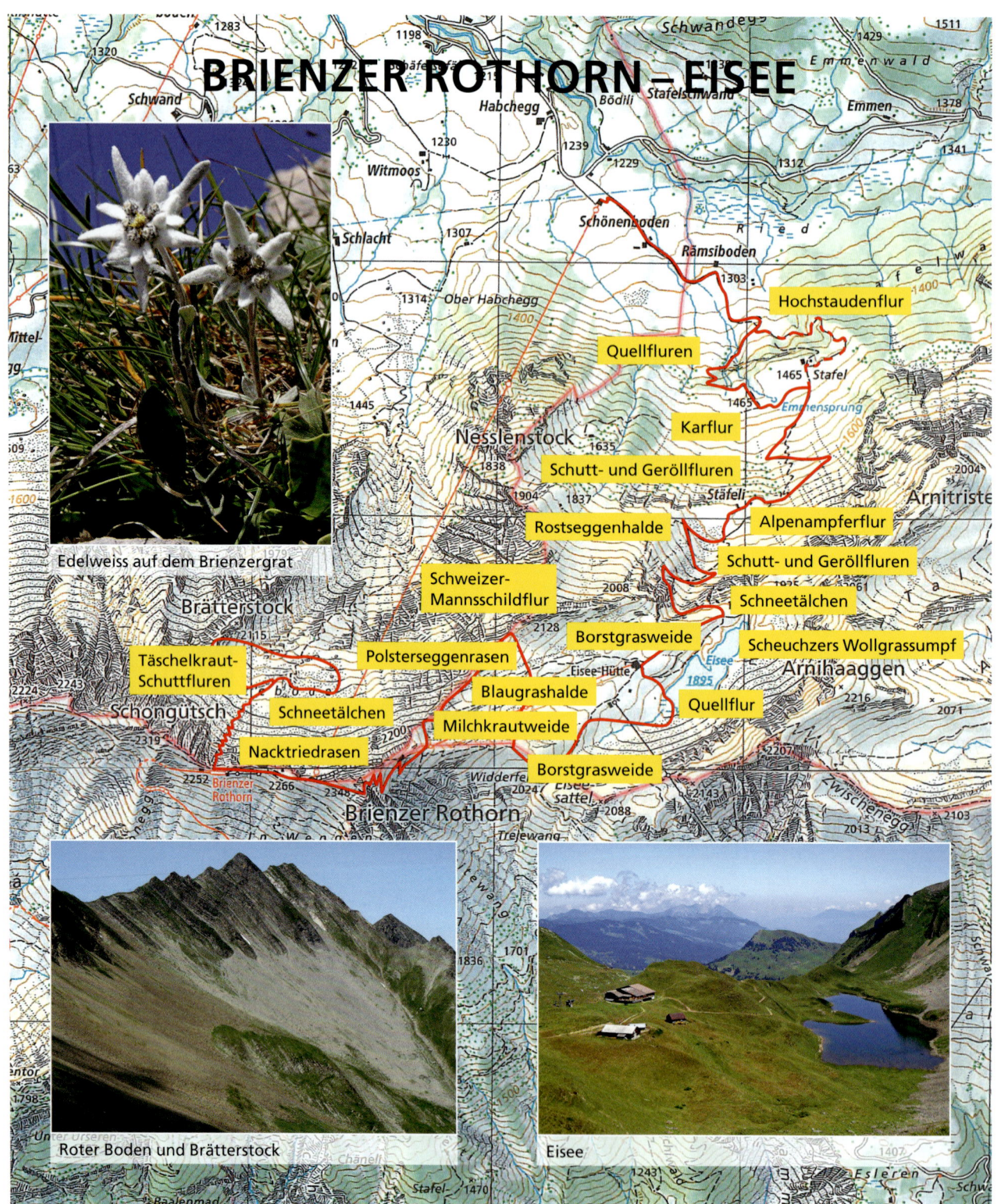

© swisstopo; reproduziert mit Bewilligung von swisstopo (BA 180107)

Wanderung 5

BRIENZER ROTHORN – ARNISEELI

Tageswanderung   Idealer Zeitpunkt: Juli, August

Diese Wanderung entspricht weitgehend der Wanderung 4 Brienzer Rothorn – Eisee. Deshalb werden hier nur jene Pflanzengesellschaften kurz besprochen, welche man bei der Wanderung 4 nicht antreffen kann.

Von der Talstation Sörenberg erreichen wir mit der Seilbahn das Brienzer Rothorn. Nach dem Genuss des Alpenpanoramas mit den Berner Alpen folgen wir dem Wegweiser Arnihaaggen – Schönbüel.

Blick vom Brienzer Rothorn zum Eisee. Oberhalb der Schutthalden erkennt man den Arnihaaggen. Im Hintergrund dominieren die Dolomitfelsen der Giswilerstöcke.

In der lange vom Schnee bedeckten Eiseemulde, kurz vor dem Anstieg zum Arnihaaggen, gedeiht auf dem stets durchfeuchteten, entkalkten und leicht versauerten Boden der **Braunsimsenrasen,** den man zu den kalkarmen Schneetälchen stellt. Der Braunsimsenrasen nimmt eine Mittelstellung ein zwischen Schneeböden- und Schuttgesellschaften.

Neben der Braunen Hainsimse *(Luzula alpinopilosa)* finden wir hier das Zwerg-Ruhrkraut *(Gnaphalium supinum)*, das Schweizer Milchkraut *(Leontodon helveticus)*, den Alpen-Wegerich *(Plantago alpina)*, das Alpen-Mastkraut *(Sagina saginoides)*, den Gelbling *(Sibbaldia procumbens)*, den Alpen-Ehrenpreis *(Veronica alpina)* und ganz selten die Kleine Soldanelle *(Soldanella pusilla)*.

Braune Hainsimse (*Luzula alpinopilosa*) — Schweizer Milchkraut (*Leontodon helveticus*) — Alpen-Mastkraut (*Sagina saginoides*) — Zwerg-Ruhrkraut (*Gnaphalium supinum*) — Kleine Soldanelle (*Soldanella pusilla*)

Alpen-Wegerich (*Plantago alpina*) — Gelbling (*Sibbaldia procumbens*) — Alpen-Ehrenpreis (*Veronica alpina*)

Beim Anstieg zum Arnihaaggen begegnen uns einige Pflanzen der schattigen Felsfluren, insbesondere aber viele Arten der frischen Rostseggenhalde. Besonderes Interesse weckt die ausgedehnte **Kalk-Schieferschutthalde** nach dem Arnihaaggen. Nebst den typischen Vertretern der Kalk-Schuttfluren können wir hier den seltenen Triglav-Pippau (*Crepis terglouensis*) sowie den Zweizeiligen Goldhafer (*Trisetum distichophyllum*) finden.

Kalk-Schieferschutthalde — Triglav-Pippau (*Crepis terglouensis*) — Zweizeiliger Goldhafer (*Trisetum distichophyllum*)

Oberhalb des Arniseeli durchstreifen wir eine Schneeboden-Gesellschaft im ruhenden Kalk-Feinschutt. Es ist die **Blaukressenflur,** wo der Boden lange vom Schnee bedeckt und beim Ausapern stark durchfeuchtet ist. Sie leitet über zu den Kalk-Schuttfluren und den Kalksteinrasen. Die namengebende Bläuliche Gänsekresse (*Arabis caerulea*) ist selten und wird vor allem begleitet von Pflanzen aus Schneetälchen und Schuttfluren wie Alpen-Ehrenpreis (*Veronica alpina*), Alpen-Hahnenfuss (*Ranunculus alpestris*), Zwerg-Fingerkraut (*Potentilla brauneana*), Bayerischem Enzian (*Gentiana bavarica*), Schwarzer Schafgarbe (*Achillea atrata*), Alpen-Leinkraut (*Linaria alpina*), Alpen-Rispengras (*Poa alpina*), Bewimperter Nabelmiere (*Moehringia ciliata*), Alpen-Löwenzahn (*Taraxacum alpinum*).

Blaukressenflur

Bläuliche Gänsekresse *(Arabis caerulea)*

Bayerischer Enzian *(Gentiana bavarica)*

Alpen-Hahnenfuss *(Ranunculus alpestris)*

Alpen-Rispengras *(Poa alpina)*

Bewimperte Nabelmiere *(Moehringia ciliata)*

Alpen-Leinkraut *(Linaria alpina)*

Alpen-Löwenzahn *(Taraxacum alpinum)*

Alpen-Ehrenpreis *(Veronica alpina)*

Schwarze Schafgarbe *(Achillea atrata)*

Zwerg-Fingerkraut *(Potentilla brauneana)*

Kurz nach der Liegenschaft Arnischwand biegen wir vor dem Bach rechts ab auf den Wanderweg Richtung Jänzimatt. Zuerst nehmen wir die meist trockene, gedüngte **Goldpippau-Kammgrasweide** unter die Lupe. Dieser Weidetyp ohne eigene Charakterarten ist das floristische Bindeglied zwischen der montanen Frauenmantel-Kammgrasweide und der subalpin-alpinen Milchkrautweide. Eine Vielzahl von weideunempfindlichen Kräutern und Gräsern dieser benachbarten Gesellschaften vereinigt sich hier im Frühling bis zum Sommer zu einem artenreichen, bunten Mosaik.

Einige von ihnen sind: Gemeines Kammgras *(Cynosurus cristatus)*, Bergwiesen-Frauenmantel *(Alchemilla monticola)*, Gemeine Flockenblume *(Centaurea jacea)*, Rot-Klee *(Trifolium pratense)*, Kümmel *(Carum carvi)*, Mittlerer Wegerich *(Plantago media)*, Alpen-Wegerich *(Plantago alpina)*, Gemeine Schafgarbe *(Achillea millefolium)*, Voralpen-Kreuzblume *(Polygala alpestris)*, Frühlings-Krokus *(Crocus albiflorus)*, Gold-Pippau *(Crepis aurea)*, Gemeines Milchkraut *(Leontodon hispidus)*, Alpen-Rispengras *(Poa alpina)*, Arznei-Thymian *(Thymus pulegioides)*, Scheuchzers Glockenblume *(Campanula scheuchzeri)*, Berg-Margerite *(Leucanthemum adustum)*.

Goldpippau-Kammgrasweide

Goldpippau-Kammgrasweide mit dem Gemeinen Kammgras *(Cynosurus cristatus)*

Bergwiesen-Frauenmantel *(Alchemilla monticola)*

Gold-Pippau *(Crepis aurea)*

Voralpen-Kreuzblume *(Polygala alpestris)*

Gemeine Flockenblume *(Centaurea jacea)*

Mittlerer Wegerich *(Plantago media)*

Berg-Margerite *(Leucanthemum adustum)*

Alpen-Wegerich *(Plantago alpina)*

Arznei-Thymian *(Thymus pulegioides)*

Frühlings-Krokus *(Crocus albiflorus)*

Gemeines Milchkraut *(Leontodon hispidus)* | Alpen-Rispengras *(Poa alpina)* | Rot-Klee *(Trifolium pratense)* mit Schwalbenschwanz | Gemeine Schafgarbe *(Achillea millefolium)* | Scheuchzers Glockenblume *(Campanula scheuchzeri)*

Auf unserer Wanderung nach oben geht die gedüngte Goldpippau-Kammgrasweide über in eine ungedüngte, sonnige, magere Kalkweide, den nordalpinen **Kalk-Halbtrockenrasen**. Der Boden ist hier kalkhaltig und steinig und beherbergt auch einige Pflanzen der Blaugrashalden. Charakteristisch für diese Pflanzengesellschaft sind die Silberdistel *(Carlina acaulis)* und die Schwärzliche Orchis *(Orchis ustulata)*. Weitere Arten, die wir links und rechts des Wanderweges recht oft bis selten entdecken können, sind: der Berg-Klee *(Trifolium montanum)*, die Fliegen-Ragwurz *(Ophrys insectifera)*, die Stängellose Kratzdistel *(Cirsium acaule)*, der Frühlings-Enzian *(Gentiana verna)*, der Gefranste Enzian *(Gentiana ciliata)*, die Bewimperte Gänsekresse *(Arabis ciliata)*, die Langspornige Handwurz *(Gymnadenia conopsea)*, der Hufeisenklee *(Hippocrepis comosa)*, der Alpen-Hornklee *(Lotus alpinus)*, die Rundköpfige Rapunzel *(Phyteuma orbiculare)*, die Hunds-Rose *(Rosa canina)*, das Männliche Knabenkraut *(Orchis mascula)*.

Silberdistel *(Carlina acaulis)* | Schwärzliche Orchis *(Orchis ustulata)* | Berg-Klee *(Trifolium montanum)* | Männliches Knabenkraut *(Orchis mascula)*

Frühlings-Enzian *(Gentiana verna)* | Hufeisenklee *(Hippocrepis comosa)* | Stängellose Kratzdistel *(Cirsium acaule)*

Wanderung 5: Brienzer Rothorn – Arniseeli

Fliegen-Ragwurz
(Ophrys insectifera)

Rundköpfige Rapunzel
(Phyteuma orbiculare)

Bewimperte Gänsekresse
(Arabis ciliata)

Langspornige Handwurz
(Gymnadenia conopsea)

Gefranster Enzian (Gentiana ciliata)

Alpen-Hornklee (Lotus alpinus)

Hunds-Rose (Rosa canina)

Folgen wir nun dem Wanderweg bis zur Abbiegung Richtung Jänzimatt, wird das Gelände flacher, der Boden feuchter und nährstoffreicher. Eine prächtige **Feuchtwiese** begeistert uns hier Ende Mai bis anfangs Juni mit einem gelben Heer von Trollblumen *(Trollius europaeus)*. Viele meist hohe Kräuter begleiten sie. Zu ihnen gehören der Eisenhutblättrige Hahnenfuss *(Ranunculus aconitifolius)*, die Sumpf-Kratzdistel *(Cirsium palustre)*, die Kohldistel *(Cirsium oleraceum)*, die Moor-Spierstaude *(Filipendula ulmaria)*, der Schlangen-Knöterich *(Polygonum bistorta)* sowie im Spätsommer das Abbisskraut *(Succisa pratensis)*. Weniger auffällig sind die Sumpf-Dotterblume *(Caltha palustris)*, das Breitblättrige Knabenkraut *(Dactylorhiza majalis)*, das Fuchs' Knabenkraut *(Dactylorhiza fuchsii)*, der Sumpf-Baldrian *(Valeriana dioica)* und die Herbst-Zeitlose *(Colchicum autumnale)*, die den nahenden Herbst ankündigt.

Trollblume *(Trollius europaeus)*

Schlangen-Knöterich *(Polygonum bistorta)*

Sumpf-Kratzdistel *(Cirsium palustre)*

Eisenhutblättriger Hahnenfuss *(Ranunculus aconitifolius)*

Abbisskraut *(Succisa pratensis)*

Kohldistel *(Cirsium oleraceum)*

Breitblättriges Knabenkraut *(Dactylorhiza majalis)*

Sumpf-Dotterblume *(Caltha palustris)*

Sumpf-Baldrian *(Valeriana dioica)*

Fuchs' Knabenkraut *(Dactylorhiza fuchsii)*

Herbst-Zeitlose *(Colchicum autumnale)*

Die letzten drei Lebensräume bei Arnischwand kann man mit einer Fahrt von Sörenberg aus auf der Glaubenbielenstrasse schon im Juni besuchen. Die Artenvielfalt ist zu diesem Zeitpunkt am grössten.

Über Flachmoore, Feuchtwiesen und durch den Wald erreichen wir unseren Ausgangspunkt, die Talstation der Rothorn-Seilbahn.

Hinter dem Arnihaaggen führt die Wanderung zum Arniseeli und hinunter zum Arnischwand.

Die hellen Dolomitfelsen der Giswilerstöcke mit Schafnase (links) und Rossflue (rechts) sind auf dieser Wanderung ein imposanter Blickfang.

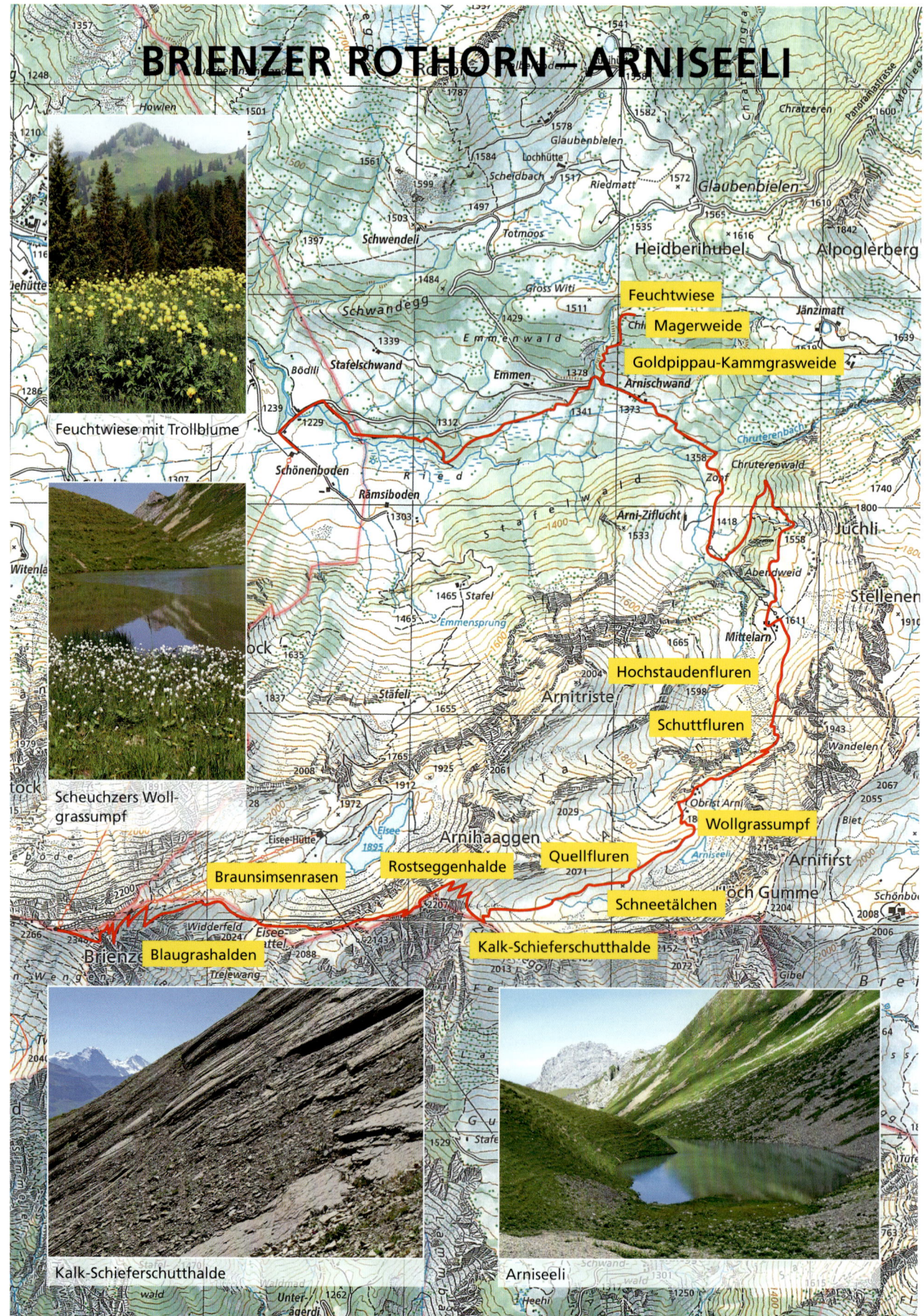

Wanderung 6 — STEINETLI

Tageswanderung | Idealer Zeitpunkt: Juni, Juli, August

Von Sörenberg aus erreichen wir mit der Gondelbahn das Bergrestaurant Rossweid. Von hier aus begeben wir uns auf eine Rundwanderung an der Nordseite des Brienzer Rothorns zum Steinetli und zurück zur Rossweid.

Moorlandschaft Steinetli im Herbst

Beim Bergrestaurant Rossweid haben wir vorerst Gelegenheit, uns mit dem Thema Moor und Moorlandschaft näher vertraut zu machen. Dazu bietet der Moor-Erlebnispark «**Mooraculum**» mit dem dazugehörigen «**Sonnentauweg**» für kleine und grosse Besucherinnen und Besucher auf spielerische und interaktive Weise viele interessante Informationen.

Nach dem Sonnentauweg wandern wir von der Schwarzenegghütte Richtung Blattenegg vorbei an **Borstgrasweiden** mit Arnika *(Arnica montana)*, Purpur-Enzian *(Gentiana purpurea)*, Bärtiger Glockenblume *(Campanula barbata)*, Besenheide *(Calluna vulgaris)*, Bergfarn *(Oreopteris limbosperma)*, Rostblättriger Alpenrose *(Rhododendron ferrugineum)* u. a.

Borstgrasweide mit Zwergsträuchern

Arnika *(Arnica montana)*

Purpur-Enzian *(Gentiana purpurea)*

Bärtige Glockenblume *(Campanula barbata)*

Bergfarn *(Oreopteris limbosperma)*

Besenheide *(Calluna vulgaris)*

Rostblättrige Alpenrose *(Rhododendron ferrugineum)*

Vor der Blattenegg wenden wir uns nach links und werfen zuerst einen Blick auf die **Goldpippau-Kammgrasweide.** Diese subalpine, steinige Weide über Kalk ist das Bindeglied zwischen der montanen Kammgrasweide und der darüberliegenden Milchkrautweide. Sie verzahnt sich hier mit der **Alpen-Pestwurzflur** und den darüberliegenden Kalkschuttfluren.

Goldpippau-Kammgrasweide und Alpen-Pestwurzflur bei der Blattenegg

Gold-Pippau *(Crepis aurea)*

Raues Milchkraut *(Leontodon hispidus)*

Von den vielen Arten erwähnen wir hier nur einige wenige, wie etwa das Raue Milchkraut *(Leontodon hispidus)*, den Gold-Pippau *(Crepis aurea)*, Scheuchzers Glockenblume *(Campanula scheuchzeri)*, die Berg-Margerite *(Leucanthemum adustum)*, das Alpen-Labkraut *(Galium anisophyllon)*, den Alpen-Wegerich *(Plantago alpina)*, den Knöllchen-Knöterich *(Polygonum viviparum)*, das Alpen-Mastkraut *(Sagina saginoides)*, den Arznei-Thymian *(Thymus pulegioides)*, die Berg-Distel *(Carduus defloratus)*.

Scheuchzers Glockenblume *(Campanula scheuchzeri)*

Berg-Margerite *(Leucanthemum adustum)*

Alpen-Wegerich *(Plantago alpina)*

Knöllchen-Knöterich *(Polygonum viviparum)*

Arznei-Thymian *(Thymus pulegioides)*

Alpen-Labkraut *(Galium anisophyllon)*

Alpen-Mastkraut *(Sagina saginoides)*

Berg-Distel *(Carduus defloratus)* mit Schwalbenschwanz

Das Hauptinteresse auf dieser Wanderung gilt nun den ausgedehnten Kalkschuttfluren am Fusse des Brienzer Rothorns östlich der Blattenegg. Von Weitem erscheint dieser Lebensraum öde und lebensfeindlich. Wer sich aber die Zeit nimmt, diese Geröll- und Schutthalden zu durchqueren, entdeckt einige meist farbenprächtige, niedrige und auch höhere Pflanzen. Diese haben sich mit ausgedehnten Wurzeln dem beweglichen, feinen und auch gröberen Geröll und Schutt angepasst. Sie trotzen der mechanischen Belastung durch Überschüttung und Bewegung, begnügen sich mit wenig Feinerde und sind an eine lange Schneebedeckung und gelegentliche Trockenheit gut angepasst. Wegen der extremen Standortfaktoren besiedeln mehrere charakteristische Pflanzen die Kalkschuttfluren. Sie gehören zu den **Täschelkrautfluren.** Eine seltene Pflanze verdient hier an der Nordseite des Brienzer Rothorns besondere Beachtung: es ist der Westliche Alpen-Mohn *(Papaver occidentale)*. Er hat in diesen Täschelkrautfluren seinen östlichsten Standort in der Schweiz und den einzigen im Kanton Luzern.

Geröllhalden östlich Blattenegg an der Nordseite des Brienzer Rothorns

Westlicher Alpen-Mohn *(Papaver occidentale)*

Einige weitere Pflanzen der Täschelkrautfluren sind: das Rundblättrige Täschelkraut *(Thlaspi rotundifolium)*, das Alpen-Leinkraut *(Linaria alpina)*, die Bewimperte Nabelmiere *(Moehringia ciliata)*, das Mont-Cenis-Rispengras *(Poa cenisia)*, das Schweizer Labkraut *(Galium megalospermum)*, die Alpen-Gämskresse *(Pritzelago alpina)*, der Schildblättrige Ampfer *(Rumex scutatus)*, Hallers Margerite *(Leucanthemum halleri)*, die Niedliche Glockenblume *(Campanula cochleariifolia)*, der Berg-Hahnenfuss *(Ranunculus montanus)*, die Grossköpfige Gämswurz *(Doronicum grandiflorum)*.

Rundblättriges Täschelkraut *(Thlaspi rotundifolium)*

Alpen-Gämskresse *(Pritzelago alpina)*

Alpen-Leinkraut *(Linaria alpina)*

Berg-Hahnenfuss *(Ranunculus montanus)*

Mont Cenis-Rispengras *(Poa cenisia)*

Bewimperte Nabelmiere *(Moehringia ciliata)*

Niedliche Glockenblume *(Campanula cochleariifolia)*

Schildblättriger Ampfer
(*Rumex scutatus*)

Schweizer Labkraut
(*Galium megalospermum*)

Hallers Margerite
(*Leucanthemum halleri*)

Grossköpfige Gämswurz
(*Doronicum grandiflorum*)

Über und zwischen den Geröllhalden bedecken grasige Hänge und Mulden die niederschlags- und wolkenreiche, luftfeuchte Nordseite des Brienzer Rothorns. Auf dem feuchten, wasserdurchlässigen und nährstoffreichen Boden mit langer Schneebedeckung gedeiht die **Rostseggenhalde.** Diese Pflanzengesellschaft ist ein äusserst artenreicher Kalksteinrasen, der für das Bergwild eine beliebte Futterquelle ist.

Oberhalb der Goldpippau-Kammgrasweide und der Pestwurzfluren liegen artenreiche Rostseggenhalden.

Gämsen grasen hier in der Weide unterhalb der Rostseggenhalde.

Neben der Rost-Segge (*Carex ferruginea*), deren Blätter und Stängel hangabwärts gebogen sind und an gekämmte Haare erinnern, bevölkern Süssgräser und viele Kräuter die Rostseggenhalde. Einige typische Pflanzen sind hier das Narzissen-Windröschen (*Anemone narcissiflora*), die Alpen-Anemone (*Pulsatilla alpina*), das Blattreiche Läusekraut (*Pedicularis foliosa*), der Süssklee (*Hedysarum hedysaroides*), die Kugelorchis (*Traunsteinera globosa*), der Alpen-Tragant (*Astragalus alpinus*), die Grosse Sterndolde (*Astrantia major*), der Schöne Schwingel (*Festuca pulchella*), die Gletscherlinse (*Astragalus frigidus*), der Allermannsharnisch (*Allium victorialis*) und viele andere.

Rost-Segge (*Carex ferruginea*)

Alpen-Anemone (*Pulsatilla alpina*)

Blattreiches Läusekraut (*Pedicularis foliosa*)

Kugelorchis (*Traunsteinera globosa*)

Wanderung 6: Steinetli

Süssklee *(Hedysarum hedysaroides)* Schöner Schwingel *(Festuca pulchella)* Gletscherlinse *(Astragalus frigidus)*

Grosse Sterndolde *(Astrantia major)* Narzissen-Windröschen *(Anemone narcissiflora)* Allermannsharnisch *(Allium victorialis)* Alpen-Tragant *(Astragalus alpinus)*

Im wenig beweglichen Kalkgeröll und im ruhenden Kalkschutt entwickelt sich im Bereich der Geröllhalden da und dort das schöne **Kalk-Alpenrosengebüsch** mit der beliebten Bewimperten Alpenrose *(Rhododendron hirsutum)*, auch Steinrösili genannt. Diese wird begleitet von krautigen Kalkzeigern benachbarter Pflanzengesellschaften, wie etwa vom Villars Kälberkropf *(Chaerophyllum villarsii)*, Wald-Storchschnabel *(Geranium sylvaticum)*, Alpen-Liebstock *(Ligusticum mutellina)* oder der Buchsblättrigen Kreuzblume *(Polygala chamaebuxus)*.

Kalk-Alpenrosengebüsch Bewimperte Alpenrose *(Rhododendron hirsutum)*

Alpen-Liebstock *(Ligusticum mutellina)* — Buchsblättrige Kreuzblume *(Polygala chamaebuxus)* — Villars Kälberkropf *(Chaerophyllum villarsii)* — Wald-Storchschnabel *(Geranium sylvaticum)*

Im wenig beweglichen oder ruhenden Kalkschutt begegnet uns an der Nordseite des Brienzer Rothorns unterhalb der Geröllhalden und eingestreut in die Goldpippau-Kammgrasweide, die **Alpen-Pestwurzflur**. Wir finden sie auch am Rande schuttiger Wildbäche und in muldenförmigen Schuttkaren. Der Vegetationsschluss ist in dieser Gesellschaft grösser als in der benachbarten Täschelkrauthalde. In die Alpen-Pestwurzflur dringen mit der Zeit mehrere Arten der benachbarten Pflanzengesellschaften ein: Vertreter der Karfluren (= Hochstaudenfluren), der Rostseggenhalde sowie Weidepflanzen sind zu beobachten, während die Arten der Täschelkrauthalde allmählich verschwinden. Die namengebende Art, die Alpen-Pestwurz *(Petasites paradoxus)* ist mit ihren langen Wurzeln ein hervorragender Schuttfestiger. Weitere typische Pflanzen und einige Begleiter der Alpen-Pestwurzflur sind der Kahle Alpendost *(Adenostyles alpina)*, der Berg-Baldrian *(Valeriana montana)*, der Lanzenfarn *(Polystichum lonchitis)*, das Alpen-Leimkraut *(Silene vulgaris* ssp. *glareosa)*, die Berg-Distel *(Carduus defloratus)*, der Blaue Eisenhut *(Aconitum neomontanum)*, die Meisterwurz *(Peucedanum ostruthium)*, der Türkenbund *(Lilium martagon)*.

Alpen-Pestwurzfluren an der Nordseite des Brienzer Rothorns im Frühling (links) und im Sommer (rechts)

Alpen-Pestwurz
(Petasites paradoxus)

Berg-Baldrian
(Valeriana montana)

Kahler Alpendost
(Adenostyles alpina)

Lanzenfarn
(Polystichum lonchitis)

Blauer Eisenhut
(Aconitum neomontanum)

Alpen-Leimkraut
(Silene vulgaris ssp. *glareosa)*

Meisterwurz *(Peucedanum ostruthium)*

Türkenbund *(Lilium martagon)*

Nach der mühsamen, aber botanisch ergiebigen Wanderung am Nordabhang des Brienzer Rothorns begeben wir uns hinunter zum Hintersteinetli. Dort fällt uns im Juli eine frisch-feuchte **Bergfettwiese** auf, wohl eine ehemalige Feuchtwiese. Schlangen-Knöterich *(Polygonum bistorta)*, Wiesen-Fuchsschwanz *(Alopecurus pratensis)*, Rote Waldnelke *(Silene dioica)*, Wiesen-Ferkelkraut *(Hypochaeris radicata)*, Wiesen-Sauerampfer *(Rumex acetosa)*, Wald-Storchschnabel *(Geranium sylvaticum)* u. a. dominieren hier den Sommeraspekt.

Frisch-feuchte Berfettwiese beim Hintersteinetli

Schlangen-Knöterich *(Polygonum bistorta)*

Wiesen-Ferkelkraut *(Hypochaeris radicata)*

Rote Waldnelke
(Silene dioica)

Wiesen-Sauerampfer
(Rumex acetosa)

Wiesen-Fuchsschwanz
(Alopecurus pratensis)

Wald-Storchschnabel
(Geranium sylvaticum)

Beim Vordersteinetli und unterhalb des Weges bei der Rossweid wird uns bewusst, dass wir uns hier in einer Moorlandschaft von nationaler Bedeutung befinden.

Leicht saure und kalkhaltige **Flachmoore** mit Übergängen zu Feuchtwiesen schmücken Ende Juni die Landschaft.

Flachmoore beim Vordersteinetli mit Orchideen und Wollgräsern

Diese Lebensräume zeichnen sich aus durch eine hohe Artenvielfalt. Einige typische und teilweise auch recht häufige Arten sind hier das Breitblättrige Knabenkraut *(Dactylorhiza majalis)*, Fuchs' Knabenkraut *(Dactylorhiza fuchsii)*, das Schmalblättrige Wollgras *(Eriophorum angustifolium)*, das Breitblättrige Wollgras *(Eriophorum latifolium)*, der Alpenhelm *(Bartsia alpina)*, die Mehl-Primel *(Primula farinosa)*, Davalls Segge *(Carex davalliana)*, die Rasen-Haarbinse *(Trichophorum cespitosum)*, das Alpen-Fettblatt *(Pinguicula alpina)* und viele andere.

Breitblättriges Wollgras *(Eriophorum latifolium)*

Davalls Segge *(Carex davalliana)*

Rasen-Haarbinse *(Trichophorum cespitosum)*

Alpen-Fettblatt *(Pinguicula alpina)*

Mehl-Primel *(Primula farinosa)*

Fuchs' Knabenkraut *(Dactylorhiza fuchsii)*   Schmalblättriges Wollgras *(Eriophorum angustifolium)*   Alpenhelm *(Bartsia alpina)*   Breitblättriges Knabenkraut *(Dactylorhiza majalis)*

Oberhalb Rossweid werfen wir zum Abschluss unserer Wanderung noch einen Blick auf unbeweidete und auch beweidete **Feuchtwiesen.**

Feuchtwiesen oberhalb Rossweid. Diese werden auch als Dotterblumenwiesen bezeichnet; ebenfalls häufig blüht hier der Eisenhutblättrige Hahnenfuss *(Ranunculus aconitifolius)*.

Auf dem feuchten, nährstoffreichen Boden bilden Pflanzen aus Hochstaudenfluren und Flachmooren, aus Tal- und Bergfettwiesen, aus Fettweiden und bei beweideten Flächen aus Borstgrasrasen eine typische Pflanzengesellschaft. In der Feuchtwiese beobachten wir etwa die Trollblume *(Trollius europaeus)*, die Sumpf-Dotterblume *(Caltha palustris)*, den Eisenhutblättrigen Hahnenfuss *(Ranunculus aconitifolius)*, die Sumpf-Kratzdistel *(Cirsium palustre)*, den Sumpf-Schachtelhalm *(Equisetum palustre)*, die Flatterige Binse *(Juncus effusus)*, den Sumpf-Hornklee *(Lotus pedunculatus)*, das Sumpf-Vergissmeinnicht *(Myosotis scorpioides)*, den Schlangen-Knöterich *(Polygonum bistorta)*, die Wald-Schlüsselblume *(Primula elatior)*, die Kuckucks-Lichtnelke *(Silene flos-cuculi)*, das Abbisskraut *(Succisa pratensis)*, den Sumpf-Baldrian *(Valeriana dioica)*, die Herbst-Zeitlose *(Colchicum autumnale)*, das Breitblättrige Knabenkraut *(Dactylorhiza majalis)* und viele andere.

Trollblume *(Trollius europaeus)*

Eisenhutblättriger Hahnenfuss *(Ranunculus aconitifolius)*

Sumpf-Schachtelhalm *(Equisetum palustre)*

Sumpf-Kratzdistel *(Cirsium palustre)*

Kuckucks-Lichtnelke *(Silene flos-cuculi)*

Flatterige Binse *(Juncus effusus)*

Sumpf-Hornklee *(Lotus pedunculatus)*

Sumpf-Baldrian *(Valeriana dioica)*

Abbisskraut *(Succisa pratensis)*

Sumpf-Dotterblume *(Caltha palustris)*

Sumpf-Vergissmeinnicht *(Myosotis scorpioides)*

Wald-Schlüsselblume *(Primula elatior)*

Herbst-Zeitlose *(Colchicum autumnale)*

Bei einem gemütlichen Trunk im Bergrestaurant Rossweid mit Blick auf das Brienzer Rothorn schauen wir noch einmal zurück auf eine anstrengende, aber bereichernde Wanderung mit vielen prächtigen Blumengestalten.

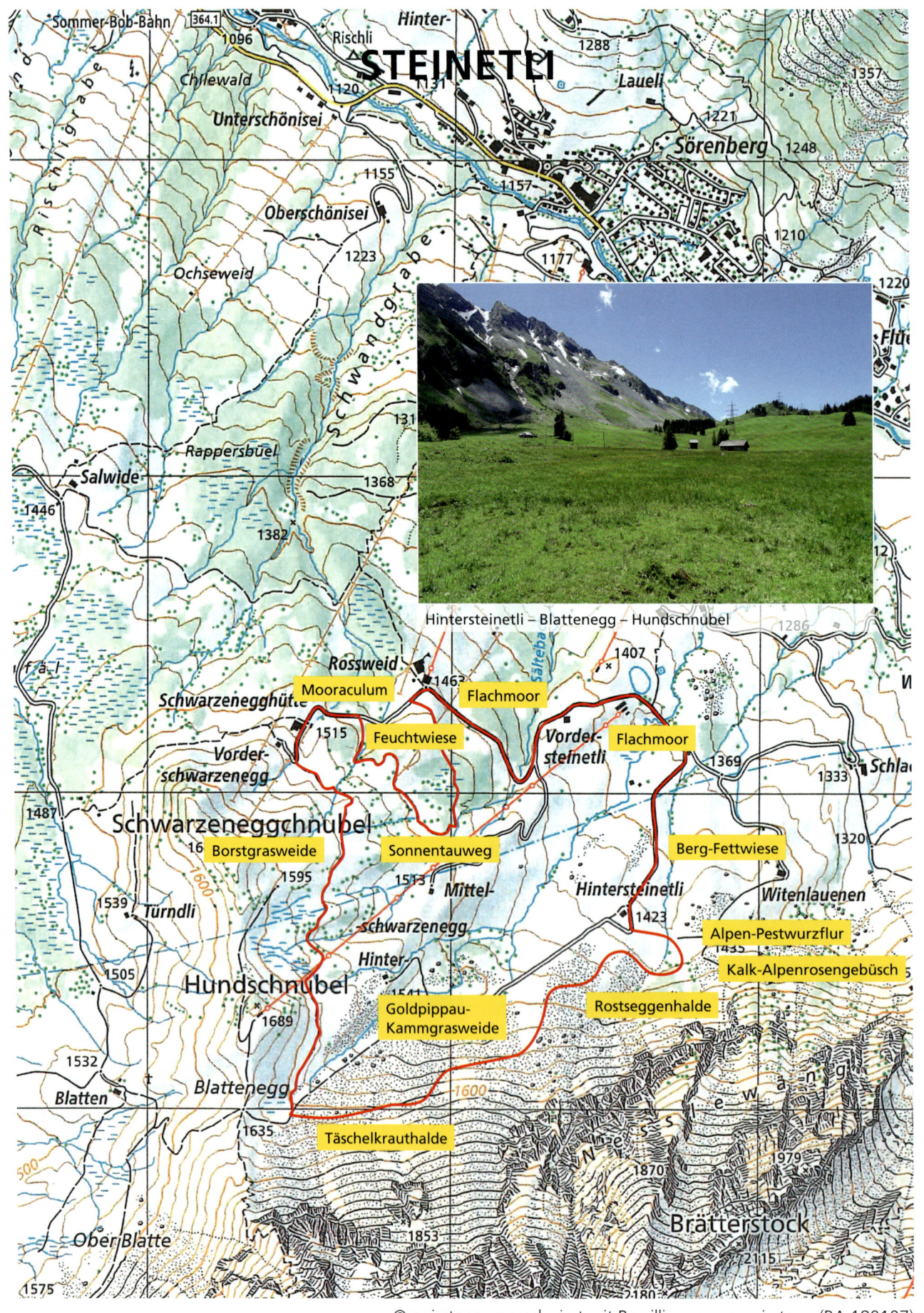

Hintersteinetli – Blattenegg – Hundschnubel

716　　　　　　　　　　　　　　　　　　　　　　　　　Teil III: Wanderungen

Wanderung 7 FÜRSTEIN

Tageswanderung

Idealer Zeitpunkt: Juni, Juli, August

Im Sommer werden im Fürsteingebiet ab und zu militärische Schiessübungen durchgeführt. Es wird empfohlen, sich vor einer Wanderung darüber zu informieren, z. B. beim Ausgangspunkt der Wanderung, im Bergrestaurant Städili.

Für den grössten Teil des Wandergebietes bildet der Schlierenflysch mit dem harten Schlierensandstein und feinsandigen, mergelig-tonigen Schichten den Gesteinsuntergrund. Flysch verwittert zu leicht bis mässig saurem Boden, was die Vegetation auch deutlich dokumentiert. Flysch ist ein Mischgestein, das da und dort einen recht hohen Kalkanteil aufweist. Deshalb erscheinen immer wieder als Überraschung charakteristische Pflanzen der Kalksteinflora, wie die Kalk-Polsternelke *(Silene acaulis)*, Oeders Läusekraut *(Pedicularis oederi)*, die Aurikel *(Primula auricula)*, die Silberwurz *(Dryas octopetala)* u. a. Anderseits erfreut uns oft die typische Flyschvegetation mit säuretoleranten und säureliebenden, teilweise ganz seltenen Blütenpflanzen und wunderschönen Flechten an den Felsen.

Säure- und kalkliebende Blütenpflanzen vereint am Fürstein

Landkartenflechten auf Schlierensandstein

Flyschvegetation mit dem Alpen-Klee *(Trifolium alpinum)* und der Halbkugeligen Rapunzel *(Phyteuma hemisphaericum)*.

Kalkliebende Silberwurz *(Dryas octopetala)* am Fürstein

Kalkliebende Pflanzen am Fürstein von links nach rechts: Aurikel *(Primula auricula)*, Kalk-Polsternelke *(Silene acaulis)*, Oeders Läusekraut *(Pedicularis oederi)*.

Im Bereich der Kantonsgrenze führt uns der Weg zuerst durch einen torfmoos- und farnreichen **Heidelbeer-Tannen-Fichtenwald.** Die Tanne *(Abies alba)* finden wir hier kaum noch, wohl aber die Fichte *(Picea abies)* und den Vogelbeerbaum *(Sorbus aucuparia)*. Den sauren Rohhumusboden bedecken mehrere säureliebende Pflanzen, wie die Heidelbeere *(Vaccinium myrtillus)*, der Wald-Frauenfarn *(Athyrium filix-femina)*, der Rippenfarn *(Blechnum spicant)*, der Wald-Bärlapp *(Lycopodium annotinum)*, der Breite Wurmfarn *(Dryopteris dilatata)*, der Wald-Sauerklee *(Oxalis acetosella)*, der Alpenlattich *(Homogyne alpina)*, die Wald-Hainsimse *(Luzula sylvatica)* und viele Moose.

Torfmoosreicher Heidelbeer-Tannen-Fichtenwald

Heidelbeere *(Vaccinium myrtillus)*

Vogelbeerbaum *(Sorbus aucuparia)*

Fichte *(Picea abies)*

Rippenfarn *(Blechnum spicant)*

Wald-Sauerklee *(Oxalis acetosella)*

Wald-Frauenfarn *(Athyrium filix-femina)*

Breiter Wurmfarn *(Dryopteris dilatata)*

Alpenlattich *(Homogyne alpina)*

Wald-Bärlapp *(Lycopodium annotinum)*

Wald-Hainsimse *(Luzula sylvatica)*

Vor und bis nach der Alp Fürstein dominiert die **Borstgrasweide,** durchsetzt mit Zwergsträuchern, Aufrechten Berg-Föhren *(Pinus mugo* ssp. *uncinata)* und Fichten *(Picea abies)*. Das zähe Borstgras *(Nardus stricta)*, die Bärtige Glockenblume *(Campanula barbata)*, das Gemeine Katzenpfötchen *(Antennaria dioica)*, der Kalk-Silikat- oder Kochs Enzian *(Gentiana acaulis)*, die Arnika *(Arnika montana)*, der Purpur-Enzian *(Gentiana purpurea)*, die Besenheide *(Calluna vulgaris)*, aber auch die Preiselbeere *(Vaccinium vitis-idaea)*, die Rauschbeere *(Vaccinium uliginosum)* sowie der Zwerg-Wacholder *(Juniperus communis* ssp. *alpina)* u. a. bevölkern den leicht sauren, beweideten Boden.

Borstgrasweide Ende Mai bei der Alp Fürstein; im Hintergrund der Chli Fürstein.

Zwerg-Wacholder *(Juniperus communis* ssp. *alpina)*

Bärtige Glockenblume *(Campanula barbata)*

Gemeines Katzenpfötchen *(Antennaria dioica)*

Silikat-Glocken-Enzian *(Gentiana acaulis)*

Preiselbeere *(Vaccinium vitis-idaea)* | Rauschbeere *(Vaccinium uliginosum)* | Arnika *(Arnica montana)* | Purpur-Enzian *(Gentiana purpurea)* | Besenheide *(Calluna vulgaris)*

Bei den Alphütten Ober Sewen biegen wir links ab und erfreuen uns am prächtigen **Alpenrosen-Bergföhrenwald.** Blühende Rostblättrige Alpenrosen *(Rhododendron ferrugineum)* und eindrucksvolle Aufrechte Berg-Föhren *(Pinus mugo* ssp. *uncinata)* verschönern die Landschaft und erwecken beim Wanderer Staunen und Bewunderung.

Alpenrosen-Bergföhrenwald westlich Ober Sewen

Rostblättrige Alpenrose *(Rhododendron ferrugineum)*

Nach den Alphütten Ober Sewen verlassen wir bald den Weg und wandern auf den Grat Richtung Pt. 1819. Bald stossen wir im Juni auf die blühende **Bärentrauben-Heide.** Diese gedeiht am sonnigen, trockenen und kalkarmen Hang, wo der Boden sauer, nährstoffarm und flachgründig ist. Zur Immergrünen Bärentraube *(Arctostaphylos uva-ursi)* gesellen sich der Zwerg-Wacholder *(Juniperus communis* ssp. *alpina)*, die Besenheide *(Calluna vulgaris)* und andere Heidekrautgewächse. Auch bereits bekannte und weitere Vertreter der bodensauren Borstgrasrasen finden sich hier ein, wie etwa das Gemeine Katzenpfötchen *(Antennaria dioica)*, die Bärtige Glockenblume *(Campanula barbata)*, die Arnika *(Arnica montana)*, der Silikat-Glocken-Enzian *(Gentiana acaulis)*, das Borstgras *(Nardus stricta)*, der Purpur-Enzian *(Gentiana purpurea)*, die Draht-Schmiele *(Avenella flexuosa)*, das Alpen-Ruchgras *(Anthoxanthum alpinum)*, die Alpen-Goldrute *(Solidago virgaurea* ssp. *minuta)*, die Bleiche Segge *(Carex pallescens)*, die Weisszunge *(Pseudorchis albida)*, das Gold-Fingerkraut *(Potentilla aurea)* u. a.

Blühende Bärentrauben-Heide anfangs Juni

Immergrüne Bärentraube *(Arctostaphylos uva-ursi)*

Besenheide *(Calluna vulgaris)*

Draht-Schmiele *(Avenella flexuosa)*

Alpen-Goldrute *(Solidago virgaurea ssp. minuta)*

Bleiche Segge *(Carex pallescens)*

Weisszunge *(Pseudorchis albida)*

Borstgras *(Nardus stricta)*

Alpen-Ruchgras *(Anthoxanthum alpinum)*

Gold-Fingerkraut *(Potentilla aurea)*

Auf unserem weiteren Weg Richtung Mittler Fürstein fällt uns immer mehr ein oft nicht blühender Spalierteppich auf. Es ist die kälte- und windharte, Trockenheit ertragende **Alpenazaleen-Heide** mit der niederliegenden Alpenazalee oder Gämsheide *(Loiseleuria procumbens)* als Charakterart. Auf dem sauren, flachgründigen, felsigen Hang sowie auf dem windgepeitschten Grat trotzt sie – zusammen mit der Alpen-Bärentraube *(Arctostaphylos alpina)*, Flechten und einigen Pflanzen der Zwergstrauchheiden und der alpinen Borstgrasrasen – den harten klimatischen Bedingungen.

Wanderung 7: Fürstein

Als Begleiter der Alpenazaleen-Heide können wir im Gratgebiet des Fürstein etwa folgende Pflanzen finden: Rentierflechten (*Cladonia* sp.), Islandflechten (*Cetraria* sp.), Alpen-Bärlapp *(Diphasiastrum alpinum)*, Tannenbärlapp *(Huperzia selago)*, Zwittrige Krähenbeere *(Empetrum nigrum* ssp. *hermaphroditum)*, Bunthafer *(Helictotrichon versicolor)*, Besenheide *(Calluna vulgaris)*, Kleinblättrige Rauschbeere *(Vaccinium gaultherioides)*, Alpen-Frauenmantel *(Alchemilla alpina)*, Stumpfblättrige Weide *(Salix retusa)* u. a.

Spalierteppich der Alpenazalee über Schlierensandstein mit Flechten

Alpenazalee *(Loiseleuria procumbens)*

Alpen-Bärentraube *(Arctostaphylos alpina)*

Rentierflechte (*Cladonia* sp.) im Azaleenspalier

Islandflechte (*Cetraria* sp.), Kleinblättrige Rauschbeere *(Vaccinium gaultherioides)*, Alpenazalee *(Loiseleuria procumbens)*

Alpen-Bärlapp *(Diphasiastrum alpinum)*

Stumpfblättrige Weide *(Salix retusa)*

Tannenbärlapp *(Huperzia selago)*

Zwittrige Krähenbeere *(Empetrum hermaphroditum)*

Bunthafer *(Helictotrichon versicolor)*

Besenheide *(Calluna vulgaris)*

Alpen-Frauenmantel *(Alchemilla alpina)*

Kleinblättrige Rauschbeere *(Vaccinium gaultherioides)*

Im windgepeitschten Gratgebiet mit Flyschsandstein vom Chli Fürstein bis zum Wissguber finden wir selten einige charakteristische Pflanzen der alpinen **Nacktriedrasen:** Nacktried *(Elyna myosuroides)*, Einköpfiges Berufkraut *(Erigeron uniflorus)*, Felsen-Segge *(Carex rupestris)*, Karpaten-Katzenpfötchen *(Antennaria carpatica)*, Dreispaltige Binse *(Juncus trifidus)*, Jacquins Binse *(Juncus jacquinii)*. Sie werden begleitet von bereits bekannten Arten der Alpenazaleen-Heide.

Auf dem Fürsteingrat treffen sich Pflanzen des Nacktriedrasens und des Alpenazaleen-Teppichs.

Einköpfiges Berufkraut *(Erigeron uniflorus)*

Nacktried *(Elyna myosuroides)*

Felsen-Segge
(Carex rupestris)

Karpaten-Katzenpfötchen
(Antennaria carpatica)

Dreispaltige Binse
(Juncus trifidus)

Jacquins Binse
(Juncus jacquinii)

Bei der Wanderung vom Gipfel des Fürstein bis zum Wissguber und zurück gilt unsere Aufmerksamkeit nicht nur der Gratvegetation, sondern insbesondere dem alpinen **Borstgrasrasen** im zum Teil zwergstrauchreichen, steinigen Hang.

Zwergsträucher und Borstgrasrasen beim Wissguber; die Zwergstrauchheide geht nach oben über in den Borstgrasrasen und die Alpenazaleen-Heide.

Der subalpin-alpine Borstgrasrasen beherbergt wenige hochwüchsige Pflanzen. Vor allem im Juni, aber auch noch später, können wir hier einige besonders schöne und auch seltene Pflanzen auf dem leicht sauren Boden bewundern. Nebst bekannten Arten der Borstgrasrasen blühen hier die Frühlings-Anemone *(Pulsatilla vernalis)*, die Schwefel-Anemone *(Pulsatilla alpina* ssp. *apiifolia)*, die Halbkugelige Rapunzel *(Phyteuma hemisphaericum)*, der Alpen-Klee *(Trifolium alpinum)*, die Berg-Nelkenwurz *(Geum montanum)*, das Alpen-Habichtskraut *(Hieracium alpinum)* und als Besonderheit die Scheiden-Segge *(Carex vaginata)*, die nur in wenigen Gebieten der Schweiz vorkommt.

Frühlings-Anemone (*Pulsatilla vernalis*)

Schwefel-Anemone (*Pulsatilla alpina* ssp. *apiifolia*)

Halbkugelige Rapunzel (*Phyteuma hemisphaericum*)

Alpen-Klee (*Trifolium alpinum*)

Alpen-Habichtskraut (*Hieracium alpinum*)

Scheiden-Segge (*Carex vaginata*)

Berg-Nelkenwurz (*Geum montanum*)

Auf unserem weiteren Weg nach unten durchstreifen wir eine **Zwergstrauchheide**, die als **Krähenbeeren-Rauschbeerenheide** bezeichnet wird. Sie ist das floristische Bindeglied zwischen der weiter unten liegenden Rostalpenrosen-Heide und der nach oben folgenden Alpenazaleen-Heide. In ihr finden wir also Pflanzen der beiden Gesellschaften, wie die Heidelbeere (*Vaccinium myrtillus*), die Besenheide (*Calluna vulgaris*), die Kleinblättrige Rauschbeere (*Vaccinium gaultherioides*), die Alpenazalee (*Loiseleuria procumbens*), Rentierflechten (*Cladonia* sp.), den Zwerg-Wacholder (*Juniperus communis* ssp. *alpina*), die Rostblättrige Alpenrose (*Rhododendron ferrugineum*) u. a.

Zwergstrauchheiden am Fürstein

In Lücken treffen wir auf bereits bekannte Pflanzen der Borstgrasrasen. Eine wahre Pracht ist in der Sewenmulde die blühende **Rostalpenrosen-Heide** mit der Rostblättrigen Alpenrose *(Rhododendron ferrugineum)*.

Blühende Rostalpenrosen-Heide Mitte Juli am Fürstein bei Ober Sewen.

Auf dem aschegrauen, sauren, nährstoffarmen Bleicherdeboden begleiten Heidelbeeren *(Vaccinium myrtillus)* und andere Erikagewächse, Flechten *(Cladonia* sp. *Cetraria* sp.), Zwerg-Wacholder *(Juniperus communis* ssp. *alpina)*, Wolliges Reitgras *(Calamagrostis villosa)*, Aufrechte Berg-Föhre *(Pinus mugo* ssp. *uncinata)* sowie Pflanzen der Borstgrasrasen die dominierende Rostblättrige Alpenrose *(Rhododendron ferrugineum)*.

Rostalpenrosen-Heide mit Berg-Föhren *(Pinus mugo* ssp. *uncinata)*

Rostblättrige Alpenrose *(Rhododendron ferrugineum)*

Wolliges Reitgras *(Calamagrostis villosa)*

Wir geniessen noch einmal den Blick in die Sewenmulde zum Sewenseeli.

Sewenseeli mit der Kapelle

An der Kapelle vorbei erreichen wir das Sewenseeli. Von hier an begleiten uns durch die abwechslungsreiche Landschaft kleine Bächlein, Quellfluren, Gruppen mit der Aufrechten Berg-Föhre *(Pinus mugo* ssp. *uncinata)* und Fichten *(Picea abies)* sowie sumpfige Gebiete mit Feuchtwiesen und **Flachmooren** auf leicht saurem bis neutralem Boden. Einige Pflanzen dieser Lebensräume sind: Mehl-Primel *(Primula farinosa)*, Alpenhelm *(Bartsia alpina)*, Trollblume *(Trollius europaeus)*, Breitblättriges Knabenkraut *(Dactylorhiza majalis)*, Fuchs' Knabenkraut *(Dactylorhiza fuchsii)*, Alpen-Fettblatt *(Pinguicula alpina)*, Waldmoor-Läusekraut *(Pedicularis sylvatica)*, Schröters Löwenzahn *(Taraxacum schroeterianum)* und viele Sauergräser.

Mehl-Primel *(Primula farinosa)* Trollblume *(Trollius europaeus)* Alpenhelm *(Bartsia alpina)* Alpen-Fettblatt *(Pinguicula alpina)*

Breitblättriges Knabenkraut
(Dactylorhiza majalis)

Waldmoor-Läusekraut
(Pedicularis sylvatica)

Schröters Löwenzahn
(Taraxacum schroeterianum)

Fuchs' Knabenkraut
(Dactylorhiza fuchsii)

Bei einer Pause im Restaurant Ställdili – unserem Ausgangs- und Endpunkt – beschliessen wir das Erlebnis Flyschwanderung im Kanton Obwalden im Bewusstsein, dass wir in abwechslungsreichen Lebensräumen vielen schönen und teilweise seltenen, prächtigen Blumengestalten begegnen durften.

Bergrestaurant Ställdili; im Hintergrund die Grönflue

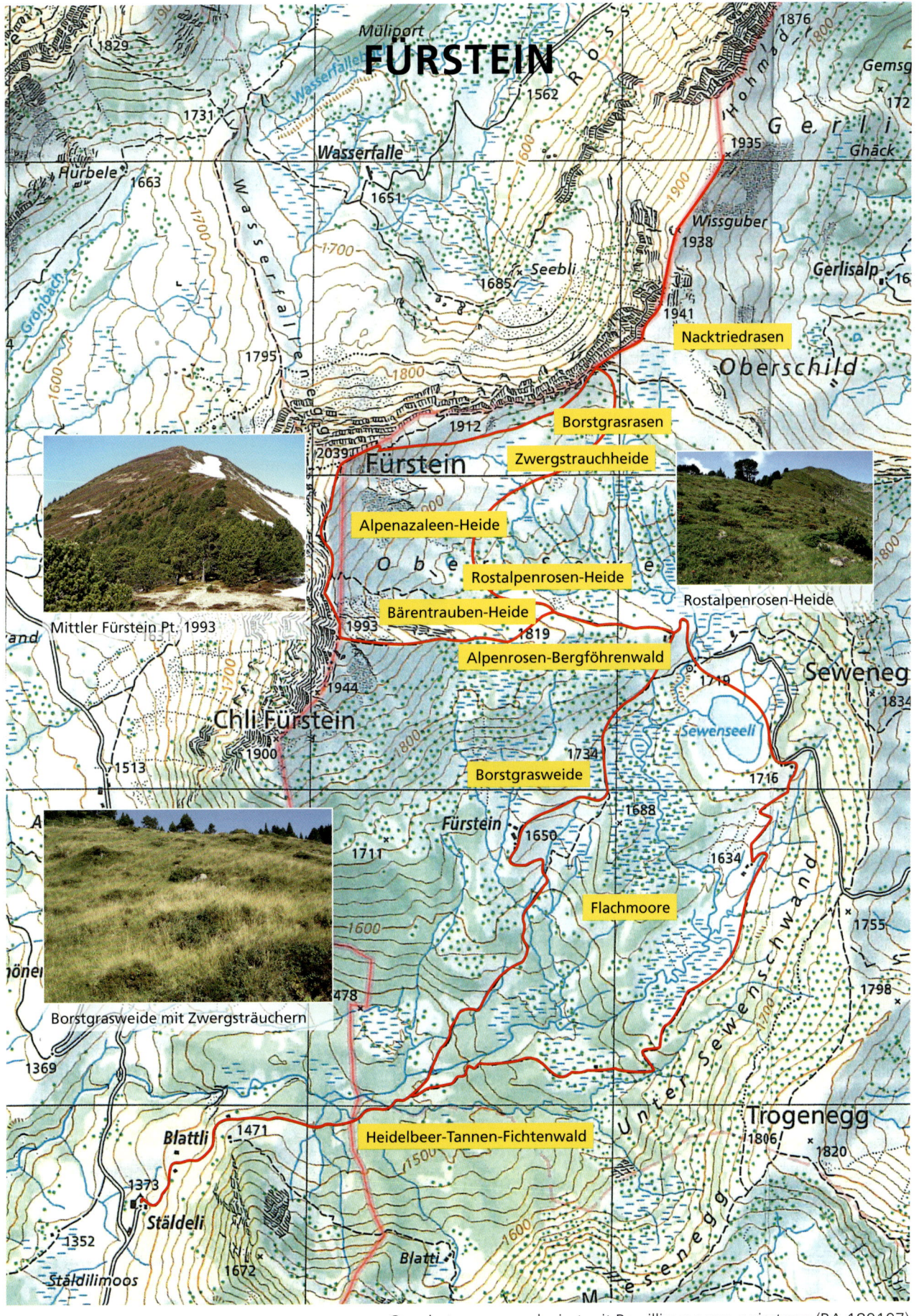

Wanderung 8

CHESSILOCH – BLEIKEBODEN

| Halbtageswanderung | Idealer Zeitpunkt: ab Mitte Mai, Juni, Juli |

Diese Wanderung beginnt südlich des Dorfes Flühli vor der Brücke bei Pt. 915. Wir wandern auf der Strasse dem wilden Rotbach entlang Richtung Kragen – Chessiloch.

Schon bald säumt ein hochwüchsiger **Hartholz-Auenwald** den Rotbach. Es ist ein **Eschen-Mischwald** mit der schlanken, hohen Gemeinen Esche *(Fraxinus excelsior)* und dem Berg-Ahorn *(Acer pseudoplatanus)*. Der Wald zeigt Übergänge zum Ahorn-Eschenwald. Auf dem sandig-tonigen, nährstoffreichen und gut durchlässigen Boden ist die Vegetation üppig mit vielen Sträuchern, Stauden, Kräutern und Gräsern. Die Bach- und Flusskorrektionen allerdings haben das typische Waldbild vielerorts verändert, weil dadurch die Überschwemmungen des Aubodens selten geworden sind; auf dem trockeneren Boden haben gesellschaftsfremde Pflanzen Einzug gehalten.

Bei genügend Zeit lohnt sich vor oder am Ende der Wanderung ein Abstecher zum Hartholz-Auenwald an der Waldemme. Der artenreichste Teil dieses Eschen-Mischwaldes beginnt bei der Brücke gegenüber Längehowald. Entlang dem Emmenuferweg bis zur nächsten Brücke begegnen uns viele charakteristische und auch weniger typische Pflanzen des Hartholz-Auenwaldes.

Aufgelichteter Hartholz-Auenwald am Rotbach

Artenreicher Hartholz-Auenwald an der Waldemme

Gemeine Esche *(Fraxinus excelsior)* mit Früchten

Berg-Ahorn *(Acer pseudoplatanus)* mit Blüten

Von den vielen Sträuchern, Stauden, Kräutern und Gräsern, die uns nebst den dominierenden Bäumen im Eschen-Mischwald begegnen können, seien hier nur einige wenige genannt: Gemeines Pfaffenhütchen *(Euonymus europaeus)*, Haselstrauch *(Corylus avellana)*, Rote Heckenkirsche *(Lonicera xylosteum)*, Wolliger Schneeball *(Viburnum lantana)*, Echter Seidelbast *(Daphne mezereum)*, Vierblättrige Einbeere *(Paris quadrifolia)*, Quirlblättriges Salomonssiegel *(Polygonatum verticillatum)*, Akeleiblättrige Wiesenraute *(Thalictrum aquilegiifolium)*, Ährige Rapunzel *(Phyteuma spicatum)*, Wald-Springkraut *(Impatiens noli-tangere)*, Wald-Zwenke *(Brachypodium sylvaticum)* u. a.

Gemeines Pfaffenhütchen *(Euonymus europaeus)*

Quirlblättriges Salomonssiegel *(Polygonatum verticillatum)*

Wald-Springkraut *(Impatiens noli-tangere)*

Akeleiblättrige Wiesenraute *(Thalictrum aquilegiifolium)*

Wolliger Schneeball *(Viburnum lantana)*

Echter Seidelbast *(Daphne mezereum)*

Wald-Zwenke *(Brachypodium sylvaticum)*

Ährige Rapunzel *(Phyteuma spicatum)*

Haselstrauch *(Corylus avellana)*

Vierblättrige Einbeere *(Paris quadrifolia)*

Rote Heckenkirsche *(Lonicera xylosteum)*

Den Rotbach säumt in schmalen Streifen oder auch breiteren Flächen auf dem schotterreichen, kiesigen und nährstoffreichen Boden der aus der Ferne sich monoton präsentierende **Grauerlen-Auenwald.** Er wird begleitet von Weiden und dem Ahorn-Eschenwald. Dicht an dicht reihen sich die schlanken Stämme der Grau-Erle *(Alnus incana)*, die hier keine anderen Bäume duldet. Die Bodenvegetation ist krautig und zeigt im Sommer nur wenige Blüten. In lichtreicheren Lücken entwickelt sich eine üppige, grossblättrige Krautschicht mit Hochstauden.

Grauerlen-Auenwald am Rotbach in der Gemeinde Flühli

Von den recht vielen Kräutern und Hochstauden, die auch in anderen Pflanzengesellschaften mit ähnlichen Standortansprüchen vorkommen, können wir im montanen Grauerlen-Auenwald etwa finden: Geissfuss *(Aegopodium podagraria)*, Blauer Eisenhut *(Aconitum compactum)*, Gebirgs-Kälberkropf *(Chaerophyllum hirsutum)*, Kohldistel *(Cirsium oleraceum)*, Wald-Witwenblume *(Knautia dipsacifolia)*, Weisse Pestwurz *(Petasites albus)*, Rote Pestwurz *(Petasites hybridus)*, Wald-Schlüsselblume *(Primula elatior)* u. a.

Grau-Erle *(Alnus incana)* | Geissfuss *(Aegopodium podagraria)* | Blauer Eisenhut *(Aconitum compactum)* | Wald-Schlüsselblume *(Primula elatior)*

Rote Pestwurz
(Petasites hybridus)

Gebirgs-Kälberkropf
(Chaerophyllum hirsutum)

Kohldistel
(Cirsium oleraceum)

Weisse Pestwurz
(Petasites albus)

Wald-Witwenblume
(Knautia dipsacifolia)

Bestimmt lohnt sich ein Abstecher ins **Chessiloch,** wo der Seebebach in einem kleinen Wasserfall das harte Kalkgestein der helvetischen Randkette durchbricht. Schon vor dem Chessiloch fällt uns ein andersartiges Gestein, wie von Menschenhand gemauert, auf der linken Seite des Rotbachs auf; es ist der Schlierenflysch, auf dem die Kalkschichten liegen.

Am Rotbach erscheinen die Kalkschichten der Randkette wie von Hand gemauert.

Im Chessiloch durchbricht der Seebebach mit einem kleinen Wasserfall das Kalkgestein.

Im Steinbruch Gitziloch wird der harte Schlierensandstein gebrochen.

Beeindruckend sind die Schichten des Schlierenflysch vor Ober Blattli.

Zurück vom Chessiloch überqueren wir den Rotbach und wandern durch einen Tannen-Buchenwald und entlang einem Ahorn-Eschenwald zur Liegenschaft Holzhack. Von hier aus erreichen wir über die Sattelschlucht die Städilistrasse beim Gitziloch. Hier zeigt uns der Steinbruch besonders schön den harten Flysch-Schlierensandstein. Eindrücklich aufgeschlossen sind die Gesteinsschichten des Schlierenflyschs aber weiter oben, auf dem Weg zur Hagleren zwischen der Alp Rohr und Ober Blattli.

An den wasserzügigen, rutschgefährdeten Hängen und in nährstoffreichen Mulden im Einzugsgebiet des Rotbachs gedeiht der **Ahorn-Eschenwald.** Auf der rechten Seite des Rotbachs beim Bleikebode bildet er Übergänge zu Pionierstadien des Grauerlen-Auenwaldes. Sträucher und eine hochstaudenreiche Krautschicht sind typisch für den Ahorn-Eschenwald.

Der Ahorn-Eschenwald auf der rechten Seite des Rotbachs beim Bleikebode ist durchsetzt mit Grau-Erlen *(Alnus incana)* und Fichten *(Picea abies).*

Der Ahorn-Eschenwald hat keine eigenen Charakterarten. Den Berg-Ahorn *(Acer pseudoplatanus)* und die Gemeine Esche *(Fraxinus excelsior)* können folgende Arten begleiten: Grau-Erle *(Alnus incana),* Geissfuss *(Aegopodium podagraria),* Wald-Frauenfarn *(Athyrium filix-femina),* Hänge-Segge *(Carex pendula),* Gebirgs-Kälberkropf *(Chaerophyllum hirsutum),* Grosses Hexenkraut *(Circaea lutetiana),* Bach-Nelkenwurz *(Geum rivale),* Rote Heckenkirsche *(Lonicera xylosteum),* Weisse Pestwurz *(Petasites albus),* Rote Pestwurz *(Petasites hybridus),* Wolliger Hahnenfuss *(Ranunculus lanuginosus),* Rundblättriger Steinbrech *(Saxifraga rotundifolia),* Rasen-Schmiele *(Deschampsia cespitosa),* Wechselblättriges Milzkraut *(Chrysosplenium alternifolium)* u. a.

Wechselblättriges Milzkraut *(Chrysosplenium alternifolium)*

Wald-Frauenfarn *(Athyrium filix-femina)*

Rundblättriger Steinbrech *(Saxifraga rotundifolia)*

Bach-Nelkenwurz *(Geum rivale)* | Hänge-Segge *(Carex pendula)* | Grosses Hexenkraut *(Circaea lutetiana)* | Rasen-Schmiele *(Deschampsia cespitosa)* | Wolliger Hahnenfuss *(Ranunculus lanuginosus)*

Bald nähern wir uns dem Bleikebode, dem Hauptziel unserer Wanderung. Links und rechts der Strasse begeistern mehrere Hektare meist schwach bis wenig geneigter Flachmoore und Feuchtwiesen – im Besitz der Korporation Escholzmatt (Flühli und Escholzmatt waren bis 1836 eine Gemeinde) – von nationaler Bedeutung die Wanderer. Als artenreichste und farbenprächtigste Feuchtgebiete verzaubern ab Mai bis anfangs Juli kalkhaltige bis leicht saure Kleinseggenriede, kleine Übergangsmoore sowie Feuchtwiesen und einzelne Pflanzen der Berg-Fettwiese, der Goldhaferwiese, die Landschaft mit einer wahren Blütenpracht.

Ein Heer von Sumpf-Dotterblumen *(Caltha palustris)* überzieht im Mai diese Feuchtwiese auf dem Bleikeboden.

Feuchtwiese mit Trollblumen *(Trollius europaeus)* anfangs Juni

Die Mehl-Primel *(Primula farinosa)* und Oeders Läusekraut *(Pedicularis oederi)* setzen im Mai die ersten Farbtupfer ins Flachmoor.

Kalkhaltiges Flachmoor mit Orchideen und Wollgräsern anfangs Juni

Die meisten **Feuchtwiesen** gehören zur Gesellschaft der Dotterblumenwiesen mit der hohen Bach-Kratzdistel *(Cirsium rivulare)* als Charakterart. Im Frühling erblühen hier zuerst in grosser Zahl die Wald-Schlüsselblume *(Primula elatior)* und die Sumpf-Dotterblume *(Caltha palustris)*. Von den vielen Arten, die im Verlauf des Sommers folgen, seien nur einige erwähnt, wie etwa die Trollblume *(Trollius europaeus)*, der Eisenhutblättrige Hahnenfuss *(Ranunculus aconitifolius)*, der Schlangen-Knöterich *(Polygonum bistorta)*, die Hirse-Segge *(Carex panicea)*, das Sumpf-Vergissmeinnicht *(Myosotis scorpioides)*, die Kuckucks-Lichtnelke *(Silene flos-cuculi)*, der Sumpf-Baldrian *(Valeriana dioica)*, das Abbisskraut *(Succisa pratensis)* u. a. Nach der Mahd im August, die von mehreren Bewirtschaftern vertragsgemäss durchgeführt wird, macht die Herbst-Zeitlose *(Colchicum autumnale)* den Abschluss der Vegetationsperiode in den Feuchtwiesen.

Bach-Kratzdistel *(Cirsium rivulare)*

Trollblume *(Trollius europaeus)*

Eisenhutblättriger Hahnenfuss *(Ranunculus aconitifolius)*

Schlangen-Knöterich *(Polygonum bistorta)*

Wald-Schlüsselblume *(Primula elatior)*

Hirse-Segge *(Carex panicea)*

Sumpf-Baldrian *(Valeriana dioica)*

Sumpf-Vergissmeinnicht *(Myosotis scorpioides)*

Sumpf-Dotterblume *(Caltha palustris)*

Kuckucks-Lichtnelke *(Silene flos-cuculi)*

Abbisskraut *(Succisa pratensis)*

Herbst-Zeitlose *(Colchicum autumnale)*

Eine Augenweide sind im Juni die blühenden Flachmoore mit Orchideen und Wollgräsern. Die meisten von ihnen sind Davallseggenriede. Diese sind wohl die artenreichsten und farbenprächtigsten Flachmoore. Links und rechts der Strasse können wir etwa folgende Pflanzen entdecken und bewundern: Alpenhelm *(Bartsia alpina)*, Davalls Segge *(Carex davalliana)*, Mehl-Primel *(Primula farinosa)*, Oeders Läusekraut *(Pedicularis oederi)*, Alpen-Fettblatt *(Pinguicula alpina)*, Breitblättriges Knabenkraut *(Dactylorhiza majalis)*, Fuchs' Knabenkraut *(Dactylorhiza fuchsii)*, Fleischrotes Knabenkraut *(Dactylorhiza incarnata)*, Breitblättriges Wollgras *(Eriophorum latifolium)*, Grosses Zweiblatt *(Listera ovata)*, Kelch-Liliensimse *(Tofieldia calyculata)*, Sumpf-Herzblatt *(Parnassia palustris)* und viele andere.

Durch viele Eindrücke bereichert, erreichen wir nach einer halben Stunde unseren Ausgangspunkt.

Alpenhelm *(Bartsia alpina)*

Davalls Segge *(Carex davalliana)*

Oeders Läusekraut *(Pedicularis oederi)*

Mehl-Primel *(Primula farinosa)*

Breitblättriges Knabenkraut *(Dactylorhiza majalis)*

Grosses Zweiblatt *(Listera ovata)*

Fuchs' Knabenkraut *(Dactylorhiza fuchsii)*

Fleischrotes Knabenkraut *(Dactylorhiza incarnata)*

Alpen-Fettblatt *(Pinguicula alpina)*

Kelch-Liliensimse *(Tofieldia calyculata)*

Breitblättriges Wollgras *(Eriophorum latifolium)*

Sumpf-Herzblatt *(Parnassia palustris)*

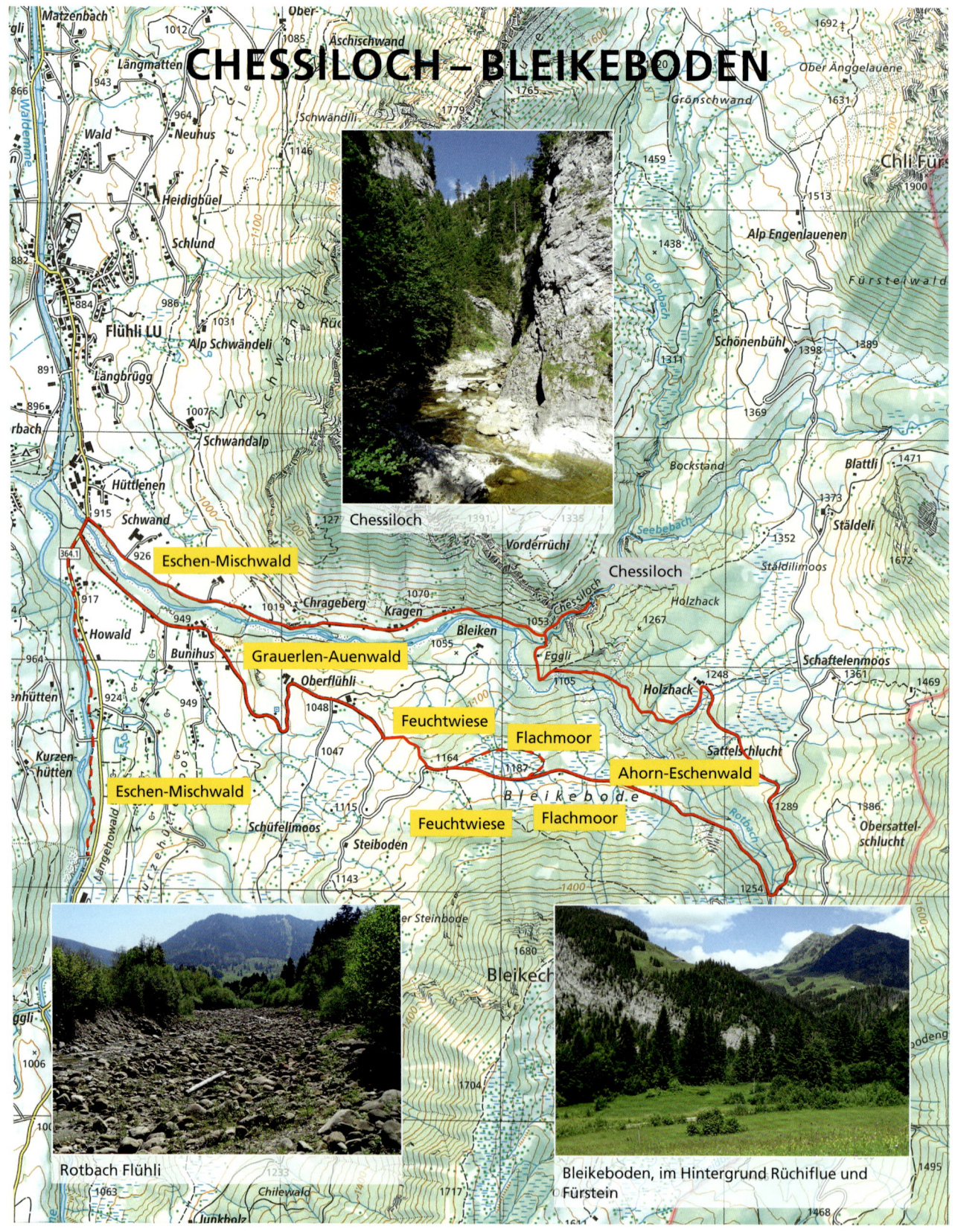

Wanderung 9 — GRÖNFLUE

| Tageswanderung | Idealer Zeitpukt: Juni, Juli, August |

Auf dieser recht anspruchsvollen Wanderung entlang der helvetischen Randkette mit Kalkgestein (Rüchiflue, Grönflue, Schafmatt) und zurück über die Moorlandschaft im Flyschgebiet können wir in verschiedenen Lebensräumen mehreren Pflanzengesellschaften mit zum Teil für den Kanton Luzern sehr seltenen Pflanzen begegnen.

Überblick über das Wandergebiet: in der Mitte links die hellen Felswände der Rüchiflue, dahinter die Grönflue und die Schafmatt, der Sattel ist die Wasserfallenegg, rechts der Fürstein

Schon bald nach der Liegenschaft Kragen biegen wir links ab auf den steilen und oft felsigen Wanderweg Richtung Rüchiflue – Guggenen – Grön. Links des Weges, an lichten Stellen im Wald mit Fels, Schutt und kleinen, steinigen Rasenflächen fallen uns immer wieder einige wärmeliebende Pflanzen der Kalkfelsen, der sonnigen Staudensäume, der Kalkschuttfluren und der Blaugrashalden in einem bunten Mosaik auf. Im moosigen Fichtenwald kann uns entlang des Wanderweges anfangs August eine seltene Orchidee auf Moderhumus überraschen, die Moosorchis *(Goodyera repens)*.

Kalkfelsen der Rüchiflue

Moosorchis *(Goodyera repens)*

Buchs-Kreuzblume *(Polygala chamaebuxus)*; an der sonnigen Rüchiflue sind diese Blüten ab und zu rosafarben.

Wald-Erdbeere *(Fragaria vesca)*

Bei den Kalkfelsen der Rüchiflue lohnt sich für geübte Berggänger ein Abstecher nach links. Am Fusse der gut strukturierten Felsen mit Sträuchern, Fichten *(Picea abies)*, Aufrechten Berg-Föhren *(Pinus mugo* ssp. *uncinata)* sowie Vertretern der Blaugrashalden finden wir mehrere typische Pflanzen der hochmontanen, sonnigen **Felsfluren** wie auch vom **Felsenmispel-Gebüsch.**

Die Gesellschaft der **Felsfluren** auf Kalkgestein wird in dieser Meereshöhe auch etwa als «Kugelschötchenflur» bezeichnet. Auf unserem vorsichtigen Abstecher ohne Wanderweg ein Stück weit entlang der Rüchiflue werden hier einige typische Pflanzen sowie ein paar Begleiter der hochmontanen, sonnigen Felsfluren vorgestellt: Kugelschötchen *(Kernera saxatilis)*, Scheiden-Kronwicke *(Coronilla vaginalis)*, Alpen-Seidelbast *(Daphne alpina)*, Niedriges Habichtskraut *(Hieracium humile)*, Stängelumfassendes Habichtskraut *(Hieracium amplexicaule)*, Berg-Gamander *(Teucrium montanum)*, Herzblättrige Kugelblume *(Globularia cordifolia)*, Halbstrauchiger Ehrenpreis *(Veronica fruticulosa)*, Gewöhnliches Sonnenröschen *(Helianthemum nummularium)*, Echtes Salomonssiegel *(Polygonatum odoratum)*, Clusius' oder Kalk-Glocken-Enzian *(Gentiana clusii)* u. a.

An der südexponierten, gut strukturierten Rüchiflue sind die Felsvegetation sowie das Felsenmispel-Gebüsch recht typisch ausgebildet. Oben erkennt man die Alp Vorderrüchi.

Kugelschötchen *(Kernera saxatilis)*

Niedriges Habichtskraut
(Hieracium humile)

Halbstrauchiger Ehrenpreis
(Veronica fruticulosa)

Stängelumfassendes Habichtskraut
(Hieracium amplexicaule)

Berg-Gamander *(Teucrium montanum)* Gewöhnliches Sonnenröschen *(Helianthemum nummularium)* Echtes Salomonssiegel *(Polygonatum odoratum)* Herzblättrige Kugelblume *(Globularia cordifolia)*

Scheiden-Kronwicke *(Coronilla vaginalis)* Alpen-Seidelbast *(Daphne alpina)* Clusius' Enzian *(Gentiana clusii)*

Vom wärmeliebenden **Felsenmispel-Gebüsch** können wir hier etwa folgende Arten finden: Felsenmispel *(Amelanchier ovalis)*, Kahle Steinmispel *(Cotoneaster integerrimus)*, Filzige Steinmispel *(Cotoneaster tomentosus)*, Alpen-Kreuzdorn *(Rhamnus alpina)*, Kleinblütige Rose *(Rosa micrantha)*, Berg-Mehlbeerbaum *(Sorbus mougeotii)*.

Felsenmispel *(Amelanchier ovalis)* Kleinblütige Rose *(Rosa micrantha)* Kahle Steinmispel *(Cotoneaster integerrimus)*

Wanderung 9: Grönflue

Filzige Steinmispel *(Cotoneaster tomentosus)*

Alpen-Kreuzdorn *(Rhamnus alpina)*

Berg-Mehlbeerbaum *(Sorbus mougeotii)*

Nachdem wir die Rüchiflue auf dem Wanderweg überwunden haben, begegnet uns vor der Alp Guggenen ein **Bergföhrenwald** mit Torfmoos und der Rostblättrigen Alpenrose *(Rhododendron ferrugineum)*. Oberhalb der Alp Guggenen schauen wir uns einen typischen **subalpinen Fichtenwald** mit schlanken, langsamwüchsigen Säulenfichten an. Auf dem sauren, nährstoffarmen Boden wachsen über einer dicken Rohhumusschicht viele Heidelbeeren *(Vaccinium myrtillus)*, Moose und andere säureliebende Pflanzen. Ab und zu erkennen wir einzelne Aufrechte Berg-Föhren *(Pinus mugo* ssp. *uncinata)* und auch Torfmoose *(Sphagnum* sp.)

Subalpiner Fichtenwald bei Guggenen mit schlanken Fichten und vielen Heidelbeeren

Zum Unterwuchs im subalpinen Fichtenwald gehören: Grauer Alpendost *(Adenostyles alliariae)*, Draht-Schmiele *(Avenella flexuosa)*, Breiter Wurmfarn *(Dryopteris dilatata)*, Wald-Habichtskraut *(Hieracium murorum)*, Alpenlattich *(Homogyne alpina)*, Wald-Wachtelweizen *(Melampyrum sylvaticum)*, Birngrün *(Orthilia secunda)*, Heidelbeere *(Vaccinium myrtillus)*, Preiselbeere *(Vaccinium vitis-idaea)* u. a.

Heidelbeere *(Vaccinium myrtillus)*

Wald-Habichtskraut *(Hieracium murorum)*

Preiselbeere *(Vaccinium vitis-idaea)*

Birngrün *(Orthilia secunda)*

Grauer Alpendost *(Adenostyles alliariae)*

Draht-Schmiele *(Avenella flexuosa)*

Wald-Wachtelweizen *(Melampyrum sylvaticum)*

Alpenlattich *(Homogyne alpina)*

Breiter Wurmfarn *(Dryopteris dilatata)*

Torfmoos *(Sphagnum* sp.*)*

Rippenfarn *(Blechnum spicant)*

Nach der Alp Grön verlassen wir bald den Wanderweg Richtung Grönflue. Nach der gedüngten Fettweide erwartet uns eine unglaubliche Vielfalt und paradiesische Schönheit von Pflanzen in verschiedenen, sonnigen Lebensräumen. **Magerweide** – ein nordalpiner Trockenrasen –, **Blaugrashalden**, **Kalk-Schuttfluren** und **Felsvegetation** verzahnen sich hier mit gleitenden Übergängen in einem fast wilden Durcheinander und zaubern im Juni und Juli ein farbenfrohes Bild in die Landschaft, worüber jeder aufmerksame Wanderer staunend sich freuen kann.

Vier Pflanzen, die wir in der ungedüngten, steinigen Weide oder unter den Kalkfelsen von der Grönflue bis zur Alp Hurbele finden können, verdienen besondere Erwähnung; drei von ihnen wurden in den letzten Jahrzehnten im Kanton Luzern nur hier entdeckt. Es sind dies: das Nordische Labkraut *(Galium boreale)*, die Paradies- oder Trichterlilie *(Paradisea liliastrum)*, eine flaumig behaarte, grau-grüne Varietät des Alpen-Bergflachs *(Thesium alpinum* var. *pubescens)* sowie das Pyrenäen-Veilchen *(Viola pyrenaica)*.

Nordisches Labkraut *(Galium boreale)*

Flaumiger Alpen-Bergflachs *(Thesium alpinum* var. *pubescens)*

Paradieslilie *(Paradisea liliastrum)*

Pyrenäen-Veilchen *(Viola pyrenaica)*

Wanderung 9: Grönflue

Die sonnige Grönflue beherbergt in verschiedenen Lebensräumen, wie gedüngten und ungedüngten Weiden, Magerweiden, Blaugrashalden, Schuttfluren und Kalkfelsen, eine grosse Vielfalt von Pflanzen.

Beim Aufstieg zum Fuss der Felsen der Grönflue durchstreifen wir nach der Fettweide eine ungedüngte **Magerweide.** Neben einigen typischen Arten dieser Gesellschaft finden sich hier Vertreter der darunterliegenden Fettweide und der nach oben anschliessenden Blaugrashalde. Zu erwähnen sind etwa: das Schwärzliche Knabenkraut *(Orchis ustulata)*, die Silberdistel *(Carlina acaulis)*, die Bewimperte Gänsekresse *(Arabis ciliata)*, die Langspornige Handwurz *(Gymnadenia conopsea)*, der Hufeisenklee *(Hippocrepis comosa)*, die Berg-Margerite *(Leucanthemum adustum)*, die Rundköpfige Rapunzel *(Phyteuma orbiculare)*, die Grossblütige Brunelle *(Prunella grandiflora)*, der Arznei-Thymian *(Thymus pulegioides)*, das Männliche Knabenkraut *(Orchis mascula)* u. a.

Magerweide oberhalb Grön

Schwärzliches Knabenkraut *(Orchis ustulata)*

Silberdistel *(Carlina acaulis)*

Männliches Knabenkraut *(Orchis mascula)*

Bewimperte Gänsekresse *(Arabis ciliata)* · Rundköpfige Rapunzel *(Phyteuma orbiculare)* · Langspornige Handwurz *(Gymnadenia conopsea)* · Grossblütige Brunelle *(Prunella grandiflora)*

Hufeisenklee *(Hippocrepis comosa)* · Berg-Margerite *(Leucanthemum adustum)* · Arznei-Thymian *(Thymus pulegioides)*

Faszinierend ist der Anblick der blühenden **Blaugrashalden** – dazu gehören die Blaugras-Horstseggenhalde und der Polsterseggenrasen – Ende Juni/anfangs Juli an der Grönflue. Diese Pflanzengesellschaften auf steinigem Kalkboden gehören zu den artenreichsten im Entlebuch. Gefahr droht ihnen allerdings durch intensive Beweidung mit Schafen oder Ziegen und durch Düngung. Die Blaugrashalden verzahnen sich mit den benachbarten Schutt- und Felsfluren, mit der Milchkrautweide sowie an weniger besonnten und frischeren Stellen mit der Rostseggenhalde. Auch einige Pflanzen der wärmeliebenden Saumgesellschaften und der Hochstaudenfluren auf grobem Kalkschutt finden sich hier ein.

Blaugrashalden verzahnen sich an der Grönflue mit Pflanzen der Kalkschutt- und Felsfluren.

Einige typische und attraktive Pflanzen der Blaugrashalden an der Grönflue sind: Alpen-Steinquendel *(Acinos alpinus)*, Bewimperter Mannsschild *(Androsace chamaejasme)*, Alpen-Aster *(Aster alpinus)*, Glattes Brillenschötchen *(Biscutella laevigata)*, Hahnenfuss-Hasenohr *(Bupleurum ranunculoides)*, Strauss-Glockenblume *(Campanula thyrsoides)*, Alpen-Flockenblume *(Centaurea alpestris)*, Vielgestaltiges Berufkraut *(Erigeron glabratus)*, Schaft-Kugelblume *(Globularia nudicaulis)*, Wohlriechende Handwurz *(Gymnadenia odoratissima)*, Grossblütiges Sonnenröschen *(Helianthemum nummularium* ssp. *grandiflorum)*, Distel-Würger *(Oro-*

banche reticulata), Glänzende Skabiose *(Scabiosa lucida)*, Gämswurz-Greiskraut *(Senecio doronicum)*, Ästige Graslilie *(Anthericum ramosum)*, Schwalbenwurz *(Vincetoxicum hirundinaria)*, Dunkle Akelei *(Aquilegia atrata)*, Türkenbund *(Lilium martagon)*, Kugelorchis *(Traunsteinera globosa)* und viele andere.

Alpen-Aster *(Aster alpinus)*

Bewimperter Mannsschild *(Androsace chamaejasme)*

Hahnenfuss-Hasenohr *(Bupleurum ranunculoides)*

Schaft-Kugelblume *(Globularia nudicaulis)*

Grossblütiges Sonnenröschen *(Helianthemum nummularium* ssp. *grandiflorum)*

Alpen-Steinquendel *(Acinos alpinus)*

Glänzende Skabiose *(Scabiosa lucida)*

Gämswurz-Greiskraut *(Senecio doronicum)*

Alpen-Flockenblume *(Centaurea alpestris)*

Distel-Würger (Sommerwurz) *(Orobanche reticulata)*

Dunkle Akelei *(Aquilegia atrata)*

 Vielgestaltiges Berufkraut *(Erigeron glabratus)*

 Glattes Brillenschötchen *(Biscutella laevigata)*

 Straussblütige Glockenblume *(Campanula thyrsoides)*

 Wohlriechende Handwurz *(Gymnadenia odoratissima)*

 Türkenbund *(Lilium martagon)*

 Ästige Graslilie *(Anthericum ramosum)*

 Schwalbenwurz *(Vincetoxicum hirundinaria)*

 Kugelorchis *(Traunsteinera globosa)*

Ausgedehnte **Kalkschuttfluren** begleiten am Fusse der Felswände die Grönflue. Wir treffen hier Täschelkrautfluren, die sich den harten Standortbedingungen wie Bewegung und Überschüttung angepasst haben. Wegen der geringeren Meereshöhe fehlen hier allerdings die alpinen Arten. Im ruhenden Schutt am unteren Rande dringen Vertreter der Blaugas-Horstseggenhalde in die sehr lückige Gesellschaft ein.

Folgende Pflanzen können wir in den Kalkschuttfluren der Grönflue entdecken: Rundblättriges Täschelkraut *(Thlaspi rotundifolia)*, Kriechendes Gipskraut *(Gypsophila repens)*, Niedliche Glockenblume *(Campanula cochleariifolia)*, Berg-Hahnenfuss *(Ranunculus montanus)*, Alpen-Gänsekresse *(Arabis alpina)*, Alpen-Leinkraut *(Linaria alpina)*, Schildblättriger Ampfer *(Rumex scutatus)*, Ruprechtsfarn *(Gymnocarpium robertianum)*, Alpen-Blasenfarn *(Cystopteris alpina)*, Zerbrechlicher Blasenfarn *(Cystopteris fragilis)*, Bewimpertes Sandkraut *(Arenaria ciliata)* u. a.

 Kalkschuttflur an der Grönflue

 Rundblättriges *Täschelkraut (Thlaspi rotundifolium)*

 Alpen-Leinkraut *(Linaria alpina)*

Wanderung 9: Grönflue

Niedliche Glockenblume *(Campanula cochleariifolia)*

Alpen-Gänsekresse *(Arabis alpina)*

Alpen-Blasenfarn *(Cystopteris alpina)*

Schildblättriger Ampfer *(Rumex scutatus)*

Ruprechtsfarn *(Gymnocarpium robertianum)*

Berg-Hahnenfuss *(Ranunculus montanus)*

Zerbrechlicher Blasenfarn *(Cystopteris fragilis)*

Kriechendes Gipskraut *(Gypsophila repens)*

Bewimpertes Sandkraut *(Arenaria ciliata)*

Die südostexponierten, fast senkrechten Kalk-Felswände der Grönflue präsentieren sich imposant in der Gebirgslandschaft, sind aber fast vegetationslos; die gut strukturierten Felsen aber mit Spalten, Ritzen und humusreicheren Absätzen beherbergen eine **sonnige Kalkfelsflur** mit typischen Arten, die uns schon bei der Rüchiflue begegnet sind. Extreme Wärme und Kälte, Humusarmut, Wind und Trockenheit bestimmen das Bild der sonnigen Kalkfelsflur an der Grönflue.

Nebst den bereits bei der Rüchiflue erwähnten Felspflanzen im hochmontanen Bereich kommen hier vor: Aurikel *(Primula auricula)*, Stein-Nelke *(Dianthus sylvestris)*, Mauerraute *(Asplenium ruta-muraria)*, Leberbalsam *(Erinus alpinus)*, Herzblättrige Kugelblume *(Globularia cordifolia)*, Hasenohr-Habichtskraut *(Hieracium bupleuroides)*, Berg-Laserkraut *(Laserpitium siler)*, Zwerg-Kreuzdorn *(Rhamnus pumila)*, Trauben-Steinbrech *(Saxifraga paniculata)*, Zottiges Habichtskraut *(Hieracium villosum)*, Moris' Habichtskraut *(Hieracium pilosum)*, Hirschheil *(Seseli libanotis)*, Augenwurz *(Athamanta cretensis)* u. a.

An sonnigen Kalkfelsen malen in Felsspalten und auf Felsabsätzen der Leberbalsam *(Erinus alpinus)*, die Aurikel *(Primula auricula)* und der Clusius' Enzian *(Gentiana clusii)* ein farbenfrohes Bild in die Felslandschaft.

Hirschheil *(Seseli libanotis)*

Zottiges Habichtskraut *(Hieracium villosum)*

Augenwurz *(Athamanta cretensis)*

Hasenohr-Habichtskraut *(Hieracium bupleuroides)*

Berg-Laserkraut *(Laserpitium siler)*

Stein-Nelke *(Dianthus sylvestris)*

Moris' Habichtskraut *(Hieracium pilosum)*

Zwerg-Kreuzdorn *(Rhamnus pumila)*

Herzblättrige Kugelblume *(Globularia cordifolia)*

Trauben-Steinbrech *(Saxifraga paniculata)*

Mauerraute *(Asplenium ruta-muraria)*

Vor der Alp Hurbele lohnt sich ein Abstecher Richtung Hurbeleweid – Baumgarteflue – Leitere – Schafmatt. Mit Glück können wir hier mehreren botanischen Seltenheiten der Entlebucher Flora begegnen. Im grasigen Hang vor der Hurbeleweid erfreut uns immer noch die Paradieslilie *(Paradisea lilastrum)*. Die Hurbeleweid ist eine Borstgrasweide, wo wir die Bräunliche Segge *(Carex brunnescens)* in Mengen antreffen. Selten ist hier das Gelbe Stiefmütterchen *(Viola lutea)*.

Bräunliche Segge *(Carex brunnescens)* in der Hurbeleweid

Trichterlilie *(Paradisea liliastrum)*

Gelbes Stiefmütterchen *(Viola lutea)*

Hoppes Ruhrkraut *(Gnaphalium hoppeanum)*

Wanderung 9: Grönflue

In schneereichen Mulden oder im steinigen Hang im Gratgebiet der Baumgarteflue können wir einen Vertreter der alpinen Kalk-Schneeböden, Hoppes Ruhrkraut *(Gnaphalium hoppeanum)*, finden. Auf dem Grat der Baumgarteflue und im Gipfelbereich der Schafmatt warten weitere botanische Raritäten: das Alpen-Hornkraut *(Cerastium alpinum)*, der Alpen-Mauerpfeffer *(Sedum alpestre)* sowie die Heide-Segge *(Carex ericetorum)*, Pflanzen also, die als Vertreter des alpinen Nacktriedrasens gelten. In der Mulde NW Hurbele können wir sogar die Scheiden-Segge *(Carex vaginata)* antreffen, die sonst nur im Fürsteingebiet und auf der Hagleren vorkommt.

Alpen-Hornkraut *(Cerastium alpinum)*

Alpen-Mauerpfeffer *(Sedum alpestre)*

Heide-Segge *(Carex ericetorum)*

Scheiden-Segge *(Carex vaginata)*

Nach dem sehr anstrengenden, fakultativen Abstecher Hurbeleweid – Leitere – Schafmatt erleben wir im Gebiet Wasserfalle – Müliport zwei ganz andere Lebensräume, die nicht durch ihre Artenvielfalt, sondern durch den landschaftlichen Sommeraspekt beeindrucken: den **Alpenrosen-Bergföhrenwald** und die **Rostalpenrosenheide.** Den sauren, nährstoffarmen, mächtigen Rohhumusboden bedecken Aufrechte Berg-Föhren *(Pinus mugo* ssp. *uncinata)* und blühende Rostblättrige Alpenrosen *(Rhododendron ferrugineum)*. Kalkliebende Pflanzen fehlen hier.

Blick vom Fürstein zur Alp Wasserfalle und über die Wasserfallenegg zu Grönflue, Leitere, Schafmatt

Einige weit verbreitete Begleiter im **Alpenrosen-Bergföhrenwald** sind: Besenheide *(Calluna vulgaris)*, Draht-Schmiele *(Avenella flexuosa)*, Wald-Hainsimse *(Luzula sylvatica)*, Heidelbeere *(Vaccinium myrtillus)*, Rauschbeere *(Vaccinium uliginosum)*, Rentierflechten *(Cladonia* sp.) u. a.

Urwüchsige Aufrechte Berg-Föhren *(Pinus mugo* ssp. *uncinata)* und die Rostblättrige Alpenrose *(Rhododendron ferrugineum)* dominieren bei Müliport den imposanten Alpenrosen-Bergföhrenwald.

Besenheide *(Calluna vulgaris)*

Wald-Hainsimse *(Luzula sylvatica)*

Rauschbeere *(Vaccinium uliginosum)*

Rentierflechte *(Cladonia* sp.)

Die beweidete **Rostalpenrosenheide** ist bei Müliport dem Alpenrosen-Bergföhrenwald vorgelagert und bildet mit diesem fliessende Übergänge.

Beweidete Rostalpenrosenheide

Rostblättrige Alpenrose *(Rhododendron ferrugineum)*

«Alpenrosenapfel»

Wanderung 9: Grönflue

Die Rostblättrige Alpenrose *(Rhododendron ferrugineum)* ist empfindlich gegen Frosttrocknis und benötigt daher eine lange Schneebedeckung. Zwei parasitische Pilze befallen ab und zu die Alpenrose: der erste erzeugt die sog. «Alpenrosenäpfel», der zweite verursacht orangerote Flecken an älteren Blättern; dieser Rostpilz wechselt den Wirt, befällt Fichtennadeln und bewirkt, dass sie vergilben und abfallen.

Die Alpenrosenheide begleiten bekannte Pflanzen der sauren, nährstoffarmen Rohhumusböden. In die beweidete Alpenrosenheide dringen vermehrt Vertreter der Borstgrasweiden ein. Einige Bewohner der Alpenrosenheide sind: Arnika *(Arnica montana)*, Kleine Sterndolde *(Astrantia minor)*, Bärtige Glockenblume *(Campanula barbata)*, Zwerg-Wacholder *(Juniperus communis* ssp. *alpina)*, Purpur-Enzian *(Gentiana purpurea)*, Scheiden-Wollgras *(Eriophorum vaginatum)*, Alpen-Goldrute *(Solidago virgaurea* ssp. *minuta)* u. a.

Ein Rostpilz der Alpenrose lässt als Zwischenwirt auf der Fichte ihre Nadeln vergilben.

Arnika *(Arnica montana)*

Kleine Sterndolde *(Astrantia minor)*

Bärtige Glockenblume *(Campanula barbata)*

Purpur-Enzian *(Gentiana purpurea)*

Zwerg-Wacholder *(Juniperus communis* ssp. *alpina)*

Alpen-Goldrute *(Solidago virgaurea* ssp. *minuta)*

Scheiden-Wollgras *(Eriophorum vaginatum)*

Im Quellgebiet der Grossen Entle – am Nordabhang des Flyschberges Fürstein – widmen wir unsere Aufmerksamkeit den fast unberührten, kalkarmen Quellfluren im subalpinen Bereich. Hier treffen wir in schöner Ausprägung auf die Gesellschaft der **Sternsteinbrech-Quellflur**. Viele Moose und der zierliche Stern-Steinbrech *(Saxifraga stellaris)* begleiten die Quellbächlein der Grossen Entle zusammen mit dem Lederigen Frauenmantel *(Alchemilla coriacea)*, einer kleinwüchsigen Form der Sumpf-Dotterblume *(Caltha palustris* var. *minor)*, dem Mierenblättrigen Weidenröschen *(Epilobium alsinifolium)*, dem Alpen-Mastkraut *(Sagina saginoides)*, der Eis-Segge *(Carex frigida)*, dem Eisenhutblättrigen Hahnenfuss *(Ranunculus aconitifolius)* u. a.

Moorlandschaft bei Wasserfalle am Beginn des Tales der Grossen Entle; links die Äbnistettenflue, rechts oben der Schimbrig.

Der feuchte Nordabhang des Fürstein mit viel Grünerlengebüsch ist das Quellgebiet der Grossen Entle.

Kalkarme Quellflur am Fusse des Fürstein bei Wasserfalle mit viel Stern-Steinbrech (*Saxifraga stellaris*).

Lederblättriger Frauenmantel (*Alchemilla coriacea*)

Mierenblättriges Weidenröschen (*Epilobium alsinifolium*)

Sumpf-Dotterblume (*Caltha palustris*)

Eis-Segge (*Carex frigida*)

Eisenhutblättriger Hahnenfuss (*Ranunculus aconitifolius*)

Stern-Steinbrech (*Saxifraga stellaris*)

Alpen-Mastkraut (*Sagina saginoides*)

Moosreiche, kalkarme Quellflur

Wanderung 9: Grönflue

Auf dem Rückweg über die Wasserfallenegg Richtung Ställdilimoos werfen wir ab und zu einen kurzen Blick auf die meist beweideten **Flachmoore** und **Feuchtwiesen.** Beim Änggelaueneseeli können wir bei einer Verschnaufpause einen **Block-Fichtenwald** mit Felsblöcken, feuchten Mulden und mit Moos überwachsenen Löchern erkennen. Nach dem Ställdilimoos führt der Wanderweg zuerst durch einen **Torfmoos-Bergföhrenwald;** durch Fichtenwald und feuchten Ahorn-Eschenwald gelangen wir zum Eggli, überqueren vorsichtig den Rotbach und erreichen bestimmt müde, aber hoffentlich bereichert durch die Begegnung mit vielen abwechslungsreichen, interessanten Lebensräumen und ihrer Pflanzenwelt unseren Ausgangspunkt, die Liegenschaft Kragen.

Nicht unbeachtet auf dieser Wanderung mögen die vielen Insekten (Schmetterlinge, Käfer) bleiben, die uns vor allem im sonnigen, blumenreichen Gebiet von der Rüchiflue bis zur Schafmatt erfreuen. Eher unwahrscheinlich ist die Begegnung mit der Kreuzotter und der Ringelnatter, die hier ein verborgenes Dasein führen.

Blick vom Fürstein zum Änggelaueneseeli und hinüber zur Grönflue mit der Hurbeleweid; links unten erkennt man die Alp Grön.

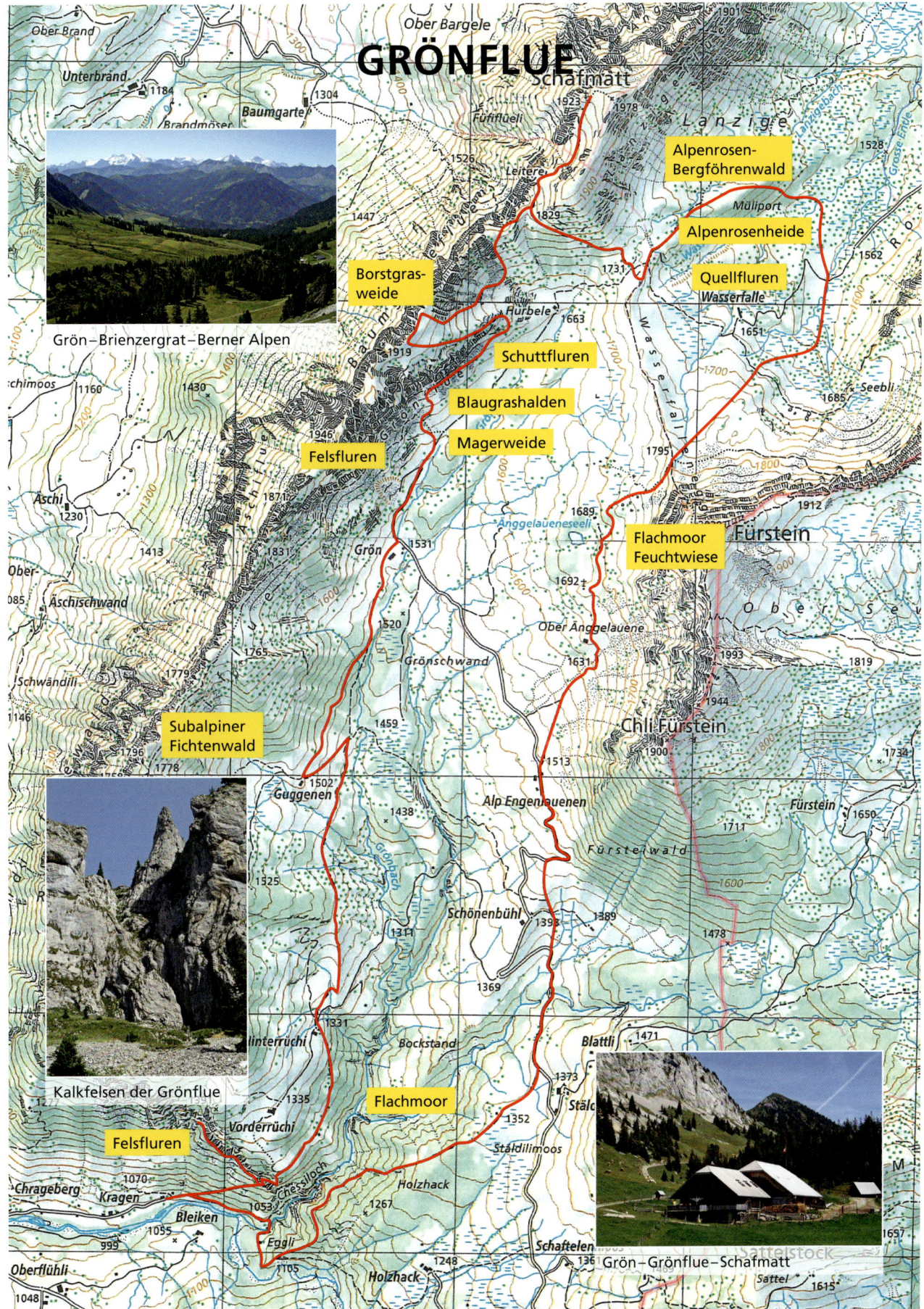

Wanderung 10 — SCHIMBRIG

| Tageswanderung | Idealer Zeitpunkt: Juni, Juli, August |

Bei dieser Wanderung gilt unser Hauptinteresse der wärmeliebenden Vegetation unterhalb und am Fusse der Kalkfelsen an der Südseite des Schimbrig. Wir starten bei der Alpwirtschaft Untergründli, überqueren die Grosse Entle, verlassen bald nach der Liegenschaft Grund für längere Zeit den Weg und steigen durch Weide, gebüschreiche Abschnitte und Bergwiesen hin und her wandernd zu den ersten Felsen, welche mit Sträuchern, einzelnen Bäumen und lückigen Rasenflecken bewachsen sind. Im weglosen Gelände bewegen wir uns vorsichtig und langsam bei steilen Auf- und Abstiegen durch grasige Hänge, steinigen, auch geröllreichen Boden und entlang von Felsen.

An der Südseite des Schimbrig überrascht uns an sonnigen Staudensäumen und am Fusse der Felsen eine wärmeliebende Vegetation.

Es ist erstaunlich, dass in diesem sonnigen Lebensraum mehrere Pflanzen am Rand der Gebüsche, in grasigen Lichtungen innerhalb dieser sowie am Fusse der Felsen zu finden sind, welche man in der Schweiz sonst vor allem im Jura, im Wallis und im Südtessin in optimaler Ausprägung antrifft.

Die Pflanzen gehören zu Gesellschaften der **wärmeliebenden** (= thermophilen) **Saumgesellschaften.**

Die charakteristische Art ist der Blutrote Storchschnabel *(Geranium sanguineum)*, der hier seinen einzigen Standort im Kanton Luzern hat; in den letzten Jahren ist die einst grosse Menge dieser Art wegen intensiver Beweidung stark zurückgegangen. Einige weitere charakteristische Pflanzen der wärmeliebenden Saumgesellschaften, welche uns auf dem beschwerlichen Weg durch Gebüsch und entlang der Felsen an der steilen Südseite des Schimbrig begegnen können, sind: Ästige Graslilie *(Anthericum ramosum)*, Weidenblättriges Rindsauge *(Buphthalmum salicifolium)*, Breitblättriges Laserkraut *(Laserpitium latifolium)*, Süsser Tragant *(Astragalus glycyphyllos)*, Verschiedenblättrige Platterbse *(Lathyrus heterophyllus)*, Dost *(Origanum vulgare)*, Rippensame *(Pleurospermum austriacum)*, Wirbeldost *(Clinopodium vulgare)*, Berg-Johanniskraut *(Hypericum montanum)*, Hirschheil *(Seseli libanotis)*, Kleine Wiesenraute *(Thalictrum minus)*, Schwalbenwurz *(Vincetoxicum hirundinaria)*.

Blutroter Storchschnabel *(Geranium sanguineum)*

Weidenblättriges Rindsauge *(Buphthalmum salicifolium)*

Verschiedenblättrige Platterbse *(Lathyrus heterophyllus)*

Ästige Graslilie *(Anthericum ramosum)*

Dost *(Origanum vulgare)*

Berg-Johanniskraut *(Hypericum montanum)*

Wirbeldost *(Clinopodium vulgare)*

Breitblättriges Laserkraut *(Laserpitium latifolium)*

Schwalbenwurz *(Vincetoxicum hirundinaria)*

Rippensame *(Pleurospermum austriacum)*

Kleine Wiesenraute *(Thalictrum minus)* Süsser Tragant *(Astragalus glycyphyllos)* Hirschheil *(Seseli libanotis)*

Weniger attraktiv als die thermophilen Saumgesellschaften sind auf unserer gebüschreichen Wanderroute Saumgesellschaften, die weniger Wärme und Trockenheit benötigen; man bezeichnet sie als mesophile **Mittelklee-Krautsäume.** Die wichtigsten Vertreter dieser Gesellschaften, welche am Rand von Gebüschen, an Waldrändern, in Lichtungen sowie in verbuschenden Bergwiesen erscheinen, sind: Mittlerer Klee *(Trifolium medium)*, Wald-Wicke *(Vicia sylvatica)*, Wald-Witwenblume *(Knautia dipsacifolia)*, Gemeiner Odermennig *(Agrimonia eupatoria)*, Grossblütiger Fingerhut *(Digitalis grandiflora)*, Rundblättrige Glockenblume *(Campanula rotundifolia)*, Alpen-Ziest *(Stachys alpina)* u. a.

Mittlerer Klee *(Trifolium medium)* Die Wald-Wicke *(Vicia sylvatica)* bildet manchmal ganze Schleier. Wald-Witwenblume *(Knautia dipsacifolia)*

Gemeiner Odermennig *(Agrimonia eupatoria)* Rundblättrige Glockenblume *(Campanula rotundifolia)* Alpen-Ziest *(Stachys alpina)* Grossblütiger Fingerhut *(Digitalis grandiflora)*

In den steilen Bergwiesen unterhalb der Felsen tritt uns mosaikartig eine Vielfalt von Pflanzen aus verschiedenen Pflanzengesellschaften entgegen. Bunt blühende Blumen und Gräser der **Goldhaferwiese,** von **Magerweiden** und **Halbtrockenrasen,** der **Blaugrashalden** sowie viele Insekten erzeugen an einem schönen Frühsommertag ein farbenfrohes, lebhaftes Bild. Einige von ihnen sind: Wald-Storchschnabel *(Geranium sylvaticum),* Berg-Flockenblume *(Centaurea montana),* Flaum-Wiesenhafer *(Helictotrichon pubescens),* Ährige Rapunzel *(Phyteuma spicatum),* Schwärzliches Knabenkraut *(Orchis ustulata),* Niedriges Labkraut *(Galium pumilum),* Berg-Distel *(Carduus defloratus),* Skabiosen-Flockenblume *(Centaurea scabiosa)* und viele andere.

Wald-Storchschnabel *(Geranium sylvaticum)*

Flaum-Wiesenhafer *(Helictotrichon pubescens)*

Berg-Flockenblume *(Centaurea montana)* mit dem Kleinen Fuchs

Schwärzliches Knabenkraut *(Orchis ustulata)*

Berg-Distel *(Carduus defloratus)* mit dem Alpen-Apollo

Niedriges Labkraut *(Galium pumilum)*

Ährige Rapunzel *(Phyteuma spicatum)*

Skabiosen-Flockenblume *(Centaurea scabiosa)*

Über den Kalkfelsen wächst der lückige Reitgras-Fichtenwald.

Auf den flacheren Felsabschnitten finden wir das wärmeliebende Felsenmispel-Gebüsch.

An den sonnigen Kalkfelsen des Schimbrig können wir mehrere typische Vertreter der hochmontanen **Felsflur** entdecken. In Felsspalten und auf kleinen Felsabsätzen sind dies: Aurikel *(Primula auricula)*, Scheiden-Kronwicke *(Coronilla vaginalis)*, Niedriges Habichtskraut *(Hieracium humile)*, Hasenohr-Habichtskraut *(Hieracium bupleuroides)*, Halbstrauchiger Ehrenpreis *(Veronica fruticulosa)*, Berg-Laserkraut *(Laserpitium siler)*, Zwerg-Kreuzdorn *(Rhamnus pumila)* u. a.

Zwerg-Kreuzdorn *(Rhamnus pumila)*

Scheiden-Kronwicke *(Coronilla vaginalis)*

Berg-Laserkraut *(Laserpitium siler)*

Aurikel *(Primula auricula)*

Halbstrauchiger Ehrenpreis *(Veronica fruticulosa)*

Hasenohr-Habichtskraut *(Hieracium bupleuroides)*

Niedriges Habichtskraut *(Hieracium humile)*

Auf sonnigen Felsbändern und Felsrippen gedeiht auf flachgründigem Boden das wärmeliebende **Felsenmispel-Gebüsch.** Es verzahnt sich mit der Felsvegetation und beherbergt auch Pflanzen der Blaugrashalde. Mehrere Sträucher und Bäume bilden den Kern dieser Pflanzengesellschaft, wie etwa die Felsenmispel *(Amelanchier ovalis)*, der Alpen-Kreuzdorn *(Rhamnus alpina)*, die Kleinblütige Rose *(Rosa micrantha)*, der Echte Mehlbeerbaum *(Sorbus aria)*, der Berg-Mehlbeerbaum *(Sorbus mougeotii)* sowie der Wollige Schneeball *(Viburnum lantana)*.

Alpen-Kreuzdorn *(Rhamnus alpina)*

Echter Mehlbeerbaum *(Sorbus aria)*

Felsenmispel *(Amelanchier ovalis)*

Wolliger Schneeball *(Viburnum lantana)* mit Rosenkäfer

Kleinblütige Rose *(Rosa micrantha)*

Berg-Mehlbeerbaum *(Sorbus mougeotii)*

Der Nadelwald am Schimbrig ist lückig mit grasigen Abschnitten. Er gehört meist zum **Reitgras-Fichtenwald.** Das Berg-Reitgras – auch Buntes Reitgras genannt – *(Calamagrostis varia)* sowie säure- wie auch kalkliebende Pflanzen bilden hier die Bodenvegetation.

Der Reitgras-Fichtenwald zeigt auf der Südseite des Schimbrig ein typisches Bild mit grasigen Abschnitten, welche im Winter Rutschbahnen für den Schnee sind.

Berg-Reitgras *(Calamagrostis varia)*

Wer sich die Zeit nimmt, bis an den Fuss der obersten Felsen hochzusteigen, der wird in diesem südexponierten Felsenkessel belohnt mit einer Pflanze, die typisch ist für die mitteleuropäischen, felsigen Trockenrasen, wie man sie etwa im Wallis, im Tessin oder im Jura finden kann. Auf einem Felsgesims wurde dort 1981 der stattliche Kugelköpfige Lauch *(Allium sphaerocephalon)* entdeckt; bis heute ist das offenbar der einzige Fundort im Kanton Luzern.

Nun begeben wir uns behutsam hinunter zum Fussweg Richtung Vordergrund. Bei einem Blick zur Grossen Entle können wir dort von Weitem den montanen **Grauerlen-Auenwald** mit dicht stehenden Grau-Erlen *(Alnus incana)* erkennen, begleitet von Weidengebüsch und Ahorn-Eschenwald.

Kugelköpfiger Lauch *(Allium sphaerocephalon)*

Grauerlen-Auenwald an der Grossen Entle bei Vordergrund

Vor allem von anfangs Juni bis Mitte Juli lohnt sich ein Besuch ins Gürmschmoos. Wer aber zu müde ist, kann sich schon jetzt beim Ausgangspunkt der Wanderung in der Alpwirtschaft Untergründli erholen.

Das Gürmschmoos ist ein Feuchtgebiet mit **Flachmooren** und **Feuchtwiesen.**

Gürmschmoos im Tal der Grossen Entle

Der Alpenhelm *(Bartsia alpina)* ist eine typische Pflanze der Kalk-Kleinseggenriede.

Trollblumen *(Trollius europaeus)* und das Breitblättrige Knabenkraut *(Dactylorhiza majalis)* gehören zum festen Bestand der ungedüngten Feuchtwiesen.

Im unteren Teil des Gürmschmooses können wir Vertreter der kalkhaltigen **Flachmoore** vom Typ des Davallseggenrieds entdecken; auch kleine, eher saure Braunseggensümpfe mit der Braunen Segge *(Carex nigra)* sind in flachen Mulden eingestreut. Im Juni und Juli finden wir im Gürmschmoos etwa folgende Pflanzen in den beiden Flachmoortypen: Alpenhelm *(Bartsia alpina)*, Davalls Segge *(Carex davalliana)*, Floh-Segge *(Carex pulicaris)*, Breitblättriges Knabenkraut *(Dactylorhiza majalis)*, Sumpf-Schachtelhalm *(Equisetum palustre)*, Breitblättriges Wollgras *(Eriophorum latifolium)*, Alpen-Fettblatt *(Pinguicula alpina)*, Schmalblättriges Wollgras *(Eriophorum angustifolium)*, Igel-Segge *(Carex echinata)*, Wald-Läusekraut *(Pedicularis sylvatica)*, Sumpf-Veilchen *(Viola palustris)* u. a.

 Davalls Segge *(Carex davalliana)*
 Breitblättriges Knabenkraut *(Dactylorhiza majalis)*
 Breitblättriges Wollgras *(Eriophorum latifolium)*
 Floh-Segge *(Carex pulicaris)*

 Alpen-Fettblatt *(Pinguicula alpina)*
 Sumpf-Schachtelhalm *(Equisetum palustre)*
 Braunseggensumpf mit der Braunen Segge *(Carex nigra)*

 Sumpf-Veilchen *(Viola palustris)*
 Schmalblättriges Wollgras *(Eriophorum angustifolium)*
 Braune Segge *(Carex nigra)*
 Wald-Läusekraut *(Pedicularis sylvatica)*

In der **Feuchtwiese** finden wir meist höhere Pflanzen als im Flachmoor. Die auffälligsten von ihnen sind: Trollblume *(Trollius europaeus)*, Eisenhutblättriger Hahnenfuss *(Ranunculus aconitifolius)*, Sumpf-Dotterblume *(Caltha palustris)*, Bach-Kratzdistel *(Cirsium rivulare)*, Fuchs' Knabenkraut *(Dactylorhiza fuchsii)*, Sumpf-Kratzdistel *(Cirsium palustre)*, Schlangen-Knöterich *(Polygonum bistorta)*, Wald-Schlüsselblume *(Primula elatior)*, Herbst-Zeitlose *(Colchicum autumnale)* u. a.

Bach-Kratzdistel *(Cirsium rivulare)*

Eisenhutblättriger Hahnenfuss *(Ranunculus aconitifolius)*

Sumpf-Dotterblume *(Caltha palustris)*

Sumpf-Kratzdistel *(Cirsium palustre)*

Wald-Schlüsselblume *(Primula elatior)*

Schlangen-Knöterich *(Polygonum bistorta)*

Fuchs' Knabenkraut *(Dactylorhiza fuchsii)*

Trollblume *(Trollius europaeus)*

Herbst-Zeitlose *(Colchicum autumnale)*

Nach einer wohlverdienten Pause in der Alpwirtschaft Untergründli fahren wir im Grossen Entletal talabwärts, biegen vor Unterrisch rechts ab und erreichen die Alp Oberrisch.

Am Fusse des stark bewaldeten Schlierengrats betreten wir am Rand den mühsam begehbaren Bergsturzwald über dem Schlierenflysch. Der bodensaure Nadelwald mit vielen Fichten *(Picea abies)* und wenigen Tannen *(Abies alba)* ist ein **Block-Fichtenwald.** Felsblöcke und ruhender Grobschutt wechseln ab mit feuchten, humusreicheren Mulden, Nischen und trügerisch mit Moosen überwachsenen Löchern.

Block-Fichtenwald bei Oberrisch mit Felsblöcken, Fichten und einer üppigen Bodenvegetation in den Mulden und Nischen

Der Block-Fichtenwald gehört zu den artenreichen, vielfältigen Fichtenwäldern. Farne, Moose, Hochstauden und andere Blütenpflanzen bewachsen den lückenreichen Boden im bewegten Relief.

Kleines Wintergrün *(Pyrola minor)*, Wald-Bärlapp *(Lycopodium annotinum)*, Sauerklee *(Oxalis acetosella)* und Lanzenfarn *(Polystichum lonchitis)* im Block-Fichtenwald über Flysch

Grünstieliger Streifenfarn *(Asplenium viride)*

Eichenfarn *(Gymnocarpium dryopteris)*

Von den ca. 50 Arten, die im Block-Fichtenwald vorkommen können, sind die folgenden Pflanzen eine kleine Auswahl: Fichte *(Picea abies)*, Grünstieliger Streifenfarn *(Asplenium viride)*, Kahler Alpendost *(Adenostyles alpina)*, Rippenfarn *(Blechnum spicant)*, Breiter Wurmfarn *(Dryopteris dilatata)*, Eichenfarn *(Gymnocarpium dryopteris)*, Alpen-Heckenkirsche *(Lonicera alpigena)*, Wald-Bärlapp *(Lycopodium annotinum)*, Wald-Sauerklee *(Oxalis acetosella)*, Weisse Pestwurz *(Petasites albus)*, Lanzenfarn *(Polystichum lonchitis)*, Alpen-Hagrose *(Rosa pendulina)*, Rundblättriger Steinbrech *(Saxifraga rotundifolia)*, Vogelbeerbaum *(Sorbus aucuparia)*, Heidelbeere *(Vaccinium myrtillus)*, Dreiblatt-Baldrian *(Valeriana tripteris)*, Gelbes Bergveilchen *(Viola biflora)* und viele andere.

Fichte *(Picea abies)*

Vogelbeerbaum *(Sorbus aucuparia)*

Heidelbeere *(Vaccinium myrtillus)*

Alpen-Hagrose *(Rosa pendulina)*

Rippenfarn *(Blechnum spicant)*

Wald-Sauerklee *(Oxalis acetosella)*

Breiter Wurmfarn *(Dryopteris dilatata)*

Kahler Alpendost *(Adenostyles alpina)*

Gelbes Bergveilchen *(Viola biflora)*

Lanzenfarn *(Polystichum lonchitis)*

Alpen-Heckenkirsche *(Lonicera alpigena)*

Dreiblatt-Baldrian *(Valeriana tripteris)*

Rundblättriger Steinbrech *(Saxifraga rotundifolia)*

Weisse Pestwurz *(Petasites albus)*

Nach einer anspruchsvollen und anstrengenden Wanderung zum Kalkberg Schimbrig mit mehreren speziellen Pflanzen und einem Abstecher ins Gürmschmoos und an den Fuss des Flyschberges Schlierengrat verlassen wir bereichert und müde das schöne Grosse Entletal.

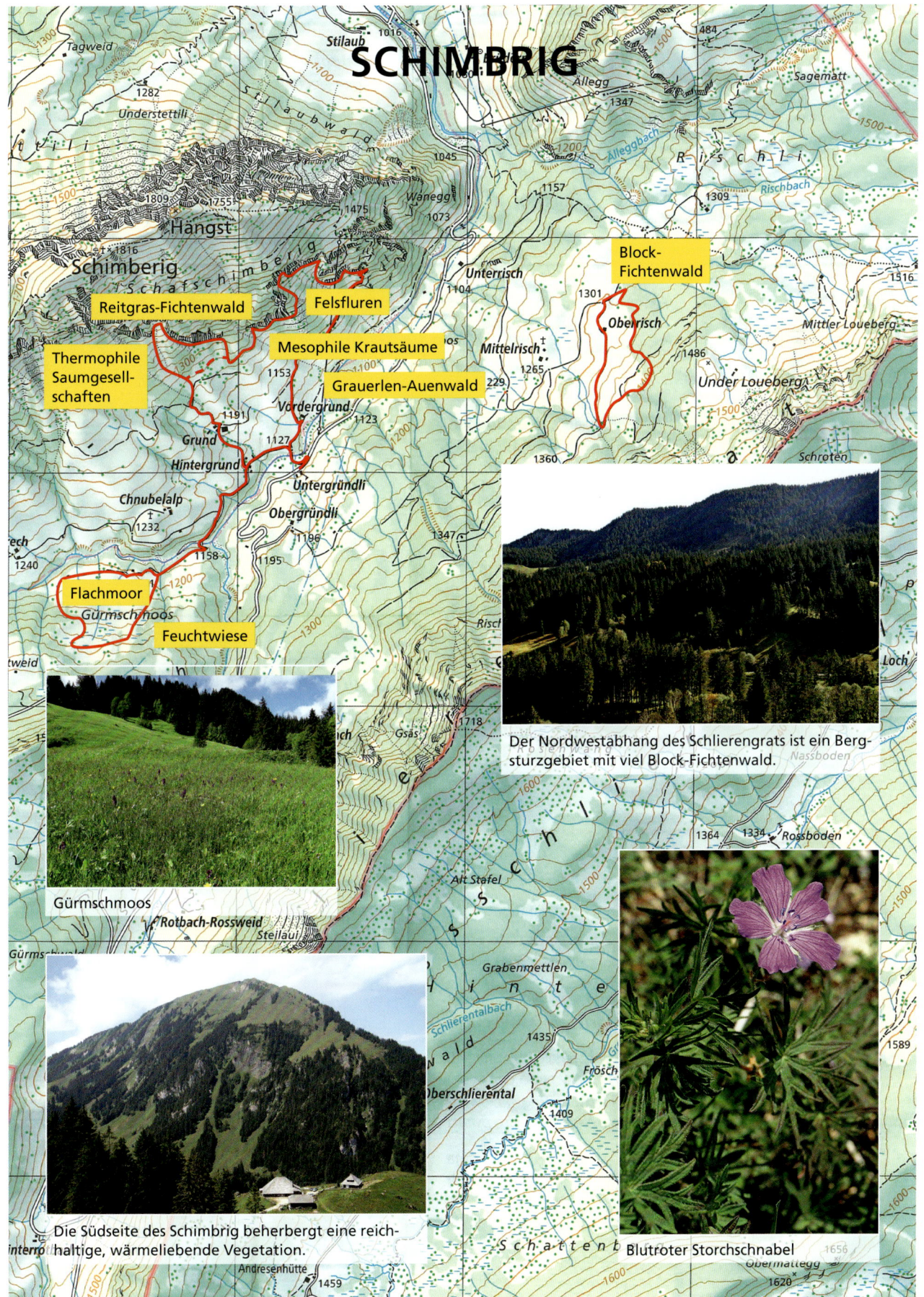

Wanderung 11   # HÜRNLI

Halbtages- oder Tageswanderung   Idealer Zeitpunkt: Ende Juni–anfangs August

Überblick über das Wandergebiet am Nordabhang der Schrattenflue. Die Alp Imbrig befindet sich etwas oberhalb der Mitte, leicht rechts.

Mit dem Auto erreichen wir von Marbach aus auf der Steiglenstrasse die Alp Imbrig am Nordabhang der Schrattenflue.

Auf dieser leichten Wanderung vom Imbrig bis zur Alphütte Hürnli begegnen uns vor allem Wiesen und Weiden der unteren subalpinen Stufe. Unser Hauptinteresse gilt aber den einmaligen **Borstgraswiesen** bei der Alp Stein und beim Hürnli, welche uns normalerweise gegen Ende Juli mit einem wahren Blütenmeer von Arnika *(Arnica montana)* und Purpur-Enzian *(Gentiana purpurea)* begeistern.

Beim ersten Anstieg nach Imbrig lassen einige Pflanzen in der Weide rechts des Weges erkennen, dass es sich hier um eine leicht saure Borstgrasweide mit einigen eingestreuten Feuchte- und Nässezeigern handelt. Einige von ihnen sind: Arnika *(Arnica montana)*, Purpur-Enzian *(Gentiana purpurea)*, Bärtige Glockenblume *(Campanula barbata)*, Borstgras *(Nardus stricta)*, Gemeiner Tormentill *(Potentilla erecta)*, Besenheide *(Calluna vulgaris)*, Flatterige Binse *(Juncus effusus)*, Alpen-Fettblatt *(Pinguicula alpina)* u. a.

Vor dem Marbachgraben fallen uns im Juni ausgedehnte **Feuchtwiesen** auf. Sumpf-Dotterblume *(Caltha palustris)*, Eisenhutblättriger Hahnenfuss *(Ranunculus aconitifolius)*, Trollblume *(Trollius europaeus)*, Sumpf-Kratzdistel *(Cirsium palustre)*, Schlangen-Knöterich *(Polygonum bistorta)*, Sumpf-Vergissmeinnicht *(Myosotis scorpioides)*, Sumpf-Baldrian *(Valeriana dioica)* u. a. sind in diesem Lebensraum unschwer zu finden. Entlang der Strasse entdecken wir unschwer blumenreiche Berg-Fettwiesen, Nadelwald mit Hochstauden und Flachmoore.

Drei typische Vertreter der Borstgrasweide: Bärtige Glockenblume *(Campanula barbata)*, Purpur-Enzian *(Gentiana purpurea)*, Arnika *(Arnica montana)*

Gemeiner Tormentill *(Potentilla erecta)*

Borstgras *(Nardus stricta)*

Besenheide *(Calluna vulgaris)*

Flatterige Binse *(Juncus effusus)*

Alpen-Fettblatt *(Pinguicula alpina)*

Feuchtwiese beim Marbachgrabe

Sumpf-Dotterblume *(Caltha palustris)*

Trollblume *(Trollius europaeus)*

Eisenhutblättriger Hahnenfuss *(Ranunculus aconitifolius)*

Schlangen-Knöterich *(Polygonum bistorta)*

Sumpf-Baldrian *(Valeriana dioica)*

Sumpf-Vergissmeinnicht *(Myosotis scorpioides)*

Sumpf-Kratzdistel *(Cirsium palustre)*

Wanderung 11: Hürnli

Im Marbachgrabe erscheint der subalpine Flysch mit Mergelschichten. Darüber liegt das Kalkgestein der Schrattenflue. Im mergeligen Rutschhang unterhalb des Weges blühen einige Exemplare des Lappländischen Knabenkrauts (*Dactylorhiza lapponica*), einer seltenen Orchidee.

An der feuchteren und weniger sonnigen Nordseite der Schrattenflue bedeckt eine üppige, hochrasige und dichte Pflanzengesellschaft mit bunten Blumen die wenig beweideten, steilen Hänge. Es ist die **Rostseggenhalde** mit der namengebenden Rost-Segge (*Carex ferruginea*), deren Halme sich nach unten neigen und an gekämmte Haare erinnern. Wenn wir nach dem Marbachgrabe den Weg verlassen und etwas höher hinauf steigen, begegnen uns einige typische Pflanzen der Rostseggenhalde, wie etwa die Kugelorchis (*Traunsteinera globosa*), der Allermannsharnisch (*Allium victorialis*), das Narzissen-Windröschen (*Anemone narcissiflora*), die Grosse Sterndolde (*Astrantia major*), die Berg-Flockenblume (*Centaurea montana*), der Süssklee (*Hedysarum hedysaroides*), das Blattreiche Läusekraut (*Pedicularis foliosa*), der Alpen-Liebstock (*Ligusticum mutellina*), die Alpen-Anemone (*Pulsatilla alpina*), der Alpen-Tragant (*Astragalus alpinus*) und viele andere.

Üppige Rostseggenhalden an der Nordseite der Schrattenflue

Rost-Segge (*Carex ferruginea*)

Süssklee (*Hedysarum hedysaroides*)

Narzissen-Windröschen (*Anemone narcissiflora*)

Allermannsharnisch (*Allium victorialis*)

Berg-Flockenblume *(Centaurea montana)* mit dem Kleinen Fuchs

Grosse Sterndolde *(Astrantia major)*

Alpen-Tragant *(Astragalus alpinus)*

Alpen-Liebstock *(Ligusticum mutellina)*

Kugelorchis *(Traunsteinera globosa)*

Alpen-Anemone *(Pulsatilla alpina)*

Blattreiches Läusekraut *(Pedicularis foliosa)*

Zwischen den Alpbetrieben Steinwang und Stein begleitet uns eine blumenreiche Weide. Es ist die gedüngte oder auch ungedüngte **Milchkrautweide,** welche hier auf dieser Meereshöhe auch noch Pflanzen der weiter unten liegenden Goldpippau-Kammgrasweide enthält.

Milchkrautweide vor der Alp Stein

Raues Milchkraut *(Leontodon hispidus)*

Lederblättriger Frauenmantel *(Alchemilla coriacea)*

Je nach Bewirtschaftung und Intensität der Beweidung mit Rindvieh finden wir hier mehr oder weniger Pflanzenarten. Milchkraut, Klee- und Frauenmantelarten sowie Gräser sind auf der Milchkrautweide immer anzutreffen. Die wichtigsten Vertreter dieser wertvollen Weide sind: Raues Milchkraut *(Leontodon hispidus)*, Lederblättriger Frauenmantel *(Alchemilla coriacea)*, Scheuchzers Glockenblume *(Campanula scheuchzeri)*, Gold-Pippau *(Crepis aurea)*, Rot-Schwingel *(Festuca rubra)*, Berg-Margerite *(Leucanthemum adustum)*, Alpen-Lieschgras *(Phleum rhaeticum)*, Alpen-Wegerich *(Plantago alpina)*, Alpen-Rispengras *(Poa alpina)*, Braun-Klee *(Trifolium badium)*, Thals Klee *(Trifolium thalii)* u. a.

Gold-Pippau *(Crepis aurea)* Thals Klee *(Trifolium thalii)* Alpen-Wegerich *(Plantago alpina)* Braun-Klee *(Trifolium badium)*

Berg-Margerite *(Leucanthemum adustum)* Rot-Schwingel *(Festuca rubra)* Alpen-Lieschgras *(Phleum rhaeticum)* Alpen-Rispengras *(Poa alpina)* Scheuchzers Glockenblume *(Campanula scheuchzeri)*

Nach der Alp Stein erfreut uns wohl eine der schönsten **Borstgraswiesen** im Entlebuch. Wenn wir sie gegen Ende Juli an einem schönen Sommerabend besuchen, zaubern dunkelrote und gelbe Blüten von Purpur-Enzian *(Gentiana purpurea)* und Arnika *(Arnica montana)* zusammen mit den hellen Felswänden der Schrattenflue ein fantastisches, unvergessliches Bild in die Landschaft.

Die farbenprächtige Borstgraswiese bei der Alp Stein mit viel Purpur-Enzian *(Gentiana purpurea)* und Arnika *(Arnica montana)* erblüht normalerweise optimal gegen Ende Juli. Anfangs August kann sie dann gemäht werden.

Von der Borstgrasweide unterscheidet sich die Borstgraswiese dadurch, dass die Pflanzendecke dichter ist, mehr Gräser vorhanden sind, das Borstgras *(Nardus stricta)* und einige andere typische Pflanzen der Borstgrasrasen wenig oder gar nicht vorkommen. Zudem fehlen hier die subalpinen und alpinen Arten. Die Borstgraswiese beim Hürnli war im letzten Jahrhundert ebenfalls eine Augenweide; wegen offenbar veränderter Bewirtschaftung sind aber in den letzten Jahren die typischen Pflanzen stark zurückgegangen. Verzicht auf jegliche Düngung und die Mahd erst gegen Mitte August könnten die Borstgraswiesen mit der Zeit wieder augenfällig aufwerten. Folgende Pflanzen können wir in den Borstgraswiesen sowie in ihrem Randbereich zwischen der Alp Stein und der Alphütte Hürnli nebst den bereits erwähnten Arten etwa finden: Bärtige Glockenblume *(Campanula barbata)*, Gemeines Katzenpfötchen *(Antennaria dioica)*, Gemeine Mondraute *(Botrychium lunaria)*, Scheuchzers Glockenblume *(Campanula scheuchzeri)*, Besenheide *(Calluna vulgaris)*, Pillentragende Segge *(Carex pilulifera)*, Orangerotes Habichtskraut *(Hieracium aurantiacum)*, Hohlzunge *(Coeloglossum viride)*, Weisszunge *(Pseudorchis albida)*, Quendelblättrige Kreuzblume *(Polygala serpyllifolia)*, Langspornige Handwurz *(Gymnadenia conopsea)* sowie am Wegbord nach der Alp Stein den Keulen-Bärlapp *(Lycopodium clavatum)* und den Alpen-Bärlapp *(Diphasiastrum alpinum)*.

Purpur-Enzian *(Gentiana purpurea)*

Arnika *(Arnica montana)*

Bärtige Glockenblume *(Campanula barbata)*

Langspornige Handwurz *(Gymnadenia conopsea)*

Hohlzunge *(Coeloglossum viride)*

Gemeines Katzenpfötchen *(Antennaria dioica)*

Quendelblättrige Kreuzblume *(Polygala serpyllifolia)*

Weisszunge *(Pseudorchis albida)*

Wanderung 11: Hürnli

Gemeine Mondraute *(Botrychium lunaria)*   Pillentragende Segge *(Carex pilulifera)*   Alpen-Bärlapp *(Diphasiastrum alpinum)*   Keulen-Bärlapp *(Lycopodium clavatum)*   Orangerotes Habichtskraut *(Hieracium aurantiacum)*

Nach der Borstgraswiese bei der Alp Stein wandern wir durch den Wald und schon bald erinnert uns eine **Waldlichtungsflur** an den verheerenden Windsturm «Lothar» im Jahre 1999. Diese artenarme Pflanzengesellschaft auf saurem Boden wird beherrscht vom Wald-Weidenröschen *(Epilobium angustifolium)*. Daneben finden wir hier die Himbeere *(Rubus idaeus)*, die Wald-Schmiele *(Avenella flexuosa)*, das Wald-Vergissmeinnicht *(Myosotis sylvatica)*, die Wald-Erdbeere *(Fragaria vesca)*, das Wald-Ruhrkraut *(Gnaphalium sylvaticum)*, den Gemeinen Hohlzahn *(Galeopsis tetrahit)*, die Besenheide *(Calluna vulgaris)*, den Mauerlattich *(Mycelis muralis)* u. a.

Weidenröschen-Waldlichtungsflur; im Hintergrund bildet der Schrattenkalk die hellen Felswände des Hengst, ein markanter Teil der Schrattenflue.

 Himbeere *(Rubus idaeus)*
 Wald-Schmiele *(Avenella flexuosa)*
 Wald-Vergissmeinnicht *(Myosotis sylvatica)*
 Besenheide *(Calluna vulgaris)*

 Gemeiner Hohlzahn *(Galeopsis tetrahit)*
 Wald-Erdbeere *(Fragaria vesca)*
 Mauerlattich *(Mycelis muralis)*
 Wald-Ruhrkraut *(Gnaphalium sylvaticum)*

Nach der Waldlichtungsflur folgen wir der Waldstrasse Richtung Hürnlihütte. Am wasserzügigen Hang mit feuchten Mulden und Senken sowie trockeneren Erhebungen wächst auf saurem Boden ein etwas lückiger Wald; es ist die Gesellschaft des **Schachtelhalm-Tannen-Fichtenwaldes** im Kontakt hier mit dem Hochstauden-Tannen-Fichtenwald. Säureliebende Waldpflanzen bevorzugen die nährstoffarmen und trockenen Stellen; in den feuchten und nährstoffreicheren Mulden und Senken präsentiert sich der Pflanzenwuchs üppiger. Die Tanne *(Abies alba)* fehlt meistens.

Schachtelhalm-Tannen-Fichtenwald beim Hürnli mit Wald-Schachtelhalm *(Equisetum sylvaticum)*, Heidelbeere *(Vaccinium myrtillus)* und Fichte *(Picea abies)*

Wald-Schachtelhalm *(Equisetum sylvaticum)*

Wanderung 11: Hürnli

Einige Vertreter des heterogen zusammengesetzten Schachtelhalm-Tannen-Fichtenwaldes sind: Fichte *(Picea abies)*, Heidelbeere *(Vaccinium myrtillus)*, Sal-Weide *(Salix caprea)*, Vogelbeerbaum *(Sorbus aucuparia)*, Ährige Rapunzel *(Phyteuma spicatum)*, Rippenfarn *(Blechnum spicant)*, Breiter Wurmfarn *(Dryopteris dilatata)*, Alpenlattich *(Homogyne alpina)* an trockeneren Stellen sowie Wald-Schachtelhalm *(Equisetum sylvaticum)*, Gebirgs-Kälberkropf *(Chaerophyllum hirsutum)*, Sumpf-Pippau *(Crepis paludosa)*, Weisse Pestwurz *(Petasites albus)*, Eisenhutblättriger Hahnenfuss *(Ranunculus aconitifolius)*, Rundblättriger Steinbrech *(Saxifraga rotundifolia)*, Bach-Nelkenwurz *(Geum rivale)* an feuchten Stellen.

Sal-Weide *(Salix caprea)*

Vogelbeerbaum *(Sorbus aucuparia)*

Ährige Rapunzel *(Phyteuma spicatum)*

Alpenlattich *(Homogyne alpina)*

Rippenfarn *(Blechnum spicant)*

Weisse Pestwurz *(Petasites albus)*

Breiter Wurmfarn *(Dryopteris dilatata)*

Gebirgs-Kälberkropf *(Chaerophyllum hirsutum)*

Sumpf-Pippau *(Crepis paludosa)*

Rundblättriger Steinbrech *(Saxifraga rotundifolia)*

Bach-Nelkenwurz *(Geum rivale)*

Sparrige Binse *(Juncus squarrosus)*

Eine Pflanze verdient besondere Erwähnung, hat sie doch im Gebiet Hürnli einen ihrer wenigen Verbreitungsschwerpunkte in der Schweiz. Es ist die Sparrige Binse *(Juncus squarrosus)*. Wir finden sie heute aber nur noch selten auf unserer Wanderung am Wegbord im Wald, am Waldrand und zu Beginn der Borstgraswiese nach dem Wald vor der Alphütte Hürnli. Vor der grossen Aufforstung vor bald 100 Jahren und dem Bau der Waldstrasse gegen die Alp Stein war sie hier stark verbreitet, auf feucht-nassem, saurem, torfigem und nährstoffarmem Boden im Gebiet der Entwässerungsgräben.

Bei der Alphütte Hürnli mit Picknickplatz erfreut uns noch eine blumenreiche **Goldhaferwiese.** Im Entlebuch zeigt diese aber im niederschlagsreicheren Klima als etwa in den inneralpinen, trockeneren Gebieten ein Artenspektrum mit mehr Feuchtigkeitszeigern; zudem sind die meisten Goldhaferwiesen im Entlebuch Übergänge von der Talfettwiese, der Glatthaferwiese zur farbenreicheren und weniger gedüngten Bergfettwiese, der Goldhaferwiese. Von den vielen Arten der Goldhaferwiese seien hier nur einige erwähnt: Wald-Storchschnabel *(Geranium sylvaticum),* Rautenblättrige Glockenblume *(Campanula rhomboidalis),* Wiesen-Schaumkraut *(Cardamine pratensis),* Gemeine Flockenblume *(Centaurea jacea),* Berg-Flockenblume *(Centaurea montana),* Schlangen-Knöterich *(Polygonum bistorta),* Rote Waldnelke *(Silene dioica),* Wiesen-Pippau *(Crepis biennis),* Rot-Schwingel *(Festuca rubra),* Margerite *(Leucanthemum vulgare),* Ährige Rapunzel *(Phyteuma spicatum),* Zottiger Klappertopf *(Rhinanthus alectorolophus),* Goldhafer *(Trisetum flavescens),* Roter Wiesen-Klee *(Trifolium pratense)* und viele andere.

Goldhaferwiese beim Hürnli mit Rautenblättriger Glockenblume *(Campanula rhomboidalis),* Zottigem Klappertopf *(Rhinanthus alectorolophus),* Margerite *(Leucanthemum vulgare),* Rotem Wiesen-Klee *(Trifolium pratense)* u. a.

Wald-Storchschnabel *(Geranium sylvaticum)*

Rote Waldnelke *(Silene dioica)*

Wiesen-Pippau *(Crepis biennis)*

Gemeine Flockenblume *(Centaurea jacea)*

Goldhafer *(Trisetum flavescens)*

Wiesen-Schaumkraut *(Cardamine pratensis)*

Nun begeben wir uns auf den Rückweg zum Imbrig und nehmen dabei noch einmal die Lebensräume und ihre Pflanzen in unser Bewusstsein auf.

Wer Zeit und Interesse hat, kann aber auch noch eine Zusatzwanderung über Steichöpfli – Ilfissprung – Hinder Bättenalp und von hier hinunter zum Müserli und nach Müsere unter die Füsse nehmen. Bei der Müsere begegnen wir ausgedehnten Flachmooren und Feuchtwiesen von nationaler Bedeutung im Bereich des subalpinen Flysches. Den Aufstieg zur Hinder Bättenalp bewältigen wir am besten der Strasse entlang und erreichen über das Steichöpfli wieder den Wanderweg zurück zum Imbrig, wo sich die freundliche Familie bestimmt über einen Besuch in der Alpwirtschaft freuen wird.

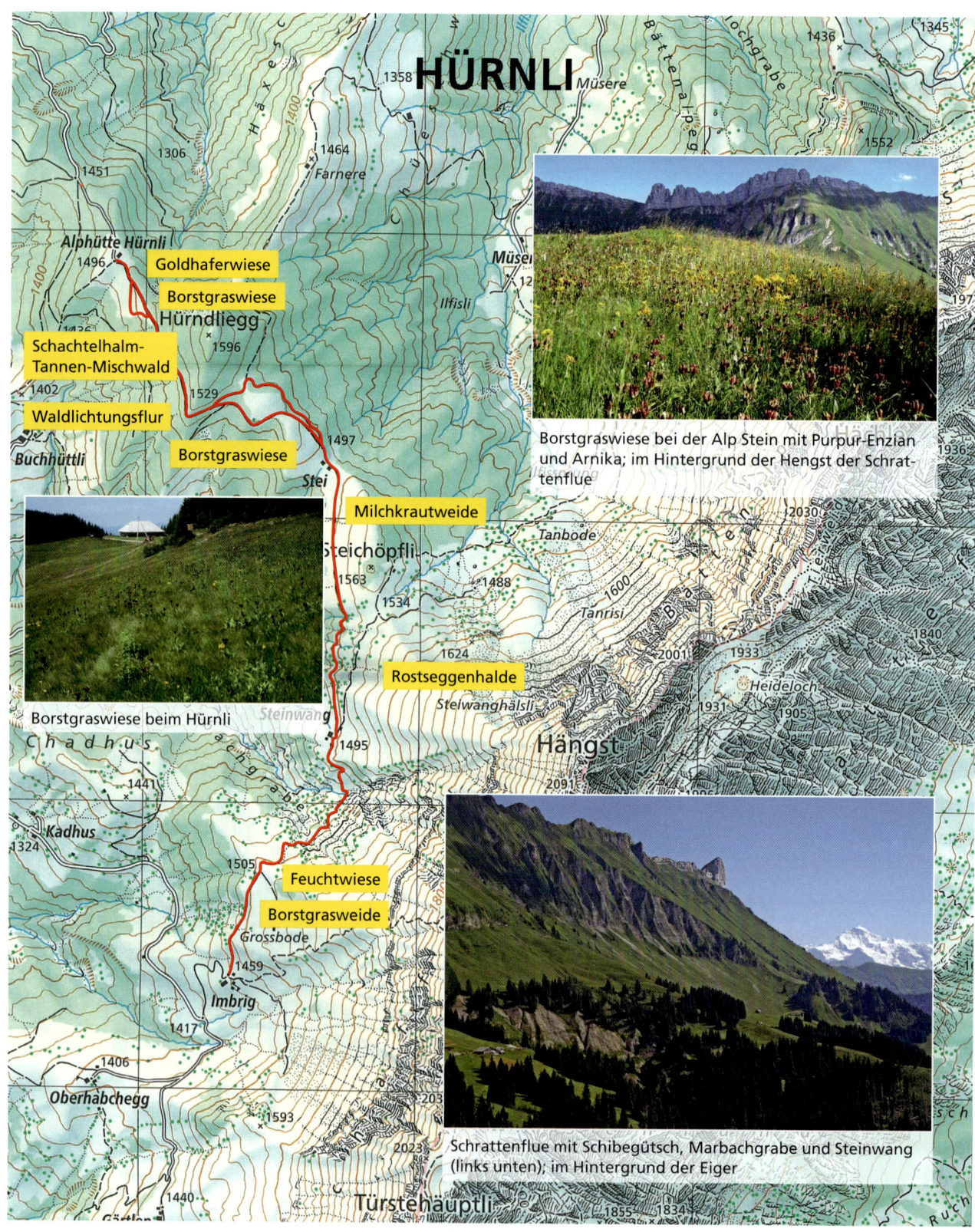

Borstgraswiese bei der Alp Stein mit Purpur-Enzian und Arnika; im Hintergrund der Hengst der Schrattenflue

Borstgraswiese beim Hürnli

Schrattenflue mit Schibegütsch, Marbachgrabe und Steinwang (links unten); im Hintergrund der Eiger

© swisstopo; reproduziert mit Bewilligung von swisstopo (BA 180107)

Wanderung 12: TÄLLEMOOS

Halbtageswanderung — Idealer Zeitpunkt: Juni–August

Das Tällemoos – auch Tällenmoos oder Tellenmoos genannt – erreicht man vom Dorf Escholzmatt aus. Es liegt über Grundmoräne des Waldemmengletschers, dessen Arm in der letzten Eiszeit von Schüpfheim bis über Escholzmatt hinausreichte. Der ursprüngliche, wohl bald vergessene Flurname wäre eigentlich «Dählemoos»; Dähle ist der volkskundliche Name im Entlebuch für die Aufrechte Berg-Föhre (*Pinus mugo* ssp. *uncinata*), welche im Tällemoos auch heute noch vorkommt.

Das Tällemoos ist der Rest eines einst grösseren Feuchtgebietes mit Hoch-, Flach-, Übergangsmooren, Feuchtwiesen und Torfmoos-Bergföhrenwald. Es ist heute umgeben von intensiv bewirtschafteten Wiesen, die bis an den Rand des Moores gedüngt werden. Mehrere Moorflächen sind bedrängt oder in den letzten Jahrzehnten verschwunden. Der wertvollste und vielfältigste Teil im Tällemoos ist gegenwärtig das Flach- und Übergangsmoor im Nordosten der Wanderroute.

Das eigentliche **Hochmoor** im Nordwesten hat nur noch wenige, oft wasserleere Schlenken und trocknet aus, was durch das vermehrte Auftreten der Besenheide (*Calluna vulgaris*) und des Faulbaums (*Frangula alnus*) zu erkennen ist. Die typischen Hochmoorpflanzen sind aber alle immer noch vorhanden, wie der Rundblättrige Sonnentau (*Drosera rotundifolia*), die Gemeine Moosbeere (*Vaccinium oxycoccos*), die Rosmarinheide (*Andromeda polifolia*), das Scheiden-Wollgras (*Trichophorum vaginatum*), die Graue Segge (*Carex canescens*), Torfmoose (*Sphagnum* sp.) und als Seltenheit die Behaartfrüchtige oder Faden-Segge (*Carex lasiocarpa*). Die Moor-Birke (*Betula pubescens*) bildet ansatzweise einen Hochmoor-Birkenwald; viele Rasen-Haarbinsen oder Rasenbinsen (*Trichophorum cespitosum*) deuten zusammen mit dem Schmalblättrigen Wollgras (*Eriophorum angustifolium*) die Wollgras-Rasenbinsen-Gesellschaft an. Vom Torfmoos-Bergföhrenwald ist nur noch ein kleiner Teil intakt.

Das Hochmoor Tällemoos im Oktober

Moor-Birken *(Betula pubescens)*

Rundblättriger Sonnentau *(Drosera rotundifolia)*

Rasen-Haarbinsen *(Trichophorum cespitosum)* und Schmalblättriges Wollgras *(Eriophorum angustifolium)*

Rosmarinheide *(Andromeda polifolia)*

Behaartfrüchtige Segge *(Carex lasiocarpa)*

Aufrechte Berg-Föhre *(Pinus mugo* ssp. *uncinata)*

Gemeine Moosbeere *(Vaccinium oxycoccos)*

Scheiden-Wollgras *(Eriophorum vaginatum)*

Besenheide *(Calluna vulgaris)*

Faulbaum *(Frangula alnus)*

Graue Segge *(Carex canescens)*

Die meisten Feuchtwiesen werden heute gedüngt, auch mit Gülle. Sie entwickeln sich immer mehr zu feucht-frischen Fettwiesen.

Feuchtwiesen im Tällemoos mit Schlangen-Knöterich *(Polygonum bistorta)*, Kuckucks-Lichtnelke *(Silene flos-cuculi)* und Kleinem Klappertopf *(Rhinanthus minor)*

Dem Waldrand entlang erreichen wir bald das grosse Flach- und Übergangsmoor. Den Graben säumt hier eine hochwüchsige, artenarme **Spierstaudenflur.**

Spierstaudenfluren im Tällemoos: auf dem Bild links dominiert anfangs Juli die blühende Moor-Spierstaude *(Filipendula ulmaria)*; auf dem Bild rechts blüht anfangs Juni reichlich der Gebirgs-Kälberkropf *(Chaerophyllum hirsutum)*.

Der Sumpfhumusboden mit hohem Grundwasserstand ist nährstoffreich und stickstoffhaltig. Hohe Stauden und Kräuter dominieren. Einige von ihnen sind: Moor-Spierstaude *(Filipendula ulmaria)*, Kohldistel *(Cirsium oleraceum)*, Sumpf-Kratzdistel *(Cirsium palustre)*, Geissfuss *(Aegopodium podagraria)*, Sumpf-Pippau *(Crepis paludosa)*, Schlangen-Knöterich *(Polygonum bistorta)*, Gebräuchlicher Baldrian *(Valeriana officinalis)*, Ross-Minze *(Mentha longifolia)*, Blut-Weiderich *(Lythrum salicaria)*, Gebirgs-Kälberkropf *(Chaerophyllum hirsutum)*, Sumpf-Dotterblume *(Caltha palustris)* u. a.

Moor-Spierstaude *(Filipendula ulmaria)* — Sumpf-Kratzdistel *(Cirsium vulgare)* — Sumpf-Pippau *(Crepis paludosa)* — Kohldistel *(Cirsium oleraceum)*

Schlangen-Knöterich *(Polygonum bistorta)* — Gebirgs-Kälberkropf *(Chaerophyllum hirsutum)* — Blut-Weiderich *(Lythrum salicaria)*

Wanderung 12: Tällemoos

Sumpf-Dotterblume *(Caltha palustris)*

Geissfuss *(Aegopodium podagraria)*

Ross-Minze *(Mentha longifolia)*

Gebräuchlicher Baldrian *(Valeriana officinalis)*

Das ebene, leicht zum Waldrand hin geneigte Moor beherbergt ein Mosaik von Pflanzen der **Flach-** und **Übergangsmoore** sowie einzelne Arten der montanen Pfeifengraswiese. Im oberen Teil findet man noch einige Vertreter der kalkhaltigen Flachmoore; nach unten nehmen die Pflanzen der leicht sauren Braunseggensümpfe immer mehr zu; der unterste Teil ist ein Übergangs- oder Zwischenmoor. Torfmoose *(Sphagnum* sp.) sind hier schon häufig und ab und zu deutet der Rundblättrige Sonnentau *(Drosera rotundifolia)* die Entwicklung zum Hochmoor an.

Das Breitblättrige Knabenkraut *(Dactylorhiza majalis)* und das Schmalblättrige Wollgras *(Eriophorum angustifolium)* gehören zum leicht sauren Flachmoor.

Auffallend häufig ist im Flachmoor die Gemeine Kreuzblume *(Polygala vulgaris)*.

Braunseggensumpf mit viel Torfmoos *(Sphagnum* sp.)

Der Fieberklee *(Menyanthes trifoliata)* ist typisch für das Übergangsmoor.

Eine Auswahl aus der grossen Artenvielfalt in diesem Moor sind die folgenden Pflanzen: Breitblättriges Knabenkraut *(Dactylorhiza majalis)*, Fuchs' Knabenkraut *(Dactylorhiza fuchsii)*, Grosses Zweiblatt *(Listera ovata)*, Kleinfrüchtige Gelbe Segge *(Carex flava)*, Igelfrüchtige Segge *(Carex echinata)*, Gemeine Kreuzblume *(Polygala vulgaris)*, Weisses Breitkölbchen *(Platanthera bifolia)*, Sumpf-Löwenzahn *(Taraxacum palustre)*, Schwalbenwurz-Enzian *(Gentiana asclepiadea)*, Blaues Pfeifengras *(Molinia caerulea)*, Braune Segge *(Carex nigra)*, Alpen-Haarbinse *(Trichophorum alpinum)*, Sumpf-Läusekraut *(Pedicularis palustris)*, Blumenbinse *(Scheuchzeria palustris)*, Wiesen-Wachtelweizen *(Melampyrum pratense)*, Fieberklee *(Menyanthes trifoliata)* und viele andere.

Breitblättriges Knabenkraut *(Dactylorhiza majalis)*

Grosses Zweiblatt *(Listera ovata)*

Gemeine Kreuzblume *(Polygala vulgaris)*

Fuchs' Knabenkraut *(Dactylorhiza fuchsii)*

Kleinfrüchtige Gelbe Segge *(Carex lepidocarpa)*

Sumpf-Läusekraut *(Pedicularis palustris)*

Alpen-Haarbinse *(Trichophorum alpinum)*

Schwalbenwurz-Enzian *(Gentiana asclepiadea)*

Weisses Breitkölbchen *(Platanthera bifolia)*

Sumpf-Löwenzahn *(Taraxacum palustre)*

Blumenbinse *(Scheuchzeria palustris)*

Wiesen-Wachtelweizen *(Melampyrum pratense)*

Igelfrüchtige Segge *(Carex echinata)*

Blaues Pfeifengras *(Molinia caerulea)*

Fieberklee *(Menyanthes trifoliata)*

Nun durchschreiten wir einen **Heidelbeer-Tannen-Fichtenwald.** Auf dem schwer durchlässigen Boden über Grundmoräne liegt eine mächtige, stark saure Schicht aus Rohhumus und Torf. In diesem oft besuchten Wald mit viel Torfmoos *(Sphagnum* sp.*),* anderen Moosen, Flechten und Pilzen erkennen wir nebst der Fichte *(Picea abies)* und wenigen Tannen *(Abies alba)* säureliebende Pflanzen, wie die beliebte Heidelbeere *(Vaccinium myrtillus)*, den manchmal meterlangen Wald-Bärlapp *(Lycopodium annotinum)*, den Rippenfarn *(Blechnum spicant)* mit sterilen und fertilen Trieben, den Breiten Wurmfarn *(Dryopteris dilatata)*, die Behaarte Hainsimse *(Luzula pilosa)*, den Wald-Sauerklee *(Oxalis acetosella)*, den Vogelbeerbaum *(Sorbus aucuparia)* u. a.

Heidelbeer-Tannen-Fichtenwald

Heidelbeere *(Vaccinium myrtillus)*

Fichte *(Picea abies)*

Wald-Bärlapp *(Lycopodium annotinum)*

Behaarte Hainsimse *(Luzula pilosa)*

Torfmoos *(Sphagnum* sp.)

Vogelbeerbaum *(Sorbus aucuparia)*

Breiter Wurmfarn *(Dryopteris dilatata)*

Wald-Sauerklee *(Oxalis acetosella)*

Rippenfarn *(Blechnum spicant)*

Die Wanderroute Tällemoos wird oft bis an den Rand der Feuchtgebiete eingerahmt von frischen bis feuchten, gedüngten, gräserreichen **Fettwiesen.** Einige typische Wiesenpflanzen sind: Wiesen-Fuchsschwanz *(Alopecurus pratensis)*, Gersten-Trespe *(Bromus hordeaceus)*, Wiesen-Schwingel *(Festuca pratensis)*, Gemeines Rispengras *(Poa trivialis)*, Wiesen-Knäuelgras *(Dactylis glomerata)*, Wiesen-Kammgras *(Cynosurus cristatus)*, Englisches Raygras *(Lolium perenne)*, Französisches Raygras *(Arrhenatherum elatius)*, Wiesen-Pippau *(Crepis biennis)*, Scharfer Hahnenfuss *(Ranunculus acris* ssp. *friesianus)*, Rot-Klee *(Trifolium pratense)*, Wiesen-Schaumkraut *(Cardamine pratensis)*, Wiesen-Sauerampfer *(Rumex acetosa)*, Stumpfblättriger Ampfer *(Rumex obtusifolius)* u. a. Ganz spärlich findet man an einer trockeneren Stelle kurz vor dem Hasenbach die Wiesen-Glockenblume *(Campanula patula)*.

Wiesen-Fuchsschwanz *(Alopecurus pratensis)*

Gersten-Trespe *(Bromus hordeaceus)*

Gemeines Rispengras *(Poa trivialis)*

Wiesen-Kammgras *(Cynosurus cristatus)*

Wiesen-Knäuelgras *(Dactylis glomerata)*

Wiesen-Schwingel *(Festuca pratensis)*

Englisches Raygras *(Lolium perenne)*

Französisches Raygras *(Arrhenatherum elatius)*

Wiesen-Pippau *(Crepis biennis)*

Wiesen-Schaumkraut *(Cardamine pratensis)*

| Scharfer Hahnenfuss *(Ranunculus acris)* | Rot-Klee *(Trifolium pratense)* | Wiesen-Sauerampfer *(Rumex acetosa)* | Stumpfblättriger Ampfer *(Rumex obtusifolius)* | Wiesen-Glockenblume *(Campanula patula)* |

Nach einer abwechslungsreichen und gemütlichen Wanderung erreichen wir wieder unseren Ausgangspunkt, die Liegenschaft Hasenbach.

Das Hochmoor Tällemoos trocknet aus.

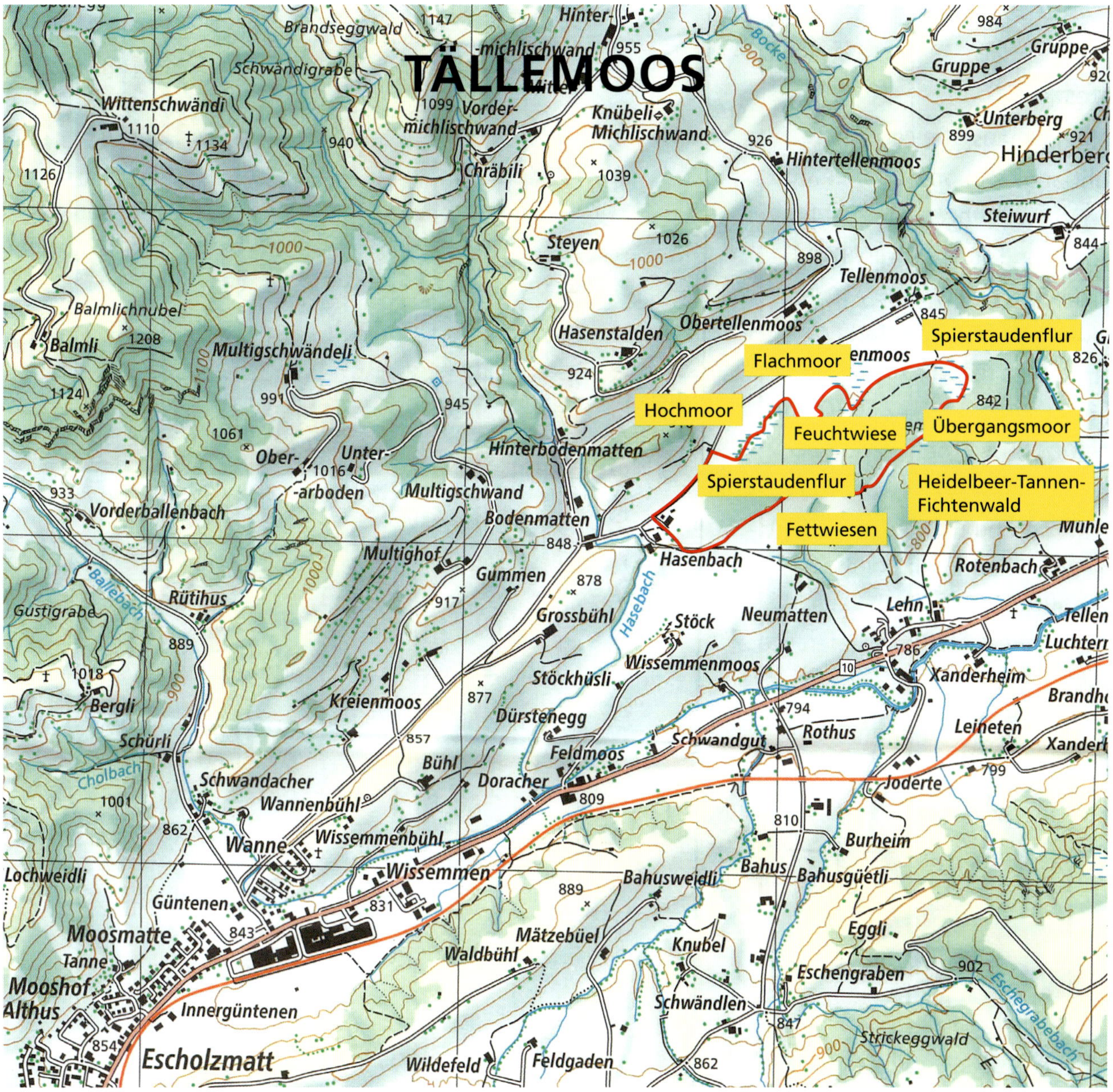

© swisstopo; reproduziert mit Bewilligung von swisstopo (BA 180107)

|—————————| 1 km

Hochmoor Tällemoos

Flachmoor/Übergangsmoor Tällemoos

Wanderung 12: Tällemoos

Wanderung 13 HILFEREN – BEICHLEN

Tageswanderung　　　　　　　　　　　　　Idealer Zeitpunkt: Mai, Juni, Juli

Zwischen Schrattenflue und Beichlen ist das abwechslungsreiche Seitental Hilferen weitgehend vor den kalten Nordwinden geschützt. Subalpiner Flysch und subalpine Molasse als Gesteinsunterlage haben im Hilferental die Entstehung verschiedenartigster Lebensräume ermöglicht: Trockene Magerwiesen und Magerweiden, Bergfettwiesen, Flachmoore und Feuchtwiesen, verschiedene Waldgesellschaften und kleine Tümpel beherbergen eine interessante Pflanzen- und Tierwelt.

Im Gebiet Hilferenmättili – Hilferenhüttli (ehemals Restaurant Alpenrösli) – Rischibode besuchen wir zuerst das kleine Flachmoor und den Tümpel oberhalb der Liegenschaft Hilferenmättili.

Flachmoor und …

… Tümpel oberhalb Hilferenmättili

Das kalkhaltige **Flachmoor** beherbergt typische Flachmoorpflanzen, wie das Breitblättrige Knabenkraut *(Dactylorhiza majalis)*, das Fuchs' Knabenkraut *(Dactylorhiza fuchsii)*, das Grosse Zweiblatt *(Listera ovata)*, das Breitblättrige Wollgras *(Eriophorum latifolium)*, die Kelch-Liliensimse *(Tofieldia calyculata)*, die Igelfrüchtige Segge *(Carex echinata)* u. a. Besonders zahlreich blüht hier im Juli die Sumpf-Stendelwurz *(Epipactis palustris)*.

Der Tümpel und der darüber liegende Bergsturzwald ist der Lebensraum der seltenen Geburtshelferkröte – im Volksmund «Glögglifrosch» genannt – und anderer Amphibien. Am Rande des Tümpels finden wir nur noch spärlich eine Rarität der Luzerner Flora, die Draht-Segge *(Carex diandra)*.

Breitblättriges Knabenkraut
(Dactylorhiza majalis)

Breitblättriges Wollgras
(Eriophorum latifolium)

Kelch-Liliensimse
(Tofieldia calyculata)

Fuchs' Knabenkraut
(Dactylorhiza fuchsii)

Grosses Zweiblatt *(Listera ovata)*

Igelfrüchtige Segge *(Carex echinata)*

Sumpf-Stendelwurz *(Epipactis palustris)*

Draht-Segge *(Carex diandra)*

Ein botanisches Kleinod ist die weitgehend trockene **Magerweide** vor dem Hilferenhüttli bis gegen die Liegenschaft Rischibode. Diese Bergsturzweide ist übersät mit Felsblöcken aus Nagelfluh, schiefrigen Mergeln und Sandsteinen der subalpinen Molasse. Vom Vorfrühling bis zum Sommer kann man hier zum Teil seltene Pflanzen der beweideten Halbtrockenrasen, von Saumgesellschaften und der Waldränder entdecken.

Magere Bergsturzweide Hilferen; im Hintergrund die Schrattenflue

Von der Roteflue im Hintergrund lösten sich wohl diese Felsblöcke.

Halbtrockene Weide mit Felsblöcken und dem Männlichen Knabenkraut *(Orchis mascula)*

Schon im Vorfrühling – in schneefreien, milden Wintern auch schon Ende Januar – erblüht in grosser Menge die Stängellose Schlüsselblume *(Primula acaulis)*; die Einheimischen nennen sie «Rosszänd». Sie hat hier im Hilferental ihren einzigen natürlichen Standort im Kanton Luzern. Später folgen ihr weitere Pflanzen der mageren, beweideten Halbtrockenrasen, wie das Frühlings-Fingerkraut *(Potentilla verna)*, das Erdbeer-Fingerkraut *(Potentilla sterilis)*, das Männliche Knabenkraut *(Orchis mascula)*, die Gemeine Akelei *(Aquilegia vulgaris)* und ganz spärlich nur noch das Blasse Knabenkraut *(Orchis pallens)*. Dornige Sträucher, wie der Eingriffelige Weissdorn *(Crataegus monogyna)* und stachelige Wildrosen *(Rosa sp.)* sind in der Weide nicht mehr oft anzutreffen. Am Waldrand findet man etwa noch die Feld-Rose *(Rosa arvensis)* und die Alpen-Heckenkirsche *(Lonicera alpigena)*. Je nach Art der Beweidung erscheinen im Sommer in der Bergsturzweide folgende Pflanzen: der Echte Dost *(Origanum vulgare)*, der Wirbeldost *(Clinopodium vulgare)*, der Kleine Odermennig *(Agrimonia eupatoria)*, der Alpen-Ziest *(Stachys alpina)*, die Gemeine Kratzdistel *(Cirsium vulgare)*, die Kriechende Hauhechel *(Ononis repens)*, der Kleine Wiesenknopf *(Sanguisorba minor)*, das Berg-Johanniskraut *(Hypericum montanum)*, die Klebrige Salbei *(Salvia glutinosa)*, die Stängellose Kratzdistel *(Cirsium acaule)*, der Weisse Mauerpfeffer *(Sedum album)*, die Silberdistel *(Carlina acaulis)*, die Kleine Klette *(Arctium minus)* u. a.

Stängellose Schlüsselblume (*Primula acaulis*)

Stängellose Kratzdistel (*Cirsium acaule*)

Frühlings-Fingerkraut (*Potentilla verna*)

Männliches Knabenkraut (*Orchis mascula*)

Kleine Klette (*Arctium minus*)

Erdbeer-Fingerkraut (*Potentilla sterilis*)

Blasses Knabenkraut (*Orchis pallens*)

Gemeine Akelei (*Aquilegia vulgaris*)

Wirbeldost (*Clinopodium vulgare*)

Feld-Rose (*Rosa arvensis*)

Alpen-Ziest (*Stachys alpina*)

Kleiner Odermennig (*Agrimonia eupatoria*)

Kleiner Wiesenknopf (*Sanguisorba minor*)

Alpen-Heckenkirsche (*Lonicera alpigena*)

Klebrige Salbei (*Salvia glutinosa*)

Eingriffeliger Weissdorn (*Crataegus monogyna*)

Echter Dost (*Origanum vulgare*)

Gemeine Kratzdistel *(Cirsium vulgare)*

Berg-Johanniskraut *(Hypericum montanum)*

Weisser Mauerpfeffer *(Sedum album)*

Kriechende Hauhechel *(Ononis repens)*

Silberdistel *(Carlina acaulis)*

Auf unserem weiteren Weg Richtung Hofarni begegnen uns verschiedene Wiesentypen: gedüngte, artenärmere, schwach gedüngte sowie ungedüngte, artenreiche Bergwiesen sowie magere, wechselfeuchte und trockene Strassenböschungen gehören zum abwechslungsreichen Landschaftsbild im Hilferental mit der imposanten Landschaftskulisse der Schrattenflue auf der Gegenseite. Wie überall im Entlebuch sind die schwach gedüngten Heuwiesen Übergänge von der Talfettwiese, der Glatthaferwiese zur artenreicheren Bergfettwiese, der Goldhaferwiese.

Eine besonders farbenfrohe, magere Bergwiese, deren bunte Artenvielfalt offenbar durch die Einsaat einer Mischung mit Samen der halbtrockenen Magerwiese bereichert worden ist, beeindruckt uns im Juni vor der Liegenschaft Vorder Torbach. Wiesen-Salbei *(Salvia pratensis)*, Gemeine Akelei *(Aquilegia vulgaris)*, Saat-Esparsette *(Onobrychis viciifolia)*, Östlicher Wiesen-Bocksbart *(Tragopogon pratensis* ssp. *orientalis)*, Feld-Witwenblume *(Knautia arvensis)*, Wiesen-Margerite *(Leucanthemum vulgare)*, aber auch Blumen der Goldhaferwiese, wie die Rautenblättrige Glockenblume *(Campanula rhomboidalis)*, der Wald-Storchschnabel *(Geranium sylvaticum)*, der Zottige Klappertopf *(Rhinanthus alectorolophus)* und viele andere erzeugen ein prächtiges Wiesenbild.

Die Bergwiese bei Vordertorbach ist artenreich und farbenfroh.

Die Gemeine Akelei *(Aquilegia vulgaris)* erblüht hier in mehreren Farbvarianten.

Saat-Esparsette *(Onobrychis viciifolia)*

Östlicher Wiesen-Bocksbart *(Tragopogon pratensis* ssp. *orientalis)*

Wiesen-Margerite *(Leucanthemum vulgare)*

Feld-Witwenblume *(Knautia arvensis)*

Blick von Hofarni zur Schrattenflue, wo der helle Schrattenkalk die Felsdossen von Hengst (rechts) und Hächle (links) bildet.

Blühende, artenreiche Goldhaferwiese vor der Hofarnihütte

Bei der Hofarnihütte zaubert ab Ende Juni die bunt blühende **Goldhaferwiese** ein faszinierendes Bild in die Landschaft. Zwar fehlt der namengebende Goldhafer *(Trisetum flavescens)* fast gänzlich, aber viele Kräuter, wie die Rautenblättrige Glockenblume *(Campanula rhomboidalis)*, der Wald-Storchschnabel *(Geranium sylvaticum)*, der Zottige Klappertopf *(Rhinanthus alectorolophus)*, das Raue Milchkraut *(Leontodon hispidus)*, die Ährige Rapunzel *(Phyteuma spicatum)*, der Wiesen-Pippau *(Crepis biennis)*, die Wiesen-Margerite *(Leucanthemum vulgare)* sowie der Schlangen-Knöterich *(Polygonum bistorta)* an bodenfrischeren Stellen verleihen dieser Bergwiese das charakteristische Gepräge.

Rautenblättrige Glockenblume *(Campanula rhomboidalis)*

Wald-Storchschnabel *(Geranium sylvaticum)*

Zottiger Klappertopf *(Rhinanthus alectorolophus)*

Ährige Rapunzel *(Phyteuma spicatum)*

Raues Milchkraut *(Leontodon hispidus)*

Schlangen-Knöterich *(Polygonum bistorta)*

Wiesen-Pippau *(Crepis biennis)*

Östlich von Hofarni besuchen wir kurz einen schönen **Torfmoos-Fichtenwald.** Neben der Fichte *(Picea abies)* und Torfmoosen *(Sphagnum* sp.) begegnen uns hier der Vogelbeerbaum *(Sorbus aucuparia)*, viele Heidelbeeren *(Vaccinium myrtillus)* u. a.

Torfmoos-Fichtenwald östlich Hofarni

Heidelbeere *(Vaccinium myrtillus)*

Vogelbeerbaum *(Sorbus aucuparia)*

Auf dem weiteren Weg bis zur Barriere lohnt es sich, den ehemaligen Steinbruch unweit östlich davon zu betrachten. Nagelfluh-, Sandstein- und Mergelschichten der subalpinen, aufgerichteten Molasse, die zur unteren Süsswassermolasse gehören, sind hier besonders schön zu erkennen. Vielleicht entdecken wir hier den safrangelben Kies-Steinbrech *(Saxifraga mutata)*, der auch Molasse-Steinbrech genannt wird. Im Nadelwald unterhalb des Steinbruchs erscheinen unregelmässig an trockenen Stellen zwei recht seltene Pflanzen: die Korallenwurz *(Corallorhiza trifida)* sowie das Moosauge oder Einblütiges Wintergrün *(Moneses uniflora)*.

Subalpine, untere Süsswassermolasse

Molasse-Steinbrech *(Saxifraga mutata)*

Korallenwurz *(Corallorhiza trifida)*

Moosauge *(Moneses uniflora)*

Der Waldstrasse entlang Richtung Beichle begleiten uns Hochstauden- und Waldlichtungsfluren sowie der **subalpine Fichtenwald mit Heidelbeeren.** Bei der letzten Abbiegung zum Grat werfen wir einen Blick zum **Alpendost-Fichtenwald,** der hier an der Beichle verbreitet ist. In den frischfeuchten, nährstoffreichen Mulden gedeihen üppige Hochstauden, wie etwa der Graue Alpendost *(Adenostyles alliariae)*, der Blaue Eisenhut *(Aconitum neomontanum)*, der Alpen-Milchlattich *(Cicerbita alpina)*, die Weisse Pestwurz *(Petasites albus)*, der Wollige Hahnenfuss *(Ranunculus lanuginosus)*, der Rundblättrige Steinbrech *(Saxifraga rotundifolia)*, der Türkenbund *(Lilium martagon)* u. a. An trockeneren Stellen treffen wir auf bekannte, säureliebende Waldbodenpflanzen, wie das Wald-Habichtskraut *(Hieracium murorum)*, die Heidelbeere *(Vaccinium myrtillus)*, die Gewöhnliche Goldrute *(Solidago virgaurea)*, den Wald-Frauenfarn *(Athyrium filix-*

femina) u. a. An der Böschung der Waldstrasse fallen uns der Keulen-Bärlapp *(Lycopodium clavatum)*, der Wald-Wachtelweizen *(Melampyrum sylvaticum)* sowie der Bastard zwischen dem Hasenlattichartigen und dem Wald-Habichtskraut, das Jura-Habichtskraut *(Hieracium jurassicum)* auf.

Der Alpendost-Fichtenwald ist reich an Hochstauden und üppigen Kräutern.

Grauer Alpendost
(Adenostyles alliariae)

Alpen-Milchlattich
(Cicerbita alpina)

Weisse Pestwurz
(Petasites albus)

Blauer Eisenhut
(Aconitum neomontanum)

Wolliger Hahnenfuss
(Ranunculus lanuginosus)

Rundblättriger Steinbrech
(Saxifraga rotundifolia)

Heidelbeere *(Vaccinium myrtillus)*

Türkenbund *(Lilium martagon)*

Wald-Habichtskraut *(Hieracium murorum)*

Keulen-Bärlapp *(Lycopodium clavatum)*

Gewöhnliche Goldrute
(Solidago virgaurea)

Wald-Frauenfarn
(Athyrium filix-femina)

Wald-Wachtelweizen
(Melampyrum sylvaticum)

Jura-Habichtskraut
(Hieracium jurassicum)

Sobald wir den Beichlegrat erreichen, erfreut uns zwischen den beiden Picknickplätzen eine äusserst farbenfrohe und artenreiche Bergwiese. Vor vierzig Jahren erblühte hier noch eine typische Borstgraswiese. Mit dem Bau der Waldstrassen und des Bewirtschaftungsweges entwickelte sich aber wegen intensiverer Bewirtschaftung eine frische Wiese mit Pflanzen der Goldhaferwiese, der gedüngten Fettwiese, der Milchkrautweide sowie der Feuchtwiesen. Die auffälligen Pflanzen der Borstgraswiese, wie der Purpur-Enzian *(Gentiana purpurea)*, die Arnika *(Arnica montana)* die Bärtige Glockenblume *(Campanula barbata)* und das Borstgras *(Nardus stricta)* sind nur noch spärlich vorhanden.

Durch intensivere Bewirtschaftung ist aus der ehemaligen Borstgraswiese beim Beichlegfäl eine artenreiche, gemähte Bergfettwiese entstanden.

Zottiger Klappertopf *(Rhinanthus alectorolophus)*, Rote Waldnelke *(Silene dioica)*, Schlangen-Knöterich *(Polygonum bistorta)*, Wald-Storchschnabel *(Geranium sylvaticum)*, Raues Milchkraut *(Leontodon hispidus)*, Gebirgs-Kälberkropf *(Chaerophyllum villarsii)*, Rot-Klee *(Trifolium pratense)* u. a. schmücken die bodenfrische, farbenfrohe Bergwiese auf dem Beichlegfäl.

Arnika *(Arnica montana)*   Purpur-Enzian *(Gentiana purpurea)*   Borstgras *(Nardus stricta)*   Bärtige Glockenblume *(Campanula barbata)*

Von Mitte Juni bis Mitte Juli lohnt sich ein Besuch von drei Feuchtgebieten im Hilferental, welche im Inventar der Flachmoore von nationaler Bedeutung aufgeführt sind: Hilferenpass, Sammligen und Müsere.

Vom Hilferenpass bis zum kleinen Tümpel Egghütten erkennen wir **Flachmoore** und **Feuchtwiesen** mit vielen bereits bekannten Orchideen, Wollgräsern und anderen Sauergräsern. Eine Besonderheit ist beim Tümpel Egghütten das seltene Zierliche Wollgras *(Eriophorum gracile)*.

Feuchtwiese und Flachmoor verzahnen sich im Gebiet Hilferenpass.

Der Tümpel Egghütten ist stark bewachsen mit dem Schwimmenden Laichkraut *(Potamogeton natans)*. Im Hintergrund erhebt sich die Schrattenflue.

In den Feuchtgebieten Hilferenpass verdienen einige eher unbeachtete Pflanzen Erwähnung: der Kleine Sumpf-Hahnenfuss *(Ranunculus flammula)*, das Hain-Vergissmeinnicht *(Myosotis nemorosa)*, das Quellried *(Blysmus compressus)*, die Fünfblütige Sumpfbinse *(Eleocharis quinqueflora)*, das Schwimmende Laichkraut *(Potamogeton natans)* sowie die Österreichische Sumpfbinse *(Eleocharis austriaca)*.

Zierliches Wollgras *(Eriophorum gracile)* | Kleiner Sumpf-Hahnenfuss *(Ranunculus flammula)* | Hain-Vergissmeinnicht *(Myosotis nemorosa)* | Quellried *(Blysmus compressus)*

Fünfblütige Sumpfbinse *(Eleocharis quinqueflora)* | Schwimmendes Laichkraut *(Potamogeton natans)* | Österreichische Sumpfbinse *(Eleocharis austriaca)*

Die leicht sauren **Flachmoore** und **Feuchtwiesen** bei Sammligen sind artenreich; sie werden im August gemäht. An trockeneren und früher gedüngten Stellen findet man auch noch Pflanzen der Fettwiesen.

In den Monaten Juni und Juli lohnt sich ein Besuch der Flachmoore und Feuchtwiesen bei Sammligen. Auf dem Bild links erkennt man im Hintergrund die Schrattenflue.

Von den vielen Feuchtwiesen- und Flachmoorpflanzen seien nur einige wenige erwähnt: Trollblume *(Trollius europaeus)*, Sumpf-Kratzdistel *(Cirsium palustre)*, Kleiner Klappertopf *(Rhinanthus minor)*, Weisses Breitkölbchen *(Platanthera bifolia)*, Fuchs' Knabenkraut *(Dactylorhiza fuchsii)*, Schmalblättriges Wollgras *(Eriophorum angustifolium)*, Wiesen-Augentrost *(Euphrasia rostkoviana)*. Die Arnika *(Arnica montana)* und der Weisse Germer *(Veratrum album)* sind hier recht oft anzutreffen.

Trollblume *(Trollius europaeus)*

Wiesen-Augentrost *(Euphrasia rostkoviana)*

Sumpf-Kratzdistel *(Cirsium palustre)*

Links und rechts der Strasse zu den Bättenalpen finden wir bei der Müsere über dem subalpinen Flysch ausgedehnte **Feuchtwiesen** und **Flachmoore** mit Übergängen zur frischen Bergfettwiese. Kurz nach der Schneeschmelze anfangs Mai erfreut uns hier der Frühlings-Krokus *(Crocus albiflorus)* in verschiedenen Farbvarianten in grosser Menge.

Weisses Breitkölbchen *(Platanthera bifolia)*

Kleiner Klappertopf *(Rhinanthus minor)*

Weisser Germer *(Veratrum album)*

Frühlings-Krokus *(Crocus albiflorus)*

Müsere anfangs Juli; im Hintergrund die Schrattenflue

Pflanzen der Flachmoore, der Feuchtwiesen sowie der mageren, frisch-feuchten Bergfettwiese, wie das Weisse Zweiblatt *(Platanthera bifolia)*, das Fuchs´ Knabenkraut *(Dactylorhiza fuchsii)*, der Rot-Klee *(Trifolium pratense)*, der Gewöhnliche Hornklee *(Lotus corniculatus)*, die Wiesen-Margerite *(Leucanthemum vulgare)*, Süss -und Sauergräser und viele andere verzahnen sich auf der Müsere mosaikartig vor der imposanten Kulisse der Schrattenflue.

Zum artenreichen Pflanzenbestand auf der Müsere gehören etwa der Frühlings-Enzian *(Gentiana verna)*, das Breitblättrige Knabenkraut *(Dactylorhiza majalis)*, das Fuchs' Knabenkraut *(Dactylorhiza fuchsii)*, das Weisse Breitkölbchen *(Platanthera bifolia)*, die seltene Einorchis *(Herminium monorchis)*, das Grosse Zweiblatt *(Listera ovata)*, das Schmalblättrige Wollgras *(Eriophorum angustifolium)*, das Breitblättrige Wollgras *(Eriophorum latifolium)*, Hosts Segge *(Carex hostiana)*, das Sumpf-Herzblatt *(Parnassia palustris)*, die Sumpf-Dotterblume *(Caltha palustris)*, die Trollblume *(Trollius europaeus)*, die Sumpf-Kratzdistel *(Cirsium palustre)*, die Wiesen-Margerite *(Leucanthemum vulgare)*, die Herbst-Zeitlose *(Colchicum autumnale)* und viele andere.

Frühlings-Enzian *(Gentiana verna)* Sumpf-Dotterblume *(Caltha palustris)* Schmalblättriges Wollgras *(Eriophorum angustifolium)*

Hosts Segge *(Carex hostiana)* Sumpf-Herzblatt *(Parnassia palustris)* Einorchis *(Herminium monorchis)* Herbst-Zeitlose *(Colchicum autumnale)*

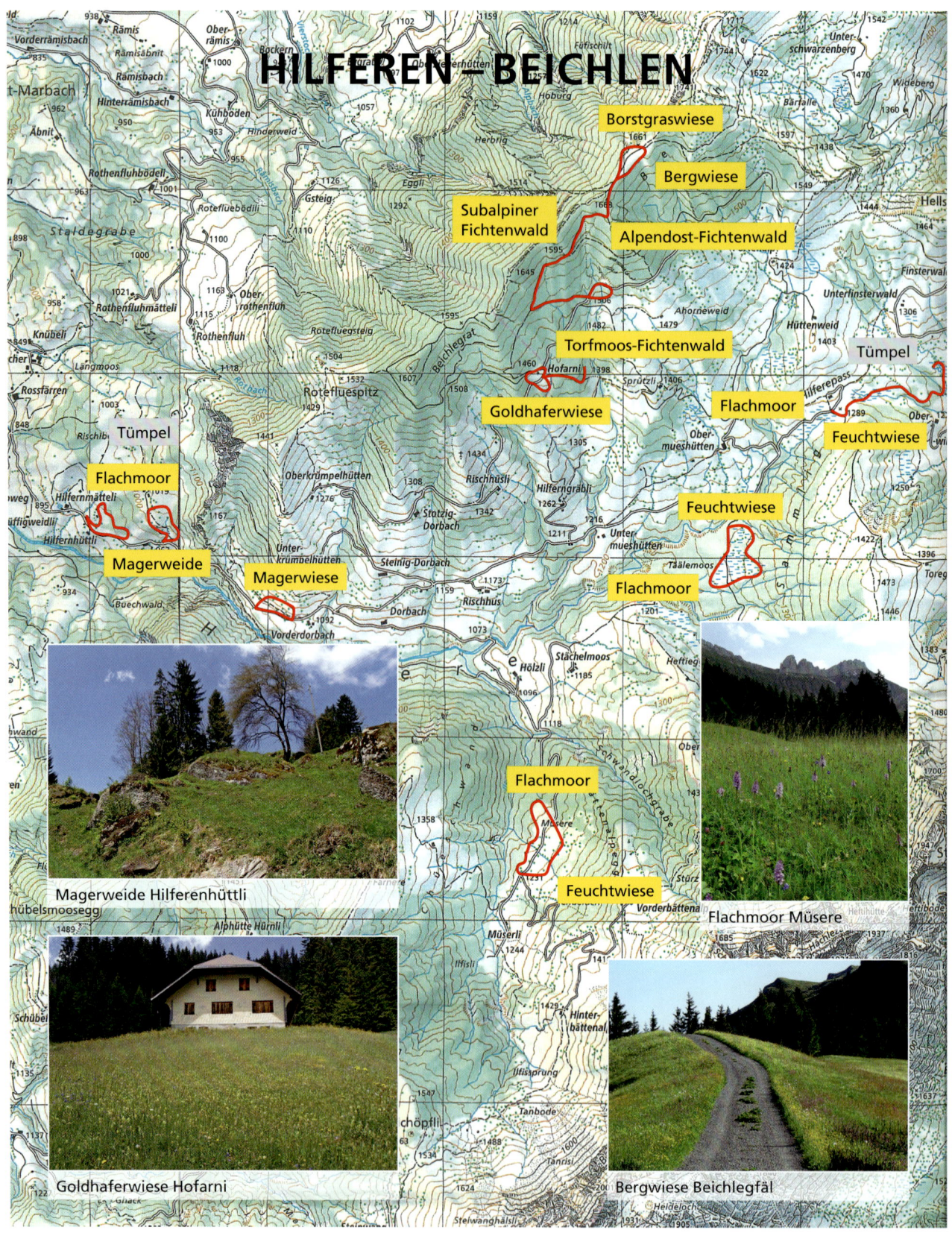

Wanderung 14 — HORGASS

Tageswanderung   Idealer Zeitpunkt: Mai, Juni, Juli, August

Ausgangs- und Endpunkt dieser Wanderung ist das Dorf Escholzmatt. Vom Talboden aus wandern wir an der Nordseite der Beichle im Bereich der subalpinen Molasse entlang von Wiesen und durch Wald hinauf zu unserem Hauptziel, der Horgass, mit der abwechslungsreichen Bergsturzweide unter der Horgassflue. Der Rückweg über die Liegenschaften Chuchimösli und Chuchimoos führt uns dem Äbnitbach entlang hinauf zum Waldbühl und von dort zurück ins Dorf Escholzmatt.

Durch den Chilewald (rechts) erreichen wir über die Liegenschaften Chuchimoos und Chuchimösli (Mitte) die Bergsturzweide Horgass unter der Horgassflue (links oben). Dem Äbnitbach entlang (links) wandern wir hinauf zum Waldbühl.

Auf unserem Weg Richtung Krummenegg – Zopf begleiten uns gedüngte, eher artenarme Grasmatten und Heuwiesen. Zum festen Bestand dieser gräser- und kräuterreichen **Talfettwiesen** gehören häufige und weit verbreitete Pflanzen, wie etwa der Gewöhnliche Löwenzahn *(Taraxacum officinale)*, das Wiesen-Schaumkraut *(Cardamine pratensis)*, der Scharfe Hahnenfuss *(Ranunculus acris* ssp. *friesianus)*, der Stumpfblättrige Sauerampfer *(Rumex obtusifolius)*, der Gemeine Frauenmantel *(Alchemilla xanthochlora* agg.*)*, der Rot-Klee *(Trifolium pratense)*, der Kriechende oder Weiss-Klee *(Trifolium repens)*, der Wiesen-Kerbel *(Anthriscus sylvestris)*, der Gebirgs-Kälberkropf *(Chaerophyllum hirsutum)*, der Wiesen-Bärenklau *(Heracleum sphondylium)*, der Kriechende Günsel *(Ajuga reptans)*, der Gamander-Ehrenpreis *(Veronica chamaedrys)*, der Wiesen-Fuchsschwanz *(Alopecurus pratensis)*, der Wiesen-Schwingel *(Festuca pratensis)*, das Wiesen-Knäuelgras *(Dactylis glomerata)* und viele andere.

Gewöhnlicher Löwenzahn
(*Taraxacum officinale*)

Wiesen-Schaumkraut
(*Cardamine pratensis*)

Kriechender Klee
(*Trifolium repens*)

Scharfer Hahnenfuss
(*Ranunculus acris* ssp. *friesianus*)

Kriechender Günsel
(*Ajuga reptans*)

Wiesen-Fuchsschwanz
(*Alopecurus pratensis*)

Wiesen-Kerbel
(*Anthriscus sylvestris*)

Stumpfblättriger Ampfer
(*Rumex obtusifolius*)

Rot-Klee (*Trifolium pratense*)

Gebirgs-Kälberkropf (*Chaerophyllum hirsutum*)

Gemeiner Frauenmantel
(*Alchemilla xanthochlora* agg.)

Wiesen-Bärenklau
(*Heracleum sphondylium*)

Wiesen-Knäuelgras
(*Dactylis glomerata*)

Wiesen-Schwingel
(*Festuca pratensis*)

Gamander-Ehrenpreis
(*Veronica chamaedrys*)

Links des Weges bei der Liegenschaft Zopf erkennen wir den langgezogenen Rundhöcker. Der mittlere Teil ist eine ungedüngte, trockene und artenreichere Heuwiese.

Nach der Liegenschaft Zopf biegen wir nach links ab und erreichen bald den Wanderweg im Chilewald.

Der langgezogene Rundhöcker bei der Liegenschaft Zopf mit einer mageren Heuwiese verläuft im Talboden Richtung Escholzmatt.

Der Chilewald wurde vor mehr als 100 Jahren teilweise mit Fichten aufgeforstet. Aus dem ehemaligen Buchenwald ist ein Fichten-Tannenwald entstanden. Buchen sind nur noch spärlich vorhanden.

Der Chilewald zeigt eindrücklich, wie der Einfluss des Menschen durch die Bevorzugung der Fichte *(Picea abies)* die Bodenvegetation im Wald langfristig verändert. Die Fichten wurden vor mehr als 100 Jahren in Reih und Glied gepflanzt, was teilweise noch heute sichtbar ist. Den Boden bedecken Nadelstreu, Laubmoose, Lebermoose, Farne, Brombeeren sowie einige Gräser und Kräuter an weniger trockenen Stellen. Am Waldweg begegnen uns etwa das Rundblättrige Labkraut *(Galium rotundifolium)*, das Alpen-Hexenkraut *(Circaea alpina)*, der Wald-Ziest *(Stachys sylvatica)*, der Riesen-Schwingel *(Festuca gigantea)*, der Rippenfarn *(Blechnum spicant)*, der Breite Wurmfarn *(Dryopteris dilatata)* u. a.

Die dicht an dicht stehenden Nadelbäume ermöglichen den wenig lichtbedürftigen Moosen, Farnen und Brombeeren ein flächenhaftes Aufkommen.

Lebermoose, Laubmoose und Pilze gehören zum sauren Waldboden.

Breiter Wurmfarn *(Dryopteris dilatata)*

Rippenfarn *(Blechnum spicant)*

Das Rundblättrige Labkraut ist umgeben von Laubmoosen.

Wald-Ziest *(Stachys sylvatica)*

Riesen-Schwingel *(Festuca gigantea)*

Alpen-Hexenkraut *(Circaea alpina)*

Der nährstoffreiche **Tümpel** beim Weiherboden ist im Sommer fast ganz bedeckt von der Kleinen Wasserlinse *(Lemna minor)*. Amphibien, wie der Grasfrosch, die Erdkröte, der Bergmolch und der Fadenmolch konnten hier zur Fortpflanzungszeit schon beobachtet werden.

Tümpel Weiherboden

Kleine Wasserlinse *(Lemna minor)*

Am meist feuchten Waldweg zum Schwand können wir einige typische Pflanzen der Auenwälder sowie der kleinflächig ausgebildeten Quellfluren beobachten: das Wald-Springkraut oder Rührmichnichtan *(Impatiens noli-tangere)*, den Berg-Ehrenpreis *(Veronica montana)*, den Wolligen Hahnenfuss *(Ranunculus lanuginosus)*, die Bach-Nelkenwurz *(Geum rivulare)*, das Grosse Hexenkraut *(Circaea lutetiana)*, die Lockerährige Segge *(Carex remota)* sowie das Wald-Schaumkraut *(Cardamine flexuosa)*; an trockeneren Stellen fallen uns die Schwarze Heckenkirsche *(Lonicera nigra)* und die Waldgerste *(Hordelymus europaeus)* auf.

Grosses Springkraut *(Impatiens noli-tangere)* Berg-Ehrenpreis *(Veronica montana)* Wolliger Hahnenfuss *(Ranunculus lanuginosus)* Bach-Nelkenwurz *(Geum rivale)*

Grosses Hexenkraut *(Circaea lutetiana)* Lockerährige Segge *(Carex remota)* Wald-Schaumkraut *(Cardamine flexuosa)* Schwarze Heckenkirsche *(Lonicera nigra)* Waldgerste *(Hordelymus europaeus)*

Nach der Überquerung des Baches erreichen wir den Schwand. Er wird eingerahmt von zwei Bächen, die sich unweit unter dem Schwand zum Äbnitbach vereinigen. Der Ahorn-Eschenwald begleitet sie.

Der Schwand ist ein vielfältiger Lebensraum mit Fett- und Feuchtwiesen, Flachmooren und Borstgrasrasen, Gebüsch und Einzelbäumen. Bis gegen Ende des letzten Jahrhunderts wurde die ganze Parzelle gemäht und als Heu, Futter und Streue eingebracht. Im Herbst erfolgte eine kurze Herbstweide mit Jungvieh. Seit bald 40 Jahren wird der obere, meist steile Teil mit fünf Stück Jungvieh vom Juni bis zum Herbst beweidet. Ein paar Entwässerungsgräben, Trittschäden und starke Verbuschung haben der früheren Artenvielfalt arg zugesetzt. Trotzdem kann man hier auch heute noch mehr als hundert Pflanzenarten begegnen, welche sich mosaikartig in verschiedenen Pflanzengesellschaften verzahnen.

Die einmal oder nicht gedüngten Heuwiesen in der Ebene stellen Übergänge von der Talfettwiese, der **Glatthaferwiese** zur Bergfettwiese, der **Goldhaferwiese,** dar.

In der mit Mist gedüngten, bodenfrischen Fettwiese finden sich viele Pflanzen ein, die wir schon zu Beginn der Wanderung in den Talfettwiesen angetroffen haben. Einige wenige seien hier zusätzlich noch erwähnt, wie der Wiesen-Pippau *(Crepis biennis)*, die Wiesen-Platterbse *(Lathyrus pratensis)*, der Spitzwegerich *(Plantago lanceolata)*, die Rote Waldnelke *(Silene dioica)*, der Gemeine Hornklee *(Lotus corniculatus)*, die Kuckucks-Lichtnelke *(Silene flos-cuculi)*, die Zaun-Wicke *(Vicia sepium)*, das Wollige Honiggras *(Holcus lanatus)*, das Wald-Vergissmeinnicht *(Myosotis sylvatica)*, das Englische Raygras *(Lolium perenne)* u. a.

Der Schwand an der Nordseite der Beichle ist ein vielfältiger, gemähter und beweideter Lebensraum.

Wiesen-Pippau *(Crepis biennis)*

Wolliges Honiggras *(Holcus lanatus)*

Rote Waldnelke *(Silene dioica)*

Spitzwegerich *(Plantago lanceolata)*

Gemeiner Hornklee *(Lotus corniculatus)*

Wald-Vergissmeinnicht *(Myosotis sylvatica)*

Englisches Raygras *(Lolium perenne)*

Kuckucks-Lichtnelke *(Silene flos-cuculi)*

Wiesen-Platterbse *(Lathyrus pratensis)*

Zaun-Wicke *(Vicia sepium)*

In den ungedüngten, eher trockenen Mähwiesen in der Ebene oder in Hanglage begegnen uns vermehrt Pflanzen der mageren Fettwiese sowie der Goldhaferwiese. Einige von ihnen sind: Glatthafer *(Arrhenatherum elatius)*, Rot-Schwingel *(Festuca rubra)*, Ährige Rapunzel *(Phyteuma spicatum)*, Goldhafer *(Trisetum flavescens)*, Rautenblättrige Glockenblume *(Campanula rhomboidalis)*, Wiesen-Margerite *(Leucanthemum vulgare)*, Wiesen-Bocksbart *(Tragopogon pratensis* ssp. *orientalis)*, Feld-Witwenblume *(Knautia arvensis)*, Wiesen-Flockenblume *(Centaurea jacea)*, Vogel-Wicke *(Vicia cracca)* u. a.

Wiesen-Flockenblume *(Centaurea jacea)*

Glatthafer *(Arrhenatherum elatius)*

Wiesen-Bocksbart *(Tragopogon orientalis)*

Ährige Rapunzel *(Phyteuma spicatum)*

Feld-Witwenblume *(Knautia arvensis)*

Rautenblättrige Glockenblume *(Campanula rhomboidalis)*

Goldhafer *(Trisetum flavescens)*

Wiesen-Margerite *(Leucantemum vulgare)*

Rot-Schwingel *(Festuca rubra)*

Vogel-Wicke *(Vicia cracca)*

Die auffälligsten Pflanzen in den muldenförmigen **Feuchtwiesen** sind der Eisenhutblättrige Hahnenfuss *(Ranunculus aconitifolius)*, die Sumpf-Dotterblume *(Caltha palustris)*, die Trollblume *(Trollius europaeus)*, die Sumpf-Kratzdistel *(Cirsium palustre)*, der Schlangen-Knöterich *(Polygonum bistorta)* u. a.

Sumpf-Dotterblume *(Caltha palustris)*

Sumpf-Kratzdistel *(Cirsium palustre)*

Trollblume *(Trollius europaeus)*

Eisenhutblättriger Hahnenfuss *(Ranunculus aconitifolius)*

Schlangen-Knöterich *(Polygonum bistorta)*

Seit der Beweidung und der teilweisen Entwässerung ist die Zahl der Flachmoorpflanzen in den meist kalkhaltigen **Flachmooren** zurückgegangen. Eine stattliche Anzahl von ihnen ist aber immer noch vorhanden, wie etwa Davalls Segge *(Carex davalliana)*, die Hirse-Segge *(Carex panicea)*, Fuchs' Knabenkraut *(Dactylorhiza fuchsii)*, das Breitblättrige Knabenkraut *(Dactylorhiza majalis)*, der Sumpf-Schachtelhalm *(Equisetum palustre)*, das Gemeine Fettblatt *(Pinguicula vulgaris)*, das Breitblättrige Wollgras *(Eriophorum latifolium)*, der Sumpf-Baldrian *(Valeriana dioica)*, das Sumpf-Herzblatt *(Parnassia palustris)* u. a.

Breitblättriges Knabenkraut *(Dactylorhiza majalis)*

Davalls Segge *(Carex davalliana)*

Sumpf-Baldrian *(Valeriana dioica)*

Gemeines Fettblatt *(Pinguicula vulgaris)*

Hirse-Segge *(Carex panicea)*

Sumpf-Herzblatt *(Parnassia palustris)*

Fuchs' Knabenkraut *(Dactylorhiza fuchsii)*

Breitblättriges Wollgras *(Eriophorum latifolium)*

Sumpf-Schachtelhalm *(Equisetum palustre)*

Im oberen Teil der Parzelle Schwand beherbergt eine trockene, leicht saure Kuppe einige Pflanzen der **Borstgrasweide.** Zu ihnen gehören: Arnika *(Arnica montana)*, Gemeines Katzenpfötchen *(Antennaria dioica)*, Bleiche Segge *(Carex pallescens)*, Bergfarn *(Oreopteris limbosperma)*, Weisszunge *(Pseudorchis albida)*, Langspornige Handwurz *(Gymnadenia conopsea)*, Pillen-Segge *(Carex pilulifera)*, Besenheide *(Calluna vulgaris)*, Rundblättriges Wintergrün *(Pyrola rotundifolia)*, Preiselbeere *(Vaccinium vitis-idaea)*.

Arnika *(Arnica montana)*

Bleiche Segge *(Carex pallescens)*

Langspornige Handwurz *(Gymnadenia conopsea)*

Bergfarn *(Oreopteris limbosperma)*

Besenheide *(Calluna vulgaris)*

Gemeines Katzenpfötchen *(Antennaria dioica)*

Pillen-Segge *(Carex pilulifera)*

Weisszunge *(Pseudorchis albida)*

Preiselbeere *(Vaccinium vitis-idaea)*

Rundblättriges Wintergrün *(Pyrola rotundifolia)*

Vom Schwand wandern wir nun auf der Strasse vorbei an den Bergliegenschaften Chuchimoos und Chuchimösli hinauf zur Horgass. Vor dem Chuchimoos beeindrucken uns markante Einzelbäume, wie die Winter-Linde *(Tilia cordata)* und der Berg-Ahorn *(Acer pseudoplatanus)*.

Chuchimoos mit markanten Einzelbäumen

Berg-Ahorn *(Acer pseudoplatanus)*

Winter-Linde *(Tilia cordata)*

Die Bergsturzweide Horgass und die Horgassflue werden eingenommen von der subalpinen Molasse, die zur Unteren Süsswassermolasse gehört. Das Konglomerat Nagelfluh und Sandsteine sind hauptsächlich am Aufbau der Gesteine beteiligt. Kalkliebende Pflanzen weisen auf den Kalkgehalt dieser Gesteine hin.

Der Boden ist übersät mit kleineren und grösseren Felsblöcken. Auf dem bewegten Kleinrelief wechseln die Standortfaktoren oft auf kurze Distanz. Sonnige, recht trockene, magere und steinige Flächen, aber auch schattige, frische, humus- und nährstoffreichere Abschnitte ermöglichen ein abwechslungsreiches Pflanzenbild mit verschiedenen Pflanzengesellschaften, die sich aber mosaikartig verzahnen. An grossen Felsblöcken sowie am Fusse der Horgassflue finden sich einige Felspflanzen ein. Auf dem im Sommer von Rindvieh beweideten Boden treffen wir auf Pflanzen der ertragreichen Goldpippau-Kammgrasweide, aber auch auf Vertreter der nordalpinen Kalk-Halbtrockenrasen sowie der Blaugrashalden. Verschiedene Sträucher beleben den artenreichen Lebensraum der Bergsturzweide Horgass.

Horgassflue und Bergsturzweide Horgass

Felsblock mit Nagelfluh und Sandstein

Von den vielen Arten der **Goldpippau-Kammgrasweide** werden hier nur einige wenige erwähnt, wie etwa der Gold-Pippau *(Crepis aurea)*, das Raue Milchkraut *(Leontodon hispidus)*, der Wiesen-Augentrost *(Euphrasia rostkoviana)*, der Alpen-Wegerich *(Plantago alpina)*, der Mittlere Wegerich *(Plantago media)*, die Voralpen-Kreuzblume *(Polygala alpestris)*, das Gold-Fingerkraut *(Potentilla aurea)*, der Frühlings-Krokus *(Crocus albiflorus)*, der Arznei-Thymian *(Thymus pulegioides)*, die Grosse Soldanelle *(Soldanella alpina)*.

Goldpippau-Kammgrasweide

Gold-Pippau *(Crepis aurea)*

Frühlings-Krokus *(Crocus albiflorus)*

Raues Milchkraut
(Leontodon hispidus)

Voralpen-Kreuzblume
(Polygala alpestris)

Alpen-Wegerich
(Plantago alpina)

Gold-Fingerkraut
(Potentilla aurea)

Arznei-Thymian *(Thymus pulegioides)* Mittlerer Wegerich *(Plantago media)* Wiesen-Augentrost *(Euphrasia rostkoviana)* Grosse Soldanelle *(Soldanella alpina)*

Vom Mai bis zum September kann man auf der Horgass an mageren, sonnigen und trockenen Stellen mehrere typische Pflanzen der beweideten **Kalk-Halbtrockenrasen,** der **Blaugrashalden** sowie der Kalkfelsen entdecken. Einige von ihnen sind: der Frühlings-Enzian *(Gentiana verna)*, das Männliche Knabenkraut *(Orchis mascula)*, die Berg-Distel *(Carduus defloratus)*, der Kalk-Glocken- oder Clusius' Enzian *(Gentiana clusii)*, der Kalk-Silbermantel *(Alchemilla conjuncta)*, das Kalk-Blaugras *(Sesleria caerulea)*, die Gemeine Schafgarbe *(Achillea millefolium)*, die Stängellose Kratzdistel *(Cirsium acaule)*, die Silberdistel *(Carlina acaulis)*, der Gefranste Enzian *(Gentiana ciliata)*, der Gegenblättrige Steinbrech *(Saxifraga oppositifolia)*, die Aurikel *(Primula auricula)*, der Weisse Mauerpfeffer *(Sedum album)*, der Trauben-Steinbrech *(Saxifraga paniculata)*.

Auch einige Sträucher beleben das Vegetationsbild der abwechslungsreichen Horgassweide, wie etwa die Filzige Steinmispel *(Cotoneaster tomentosus)*, die Alpen-Heckenkirsche *(Lonicera alpigena)*, der Eingriffelige Weissdorn *(Crataegus monogyna)*, der Gewöhnliche Wacholder *(Juniperus communis)*, die Hunds-Rose *(Rosa canina)*, die Alpen-Hagrose *(Rosa pendulina)*.

Auf der Magerweide Horgass blühen vom Frühling bis zum Spätsommer einige typische Pflanzen der Kalk-Halbtrockenrasen, wie das Männliche Knabenkraut *(Orchis mascula)* (links) sowie die Silberdistel *(Carlina acaulis)*, der Gefranste Enzian *(Gentiana ciliata)* und der Wiesen-Augentrost *(Euphrasia rostkoviana)* (rechts).

Männliches Knabenkraut *(Orchis mascula)*

Kalk-Glocken-Enzian *(Gentiana clusii)*

Kalk-Silbermantel *(Alchemilla conjuncta)*

Berg-Distel *(Carduus defloratus)*

Kalk-Blaugras *(Sesleria caerulea)*

Stängellose Kratzdistel *(Cirsium acaule)*

Gefranster Enzian *(Gentiana ciliata)*

Frühlings-Enzian *(Gentiana verna)*

Gemeine Schafgarbe *(Achillea millefolium)*

Aurikel *(Primula auricula)*

Trauben-Steinbrech *(Saxifraga paniculata)*

Gegenblättriger Steinbrech *(Saxifraga oppositifolia)*

Hunds-Rose *(Rosa canina)*

Weisser Mauerpfeffer *(Sedum album)*

Filzige Steinmispel *(Cotoneaster tomentosus)*

Alpen-Hagrose *(Rosa pendulina)* Gewöhnlicher Wacholder *(Juniperus communis)* Eingriffeliger Weissdorn *(Crataegus monogyna)* Alpen-Heckenkirsche *(Lonicera alpigena)*

Zurück zum Chuchimösli erreichen wir auf der Chuchimoosstrasse den Äbnitbach, den wir bei der Liegenschaft Wildenfeld verlassen; von dort wandern wir hinauf zum Waldbühl.

Auf der Chuchimoosstrasse erreichen wir im Talboden den Äbnitbach.

Auf dem langgezogenen Rundhöcker wandern wir von der Liegenschaft Waldbühl (Mitte rechts) dem Bühlwald entlang zurück ins Dorf Escholzmatt.

Den Äbnitbach begleitet **Ufervegetation** eines Baches in den Voralpen: die Grau-Erle *(Alnus incana)*, die Gemeine Esche *(Fraxinus excelsior)*, der Berg-Ahorn *(Acer pseudoplatanus)*, die Sal-Weide *(Salix caprea)*, die Lavendel-Weide *(Salix elaeagnos)*, die Rote Heckenkirsche *(Lonicera xylosteum)*, der Haselstrauch *(Corylus avellana)* sowie der Gemeine Schneeball *(Viburnum opulus)* säumen das Bachufer.

Berg-Ahorn in Blüte *(Acer pseudoplatanus)* Berg-Ahorn *(Acer pseudoplatanus)* mit Früchten Grau-Erle *(Alnus incana)*

Wanderung 14: Horgass

Gemeine Esche (*Fraxinus excelsior*) in Blüte

Gemeine Esche (*Fraxinus excelsior*) mit Früchten

Mandel-Weide (*Salix elaeagnos*)

Sal-Weide (*Salix capraea*) mit männlichen Kätzchen

Sal-Weide (*Salix capraea*)

Gemeiner Schneeball (*Viburnum opulus*)

Gemeiner Schneeball (*Viburnum opulus*) mit Beeren

Haselstrauch (*Corylus avellana*) mit männlichen Kätzchen

Haselstrauch (*Corylus avellana*) mit weiblichen Blüten

Haselnüsse (*Corylus avellana*)

Rote Heckenkirsche (*Lonicera xylosteum*)

Unterhalb der Liegenschaft Waldbühl fällt uns das Waldbühlmoos auf. Auf diesem ungedüngten, wechselfeuchten Ried treffen wir auf Pflanzen der **Pfeifengraswiese,** der **Flachmoore,** der **Feuchtwiesen** sowie auf Wiesenpflanzen, die vom Nährstoffeintrag aus der benachbarten Wiese profitieren. Auch weiter dorfwärts finden wir unterhalb des Picknickplatzes in der Einbuchtung ein kleines, schattiges Flachmoor. Einige Vertreter der verschiedenen Pflanzengesellschaften im Waldbühlmoos sind das Breitblättrige Knabenkraut (*Dactylorhiza majalis*), Davalls Segge (*Carex davalliana*), die Gelbe Segge (*Carex flava*), das Breitblättrige Wollgras (*Eriophorum latifolium*), der Kleine Sumpf-Hahnenfuss (*Ranunculus flammula*), das Sumpf-Vergissmeinnicht (*Myosotis scorpioides*), Des Etangs' Johanniskraut (*Hypericum x desetangsii*), der Sumpf-Hornklee (*Lotus pedunculatus*), die Knäuelblütige Binse (*Juncus conglomeratus*), die Glieder-Binse (*Juncus articulatus*), das Blaue Pfeifengras (*Molinia caerulea*), das Abbisskraut (*Succisa pratensis*) u. a.

Das Waldbühlmoos ist ein Flachmoor mit Orchideen und Sauergräsern; auch einige Arten der Pfeifengraswiese sind hier zu finden.

Gelbe Segge *(Carex flava)*

Kleiner Sumpf-Hahnenfuss *(Ranunculus flammula)*

Sumpf-Vergissmeinnicht *(Myosotis scorpioides)*

Des Etangs' Johanniskraut *(Hypericum x desetangsii)*

Knäuelblütige Binse *(Juncus conglomeratus)*

Sumpf-Hornklee *(Lotus pedunculatus)*

Glieder-Binse *(Juncus articulatus)*

Blaues Pfeifengras *(Molinia caerulea)*

Abbisskraut *(Succisa pratensis)*

Auf der linken Seite des Weges in Richtung Dorf bedecken gedüngte, recht trockene **Fettwiesen** den grössten Teil der sonnigen Abhänge des Rundhöckers Waldbühl. Es sind meist Übergänge von der Glatthafer- zur Goldhaferwiese mit den bereits erwähnten Arten. In einer heute beweideten Fläche blühte bis vor wenigen Jahren in der Heuwiese die seltene Weisse Berg-Narzisse *(Narcissus radiiflorus)* wie auch das Bläuliche Voralpen-Täschelkraut *(Thlaspi caerulescens)*. In der Wiese rechts des Weges nach dem Bühlwald erfreute uns früher Ende April in grosser Zahl die Gelbe Narzisse oder Osterglocke *(Narcissus pseudonarcissus)*; einige wenige Exemplare davon sind bis heute erhalten geblieben.

Weisse Berg-Narzisse *(Narcissus radiiflorus)*

Bläuliches Voralpen-Täschelkraut *(Thlaspi caerulescens)*

Gelbe Narzisse, Osterglocke *(Narcissus pseudonarcissus)*

Im Dorf Escholzmatt endet unsere Wanderung, die uns an der Nordseite der Beichle in verschiedenen Lebensräumen viele verbreitete und häufige Pflanzen, aber auch einige attraktive und seltene Arten vor Augen geführt hat.

Blick vom Bühlti zur Krummenegg und weiter zur bernischen Alpenrandkette mit der Sichel (rechts) und dem Hohgant (links)

Wanderung 14: Horgass

Wanderung 15

METTILIMOOS – FINSTERWALD – BALMOOS

Halbtageswanderung   Idealer Zeitpunkt: Mai, Juni, Juli, August

Diese Wanderung führt uns in drei interessante und äusserst wertvolle Moorgebiete in den Gemeinden Entlebuch und Hasle. Das Mettilimoos und die Moore bei Finsterwald gehören zur Gemeinde Entlebuch; das Balmoos liegt in der Gemeinde Hasle.

Vor allem im 20. Jahrhundert wurden die meisten Moore im Tal und viele in den höher gelegenen Plateaus auf der rechten Talseite der Kleinen Emme entwässert oder abgetorft. Im Mettilimoos baute man den Torf in den Jahren 1917–1920 industriell ab. Mehr als 6000 Tonnen Torf gelangten damals als Brennmaterial nach Zürich, Wolhusen und Zofingen. Mit der Annahme der sog. Rothenturm-Initiative 1987 sind sämtliche Hochmoore gesetzlich geschützt und der Torfabbau ist nicht mehr erlaubt. Die Torfstichkanten sind immer noch gut zu erkennen.

Mettilimoos

Das Mettilimoos erreichen wir mit dem Auto von Schachen über die Renggstrasse oder vom Dorf Entlebuch auf der Glaubenbergstrasse.

Seit dem letzten Torfabbau (1941–1946) hat sich das Mettilimoos zu einem sekundären Hochmoor entwickelt. Teile davon leiden heute allerdings unter Wassermangel, trocknen aus und verbuschen. Mehrere Flächen werden jährlich oder alle zwei bis drei Jahre maschinell gemäht; der bodennahe Schnitt lässt allerdings kleine Sträucher wie die Besenheide (*Calluna vulgaris*) oder die Rosmarinheide (*Andromeda polifolia*) kaum noch zur Blüte kommen.

Das Mettilimoos ist ein abgetorftes, sekundäres Hochmoor. Im Hintergrund erkennt man Napfausläufer.

Im Mettilimoos finden wir heute noch alle drei Moortypen: Hochmoore, Übergangs- oder Zwischenmoore sowie saure Flachmoore beherbergen die meisten charakteristischen Pflanzen dieser faszinierenden Lebensräume.

Im **Hochmoor** entdecken wir auf trockenen Bulten und in nassen Schlenken etwa folgende Pflanzen: Gemeine Moosbeere *(Vaccinium oxycoccos)*, Rosmarinheide *(Andromeda polifolia)*, Rundblättriger Sonnentau *(Drosera rotundifolia)*, Weisse Schnabelbinse *(Rhynchospora alba)*, Scheiden-Wollgras *(Eriophorum vaginatum)*, Torfmoose *(Sphagnum sp.)* u.a. Besondere Erwähnung verdient die schöne und auffällige Glockenheide *(Erica tetralix)*. Sie ist heimisch in den westatlantischen Heidegebieten von Spanien bis nach Norwegen. Vermutlich wurde sie während des Torfabbaus vor ca. 100 Jahren von norddeutschen Torfstechern oder ihren Gerätschaften eingeschleppt. Die Fläche mit dem grössten Bestand wird seit etwa 20 Jahren nicht oder sehr schonend gemäht. Kleinere Einzelgruppen aber werden in ihrem Wachstum von der Mahd beeinträchtigt.

Rundblättriger Sonnentau *(Drosera rotundifolia)*

Rosmarinheide *(Andromeda polifolia)*

Scheiden-Wollgras *(Eriophorum vaginatum)* mit dem Schimbrig im Hintergrund

Gemeine Moosbeere *(Vaccinium oxycoccos)*

Weisse Schnabelbinse *(Rhynchospora alba)*

Torfmoos *(Sphagnum sp.)*

Glockenheide *(Erica tetralix)*

Aus einer kleinen, nassen Schlenke entwickelt sich ein **Übergangs-** oder **Zwischenmoor** mit Fieberklee *(Menyanthes trifoliata)*. Der Kleine Wasserschlauch *(Utricularia minor)* ist wegen Überwachsung mit Torfmoosen seit ein paar Jahren offenbar verschwunden.

Zwischenmoor mit Fieberklee *(Menyanthes trifoliata)*

Torfmoose überwachsen die Schlenke.

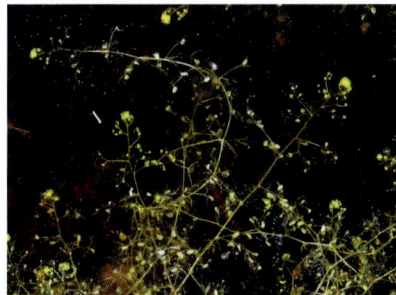
Kleiner Wasserschlauch *(Utricularia minor)*

Die sauren **Flachmoore** entwickeln sich zu Übergangsmooren und enthalten auch schon einige Hochmoorpflanzen. Im Spätsommer dominiert hier das Blaue Pfeifengras *(Molinia caerulea)*. So entsteht der Eindruck eines montanen Pfeifengrasriedes, auch Besenried genannt. Sauergräser und Orchideen sind aber immer wieder anzutreffen. In diesem vielfältigen Lebensraum treffen wir etwa auf folgende Pflanzen: Schmalblättriges Wollgras *(Eriophorum angustifolium)*, Igelfrüchtige Segge *(Carex echinata)*, Breitblättriges Knabenkraut *(Dactylorhiza majalis)*, Fuchs' Knabenkraut *(Dactylorhiza fuchsii)*, Sumpf-Kratzdistel *(Cirsium palustre)*, Abbisskraut *(Succisa pratensis)*, Rasen-Haarbinse *(Trichophorum cespitosum)* u. a.

Breitblättriges Knabenkraut *(Dactylorhiza majalis)*

Schmalblättriges Wollgras *(Eriophorum angustifolium)*

Fuchs' Knabenkraut *(Dactylorhiza fuchsii)*

Igelfrüchtige Segge *(Carex echinata)*

Blaues Pfeifengras *(Molinia caerulea)*

Sumpf-Kratzdistel *(Cirsium palustre)*

Rasen-Haarbinse *(Trichophorum cespitosum)*

Abbisskraut *(Succisa pratensis)*

Im austrocknenden Moor ist das Blaue Pfeifengras *(Molinia caerulea)* häufig.

Torfabbau im Mettilimoos (Quelle: Orientierungstafel Moorpfad)

Die Austrocknung des Hochmoores führt dazu, dass bestimmte Sträucher und Bäume vermehrt auftreten. Die Moor-Birke *(Betula pubescens)* bildet kleinere und grössere Gruppen, welche ansatzweise einen Hochmoor-Birkenwald andeuten. Die Fichte *(Picea abies)*, die Zitter-Pappel *(Populus tremula)*, die Ohr-Weide *(Salix aurita)* und insbesondere der Faulbaum *(Frangula alnus)* weisen auf die beginnende Verbuschung hin. Aus der Familie der Heidekrautgewächse *(Ericaceae)* sind die Zwergsträucher Besenheide *(Calluna vulgaris)* und Rauschbeere *(Vaccinium uliginosum)* – im Volksmund «Schnuderbeeri» genannt – recht häufig, weniger oft sind die Heidelbeere *(Vaccinium myrtillus)* und die Preiselbeere *(Vaccinium vitis-idaea)* anzutreffen.

Die Moor-Birken *(Betula pubescens)* im Mettilimoos deuten einen lückigen Hochmoor-Birkenwald an.

Die Besenheide *(Calluna vulgaris)* bevorzugt den austrocknenden Moorboden.

Fichte *(Picea abies)*

Zitter-Pappel *(Populus tremula)*

Ohr-Weide *(Salix aurita)*

Faulbaum *(Frangula alnus)*

Besenheide *(Calluna vulgaris)*

Rauschbeere *(Vaccinium uliginosum)*

Heidelbeere *(Vaccinium myrtillus)*

Preiselbeere *(Vaccinium vitis-idaea)*

Finsterwaldmoore

Den Weiler Finsterwald erreichen wir von Entlebuch aus auf der Glaubenbergstrasse. Östlich von Finsterwald besuchen wir die drei Moorgebiete Nesslebrunnebode, Geugelhusemoos und Fuchseremoos. Sie sind weitgehend von intensiv bewirtschafteten Wiesen umgeben und haben durch frühere Entwässerung und auch Düngung ihren ursprünglichen Charakter teilweise eingebüsst. Ein typisches Hochmoor ist nicht mehr vorhanden. Übergangs- und Flachmoore sowie Feuchtwiesen prägen heute noch diese einst viel grössere Moorlandschaft im Gebiet Finsterwald. Der prächtige Fuchsereweiher ist ein im Jahre 1973 von einer Privatperson künstlich angelegter Torfweiher, der allerdings aus Gründen der Sauberkeit eingezäunt werden musste. Auch wenn er teilweise mit nicht einheimischen Pflanzen ausgestattet wurde, ist dieser Weiher ein beliebter Anziehungspunkt für viele Besucher.

Nesslebrunnebode

Geugelhusemoos

Fuchseremoos

Fuchsereweiher; im Hintergrund die Riseteflue

Die Vegetation der drei Lebensräume ist nicht einheitlich und lässt oft die störenden Eingriffe erkennen. Trotzdem kann man hier auch heute noch mehrere Arten finden, die typisch sind für die eher sauren **Flachmoore**, die **Feuchtwiesen** oder die **Übergangsmoore**, welche jährlich gemäht werden. Nach der Mahd tritt vielerorts der Torfboden mit viel Torfmoos deutlich zu Tage. Einige Pflanzen dieser Lebensräume sind das Schmalblättrige Wollgras *(Eriophorum angustifolium)*, das Breitblättrige Knabenkraut *(Dactylorhiza majalis)*, Fuchs' Geflecktes Knabenkraut *(Dactylorhiza fuchsii)*, der Sumpf-Baldrian *(Valeriana dioica)*, die Braune Segge *(Carex nigra)*, das Blaue Pfeifengras *(Molinia caerulea)*, das Waldmoor-Läusekraut *(Pedicularis sylvatica)*, die Alpen-Haarbinse *(Trichophorum alpinum)*, die Rasen-Haarbinse *(Trichophorum cespitosum)*, das Blutauge *(Potentilla palustris)*, die Trollblume *(Trollius europaeus)*, der Eisenhutblättrige Hahnenfuss *(Ranunculus aconitifolius)*, die Sumpf-Dotterblume *(Caltha palustris)*, der Schlangen-Knöterich *(Polygonum bistorta)* u. a. In den **Spierstaudenfluren** dominieren die Moor-Spierstaude *(Filipendula ulmaria)* und die Kohldistel *(Cirsium oleraceum)*.

Flachmoor Fuchseremoos mit dem Breitblättrigen Knabenkraut (*Dactylorhiza majalis*)

Feuchtwiese Fuchseremoos mit der Trollblume (*Trollius europaeus*) und dem Eisenhutblättrigen Hahnenfuss (*Ranunculus aconitifolius*)

Rasenbinsenmoor Fuchseremoos mit der Rasen-Haarbinse (*Trichophorum cespitosum*) und der Alpen-Haarbinse (*Trichophorum alpinum*)

Braune Segge (*Carex nigra*)

Sumpf-Baldrian (*Valeriana dioica*)

Waldmoor-Läusekraut (*Pedicularis sylvatica*)

Alpen-Haarbinse (*Trichophorum alpinum*)

Blutauge (*Potentilla palustris*)

Sumpf-Dotterblume (*Caltha palustris*)

Schlangen-Knöterich (*Polygonum bistorta*)

Moor-Spierstaude (*Filipendula ulmaria*)

Kohldistel (*Cirsium oleraceum*)

Am unteren Rand des Fuchseremoos führt der Wanderweg dem Fuchserewald entlang. Unschwer erkennen wir, dass es sich hier um einen Torfmoos-Fichtenwald handelt. Fichte (*Picea abies*), Heidelbeere (*Vaccinium myrtillus*), Vogelbeerbaum (*Sorbus aucuparia*), Farne und Torfmoose (*Sphagnum* sp.) bauen ihn auf. Dieser Wald geht über in einen ebenfalls torfmoosreichen **Torfmoos-Bergföhrenwald,** wo die Aufrechte Berg-Föhre (*Pinus mugo* ssp. *uncinata*) dominiert.

Zwei sehr seltene Pflanzen der Schweizer Flora können wir mit Glück in den Finsterwaldmooren entdecken: im Nesslebrunnebode gibt es einen kleinen Bestand der Torf-Segge (*Carex heleonastes*) und auf dem torfigen Boden vor dem Fuchsereweiher überraschen uns einige wenige Exemplare des Gefleckten Knabenkrautes (*Dactylorhiza maculata*).

Torfmoos-Fichtenwald

Torfmoos-Bergföhrenwald

Torf-Segge *(Carex heleonastes)*

Geflecktes Knabenkraut *(Dactylorhiza maculata*

Balmoos

Von Hasle aus fahren wir Richtung Heiligkreuz – Neuhütte in die Nähe des Balmoos.

Das Hochmoor Balmoos ist seit 1946 ein Pro Natura-Schutzgebiet. Entwässerungsgräben aus dieser Zeit und auch noch später lassen aber das Moor immer mehr austrocknen und verbuschen trotz freiwilliger Pflegeeinsätze von Schulklassen und anderen Helfern. Die typischen und z.T. sehr seltenen Moorpflanzen sind heute arg bedrängt oder evtl. schon ganz verschwunden.

Das Hochmoor Balmoos trocknet langsam aus.

Schlenken und Bulten werden im Hochmoor Balmoos immer mehr zurückgedrängt.

Der Faulbaum *(Frangula alnus)*, aber auch Weiden und Birken verdrängen die typische Moorvegetation.

Die charakteristischen Pflanzen im **Hochmoor** Balmoos sind auch heute noch in den Schlenken und auf den Bulten vorhanden; zu ihnen gehören: der Rundblättrige Sonnentau *(Drosera rotundifolia)*, der Breitblättrige Sonnentau *(Drosera x obovata)*, die Rosmarinheide *(Andromeda polifolia)*, die Gemeine Moosbeere *(Vaccinium oxycoccos)*, die Weisse Schnabelbinse *(Rhynchospora alba)*, der Moorbärlapp *(Lycopodiella inundata)* u. a. Offenbar verschwunden ist vor wenigen Jahren am nordöstlichen Rand des Hochmoores die sehr seltene Torf-Segge *(Carex heleonastes)*; immer noch vorhanden ist in ihrer Nähe die Moor-Weide *(Salix repens)*.

In einer Schlenke ist der Moorbärlapp *(Lycopodiella inundata)* noch reichlich vorhanden.

Breitblättriger Sonnentau *(Drosera x obovata)*

Moor-Weide *(Salix repens)*

Im Bereich der **Übergangs-** oder **Zwischenmoore** finden wir auf dem nassen Torfschlammboden etwa das Blutauge *(Potentilla palustris)*, den Fieberklee *(Menyanthes trifoliata)* sowie die Schnabel-Segge *(Carex rostrata)*. Interessant ist im westlichen Teil des Balmoos das Erscheinen des sehr seltenen und variantenreichen Gefleckten Knabenkrautes *(Dactylorhiza maculata)* im nassen Torfboden.

Die Austrocknung und Verbuschung des Moores zeigen folgende Pflanzen an: der Faulbaum *(Frangula alnus)*, die Besenheide *(Calluna vulgaris)*, die Rauschbeere *(Vaccinium uliginosum)*, die Heidelbeere *(Vaccinium myrtillus)*, die Preiselbeere *(Vaccinium vitis-idaea)*, das Blaue Pfeifengras oder Besenried *(Molinia caerulea)*, der Vogelbeerbaum *(Sorbus aucuparia)*. Diese Pflanzen sind auch im kleinen **Torfmoos-Bergföhrenwald** mit der markanten Aufrechten Berg-Föhre *(Pinus mugo ssp. uncinata)* anzutreffen.

Fieberklee *(Menyanthes trifoliata)*

Schnabel-Segge *(Carex rostrata)*

Das Gefleckte Knabenkraut *(Dactylorhiza maculata)* ist sehr variabel.

Am Rande eines austrocknenden Hochmoores stellt sich auch das **Moor-Weidengebüsch** ein. Die Grau-Weide *(Salix cinerea)*, die Ohr-Weide *(Salix aurita)*, die Lorbeer-Weide *(Salix pentandra)*, der Faulbaum *(Frangula alnus)* sowie die Moor-Birke *(Betula pubescens)* sind hier die typischen Sträucher und Bäume.

Aufrechte Berg-Föhre *(Pinus mugo* ssp. *uncinata)*

Vogelbeerbaum *(Sorbus aucuparia)*

Moor-Weidengebüsch im Balmoos

Grau-Weide *(Salix cinerea)*

Lorbeer-Weide *(Salix pentandra)*

Moor-Birke *(Betula pubescens)*

METTILIMOOS – FINSTERWALD – BALMOOS

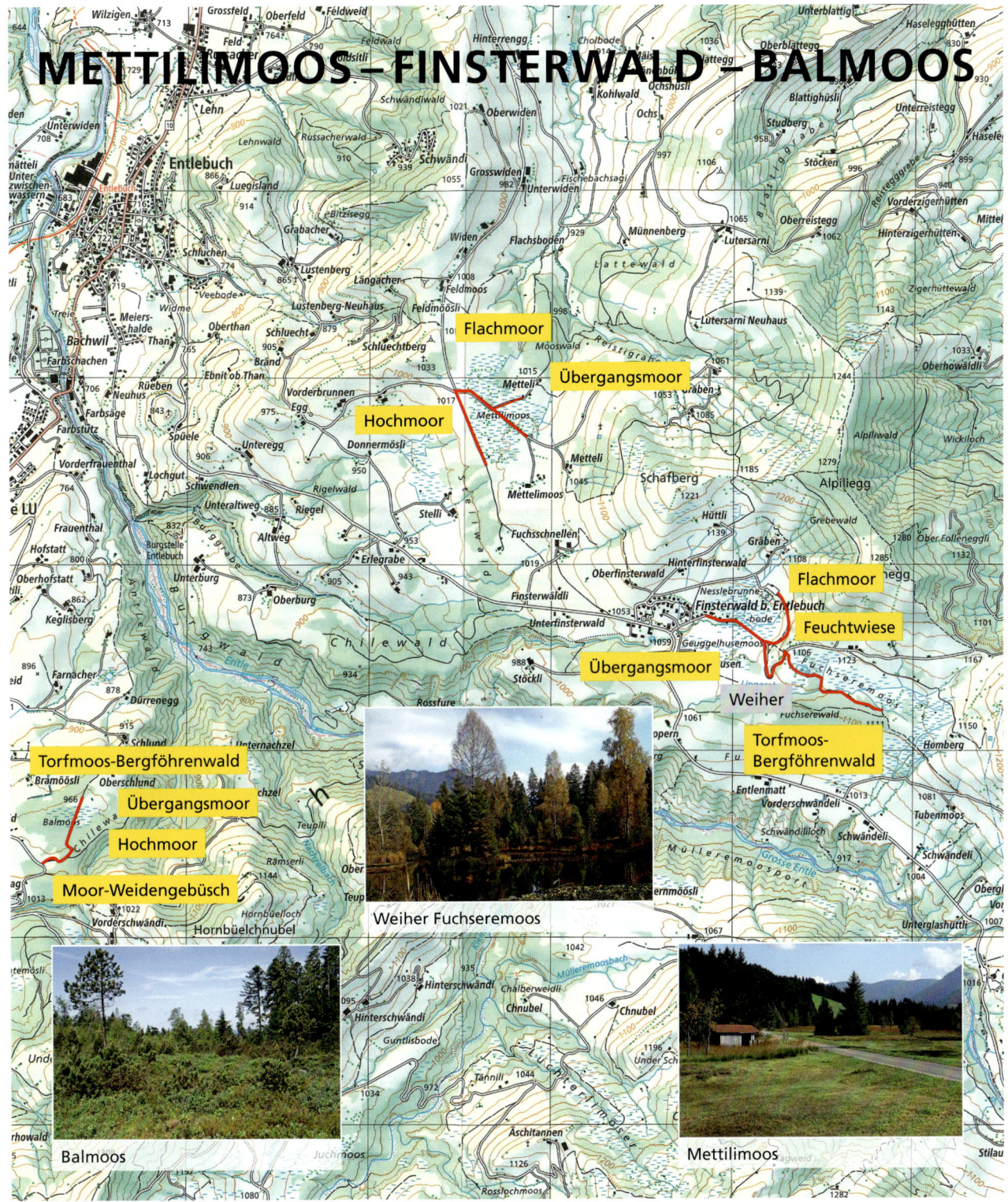

Wanderung 15: Mettilimoos–Finsterwald–Balmoos

Wanderung 16

MÜLISTUTZ – EIMÄTTILI – GOBERWALD

Halbtageswanderung/Tageswanderung   Idealer Zeitpunkt: Mai, Juni, Juli, September

Mülistutz

Der Mülistutz, nicht unweit vom Dorf Romoos, ist als sog. Halbtrockenrasen wohl die schönste Magerwiese im Entlebuch. Als Pro Natura-Schutzgebiet wird sie seit vielen Jahren standortgemäss in mühsamer Arbeit bewirtschaftet und gepflegt.

Die Magerwiese Mülistutz ist Mitte Juni mit einer grossen Artenvielfalt in voller Blüte.

Eimättili

Der Weg zum Vorder Eimättili beginnt beim ehemaligen Schulhaus Habschwanden in der Gemeinde Hasle. Wir wandern hinunter zur Grossen Fontanne, welche hier von den imposanten Felswänden mit Sandstein und Nagelfluh der Oberen Süsswassermolasse umsäumt wird. Nach dem Überqueren des Flusses beginnt der steile Aufstieg dem Waldrand entlang.

Felsen der Oberen Süsswassermolasse an der Grossen Fontanne

Über dem Eimättili wächst der Eiben-Steilhang-Buchenwald.

Die Gemeine Akelei *(Aquilegia vulgaris)* ist im Eimättili besonders zahlreich.

Magerwiesen sind im Napfgebiet steile, trockene und meist südexponierte Hänge. Die blumenreichen Wiesen ertragen keine Düngung und sollten erst nach der Blütezeit im Juli oder anfangs August schonend gemäht werden. Im April erscheinen die ersten typischen Pflanzen auf dem Halbtrockenrasen, wie etwa das Erdbeer-Fingerkraut *(Potentilla sterilis)* und die Frühlings-Schlüsselblume *(Primula veris)*. Bei günstiger Witterung verändert sich das Bild der Magerwiese von Woche zu Woche. Die höher steigende Sonne erwärmt und trocknet den kargen Boden und treibt viele Pflanzen zur Blüte. Die Magerwiesen Mülistutz und Eimättili beherbergen mehrere zum Teil sehr seltene Orchideenarten. Die ersten von ihnen sind: das Kleine Knabenkraut *(Orchis morio)*, das Männliche Knabenkraut *(Orchis mascula)*, das Helm-Knabenkraut *(Orchis militaris)* sowie am Waldrand das Langblättrige Waldvögelein *(Cephalanthera longifolia)*.

Erdbeer-Fingerkraut *(Potentilla sterilis)*

Frühlings-Schlüsselblume *(Primula veris)*

Kleines Knabenkraut *(Orchis morio)*

Männliches Knabenkraut *(Orchis mascula)*

Langblättriges Waldvögelein *(Cephalanthera longifolia)*

Helm-Knabenkraut *(Orchis militaris)*

Normalerweise etwa Mitte Juni erreicht die Magerwiese, die auch als Esparsetten-Trespen-Halbtrockenrasen bezeichnet wird, ihren prächtigen Sommeraspekt. In der artenreichen Magerwiese Mülistutz und in ihrem Randbereich hat man ca. 180 verschiedene Pflanzenarten gezählt. Natürlich lockt diese wahre Blütenpracht auch viele Insekten wie Schmetterlinge und Käfer an. Mit etwas Glück begegnet man im Mülistutz dem seltenen Schmetterlingshaft, einem Netzflügler, der mehr in südlichen Regionen beheimatet ist.

Schachbrett

Schwalbenschwanz

Schmetterlingshaft

Einige Sommerblüher in der Magerwiese, die sowohl im Mülistutz wie auch im Eimättili vorkommen, sind: die Saat-Esparsette *(Onobrychis viciifolia)*, die Aufrechte Trespe *(Bromus erectus)*, die Gemeine Akelei *(Aquilegia vulgaris)*, der Östliche Wiesen-Bocksbart *(Tragopogon pratensis* ssp. *orientalis)*, die Wiesen-Margerite *(Leucanthemum vulgare)*, die Feld-Witwenblume *(Knautia arvensis)*, der Zottige Klappertopf *(Rhinanthus alectorolophus)*, die Gemeine Flockenblume *(Centaurea jacea)*, die Bienen-Ragwurz *(Ophrys apifera)* u. a.

Saat-Esparsette *(Onobrychis viciifolia)*

Aufrechte Trespe *(Bromus erectus)*

Bienen-Ragwurz *(Ophrys apifera)*

Östlicher Wiesen-Bocksbart
(Tragopogon pratensis ssp. *orientalis)*

Distelfalter

Vierfleckenbock

 Feld-Witwenblume (Knautia arvensis)
 Zottiger Klappertopf (Rhinanthus alectorolophus)
 Wiesen-Margerite (Leucanthemum vulgare)
 Gemeine Flockenblume (Centaurea jacea) mit Dickkopffalter

Die Wiesen-Salbei (Salvia pratensis), das Florentiner-Habichtskraut (Hieracium piloselloides) sowie die Herbst-Wendeläre (Spiranthes spiralis) findet man nur im Mülistutz; die Hummel-Ragwurz (Ophrys holosericea) kann man im Entlebuch ganz spärlich nur im Eimättili bewundern.

 Wiesen-Salbei (Salvia pratensis)
 Florentiner Habichtskraut (Hieracium piloselloides)
 Herbst-Wendelähre (Spiranthes spiralis)
 Hummel-Ragwurz (Ophrys holosericea)

Interessant und abwechslungsreich ist die Wanderung von der Magerwiese Mülistutz hinauf zur Magerwiese bei Mittelgrämse. Am oberen Waldrand beim Mülistutz fällt uns der Gelbe Fingerhut (Digitalis lutea) auf. An der mageren, trockenen und sonnigen Strassenböschung sowie an der Waldstrasse fallen uns im Sommer etwa folgende Pflanzen auf: die Golddistel (Carlina vulgaris), die Rundblättrige Glockenblume (Campanula rotundifolia), die Moschus-Malve (Malva moschata), das Weisse Waldvögelein (Cephalanthera damasonium), das Kleine Wintergrün (Pyrola minor) u.a. In der kleinen Magerwiese unterhalb Mittelgrämse blüht im September regelmässig die Herbst-Wendelähre (Spiranthes spiralis) und vielleicht taucht in ihrer Nähe auch wieder einmal der Deutsche Enzian (Gentiana germanica) auf.

Gelber Fingerhut *(Digitalis lutea)* | Rundblättrige Glockenblume *(Campanula rotundifolia)* | Golddistel *(Carlina vulgaris)* | Moschus-Malve *(Malva moschata)*

Weisses Waldvögelein *(Cephalanthera damasonium)* | Kleines Wintergrün *(Pyrola minor)* | Deutscher Enzian *(Gentiana germanica)* | Magerwiese mit viel Wiesen-Salbei *(Salvia pratensis)* an der Strasse nach Mittelgrämse

Goberwald

Auf dem Rückweg vom Mülistutz folgen wir zwischen Romoos und Doppleschwand dem Wegweiser Gober und werfen einen Blick in den Goberwald. Der Goberwald ist ein **Waldhirsen-Buchenwald.** Diese Wald-Gesellschaft ist im tiefer gelegenen Napfgebiet in verschiedenen Ausprägungsformen verbreitet. Der Goberwald gehört zum Typ der luftfeuchten Waldhirsen-Buchenwälder, hat mehr Nadelholz und ist farnreich; er wird deshalb auch etwa als Farn-Buchenwald bezeichnet. Die namengebende Grasart, die Waldhirse *(Milium effusum)* trifft man im Goberwald nicht selten. In vernässten Stellen, an Waldwegen und in flachen Mulden finden sich einige Pflanzen der Auen- und Quellwälder ein.

Der Goberwald in der Gemeinde Doppleschwand hat auf der luftfeuchteren Westseite einen hohen Anteil an Nadelhölzern (Bild links); an der trockeneren Ostseite sind Laubhölzer häufiger (Bild rechts).

Farne und Brombeeren gedeihen gut auf dem nährstoffarmen und leicht sauren Waldboden.

Auch dieses Moos fühlt sich wohl im Goberwald.

Zum Waldhirsen-Buchenwald Goberwald gehören auch noch folgende Pflanzen: Rot-Buche *(Fagus sylvatica)*, Berg-Ahorn *(Acer pseudoplatanus)*, Tanne *(Abies alba)*, Fichte *(Picea abies)*, Vogelbeerbaum *(Sorbus aucuparia)*, Wald-Sauerklee *(Oxalis acetosella)*, Busch-Windröschen *(Anemone nemorosa)*, Echter Waldmeister *(Galium odoratum)*, Berg-Goldnessel *(Lamium galeobdolon* ssp. *montanum)*, Echter Wurmfarn *(Dryopteris filix-mas)*, Breiter Wurmfarn *(Dryopteris dilatata)*, Gelappter Schildfarn *(Polystichum aculeatum)*, Wald-Ziest *(Stachys sylvatica)* u. a.

Waldhirse *(Milium effusum)*

Rot-Buche *(Fagus sylvatica)*

Tanne *(Abies alba)* mit aufrecht stehenden Zapfen

Fichte *(Picea abies)* mit hängenden Zapfen

Busch-Windröschen *(Anemone nemorosa)*

Echter Wurmfarn *(Dryopteris filix-mas)*

Wald-Sauerklee *(Oxalis acetosella)*

Wald-Ziest *(Stachys sylvatica)* Vogelbeerbaum *(Sorbus aucuparia)* Berg-Goldnessel *(Lamium galeobdolon* ssp. *montanum)* Gelappter Schildfarn *(Polystichum aculeatum)*

Berg-Ahorn *(Acer pseudoplatanus)* Echter Waldmeister *(Galium odoratum)* Breiter Wurmfarn *(Dryopteris dilatata)*

An Waldwegen sowie in feuchten und sickernassen Stellen begegnen uns im Goberwald folgende Pflanzen: der Zwerg-Holunder *(Sambucus ebulus)*, der Blut-Ampfer *(Rumex sanguineus)*, das Grosse Hexenkraut *(Circaea lutetiana)*, die Hänge-Segge *(Carex pendula)*, das Wald-Springkraut *(Impatiens noli-tangere)*, das Kleine Springkraut *(Impatiens parviflora)*, die Lockerährige Segge *(Carex remota)* u. a.

Zwerg-Holunder *(Sambucus ebulus)* Blut-Ampfer *(Rumex sanguineus)* Wald-Springkraut *(Impatiens noli-tangere)* Hänge-Segge *(Carex pendula)*

 Kleines Springkraut *(Impatiens parviflora)*

 Lockerährige Segge *(Carex remota)*

 Grosses Hexenkraut *(Circaea lutetiana)*

Waldhirsen-Buchenwald auf der linken Seite der Kleinen Emme zwischen Schüpfheim und Hasle

MÜLISTUTZ – EIMÄTTILI – GOBERWALD

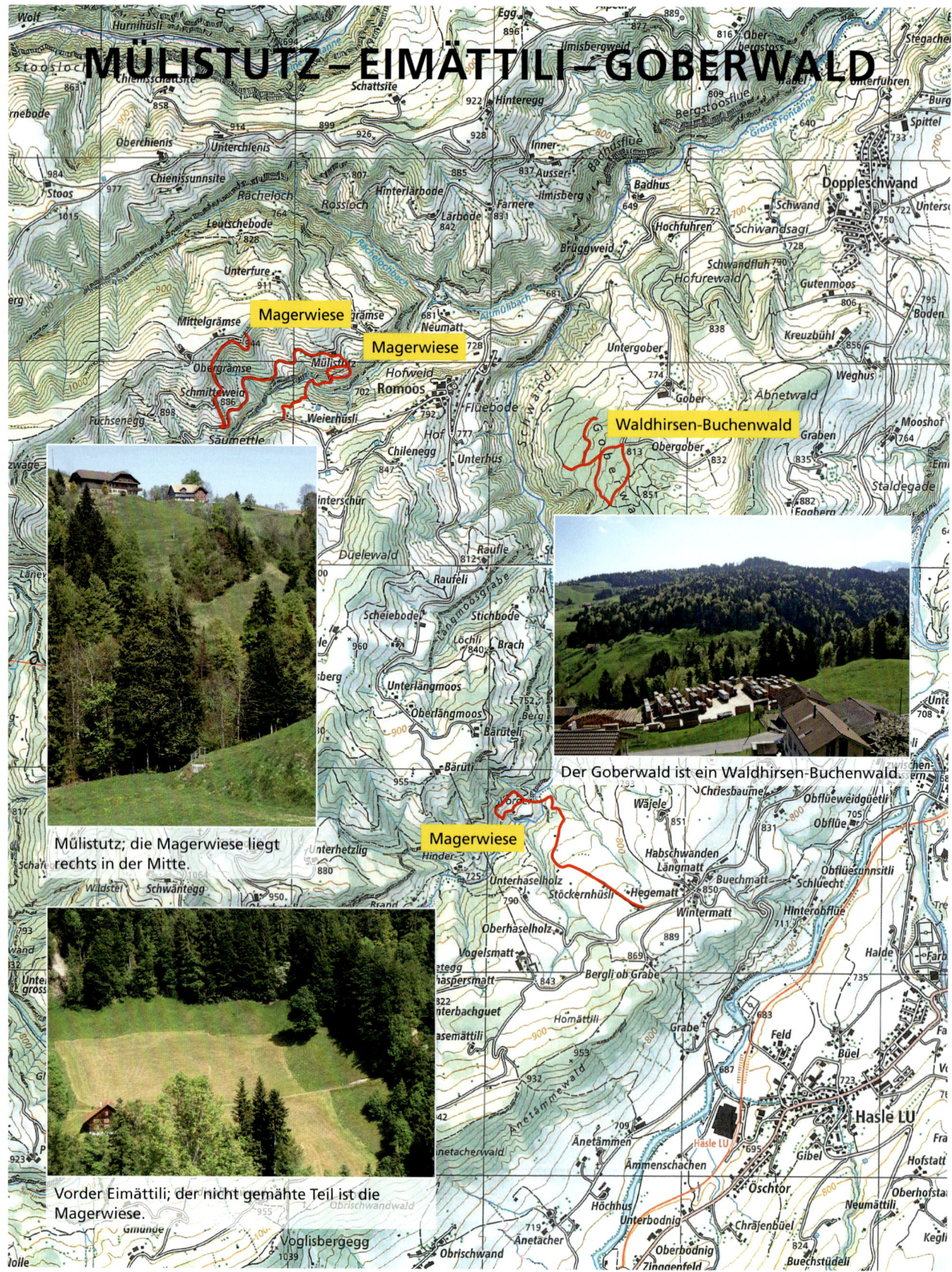

© swisstopo; reproduziert mit Bewilligung von swisstopo (BA 180107)

Mülistutz; die Magerwiese liegt rechts in der Mitte.

Der Goberwald ist ein Waldhirsen-Buchenwald.

Vorder Eimättili; der nicht gemähte Teil ist die Magerwiese.

Wanderung 17 HOLZWÄGE – NAPF

Tageswanderung   Idealer Zeitpukt: Mai, Juni, Juli

Romoos im Napfbergland

Holzwäge-Beizli vor dem Tannen-Buchenwald

Von Holzwäge schweift unser Blick über Schwändiliflue – Hagleren – Brienzergrat zu den Berner Alpen.

Von Romoos fahren wir hinauf nach Holzwäge. In der Umgebung von Holzwäge wächst typischer **Tannen-Buchenwald.** Er begleitet uns am Wanderweg da und dort bis zum Napf. Der Tannen-Buchenwald ist im Napfbergland in den höheren Lagen an steilen und flacheren Hängen in verschiedener Ausprägung verbreitet. Die Rot-Buche *(Fagus sylvatica)* und die Tanne *(Abies alba)* werden begleitet von der Fichte *(Picea abies),* dem Berg-Ahorn *(Acer pseudoplatanus),* dem Vogelbeerbaum *(Sorbus aucuparia)* und einigen Sträuchern. Der krautige Unterwuchs ist je nach Standort vielgestaltig bis artenarm.

Herbstlicher Tannen-Buchenwald bei Holzwäge

Zu den bereits erwähnten Bäumen gesellen sich im variantenreichen Tannen-Buchenwald folgende Pflanzen: Wald-Schwingel *(Festuca altissima)*, Berg-Flockenblume *(Centaurea montana)*, Alpenmasslieb *(Aster bellidiastrum)*, Wald-Frauenfarn *(Athyrium filix-femina)*, Vierblättrige Einbeere *(Paris quadrifolia)*, Buchenfarn *(Phegopteris connectilis)*, Wald-Habichtskraut *(Hieracium murorum)*, Waldgerste *(Hordelymus europaeus)*, Berg-Goldnessel *(Lamium galeobdolon* ssp. *montanum)*, Hasenlattich *(Prenanthes purpurea)*, Ährige Rapunzel *(Phyteuma spicatum)*, Wald-Sauerklee *(Oxalis acetosella)*, Sanikel *(Sanicula europaea)*, Nessel-Ehrenpreis *(Veronica urticifolia)*, Dreiblatt-Baldrian *(Valeriana tripteris)*, Wald-Ziest *(Stachys sylvatica)*, Heidelbeere *(Vaccinium myrtillus)* u. a.

Rot-Buche *(Fagus sylvatica)*

Tanne *(Abies alba)*

Fichte *(Picea abies)*

Vogelbeerbaum *(Sorbus aucuparia)*

Berg-Flockenblume (*Centaurea montana*)

Waldgerste (*Hordelymus europaeus*)

Alpenmasslieb (*Aster bellidiastrum*)

Wald-Habichtskraut (*Hieracium murorum*)

Buchenfarn (*Phegopteris connectilis*)

Wald-Schwingel (*Festuca altissima*)

Wald-Sauerklee (*Oxalis acetosella*)

Berg-Goldnessel (*Lamium galeobdolon* ssp. *montanum*)

Nessel-Ehrenpreis (*Veronica urticifolia*)

Wald-Frauenfarn (*Athyrium filix-femina*)

Hasenlattich (*Prenanthes purpurea*)

Dreiblatt-Baldrian (*Valeriana tripteris*)

Wald-Ziest (*Stachys sylvatica*)

Ährige Rapunzel (*Phyteuma spicatum*)

Sanikel (*Sanicula europaea*)

Vierblättrige Einbeere (*Paris quadrifolia*)

Heidelbeere (*Vaccinium myrtillus*)

Kurz nach dem Beginn der Wanderung beim Holzwäge-Beizli fällt uns beim Parkplatz vor der Liegenschaft Goldsite oberhalb der Strasse an einem steilen, schwer zugänglichen Mergelkessel ein weiterer Buchenwaldtyp ohne eigene Charakterarten auf: es ist der **Eiben-Steilhang-Buchenwald** in Südlage. Diese Waldgesellschaft ist im Napfgebiet zwischen der Grossen und der Kleinen Fontanne verbreitet, kommt aber auch auf der rechten Talseite der Kleinen Emme vor, wie etwa an der Renggstrasse oberhalb Entlebuch. Der Eiben-Steilhang-Buchenwald in Südlage ist lückig, artenreich, wechseltrocken und mühsam mit Vorsicht zu erforschen, hier am besten auf der gestrichelten Wanderroute. Bäume, Sträucher, Kräuter und auch grasreiche Stellen gehören zu diesem Waldtyp. Die schwachwüchsige Eibe *(Taxus baccata)* mit brauner Rinde, dunkelgrünem, nadelförmigem Laub ist selten geworden. Sie ist zweihäusig und giftig; nur der knallrote Samenmantel ist ungiftig. Die Rot-Buche *(Fagus sylvatica)* wächst mit geraden, schiefen, krummen und knorrig verästelten Stämmen. Auch die Tanne *(Abies alba)* und, wie in allen Buchenwäldern, die Fichte *(Picea abies)* sind vorhanden. Der Eiben-Steilhang-Buchenwald gehört zu den Orchideen-Buchenwäldern; die geschützten, schönen Orchideen, wie etwa der Frauenschuh *(Cypripedium calceolus)*, das Rote Waldvögelein *(Cephalanthera rubra)* oder die Breitblättrige Stendelwurz *(Epipactis helleborine)* sind selten zu bewundern. Zum Artenspektrum des Eiben-Steilhang-Buchenwaldes in Südlage gehören auch folgende Bäume, Sträucher, Kräuter und Gräser: der Mehlbeerbaum *(Sorbus aria)*, der Vogelbeerbaum *(Sorbus aucuparia)*, der Wollige Schneeball *(Viburnum lantana)*, der Gemeine Liguster *(Ligustrum vulgare)*, die Rote Heckenkirsche *(Lonicera xylosteum)*, der Echte Waldmeister *(Galium odoratum)*, das Wald-Bingelkraut *(Mercurialis perennis)*, die Berg-Goldnessel *(Lamium galeobdolon* ssp. *montanum)*, der Wald-Geissbart *(Aruncus dioicus)*, die Berg-Flockenblume *(Centaurea montana)*, die Berg-Distel *(Carduus defloratus)*, das Berg-Reitgras *(Calamagrostis varia)*, die Wald-Zwenke *(Brachypodium sylvaticum)*, das Kalk-Blaugras *(Sesleria caerulea)* u. a.

Eiben-Steilhang-Buchenwald in Südlage westlich Holzwäge

Am steilen Hang führt die Eibe *(Taxus baccata)* mit brauner Rinde, oberseits glänzenden Nadeln und dem ungiftigen, roten, saftigen Samenmantel ein verborgenes Dasein.

Rotes Waldvögelein *(Cephalanthera rubra)*

Frauenschuh *(Cypripedium calceolus)*

Breitblättrige Stendelwurz *(Epipactis helleborine)*

Wolliger Schneeball *(Viburnum lantana)*

Mehlbeerbaum *(Sorbus aria)*

Wald-Zwenke *(Brachypodium sylvaticum)*

Rote Heckenkirsche *(Lonicera xylosteum)*

Wald-Bingelkraut *(Mercurialis perennis)*

Wanderung 17: Holzwäge–Napf

Berg-Distel *(Carduus defloratus)* | Berg-Reitgras *(Calamagrostis varia)* | Gemeiner Liguster *(Ligustrum vulgare)* | Kalk-Blaugras *(Sesleria caerulea)* | Wald-Geissbart *(Aruncus dioicus)*

Unseren Wanderweg Richtung Stächelegg – Napf säumen meist artenarme Weiden, trockene, sandige Wegböschungen, Waldabschnitte und Fettwiesen. Einige verbreitete, aber auch recht seltene Pflanzen seien hier erwähnt: Kaukasus-Fettkraut *(Sedum spurium)*, Milder Mauerpfeffer *(Sedum sexangulare)*, Echtes Tausendgüldenkraut *(Centaurium erythraea)*, Schönes Johanniskraut *(Hypericum pulchrum)*, Gebirgs-Feld-Thymian *(Thymus praecox* ssp. *polytrichus)*, Salbeiblättriger Gamander *(Teucrium scorodonia)*, Nesselblättrige Glockenblume *(Campanula trachelium)*, Wald-Weidenröschen *(Epilobium angustifolium)*. Verschiedene Schmetterlinge erfreuen uns immer wieder auf der abwechslungsreichen Wanderung.

Wald-Weidenröschen *(Epilobium angustifolium)* | Landkärtchen | Milder Mauerpfeffer *(Sedum sexangulare)* | Echtes Tausendgüldenkraut *(Centaurium erythrea)*

Kaukasus-Fettkraut *(Sedum spurium)* | Schönes Johanniskraut *(Hypericum pulchrum)* | Gebirgs-Feld-Thymian *(Thymus praecox* ssp. *polytrichus)*

Nesselblättrige Glockenblume *(Campanula trachelium)*

Salbeiblättriger Gamander *(Teucrium scorodonia)*

Kar Stächelegg

Bei der Stächelegg beeindruckt uns das Kar mit der Stächeleggflue. Von der Stächelegg bis zum Napfgipfel überraschen uns einige Alpenpflanzen von der grossen Alpenpflanzenkolonie des Napf. Vorerst aber lässt ein grosser gelber Fleck in der Landschaft unsere Augen verweilen: Es ist entlang eines Grabens in einer Feuchtwiese eine schon vor Jahrzehnten verwilderte Kolonie der Gefleckten Gauklerblume *(Mimulus guttatus)*, welche aus Nordamerika stammt.

Gefleckte Gauklerblume *(Mimulus guttatus)*

Fettwiese bei der Stächelegg

Von den mehr als 100 Alpenpflanzen, die im Gipfelgebiet des Napf vorkommen, seien hier nur ein paar wenige genannt: die Silberwurz *(Dryas octopetala)*, der Trauben-Steinbrech *(Saxifraga paniculata)*, der Kies- oder Molasse-Steinbrech *(Saxifraga mutata)* sowie die Aurikel *(Primula auricula)*. Zwei Besonderheiten der Schweizer Flora bereichern das Gipfelgebiet des Napf: der Österreichische Bärenklau *(Heracleum austriacum)* ist eine ostalpine Art, die in der Schweiz nur hier vorkommt; das Jura-Leinkraut *(Linaria alpina* ssp. *petraea)* ist eine bogig aufsteigende Unterart des Alpen-Leinkrautes, welches im Jura verbreiteter vorkommt.

Österreichischer Bärenklau
(*Heracleum austriacum*)

Jura-Leinkraut (*Linaria alpina* ssp. *petraea*)

Molasse-Steinbrech (*Saxifraga mutata*)

Trauben-Steinbrech
(*Saxifraga paniculata*)

Silberwurz (*Dryas octopetala*)

Aurikel (*Primula auricula*)

Den Napf kann man im Entlebuch vom Frühling bis zum Herbst auf kürzeren oder längeren Wanderungen auch von anderen Ausgangspunkten erreichen: von der Liegenschaft Hapfig mit der Anfahrt durch das Tal der Kleinen Fontanne, von Bramboden, von Romoos über das Breitäbnit oder sogar von Escholzmatt über Bock – Turner – Altegrat. Dabei erlebt man eindrücklich die Flora und die abwechslungsreiche Landschaft des reif zertalten Napfberglandes.

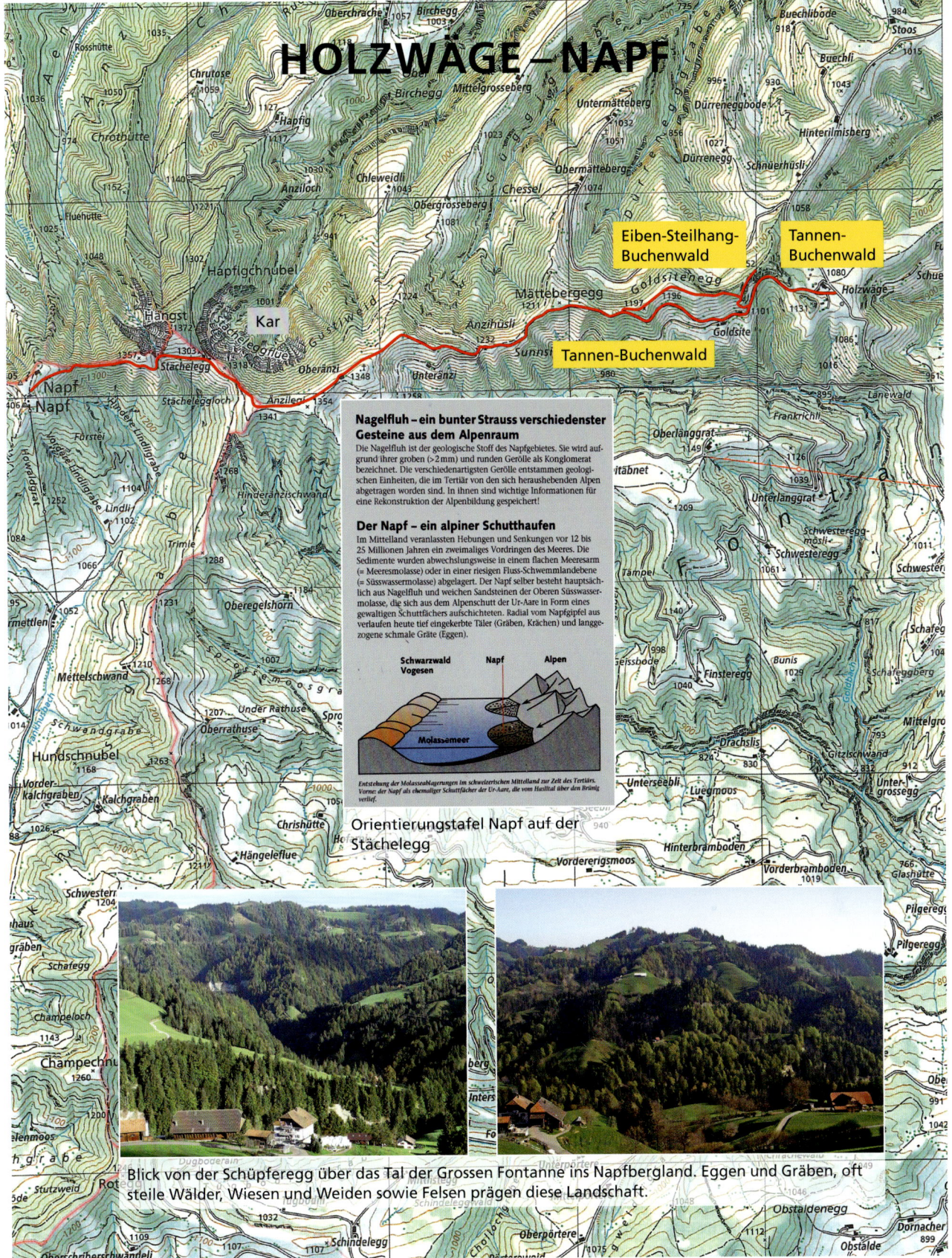

Blick von der Schüpferegg über das Tal der Grossen Fontanne ins Napfbergland. Eggen und Gräben, oft steile Wälder, Wiesen und Weiden sowie Felsen prägen diese Landschaft.

© swisstopo; reproduziert mit Bewilligung von swisstopo (BA 180107)

Wanderung 18

GRUENHOLZ – STÖCKEREHÜSLI

Halbtageswanderungen   Idealer Zeitpunkt: Juni, Juli, August

Diese Wanderungen führen uns in zwei Feuchtgebiete, die man als montane Pfeifengraswiesen bezeichnen könnte. Pfeifengraswiesen – auch etwa Besenried genannt – sind im Entlebuch nicht oft anzutreffen. Es sind ungedüngte, nährstoffarme, artenreiche Wiesen mit dichter und hochwüchsiger Pflanzendecke. Der wechselfeuchte Boden ist oberflächlich versauert; das Grundwasser erreicht vorübergehend die Oberfläche und bewirkt eine temporäre Staunässe. Im Sommer und im Herbst kann der Boden aber auch zeitweise austrocknen. Diese Wechselfeuchtigkeit macht begreiflich, dass solche Riedwiesen Pflanzen feuchter wie auch trockener Standorte beherbergen. Durch die Mahd im Herbst wird die Erhaltung der Pfeifengraswiesen gesichert.

Die Echte Betonie *(Stachys officinalis)* ist eine Charakterart der Pfeifengraswiese. Im Gruenholz blüht sie in grosser Zahl; im übrigen Entlebuch findet man sie sehr selten.

Stöckerehüsli im August

Gruenholz

Das Gruenholz erreichen wir in kurzer Zeit von Schüpfheim aus. Oberhalb der Strasse fällt uns im Juli sofort die blühende Charakterart der **Pfeifengraswiese** auf, die Echte Betonie *(Stachys officinalis)*. Auch die Spitzblütige Binse *(Juncus acutiflorus)*, das Abbisskraut *(Succisa pratensis)*, das Blaue Pfeifengras *(Molinia caerulea)* sowie der Sumpf-Hornklee *(Lotus pedunculatus)* sind typisch für diese Pflanzengesellschaft und hier oft vorhanden. Weitere Pflanzen in der wechselfeuchten Pfeifengraswiese sind Wiesenpflanzen aus benachbarten Fettwiesen und Vertreter aus anderen Feuchtwiesen. Einige von ihnen sind: das Knäuelgras *(Dactylis glomerata)*, das Breitblättrige Knabenkraut *(Dactylorhiza majalis)*, der Kleine Klappertopf *(Rhinanthus minor)*, die Hirse-Segge *(Carex panicea)*, das Moor-Labkraut *(Galium uliginosum)*, die Flatterige Binse *(Juncus effusus)*, das Pfennigkraut *(Lysimachia nummularia)*, der Purgier-Lein *(Linum catharticum)*, die Kuckucks-Lichtnelke *(Silene flos-cuculi)* u. a. Im Westen trennt eine üppige **Spierstaudenflur** mit der häufigen Moor-Spierstaude *(Filipendula ulmaria)* und dem Blut-Weiderich *(Lythrum salicaria)* das Besenried von der Fettwiese. Vor dem Sumpf am Waldrand können wir das meterhohe Rohr-Pfeifengras *(Molinia arundinacea)*, am Waldrand die leuchtend roten Beeren des Gemeinen Schneeballs *(Viburnum opulus)* nicht übersehen.

Echte Betonie *(Stachys officinalis)*

Spitzblütige Binse *(Juncus acutiflorus)*

Abbisskraut *(Succisa pratensis)*

Sumpf-Hornklee *(Lotus pedunculatus)*

Blaues Pfeifengras *(Molinia caerulea)*

Breitblättriges Knabenkraut *(Dactylorhiza majalis)*

Hirse-Segge *(Carex panicea)*

Kleiner Klappertopf *(Rhinanthus minor)*

Flatterige Binse *(Juncus effusus)*

Pfennigkraut *(Lysimachia nummularia)*

Moor-Labkraut *(Galium uliginosum)*

Knäuelgras *(Dactylis glomerata)*

Purgier-Lein *(Linum catharticum)*

Spierstaudenflur im Gruenholz

Gemeiner Schneeball *(Viburnum opulus)*

Kuckucks-Lichtnelke
(Silene flos-cuculi)

Moor-Spierstaude
(Filipendula ulmaria)

Blut-Weiderich
(Lythrum salicaria)

Rohr-Pfeifengras
(Molinia arundinacea)

Der südliche Teil des Gruenholz ist ein reizvoller Lebensraum besonderer Art. Ein schmaler Einlass lässt unsere Augen schweifen über eine fast ebene Fläche mit hochwüchsigen Pflanzen. Wald und Weidengebüsch sowie ein kleiner vom Menschen geschaffener Tümpel rahmen dieses wertvolle Feuchtgebiet ein.

Moorwiese Gruenholz

Das Gruenholz ist ein vielfältiger Lebensraum. Auf dem sumpfigen Torfboden haben sich schon viele Torfmoose *(Sphagnum* sp.) angesiedelt. Da und dort findet man auch schon Hochmoorpflanzen wie die Gemeine Moosbeere *(Vaccinium oxycoccos)*. Das Blutauge *(Potentilla palustris)* und der Fieberklee *(Menyanthes trifoliata)* sind typische Vertreter der Übergangs- oder Zwischenmoore. Pflanzen der Flachmoore wie Sauergräser und Binsen sowie der Feuchtwiesen und Moor-Weidengebüsche bilden in dieser **Moorwiese** ein buntes Mosaik. Eine Besonderheit im Gruenholz ist der hochwüchsige Sumpf-Haarstrang *(Peucedanum palustre)*, der hier seinen einzigen Standort im Entlebuch hat. Zum artenreichen Bestand der Moorwiese Gruenholz gehören auch noch: die Moor-Weide *(Salix repens)*, die Stumpfblütige Binse *(Juncus subnodulosus)*, die Flatterige Binse *(Juncus effusus)*, die Igel-Segge *(Carex echinata)*, die Schnabel-Segge *(Carex rostrata)*, die Gelbe Segge *(Carex flava)*, der Dornige Wurmfarn *(Dryopteris carthusiana)*, das Schmalblättrige Wollgras *(Eriophorum angustifolium)*, die Sumpf-Kratzdistel *(Cirsium palustre)*, die Ohr-Weide *(Salix aurita)* u. a. Den Torftümpel bedeckt das Schwimmende Laichkraut *(Potamogeton natans)*.

Der seltene Sumpf-Haarstrang *(Peucedanum palustre)* blüht im Gruenholz in grosser Zahl; die fein gefiederten Blätter und die rötlichen Früchte sind besonders schön.

Gemeine Moosbeere *(Vaccinium oxycoccos)* Fieberklee *(Menyanthes trifoliata)* Blutauge *(Potentilla palustris)* Stumpfblütige Binse *(Juncus subnodulosus)*

Ohr-Weide *(Salix aurita)* Igelfrüchtige Segge *(Carex echinata)* Sumpf-Kratzdistel *(Cirsium palustre)* Gelbe Segge *(Carex flava)* Schnabel-Segge *(Carex rostrata)*

Dorniger Wurmfarn
(Dryopteris spinulosa)

Schmalblättriges Wollgras
(Eriophorum angustifolium)

Schwimmendes Laichkraut *(Potamogeton natans)* und Algen im Tümpel

Stöckerehüsli

Das Ried beim Stöckerehüsli erreichen wir von Hasle aus auf der Strasse Richtung Habschwanden-Bramboden.

Pfeifengraswiese und **Flachmoor** bauen das Ried beim Stöckerehüsli auf. Es wird eingerahmt von Fettwiesen und Wald und wird alljährlich im Herbst gemäht.

Auch diese Wiese ist wechselfeucht und beherbergt Pflanzen der Pfeifengraswiese, der Flachmoore, der Feuchtwiesen wie auch der Fettwiesen. Die floristische Zusammensetzung ist ähnlich wie beim Pfeifengrasried Gruenholz.

Das Ried beim Stöckerehüsli im Spätsommer

Die Echte Betonie *(Stachys officinalis)* ist hier nur spärlich vorhanden. Einige Arten kommen neu dazu. Oft anzutreffen ist der Grannen-Klappertopf *(Rhinanthus glacialis);* die Wohlriechende Handwurz *(Gymnadenia odoratissima)* und eine Charakterart der Pfeifengraswiesen, die Gemeine Natterzunge *(Ophioglossum vulgatum)*, sind hier äusserst selten und konnten in den letzten Jahren nicht wieder gefunden werden. Einige weitere Arten im Ried Stöckerehüsli sind der Schwalbenwurz-Enzian *(Gentiana asclepiadea)*, das Abbisskraut *(Succisa pratensis)*, die Spitzblütige Binse *(Juncus acutiflorus)*, der Sumpf-Baldrian *(Valeriana dioica)*, der Sumpf-Schachtelhalm *(Equisetum palustre)*, die Wilde Brustwurz *(Angelica sylvestris)*, das Blaue Pfeifengras *(Molinia caerulea)*, die Moor-Spierstaude *(Filipendula ulmaria)*, die Wiesen-Platterbse *(Lathyrus pratensis)*, das Grünliche Breitkölbchen *(Platanthera chlorantha)*, die Gemeine Flockenblume *(Centaurea jacea)*, der Rot-Klee *(Trifolium pratense)* u. a.

Gemeine Natterzunge
(Ophioglossum vulgatum)

Grannen-Klappertopf
(Rhinanthus glacialis)

Wohlriechende Handwurz
(Gymnadenia odoratissima)

Schwalbenwurz-Enzian
(Gentiana asclepiadea)

Sumpf-Baldrian
(Valeriana dioica)

Wilde Brustwurz
(Angelica silvestris) mit Moschusbock

Sumpf-Schachtelhalm
(Equisetum palustre)

Gemeine Flockenblume
(Centaurea jacea)

Wiesen-Platterbse
(Lathyrus pratensis)

Grünliches Breitkölbchen
(Platanthera chlorantha)

Rot-Klee
(Trifolium pratense)

GRUENHOLZ – STÖCKEREHÜSLI

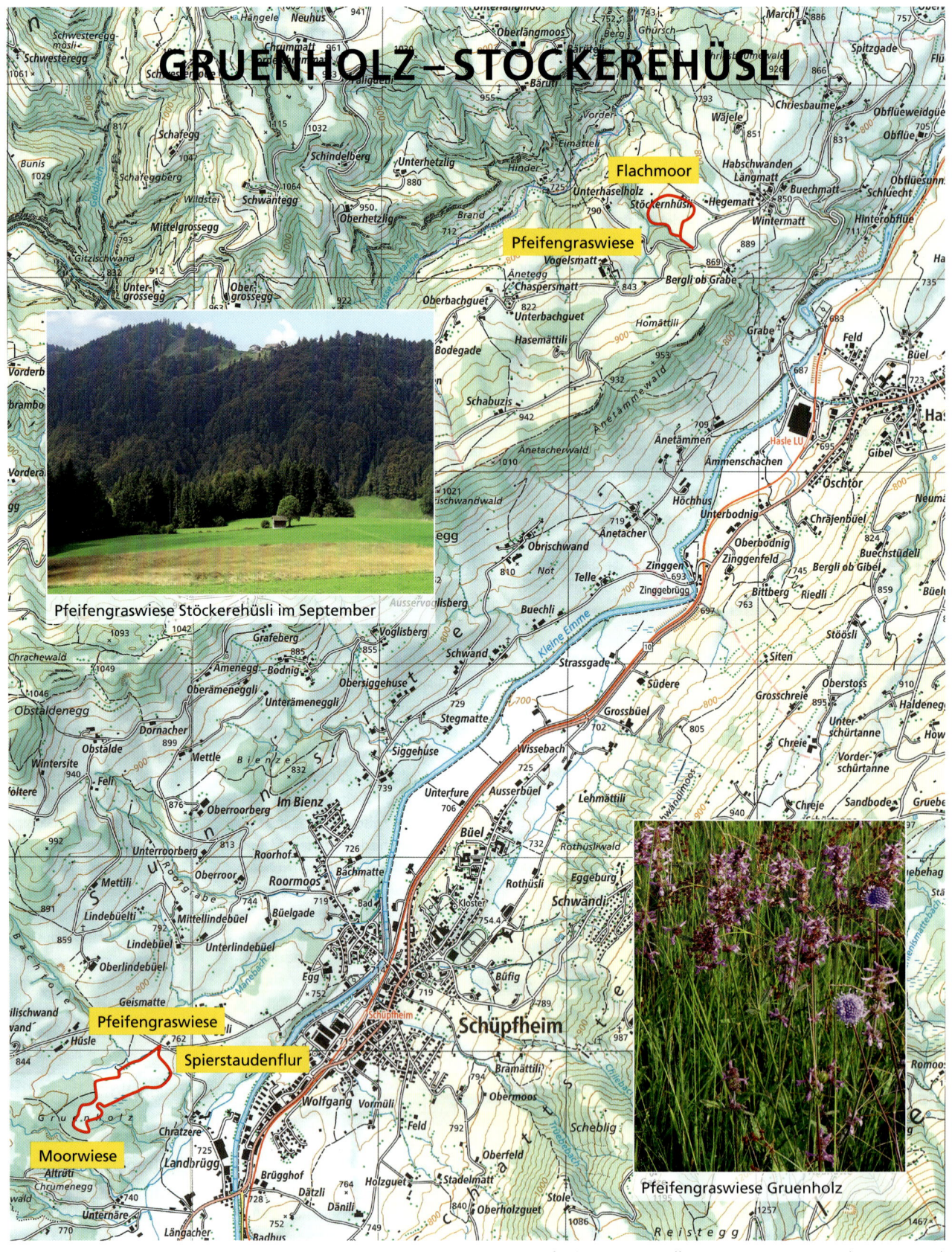

Pfeifengraswiese Stöckerehüsli im September

Pfeifengraswiese Gruenholz

© swisstopo; reproduziert mit Bewilligung von swisstopo (BA 180107)

1 km

Wanderung 19: EMMENUFERWEG

| Halbtages- oder Tageswanderung | Idealer Zeitpunkt: Juni – Oktober |

Diese Wanderung folgt dem offiziellen Emmenuferweg auf der rechten Uferseite der Kleinen Emme; sie beginnt südlich von Wolhusen bei der Chappelbodenbrücke, welche über die Kleine Emme führt. Hier ist auch eine Postauto-Haltestelle.

Blick von der Chappelbodenbrücke aufwärts über die Kleine Emme; im Hintergrund die Alpenrandkette.

Beeindruckend sind die Molassefelsen der Oberen Süsswassermolasse mit Nagelfluh, Sandstein und Mergel.

Zuerst wandern wir der Bahnlinie entlang hinauf zur ehemaligen SBB-Haltestelle Doppleschwand Romoos und von dort hinunter in die frühere Schotterdeponie der SBB.

Auf diesem Weg können wir bei genügend Zeit eine bunte Vielfalt von Pflanzen und auch Insekten entdecken. **Ruderal**- oder **Schuttfluren, Unkrautfluren,** feuchte und trockene **Trittfluren** sowie Krautsäume bilden hier meist vorübergehend ein farbenprächtiges Mosaik verschiedener Pflanzengesellschaften. Die einjährigen Ruderalfluren fallen auf durch meist kleinwüchsige Pflanzen; die mehrjährigen oder ausdauernden Ruderalfluren zeichnen sich aus durch hohe Kräuter und Sträucher. Unkrautfluren beherbergen Pflanzen aus Äckern und Gärten. Für viele z. T. sehr seltene Pflanzen ist der Lebensraum Bahnareal und Schotterdeponie, wo die mechanische Störung durch den Menschen häufig ist, oft eine letzte, meist vorübergehende Zufluchtsstätte. Für die Pflanzen in diesen Lebensräumen ist es in diesem Refugium ein stetes Kommen und Gehen. Durch die Aufhebung der SBB-Haltestelle und die veränderte Bewirtschaftung der Schotterdeponie mit pflanzenfeindlicher Gestaltung hat hier die Artenvielfalt in den letzten 20 Jahren stark abgenommen.

Ruderalfluren in der Schotterdeponie der SBB bei der ehemaligen Haltestelle Doppleschwand-Romoos vor der veränderten Bewirtschaftung

Auf dem Bahnareal und in der Schotterdeponie wurden in den oben erwähnten Lebensräumen in den letzten Jahrzehnten gegen 200 verschiedene Pflanzen festgestellt. Einige werden hier vorgestellt.

Zu den **einjährigen Ruderalfluren** gehören folgende Pflanzen: Kanadisches Berufkraut *(Conyza canadensis)*, Weg-Rauke *(Sisymbrium officinale)*, Wilder Lattich *(Lactuca serriola)*, Tauben-Storchschnabel *(Geranium columbinum)*, Klebriges Greiskraut *(Senecio viscosus)*, Grüne Borstenhirse *(Setaria viridis)*, Dreifingeriger Steinbrech *(Saxifraga tridactylites)* u. a.

Orientierungstafel Emmenuferweg | Wilder Lattich *(Lactuca serriola)* | Tauben-Storchschnabel *(Geranium columbinum)*

Kanadisches Berufkraut *(Conyza canadensis)* | Weg-Rauke *(Sisymbrium officinale)* | Dreifingeriger Steinbrech *(Saxifraga tridactylites)* | Klebriges Greiskraut *(Senecio viscosus)* | Grüne Borstenhirse *(Setaria viridis)*

Die **ausdauernden Ruderalfluren** zeichnen sich aus durch viele hochwüchsige, prächtige Blumengestalten. Einige von ihnen, die sich über einen längeren oder auch kürzeren Zeitraum in der SBB-Deponie eingefunden haben, sind der Gemeine Beifuss *(Artemisia vulgaris)*, die Wilde Karde *(Dipsacus fullonum)*, das Nordische Einjährige Berufkraut *(Erigeron annuus ssp. septentrionalis)*, die Wilde Malve *(Malva sylvestris)*, die Kanadische Goldrute *(Solidago canadensis)*, die Spätblühende Goldrute *(Solidago gigantea)*, die Wegwarte *(Cichorium intybus)*, die Moschus-Malve *(Malva moschata)*, der Weisse Honigklee *(Melilotus albus)*, die Gemeine Nachtkerze *(Oenothera biennis)*, Lamarcks Nachtkerze *(Oenothera glazioviana)*, der Pastinak *(Pastinaca sativa)*, die Gelbe Reseda *(Reseda lutea)*, die Grossblütige Königskerze *(Verbascum densiflorum)*, die Acker-Kratzdistel *(Cirsium arvense)*, die Acker-Winde *(Convolvulus arvensis)*, das Raukenblättrige Greiskraut *(Senecio erucifolius)* und viele andere.

Gemeiner Beifuss *(Artemisia vulgaris)*

Wilde Karde *(Dipsacus fullonum)*

Nordisches Einjähriges Berufkraut *(Erigeron annuus ssp. septentrionalis)*

Wilde Malve *(Malva sylvestris)*

Kanadische Goldrute *(Solidago canadensis)*

Wegwarte *(Cichorium intybus)*

Moschus-Malve *(Malva moschata)*

Spätblühende Goldrute *(Solidago gigantea)*

Weisser Honigklee
(*Melilotus albus*)

Gemeine Nachtkerze
(*Oenothera biennis*)

Acker-Kratzdistel
(*Cirsium arvense*)

Lamarcks Nachtkerze
(*Oenothera glazioviana*)

Pastinak
(*Pastinaca sativa*)

Gelbe Reseda
(*Reseda lutea*)

Grossblütige Königskerze (*Verbascum densiflorum*)

Acker-Winde (*Convolvulus arvensis*)

Raukenblättriges Greiskraut (*Senecio erucifolius*)

Die Pflanzen aus **Getreide-, Hackfruchtäckern** und **Gärten** werden in der Ruderalflur immer seltener, weil es im Entlebuch ausser Maisfeldern fast keine anderen Ackerkulturen mehr gibt. Regelmässig bis sehr selten findet man hier die Kornblume (*Centaurea cyanus*), den Schmalblättrigen Hohlzahn (*Galeopsis angustifolia*), den Klatsch-Mohn (*Papaver rhoeas*), den Acker-Senf (*Sinapis arvensis*), den Efeu-Ehrenpreis (*Veronica hederifolia*), das Acker-Stiefmütterchen (*Viola tricolor*), den Schlitzblättrigen Storchschnabel (*Geranium dissectum*), die Haarästige Hirse (*Panicum capillare*) u. a.

Kornblume (*Centaurea cyanus*)

Acker-Senf (*Sinapis arvensis*)

Klatsch-Mohn (*Papaver rhoeas*)

Schmalblättriger Hohlzahn (*Galeopsis angustifolia*)

Acker-Stiefmütterchen
(*Viola tricolor*)

Haarästige Hirse
(*Panicum capillare*)

Efeu-Ehrenpreis
(*Veronica hederifolia*)

Schlitzblättriger Storchschnabel (*Geranium dissectum*)

Die Pflanzen der **feuchten Trittfluren** besiedeln in der Schotterdeponie feuchte, verdichtete Lehmböden mit häufigen mechanischen Störungen. Zu ihnen gehören: die Gemeine Winterkresse (*Barbarea vulgaris*), das Quellried (*Blysmus compressus*), die Behaarte Segge (*Carex hirta*), das Kleine Tausendgüldenkraut (*Centaurium pulchellum*) u. a.

Gemeine Winterkresse
(*Barbarea vulgaris*)

Quellried (*Blysmus compressus*)

Behaarte Segge (*Carex hirta*)

Kleines Tausendgüldenkraut (*Centaurium pulchellum*)

Die trittfesten Pflanzen der **trockenen Trittfluren** finden wir beim Bahnareal der ehemaligen SBB-Haltestelle; sie bevorzugen trockene, kiesige Standorte. Sehr selten bis oft finden wir hier die Gefleckte Wolfsmilch (*Euphorbia maculata*), das Frühlings-Hungerblümchen (*Erophila verna*), die Strahlenlose Kamille (*Matricaria discoidea*) u. a.

Gefleckte Wolfsmilch
(*Euphorbia maculata*)

Frühlings-Hungerblümchen
(*Erophila verna*)

Strahlenlose Kamille
(*Matricaria discoidea*)

Im Bereich der Schotterdeponie siedeln sich auch Pflanzen der nährstoffreichen, eher frischen wie auch Pflanzen der trockenen, wärmeliebenden **Krautsäume** an. Hier treffen wir auf den Knoblauchhederich (*Alliaria petiolata*), das Kleine Springkraut (*Impatiens parviflora*), die Steife Wolfsmilch (*Euphorbia stricta*), die Wald-Platterbse (*Lathyrus sylvestris*), den Echten Dost (*Origanum vulgare*), die Bunte Kronwicke (*Securigera varia*), die Lampen-Königskerze (*Verbascum lychnitis*), die Dunkle Königskerze (*Verbascum nigrum*) u. a.

Knoblauchhederich (*Alliaria petiolata*) Kleines Springkraut (*Impatiens parviflora*) Steife Wolfsmilch (*Euphorbia stricta*) Wald-Platterbse (*Lathyrus sylvestris*)

Echter Dost (*Origanum vulgare*) Lampen-Königskerze (*Verbascum lychnitis*) Bunte Kronwicke (*Securigera varia*) Dunkle Königskerze (*Verbascum nigrum*)

In der Umgebung der Bahnareale von Entlebuch und Hasle können wir auf unserer Wanderung weitere z. T. seltene Ruderalpflanzen entdecken, wie etwa den Rundblättrigen Storchschnabel (*Geranium rotundifolium*), den Gemeinen Reiherschnabel (*Erodium cicutarium*), das Gestreifte Leinkraut (*Linaria repens*), den Rainfarn (*Tanacetum vulgare*) u. a.

Rundblättriger Storchschnabel (*Geranium rotundifolium*) Rainfarn (*Tanacetum vulgare*) Gemeiner Reiherschnabel (*Erodium cicutarium*) Gestreiftes Leinkraut (*Linaria repens*)

Besondere Beachtung verdienen die Neuankömmlinge unter den Pflanzen, die in den vergangenen Jahrzehnten aus Nordamerika und Asien als sog. Adventivpflanzen den Weg nach Europa gefunden haben. Diese invasiven Neophyten verdrängen da und dort die einheimische Vegetation. In den Ruderalfluren und auch ab und zu entlang des Emmenuferweges fallen sie uns auf durch ihre Grösse und ihre Wuchskraft. Invasive Neophyten sind hier: der Schmetterlingsstrauch oder Sommerflieder *(Buddleja davidii)*, der Japanische Staudenknöterich *(Reynoutria japonica)*, die Kanadische Goldrute *(Solidago canadensis)*, die Spätblühende Goldrute *(Solidago gigantea)*, das Drüsige Springkraut *(Impatiens glandulifera)*. Vor allem der blühende Schmetterlingsstrauch wird fleissig von mehreren Schmetterlingsarten besucht.

Schmetterlingsstrauch, Sommerflieder *(Buddleja davidii)*

Japanischer Staudenknöterich *(Reynoutria japonica)*

Drüsiges Springkraut *(Impatiens glandulifera)*

Tagpfauenauge auf Sommerflieder

Schwalbenschwanzraupe

Admiral auf Sommerflieder

Vom Start unserer Wanderung bei der Chappelbodenbrücke bis gegen Hasle münden ab und zu von links kleine Quellbächlein in die Kleine Emme. Sie werden begleitet von der artenarmen Bitterschaumkraut-Quellflur mit Moosen und einigen Blütenpflanzen. Die erste **Quellflur** kreuzt unseren Weg gleich unterhalb der ehemaligen SBB-Haltestelle. Das Bittere Schaumkraut *(Cardamine amara)*, das Wechselblättrige Milzkraut *(Chrysosplenium alternifolium)*, die Sumpf-Dotterblume *(Caltha palustris)* sowie die Bach-Nelkenwurz *(Geum rivale)* sind typische Pflanzen dieser Wald-Quellflur.

Quellflur mit dem Bitteren Schaumkraut *(Cardamine amara)*

Moose begleiten immer die luftfeuchten Quellfluren.

Das Wechselblättrige Milzkraut *(Chrysosplenium alternifolium)* findet man immer an Quellfluren.

Waldmeister-Buchenwald südwestlich Längacher

Unsere Aufmerksamkeit gilt nun dem **Hartholz-Auenwald**, der unsere Auenlandschaft von nationaler Bedeutung begleitet. Natürlich hat auch dieser Wald nach den Flusskorrektionen seinen typischen Charakter und seine Dynamik weitgehend verloren: Überschwemmungen des Waldbodens sind selten; dieser ist trockener geworden und die Fichte *(Picea abies)* sowie die Rot-Buche *(Fagus sylvatica)* haben oft die Auenwald-Vegetation verdrängt.

Hartholz-Auenwald an der Kleinen Emme

Das Busch-Windröschen *(Anemone nemorosa)* und das Kleine Immergrün *(Vinca minor)* sind typisch für den Auenwald.

Der Hartholz-Auenwald gehört zu den artenreichen Lebensräumen. Bäume, Sträucher, Kräuter und grasartige Pflanzen besiedeln ihn an feuchten wie auch an trockeneren Stellen in grosser Zahl. Es sind Vertreter der Auen- wie auch der Buchenwälder. Zwei seltene Arten im Entlebuch sind die Haselwurz *(Asarum europaeum)* und das Breitblättrige Pfaffenhütchen *(Euonymus latifolius)*; beide finden wir sehr spärlich links und rechts des Emmenuferweges. Wenn wir den Wanderweg ab und zu nach links und rechts verlassen, können wir im Hartholz-Auenwald etwa folgende Arten auffinden: Gemeine Esche *(Fraxinus excelsior)*, Berg-Ulme *(Ulmus glabra)*, Berg-Ahorn *(Acer pseudoplatanus)*, Silber-Weide *(Salix alba)*, Efeu *(Hedera helix)*, Busch-Windröschen *(Anemone nemorosa)*, Kleines Immergrün *(Vinca minor)*, Echter Seidelbast *(Daphne mezereum)*, Rote Heckenkirsche *(Lonicera xylosteum)*, Wald-Bingelkraut *(Mercurialis perennis)*, Blaue Brombeere *(Rubus caesius)*, Süsse Wolfsmilch *(Euphorbia dulcis)*, Wald-Schlüsselblume *(Primula elatior)*, Bärlauch *(Allium ursinum)*, Akeleiblättrige Wiesenraute *(Thalictrum aquilegiifolium)*, Berg-Goldnessel *(Lamium galeobdolon* ssp. *montanum)*, Wald-Veilchen *(Viola reichenbachiana)*, Weisse Segge *(Carex alba)*, Wald-Zwenke *(Brachypodium sylvaticum)* und viele andere.

 Gemeine Esche *(Fraxinus excelsior)*
 Berg-Ulme *(Ulmus glabra)*
 Berg-Ahorn *(Acer pseudoplatanus)*
 Silber-Weide *(Salix alba)*

 Rote Heckenkirsche *(Lonicera xylosteum)*
 Efeu *(Hedera helix)*
 Kleines Immergrün *(Vinca minor)*
 Wald-Bingelkraut *(Mercurialis perennis)*
 Echter Seidelbast *(Daphne mezereum)*

 Haselwurz *(Asarum europaeum)*
 Busch-Windröschen *(Anemone nemorosa)*
 Breitblättriges Pfaffenhütchen *(Euonymus latifolius)*

 Blaue Brombeere *(Rubus caesius)*
 Weisse Segge *(Carex alba)*
 Berg-Goldnessel *(Lamium galeobdolon ssp. montanum)*
 Süsse Wolfsmilch *(Euphorbia dulcis)*
 Akeleiblättrige Wiesenraute *(Thalictrum aquilegiifolium)*

Wanderung 19: Emmenuferweg

Wald-Schlüsselblume (*Primula elatior*) Wald-Zwenke (*Brachypodium sylvaticum*) Bärlauch (*Allium ursinum*) Wald-Veilchen (*Viola reichenbachiana*)

Beim Emmenmättili und südlich davon ist das Flussbett der Kleinen Emme breiter. Auf den ausgedehnten Kies- und Schotterbänken wächst das typische **Auen-Weidengebüsch,** welches in regenarmen Jahren oft lange trockenliegt.

Auen-Weidengebüsch im trockenen Flussbett der Kleinen Emme.

Die Lavendel-Weide (*Salix elaeagnos*) dominiert das Auen-Weidengebüsch.

Die charakteristischen Weidenarten im Auen-Weidengebüsch sind die Lavendel-Weide (*Salix elaeagnos*) und die Reif-Weide (*Salix daphnoides*). Auf dem im Sommer recht warmen sandig-kiesigen Boden gedeiht in wechselnder Zusammensetzung ein Mosaik von Rohboden-Pionierpflanzen, Alpenschwemmlingen und zufälligen, vorübergehenden Arten aus verschiedenen Lebensräumen. Ausser den beiden typischen Weiden können wir im Auen-Weidengebüsch etwa noch folgende Pflanzen auffinden: Purpur-Weide (*Salix purpurea*), Zitterpappel (*Populus tremula*), Kriechendes Straussgras (*Agrostis stolonifera*), Quendelblättriges Sandkraut (*Arenaria serpyllifolia*), Purpur-Storchschnabel (*Geranium robertianum* ssp. *purpureum*), Kriechendes Fingerkraut (*Potentilla reptans*), Wiesen-Margerite (*Leucanthemum vulgare*), Gemeine Akelei (*Aquilegia vulgaris*), Kriechender Günsel (*Ajuga reptans*), Echter Wundklee (*Anthyllis vulneraria*) u. a.

Echter Wundklee *(Anthyllis vulneraria)*, Kriechender Günsel *(Ajuga reptans)* | Purpur-Storchschnabel *(Geranium robertianum ssp. purpureum)* | Quendelblättriges Sandkraut *(Arenaria serpyllifolia)* | Wiesen-Margerite *(Leucanthemum vulgare)*

Lavendel-Weide *(Salix elaeagnos)* | Reif-Weide *(Salix daphnoides)* | Purpur-Weide *(Salix purpurea)* | Zitter-Pappel *(Populus tremula)*

Kriechendes Straussgras *(Agrostis stolonifera)* | Kriechendes Fingerkraut *(Potentilla reptans)* | Gemeine Akelei *(Aquilegia vulgaris)*

Beim Emmenmättili lohnt sich eine Verschnaufpause. **Tümpel** und eine **Magerwiese** wurden nach dem heftigen Unwetter vom August 2005 bei den Renaturierungsarbeiten an der Kleinen Emme neu geschaffen. Eine Orientierungstafel informiert darüber.

Zwei Pflanzen fallen uns in den Tümpeln und am Rand besonders auf: der hohe Schlamm-Schachtelhalm *(Equisetum fluviatile)* und der Sanddorn *(Hippophae rhamnoides)*. In der trockenen Magerwiese blühen einige typische Vertreter der Halbtrockenrasen, wie der Östliche Wiesen-Bocksbart *(Tragopogon pratensis* ssp. *orientalis)*, die Wiesen-Salbei *(Salvia pratensis)*, die Tauben-Skabiose *(Scabiosa columbaria)*, die Skabiosen-Flockenblume *(Centaurea scabiosa)*, der Karpaten-Wundklee *(Anthyllis vulneraria* ssp. *carpatica)*, die Saat-Esparsette *(Onobrychis viciifolia)* u. a.

Schlamm-Schachtelhalm *(Equisetum fluviatile)*

Sanddorn *(Hippophae rhamnoides)*

Östlicher Wiesen-Bocksbart *(Tragopogon pratensis* ssp. *orientalis)*

Wiesen-Salbei *(Salvia pratensis)*

Skabiosen-Flockenblume *(Centaurea scabiosa)*

Karpaten-Wundklee *(Anthyllis vulneraria* ssp. *carpatica)*

Tauben-Skabiose *(Scabiosa columbaria)*

Saat-Esparsette *(Onobrychis viciifolia)*

Zwischen Entlebuch und Hasle geniessen wir noch einmal den Flusslauf der Kleinen Emme mit den Felsen der Oberen Süsswassermolasse auf der linken Uferseite.

Kleine Emme zwischen Entlebuch und Hasle

Uferfelsen auf der linken Seite der Kleinen Emme

Nach Entlebuch wandern wir auf dem Emmenuferweg oft entlang von **Uferbestockungen** mit mehreren Sträuchern und einigen Baumarten. Diese stellen mittlere Ansprüche an die Wärme und sind ähnlich aufgebaut wie die Hecken und Waldränder. Sie gehören zu den Schlehengebüschen. Im Frühling und im Herbst erfreuen uns vor allem die Sträucher mit ihrer Blütenpracht oder mit den kräftigen Farben der Beeren und Blätter.

Uferbestockung an der Kleinen Emme zwischen Entlebuch und Hasle

Schlehdorn oder Schwarzdorn *(Prunus spinosa)*

Bunte Ufervegetation im Herbst

Fast bis zum Endpunkt in Hasle begegnen uns am Emmenufer etwa folgende Sträucher: Gemeine Waldrebe oder Niele *(Clematis vitalba)*, Hartriegel oder Roter Hornstrauch *(Cornus sanguinea)*, Eingriffeliger Weissdorn *(Crataegus monogyna)*, Gemeines Pfaffenhütchen *(Euonymus europaeus)*, Schlehdorn oder Schwarzdorn *(Prunus spinosa)*, Hopfen *(Humulus lupulus)*, Hasel *(Corylus avellana)*, Rote Heckenkirsche *(Lonicera xylosteum)*, Gemeiner Kreuzdorn *(Rhamnus cathartica)*, Hunds-Rose *(Rosa canina)*, Sal-Weide *(Salix caprea)*, Liguster *(Ligustrum vulgare)*, Wolliger Schneeball *(Viburnum lantana)*, Gemeiner Schneeball *(Viburnum opulus)* u. a.

Gemeines Pfaffenhütchen *(Euonymus europaeus)*

Waldrebe, Niele *(Clematis vitalba)*

Hunds-Rose *(Rosa canina)*

Eingriffeliger Weissdorn *(Crataegus monogyna)*

Hartriegel *(Cornus sanguinea)*

Liguster *(Ligustrum vulgare)*

Sal-Weide *(Salix caprea)*

Hopfen *(Humulus lupulus)*

Hasel *(Corylus avellana)*

Gemeiner Kreuzdorn *(Rhamnus cathartica)*

Wolliger Schneeball *(Viburnum lantana)*

Gemeiner Schneeball *(Viburnum opulus)*

Unverhofft treffen wir zwischen Entlebuch und Hasle auf einen Wald, wo schlanke Baumstämme dicht an dicht stehen. Es ist ein montaner **Grauerlen-Auenwald** mit der dominierenden **Grau-Erle** *(Alnus incana)*. Vor dem Laubaustrieb im Frühling profitieren einige Frühblüher vom stärkeren Lichteinfall.

Monotoner Grauerlen-Auenwald im Vorfrühling am Emmenuferweg

Das Busch-Windröschen *(Anemone nemorosa)* ist einer der ersten Frühblüher im Grauerlen-Auenwald.

In diesem Grauerlen-Auenwald überrascht uns das Schneeglöcklein *(Galanthus nivalis)*, welches hier offenbar seinen ursprünglichen Standort hat. Ebenfalls zeitig mit dem Busch-Windröschen *(Anemone nemorosa)* erscheinen hier die Wald-Schlüsselblume *(Primula elatior)*, das Wechselblättrige Milzkraut *(Chrysosplenium alternifolium)*, das Wald-Bingelkraut *(Mercurialis perennis)*, das Scharbockskraut *(Ranunculus ficaria)*, die Rote Pestwurz *(Petasites hybridus)*, die Gundelrebe *(Glechoma hederacea)* u. a.

Schneeglöcklein *(Galanthus nivalis)* im Grauerlen-Auenwald an der Kleinen Emme

Schneeglöcklein *(Galanthus nivalis)*

Scharbockskraut *(Ranunculus ficaria)*

Im Sommer beherrschen grüne Farbtöne den Boden im Grauerlen-Auenwald. Nur wenige Kräuter kommen zur Blüte. Zu ihnen gehören etwa: der Geissfuss *(Aegopodium podagraria)*, die Wilde Brustwurz *(Angelica sylvestris)*, der Gebirgs-Kälberkropf *(Chaerophyllum hirsutum)*, die Rasen-Schmiele *(Deschampsia cespitosa)*, die Wald-Witwenblume *(Knautia dipsacifolia)*, die Rote Waldnelke *(Silene dioica)* u. a.

Rote Pestwurz *(Petasites hybridus)*

Gundelrebe *(Glechoma hederacea)*

Grauerlen-Auenwald im Vorsommer

Geissfuss *(Aegopodium podagraria)*

Wilde Brustwurz
(Angelica sylvestris)

Rasen-Schmiele
(Deschampsia cespitosa)

Wald-Witwenblume
(Knautia dipsacifolia)

Rote Waldnelke
(Silene dioica)

Beim Bahnhof Hasle endet unsere abwechslungsreiche Wanderung entlang der Kleinen Emme auf dem gemütlichen Emmenuferweg. Natürlich kann man weiter wandern bis nach Schüpfheim. Vielleicht sieht man dann noch Stockenten, Wasseramseln und andere Vögel am Wasser; mit Glück können wir hier sogar den seltenen Eisvogel bewundern, in der einmaligen Auenlandschaft von nationaler Bedeutung im Entlebuch. Mit Zug und Postauto fahren wir bereichert zurück zu unserem Ausgangspunkt bei der Chappelbodenbrücke.

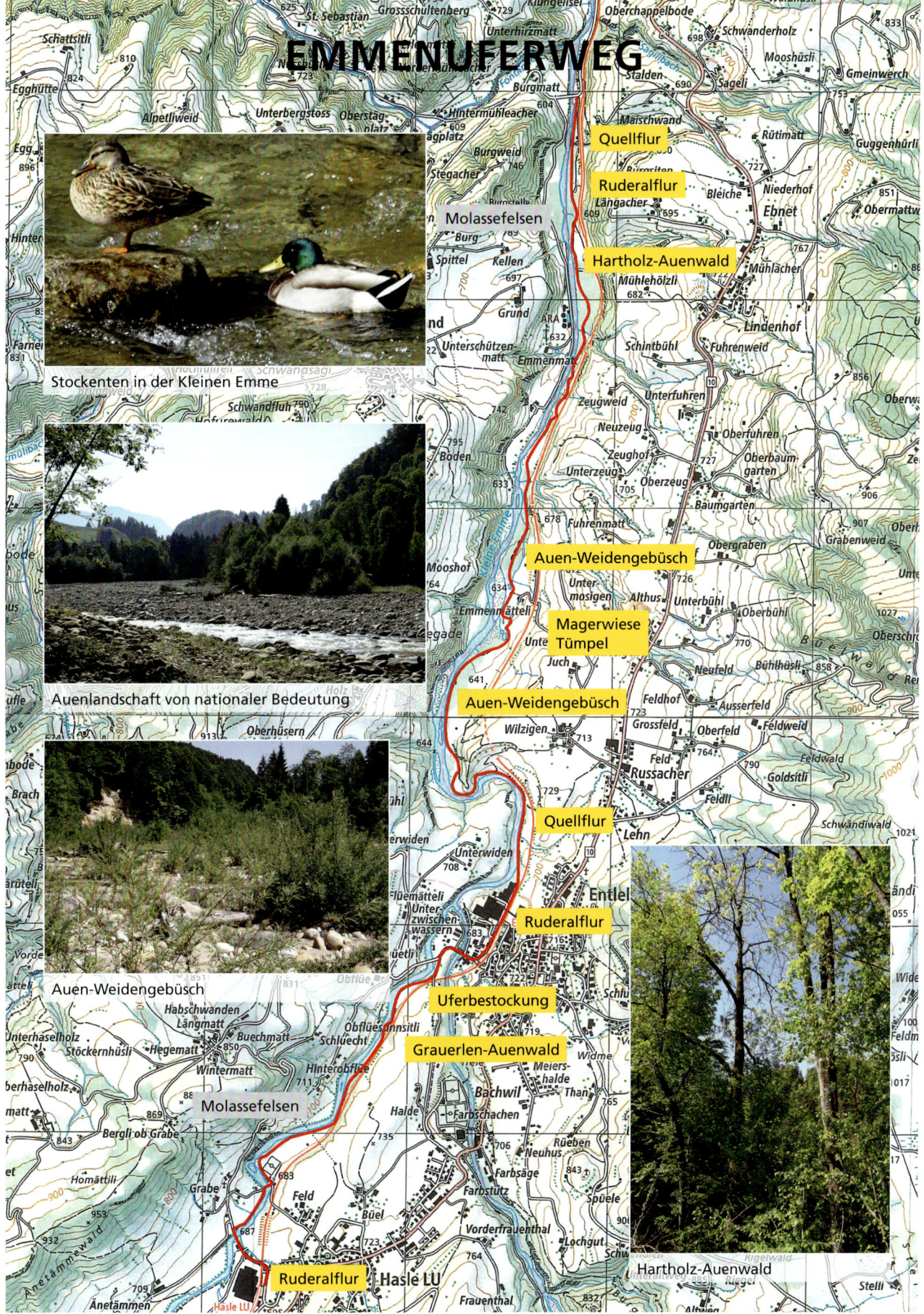

Im November – manchmal auch schon früher – schicken Kälte und Schnee bis in die Täler die Vegetation zur notwendigen Winterruhe. Nun beginnt für viele das lange Warten auf den nächsten Frühling in der Hoffnung, das warme Frühlingstage die abwechslungsreiche und reichhaltige Pflanzenwelt auch im Entlebuch wieder zu neuem Leben erwecken werden.

November

Am nahen Berg färbt sich im Abendrot der junge Schnee.
Im Tale trotzen Frost und Wind die letzten Rosen.
Doch leise flüstern sie: «Der Winter kommt! Ade! Ade!»
Mit Wehmut pflück' ich sie und trage gern sie fort in liebe Hände.
Mögen blühen, Freude schenken bis zur Sonnenwende!

Novembersturm jagt über Feld und Flur
und weisse Pracht bringt Stille.
Es ist der Wille der Natur.
Doch im Sturm und in der Ruh'
keimt Hoffnung auf ein neues Blühen.

Anhang

Sponsorinnen und Sponsoren

Hauptsponsoren

- Clientis EB Entlebucher Bank AG, Schüpfheim

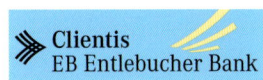

- Eduard Kloter Stiftung, Hasle

- Messerli-Stiftung, Salwidili, Flühli

- Lotteriefonds Kanton Luzern

- Stiftung zur Förderung der Pflanzenkenntnis, Basel

- Gemeinden der UNESCO Biosphäre Entlebuch (Doppleschwand, Entlebuch, Escholzmatt-Marbach, Flühli, Hasle, Romoos, Schüpfheim)

Stiftungen, Firmen und Verbände

- Beck-Leu'sche Familienstiftungen, Kriens
- Centralschweizerische Kraftwerke AG, Luzern
- ELEKTRISOLA FEINDRAHT AG, Escholzmatt
- Freunde der Biosphäre Entlebuch
- Garage Josef Emmenegger, Escholzmatt
- Josef Müller Stiftung, Muri AG
- Kiwanis Club Entlebuch
- Naturforschende Gesellschaft Luzern
- Naturfreunde Escholzmatt
- P. Herzog-Stiftung, Luzern
- Raiffeisenbank im Entlebuch, Escholzmatt
- Stadelmann Schreinerei, Escholzmatt
- Schweizerische Botanische Gesellschaft, Bern
- Schweizerische Mobiliar Versicherungsgesellschaft, Bern
- Sophie und Karl Binding Stiftung, Basel
- Stiftung Dr. Josef Schmid, Staatsarchivar von Luzern, und Amalie Schmid-Zehnder
- Studer-Stiftung, Escholzmatt

Privatpersonen

- Arregger Hans und Edith, Wil SG
- Arregger Thomas, Dr. med. dent., Schüpfheim
- Bieri Heinz, Effretikon
- Bucher Urs und Anita, Sempach
- Bucher-Beck Hansjost und Heidi, Adligenswil
- Flury Christoph, Muri bei Bern
- Frei Buchs Marie-Antoinette, Selzach
- Glanzmann-Zehnder Hans, Bellikon
- Graf-Keller Ruth und Walter, Kriens
- Kaufmann-Stadelmann Eva, Entlebuch
- Kaufmann Walter und Grüebler Pierrette, Wil SG
- Kloter Kuhn Barbara, Obernau
- Lipp-Suter Hansruedi und Esther, Finsterwald
- Peter Roland, Dr. med. Augenarzt, Luzern
- Rufer-Portmann Walter und Monika, Münsingen
- Schöpfer Josef, Dr. med., Escholzmatt
- Schumacher Jost, Dr. iur., Luzern
- Seminarklasse Hitzkirch 1960–65

Literaturverzeichnis

Allemann, F. R.: 25 mal die Schweiz. München 1965, Piper

Aregger, J.: Flora der Talschaft Entlebuch und der angrenzenden Gebiete Obwaldens. Schüpfheim, 1958, Buchdruckerei Schüpfheim

Aregger, J.: Florenelemente und Pflanzenverbreitung im Entlebuch und in den angrenzenden Gebieten von Obwalden. Luzern 1950, Buchdruckerei E. Brunner-Schmid

Bächtiger, J.-B.; Roshardt, S.: Lebensräume der Schweiz. Einführung Pflanzensoziologie. Zürich 2010, ZHAW

Bagenstoss, M.; Häfliger, P.: Pflanzensoziologische Kartierung der Luzerner Wälder, Karten Waldsoziologie und Kommentar Waldbau. Luzern 1994, Kantonsforstamt Luzern

Binz, A.; Heitz, C.: Schul- und Exkursionsflora für die Schweiz. 19. Auflage, Basel 1990, Schwabe

Bögli, A.: Geographie Innerschweiz. Luzern 1969, Kantonaler Lehrmittelverlag Luzern

Braun-Blanquet, J.: Pflanzensoziologie. 1. und 2. Auflage, Wien 1928, 1951, Springer

Braun-Blanquet, J.: Die Pflanzengesellschaften der rätischen Alpen im Rahmen ihrer Gesamtverbreitung, 1. Teil. Chur 1969, Bischofberger & Co.

Braun-Blanquet, J.: Übersicht der Pflanzengesellschaften der rätischen Alpen im Rahmen ihrer Gesamtverbreitung, 3. Teil: Flachmoorgesellschaften, Heft 46. Zürich 1969, Veröffentlichungen des Geobotanischen Institutes der ETH, Stiftung Rübel

Bühler, J.: Veränderungen in Landschaft, Wirtschaft und Siedlung des Entlebuch. Schüpfheim 1938, Buchdruckerei Schüpfheim AG

Christ, H.: Das Pflanzenleben der Schweiz. Zürich 1879, Friedrich Schulthess

Delarze, R.; Gonseth, Y.: Lebensräume der Schweiz. 2. und 3. Auflage, Bern 2008, 2015, hep verlag

Dietl, W.; Lienert, L.: Alpwirtschaft und Landschaftspflege im Gebiet Glaubenbüelen Obwalden. Sarnen 1972, Kantonales Oberforstamt

Düll, R.; Kutzelnigg, H.: Botanisch-ökologisches Exkursionstaschenbuch. 4. Auflage, Heidelberg 1992, Quelle & Meyer

Ellenberg, H.: Vegetation Mitteleuropas mit den Alpen. 5. Auflage, Stuttgart 1995, Ulmer

Ellenberg, H.; Klötzli, F.: Waldgesellschaften und Waldstandorte der Schweiz. Mitteilungen der Schweizerischen Anstalt für das forstliche Versuchswesen, Band 48, Heft 4. Zürich 1972

Engel, F.-M.: Die Pflanzenwelt der Alpen. München 1977, 1983, Süddeutscher Verlag

Enzmann, R.: Üsers Äntlibuech. Schüpfheim o. Jhrg., Buchdruckerei Schüpfheim

Fröhlicher, H.: Geologische Beschreibung der Gegend von Escholzmatt im Entlebuch. Beiträge zur Geologischen Karte der Schweiz. Bern 1933

Furrer, E.: Kleine Pflanzengeographie der Schweiz. Zürich 1923, Verlag Beer & Cie.

Hegi, G. et al.: Illustrierte Flora von Mitteleuropa. 1. und 2. Auflage, München, Berlin, Hamburg, Jena 1906/2008, Carl Hanser, Parey, Weissdorn

Hess, D.: Alpenblumen, Stuttgart 2001, Ulmer

Historischer Verein der Orte: Gedenkschrift zur Jahrhundertfeier des Bestehens der politischen Gemeinde Flühli 1836–1936

Hofmeister, H.: Lebensraum Wald. 2. Auflage, Hamburg, Berlin 1983, Parey

Huber, W.: Entlebuch 1918–1939, Entlebuch 1994. Huber Druck AG

Hutter, C.-P.; Briemle, G.; Fink, C.: Wiesen, Weiden und anderes Grünland. Stuttgart 2002, Hirzel

Jenny-Lips, H.: Vegetation der Schweizer Alpen. Zürich 1948, Büchergilde Gutenberg

Käsermann, C.: Pflanzenwelt der Jungfrauregion. Bern 2007, hep verlag (Ott Verlag)

Keller, W. et al.: Waldgesellschaften der Schweiz auf floristischer Grundlage. Statistisch überarbeitete Fassung der «Waldgesellschaften und Waldstandorte der Schweiz» von Heinz Ellenberg und Frank Klötzli, WSL, Birmensdorf 1972

Klötzli, F. et al.: Vegetation Europas. 1. Auflage, Bern 2010, hep verlag (Ott Verlag)

Knapp, R.: Einführung in die Pflanzensoziologie. 3. Auflage, Stuttgart 1971, Ulmer

Kuoch, R.: Wälder der Schweizer Alpen im Verbreitungsgebiet der Weisstanne. Mitteilungen der Schweizerischen Anstalt für das forstliche Versuchswesen, XXX. Band, Zürich 1954

Labhart, T. P.: Geologie der Schweiz. 3. Auflage, Thun 1995, Ott Verlag

Landolt, E.: Unsere Alpenflora. 5. Auflage, Bern 1984, Verlag Schweizer Alpen-Club

Lauber, K.; Wagner, G.; Gygax, A.: Flora Helvetica, 5. Auflage, Bern 2012, Haupt Verlag

Licht, W.: Zeigerpflanzen. Heidelberg 2013, Quelle & Meyer

Lüdi, W.: Die Pflanzengesellschaften des Lauterbrunnentales und ihre Sukzession. Beiträge zur geobotanischen Landesaufnahme 9, Zürich 1921, Rascher & Cie.

Lüdi, W.: Die Alpenpflanzenkolonien des Napfgebietes und die Geschichte ihrer Entstehung. Mitt. d. Naturf. Ges. in Bern, Bern 1927, Haupt Verlag

Lüdi, W.: Pflanzengeographische Streifzüge im Hohgantgebiet. Mitteilungen der Naturforschenden Gesellschaft Bern, Bern 1933, Haupt Verlag

Marschall, F.: Die Goldhaferwiese *(Trisetetum flavescentis)* der Schweiz. Beiträge zur geobotanischen Landesaufnahme der Schweiz Heft 26, Bern 1947, Huber

Mertz, P.: Pflanzengesellschaften Mitteleuropas und der Alpen. Landsberg/Lech 2000, ecomed verlagsgesellschaft

Mertz, P.: Alpenpflanzen in ihren Lebensräumen. Bern 2008, Haupt Verlag

Naturforschende Gesellschaft Luzern: Flora des Kantons Luzern. Luzern 1985, Raeber Bücher AG

Naturforschende Gesellschaft Luzern: Die Abrutschungen im Sörenberggebiete, VII. Heft. Luzern 1917, Kommissionsverlag E. Haag

Oberdorfer, E.: Süddeutsche Pflanzengesellschaften. Jena 1957, Gustav Fischer Verlag

Oberdorfer, E.: Pflanzensoziologische Exkursionsflora. 8. Auflage, Stuttgart 2001, Ulmer

Oberforstamt Obwalden: Pflanzengeographie von Obwalden. Heimatschutzkommission Obwalden, Sarnen 1963

Ozenda, P.: Die Vegetation der Alpen im europäischen Gebirgsraum. Stuttgart, New York, 1988, Gustav Fischer Verlag

Portmann, F.: Die Gemeinde Escholzmatt: Landschaft, Siedlung, Wirtschaft, Bevölkerung. Unveröffentlichtes Manuskript, 1971

Portmann, F.: Entlebucher Brattig, Entlebuch 1997, 2000. Kunstverein Amt Entlebuch

Pott, R.: Die Pflanzengesellschaften Deutschlands. Stuttgart 1972, Ulmer

Pott, R.: Biotoptypen, Stuttgart 1996, Ulmer

Reinhard, H. R.; Gölz, P.; Peter, R.; Wildermuth, H.: Die Orchideen der Schweiz und angrenzender Gebiete. Egg 1991, Fotorotar AG

Reisigl, H.; Keller, R.: Alpenpflanzen im Lebensraum. Stuttgart, New York 1987, Gustav Fischer Verlag

Reisigl, H.; Keller, R.: Lebensraum Bergwald. Stuttgart, New York 1989, Gustav Fischer Verlag

Riedler, M. et al.: Die Luzerner Gemeinden und ihre Wappen. Chapelle-sur-Mudon 1987, Ketty & Alexandre

Runge, F.: Die Pflanzengesellschaften Mitteleuropas. 12. und 13. Auflage, Münster 1994, Aschendorff

Schider, R.: Geologie der Schrattenfluh im Kanton Luzern. Beitr. zur Geolog. Karte der Schweiz, N. F. XLIII. Liefg., Bern 1913

Schlunegger, F. et al.: Geo-Pfad, Geomorphologie Escholzmatt, Gemeinde Escholzmatt, UNESCO-Biosphäre Entlebuch. Luzern

Schmid, K.: Die Mundart des Amtes Entlebuch im Kanton Luzern. Frauenfeld 1915, Huber & Co.

Schmid, W.; Bolzern, H.; Guyer, C.: Mähwiesen. Luzern 2007, Kanton Luzern, Umwelt und Energie

Schneebeli, M.; Bolzern, H.: Die naturschutzwürdigen Gebiete des luzernischen Napf, Luzern 1982

Schneider, J.: Ein Beitrag zur Kenntnis des *Arrhenatheretum elatioris* in pflanzensoziologischer und agronomischer Betrachtungsweise. Bern 1954, Hans Huber

Schroeter, C.: Das Pflanzenleben der Alpen. Zürich 1926, Verlag von Albert Raustein

Schubert, R.: Bestimmungsbuch der Pflanzengesellschaften Deutschlands. Heidelberg, Berlin 2001, Spektrum Akademischer Verlag

Schweingruber, F. H.: Die subalpinen Zwergstrauchgesellschaften im Einzugsgebiet der Aare. Schweizerische Anstalt für das forstliche Versuchswesen, Band 48, Heft 2, Bern 1972

Schweizer Alpen-Club (SAC): Clubführer Zentralschweizerische Voralpen. Bern 1984, SAC-Verlag

Soder, P. A.: Der subalpine Flysch nördlich der Schrattenfluh (Entlebuch, Kt. Luzern). Eclogae Geologicae Helvetiae, Vol. 42, Nr. 1, Basel 1949, Birkhäuser

Staffelbach, H.: Handbuch Schweizer Alpen. Bern 2008, Haupt Verlag

Steiger, P.: Wälder der Schweiz. Thun 1994, 2010, hep Verlag/Ott Verlag

Steiner, J.: Morphologische Untersuchungen im Entlebuch. Bern 1926

Studer, O. et al.: Natur- und heimatkundliche Forschungen aus dem Entlebuch. Festgabe Dr. Hans Portmann, Schüpfheim 1950, Buchdruckerei Schüpfheim

UNESCO Biosphäre Entlebuch: Das grosse Lied der Kleinen Emme. Emmenuferweg mit Wanderkarte

Wartmann, B.: Die Orchideen der Schweiz. Bern 2008, Haupt Verlag

Weber, H. E.: Gebüsche, Hecken, Krautsäume. Stuttgart 2003, 2008, Stuttgart

Zemp, F.; Schnyder, N.; Danner, E.: Moosflora des Kantons Luzern. Natur-Museum Luzern, Naturforschende Gesellschaft Luzern NGL, Luzern 2016

Bildnachweis

Alle Fotos ausser den im Folgenden genannten stammen von **Franz Portmann.**

Blickwinkel: S. 541: oben (BLWS359855/H.-P. Eckstein), Mitte (BLWS214144/R. Kaufung), unten (BLWS348819/B. Zoller); S. 662: rechts (BLWS214144/R. Kaufung)

Konrad Lauber/*Flora Helvetica*: S. 103: oberste Zeile ganz links; S. 107: zweite Zeile links; S. 118: oben links; S. 131: oben links; S. 132: mittlere Zeile Mitte; S. 133: oberste Zeile Mitte; S. 181: oben links; S. 182: unten rechts; S. 183: links oben; S. 286: unterste Zeile links; S. 309: unterste Zeile links; S. 404: mittlere Spalte Mitte, unten rechts und links; S. 410: unterste Zeile, rechts; S. 453: mittlere Zeile, Mitte; S, 454; obere Zeile, rechts; S, 554; oberste Zeile, rechts; S. 699: oberste Zeile, Mitte; S. 761: oberste Zeile, zweites Bild von rechts

Kunstverlag E. Goetz, Luzern: S. 50: rechts oben und rechts unten

Theo Schnider: S. 47 alle Fotos

Wikicommons, CC 3.0: S. 52: oben rechts (Matthias Nonnenmacher); S. 52: unten rechts (Ambd73); S. 53: oben rechts (Solum); S. 53: unten rechts (Vergelter); S. 54: rechts (Michaila Vnuk); S. 117: alle Fotos in der oberen Zeile sowie das rechte und mittlere Foto in der unteren Zeile (Herrmann Schachner); S. 118: oben links (Herrmann Schachner); S. 125: oben Mitte und unten (Herrmann Schachner); S. 130: oben links und rechts sowie in der Mitte rechts (Herrmann Schachner); S. 132: oben links und Mitte (Herrmann Schachner); S. 133: oben links (Michael Becker), Mitte rechts (Herrmann Schachner); S. 155: oberste Ziele (Reisigl/Keller)

Register

Lateinisch

A

Abies alba 478, 480 – 483, 485, 488, 490, 497, 505, 507, 577 – 578, 581, 583, 591, 595, 598, 607, 718, 764, 775, 784, 833, 837, 838, 840
Abieti-Fagenion 568, 595
Abieti-Piceion 476, 478, 480
Acer pseudoplatanus 446, 478, 488, 490, 505, 507, 572, 581, 583 – 584, 595, 598, 607 – 609, 614, 616, 730, 734, 809, 813, 833 – 834, 837, 860 – 861
Aceri-Fraxinetum 569, 607
Achillea atrata 69, 157, 161, 182, 698 – 699
Achillea erba-rotta ssp. moschata 677
Achillea macrophylla 397 – 398, 694 – 695
Achillea millefolium 316 – 317, 320, 341, 345 – 346, 421, 638 – 639, 700 – 701, 811 – 812
Achillea ptarmica 362 – 363
Achnatherum calamagrostis 170, 220
Acinos alpinus 191 – 192, 200, 668 – 669, 745 – 746
Aconitum compactum 237, 244, 407 – 408, 672 – 673, 732
Aconitum napellus aggr. 625, 679, 693
Aconitum neomontanum 166, 397 – 398, 402, 711 – 712, 793 – 794
Aconitum paniculatum 402
Aconitum platanifolium 166, 237, 398
Aconitum variegatum ssp. paniculatum 397, 694 – 695
Aconitum vulparia 497
Aconitum vulparia x platanifolium 693
Actaea spicata 479 – 480, 572, 575
Adenostyles alliariae 394 – 395, 398, 402, 479 – 480, 490, 496 – 498, 507, 609, 672 – 673, 693, 742 – 743, 793 – 794
Adenostyles alpina 164 – 165, 237, 507, 526, 693, 711 – 712, 765 – 766
Adenostyles glabra 591
Adenostyletalia 395
Adenostylion alliariae 395, 397
Adenostylo-Abieti-Piceetum 476, 496
Adenostylo-Cicerbitetum alpinae 395, 397, 402
Aegopodion 649
Aegopodium podagraria 371, 570, 585, 609, 616, 625, 649, 732, 734, 781 – 782, 867
Aethusa cynapium 642 – 643
Agrimonia eupatoria 301, 415, 418, 421, 650 – 651, 758, 789 – 790
Agropyro-Rumicion 646
Agrostietalia stoloniferae 646
Agrostietea stoloniferae 646
Agrostis alpina 191, 193, 209, 226
Agrostis canina 87, 465
Agrostis capillaris 333, 346, 355, 428
Agrostis gigantea 314 – 315
Agrostis rupestris 259, 269
Agrostis schraderiana 269, 398
Agrostis stolonifera 131, 459, 646, 862 – 863
Ajuga pyramidalis 265, 269
Ajuga reptans 126, 319 – 320, 333, 346, 609, 616, 801 – 802, 862
Alchemilla sp. 355, 689
Alchemilla alpina 268, 677, 722 – 723
Alchemilla conjuncta 191 – 192, 200, 215, 811 – 812
Alchemilla coriacea 118 – 119, 123, 355 – 356, 752 – 753, 771 – 772
Alchemilla fissa 175, 185, 682 – 683
Alchemilla glabra 131, 355, 408
Alchemilla hybrida 355
Alchemilla incisa 131
Alchemilla monticola 316 – 317, 700
Alchemilla pentaphyllea 176 – 177, 690
Alchemilla splendens 215
Alchemilla vulgaris aggr. 320, 329, 333, 346, 402
Alchemilla xanthochlora 111, 316
Alchemilla xanthochlora aggr. 341, 345, 354, 383, 801 – 802
Alchemillo-Cynosuretum 313, 340 – 341
Alliaria petiolata 649, 857
Alliarion 649
Allium oleraceum 642, 644
Allium scorodoprasum 642, 645
Allium sphaerocephalon 285 – 286, 761 – 762
Allium ursinum 572, 576, 616 – 617, 860, 862
Allium victorialis 213 – 215, 664, 709 – 710, 770
Alluna vulgaris 249
Alnetea glutinosae 464, 544
Alnetea viridis 397
Alnetum incanae 624
Alnetum viridis 395, 397 – 398
Alnion incanae 569, 604
Alnion viridis 397
Alno-Ulmion 569, 604
Alnus glutinosa 464
Alnus incana 446, 459, 490, 607 – 608, 625 – 626, 648, 732, 734, 761, 813, 866
Alnus viridis 397 – 398, 488, 490, 497, 675
Alopecurus aequalis 673
Alopecurus myosuroides 640
Alopecurus pratensis 314, 317, 320 – 321, 328, 379, 383, 712 – 713, 785, 801 – 802
Amaranthus retroflexus 634 – 635
Amelanchier ovalis 144, 451 – 452, 741, 760 – 761
Anacamptis pyramidalis 288 – 290
Anagallis arvensis 642 – 643
Anagallis foemina 640
Anchusa officinalis 642, 644
Andromeda polifolia 80, 82, 88, 539, 658, 678, 779 – 780, 818 – 819, 825
Androsace chamaejasme 23, 64, 196 – 197, 200, 209, 226, 665, 672 – 673, 745 – 746
Androsace helvetica 67, 138 – 141, 667, 687
Androsacetum helveticae 137, 140
Anemone narcissiflora 64, 191 – 192, 215, 220 – 221, 691 – 692, 709 – 710, 770
Anemone nemorosa 570 – 571, 576, 579, 583 – 584, 609, 616, 625, 833, 860 – 861, 867
Angelica sylvestris 362 – 363, 365, 371, 421 – 422, 609, 616, 625, 850 – 851, 867 – 868
Antennaria carpatica 226, 723 – 724
Antennaria dioica 248, 265, 269, 347, 674, 689 – 690, 719 – 720, 773, 808 – 809
Anthemis arvensis 640, 642
Anthericum liliago 414
Anthericum ramosum 170, 414 – 415, 745, 747, 756 – 757
Anthoxanthum alpinum 248, 269, 720 – 721
Anthoxanthum odoratum 319 – 320, 333, 341, 346, 355, 383, 544
Anthriscus sylvestris 316 – 317, 320 – 321, 333, 801 – 802
Anthyllis alpestris 191 – 192, 200, 209, 215
Anthyllis montana 687
Anthyllis vulneraria 287 – 288, 292, 862
Anthyllis vulneraria ssp. carpatica 864
Antirrhinum majus 642, 645
Apera spica-venti 640 – 641
Aphanes arvensis 640, 641
Aquilegia atrata 550, 552, 745 – 746
Aquilegia vulgaris 292 – 293, 459, 570, 572, 789 – 791, 828, 830, 862 – 863
Arabidetalia caeruleae 174, 181
Arabidetum caeruleae 174, 182
Arabidion caeruleae 174
Arabidopsis thaliana 642, 645
Arabis alpina 69, 157 – 158, 182, 666, 747 – 748
Arabis bellidifolia 138 – 139, 141, 687
Arabis caerulea 181 – 182, 698 – 699
Arabis ciliata 191, 193, 200, 300, 701 – 702, 744 – 745
Arabis hirsuta 287 – 288, 291
Arabis serpyllifolia 141
Arabis subcoriacea 130 – 131
Arctium minus 789 – 790
Arctium nemorosum 431
Arctostaphylos alpina 241, 254, 259, 721 – 722
Arctostaphylos uva-ursi 237, 248, 720 – 721
Arenaria ciliata 226, 668 – 669, 672 – 673, 683 – 684, 747 – 748
Arenaria multicaulis 70, 158, 160
Arenaria serpyllifolia 459, 862 – 863
Arnica montana 244, 248, 264 – 266, 269, 279, 331, 347, 353 – 354, 674, 676, 689, 705 – 706, 719 – 720, 752, 768 – 769, 772 – 773, 795 – 797, 808

Arrhenatheretalia 312, 316
Arrhenatherethalia elatioris 313
Arrhenatheretum elatioris 313, 319
Arrhenatherion elatioris 313, 317
Arrhenatherum elatius 317–318, 320, 333, 785, 807
Artemisia vulgaris 636, 652, 855
Artemisietea 649
Artemisietea vulgaris 636
Aruncus dioicus 479–480, 572, 574, 583, 585, 591, 840, 842
Asarum europaeum 616, 860–861
Asplenietea trichomanis 137
Asplenietum trichomano-rutae-murariae 137, 144
Asplenio-Abieti-Piceetum 504
Asplenium ruta-muraria 138, 144, 148, 748–749
Asplenium trichomanes 137, 148, 150
Asplenium viride 149, 505, 507, 765
Aster alpinus 64, 196–197, 199–200, 209, 224, 226, 685–686, 745–746
Aster bellidiastrum 101, 131, 150, 220, 237, 507, 526–527, 532, 557, 591, 596–598, 838–839
Astragalus alpinus 215, 224, 226, 709–710, 770–771
Astragalus australis 224–226, 683–684
Astragalus frigidus 191, 192, 215, 691–692, 709–710
Astragalus glycyphyllos 413–414, 421–422, 756, 758
Astrantia major 42, 215, 691–692, 709–710, 770–771
Astrantia minor 244, 248, 266, 269, 691, 752
Athamantha cretensis 141, 164–165, 199, 667, 685, 748–749
Athyrium distentifolium 395, 398, 497–498
Athyrium filix-femina 481–482, 485, 490, 496–497, 507, 583–584, 586, 595–598, 609, 718, 734, 793, 795, 838–839
Atriplex patula 642, 644
Atriplex prostrata 642, 644
Atropa bella-donna 431
Atropetalia 426
Atropion 431
Avenella flexuosa 243–244, 248, 259, 269, 428, 485, 497, 515, 544, 720–721, 742–743, 751, 774–775

B

Barbarea intermedia 634–635
Barbarea vulgaris 459, 646, 857
Bartsia alpina 101–102, 105, 659, 713–714, 727, 737, 762
Bartsio-Caricetum davallianae 85, 104
Bellis perennis 316–317, 319–320, 333, 339–341, 346, 355
Berberidion 443, 451
Berberis vulgaris 451–452
Berteroa incana 637–638
Betula sp. 543
Betula pendula 437, 464–465, 543–544
Betula pubescens 464–466, 543–544, 779–780, 821, 826

Betulion pubescentis 544
Betulo-Adenostyletea 394–395
Bifora radians 640, 641
Biscutella laevigata 196–197, 199–200, 685–686, 745, 747
Blechnum spicant 244, 479, 481–483, 485, 488, 490, 497, 507, 532, 581, 586, 595, 598, 718, 742–743, 765–766, 776, 784–785, 803–804
Blysmus compressus 105, 646, 796–797, 857
Botrychium lunaria 265, 269, 773–774
Brachypodium pinnatum 285–286, 299, 421, 431, 570, 579–580, 591, 616
Brachypodium sylvaticum 731, 840–841, 860, 862
Brachythecium rivulare 117
Brassica napus 642, 644
Brassica rapa 642–643
Briza media 301, 320, 341, 346
Brometalia erecti 284–285
Bromus benekenii 431, 437, 572, 574
Bromus erectus 287, 291–292, 320, 830
Bromus hordeaceus 317, 320, 333, 785
Bromus sterilis 634
Bryum pseudotriquetrum 117, 131
Bryum schleicheri 117, 123
Buddleja davidii 435, 437, 648, 651–652, 859
Buphthalmum salicifolium 170, 414–415, 532, 756–757
Bupleurum ranunculoides 139, 196–197, 199–200, 675–676, 685–686, 745–746

C

Calamagrostio variae-Piceetum 476
Calamagrostis epigejos 427–428, 431, 459
Calamagrostis varia 170–171, 220, 526–527, 532, 550, 552, 591, 596–598, 761, 840, 842
Calamagrostis villosa 243–244, 249, 515, 517, 726
Calluna vulgaris 80, 82, 244, 248, 254, 259, 267, 269, 279, 300, 347, 428, 516, 539, 544, 561, 675–676, 689–690, 705–706, 719–723, 725, 751, 768–769, 773–775, 779–780, 808, 818, 821, 825
Caltha palustris 120, 126, 371, 377–379, 383, 388–389, 488–490, 609, 625, 673, 702–703, 714–715, 735–736, 753, 763–764, 768–769, 781–782, 799, 807, 822–823, 859
Caltha palustris var. *minor* 123, 752
Calthion 364
Calthion palustris 313, 376
Calystegia sepium 371
Campanula barbata 244, 249, 264, 266, 268, 269, 347, 353–354, 674, 689, 705–706, 719–720, 752, 768–769, 773, 795–796
Campanula cochleariifolia 68–69, 150–151, 156, 161, 681–682, 708, 747–748
Campanula glomerata 285, 287
Campanula patula 318, 320, 785–786

Campanula rapunculus 650–651
Campanula rhomboidalis 317, 328–329, 332–333, 777, 791–792, 807
Campanula rotundifolia 758, 831–832
Campanula scheuchzeri 200, 249, 270–271, 300, 345–346, 355, 700–701, 707, 772–773
Campanula thyrsoides 198–200, 668–669, 685–686, 745, 747
Campanula trachelium 570–571, 842–843
Capsella bursa-pastoris 634–635
Cardamine amara 117, 119–120, 126, 859
Cardamine flexuosa 126, 804–805
Cardamine hirsuta 642, 643
Cardamine pentaphyllos 577, 578
Cardamine pratensis 314, 318–321, 333, 379, 383, 389, 777, 785, 801–802
Cardamine resedifolia 677–678
Cardaminetum amarae 117, 119
Cardaminetum flexuosae 117, 126
Cardamino-Chrysosplenietalia 117
Cardamino-Cratoneuretalia 117
Cardamino-Montion 117–118
Carduus defloratus 166, 191, 192, 200, 215, 532, 552, 557, 591, 707, 711, 759, 811–812, 840, 842
Carduus personata 402
Carex acutiformis 371
Carex alba 614, 616, 860–861
Carex atrata 224–226, 683–684
Carex brachystachys 149
Carex brunnescens 270, 749
Carex canescens 87, 96–97, 779–780
Carex caryophyllea 287–288, 291, 320
Carex davalliana 102, 104–105, 659, 713, 737, 762–763, 808, 814
Carex diandra 91–92, 788–789
Carex digitata 570–571, 579, 616
Carex dioica 86, 102, 105
Carex echinata 96–97, 762, 783–784, 788–789, 820, 849
Carex ericetorum 226, 750
Carex ferruginea 66, 213–215, 526–527, 532, 596, 598, 664, 674–675, 691–692, 709, 770
Carex firma 65, 141, 208–209, 664, 667, 684–685
Carex flacca 220–221, 346, 355, 365, 526–527, 532, 591, 596, 598
Carex flava 105, 783, 814–815, 849
Carex frigida 110–111, 123, 131, 752–753
Carex heleonastes 91–92, 823–825
Carex hirta 646, 857
Carex hostiana 102, 105, 799
Carex humilis 285, 287
Carex lasiocarpa 91–92, 779
Carex lepidocarpa 102–103, 105, 783
Carex limosa 67–68, 87–88, 658
Carex montana 291, 346
Carex muricata 427
Carex nigra 86, 92, 96–97, 123, 279, 659, 678, 762–763, 783, 822–823
Carex pairae 421
Carex pallescens 249, 265, 270, 345–346, 355, 674, 720–721, 808
Carex panicea 86, 102–103, 105, 279, 365, 379, 389, 736, 808, 846–847

Carex parviflora 181, 185, 226
Carex pauciflora 79–80, 82, 658
Carex paupercula 96–97
Carex pendula 585, 605, 609, 616, 734–735, 834
Carex pilulifera 265–266, 270, 428, 773–774, 808–809
Carex pulicaris 96–97, 762–763
Carex remota 120, 126, 605–606, 804–805, 834–835
Carex rostrata 88, 92–93, 539, 825–826, 849
Carex rupestris 224–226, 723–724
Carex sempervirens 66, 155, 191, 199–200, 300, 452, 532, 672, 685–686
Carex sylvatica 345–346, 431, 497, 570, 579, 583, 585, 609
Carex vaginata 724–725, 750
Carex viridula 87, 110–111
Caricetalia davallianae 85
Caricetalia nigrae 85, 96
Caricetum ferrugineae 66, 190, 214
Caricetum firmae 65, 190
Caricetum firmae (Firmetum) 208
Caricetum frigidae 85, 110
Caricetum limosae 85, 88
Caricetum nigrae 85, 96
Carici remotae-Fraxinetum 607
Carici rupestris-Kobresietea 221
Caricion davallianae 85, 102
Caricion ferrugineae 66, 190
Caricion ferruginei 213
Caricion firmae 190
Caricion lasiocarpae 85, 91
Caricion nigrae 85, 96
Caricion remotae 117
Carlina acaulis 299–300, 288–289, 346, 672–673, 701, 744, 789, 791, 811
Carlina vulgaris 288–289, 831–832
Carlino acaulis-Caricetum 284
Carlino acaulis-Caricetum sempervirentis 299
Carum carvi 316–317, 332–333, 345–346, 700
Centaurea alpestris 191, 193, 745–746
Centaurea cyanus 640, 642, 856
Centaurea jacea 285, 287, 292, 314, 320, 333, 345, 379, 700, 777, 807, 830–831, 850–851
Centaurea montana 215, 332–333, 526–527, 532, 591, 596–598, 759, 770–771, 777, 838–840
Centaurea scabiosa 285–286, 759, 864
Centaurea scabiosa ssp. *alpestris* 200
Centaurium erythraea 292, 427, 842
Centaurium pulchellum 646–647, 857
Cephalanthera sp. 590
Cephalanthera damasonium 577–578, 591, 831–832
Cephalanthera longifolia 291, 570–571, 591, 829
Cephalanthera rubra 570, 591, 840–841
Cephalanthero-Fagenion 568
Cerastium alpinum 224–226, 667, 750
Cerastium arvense ssp. *strictum* 683–684
Cerastium cerastoides 175, 177, 666
Cerastium fontanum ssp. *vulgare* 314–315, 319–320, 333, 341, 346

Cerastium glomeratum 642, 644
Cerastium trigynum 682–683
Cerinthe glabra 402
Cetraria islandica 241, 562
Cetraria sp. 241, 254, 259, 677, 722
Cetrario-Loiseleurietum 234, 258
Chaerophyllo-Ranunculetum aconitifolii 313, 383
Chaerophyllum aureum 459
Chaerophyllum cicutaria 398
Chaerophyllum hirsutum 120, 126, 321, 332–333, 362–363, 383–384, 389, 488–490, 497, 507, 608–609, 625, 732–734, 776, 781, 801–802, 867
Chaerophyllum villarsii 237, 397, 402, 675, 710–711, 796
Chamorchis alpina 65, 209, 226, 667, 684–685
Chelidonium majus 148, 649–650
Chenopodietalia 642
Chenopodietea 642
Chenopodium album 642–643
Chenopodium bonus-henricus 407–408
Chenopodium polyspermum 642–643, 652
Chenopodium rubrum 642, 644
Chrysosplenium alternifolium 118–120, 126, 605–606, 609, 625, 734, 859, 867
Chrysosplenium oppositifolium 118–120
Cicerbita alpina 394–395, 398, 402, 496–497, 675, 793–794
Cichorium intybus 637–638, 855
Circaea alpina 803–804
Circaea lutetiana 126, 572–573, 585, 605, 609, 734–735, 804–805, 834–835
Cirsietum spinosissimi 408
Cirsium acaule 288–289, 299, 346, 701, 789–790, 811–812
Cirsium arvense 638–639, 652, 855–856
Cirsium oleraceum 120, 371, 377–379, 421, 609, 625, 702–703, 732–733, 781, 822–823
Cirsium palustre 110, 362, 365, 371, 379, 383, 388–389, 465, 702–703, 714–715, 763–764, 768–769, 781, 797–799, 807, 820, 849
Cirsium rivulare 110, 379, 736, 763–764
Cirsium spinosissimum 355, 406, 408, 693
Cirsium vulgare 431, 636–637, 781, 789, 791
Cladonia sp. 78, 80, 241, 254, 259, 539, 677, 722, 725, 751
Clematis vitalba 443–444, 446, 865–866
Clinopodium vulgare 170, 413, 421, 650–651, 756–757, 789–790
Coeloglossum viride 265–266, 270, 346, 672, 773
Colchicum autumnale 332, 379, 617, 702–703, 714–715, 736, 763–764, 799
Convallaria majalis 570
Convolvulus arvensis 638–639, 855–856
Conyza canadensis 634, 854
Corallorhiza trifida 477, 793
Cornus sanguinea 443–444, 446, 450, 865–866
Coronilla vaginalis 138, 140, 144, 550–552, 740–741, 760
Corylus avellana 435, 437, 443–444, 446, 570–571, 616, 625, 731, 813–814, 865–866
Cotoneaster integerrimus 144, 451–452, 741
Cotoneaster tomentosus 144, 451–452, 741–742, 811–812
Cotoneastro-Amelanchieretum 443, 452
Crataegus sp. 445
Crataegus laevigata 443–444, 446
Crataegus monogyna 443–444, 446, 450, 616, 789–790, 811, 813, 865–866
Cratoneurion commutati 117, 129
Cratoneuro-Arabidetum soyeri 117, 130
Cratoneuron filicinum 129–130
Crepido-Cynosuretum 313, 340, 345
Crepido-Festucetum nigrescentis 313, 355
Crepis aurea 345–346, 354–355, 669, 689, 700, 706–707, 772, 810
Crepis biennis 318–320, 328, 333, 638–639, 777, 785, 792, 805–806
Crepis bocconei 66, 166, 214–215, 691–692
Crepis capillaris 339–340, 634
Crepis paludosa 120, 371, 377–379, 383, 389, 488, 490, 625, 776, 781
Crepis pyrenaica 215, 395–396
Crepis terglouensis 70, 158–159, 161, 698
Crocus albiflorus 329–333, 345–346, 700, 798, 810
Cruciata laevipes 421
Cymbalaria muralis 148
Cynosurion 339
Cynosurion cristati 313
Cynosurus cristatus 320, 333, 339–341, 345–346, 365, 700, 785
Cyperaceae 53, 78, 209
Cypripedium calceolus 570–571, 590–591, 840–841
Cystopteridion fragilis 137, 144, 148–149, 166, 169, 507
Cystopteris alpina 149, 747–748
Cystopteris fragilis 747–748
Cystopteris montana 164–165

D

Dactylis glomerata 316–317, 320, 333, 345–346, 365, 421–422, 638–639, 785, 801–802, 846–847
Dactylorhiza fuchsii 101, 104–105, 279, 379, 659, 702–703, 713–714, 727–728, 737, 763–764, 783, 788, 797, 799, 808, 820, 822
Dactylorhiza fuchsii x *majalis* 104
Dactylorhiza incarnata 102–103, 105, 737
Dactylorhiza lapponica 770
Dactylorhiza maculata 823–826
Dactylorhiza majalis 49, 101, 104–105, 362, 365, 379, 383, 389, 659, 702–703, 713–714, 727–728, 737, 762–763, 782–783, 788, 799, 808, 814, 820, 822–823, 846–847
Dactylorhiza traunsteineri 86, 97
Danthonia decumbens 265–266, 270
Daphne alpina 138, 144, 740–741
Daphne mezereum 237, 572, 574, 616, 731, 860–861
Dauco-Melilotion 636

Daucus carota 292, 637–638
Delphinium elatum 397, 402, 693
Deschampsia caespitosa 123, 354–355, 371, 408, 421, 609, 625, 734–735, 867–868
Dianthus superbus 213–214, 249, 675–676
Dianthus sylvestris 144, 748–749
Digitalis grandiflora 428, 758
Digitalis lutea 431, 831–832
Digitaria sanguinalis 642, 644
Diobellanella palustris (Dicranella) 123
Diphasiastrum alpinum 253–254, 259, 266, 268–270, 677, 722–723, 773–774
Dipsacus fullonum 636–637, 855
Doronicum grandiflorum 44, 69, 157, 160–161, 667, 693, 708–709
Draba aizoides 138, 140–141, 665
Draba siliquosa 141, 224, 226, 683–684
Draba tomentosa 67, 138–141, 667, 687
Drosera sp. 78
Drosera anglica 87–88, 660–661
Drosera longifolia 88
Drosera obovata 49, 88
Drosera rotundifolia 79–80, 82, 539, 658, 779–780, 782, 819, 825
Drosera x obovata 660, 825
Dryas octopetala 185, 200, 208–209, 224, 226, 557, 664–665, 672–673, 677, 717, 843–844
Dryopteris carthusiana 465, 544, 849
Dryopteris dilatata 479, 481–483, 488, 490, 485, 497, 507, 581, 585–586, 595–598, 718–719, 742–743, 765–766, 776, 784–785, 803–804, 833–834
Dryopteris filix-mas 507, 572–573, 579, 583, 586, 598, 609, 833
Dryopteris spinulosa 850
Dryopteris villarii 164–165, 664–665

E

Echinochloa crus-galli 642, 645
Echium vulgare 637–638, 652
Einorchis 660–661, 799
Eleocharis austriaca 796–797
Eleocharis quinqueflora 102–103, 105, 796–797
Elymus caninus 605
Elyna myosuroides 223–224, 226, 683, 723
Elynetum 221, 224
Empetro-Vaccinietum Gaultherioidis 234, 253
Empetrum hermaphroditum 723
Empetrum nigrum ssp. *hermaphroditum* 241, 244, 253–254, 259, 722
Epilobietea angustifolii 426
Epilobion angustifolii 426, 428
Epilobium alpestre 394, 395–396, 402, 408
Epilobium alsinifolium 123, 131, 690, 752–753
Epilobium anagallidifolium 175, 177, 690
Epilobium angustifolium 426–428, 437, 774, 842
Epilobium hirsutum 370–371
Epilobium montanum 572–573, 579–580
Epilobium nutans 118, 123
Epilobium obscurum 118–120
Epilobium palustre 96–97, 371
Epipactis atrorubens 170–171, 550, 552
Epipactis helleborine 532, 572–573, 590–591, 840–841
Epipactis palustris 102–103, 105, 788–789
Equiseto-Abieti-Piceetum 476, 488
Equisetum arvense 459, 646–647
Equisetum fluviatile 864
Equisetum hyemale 605–606
Equisetum palustre 105, 362, 365, 379, 389, 714–715, 762–763, 808, 850–851
Equisetum sylvaticum 488–490, 605–606, 775–776
Equisetum telmateia 605
Erica carnea 234–235, 548–552, 672
Erica tetralix 80, 819
Ericaceae 78, 232, 543, 821
Ericion carneae 234
Erico-Pinetalia 476
Erico-Pinetea 476
Erico-Pinetum montanae 476, 549
Erico-Pinion mugo 548–549, 476
Erigeron acris 288, 290, 293
Erigeron annuus ssp. *septentrionalis* 636, 855
Erigeron glabratus 191, 193, 200, 745, 747
Erigeron uniflorus 224–226, 683–684, 723
Erinus alpinus 48, 144, 664–665, 748
Eriophoretum scheuchzeri 85, 97
Eriophoro-Trichophoretum cespitosi 82
Eriophorum angustifolium 82, 86, 92–93, 97, 279, 465, 659, 678, 713–714, 762–763, 779–780, 782, 797, 799, 820, 822, 849–850
Eriophorum gracile 86, 796–797
Eriophorum latifolium 102–105, 659, 713, 737, 762–763, 788, 799, 808, 814
Eriophorum scheuchzeri 97, 101, 666, 690–691
Eriophorum vaginatum 79–80, 82, 279, 522, 539, 544, 659, 678, 752, 780, 819
Eriophorum vaginatum angustifolium 86
Erodium cicutarium 642–643, 858
Erophila verna 647–648, 857
Erucastrum gallicum 642–643
Erysimum cheiranthoides 642, 645
Euonymus europaeus 443–444, 446, 450, 616, 731, 865–866
Euonymus latifolius 616, 860–861
Eupatorium cannabinum 126, 371, 431
Euphorbia cyparissias 170–171, 285–286
Euphorbia dulcis 616, 860–861
Euphorbia exigua 640–641
Euphorbia helioscopia 642, 644
Euphorbia maculata 647–648, 857
Euphorbia peplus 642, 644
Euphorbia stricta 649, 857–858
Euphrasia minima 270
Euphrasia rostkoviana 314, 333, 346, 797–798, 810–811
Euphrasia rostkoviana ssp. *montana* 354–355
Euphrasia salisburgensis 191, 193, 200

F

Fagetalia 478, 568
Fagion sylvaticae 568, 576
Fagopyrum esculentum 642, 644
Fagus sylvatica 480, 483, 485, 505, 507, 567–568, 577–578, 581, 583, 591, 595, 598, 605, 607, 614, 616, 833, 837–838, 840, 860
Fallopia convolvulus 640–641, 652
Festuca alpina 67, 138–141, 687
Festuca altissima 479–480, 577–578, 583–584, 595, 597–598, 838–839
Festuca gigantea 572–573, 803–804
Festuca nigrescens 355–356
Festuca ovina 292
Festuca pratensis 314, 317, 320, 333, 345–346, 785, 801–802
Festuca pulchella 66, 214–215, 691–692, 709–710
Festuca quadriflora 64, 191, 209, 226
Festuca rubra 270, 314–315, 320, 333, 341, 346, 356, 772, 777, 807
Festuca rupicaprina 70, 158–159
Festuca violacea 213–215
Festucetalia valesiacae 285
Festuco-Abieti-Fagetum 568, 595
Festuco-Brometea 284–285
Filipendula ulmaria 53, 120, 313, 365, 370–371, 379, 383, 388–389, 465, 702, 781, 822–823, 846, 848, 850
Filipendulion 364
Filipendulion ulmariae 370
Fragaria vesca 421–422, 427, 431, 490, 507, 625, 739, 774–775
Frangula alnus 464–465, 484, 543–544, 779–780, 821, 825–826
Fraxinion 569, 604
Fraxinus excelsior 446, 488, 490, 570, 581, 583, 585, 604, 607–609, 614, 616, 730, 734, 813–814, 860–861
Fumaria officinalis 642, 644

G

Galanthus nivalis 625, 867
Galeopsis angustifolia 640–641, 856
Galeopsis tetrahit 428, 431, 774–775
Galinsoga ciliata 642, 645
Galio odorati-Fagetum 581
Galio-Parietarietalia officinalis 155, 169
Galium album 318–320, 421, 437
Galium anisophyllon 191, 195, 198, 200, 209, 346, 532, 707
Galium aparine 437
Galium boreale 743
Galium lucidum 170–171, 414–415
Galium megalospermum 70, 158–159, 161, 708–709
Galium odoratum 505, 507, 572, 574, 576, 579, 583–584, 591, 598, 833–834, 840
Galium palustre 371, 465
Galium pumilum 292, 759
Galium rotundifolium 479, 577–578, 583–584, 598, 803
Galium uliginosum 362–363, 365, 379, 389, 846–847

Galium verum 285 – 286, 292, 421
Gentiana acaulis 248 – 249, 254, 264, 266, 268 – 270, 347, 354, 674, 678, 689 – 690, 719 – 720
Gentiana asclepiadea 110, 364 – 365, 526 – 527, 591, 783, 850 – 851
Gentiana bavarica 181 – 182, 185, 688, 698 – 699
Gentiana ciliata 288, 290, 293, 701 – 702, 811 – 812
Gentiana clusii 23, 136, 196 – 197, 199 – 200, 209, 664 – 665, 672 – 673, 685 – 686, 740 – 741, 748, 811 – 812
Gentiana cruciata 285 – 286, 290, 293
Gentiana germanica 288 – 290, 293, 831 – 832
Gentiana lutea 215, 220 – 221, 270, 527, 691 – 692
Gentiana nivalis 224, 226, 683 – 684
Gentiana orbicularis 226, 688
Gentiana purpurea 244, 249, 254, 264, 266 – 268, 270, 331, 353, 674, 676, 689, 705 – 706, 719 – 720, 752, 768 – 769, 772 – 773, 795 – 796
Gentiana tenella 224 – 226, 683
Gentiana verna 191, 196, 200, 299 – 300, 701, 799, 811 – 812
Gentiano-Koelerietum 284
Geo montani-Nardetum strictae 269
Geranion sanguinei 413 – 414
Geranium columbinum 634 – 635, 854
Geranium dissectum 642, 644, 856 – 857
Geranium pyrenaicum 636 – 637
Geranium robertianum 148, 150 – 151, 166, 169 – 170, 459, 507
Geranium robertianum ssp. *purpureum* 649 – 650, 862 – 863
Geranium rotundifolium 642 – 643, 858
Geranium sanguineum 412, 414 – 415, 756 – 757
Geranium sylvaticum 215, 237, 244, 328 – 330, 332 – 333, 383 – 384, 395 – 396, 398, 402, 598, 625, 710 – 713, 759, 777, 791 – 792, 796
Geum montani-Nardetum 265
Geum montanum 266 – 270, 347, 354, 676, 678, 724 – 725
Geum rivale 362 – 363, 383, 459, 490, 608 – 609, 734 – 735, 776, 805, 859
Geum urbanum 570 – 571, 649
Glebionis segetum 642, 644
Glechoma hederacea 625, 649, 867
Glechometalia 649
Globularia cordifolia 144, 191, 193, 200, 552, 557, 664 – 665, 672 – 673, 740 – 741, 748 – 749
Globularia nudicaulis 191, 195, 200, 237, 532, 551 – 552, 557, 664 – 665, 672 – 673, 745 – 746
Gnaphalium hoppeanum 181 – 182, 185, 749 – 750
Gnaphalium supinum 176 – 177, 179, 690, 697 – 698
Gnaphalium sylvaticum 270, 427 – 428, 774 – 775
Goodyera repens 739
Gymnadenia conopsea 300, 362 – 363, 701 – 702, 744 – 745, 773, 808
Gymnadenia odoratissima 200, 220, 550, 552, 672 – 673, 745, 747, 850 – 851
Gymnocarpium dryopteris 505, 507, 597 – 598, 765
Gymnocarpium robertianum 68, 150 – 151, 156, 166, 169 – 170, 507, 747 – 748
Gypsophila repens 68, 156, 666, 747 – 748

H

Hedera helix 583 – 584, 616, 860 – 861
Hedysarum hedysaroides 191, 193, 215, 691 – 692, 709 – 710, 770
Helianthemum alpestre 196, 198 – 200, 209, 226, 665, 685 – 686
Helianthemum nummularium 740 – 741
Helianthemum nummularium ssp. *grandiflorum* 191, 193, 199 – 200, 237, 664 – 665, 685 – 686, 745 – 746
Helianthemum nummularium ssp. *obscurum* 287
Helictotrichon pubescens 215, 316 – 317, 320, 333, 759
Helictotrichon versicolor 254, 259, 270, 722 – 723
Heracleum austriacum 41 – 42, 843 – 844
Heracleum sphondylium 316, 320, 333, 341, 383, 801 – 802
Heracleum sphondylium ssp. *elegans* 397, 402
Herminium monorchis 105, 288 – 289, 660 – 661, 799
Hesperis matronalis 649
Hieracio humilis-Potentilletum caulescentis 141
Hieracium alpinum 244, 254, 259, 266, 268 – 268, 270, 724 – 725
Hieracium amplexicaule 137, 144, 740
Hieracium aurantiacum 268 – 270, 353, 773 – 774
Hieracium bifidum 191, 194, 200
Hieracium bupleuroides 138, 141, 144, 748 – 749, 760
Hieracium humile 138, 141, 144, 740, 760
Hieracium jurassicum 793, 795
Hieracium lactucella 265 – 266, 270, 345 – 346, 356
Hieracium murorum 485, 490, 497, 507, 580, 597 – 598, 742, 793, 795, 838 – 839
Hieracium piliferum 270
Hieracium pilosella 270, 300 – 301, 341, 347, 356
Hieracium piloselloides 292, 831
Hieracium pilosum 196 – 197, 200, 748 – 749
Hieracium sylvaticum 579
Hieracium villosum 196, 198, 200, 667, 748 – 749
Hippocrepis comosa 287 – 288, 552, 701, 744 – 745
Hippophae rhamnoides 864
Holcus lanatus 314, 317, 320, 333, 341, 379, 383, 389, 805 – 806
Holcus mollis 428
Homogyne alpina 185, 237, 244, 249, 254, 259, 270, 485, 490, 497, 507, 515, 517, 522, 532, 718 – 719, 742 – 743, 776
Homogyno-Piceetum 476
Hordelymus europaeus 479 – 480, 577 – 578, 597 – 598, 804 – 805, 838 – 839
Hordeum jubatum 647 – 648
Hordeum murinum 634
Humulus lupulus 443 – 444, 446, 865 – 866
Huperzia selago 244, 254, 259, 477 – 478, 505, 507, 677, 722 – 723
Hypericum desetangsii 365, 371
Hypericum hirsutum 431
Hypericum maculatum 265 – 266, 270, 356, 402
Hypericum maculatum ssp. *obtusiusculum* 371
Hypericum montanum 414 – 415, 756 – 757, 789, 791
Hypericum perforatum 413, 421, 650 – 651
Hypericum pulchrum 842
Hypericum tetrapterum 371 – 372
Hypericum x desetangsii 814 – 815
Hypochaeris radicata 320, 712
Hypochaeris uniflora 264, 266 – 268, 270, 691

I

Impatiens glandulifera 859
Impatiens noli-tangere 120, 126, 431, 572, 574, 585, 605, 608 – 609, 616, 731, 804 – 805, 834
Impatiens parviflora 649 – 650, 834 – 835, 857 – 858
Inula conyza 413

J

Juncion squarrosi 265, 279
Juncus sp. 364
Juncus acutiflorus 365, 846 – 847, 850
Juncus alpinoarticulatus 110 – 111
Juncus articulatus 86, 105, 814 – 815
Juncus compressus 646 – 647
Juncus conglomeratus 362 – 363, 365, 814 – 815
Juncus effusus 123, 362, 365, 372, 376, 379, 389, 465, 714 – 715, 768 – 769, 846 – 847, 849
Juncus filiformis 88, 97, 377 – 378, 678
Juncus jacquinii 266 – 267, 270, 226, 723 – 724
Juncus squarrosus 279, 776
Juncus stygius 88, 91, 660 – 661
Juncus subnodulosus 365, 849
Juncus tenuis 646 – 647
Juncus trifidus 259, 723 – 724
Juncus triglumis 86
Juniperion nanae 234, 242, 244
Junipero-Arctostaphyletum 234, 244, 248
Juniperus communis 811, 813
Juniperus communis ssp. *alpina* 235, 237, 243 – 244, 248 – 249, 254, 266, 477 – 478, 557, 664, 675, 719 – 720, 725 – 726, 752

K

Kernera saxatilis 138 – 139, 141, 144, 740
Kerneretum saxatilis 141
Kickxia spuria 640

Knautia arvensis 292, 316, 320, 333, 791, 807, 830–831
Knautia dipsacifolia 215, 220–221, 415, 418, 422, 490, 591, 625, 732–733, 758, 867–868
Knautia sylvatica 497
Knautietum dipsacifoliae 413, 422
Koeleria pyramidata 287–288

L

Lactuca serriola 634, 854
Lamium galeobdolon ssp. *montanum* 490, 505, 507, 572, 576, 583–584, 591, 598, 609, 616, 833–834, 838–840, 860
Lamium maculatum 649, 642–643
Lamium purpureum 642–643
Lapsana communis 649
Laserpitium latifolium 220, 413–414, 532, 756–757
Laserpitium siler 48, 144, 414, 664, 748–749, 760
Lathyrus heterophyllus 413–414, 756–757
Lathyrus hirsutus 640–641
Lathyrus occidentalis 66, 213, 215
Lathyrus pratensis 314–315, 320, 333, 365, 379, 383, 421–422, 805–806, 850–851
Lathyrus sylvestris 413–414, 650–651, 857–858
Ledo-Pinion 476, 538
Legousia speculum-veneris 640–641
Lemna minor 804
Leontodon autumnalis 339–341, 346, 354, 356
Leontodon helveticus 179, 249, 259, 268–270, 697–698
Leontodon hispidus 215, 270–271, 300, 314–315, 320, 333, 341, 346, 354, 356, 552, 689, 700–701, 706–707, 771–772, 792, 796, 810
Leontodon hispidus ssp. *hyoseroides* 164–165
Leontodon montanus 70, 158–159, 161, 681–682
Leontopodium alpinum 23, 65, 199–200, 226, 685
Lepidium campestre 642, 645
Lepidium virginicum 634–635
Leucantemum vulgare 807
Leucanthemopsis alpina 176–177, 690
Leucanthemum adustum 191, 194, 237, 300, 346, 356, 689, 700, 707, 744–745, 772
Leucanthemum halleri 70, 158–159, 161, 681–682, 708–709
Leucanthemum vulgare 292, 316, 319–320, 328, 332–333, 341, 356, 379, 777, 791–792, 799, 807, 830–831, 862–863
Ligusticum mutellina 110, 175, 179, 185, 215, 237, 354–356, 689, 710–711, 770–771
Ligusticum mutellinoides 224–226
Ligustrum vulgare 446, 450–452, 591, 840, 842, 865–866
Lilium martagon 166, 572–573, 693, 711–712, 745, 747, 793–794

Linaria alpina 68, 155–156, 160–161, 182, 664–665, 681–682, 698–699, 708, 747
Linaria alpina ssp. *petraea* 41–42, 161, 843–844
Linaria repens 638–639, 858
Linaria vulgaris 636
Linum catharticum 105, 301, 362–363, 365, 846, 848
Listera cordata 477, 515, 517, 522, 660
Listera ovata 105, 614, 616, 659, 737, 783, 788–789, 799
Lloydia serotina 224, 226, 659, 683–684
Loiseleuria procumbens 56, 241, 253–254, 258–259, 677, 721–722, 725
Loiseleurio-Vaccinietea 234, 241
Loiseleurio-Vaccinion 234, 242, 249
Lolium multiflorum 320
Lolium perenne 320, 333, 339–341, 638–639, 647–648, 785, 805–806
Lonicera alpigena 479–480, 507, 577–578, 765–766, 789–790, 811, 813
Lonicera caerulea 243–244, 477, 669–670
Lonicera nigra 479–480, 490, 497, 505, 507, 598, 804–805
Lonicera xylosteum 443, 446, 570, 581, 583, 591, 609, 616, 625, 731, 734, 813–814, 840–841, 860–861, 865
Lonicero-Fagenion 568
Lotus alpinus 300, 532, 552, 701–702
Lotus corniculatus 341, 346, 365, 799, 805–806
Lotus pedunculatus 279, 365, 377–379, 383, 389, 714–715, 814–815, 846–847
Luzula alpinopilosa 176, 179, 697–698
Luzula campestris 291, 341, 346
Luzula luzulina 479
Luzula luzuloides 428, 577–578
Luzula multiflora 265–266
Luzula pilosa 485, 784
Luzula spicata 270–271, 689
Luzula sudetica 265, 270, 689–690
Luzula sylvatica 237, 243–244, 249, 254, 479, 485, 497, 507, 515, 517, *557*, 586, 595–598, 718–719, 751
Luzuletum alpinopilosae 174, 179
Lycopodiella inundata 87–88, 660–661, 825
Lycopodium annotinum 477, 483, 485, 505–507, 539, 718–719, 765, 784
Lycopodium clavatum 773–774, 793, 795
Lysimachia nemorum 120, 126, 572–573
Lysimachia nummularia 365, 846–847
Lysimachia vulgaris 370, 372
Lythrum salicaria 53, 370–372, 781, 846, 848

M

Maianthemum bifolium 479, 483, 485, 497, 507, 595, 598
Malva alcea 636–637
Malva moschata 320, 637–638, 831–832, 855
Malva neglecta 634
Malva sylvestris 636, 855
Matricaria chamomilla 640–641
Matricaria discoidea 647–648, 857

Medicago lupulina 288, 290, 320, 638–639
Melampyrum pratense 539, 544, 783–784
Melampyrum sylvaticum 477, 497, 507, 515, 517, 532, 557, 742–743, 793, 795
Melica nutans 532, 570–571
Melilotus albus 637–638, 652, 855–856
Melilotus officinalis 637–638, 652
Mentha aquatica 372
Mentha arvensis 372, 642, 643
Mentha longifolia 372, 646, 781–782
Menyanthes trifoliata 91–93, 658, 660, 782–784, 819, 825–826, 849
Mercurialis perennis 572, 574, 591, 598, 616, 625, 840–841, 860–861, 867
Mesobrometum 284, 290
Mesobrometum praealpinum 299
Mesobromion 284, 288
Milio-Fagetum 568, 581
Milium effusum 572, 574, 579–584, 832–833
Mimulus guttatus 843
Minuartia sedoides 683–684
Minuartia verna 191, 200, 209, 226, 285–286, 683–684
Misopates orontium 642, 644
Moehringia ciliata 69, 157–158, 160–161, 182, 666, 681–682, 698–699, 708
Moehringia muscosa 149, 166, 169
Moehringia trinervia 570–571
Molinia arundinacea 365, 846, 848
Molinia caerulea 88, 279, 362–365, 372, 465, 521, 539, 543–544, 783–784, 814–815, 820, 822, 825, 846–847, 850
Molinietalia 312
Molinietalia caeruleae 313, 361
Molinietum 365
Molinio-Arrhenatheretea 313
Molinion caeruleae 313, 364
Moneses uniflora 477–478, 793
Montio fontanae-Cardaminetalia 117
Montio-Cardaminetea 117
Mycelis muralis 428, 431, 437, 570–571, 579–580, 649–650, 774–775
Myosotis alpestris 198, 200, 215
Myosotis arvensis 640
Myosotis nemorosa 377–378, 796–797
Myosotis scorpioides 120, 365, 372, 379, 383, 389, 714–715, 736, 768–769, 814–815
Myosotis sylvatica 333, 427–428, 774–775, 805–806
Myricaria germanica 459
Narcissus pseudonarcissus 815–816
Narcissus radiiflorus 329, 331–333, 815–816

N

Nardetalia strictae 265
Nardion strictae 265–266
Nardo-Callunetea 264–265
Nardus stricta 179, 244, 248–249, 264–266, 270, 279, 345–346, 354, 356, 674, 689, 719–721, 768–769, 773, 795–796
Neottia nidus-avis 572, 574
Nigritella nigra 191, 194, 200, 270, 664–665, 668, 685–686

O

Oenothera sp. 652
Oenothera biennis 637–638, 855–856
Oenothera glazioviana 637–638, 651, 855–856
Oenothera parviflora 637–638
Onobrychido-Brometum 284
Onobrychido-Brometum erecti 290
Onobrychis montana 191, 194, 199–200
Onobrychis viciifolia 288–290, 292, 791, 830, 864
Ononis repens 288–289, 789, 791
Ononis spinosa 288–289
Onopordetalia acanthii 636
Ophioglossum vulgatum 364–365, 850–851
Ophrys apifera 42, 288, 290–292, 830
Ophrys holosericea 42, 288–292, 831
Ophrys insectifera 288–289, 300, 701–702
Ophyoglossum vulgatum 365
Orchis mascula 291, 701, 744, 789–790, 811–812, 829
Orchis militaris 42, 288–291, 829
Orchis morio 288, 290–291, 829
Orchis pallens 789–790
Orchis ustulata 288–289, 299, 672–673, 701, 744, 759
Oreopteris limbosperma 705–706, 808
Origanetalia vulgaris 413
Origanum vulgare 170–171, 301, 413, 421, 650–651, 756–757, 789–790, 857–858
Orobanche flava 156–157
Orobanche reticulata 200, 745–746
Orthilia secunda 477–478, 742
Oxalis acetosella 437, 481–482, 484–485, 488, 490, 497, 506–507, 579, 583, 597–598, 609, 718, 765–766, 784–785, 833, 838–839
Oxalis corniculata 647–648
Oxyria digyna 155, 682–683
Oxytropido-Elynion 221
Oxytropido-Kobresietalia 221
Oxytropis campestris 224, 226
Oxytropis halleri 224–226
Oxytropis jacquinii 65, 191, 194, 199–200, 685–686

P

Palustriella commutata 117, 129–131
Palustriella falcata 131
Panicum capillare 642, 645, 856–857
Papaver dubium 640
Papaver occidentale 45, 67–68, 70, 158–159, 160–161, 707–708
Papaver rhoeas 640, 856
Paradisea liliastrum 743, 749
Paris quadrifolia 490, 497, 507, 572–573, 598, 616, 731, 838–839
Parnassia palustris 57, 86, 102–103, 105, 110, 737, 799, 808
Pastinaca sativa 320, 637–638, 855–856
Pedicularis foliosa 66, 214–215, 674–675, 691–692, 709, 770–771
Pedicularis oederi 101, 196–197, 254, 259, 678, 717–718, 735, 737
Pedicularis palustris 86, 97, 659, 783
Pedicularis sylvatica 279, 659, 727–728, 762–763, 822–823
Pedicularis verticillata 23, 64, 191, 194, 200, 668–669, 685–686
Petasites albus 402, 488–490, 497, 507, 577–578, 607, 609, 625, 732–734, 765–766, 776, 793–794
Petasites hybridus 372, 607–609, 625, 732–734, 867
Petasites paradoxus 164–166, 711–712
Petasitetum paradoxi 155, 165
Petasition paradoxi 155, 164
Petrocallis pyrenaica 138–139, 141, 161, 667
Peucedanum ostruthium 166, 397–398, 402, 675, 693, 711–712
Peucedanum palustre 92–93, 465, 849
Phalaris arundinacea 370, 372, 465
Phegopteris connectilis 507, 597–598, 838–839
Philonotis calcarea 129–131
Philonotis fontana 117–118
Philonotis seriata 117, 123
Phleum alpinum 97
Phleum hirsutum 214–215
Phleum pratense 339–340
Phleum rhaeticum 345–346, 354, 356, 689, 772
Phragmites australis 372
Phyllitis scolopendrium 150
Phyteuma betonicifolium 268, 270
Phyteuma hemisphaericum 254, 259, 267, 270, 717, 724–725
Phyteuma orbiculare 191, 195, 200, 215, 292, 379, 701–702, 744–745
Phyteuma spicatum 237, 332–333, 485, 490, 497, 505, 507, 572–573, 576, 580, 597–598, 616, 731, 759, 776–777, 792, 807, 838–839
Picea abies 50, 243–244, 248–249, 253–254, 437, 446, 471, 476–478, 480–483, 485, 488, 490, 497–498, 505, 507, 531–532, 539, 557, 569, 576, 581, 583–584, 591, 595, 598, 605, 607, 608–609, 614, 616, 718–719, 727, 734, 740, 764–765, 775–776, 784, 793, 803, 821, 823, 833, 837–838, 840, 860
Piceetalia abietis 476–477
Piceetum subalpinum 515
Piceion abietis 478
Piceo-Sorbetum aucupariae 435
Picris hieracioides 637–638, 652
Pimpinella major 318–320, 329, 333
Pimpinella major ssp. *rubra* 329
Pimpinella saxifraga 285–286, 292
Pinguicula alpina 105, 129–131, 713, 727, 737, 762–763, 768–769
Pinguicula vulgaris 102–103, 105, 110, 123, 129–131, 659, 808
Pino-Betuletum 476, 543
Pinus mugo ssp. *uncinata* 78, 243–244, 253–254, 452, 514, 516–517, 522, 532, 538–539, 543–544, 548–549, 557, 561, 660, 664, 672, 678, 719–720, 726–727, 740, 742, 750–751, 779–780, 823, 825–826
Plantaginetalia majoris 647
Plantaginetea majoris 647
Plantago alpina 179, 268–270, 345, 347, 354, 356, 697–698, 700, 707, 772, 810
Plantago atrata 181, 345–347, 354, 356
Plantago lanceolata 314–315, 320, 333, 341, 345, 347, 365, 805–806
Plantago major 341, 646–647
Plantago major ssp. *intermedia* 646–647
Plantago media 300, 345, 347, 700, 810–811
Platanhtera chlorantha 851
Platanthera bifolia 783, 797, 799
Platanthera chlorantha 362, 365, 850
Pleurospermum austriacum 413–414, 756–757
Poa alpina 131, 177, 182, 185, 345, 347, 354, 356, 698–701, 772
Poa annua 341, 647–648
Poa cenisia 69, 157–158, 161, 681–682, 708
Poa compressa 638–639
Poa hybrida 397–398, 694–695
Poa minor 69, 157–158, 161
Poa nemoralis 570–571, 579–580
Poa pratensis 314–315, 320, 365
Poa trivialis 314–315, 317, 320, 333, 341, 345, 347, 365, 383, 785
Poion alpinae 313, 353
Polygala alpestris 191, 195, 300, 347, 700, 810
Polygala amarella 301
Polygala chamaebuxi-Piceetum 476, 531
Polygala chamaebuxus 237, 300, 532, 550–552, 557, 669–670, 710–711, 739
Polygala serpyllifolia 270, 279, 773
Polygala vulgaris 292, 782–783
Polygonatum multiflorum 572, 575, 579–580, 583, 616
Polygonatum odoratum 414, 740–741
Polygonatum verticillatum 479–480, 507, 597–598, 616, 731
Polygonion avicularis 647
Polygono-Scirpetum sylvatici 313, 388
Polygono-Trisetion 313, 328
Polygonum bistorta 318, 321, 329, 332–333, 372, 377–379, 383, 389, 673, 702, 712, 714, 736, 763–764, 768–769, 777, 780–781, 792, 796, 807, 822–823
Polygonum hydropiper 126
Polygonum persicaria 642–643
Polygonum viviparum 177, 185, 226, 345, 347, 707
Polypodium vulgare 150–151, 507
Polytrichum sp. 79
Polystichum aculeatum 479–480, 583–584, 833–834
Polystichum lonchitis 48, 164–165, 237, 506–507, 532, 557, 711–712, 765–766
Populus tremula 436–437, 459, 821, 862–863
Potamogeton natans 796–797, 849–850
Potentilla anserina 646
Potentilla aurea 177, 249, 254, 268–270, 347, 356, 674, 720–721, 810
Potentilla brauneana 181–182, 185, 666, 698–699
Potentilla caulescens 138, 141
Potentilla crantzii 200, 224–226

Potentilla erecta 82, 249, 265–266, 270, 300, 347, 354, 768–769
Potentilla norvegica 646
Potentilla palustris 91–93, 658, 660, 822–823, 825, 849
Potentilla reptans 459, 646–647, 862–863
Potentilla sterilis 291, 789–790, 829
Potentilla verna 287–288, 789–790
Potentilletalia caulescentis 137
Potentilletum caulescentis 137
Potentillion caulescentis 137
Prenanthes purpurea 402, 490, 496–497, 507, 485, 507, 577–579, 597–598, 609, 838–839
Primula acaulis 43, 789–790
Primula auricula 23, 30, 136, 138–139, 141, 144, 200, 209, 664–665, 667, 687–688, 717–718, 748, 760, 811–812, 843–844
Primula elatior 333, 356, 379, 490, 497, 507, 572–573, 585, 598, 609, 616, 625, 714–715, 732, 736, 763–764, 860, 862, 867
Primula farinosa 101–103, 105, 713, 727, 735, 737
Primula hirsuta 259, 677–678
Primula veris 288–289, 291, 829
Primula vulgaris 301–302
Pritzelago alpina 70, 158–161, 182, 664, 681–682, 708
Prunella grandiflora 285–286, 744–745
Prunella vulgaris 314, 333, 341, 347, 356, 383
Prunetalia spinosae 443
Prunion spinosae 443, 445
Prunus padus 605, 616
Prunus spinosa 443–446, 865
Pseudorchis albida 249, 268, 270, 674, 720–721, 773, 808–809
Pulsatilla alpina 191, 195, 200, 215, 668–669, 691–692, 709, 770–771
Pulsatilla alpina ssp. *apiifolia* 266, 268–270, 724–725
Pulsatilla vernalis 266–267, 270, 724–725
Pyrola minor 477–478, 506–507, 765, 831–832
Pyrola rotundifolia 477–478, 808–809
Pyrola secunda 507

Q

Querco-Fagetea 568
Quercus robur 446, 570–571

R

Ranunculus aconitifolius 52, 123, 361, 376–379, 383–384, 389, 488–490, 497, 598, 673, 702–703, 714–715, 736, 752–753, 763–764, 768–769, 776, 807, 822–823
Ranunculus acris 379, 383, 389, 786
Ranunculus acris ssp. *friesianus* 53, 314, 319–321, 328, 333, 341, 345, 347, 356, 785, 801–802
Ranunculus alpestris 150–151, 181–182, 185, 209, 254, 259, 666, 677–678, 698–699

Ranunculus arvensis 640
Ranunculus bulbosus 288–289, 292
Ranunculus ficaria 570–571, 616, 625, 867
Ranunculus flammula 96–97, 796–797, 814–815
Ranunculus lanuginosus 126, 422, 490, 497, 572, 574, 595, 597–598, 609, 734–735, 793–794, 804–805
Ranunculus montanus 23, 158–159, 215, 345–347, 356, 708, 747–748
Ranunculus platanifolius 395–396, 402
Ranunculus repens 120, 126, 328, 389, 408, 497
Ranunculus tuberosus 347, 356
Ranunculus villarsii 268–270
Raphanus raphanistrum 642, 644
Rapistrum rugosum 640–641
Reseda lutea 637–638, 855–856
Reynoutria japonica 648, 652, 859
Rhamno-Prunetea spinosae 435, 443
Rhamnus alpina 452, 741–742, 760
Rhamnus cathartica 443–444, 446, 865–866
Rhamnus pumila 138, 141, 144, 748–749, 760
Rhinanthus alectorolophus 292, 320, 332–333, 777, 791–792, 796, 830–831
Rhinanthus glacialis 365, 850–851
Rhinanthus minor 314–315, 365, 780, 797–798, 846–847
Rhododendretum ferruginei 234, 243
Rhododendretum hirsuti 234, 236
Rhododendro ferrugineae-Pinetum montanae 476, 561
Rhododendro hirsuti 234
Rhododendro hirsuti-Ericetalia carneae 234
Rhododendro hirsuti-Pinetum montanae 476, 549, 561
Rhododendron ferrugineum 232, 242–244, 249, 253, 266, 398, 548–549, 556, 561–562, 660, 664, 675–676, 705–706, 720, 725–726, 742, 750–752
Rhododendron hirsutum 48, 209, 232, 234–237, 242–243, 548–550, 556–557, 664, 669–670, 672, 694, 710
Rhododendron x *intermedium* 242, 556–557
Rhododendro-Vaccinietalia 234, 241
Rhododendro-Vaccinion 234, 242
Rhynchospora alba 87–88, 819, 825
Rhynchosporetum albae 85, 88
Rhynchosporion albae 85, 87
Ribes alpinum 507, 570, 572
Ribes petraeum 395–396
Rorippa islandica 646
Rorippa palustris 646–647
Rorippa sylvestris 646–647
Rosa sp. 445, 789
Rosa arvensis 446, 789–790
Rosa canina 300, 443, 446, 701–702, 811–812, 865–866
Rosa corymbifera 443, 446
Rosa glauca 452
Rosa micrantha 452, 741, 760–761
Rosa pendulina 395–396, 398, 497, 507, 526, 532, 675, 765, 811, 813

Rostraria cristata 642, 645
Rubetum idaei 435
Rubus sp. 485, 586
Rubus caesius 446, 616, 626, 860–861
Rubus hirtus 428, 583, 585
Rubus idaeus 427, 431, 437, 446, 497, 507, 774–775
Rubus montanus 437, 446
Rubus saxatilis 507, 557
Rumex acetosa 314–315, 318–320, 328, 333, 341, 365, 383, 389, 712–713, 785–786
Rumex alpestris 394–396, 398, 402, 408
Rumex alpinus 406–408, 694
Rumex conglomeratus 372, 646–647
Rumex crispus 646
Rumex obtusifolius 320, 341, 372, 646–647, 785–786, 801–802
Rumex sanguineus 126, 834
Rumex scutatus 68–69, 156–157, 161, 170–171, 237, 666, 708–709, 747–748
Rumicetum alpini 395, 407
Rumicion alpini 395, 406

S

Sagifraga opposotofolia 69
Sagifraga stellaris 118
Sagina saginoides 123, 175, 177, 179, 345, 347, 356, 697–698, 707, 752–753
Salicetalia auritae 464
Salicetalia herbaceae 174, 176
Salicetalia purpureae 456
Salicetea herbaceae 174
Salicetum capreae 435
Salicetum elaeagni 458
Salicetum herbaceae 174, 177
Salicetum retusae-Reticulatae 174, 185
Salicion cinereae 464
Salicion eleagno-daphnoidis 457
Salicion hebaceae 174
Salix sp. 607
Salix alba 446, 450, 457, 616, 860–861
Salix appendiculata 48, 235, 237, 398, 497, 527, 532, 557
Salix aurita 464–466, 544, 821, 826, 849
Salix capraea 814, 435, 437, 443–444, 446, 488, 490, 776, 813, 865–866
Salix cinerea 464–466, 826
Salix daphnoides 458–459, 862–863
Salix elaeagnos 446, 458–459, 813–814, 862–863
Salix hastata 235, 237, 398
Salix herbacea 176–177
Salix myrsinifolia 446, 459
Salix pentandra 464–465, 826
Salix purpurea 457, 459, 626, 862–863
Salix repens 464–465, 825, 849
Salix reticulata 181–182, 185
Salix retusa 181–182, 185, 208, 259, 672–673, 722–723
Salix triandra 459
Salix viminalis 457
Salvia glutinosa 431, 572, 574, 789–790
Salvia pratensis 285–286, 292–293, 791, 831–832, 864
Sambuco-Salicion capreae 426, 435
Sambucus ebulus 431, 834

Sambucus nigra 436–437, 609, 616, 626
Sambucus racemosa 435, 437
Sanguisorba minor 285–286, 292, 789–790
Sanguisorba officinalis 314–315, 365, 383, 674–675
Sanicula europaea 572, 575, 585, 591, 598, 838–839
Saponaria officinalis 638–639
Saussurea discolor 249, 675–676
Saxifraga aizoides 110–111, 129–131
Saxifraga androsacea 181–182, 185, 688
Saxifraga caesia 65, 141, 209, 667, 684–685
Saxifraga moschata 45, 141, 161, 196, 198, 209, 668–669
Saxifraga mutata 793, 843–844
Saxifraga oppositifolia 68, 141, 156, 161, 687–688, 811–812
Saxifraga paniculata 138, 141, 144, 200, 209, 226, 687–688, 748–749, 811–812, 843–844
Saxifraga rotundifolia 395–396, 398, 402, 488–490, 497, 507, 595, 598, 609, 672–673, 734, 765–766, 776, 793–794
Saxifraga stellaris 97, 101, 117, 123, 182, 690, 752–753
Saxifraga tridactylites 634–635, 854
Saxifragetum stellaris 117, 123
Scabiosa columbaria 287, 292, 864
Scabiosa lucida 191, 195, 200, 667, 745–746
Scandix pecten-veneris 640–641
Scheuchzeria palustris 67–68, 87–88, 658, 783
Scheuchzerietalia palustris 85
Scheuchzerio-Caricetea nigrae 85
Scirpus sylvaticus 372, 377–378, 383, 388–389
Scrophularia canina 642, 644
Scrophularia nodosa 572, 574
Secalinetea 640
Securigera varia 413–414, 421, 650–651, 857–858
Sedum album 170–171, 789, 791, 811–812
Sedum alpestre 750
Sedum atratum 141, 182, 196, 198, 200
Sedum dasyphyllum 137
Sedum sexangulare 842
Sedum spurium 842
Sedum telephium 650–651
Selaginella selaginoides 110–111
Sempervivum tectorum 200
Senecio alpinus 406–408, 694
Senecio aquaticus 377–378
Senecio doronicum 65, 191, 194, 198–200, 669–670, 685–686, 745–746
Senecio erucifolius 638–639, 855–856
Senecio hercynicus 395–396, 398, 402
Senecio jacobaea 339–340
Senecio ovatus 402, 431, 437, 496
Senecio viscosus 634–635, 854
Senecio vulgaris 642–643
Senecioni fuchsii-Sambucetum racemosi 435
Seseli libanotis 144, 414–415, 667, 748–749, 756, 758

Sesleria albicans 144
Sesleria caerulea 66, 185, 191, 194, 198–199, 209, 215, 220–221, 237, 452, 532, 551–552, 557, 591, 672, 685–686, 811–812, 840, 842
Seslerietalia caeruleae 190
Seslerietea 64
Seslerietea albicantis 190, 234
Seslerio-Caricetum sempervirentis 65, 190, 198
Seslerion caerulea 64, 190, 196
Setaria pumila 642, 645
Setaria viridis 634–635, 854
Sherardia arvensis 640
Sibbaldia procumbens 176–177, 179, 666, 697–698
Silene acaulis 141, 191, 195, 200, 209, 226, 254, 259, 665, 677–678, 717–718
Silene dioica 319–320, 332–333, 383, 609, 712–713, 777, 796, 805–806, 867–868
Silene flos-cuculi 320, 362, 365, 372, 379, 383, 389, 714–715, 736, 780, 805–806, 846, 848
Silene gallica 640–641
Silene noctiflora 640–641
Silene nutans 292, 413–414
Silene pratensis 636–637, 652
Silene pusilla 129–131, 150–151, 694–695
Silene vulgaris 292, 320
Silene vulgaris ssp. *glareosa* 156–157, 237, 711–712
Sinapis arvensis 640–641, 856
Sisymbrietalia officinalis 633
Sisymbrietea officinalis 633
Sisymbrion 633
Sisymbrium altissimum 634
Sisymbrium officinale 634, 854
Solanum nigrum 634–635
Soldanella alpina 110–111, 177, 185, 345, 347, 356, 666, 810–811
Soldanella pusilla 176–177, 179, 697–698
Solidago canadensis 636–637, 652, 855, 859
Solidago gigantea 636, 652, 855, 859
Solidago virgaurea 428, 497, 507, 579, 793, 795
Solidago virgaurea ssp. *minuta* 244, 249, 254, 268–270, 353, 720–721, 752
Sonchus arvensis 642, 644
Sonchus asper 642–643
Sonchus oleraceus 634–635
Sorbus aria 452, 505, 507, 527, 532, 591, 760, 840–841
Sorbus aucuparia 243–244, 436–437, 478, 481–485, 488, 490, 497, 505, 507, 532, 557, 581, 583, 591, 595, 609, 718, 765, 776, 784, 793, 823, 825–826, 833–834, 837–838, 840
Sorbus chamaemespilus 235, 237, 532–533, 557
Sorbus mougeotii 452, 551–552, 741–742, 760–761
Sphagnetum magellanici 80
Sphagno-Piceetum 476
Sphagno-Pinetum montanae 476, 538

Sphagnum sp. 48, 74, 78, 80, 82, 87–88, 92–93, 97, 465, 484–485, 514, 516–517, 521, 539, 543–544, 678, 742–743, 779, 782, 784, 793, 819, 823, 849
Spiranthes spiralis 288, 290, 293, 831
Stachys alpina 421–422, 431, 758, 789–790
Stachys officinalis 361, 364–365, 846–847, 850
Stachys sylvatica 431, 572–573, 581, 585, 595, 597–598, 605, 609, 616, 626, 803–804, 833–834, 838–839
Stellaria alsine 117–118, 120, 126
Stellaria graminea 320, 333, 341
Stellaria media 341, 642–643
Stellaria nemorum 120, 398, 490, 497, 572, 575, 605
Stipion calamagrostis 169
Streptopus amplexifolius 395–396, 398, 402
Strictae 265
Succisa pratensis 105, 362, 365, 372, 379, 389, 702–703, 714–715, 736, 814–815, 820, 846–847, 850
Swertia perennis 57, 102–105, 660–661

T

Tanacetum vulgare 636–637, 652, 858
Taraxacum alpinum 175, 177, 182, 185, 698–699
Taraxacum officinale 316, 319–321, 333, 341, 347, 356, 365, 801–802
Taraxacum palustre 102–103, 105, 783
Taraxacum schroeterianum 727–728
Taxo-Fagetum 568, 590
Taxus baccata 570–571, 590–591, 840–841
Teucrium montanum 144, 170–171, 287–288, 551–552, 740–741
Teucrium scorodonia 842–843
Thalictrum aquilegiifolium 402, 605, 608–609, 616, 626, 731, 860–861
Thalictrum minus 414–415, 756, 758
Thamnolia sp. 677
Thelypteris palustris 464, 466
Thesium alpinum 196
Thesium alpinum var. *pubescens* 743
Thlaspi arvense 642, 644
Thlaspi brachypetalum 329–330, 333
Thlaspi caerulescens 329–330, 333, 815–816
Thlaspi rotundifolium 44, 67–68, 70, 155, 158, 160–161, 666, 681–682, 708, 747
Thlaspietalia rotundifolii 155, 157
Thlaspietea rotundifolii 68, 155
Thlaspietum rotundifolii 70, 155, 160
Thlaspion rotundifolii 70, 155, 158
Thymus polytrichus 191, 195
Thymus praecox ssp. *polytrichus* 200, 842
Thymus pulegioides 195, 292, 347, 700, 707, 744–745, 810–811
Tilia cordata 809
Tofieldia calyculata 102–103, 105, 150–151, 737, 788
Torilis arvensis 640, 641
Torilis japonica 649

Tozzia alpina 395 – 396, 402
Tragopogon orientalis 292, 316, 320, 333, 807
Tragopogon pratensis ssp. *orientalis* 791, 807, 830, 864
Traunsteinera globosa 66, 213, 215, 665, 668 – 669, 674 – 675, 691 – 692, 709, 745, 747, 770 – 771
Trichophorum alpinum 82, 86, 783, 822 – 823
Trichophorum cespitosum 79, 82, 97, 539, 678, 713, 779 – 780, 820, 822 – 823
Trichophorum vaginatum 779
Trifolio medii-Agrimonietum eupatoriae 413, 418
Trifolio-Geranietea sanguinei 412 – 413
Trifolion medii 413, 415, 650
Trifolium alpinum 249, 254, 259, 266 – 268, 270, 717, 724 – 725
Trifolium arvense 640
Trifolium badium 353 – 354, 356, 689, 772
Trifolium dubium 318 – 320
Trifolium medium 415, 418, 421 – 422, 758
Trifolium montanum 285 – 286, 701
Trifolium pratense 270, 314, 320, 333, 347, 353 – 354, 356, 365, 379, 383, 389, 689, 700 – 701, 777, 785 – 786, 796, 799, 801 – 802, 850 – 851
Trifolium repens 320, 333, 339 – 341, 347, 354, 356, 365, 383, 801 – 802
Trifolium thalii 354 – 356, 689, 772
Triglochin palustris 86
Trisetetum flavescentis 313, 331
Trisetum distichophyllum 164, 698
Trisetum flavescens 316, 320, 328 – 329, 332 – 333, 777, 792, 807
Trisetum spicatum 683 – 684
Trollio-Cirsietum rivularis 313, 379
Trollius europaeus 52, 105, 329, 332, 347, 361 – 362, 372, 376, 379, 383, 389, 702, 714 – 715, 727, 735 – 736, 762 – 764, 768 – 769, 797 – 799, 807, 822 – 823
Tussilago farfara 459, 638

U

Ulmo-Fraxinetum 569, 614
Ulmo-Fraxinetum listeritosum 614
Ulmus glabra 572, 581, 604, 607, 614, 616, 860 – 861
Urtica dioica 372, 408, 437
Utricularia minor 819

V

Vaccinio myrtilli-Abieti-Piceetum 476, 483
Vaccinio-Piceetea 476 – 477, 538
Vaccinio-Piceion 476, 478
Vaccinio-Pinion mugo 548 – 549, 561, 476
Vaccinium gaultherioides 244, 249, 253 – 254, 259, 557, 677, 722 – 723, 725
Vaccinium microcarpum 79 – 80, 658
Vaccinium myrtillus 80, 243 – 244, 249, 253 – 254, 259, 270, 428, 437, 477, 479, 481, 483, 485, 488 – 490, 497, 505, 507, 514, 532, 539, 544, 557, 561, 586, 595, 598, 660, 675 – 676, 718, 725 726, 742, 751, 765, 775 – 776, 784, 793 – 794, 821, 823, 825, 838 – 839
Vaccinium oxycoccos 79 – 80, 82, 539, 658, 678, 779 – 780, 819, 825, 849
Vaccinium uliginosum 79 – 80, 82, 270, 477, 522, 539, 544, 561 – 562, 660, 675 – 676, 719 – 720, 751, 821, 825
Vaccinium vitis-idaea 244, 249, 254, 259, 270, 477 – 478, 507, 517, 522, 527, 532 – 533, 539, 544, 552, 557, 561 – 562, 675, 719 – 720, 742, 808 – 809, 821, 825
Valeriana dioica 105, 362 – 363, 365, 372, 379, 389, 702, 714 – 715, 736, 768 – 769, 808, 822 – 823, 850 – 851
Valeriana montana 164, 198, 237, 557, 711 – 712
Valeriana officinalis 370, 372, 781 – 782
Valeriana tripteris 137, 150, 237, 497, 507, 532, 596 – 598, 765 – 766, 838 – 839
Valerianella carinata 640 – 641
Valerianella locusta 640 – 641
Veratrum album 110, 398, 406 – 408, 489 – 490, 497, 679, 694, 797 – 798
Verbascum densiflorum 637 – 638, 855 – 856
Verbascum lychnitis 413 – 414, 650 – 651, 857 – 858
Verbascum nigrum 431, 650 – 651, 857 – 858
Verbascum thapsus 427, 431, 637 – 638
Verbena officinalis 646, 652
Veronica agrestis 642, 644
Veronica alpina 175, 177, 179, 182, 185, 355 – 356, 682 – 683, 697 – 699
Veronica aphylla 64, 191
Veronica arvensis 320, 333, 640, 641
Veronica bellidioides 270 – 271, 675 – 676
Veronica chamaedrys 319 – 320, 333, 347, 365, 421 – 422, 801 – 802
Veronica filiformis 339 – 341
Veronica fruticans 141, 144, 668 – 669, 687
Veronica fruticulosa 144, 740, 760
Veronica hederifolia 640, 856 – 857
Veronica montana 126, 572, 574, 605 – 606, 804 – 805
Veronica peregrina 642, 645
Veronica persica 642 – 643
Veronica polita 642 – 643
Veronica serpyllifolia 320, 333, 339 – 341, 347
Veronica serpyllifolia ssp. *humifusa* 356, 408
Veronica urticifolia 497, 507, 577 – 578, 597 – 598, 609, 838 – 839
Viburnum lantana 446, 451 – 452, 591, 616, 731, 760 – 761, 840 – 841, 865 – 866
Viburnum opulus 446, 450, 609, 616, 626, 813 – 814, 846, 848, 865 – 866
Vicia cracca 314 – 315, 320, 333, 365, 421 – 422, 807
Vicia hirsuta 640
Vicia sepium 320, 333, 421, 649, 805 – 806
Vicia sylvatica 415, 418, 421, 758
Vicia tetrasperma 640 – 641
Vicietum sylvaticae 413, 421
Vinca minor 570, 579 – 580, 616, 860 – 861
Vincetoxicum hirundinaria 170 – 171, 414 – 415, 591, 745, 747, 756 – 757
Viola arvensis 640 – 641
Viola biflora 131, 150, 237, 395 – 396, 398, 402, 490, 497, 507, 532, 597 – 598, 626, 765 – 766
Viola cenisia 44 – 45, 67 – 68, 70, 158, 161, 681 – 682
Viola hirta 291, 413 – 414
Viola lutea 269, 749
Viola palustris 96 – 97, 279, 762 – 763
Viola pyrenaica 743
Viola reichenbachiana 572 – 573, 576, 583 – 584, 598, 616, 860, 862
Viola tricolor 329, 331, 640, 642, 856 – 857
Violo-Alnetum incanae 569

X

Xerobromion 285

Deutsch

A

Abbisskraut 105, 108, 362, 365 – 366, 372, 374, 379, 382, 389 – 390, 702 – 703, 714 – 715, 736, 814 – 815, 820, 846 – 847, 850
Acker- und Garten-Unkrautgesellschaften 642
Ackerbegleitflora aus Getreidefeldern 640
Acker-Ehrenpreis 642, 644
Acker-Fuchsschwanz 640
Acker-Gänsedistel 642, 644
Acker-Gauchheil 642 – 643
Acker-Hahnenfuss 640
Acker-Hundskamille 640, 642
Acker-Kratzdistel 638 – 639, 652, 855 – 856
Acker-Minze 372 – 374, 642, 643
Acker-Rettich 642, 644
Ackerröte 640
Acker-Schachtelhalm 459 – 461, 646 – 647
Acker-Schöterich 642, 645
Acker-Senf 640 – 641, 856
Acker-Stiefmütterchen 640 – 641, 856 – 857
Acker-Täschelkraut 642, 644
Acker-Taubnessel 642 – 643
Acker-Vergissmeinnicht 640
Acker-Waldnelke 640 – 641
Acker-Winde 638 – 639, 855 – 856
Acker-Windhalm 640 – 641
Ahorn 610
Ahorn-Eschenwald 569, 604, 607 – 613, 625, 730, 732 – 734, 754, 761, 805
Ährige Hainsimse 270 – 272, 689
Ährige Rapunzel 237, 239, 332 – 334, 485, 487, 490, 494, 497, 502, 505, 507, 513, 572 – 573, 576, 579 – 580, 597 – 598, 601, 616, 622, 731, 759, 776 – 777, 792, 807, 838 – 839
Ähriger Goldhafer 683 – 684
Akeleiblättrige Wiesenraute 402, 405, 605, 608 – 610, 616, 618, 626 – 629, 731, 860 – 861
Allermannsharnisch 213 – 216, 664, 709 – 710, 770

Alpen-Ampfer 406–409, 694
Alpenampferflur 395, 406–407, 409–410, 694
Alpen-Anemone 191, 195, 200, 207, 215, 217, 668–669, 691–692, 709, 770–771
Alpen-Apollo 535
Alpen-Aster 64, 196–197, 199–200, 207, 209, 211, 224, 226, 685–686, 745–746
Alpen-Azalee 56, 221, 241, 253–254, 256, 258–259, 677, 721–722, 725
Alpenazaleen-Heide 253, 260–262, 721, 723–725
Alpenazaleen-Teppich 258–259, 723
Alpenazaleen-Windheide 234, 677
Alpen-Bärentraube 241, 254, 257, 259, 262, 721–722
Alpen-Bärlapp 253–254, 256, 259–260, 266, 268–270, 275, 677, 722–723, 773–774
Alpen-Bergflachs 191, 196, 743
Alpen-Binse 110–111, 113
Alpenblackenflur 406
Alpen-Blasenfarn 149, 747–748
Alpendost-Fichtenwald 793–794
Alpendost-Hochstaudenflur 395, 397, 402–405, 659
Alpendost-Tannen-Fichtenwald 498
Alpen-Ehrenpreis 175, 177–180, 182, 184–185, 187, 355–357, 682–683, 697–699
Alpen-Fettblatt 105–106, 129–131, 133, 713, 727, 737, 762–763, 768–769
Alpen-Flockenblume 191, 193, 200, 202, 745–746
Alpen-Frauenfarn 497, 498, 500
Alpen-Frauenmantel 268, 677, 722–723
Alpen-Gämskresse 70, 158–161, 163, 183, 708
Alpen-Gänsekresse 69, 157–158, 163, 182, 184, 666, 747–748
Alpen-Geissblatt 577
Alpen-Gelbling 666
Alpen-Goldrute 244–245, 249, 251, 254–255, 268–270, 275, 353, 720–721, 752
Alpen-Greiskraut 406–408, 410, 694
Alpen-Haarbinse 82–83, 86, 783, 822–823
Alpen-Habichtskraut 244–245, 254, 257, 259–260, 266, 268, 270, 275, 724–725
Alpen-Hagrose 395–396, 400, 497, 499, 526–527, 532, 507–508, 675, 765, 811, 813
Alpen-Hahnenfuss 150–151, 181–183, 185, 187, 209, 212, 254, 256, 259, 261, 666–678, 698–699
Alpen-Heckenkirsche 479–480, 507–508, 578, 765–766, 789–790, 811, 813
Alpenheckenkirschen-Buchenwälder 568
Alpenhelm 101–102, 105–106, 110, 112, 659, 713–714, 727, 737, 762
Alpen-Hexenkraut 803–804
Alpen-Hornklee 300, 303, 348, 532, 535, 552, 555, 701–702
Alpen-Hornkraut 224–226, 229, 667, 750
Alpen-Johannisbeere 507, 512, 570, 572
Alpen-Klatschnelke 156–157

Alpen-Klee 249, 251, 254, 257, 259–260, 266–268, 270, 273, 717, 724–725
Alpen-Kratzdistel 355, 406, 408, 693
Alpen-Kreuzdorn 452–453, 741–742, 760
Alpen-Labkraut 191, 195, 198, 200, 205, 209, 212, 346, 352, 532, 537, 707
Alpenlattich 185, 187, 237–238, 244, 247, 249, 251, 254–255, 259–260, 270, 277, 485–486, 490–491, 497, 499, 507, 512, 515, 517–518, 522, 524, 527, 532, 557, 718–719, 742–743, 776
Alpenlattich-Fichtenwald 515
Alpen-Leberbalsam 145
Alpen-Leimkraut 166–167, 237, 711–712
Alpen-Leinkraut 41, 68, 155–156, 160–161, 163, 166, 168, 182–183, 240, 664–665, 681–682, 698–699, 708, 747
Alpen-Liebstock 110, 113, 175, 179–180, 185, 187, 215, 219, 237, 240, 689, 710–711, 770–771
Alpen-Lieschgras 97, 99, 772
Alpen-Löwenzahn 175, 177–178, 182–183, 185–186, 698–699
Alpen-Margerite 176–178, 690
Alpenmassliebe 101, 110, 112, 131–132, 150, 220, 237, 240, 507, 513, 526–528, 532, 535, 557, 591, 594, 596–598, 601, 838–839
Alpen-Mastkraut 123, 125, 175, 177–180, 345, 347, 350, 356, 359, 697–698, 707, 752–753
Alpen-Mauerpfeffer 750
Alpen-Milchlattich 394–395, 398, 400, 402–403, 496–497, 500, 675, 793–794
Alpen-Mutterwurz 354–357
Alpen-Pestwurz 164–166, 168, 711–712
Alpen-Pestwurzflur 155, 166, 346, 706, 711
Alpenrachen 405
Alpen-Rauschbeere 244, 247
Alpen-Rispengras 131, 133, 177–178, 182, 184–185, 187, 345, 347, 350, 354, 356–357, 698–701, 772
Alpenrosen-Bergföhrenwald 56, 473, 476, 549, 557, 561–564, 664, 720, 750–751
Alpenrosenheide 243, 248, 752
Alpen-Ruchgras 248, 252, 269, 272, 720–721
Alpen-Schlamm-Segge 96–97, 99
Alpen-Schwingel 67, 138–141, 143, 687
Alpen-Seidelbast 138, 144, 147, 740–741
Alpen-Sonnenröschen 196, 198–201, 209, 212, 226, 228, 665, 685–686
Alpen-Spitzkiel 224, 226, 230
Alpen-Steinquendel 191–192, 200–201, 668–669, 745–746
Alpen-Strausgras 191, 193, 209, 211, 226, 229
Alpen-Tragant 215, 218, 224, 226, 228, 709–710, 770–771
Alpen-Vergissmeinnicht 198, 200, 205, 215, 218
Alpen-Wachsblume 402, 404
Alpen-Wegerich 179–180, 268–270, 277, 345, 347, 349, 354, 356, 360, 697–698, 700, 707, 772, 810

Alpen-Weidenröschen 175, 177–178, 690
Alpen-Wundklee 191–192, 200, 207, 209, 212, 215–216
Alpen-Ziest 421–423, 431, 434, 758, 789–790
Alpine Kalk-Schneeböden 174
Alpine Milchkrautweide 345
Alpine Silikat-Schneeboden-Gesellschaften 174
Alpine Windheiden 234, 242
Alpiner Borstgrasrasen 721
Archaeophytische Ruderalpflanzen 652
Armblütige Segge 658
Arnika 244, 247–248, 252, 264–266, 269, 278–280, 331, 347, 353–354, 674, 676, 689, 705–706, 719–720, 752, 768–769, 772–773, 778, 795–797, 808
Aronstab-Buchenwald 617
Arznei-Enzian 306
Arznei-Thymian 292–298, 347–348, 700, 707, 744–745, 810–811
Ästige Graslilie 170, 414–416, 745, 747, 756–757
Astlose Graslilie 414, 417
Auen- und Quellwälder 568–569, 604–605, 624, 832
Auenwälder 464, 617, 804, 860
Auen-Weidengebüsch 457–458, 862, 869
Aufrechte Berg-Föhre 78, 243–244, 246, 253–255, 452–453, 516–517, 522–523, 532, 537–539, 543–545, 548, 557, 561, 660, 719–720, 726–727, 740, 742, 750–751, 779–780, 823, 825–826
Aufrechte Trespe 291, 287, 292, 298, 320, 325, 830
Aufrechtes Acker-Hornkraut 683–684
Augenwurz 141, 143, 164–165, 199, 667, 685, 748–749
Aurikel 23, 30, 136, 138–139, 141–142, 144–146, 200, 203, 209, 211, 664–667, 687–688, 717–718, 748, 760, 811–812, 843–844
Ausdauernde Ruderalfluren 635–636, 855
Azaleenspalier 722

B

Bach-Birnmoos 117, 131–132
Bach-Eschenwald 607–608
Bach-Gänsekresse 130–132
Bach-Kratzdistel 106, 110, 379–380, 736, 763–764
Bach-Kurzbüchsenmoos 117, 122
Bach-Minze 372
Bach-Nelkenwurz 362–363, 383, 387, 459, 490, 493, 608–610, 734–735, 776, 804–805, 859
Bachuferfluren 313, 361, 376
Bärentrauben-Heide 720–721
Bärlauch 572, 576, 616–617, 620, 860, 862
Bärtige Glockenblume 244, 247, 249–250, 253, 264, 266, 268–269, 278, 347, 353–354, 674, 689, 705–706, 719–720, 752, 768–769, 773, 795–796
Bartschie 102, 110
Bastard-Alpenrose 242, 556–557, 560
Bastard-Frauenmantel 355, 358

Bastard-Rispengras 397, 400, 694–695
Bayerischer Enzian 181–183, 185, 187, 688, 698–699
Beerenheide 253–254, 259, 676–677
Behaarte Hainsimse 485, 487, 784
Behaarte Segge 646, 857
Behaartes Johanniskraut 431, 434
Behaartes Kreuzlabkraut 419, 421
Behaartes Lieschgras 214–215, 217
Behaartes Schaumkraut 642–643
Behaartfrüchtige Segge 91–92, 779
Benediktenkraut 570, 649
Benekens Trespe 431–432, 437, 439, 572, 574
Berberitze 451, 454
Berberitzengebüsch-Gesellschaften 443
Bereifte Rose 452–453
Berg-Ahorn 446, 449, 478, 488, 490, 495, 505, 507–508, 572, 581, 583–584, 589, 595, 598, 603, 607–609, 614, 616, 619, 730, 734, 809, 813, 833–834, 837, 860–861
Berg-Augentrost 354–355, 357
Berg-Baldrian 164, 166–167, 198, 237, 240, 557–558, 711–712
Berg-Bärenklau 397, 402, 405
Berg-Blasenfarn 164–165
Berg-Distel 191, 192, 200, 202, 215, 217, 532, 535, 552, 555, 557, 560, 591, 594, 707, 711, 759, 811–812, 840, 842
Berg-Ehrenpreis 126–127, 572, 574, 605–606, 804–805
Berg-Esparsette 191, 194, 199–201
Bergfarn 705–706, 808
Berg-Fettweide 328–329, 331–332, 354, 659, 735
Berg-Fettwiese 712, 777, 788, 791, 795, 798–799, 805
Berg-Flockenblume 215–216, 332–333, 338, 526–527, 530, 532, 537, 591–592, 596–598, 601, 759, 770–771, 777, 838–840
Berg-Föhre 514, 520, 539–540, 660–662, 664, 669, 672, 678, 726
Bergföhren-Hochmoor 538
Bergföhrenwald 470, 452, 516, 532, 548, 676, 742
Berg-Frauenmantel 316–317
Berg-Gamander 144–145, 170–171, 287–288, 551–552, 555, 740–741
Berg-Goldnessel 490, 495, 505, 507, 509, 572, 576, 583–584, 587, 591, 593, 598–599, 609, 611, 616, 621, 833–834, 838–840, 860–861
Berg-Hahnenfuss 23, 158–159, 215–216, 345–347, 349, 356, 358, 708, 747–748
Berg-Heuwiese 331
Berg-Johanniskraut 414–415, 417, 756–757, 789, 791
Berg-Kälberkropf 332, 389, 398
Berg-Klee 285–286, 701
Berg-Laserkraut 48, 144–145, 414, 417, 664, 748–749, 760
Berg-Margerite 191, 194, 237–238, 300, 306, 346, 348, 356–357, 689, 700, 707, 744–745, 772
Berg-Mehlbeerbaum 452–453, 551–552, 741–742, 760–761

Berg-Milchkraut 70, 158–159, 161–162, 681–682
Berg-Nelkenwurz 266–267, 676, 678, 724–725
Bergnelkenwurz-Borstgrasrasen 265, 269
Berg-Pippau 66, 166, 168, 214–215, 219, 691–692
Berg-Reitgras 170–171, 220, 526–528, 532, 536, 550, 552, 555, 591–592, 596–598, 601, 761, 840, 842
Berg-Sauerampfer 394–396, 400, 402, 404, 408, 410
Berg-Segge 291, 294, 346, 349
Berg-Spitzkiel 65, 191, 194, 199–200, 207, 685–686
Bergsturzweide 801, 809–810
Berg-Ulme 572, 581, 604, 607, 614, 616, 620, 860–861
Bergwald 353, 498
Berg-Wegerich 181, 345–347, 351, 354, 356, 358
Berg-Weidenröschen 572–573, 579–580
Bergwiese 800
Bergwiesen-Frauenmantel 700
Berg-Wundklee 687
Besenheide 80, 82–83, 244, 247–249, 251, 254–255, 259, 261, 267, 269, 274, 279–280, 300, 304, 347, 428–429, 516, 539, 542, 544–545, 561, 596, 675–676, 689–690, 705–706, 719–723, 725, 751, 768–769, 773–775, 779–780, 808, 818, 821, 825
Besenried 88, 279, 362–366, 465, 521, 539, 543–544, 820, 825, 846
Betonienblättrige Rapunzel 268, 270, 277
Bewimperte Alpenrose 48, 209, 212, 232–238, 242, 548–550, 556–558, 664, 669–670, 672, 694, 710
Bewimperte Gänsekresse 191, 193, 200, 206, 300, 305, 701–702, 744–745
Bewimperte Nabelmiere 69, 157–158, 160–162, 182, 184, 666, 681–682, 698–699, 708
Bewimperter Mannsschild 23, 64, 196–197, 200, 207, 211, 226, 228, 665, 672–673, 745–746
Bewimperter Steinbrech 110–112, 129–132, 166–167, 209
Bewimpertes Knopfkraut 642, 645
Bewimpertes Sandkraut 226, 228, 668–669, 672–673, 683–684, 747–748
Bienen-Ragwurz 42, 288, 290–292, 294, 830
Binse 85, 364, 849
Birke 543–544, 825
Birkenbrüche 544
Birngrün 507, 511, 742
Bisam-Malve 320, 327
Bittere Kreuzblume 301, 307
Bitteres Schaumkraut 117, 119–121, 126, 128, 859
Bitterkraut 637–638, 652
Bitterschaumkraut-Quellflur 117, 119–122, 859
Blasses Knabenkraut 789–790
Blattloser Ehrenpreis 64, 191
Blattreiches Läusekraut 66, 214–215, 218, 674–675, 691–692, 709, 770–771

Blaue Brombeere 446, 448, 616, 626, 628, 860–861
Blaue Heckenkirsche 243–244, 246, 477, 669–670
Blauer Eisenhut 166–167, 397–398, 401–403, 409, 625, 629, 679, 693, 711–712, 732, 793–794
Blauer Gauchheil 640
Blaues Pfeifengras 281, 362, 364–366, 372, 375, 465, 467, 539, 542–544, 546, 783–784, 814–815, 820, 822, 825, 846–847, 850
Blaugras 144
Blaugras- und Rostseggenrasen 234
Blaugras- und Schuttgesellschaften 232
Blaugrasgesellschaften 675
Blaugrashalden 285, 354, 451–452, 532, 667–668, 673, 689, 692, 701, 739–740, 743–745, 759–760, 809, 811
Blaugras-Horstseggenhalde 54, 65, 137, 198–199, 201–208, 214, 299, 664–665, 667–668, 672, 674, 684–686, 745, 747
Blaugrasrasen 64, 190, 196, 264
Blaugrüner Steinbrech 65, 141–142, 209, 211, 667, 684–685
Blaukressenflur 182–185, 698–699
Blaukressen-Schneebodenflur 174
Bläuliche Gänsekresse 181–183, 698–699
Bläuliches Voralpen-Täschelkraut 815–816
Bleiche Segge 249–250, 265–266, 270, 277, 345–346, 350, 355, 360, 674, 720–721, 808
Block-Fichtenwald 504–506, 512, 754, 764–765, 767
Blockkarren-Fichtenwald 513
Blockschutthalden 667
Blockschutt-Tannen-Fichtenwald 476, 504–511
Blumenbinse 67–68, 87–89, 658, 783
Blut-Ampfer 126, 128, 834
Blutauge 91–93, 658, 660, 822–823, 825, 849
Bluthirse 642, 644
Blutroter Storchschnabel 412, 414–415, 417, 756–757, 767
Blut-Weiderich 53, 370–373, 781, 846, 848
Blutwurz 84, 265, 278, 304
Bodensaure Alpenrosenheiden 242
Bodensaure Nadelwälder 476–477
Bodensaure arktisch-alpine Zwergstrauchheiden 234, 241
Bodensaurer Borstgrasrasen 265
Boreal-alpine Nadelwälder 476–477
Borstgras 179–180, 244, 247–250, 264–266, 270, 278–279, 281, 345–346, 350, 354, 356, 359, 674, 689, 719–721, 768–769, 773, 795–796
Borstgrasrasen 176, 232, 248–249, 253, 259, 263–265, 354, 376, 667, 714, 720, 724, 726, 773, 805
Borstgrasweide 264, 266–267, 271–278, 345, 347, 353, 674, 689, 691, 705–706, 719, 729, 749, 752, 768–769, 773, 808
Borstgraswiese 264, 267, 271, 331, 768, 772–773, 778, 795
Braune Hainsimse 176, 179–180, 697–698

Braune Segge 86, 92, 96 – 98, 100, 123 – 124, 279, 281, 659, 678, 762 – 763, 783, 822 – 823
Braun-Klee 353 – 354, 356 – 357, 689, 772
Bräunliche Segge 270, 276, 749
Braunrote Stendelwurz 170 – 171, 550, 552, 554
Braunseggensumpf 85, 96 – 99, 659, 782
Braunsimsenrasen 174, 179 – 180, 697
Braunstieliger Streifenfarn 137, 148, 150
Breitblättrige Stendelwurz 532, 534, 572 – 573, 590 – 591, 594, 840 – 841
Breitblättrige Sumpfwurz 532
Breitblättriger Sonnentau 49, 88 – 90, 660, 825
Breitblättriger Wurmfarn 485
Breitblättriges Knabenkraut 49, 101, 104 – 105, 108, 362, 366, 379, 382 – 383, 387, 389, 392, 659, 702 – 703, 713 – 714, 727 – 728, 737, 762 – 763, 782 – 783, 788, 799, 808, 814, 820, 822 – 823, 846 – 847
Breitblättriges Laserkraut 220, 413 – 414, 532, 756 – 757
Breitblättriges Pfaffenhütchen 616, 622, 860 – 861
Breitblättriges Wollgras 102 – 106, 659, 713, 737, 762 – 763, 788, 799, 808, 814
Breiter Wurmfarn 479, 481 – 483, 485 – 486, 488, 490, 494, 497, 507 – 508, 586, 595 – 598, 600, 718 – 719, 742 – 743, 765 – 766, 776, 784 – 785, 803 – 804, 833 – 834
Breit-Wegerich 341, 343, 646 – 647
Brombeeren 485, 585 – 586, 803, 833
Brut-Knöterich 259, 262
Buche 480, 483, 485 – 486, 505, 567 – 568, 577 – 578, 581, 595 – 596, 605, 803
Buchen- und Edellaubmischwälder 568, 572
Buchen- und Tannen-Buchenwälder 566 – 568, 575 – 577
Buchenfarn 507, 512, 597 – 598, 602, 838 – 839
Buchenwald 61, 470, 576 – 577, 617, 803, 860
Buchenwald- und Fichtenwald-Gesellschaften 480
Buchenwald- und Gebüschvegetation 431
Buchenwaldartige Laubwälder 568 – 569, 572
Buchenwald-Gesellschaften 580, 591
Buchsblättrige Kreuzblume 237, 239, 305, 532, 534, 550 – 552, 554, 557, 669 – 670, 710 – 711
Buchs-Kreuzblume 300, 739
Bunte Kronwicke 413 – 414, 419, 421, 650 – 651, 857 – 858
Bunter Wiesenhafer 254, 257, 259, 262, 270, 273
Buntes Reitgras 220, 526 – 528, 532, 550, 552, 761
Bunthafer 722 – 723
Buntreitgras-Fichtenwald 525 – 526, 476, 527 – 529
Busch-Greiskraut 395 – 396, 401 – 402, 404
Busch-Rose 443, 446 – 447

Busch-Windröschen 570 – 571, 576, 579, 583 – 584, 589, 609 – 610, 616, 623, 625, 627, 833, 860 – 861, 867

C

Chäslichrut 634
Christophskraut 479 – 480, 572, 575
Clusius' Enzian 23, 141, 143, 196 – 197, 199, 203, 209, 211, 664 – 665, 672 – 673, 685 – 686, 740 – 741, 748
Crantz' Fingerkraut 200, 204, 224 – 227

D

Dach-Hauswurz 200, 206
Davalls Segge 102, 104 – 106, 659, 713, 737, 762 – 763, 808, 814
Davallseggenried 85, 104 – 109, 129, 737, 762
Des Etangs' Johanniskraut 367, 371, 373, 814 – 815
Deutscher Enzian 288 – 290, 293, 297, 831 – 832
Dichtblütiger Blauer Eisenhut 237, 239, 244, 246, 407 – 408, 672 – 673
Dickblättriger Mauerpfeffer 137
Distel-Würger 200, 206, 745 – 746
Dornige Hauhechel 288 – 289
Dorniger Moosfarn 110 – 111, 113
Dorniger Wurmfarn 465, 467, 544, 546, 849 – 850
Dost 301, 307, 413, 420 – 421, 651, 756 – 757
Dotterblume 371, 377 – 379, 383, 389 – 390
Dotterblumenwiese 313, 376, 388, 714, 736
Draht-Schmiele 243 – 245, 248, 251, 259, 261, 269, 277, 428, 430, 485 – 486, 497, 501, 515, 544, 546, 720 – 721, 742 – 743, 751
Draht-Segge 91 – 92, 788 – 789
Dreiblatt-Baldrian 137, 150, 237, 240, 497, 503, 507, 513, 532, 596, 598, 601, 765 – 766, 838 – 839
Dreifingeriger Steinbrech 634 – 635, 854
Dreigriffliges Hornkraut 175, 177 – 178, 666, 682 – 683
Dreinervige Nabelmiere 570 – 571
Dreispaltige Binse 86, 259, 261, 723 – 724
Dreizahn 265 – 266, 270, 275
Drüsige Brombeere 428 – 429, 487, 583, 585, 589
Drüsiges Springkraut 859
Dunkelgrünes Weidenröschen 118 – 120, 122
Dunkle Akelei 550, 552, 554, 745 – 746
Dunkle Königskerze 431, 650 – 651, 857 – 858
Dunkler Mauerpfeffer 141, 143, 182, 184, 196, 198, 200
Dunkles Wollkraut 431, 433
Dünnästiger Pippau 339 – 340, 634
Dürrwurz 413

E

Eberesche 485
Echte Betonie 361, 364 – 366, 846 – 847, 850
Echte Goldrute 497, 501
Echte Kamille 640 – 641
Echte Nelkenwurz 570 – 571, 649
Echte Ochsenzunge 642, 644
Echte Sumpfkresse 646 – 647
Echter Ackersalat 640 – 641
Echter Buchweizen 642, 644
Echter Dost 170 – 171, 301, 307, 413, 420 – 421, 650 – 651, 789 – 790, 857 – 858
Echter Honigklee 637 – 638
Echter Mehlbeerbaum 452 – 453, 760
Echter Seidelbast 572, 574, 616, 618, 731, 860 – 861
Echter Waldmeister 507, 509, 572, 574, 576, 579, 583 – 584, 588, 591 – 592, 598 – 599, 833 – 834, 840
Echter Wundklee 862
Echter Wurmfarn 507, 509, 572 – 573, 579, 583, 586, 589, 598, 602, 609, 611, 833
Echtes Büschelgras 642, 645
Echtes Johanniskraut 650 – 651
Echtes Salomonssiegel 414, 416, 740 – 741
Echtes Seifenkraut 638 – 639
Echtes Stiefmütterchen 329, 331
Echtes Tausendgüldenkraut 295, 842
Edelweiss 23, 65, 199 – 201, 226, 228, 685, 696
Efeu 583 – 584, 589, 616, 622, 860 – 861
Efeu-Ehrenpreis 640, 856 – 857
Eibe 570 – 571, 590 – 591, 594, 840 – 841
Eiben-Steilhang-Buchenwald 568, 590 – 594, 828, 840
Eiblättriges Schlangenmaul 640
Eichenfarn 505, 507, 511, 597 – 598, 603, 765
Einblütiges Wintergrün 477 – 478, 793
Eingeschnittener Frauenmantel 131, 133
Eingriffeliger Weissdorn 443 – 444, 446, 448, 450, 616, 623, 789 – 790, 811, 813, 865 – 866
Einjährige Ruderalflur 633, 854
Einjähriges Rispengras 647 – 648
Einköpfiges Berufkraut 224 – 227, 270, 683 – 684, 723
Einköpfiges Ferkelkraut 264, 266 – 268, 274, 691
Einorchis 105, 109, 288 – 289
Einseitswendiges Wintergrün 477 – 478, 507
Eisenhutblättriger Hahnenfuss 52, 123, 125, 361, 376 – 379, 382 – 385, 389, 392, 488 – 490, 493, 497, 499, 598, 602, 673, 702 – 703, 714 – 715, 736, 752 – 753, 763 – 764, 768 – 769, 776, 807, 822 – 823
Eisenkraut 646, 652
Eis-Segge 110 – 112, 123, 125, 131, 133, 752 – 753
Eisseggenflur 85, 110, 112 – 113
Engelsüss 507
Englisches Raygras 320, 323, 333, 337, 339 – 341, 344, 638 – 639, 647 – 648, 785, 805 – 806

Enzian-Zwenkenrasen 284, 301, 306 – 308
Erdbeer-Fingerkraut 291, 294, 789 – 790, 829
Erika-Bergföhrenwald 451, 476, 548 – 549, 551, 553
Erikagewächse 78, 726
Erlenbrüche 464, 544
Esche 488, 581, 604, 607 – 608, 614
Eschen-Ahorn-Mischwälder 566
Eschen-Mischwald 730 – 731
Eschenwälder 569, 604
Esparsetten-Trespen-Halbtrockenrasen 284, 290, 292, 294 – 298, 829
Espe 545
Europäische Haselwurz 616, 620, 860 – 861
Europäische Wirtschaftsweiden 312

F

Fadenförmige Binse 88, 90, 97, 99 – 100, 377 – 378, 678
Faden-Segge 91, 779
Faltenlilie 224, 226 – 227, 683 – 684
Farnähnliches Starknervmoos 129 – 130
Farn-Buchenwald 581 – 582, 832
Farne 484, 489, 507, 576, 582, 586, 595 – 596, 765, 803, 823, 833
Faulbaum 464 – 465, 468, 484, 543 – 545, 779 – 780, 821, 825 – 826
Feinstieliger Ehrenpreis 339 – 342
Feld-Borstendolde 640 – 641
Feld-Ehrenpreis 320, 325, 333, 337, 640 – 641
Feld-Hainsimse 291, 298, 341 – 342, 346, 350
Feld-Kresse 642, 645
Feld-Löwenmaul 642, 644
Feld-Rose 446, 449, 789 – 790
Feld-Spitzkiel 226
Feld-Stiefmütterchen 640, 642
Feld-Witwenblume 292, 296, 316, 320, 327, 333, 336, 791, 807, 830 – 831
Felsenbirne 451 – 452
Felsen-Ehrenpreis 141 – 142, 144, 146, 668 – 669, 687
Felsen-Johannisbeere 395 – 396
Felsenmispel 144, 146, 451 – 452, 454, 741, 760 – 761
Felsenmispel-Gebüsch 443, 452 – 454, 740 – 741, 759 – 760
Felsen-Segge 224 – 226, 228, 723 – 724
Felsen-Straussgras 259, 262, 269, 272
Felsflur 61, 135, 698, 740, 760
Felsspalten- und Mauerfugengesellschaften 137
Felsvegetation 687, 743
Fett- und Feuchtwiesen 805
Fettweide 299, 312, 347, 376, 714, 743 – 744
Fettwiese 61, 285, 312, 318 – 321, 364, 370 – 371, 379, 659, 780, 785, 795, 797, 805, 807, 813, 815, 842 – 843, 846, 850
Feuchte Trittflur 645 – 646, 857
Feuchtgebüsche 395
Feuchtwiese 104, 313, 329, 361, 364, 370, 376 – 377, 379, 388, 407, 659, 673, 702 – 704, 712 – 714, 727, 735 – 736, 754, 762 – 763, 768 – 769, 777, 779 – 780, 788, 795 – 799, 807, 814, 822 – 823, 843, 846, 849 – 850
Fichte 50, 243 – 244, 247 – 250, 253 – 254, 256, 437, 439, 446, 471, 476 – 478, 480 – 483, 485 – 486, 488, 490 – 491, 497 – 499, 505, 507 – 508, 531 – 533, 539, 542, 557, 566, 569, 576, 581, 584, 588, 591, 594 – 595, 598, 600, 605, 607 – 609, 611, 614, 616, 623, 718 – 719, 727, 734, 740, 764 – 765, 775 – 776, 784, 793, 803, 821, 823, 833, 837 – 838, 840, 860
Fichten-Vogelbeergebüsch 435
Fichtenwald 470, 476, 478, 515, 566, 596, 669, 739, 754, 765, 803
Fieberklee 91 – 93, 658, 660, 782 – 784, 819, 825 – 826, 849
Fieder-Zwenke 285 – 286, 299 – 301, 419, 421
Filzige Steinmispel 144, 146, 451 – 453, 741 – 742, 811 – 812
Filziges Felsenblümchen 138 – 141, 143, 667, 687
Filziges Hungerblümchen 67
Fingerblättrige Zahnwurz 577
Fingerkraut 658
Finger-Segge 570 – 571, 579, 616, 623
Flach- und Übergangsmoore 779, 781 – 782
Flachmoor 48, 61, 74, 85, 91, 95 – 96, 110, 116, 361, 376, 379, 659, 661, 663, 703, 713 – 714, 727, 735, 737, 754, 762 – 763, 777, 782, 787 – 788, 796 – 800, 805, 808, 814 – 815, 820, 822 – 823, 850
Flatter-Binse 123 – 124, 362, 365, 367, 372, 374, 376, 379, 381, 389, 392, 465, 468, 714 – 715, 768 – 769, 846 – 847, 849
Flaumhafer 333
Flaumiger Alpen-Bergflachs 743
Flaum-Wiesenhafer 215, 219, 316 – 317, 320, 333, 336, 759
Flechten 243, 258, 717, 721, 726, 784
Fleischrotes Knabenkraut 102 – 103, 105 – 106, 737
Fliegen-Ragwurz 288 – 289, 300 – 301, 701 – 702
Floh-Segge 96 – 98, 762 – 763
Florentiner Habichtskraut 292, 296, 831
Flueblume 23
Flutrasen 646
Französische Rampe 642 – 643
Französisches Leimkraut 640 – 641
Französisches Raygras 317 – 318, 785
Frauenhaarmoos 79
Frauenmantel 355, 689, 772
Frauenmantel-Kammgrasweide 313, 339, 341 – 344
Frauenschuh 570 – 571, 590 – 592, 840 – 841
Fromental 317 – 318
Frühlings-Anemone 266 – 267, 270, 276, 724 – 725
Frühlings-Enzian 191, 196, 200, 204, 299 – 300, 305, 701, 799, 811 – 812
Frühlings-Fingerkraut 287 – 288, 789 – 790
Frühlings-Hungerblümchen 647 – 648, 857
Frühlings-Krokus 329 – 333, 336, 345 – 346, 351, 700, 798, 810

Frühlings-Miere 191, 200, 203, 209, 212, 226, 228, 285 – 286, 683 – 684
Frühlings-Schlüsselblume 288 – 289, 291, 295, 829
Frühlings-Segge 287 – 288, 291, 297, 320, 325
Fuchs' Geflecktes Knabenkraut 379, 822
Fuchs' Greiskraut 402 – 403, 431, 434, 437, 439, 496
Fuchs' Knabenkraut 101, 104 – 105, 109, 279 – 280, 380, 659, 702 – 703, 713 – 714, 727 – 728, 737, 763 – 764, 783, 788, 797, 799, 808, 820
Fuchs-Greiskraut-Traubenholunder-Gebüsch 435
Fünfblättrige Zahnwurz 578
Fünfblütige Sumpfbinse 796 – 797

G

Gabeliges Habichtskraut 191, 194, 200, 205
Gamander-Ehrenpreis 319 – 320, 327, 333, 336, 347 – 348, 365, 369, 419, 421 – 422, 424, 801 – 802
Gämsheide 221, 721
Gämskresse 182, 664, 681 – 682
Gäms-Schwingel 70, 158 – 159
Gämswurz-Greiskraut 65, 191, 194, 198, 199 – 201, 669 – 670, 685 – 686, 745 – 746
Gänse-Fingerkraut 646
Gänsekresse-Tuffmoosflur 117, 130 – 133
Garten-Löwenmaul 642, 645
Garten-Wolfsmilch 642, 644
Gebirgs-Borstgrasrasen 266
Gebirgs-Distel 166, 168
Gebirgs-Feld-Thymian 200, 206, 842
Gebirgs-Frauenfarn 395, 398 – 399, 517, 520
Gebirgs-Kälberkropf 120 – 121, 126, 128, 321, 333, 336, 362 – 363, 383 – 385, 390, 399, 488 – 490, 495, 497, 499, 507, 510, 608 – 609, 613, 625, 629, 732 – 734, 776, 781, 796, 801 – 802, 867
Gebirgs-Thymian 191, 195
Gebirgs-Weidenauengebüsch 457
Gebräuchlicher Baldrian 370, 372, 374, 781 – 782
Gebräuchlicher Honigklee 652
Gebüsch- und Waldmantelgesellschaften 435
Gebüsche 412, 442, 446 – 449, 649, 805
Gedüngte Fettweiden 312, 316
Gedüngte Fettwiesen 312, 316
Gefleckte Gauklerblume 843
Gefleckte Taubnessel 649
Gefleckte Wolfsmilch 647 – 648, 857
Geflecktes Johanniskraut 265 – 266, 270, 278, 356, 358, 402, 404
Geflecktes Knabenkraut 823 – 826
Gefranster Enzian 288, 290, 293, 298, 701 – 702, 811 – 812
Gegenblättriger Steinbrech 68 – 69, 141 – 142, 156, 161, 163, 687 – 688, 811 – 812
Gegenblättriges Milzkraut 118 – 120, 122
Gehölze 650
Gehörnter Sauerklee 647 – 648

Geissfuss 371, 374, 570, 585, 609, 612, 616, 621, 625, 628, 649, 732, 734, 781–782, 867
Gekielter Ackersalat 640–641
Gelappter Schildfarn 479–480, 583–584, 588, 833–834
Gelbe Berg-Platterbse 66, 213, 215, 217
Gelbe Narzisse 815–816
Gelbe Reseda 637–638, 855–856
Gelbe Segge 105, 109, 814–815, 849
Gelbe Sommerwurz 156–157
Gelber Eisenhut 497
Gelber Enzian 215, 217, 220–221, 270, 527, 529, 691–692
Gelber Fingerhut 431, 433, 831–832
Gelbes Berg-Veilchen 131–132, 150, 166, 168, 237, 239, 395–396, 400, 402, 405, 490, 493, 497, 500, 507, 512, 532, 597–598, 602, 626, 630, 765–766
Gelbes Labkraut 285–286, 298, 420–421
Gelbes Stiefmütterchen 749
Gelbes Veilchen 269
Gelbfrüchtiger Kälberkropf 459
Gelbgrüner Frauenmantel 110–112, 316
Gelbliche Hainsimse 479, 517
Gelbling 176–179, 697–698
Gemeine Akelei 292–294, 459, 570, 572, 789–791, 828, 830, 862–863
Gemeine Berberitze 451–452
Gemeine Berg-Nelkenwurz 268–270, 275, 347, 354
Gemeine Brunelle 314, 333, 336, 341–342, 347, 351, 356, 359, 383, 385
Gemeine Esche 446, 449, 490, 492, 570, 583, 585, 588, 609–610, 616, 618, 730, 734, 813–814, 860–861
Gemeine Flockenblume 285, 287, 292, 298, 314, 320, 324, 333, 337, 345, 379, 700, 777, 830–831, 850–851
Gemeine Kammschmiele 309
Gemeine Kratzdistel 636–637, 789, 791
Gemeine Kreuzblume 292, 295, 782–783
Gemeine Liliensimse 102–103, 105, 107, 150–151, 659
Gemeine Mondraute 265, 269, 272, 773–774
Gemeine Moosbeere 79–83, 539–540, 658, 678, 779–780, 819, 825, 849
Gemeine Nachtkerze 855–856
Gemeine Nachtviole 649
Gemeine Natterzunge 850–851
Gemeine Schafgarbe 316–317, 320, 327, 341–342, 345–346, 350, 419, 421, 638–639, 700–701, 811–812
Gemeine Skabiose 287, 292, 295
Gemeine Sumpfwurz 102
Gemeine Waldrebe 443–444, 446, 448, 865
Gemeine Winterkresse 459, 646, 857
Gemeiner Ackerfrauenmantel 640–641
Gemeiner Beifuss 636, 652, 855
Gemeiner Frauenmantel 320, 325, 329, 333, 338, 341–342, 345–346, 351, 354, 383, 385, 402, 801–802
Gemeiner Gilbweiderich 370, 372, 374
Gemeiner Hohlzahn 428, 430–432, 774–775
Gemeiner Hornklee 346, 799, 805–806

Gemeiner Kreuzdorn 443–444, 446, 448, 865–866
Gemeiner Liguster 446–447, 450–452, 591, 593, 840, 842
Gemeiner Natterkopf 637–638, 652
Gemeiner Odermennig 301, 307, 415, 418–419, 421, 650–651, 758
Gemeiner Reiherschnabel 642–643, 858
Gemeiner Sauerklee 437
Gemeiner Schneeball 446–447, 450, 609, 611, 616, 621, 626, 630, 813–814, 846, 848, 865–866
Gemeiner Seidelbast 237, 239
Gemeiner Tormentill 265–266, 270, 278, 347, 349, 354, 768–769
Gemeiner Tüpfelfarn 150–151, 507, 512
Gemeiner Waldfarn 481–482, 485, 490
Gemeiner Windenknöterich 640–641, 652
Gemeiner Wundklee 287–288, 292, 297
Gemeines Brillenschötchen 196–197, 240
Gemeines Fettblatt 102–103, 105, 107, 110, 113, 123–124, 129–132, 659, 808
Gemeines Greiskraut 642–643
Gemeines Hirtentäschchen 634–635
Gemeines Johanniskraut 413, 420–421
Gemeines Kammgras 320, 323, 333, 335, 339, 341–342, 345–346, 348, 367, 700
Gemeines Katzenpfötchen 248, 252, 265, 269, 277, 347, 674, 689–690, 719–720, 773, 808–809
Gemeines Leimkraut 320, 326, 636
Gemeines Milchkraut 700–701
Gemeines Pfaffenhütchen 443–444, 446, 448, 450, 616, 619, 731, 865–866
Gemeines Quellmoos 117–118
Gemeines Reitgras 427–429, 431, 433
Gemeines Rispengras 314–315, 317, 320, 322, 333, 337, 341, 344–345, 352, 365, 368, 383, 386, 785
Gemeines Tausendgüldenkraut 292, 427
Gemsheide 258–259
Geröll- und Schutthalden 61, 707–708
Gersten-Trespe 333, 335, 785
Geschlitzter Frauenmantel 175, 185–186, 682–683
Gesellschaft der Sparrigen Binse 265, 279, 280–281
Gestreiftes Leinkraut 638–639, 858
Getreideäcker 856
Getreide-Unkrautfluren 640
Gewöhnliche Goldrute 428, 430, 507, 510, 579, 793, 795
Gewöhnliche Klatschnelke 297
Gewöhnliche Melde 642, 644
Gewöhnliche Trauer-Segge 224–226, 229
Gewöhnliche Zweijährige Nachtkerze 637
Gewöhnlicher Erdrauch 642, 644
Gewöhnlicher Löwenzahn 801–802
Gewöhnlicher Wacholder 811, 813
Gewöhnliches Ferkelkraut 320
Gewöhnliches Hornkraut 314–315, 319–320, 325, 333, 337, 341, 343, 346, 352
Gewöhnliches Sonnenröschen 740–741
Glänzende Skabiose 191, 195, 200, 206, 667, 745–746

Glänzender Ehrenpreis 642–643
Glänzender Frauenmantel 215, 218
Glänzendes Labkraut 170–171, 414–415, 417
Glattes Brillenschötchen 199–200, 207, 685–686, 745, 747
Glattes Schutt-Milchkraut 164–166, 168
Glatthafer 317–318, 320, 322, 333, 338, 807
Glatthaferwiese 313, 317, 319–320, 322–328, 777, 791, 805, 815
Gletscherlinse 191, 192, 215, 219, 691–692, 709–710
Glieder-Binse 86, 105, 108, 814–815
Glockenheide 80, 819
Golddistel 288–289, 301, 831–832
Gold-Fingerkraut 177–178, 249–250, 254–255, 268–270, 278, 347, 349, 356, 359, 674, 720–721, 810
Goldhafer 316, 320, 326, 328–329, 332–334, 777, 792, 807
Goldhaferwiese 313, 317, 328, 330–331, 333–338, 759, 777, 791–792, 795, 800, 805, 807, 815
Gold-Pippau 345–346, 348, 354–355, 357, 689, 700, 706–707, 772, 810
Goldpippau-Kammgrasweide 313, 339, 345–353, 669, 672, 699–700, 706, 709, 711, 771, 809–810
Grannen-Klappertopf 365, 367, 850–851
Gräser 355, 465, 615, 688, 699, 730, 772–773, 803, 840
Gras-Sternmiere 320, 326, 333–337, 341–342
Graue Segge 87, 96–97, 99, 779–780
Grauer Alpendost 394–395, 398–399, 402–403, 479–480, 490, 494, 496–499, 507, 510, 512, 609, 611, 672–673, 693, 742–743, 793–794
Grau-Erle 446, 449, 459, 461, 490, 493, 607–608, 625–627, 648, 732, 734, 761, 813, 866
Grauerlen-Auenwald 459, 604, 607, 624–625, 627–630, 732, 734, 761–762, 866–867
Graugrüne Borstenhirse 642, 645
Graukresse 637–638
Grau-Weide 464–467, 826
Grauweiden-Gebüsche 464
Grauzottiges Habichtskraut 270, 275
Grossblättrige Gemswurz 44
Grossblättrige Schafgarbe 397–399, 404, 694–695
Grossblättrige Weide 48, 235, 237, 398, 401, 497, 500, 527–528, 532, 534, 557
Grossblättriges Sonnenröschen 685
Grossblütige Brunelle 285–286, 744–745
Grossblütige Königskerze 637–638, 855–856
Grossblütiger Fingerhut 428–429, 758
Grossblütiges Sonnenröschen 191, 193, 199–200, 202, 237–238, 664–665, 685–686, 745–746
Grosse Bibernelle 318–320, 326, 329, 333, 335
Grosse Brennnessel 372, 375, 408, 410, 437–438

Grosse Soldanelle 110–111, 113, 177, 185–186, 345, 347, 349, 356, 358, 666, 810–811
Grosse Sterndolde 215–216, 422, 424, 691–692, 709, 710, 770–771
Grosser Wiesenknopf 314–315, 365, 368, 385, 674–675
Grosses Hexenkraut 126–127, 572–573, 585, 605, 609, 613, 734–735, 804–805, 834–835
Grosses Springkraut 805
Grosses Zweiblatt 105, 107, 614, 616, 622, 659, 737, 783, 788–789, 799
Grossköpfige Gämswurz 69, 157, 160–161, 163, 166–167, 667, 693, 708–709
Grüne Borstenhirse 634–635, 854
Grün-Erle 397–398, 400, 488, 490, 495, 497, 500, 675
Grünerlengebüsch 394–395, 397–402, 675, 753
Grünland-Gesellschaften 312
Grünliches Breitkölbchen 362, 365, 369, 850–851
Grünstieliger Streifenfarn 149, 505, 507, 513, 765
Gundelrebe 625, 627, 649, 867
Guter Heinrich 407–409

H

Haarästige Hirse 642, 645, 856–857
Haarmützenmoos 546
Haar-Straussgras 333, 338, 346, 350, 355, 360, 428–429
Hackfruchtäcker 856
Hahnenfuss-Hasenohr 196–197, 199–201, 675–676, 685–686, 745–746
Hain-Friedlos 120–121, 126–127, 572, 574
Hain-Gilbweiderich 126, 572
Hain-Hahnenfuss 352, 360
Hain-Klette 431, 433
Hain-Rispengras 570–571, 579–580
Hain-Sternmiere 120–121, 490, 493, 497, 503, 572, 575, 605
Hain-Vergissmeinnicht 377–378, 796–797
Haken-Kiefer 538
Halbkugelige Rapunzel 254, 259, 262, 266–267, 270, 276, 717, 724–725
Halbstrauchiger Ehrenpreis 144–145, 740, 760
Halbtrockenrasen 283, 285, 288, 290, 759, 789, 828–829, 864
Hallers Margerite 70, 158–159, 161, 163, 681–682, 708–709
Hallers Spitzkiel 224–226
Hänge-Birke 437–438, 464–465, 468, 543–545
Hänge-Segge 585, 605, 609, 612, 616, 618, 734–735, 834
Hartholz-Auenwald 604, 614–615, 618–623, 730, 860, 869
Hartriegel 443, 446–447, 450, 865–866
Haselstrauch 443–444, 446, 448, 570–571, 616, 625, 628, 731, 813–814
Haselwurz 860–861

Hasen-Klee 640
Hasenlattich 402, 405, 485, 487, 490, 495–497, 502, 507, 507, 510, 577–579, 597–598, 601, 609, 612, 838–839
Hasenlattichartiges Habichtskraut 793
Hasenohr-Habichtskraut 138–139, 141, 144–145, 748–749, 760
Hecken 441–442, 445–449, 617
Heidekrautgewächse 232, 543, 720, 821
Heidelbeere 80–81, 243–245, 249–250, 253–254, 257, 259, 262, 270, 274, 428, 430, 437, 439, 477–479, 481–486, 488–490, 492, 497, 500, 505, 507, 512, 514, 532, 539–540, 544, 546, 557, 561, 586, 595, 598, 600, 660, 675–676, 718, 725–726, 742, 751, 765, 775–776, 784, 793–794, 821, 823, 825, 838–839
Heidelbeer-Tannen-Fichtenwald 476, 481, 483–487, 489, 515–520, 718, 784
Heide-Segge 226, 230, 750
Helm-Knabenkraut 42, 288, 290–291, 294, 829
Helm-Orchis 289
Herbst-Milchkraut 339–341, 343, 346, 351, 354, 356, 358
Herbst-Wendelähre 288, 290, 293, 296, 831
Herbst-Zeitlose 332, 379–380, 617, 702–703, 714–715, 736, 763–764, 799
Herzblättrige Kugelblume 144–145, 191, 193, 200, 202, 552, 554, 557, 559, 664–665, 672–673, 740–741, 748–749
Himbeere 427, 431, 434, 437, 439, 446, 448, 497, 501, 507, 513, 774–775
Hirschheil 144–145, 414–416, 667, 748–749, 756, 758
Hirschzunge 150
Hirse-Segge 86, 102–103, 105–106, 279, 281, 369, 379–380, 389–390, 736, 808, 846–847
Hoch-, Flach- und Übergangsmoore 657–658, 660, 779
Hochgebirgs-Nacktriedrasen 221
Hochmontaner Grauerlenauenwald 569
Hochmoor- und Torfmoor-Bergföhrenwald 680
Hochmoor-Bergföhrenwald 48, 249, 473, 476, 538
Hochmoor-Birkenwald 476, 543–546, 779, 821
Hochmoore 48, 61, 74, 76–77, 87, 91, 93, 464, 538, 543–544, 658, 661, 663, 779, 782, 786–787, 818–819, 824–825
Hochmoorpflanzen 660, 820, 849
Hochmoorschlenke 85, 87, 678
Hochmoorvegetation 466
Hochstauden 515, 624, 693, 765, 793–794
Hochstaudenflur 165, 329, 361, 394–395, 422, 496, 595, 672, 675, 692, 694, 711, 714, 745
Hochstaudenried 376
Hochstauden-Tannen-Fichtenwald 476, 481, 489, 496–497, 499–503, 775
Hohe Rauke 634
Hoher Rittersporn 397, 402, 404, 693
Hohlzunge 265–266, 270, 277, 346, 349, 672–773
Hopfen 443–444, 446–447, 865–866

Hopfenklee 288, 290, 320, 326, 638–639
Hoppes Ruhrkraut 181–183, 185–186, 749–750
Horst- oder Immergrüne Segge 672, 685
Horst-Segge 66, 102, 105, 107, 155, 198–199, 300, 686, 799
Hufeisenklee 287–288, 552, 554, 701, 744–745
Huflattich 459–460, 638
Hühnerhirse 642, 645
Hummel-Ragwurz 42, 288–292, 294, 831
Hunds-Braunwurz 642, 644
Hundspetersilie 642–643
Hunds-Quecke 605
Hunds-Rose 300, 306, 443, 446–447, 701–702, 811–812, 865–866
Hunds-Straussgras 87, 465, 468

I

Igelfrüchtige Segge 96–98, 110, 112, 762, 783–784, 788–789, 820, 849
Immergrüne Bärentraube 237, 239, 248, 250, 720–721
Immergrüne Segge 66, 191, 200, 203, 300, 305, 532, 537, 452, 454
Immergrünes Felsenblümchen 138, 140–142, 665
Island-Flechten 241, 253–254, 259, 677, 722
Isländisch Moos 241, 257, 261, 562, 564
Island-Sumpfkresse 646
Italienisches Raygras 320, 327

J

Jacquins Binse 226, 229, 266–267, 270, 723–724
Jakobs-Greiskraut 339–340
Japanischer Staudenknöterich 648, 652, 859
Jura-Habichtskraut 793, 795
Jura-Leinkraut 41–42, 161, 843–844

K

Kahle Steinmispel 144, 147, 451–452, 454, 741
Kahler Alpendost 164–167, 237, 239, 507, 513, 526, 591, 594, 693, 711–712, 765–766
Kahler Frauenmantel 131–132, 355, 357, 404, 408, 410
Kahlschlagfluren 426
Kälberkropfwiese 313, 383–387
Kalk-Alpenrosengebüsch 233–234, 236–240, 669–670, 694, 710
Kalkalpine Zwergstrauchheiden 234
Kalkarme Quellflur 117–118, 753
Kalkarme Schneetälchen 176
Kalk-Blaugras 66, 147, 185–186, 191, 194, 198–199, 203, 209, 212, 215, 219, 220–221, 237, 239, 300, 452–453, 532, 534, 551–552, 555, 557, 591, 594, 672, 685–686, 811–812, 840, 842
Kalkbuchenwälder 590
Kalkfels- und Mauerfugen-Gesellschaften 138

Kalkfelsen 664, 744, 811
Kalkfelsflur 748
Kalk-Felsspalten- und Mauerfugen-Gesellschaften 137–138
Kalk-Flachmoor 85, 96, 129
Kalkflachmoor-Gesellschaften 85, 102
Kalk-Halbtrockenrasen 299, 701, 811
Kalk-Kleinseggenriede 102, 762
Kalkliebende Krummseggenrasen 675
Kalk-Magerrasen 285
Kalk-Magerweide 301
Kalk-Polsternelke 141, 143, 191, 195, 200–201, 209, 212, 226, 230, 254, 256, 259, 665, 677–678, 717–718
Kalk-Quellflur 695
Kalkquellflur-Gesellschaften 117
Kalk-Quellmoos 129–132
Kalkreiche Bergföhrenwälder 476, 549
Kalkreiche Quellfluren 117, 129
Kalk-Schieferschutthalde 698, 704
Kalk-Schneeböden 174, 181–182, 750
Kalk-Schuttflur 69, 155, 157, 182, 664, 681–682, 693, 698, 706–707, 739, 743, 747
Kalkseggenried 110
Kalk-Silbermantel 191–192, 200, 206, 215, 219, 240, 811–812
Kalksteinrasen 61, 182, 185, 189–190, 215, 221, 675, 687, 698, 709
Kalkweide 299, 701
Kälteliebende Segge 110
Kammgras 340, 345
Kammgrasweiden 313, 339–340, 345
Kanadische Goldrute 636–637, 652, 855, 859
Kanadisches Berufkraut 634, 854
Karflur 394, 693, 711
Kärntner Felsenblümchen 141, 143, 224, 226, 229, 683–684
Karpaten-Katzenpfötchen 224, 226–227, 723–724
Karpaten-Wundklee 864
Karren-Fichtenwald 505
Kaukasus-Fettkraut 842
Kelch-Liliensimse 737, 788
Kelch-Simsenlilie 105
Keulen-Bärlapp 773–774, 793, 795
Kies- oder Molasse-Steinbrech 843
Klatsch-Mohn 640, 856
Klebriger Salbei 431–432, 572, 574, 789–790
Klebriges Greiskraut 634–635, 854
Kleearten 355, 772
Kleinblättrige Rauschbeere 249, 252, 254, 257, 259, 261, 557, 560, 677, 722–723, 725
Kleinblütige Königskerze 431, 637–638
Kleinblütige Rose 452, 454, 741, 760–761
Kleinblütiges Wollkraut 427, 431–432
Kleine Bibernelle 285–286, 292, 296
Kleine Klette 789–790
Kleine Malve 634
Kleine Soldanelle 176–180, 697–698
Kleine Sterndolde 244, 246, 248, 252, 266, 269, 272, 691, 752
Kleine Sumpf-Dotterblume 123
Kleine Trauer-Segge 181, 185, 187, 226, 228

Kleine Wasserlinse 804
Kleine Wiesenraute 414–416, 756, 758
Kleine Wolfsmilch 640–641
Kleiner Breit-Wegerich 646–647
Kleiner Klappertopf 314–315, 365, 368, 780, 797–798, 846–847
Kleiner Klee 318–320, 327
Kleiner Odermennig 789–790
Kleiner Sauerampfer 430
Kleiner Sumpf-Hahnenfuss 96–98, 796–797, 814–815
Kleiner Wasserschlauch 819
Kleiner Wiesenknopf 285–286, 292, 297, 789–790
Kleines Immergrün 570, 579–580, 616, 620, 860–861
Kleines Knabenkraut 288, 290–291, 296, 829
Kleines Rispengras 69, 157–158, 161, 163
Kleines Springkraut 649–650, 834–835, 857–858
Kleines Tausendgüldenkraut 646–647, 857
Kleines Wintergrün 477–478, 506–507, 512, 765, 831–832
Kleines Zweiblatt 477, 515, 517, 519, 522, 524, 660
Kleinfrüchtige Gelbe Segge 102–103, 105, 107, 783
Kleinfrüchtige Moosbeere 79–81, 658
Kleingabelzahnmoos 125
Kleinköpfiger Pippau 634
Kleinseggen-Gesellschaften 85, 96
Kleinseggenried 96, 110, 361, 370, 376, 388, 735
Kletten-Distel 402–403
Kletten-Labkraut 437, 439
Knäuelblütige Binse 362–363, 365, 368, 814–815
Knäuelblütige Glockenblume 285, 300
Knäuelblütiger Ampfer 372, 374, 646–647
Knäuel-Glockenblume 287
Knäuelgras 316–317, 320, 322, 333–334, 345–346, 352, 846–847
Knäuel-Hornkraut 642, 644
Knoblauchhederich 649, 857
Knöllchen-Knöterich 177–178, 185–186, 226, 229, 345, 347, 349, 707
Knolliger Hahnenfuss 288–289, 292, 296, 347, 356
Knotenfuss 395–396, 401–402, 405
Knotige Braunwurz 572, 574
Kohldistel 120, 122, 371, 374, 377–379, 381, 421, 423, 609, 612, 625, 630, 702–703, 732–733, 781, 822–823
Kohldistelwiese 377
Kohl-Gänsedistel 634–635
Korallenwurz 477, 515, 793
Korb-Weide 457
Kornblume 640, 642, 856
Krähenbeeren-Rauschbeerenheide 234, 253, 255–257, 725
Krauser Ampfer 646
Kraut- und Staudensäume 412
Kräuter 551, 597, 614–615, 625, 635, 650, 675, 688, 699, 702, 709, 730, 792, 794, 803, 840, 853, 867

Krautsäume 329, 648, 853, 857
Kraut-Weide 176–178
Krautweidenflur 174, 177–179
Kreuzblättriger Enzian 285–286, 290, 293, 295
Kreuzdorn-Schlehen-Gebüsche 443
Kriechender Günsel 126, 128, 319–320, 322, 333, 336, 346, 609–610, 616, 621, 801–802, 862
Kriechender Hahnenfuss 120–121, 126–127, 328, 389, 391, 408–409
Kriechender Hauhechel 288–289, 789, 791
Kriechender Klee 320, 323, 333, 338–341, 343, 347, 351, 354, 356, 359, 365, 368, 383, 385, 801–802
Kriechendes Fingerkraut 459, 461, 646–647, 862–863
Kriechendes Gipskraut 68, 156, 166–167, 666, 747–748
Kriechendes Straussgras 131, 133, 459, 461, 646, 862–863
Kriechende Weide 468
Krummseggenrasen 264
Kuckucks-Lichtnelke 320, 326, 362, 365–366, 372–373, 379, 381, 383, 386, 389, 392, 714–715, 736, 780, 805–806, 846, 848
Kugelige Rapunzel 297
Kugelköpfiger Lauch 285–286, 761–762
Kugelorchis 66, 213, 215–216, 665, 668–669, 674–675, 691–692, 709, 745, 747, 770–771
Kugelschötchen 138–139, 141, 144, 147, 740
Kugelschötchenflur 141, 740
Kulturgrasland-Gesellschaften 312–314
Kümmel 316–317, 332–333, 337, 345–346, 351, 700
Kurzährige Segge 149
Kurzlebige Ruderalfluren 633, 635

L

Lägerflur 394, 673
Lamarcks Nachtkerze 637–638, 651, 855–856
Lampen-Königskerze 650–651, 857–858
Lampen-Wollkraut 413–414
Land-Reitgras 459, 461
Langblättriger Sonnentau 87–90, 660–661
Langblättriges Waldvögelein 291, 295, 570–571, 591, 593, 829
Langhaariges Habichtskraut 270, 273, 306
Langspornige Handwurz 300, 303, 362–363, 701–702, 744–745, 773, 808
Langzottiges Habichtskraut 300–301, 307, 341–342, 347, 356, 358
Lanzenfarn 48, 164–165, 237–238, 506–507, 513, 532, 557, 711–712, 765–766
Lanzettblättrige Kratzdistel 431, 433
Lappländisches Knabenkraut 770
Laubmischwald 478, 565, 569–570, 577, 607, 617
Laubmoose 524, 803–804
Lavendel-Weide 446, 449, 458–460, 626–627, 813, 862–863

Lavendelweidengebüsch 458–461
Leberbalsam 48, 144, 664–665, 748
Lebermoose 803–804
Lederblättriger Frauenmantel 118–119, 123–124, 355–356, 359, 752–753, 771–772
Liguster 865–866
Lockerährige Segge 120, 122, 126, 128, 605–606, 804–805, 834–835
Lorbeer-Weide 464, 465, 467, 826
Löwenzahn 316, 319–322, 333, 334, 341, 343, 347, 352, 356, 359, 365, 369

M

Mädesüss 370
Magere Bergwiese 791
Magerweide 301, 310, 743–744, 759, 788, 800
Magerwiese 291, 293, 329, 657, 788, 791, 828–832, 836, 863–864
Mähnen-Gerste 647–648
Maiglöckchen 570
Mandel-Weide 459, 461, 814
Männliches Knabenkraut 295, 301–302, 701, 744, 789–790, 811–812, 829
Mannsschild-Steinbrech 181–182, 184–185, 187, 688
Margerite 292–298, 316, 319–320, 322, 328, 332–334, 341, 344, 356, 360, 379, 777
Masslieb-Ehrenpreis 675–676
Massliebchen 316–317, 319–320, 322, 333, 338–341, 346, 350, 355, 359
Mauerlattich 428, 430–431, 434, 437, 439, 570–571, 579–580, 649–650, 774–775
Mauer-Leinkraut 148
Mauerraute 138, 144, 146, 148, 748–749
Mauerrautenflur 144, 148
Mauerrauten-Gesellschaft 137
Mäuse-Gerste 634
Mehlbeerbaum 505, 507, 511, 527, 529, 532, 591–592, 840–841
Mehl-Primel 101–103, 105–106, 713, 727, 735, 737
Meisterwurz 166, 168, 397, 399, 402–403, 675, 693, 711–712
Mesophile Saumgesellschaften 413, 415
Mesophile Schlehengebüsche 443, 445
Mierenblättriges Weidenröschen 123–124, 131–132, 690, 752–753
Milchkrautweide 54, 61, 264, 313, 346, 354–355, 357–360, 688–689, 706, 745, 771–772, 795
Milder Mauerpfeffer 842
Mitteleuropäische Halbtrockenrasen 284
Mitteleuropäische Schlag- und Vorwaldgesellschaften 426
Mittelklee-Krautsaum 415, 650, 758
Mittelklee-Odermennig-Saum 413, 418–420
Mittlere Winterkresse 634–635
Mittlerer Klee 415, 418, 420–424, 758
Mittlerer Wegerich 300, 303, 345, 347–348, 700, 810–811
Möhren-Honigklee-Ruderalfluren 636–637

Molasse-Steinbrech 793, 844
Montane Frauenmantel-Kammgrasweide 340–341, 699
Montane Hochstaudenfluren 394
Montane Kammgrasweide 706
Montane Pfeifengraswiese 361, 782, 846
Montaner Grauerlen-Auenwald 624–625, 732
Montanes Pfeifengrasried 364
Mont Cenis-Rispengras 69, 157–158, 161, 163, 681–682, 708
Mont Cenis-Veilchen 44–45, 67–68, 70, 158, 161–162, 681–682
Moorbärlapp 87–88, 90, 660–661, 825
Moorbeere 79–82, 84, 270, 477, 539, 544, 477, 546
Moor-Binse 88, 90–91, 660–661
Moor-Birke 464–467, 543–544, 779–780, 821, 826
Moore 312, 361, 464, 657, 661, 705, 779, 782–783, 818, 820, 825
Moorenzian 57, 102–105, 108, 660–661
Moorgebüsche 544
Moor-Labkraut 362–363, 368, 379, 381, 389, 392, 846–847
Moorrand-Fichtenwald 521
Moorschlenken und Übergangsmoore 85
Moor-Spierstaude 53, 120, 122, 367, 370–371, 373, 379, 382–383, 385, 388–389, 392, 465, 467, 702, 781, 822–823, 846, 848, 850
Moor-Sternmiere 117–118, 120, 126, 128
Moorwälder 658
Moor-Weide 464–465, 825, 849
Moor-Weidengebüsch 463–468, 826, 849
Moorwiese 849
Moor-Zweiblatt 477, 517, 522
Moosauge 793
Moose 479, 484–485, 488–489, 504–505, 507, 515, 517, 561, 586, 660, 694, 718, 742, 752, 764–765, 784, 803, 833, 859
Moos-Nabelmiere 149, 166, 169
Moosorchis 739
Moospolster 243
Moris' Habichtskraut 196–197, 200–203, 748–749
Mörtelfugen-Gesellschaft 144
Moschus-Malve 637–638, 831–832, 855
Moschus-Schafgarbe 677
Moschus-Steinbrech 45, 141, 143, 161–162, 196, 198, 209, 212, 668–669
Mutterwurz 689

N

Nachtkerze 652
Nacktried 223–224, 226, 230, 683, 723
Nacktriedrasen 221–224, 227–230, 667, 683, 723
Nacktriedrasen-Gesellschaften 221
Nacktried-Windecken 221
Nadelbäume 577, 586, 595
Nadelwald 475, 477, 496, 538, 586, 761, 764, 793
Nährstoffreiche Feuchtwiesen 313, 376
Nährstoffreiche Krautsäume 649

Narzissen-Windröschen 64, 191–192, 215–216, 220–221, 691–692, 709–710, 770
Natternzunge 364–366
Nelkengewächse 683
Neophytische Ruderalpflanzen 652
Nesselblättrige Glockenblume 570–571, 842, 843
Nessel-Ehrenpreis 497, 503, 507, 512, 577–578, 597–598, 602, 609, 612, 838–839
Nestwurz 572, 574
Netz-Weide 181–182, 185–186
Netzweidenspalier 174, 182, 185–187
Nickendes Leimkraut 297, 413–414, 417
Nickendes Perlgras 532, 535, 570–571
Nickendes Weidenröschen 118–119, 123, 125
Nickendes Wintergrün 517
Niedermoor 96
Niedliche Glockenblume 68–69, 150–151, 156, 161, 163, 166–167, 681–682, 708, 747–748
Niedrige Segge 285, 287
Niedriger Schwingel 64, 191, 209, 211, 226, 228
Niedriges Habichtskraut 138, 141, 144, 146, 740, 760
Niedriges Labkraut 292, 297, 759
Niele 443, 446, 865–866
Nordalpine Kalkspalten und Mauerfugengesellschaft 137
Nordalpiner Kalk-Halbtrockenrasen 284, 299, 303–304, 672, 809
Nordalpiner Trockenrasen 743
Nordisches Einjähriges Berufkraut 636, 855
Nordisches Labkraut 743
Norwegisches Fingerkraut 646

O

Odermennig 301
Oeders Gelbe Segge 87, 110–112
Oeders Läusekraut 101, 109, 196–197, 254, 256, 259, 261, 678, 717–718, 735, 737
Öhrchen-Habichtskraut 265–266, 270, 277, 345–346, 350, 356, 359
Ohr-Weide 464–467, 544–545, 821, 826, 849
Orangeroter Pippau 669
Orangerotes Habichtskraut 268–270, 277, 353, 773–774
Orchideen 96, 313, 379, 515, 614, 659–661, 672, 713, 735, 737, 739, 770, 796, 815, 840
Orchideen-Buchenwälder 568, 590, 840
Osterglocke 815–816
Österreichische Sumpfbinse 796–797
Österreichischer Bärenklau 41–42, 843–844
Östlicher Wiesen-Bocksbart 316, 320, 333, 335, 791, 830, 864
Ovalblättriges Sonnenröschen 287

P

Pairas Stachel-Segge 419, 421
Paradieslilie 217, 743, 749
Pastinak 320, 327, 637–638, 855–856
Pelz-Anemone 266
Persischer Ehrenpreis 642–643
Pestwurzflur 155, 164, 167–168, 692, 709
Pfeifengrasried 820, 850
Pfeifengraswiese 313, 364–369, 814–815, 846, 850, 852
Pfennigkraut 365, 367, 846–847
Pfirsichblättriger Knöterich 642–643
Pillentragende Segge 265–266, 270, 277, 428, 430, 773–774, 808–809
Platanenblättriger Eisenhut 166, 237–238, 398–399, 501, 693
Platanenblättriger Hahnenfuss 395–396, 402–403
Plateau-Tannen-Fichtenwald 483
Plattes Rispengras 638–639
Polster-Segge 65, 141–142, 208–211, 664, 667, 684–685
Polsterseggenrasen 64–65, 137, 190, 208, 210–212, 667, 683–684, 745
Pracht-Nelke 213–214, 249, 675–676
Preiselbeere 244, 247, 249, 251, 254, 256, 259–260, 270, 272, 477–478, 517, 520, 522, 524, 526–527, 529, 532–533, 536, 539–540, 544, 546, 507–508, 557, 561, 675, 719–720, 742, 808–809, 821, 825
Purgier-Lein 105, 107, 301, 309, 362–363, 365, 369, 846, 848
Purpur-Enzian 244, 246, 249–250, 254–255, 264, 266–268, 270, 273, 331, 353, 674, 676, 689, 705–706, 719–720, 752, 768–769, 772–773, 778, 795–796
Purpur-Storchschnabel 649–650, 862–863
Purpur-Weide 457, 459–460, 626, 628, 862–863
Pyramiden-Günsel 265, 269, 272
Pyramiden-Kammschmiele 287–288, 300
Pyrenäen-Pippau 215, 219, 395–396
Pyrenäen-Storchschnabel 636–637
Pyrenäen-Veilchen 743

Q

Quellflur 115, 116–117, 690, 694, 727, 752–753, 804, 859
Quellflur-Gesellschaften 117
Quellried 105, 109, 646, 796–797, 857
Quellsümpfe 116
Quendelblättrige Gänsekresse 141–142
Quendelblättrige Kreuzblume 270, 273, 279, 281, 773
Quendelblättriger Ehrenpreis 320, 324, 333, 335, 339–341, 343, 347, 352
Quendelblättriges Sandkraut 459–460, 862–863
Quirlblättriges Läusekraut 23, 64, 191, 194, 200, 205, 668–669, 685–686
Quirlblättriges Salomonssiegel 479–480, 507, 512, 597–598, 601, 616, 622, 731
Quirlblättriges Weidenröschen 394–396, 402, 404, 408–409

R

Rainfarn 636–637, 652, 858
Rainkohl 649
Raps 642, 644
Rapunzel-Glockenblume 650–651
Rasenbinsenmoor 823
Rasen-Haarbinse 79, 82–83, 97, 99, 539–540, 678, 713, 779–780, 820, 822–823
Rasen-Schmiele 123, 125, 354–355, 359, 371, 375, 408, 410, 421, 423, 609, 612, 625, 629, 734–735, 867–868
Rätisches Alpen-Lieschgras 345–346, 351, 354, 356, 360, 689
Raue Gänsedistel 642–643
Raues Milchkraut 215, 218, 270–271, 278, 300, 306, 314–315, 320, 323, 333, 335, 341, 344, 346, 350, 354, 356, 358, 552–553, 689, 706–707, 771–772, 792, 796, 810
Raugras 170, 220
Raugras-Kalkschutthalden 155, 169
Rauhaarige Gänsekresse 287–288, 291, 296
Rauhaarige Platterbse 640–641
Rauhaarige Wicke 640
Rauhaariges Veilchen 291, 295, 413–414
Raukenblättriges Greiskraut 638–639, 855–856
Raukengesellschaften 633
Rauschbeere 79–80, 82, 253, 276, 477, 522–523, 539–540, 544, 546, 561, 660, 675–676, 719–720, 751, 821, 825
Rauschbeerenheide 676
Rautenblättrige Glockenblume 317, 328–329, 332–334, 777, 791–792, 807
Reif-Weide 458–460, 862–863
Reihenblättriges Quellmoos 117, 123–124
Reitgras-Fichtenwald 759, 761
Rentierflechte 78, 80–81, 241, 253–254, 256, 259–260, 539, 542, 561–562, 677, 722, 725, 751
Resedablättriges Schaumkraut 677–678
Riedwiesen 365
Rieselfluren 116
Riesen-Fettkraut 650–651
Riesen-Schachtelhalm 605
Riesen-Schwingel 572–573, 803–804
Riesen-Straussgras 314–315
Rippenfarn 244, 247, 479, 481–483, 485, 487–488, 490, 492, 497, 502, 507, 512, 532, 581, 586, 595, 598, 600, 718, 742–743, 765–766, 776, 784–785, 803–804
Rippensame 413–414, 416, 756–757
Rispengras 347
Rispiger Eisenhut 397, 402–403, 694–695
Rohr-Glanzgras 370, 372, 374, 465, 468
Rohr-Pfeifengras 846, 848
Rosenarten 445
Rosetten-Ehrenpreis 270–272
Rosmarinheide 80–82, 84, 88–89, 539–540, 658, 678, 779–780, 818–819, 825
Ross-Lauch 642, 644

Ross-Minze 372, 375, 646, 781–782
Rostalpenrosenheide 233–234, 243, 245–247, 517, 676, 725–726, 729, 750–751
Rostalpenrosen-Heidelbeerheide-Gesellschaften 234, 242
Rostblättrige Alpenrose 232, 242–244, 246, 249–250, 253, 266, 398, 401, 548–549, 556, 561–563, 660, 664, 675–676, 705–706, 720, 725–726, 742, 750–752
Rost-Segge 66, 213–215, 219–220, 238, 526–527, 529, 532, 535, 596, 598, 601, 664, 674–675, 691–692, 709, 770
Rostseggenhalde 66, 104, 129, 165, 190, 198, 213–219, 354, 398, 674, 691, 698, 709, 711, 745, 770
Rostseggenrasen 64, 66, 190, 213
Rostseggenrasen-Gesellschaften 190
Rot-Buche 485, 507, 509, 567, 583, 587, 591–592, 595, 598–599, 607, 614, 616, 620, 833, 837–838, 840, 860
Rot-Klee 270, 278, 314, 320, 333–322, 334, 347–348, 353–354, 356–357, 365, 367, 379, 382–383, 387, 389, 689, 700–701, 785–786, 796, 801–802, 850–851
Rot-Schwingel 270, 274, 314–315, 320, 326, 333, 337, 341, 343, 346, 349, 355–356, 358, 772, 777, 807
Rote Felsen-Primel 259, 262, 677–678
Rote Heckenkirsche 443, 446, 448, 570, 581, 583, 587, 591, 594, 609, 613, 616, 622, 625, 630, 731, 734, 813–814, 840–841, 860–861, 865
Rote Pestwurz 372–373, 607–609, 610, 625, 628, 732–734, 867
Rote Waldnelke 319–320, 323, 332–334, 383, 387, 609–610, 626, 630, 712–713, 777, 796, 805–806, 867–868
Roter Fingerhut 429
Roter Gänsefuss 642, 643
Roter Hornstrauch 443–444, 446, 450, 865
Roter Wiesen-Klee 777
Rotes Geissblatt 570, 609, 613
Rotes Waldvögelein 570, 591, 593, 840–841
Rotgelber Fuchsschwanz 673
Rottanne 471, 476–477, 485, 490
Rüben-Kohl 642–643
Ruchgras 319–320, 327, 333, 338, 341, 343, 346, 352, 355, 360, 383, 387, 544, 546
Ruderal- oder Schuttfluren 853
Ruderale Beifuss- und Distel-Gesellschaften 636, 649
Ruderale Honig- oder Steinkleeflur 637
Ruderalflur 631–632, 634, 636, 638–639, 642, 648–649, 653–654, 853–854, 856
Rührmichnichtan 572, 585, 605, 804
Rundblättrige Glockenblume 758, 831–832
Rundblättriger Enzian 226, 230, 688
Rundblättriger Sonnentau 79–83, 539–540, 658, 779–780, 782, 819, 825
Rundblättriger Steinbrech 395–396, 401–402, 405, 488–490, 495, 497, 503, 507, 510, 595, 598, 602, 609, 612, 672–673, 734, 765–766, 776, 793–794

Rundblättriger Storchschnabel 642–643, 858
Rundblättriges Labkraut 479, 577–578, 583–584, 588, 598, 600, 803–804
Rundblättriges Täschelkraut 44, 67–68, 70, 155, 158, 160–162, 666, 681–682, 708, 747
Rundblättriges Wintergrün 477–478, 808–809
Rundköpfige Rapunzel 191, 195, 200, 205, 215, 218, 292, 300, 379, 382, 701–702, 744–745
Runzeliger Rapsdotter 640–641
Ruprechtsfarn 68, 150–151, 156, 166, 169–170, 507, 513, 747–748
Ruprechtskraut 148, 150–151, 166, 169–170, 459–460

S

Saat-Esparsette 288–290, 292, 294, 791, 830, 864
Saat-Margerite 642, 644
Saat-Mohn 640
Salbeiblättriger Gamander 842–843
Sal-Weide 435, 437–438, 443–444, 446–447, 488, 490, 776, 813–814, 865–866
Salweidengebüsch 435
Salzburger Augentrost 191, 193, 200, 204
Sanddorn 864
Sanikel 572, 575, 585, 591, 594, 598, 603, 838–839
Sauerboden-Schneetälchen 174, 176
Sauerdorn 451–452
Sauergräser 53, 78, 116, 209, 465, 727, 796, 815, 820, 849
Säuerling 155, 682–683
Saumgesellschaften 370, 412, 789
Saure Braunseggensümpfe 96, 762
Saure Flachmoore 819
Saure Kleinseggenriede 104
Saurer Alpenrosen-Bergföhrenwald 556
Schachtelhalm-Tannen-Fichtenwald 476, 481, 488–495, 497, 659, 775–776
Schaf-Schwingel 298, 301
Schaft-Kugelblume 191, 195, 200, 202, 237, 239, 532, 535, 551–553, 557–558, 664–665, 672–673, 745–746
Schaftlose Schlüsselblume 307
Scharbockskraut 570–571, 580, 616, 618, 625, 628, 867
Scharfer Hahnenfuss 53, 314, 319–321, 325, 328, 333, 337, 341, 343, 345, 347, 351, 356, 360, 379, 382–383, 385, 389, 392, 785–786, 801–802
Scharfes Berufkraut 288, 290, 296
Scharfkantige Segge 371, 373
Schattige Kalkfels- und Mauerfugen-Gesellschaft 149
Schaumkraut-Quellflurgesellschaft 117
Scheiden-Kronwicke 138, 140, 144, 147, 550–552, 554, 740–741, 760
Scheiden-Segge 724–725, 750
Scheiden-Wollgras 79–82, 84, 279–280, 522–523, 539–540, 544–545, 659, 678, 752, 779–780, 819
Scheuchzers Glockenblume 200, 204, 249–250, 270–271, 278, 300, 304, 345–346, 350, 355, 358, 700–701, 707, 772–773
Scheuchzers Wollgras 97, 100, 666, 690–691
Scheuchzers Wollgrassumpf 85, 97, 100–101, 668, 690–691, 704
Schildblättriger Ampfer 68–69, 156–157, 161–162, 166, 168, 170–171, 237, 240, 666, 708–709, 747–748
Schilf 372–373
Schlaffe Segge 220–221, 346, 352, 355, 358, 368, 526–527, 529, 532, 536, 591, 593, 596, 598, 601
Schlamm-Schachtelhalm 864
Schlamm-Segge 67–68, 87–89, 658
Schlammseggen-Schlenke 67–68, 85, 88
Schlangen-Knöterich 318, 321, 329, 332–333, 336, 372–373, 377–380, 383, 386, 389, 391, 673, 702, 712, 714, 736, 763–764, 768–769, 777, 780–781, 792, 796, 807, 822–823
Schlangen-Lauch 642, 644
Schlankes Wollgras 86
Schlehdorn 443–447, 865
Schlehengebüsche 865
Schlehengebüsch-Gesellschaften 443
Schleichersches Birnmoos 117, 123, 125
Schlitzblättriger Storchschnabel 642, 644, 856–857
Schmalblättriger Hohlzahn 640–641, 856
Schmalblättriges Wollgras 82–83, 86, 92–93, 97–98, 279, 281, 465, 468, 659, 678, 713–714, 762–763, 779–780, 782, 797, 799, 820, 822, 849–850
Schmetterlingsstrauch 648, 651–652, 859
Schnabelbinsen-Gesellschaft 85
Schnabelried-Schlenken-Gesellschaften 85, 87–88
Schnabel-Segge 88–89, 92–93, 539, 542, 825–826, 849
Schneeboden-Gesellschaften 173–176, 354, 697–698
Schneebodenvegetation 682, 690
Schnee-Enzian 224, 226, 230, 683–684
Schneeglöckchen 625, 628, 867
Schneeheide 234–235, 548–553, 672
Schneeheide-Gesellschaften 234–235
Schneetälchen 176, 181, 666, 690, 697–698
Schneetälchen-Frauenmantel 176–178, 690
Schöllkraut 148, 649–650
Schöner Schwingel 66, 214–215, 217, 691–692, 709–710
Schönes Johanniskraut 842
Schotenkresse 642, 645
Schröters Löwenzahn 727–728
Schutt- und Felsfluren 684, 692, 745
Schuttflur 137, 155, 668, 698, 744
Schwalbenwurz 170–171, 414–415, 417, 591–592, 745, 747, 756–757
Schwalbenwurz-Enzian 107, 110, 364–366, 526–527, 530, 591, 593, 783, 850–851
Schwarzdorn 443–446, 865
Schwarze Heckenkirsche 479–480, 490, 495, 497, 505–501, 507, 510, 598, 603, 804–805
Schwarze Schafgarbe 69, 157, 161–162, 182, 184, 698–699
Schwarzer Holunder 436–437, 439, 609, 613, 616, 623, 626, 630
Schwarzer Mauerpfeffer 205
Schwarzer Nachtschatten 634–635
Schwarz-Erle 464
Schwarzes Geissblatt 598
Schwarzes Männertreu 191, 194, 200, 207, 270, 272, 664–665, 668, 685–686
Schwärzliche Orchis 701
Schwärzliches Knabenkraut 288–289, 299–300, 672–673, 744, 759
Schwarzwerdende Weide 446, 449, 459, 461
Schwarzwerdender Schwingel 355–357
Schwefel-Anemone 266, 268–270, 275, 724–725
Schweizer Labkraut 70, 158–159, 161–162, 708–709
Schweizer Mannsschild 67, 138–142, 667, 687
Schweizer Mannsschildflur 137, 140, 142–143, 687
Schweizer Milchkraut 179–180, 249, 252, 259, 261, 268–270, 274, 697–698
Schwimmendes Laichkraut 796–797, 849–850
Schwingrasen 93, 658
Segetalflora 640
Sichel-Starknervmoos 131, 133
Sigmarswurz 636–637
Silberdistel 288–289, 299–301, 346, 349, 672–673, 701, 744, 789–791, 811
Silber-Weide 446, 449–450, 457, 616, 621, 860–861
Silberwurz 185–186, 200, 202, 208–209, 212, 224, 226–227, 557, 560, 664–665, 672–673, 677, 717, 843–844
Silikat-Bergföhrenwald 476, 548–549, 561
Silikat-Felsspalten-Gesellschaften 137
Silikat-Frauenmantel 677
Silikat-Glocken-Enzian 248–249, 254, 264, 266, 268–268, 270, 354, 719–720
Silikat-Quellflur-Gesellschaften 117
Silikat-Schneeböden 176
Skabiosen-Flockenblume 285–286, 759, 864
Soldanelle 174
Sommerflieder 435, 437–438, 648, 651, 859
Sommergrüne Laubmischwälder 566, 568–569
Sommerwurz 746
Sonnentau 78, 80
Sonnenwend-Wolfsmilch 642, 644
Sonnige Kalkfels- und Mauerfugen-Gesellschaften 138
Sonnige Staudensäume an Gehölzen 411–413, 650
Spalierweiden 185
Sparrige Binse 279–280, 776
Sparriges Kleingabelzahnmoos 123
Spätblühende Goldrute 636, 652, 855, 859

Spierstaudenflur 313, 364, 370 – 371, 373, 374 – 375, 781, 822, 846, 848
Spiessblättrige Melde 642, 644
Spiessblättrige Weide 235, 237, 239, 398, 401
Spitzblütige Binse 366, 846 – 847, 850
Spitzgras 341, 344
Spitzorchis 288 – 290
Spitzwegerich 314 – 315, 320, 325, 333, 337, 341, 344 – 345, 347, 352, 365, 369, 805 – 806
Stachlige Segge 427
Stängel-Fingerkrautflur 137, 140 – 141, 144 – 147
Stängellose Kratzdistel 288 – 289, 299 – 301, 346, 351, 701, 789 – 790, 811 – 812
Stängellose Schlüsselblume 43, 301 – 302, 307, 789 – 790
Stängelumfassendes Habichtskraut 137, 144 – 145, 740
Starrer Wurmfarn 48, 164 – 165
Stattliches Knabenkraut 291
Stauden 635, 650, 730
Staudensäume 452, 739
Steife Wolfsmilch 649, 857 – 858
Steinbeere 557, 507, 513
Steinbrechgewächse 116
Steinklee-Ruderalfluren 636
Steinkleeflur 637
Stein-Nelke 144 – 145, 748 – 749
Steinrose 235, 548, 664
Steinrosen-Bergföhrenwald 532, 548 – 549, 556 – 561, 664
Steinschmückel 138 – 139, 141 – 142, 161, 163, 667
Steinschutt- und Geröllfluren 68, 153 – 155, 166
Stern-Steinbrech 97, 100, 116 – 118, 123 – 124, 182 – 183, 690, 752 – 753
Stern-Steinbrech-Quellflur 117, 123 – 125, 752
Stiel-Eiche 446, 449, 570 – 571
Stinkender Storchschnabel 148, 459, 507, 513, 629
Strahlenlose Kamille 647 – 648, 857
Strahlensame 129 – 131, 133, 150 – 151, 640 – 641, 694, 695
Strand-Pfeifengras 365, 367
Sträucher 532, 551, 595, 614 – 615, 635, 640, 642, 648, 675, 730, 734, 740, 809, 813, 821, 826, 840, 853, 865
Straussblütige Glockenblume 198 – 201, 668 – 669, 685 – 686, 745, 747
Stumpfblättrige Weide 181 – 182, 185 – 186, 208, 259 – 260, 672 – 673, 722 – 723
Stumpfblättriger Ampfer 320, 326, 341, 372, 375, 646 – 647, 785 – 786, 801 – 802
Stumpfblütige Binse 365, 368, 849
Stumpfes Johanniskraut 371, 373
Subalpin-alpine Borstgrasrasen-Gesellschaften 265 – 266, 724
Subalpin-alpine Kalksteinrasen 234
Subalpin-alpine Milchkrautweide 699
Subalpin-alpiner Blaugras- und Rostseggenrasen 64
Subalpin-alpiner Kalksteinrasen 64, 234

Subalpine Alpendost-Hochstaudenfluren 395
Subalpine Alpenrosenheide 253
Subalpine Fichtenwald mit Bergföhren 660
Subalpine Fichtenwald mit Heidelbeeren 793
Subalpine Hochstaudenfluren 394 – 395, 397 – 398
Subalpine Kammgrasweide 345, 353, 355
Subalpine Lägerfluren 395, 406
Subalpine Milchkrautweiden 313, 353
Subalpine Nadelwaldstufe 426
Subalpine Wälder 549
Subalpine Weiden 673
Subalpiner Fichtenwald 61, 470, 478, 514 – 516, 742
Subalpiner Heidelbeer-Fichtenwald 473
Subozeanische Trocken- und Halbtrockenrasen 284 – 285
Sudeten-Hainsimse 265, 270, 273, 689 – 690
Südlicher Tragant 224 – 226, 230, 683 – 684
Sumpf-Baldrian 105, 107, 362 – 363, 365 – 366, 372, 375, 379 – 380, 389, 391, 702, 714 – 715, 736, 768 – 769, 808, 822 – 823, 850 – 851
Sumpf-Dotterblume 120 – 121, 124, 126 – 127, 374, 380, 386, 388, 488 – 490, 493, 609, 613, 625, 629, 673, 702 – 703, 714 – 715, 735 – 736, 752 – 753, 763 – 764, 768 – 769, 781 – 782, 799, 807, 822 – 823, 859
Sumpf-Dreizack 86
Sumpffarn 464, 466
Sumpf-Haarstrang 92 – 93, 465, 468, 849
Sumpf-Herzblatt 57, 86, 102 – 103, 105, 107, 110, 113, 737, 799, 808
Sumpf-Hornklee 279 – 280, 365 – 366, 377 – 379, 382 – 383, 387, 389, 392, 714 – 715, 814 – 815, 846 – 847
Sumpf-Kratzdistel 107, 110, 362, 367, 371, 375, 379 – 380, 383, 386, 388 – 390, 465, 467, 702 – 703, 714 – 715, 763 – 764, 768 – 769, 781, 797 – 799, 807, 820, 849
Sumpf-Labkraut 371, 375, 465, 468
Sumpf-Läusekraut 86, 97, 99, 659, 783
Sumpf-Löwenzahn 783
Sumpf-Pfaffenöhrlein 102 – 103, 105, 107
Sumpf-Pippau 120, 122, 371, 375, 377 – 379, 381, 383, 386, 389, 392, 488, 490, 495, 625, 630, 776, 781
Sumpf-Schachtelhalm 105, 107, 362, 368, 379, 381, 389, 391, 714 – 715, 762 – 763, 808, 850 – 851
Sumpf-Schafgarbe 362 – 363
Sumpf-Stendelwurz 102 – 103, 105 – 106, 788 – 789
Sumpf-Veilchen 96 – 98, 279 – 280, 762 – 763
Sumpf-Vergissmeinnicht 120, 122, 365, 367, 372, 375, 379, 381, 383, 387, 389 – 390, 714 – 715, 736, 768 – 769, 814 – 815
Sumpf-Weidenröschen 96 – 97, 99, 371, 374
Süsse Wolfsmilch 616, 621, 860 – 861

Süsser Tragant 413 – 414, 421 – 423, 756, 758
Süssgräser 709, 799
Süssklee 191, 193, 215 – 216, 691 – 692, 709 – 710, 770

T

Tal- und Bergfettwiesen 376, 714
Talfettweide 329
Talfettwiese 328 – 329, 331, 777, 791, 801, 805
Tamariske 459
Tanne 478, 480 – 481, 482 – 483, 485 – 486, 488 – 490, 491, 497, 502, 505, 507, 509, 577 – 578, 581, 583, 587, 591 – 592, 595 – 599, 607, 718, 764, 775, 784, 833, 837 – 838, 840
Tannenbärlapp 244 – 245, 254, 257, 259, 261, 477 – 478, 505, 507, 515, 677, 722 – 723
Tannen-Buchenwald 470, 476, 481, 526, 568, 581, 591, 595 – 603, 733, 837 – 838
Tannen-Fichtenwald 476, 478, 480 – 481
Tannenzweig 481
Täschelkrautflur 158, 164, 707, 708, 747
Täschelkrauthalde 67 – 68, 70, 155, 160 – 163, 681, 711
Täschelkraut-Kalkschuttfluren 70, 155
Taube Trespe 634
Tauben-Skabiose 864
Tauben-Storchschnabel 634 – 635, 854
Thals Klee 354 – 356, 360, 689, 772
Thermophile Saumgesellschaften 413 – 414, 416 – 417, 758
Tollkirsche 431 – 432
Tollkirschen-Waldlichtungsfluren 426, 431 – 434
Torfmoos 48, 87 – 91, 93, 97 – 98, 467, 484, 516
Torfmoos-Bergföhrenwald 48, 74, 77, 471, 476, 521 – 522, 538 – 539, 540 – 542, 544, 557, 659 – 661, 663 – 664, 678 – 679, 754, 779, 823 – 825
Torfmoosbulten-Gesellschaft 80 – 81
Torfmoose 74, 78, 80 – 82, 84, 92, 465, 484 – 485, 514, 517, 521 – 522, 539, 542 – 544, 546, 561, 742 – 743, 779, 782, 784, 793, 819, 823, 849
Torfmoos-Fichtenwald 476, 521 – 523, 539, 544, 659 – 660, 793, 824
Torf-Segge 91 – 92, 823 – 825
Tormentill 82, 84, 249 – 250, 304
Tozzie 395 – 396, 402, 405
Trauben-Holunder 435, 437 – 438
Traubenkirsche 605, 616, 622
Trauben-Steinbrech 138, 141 – 142, 144, 147, 200, 202, 209, 211, 226, 229, 687 – 688, 748 – 749, 811 – 812, 843 – 844
Trauer-Segge 683
Traunsteiners Knabenkraut 86 – 97, 99
Triglav-Pippau 70, 158 – 159, 161 – 162, 698
Trittflur 647, 853, 857
Trittpflanzen-Gesellschaften 647
Trocken- und Halbtrockenrasen 284 – 285
Trockene Magerweide 789
Trockenwarme Gebüsche 451

Trollblume 52, 105, 108, 313, 329, 332, 347, 352, 361–362, 372, 376, 379–380, 383, 387, 389, 392, 702, 714–715, 727, 735–736, 762–764, 768–769, 797–799, 807, 822–823

Trollblumen-Bachkratzdistelwiese 313, 379–382

Tümpel 863

Türkenbund 166, 168, 572–573, 693, 711–712, 745, 747, 793–794

U

Übergangs-Goldhaferwiese 331

Übergangsmoore 48, 74, 77, 85, 91–92, 104, 658, 735, 782, 787, 819–820, 822, 825, 849

Uferbestockung 442, 445–449

Ufergehölze 441

Ufervegetation 813

Ulmen-Eschen-Auenwald 569, 614

Umbruchwiese 331

Unkrautflur 853

V

Venus-Frauenspiegel 640–641

Venuskamm 640–641

Veränderliches Starknervmoos 117, 129–131, 133

Verschiedenblättrige Platterbse 413–414, 416, 756–757

Vielblütige Hainsimse 265–266

Vielblütiges Salomonssiegel 572, 575, 579–580, 583, 587, 616, 623

Vielgestaltiges Berufkraut 191, 193, 200, 203, 745, 747

Vielsamiger Gänsefuss 642–643, 652

Vielstängeliges Fingerkraut 138

Vielstängeliges Sandkraut 70, 158, 160

Vierblättrige Einbeere 490, 492, 497, 502, 507, 509, 572–573, 598, 616, 602, 731, 838–839

Vierflügeliges Johanniskraut 371–373

Viersamige Wicke 640, 641

Villars' Berg-Hahnenfuss 268–270, 273

Villars Kälberkropf 237–238, 397, 402–403, 675, 710–711

Villars Wurmfarn 664–665

Violetter Schwingel 213–215, 218

Virginische Kresse 634–635

Vogelbeerbaum 243–245, 436–437, 439, 478, 481–483, 485–486, 488, 490, 492, 497, 501, 505, 507–508, 532, 557, 583, 587, 591, 593, 595, 609, 613, 718, 765, 776, 784, 793, 823, 825–826, 833–834, 837–838, 840

Vogelmiere 341, 344, 642–643

Vogel-Wicke 314–315, 320, 323, 333, 335, 365, 369, 420–422, 424, 807

Voralpen-Kreuzblume 191, 195, 300, 306, 347–348, 700, 810

Voralpen-Täschelkraut 329–330, 333, 336

Vorwaldgesellschaft 426, 436–437

W

Wald-Bärlapp 477, 483, 485, 487, 505–507, 511, 515, 539, 542, 718–719, 765, 784

Wald-Bingelkraut 572, 574, 591, 594, 598–599, 616, 623, 625, 627, 840–841, 860–861, 867

Waldbinse 372, 377, 383, 389

Wald-Borstendolde 649

Wälder 74, 312, 650, 845

Wald-Erdbeere 421–424, 427, 431, 433, 490, 494, 507, 511, 625, 627, 739, 774–775

Wald-Frauenfarn 485, 487, 490–491, 496–497, 500, 507, 511, 583–584, 586, 589, 595–598, 600, 609, 613, 718, 734, 793, 795, 838–839

Wald-Geissbart 479–480, 572, 574, 583, 585, 589, 591, 593, 840, 842

Waldgerste 479–480, 577–578, 597–598, 603, 804–805, 838–839

Waldgesellschaften 478, 481, 488, 498, 566, 568–569, 580, 595, 598, 669, 788, 832

Wald-Habichtskraut 485–486, 490, 492, 497, 501, 507, 511, 579–580, 597–598, 600, 742, 793, 795, 838–839

Wald-Hainsimse 237, 240, 243–244, 247, 249–250, 254–255, 479, 485, 487, 497, 503, 507, 510, 515, 517, 519, 526, 557, 586, 595, 598, 600, 718–719, 751

Waldhirse 572, 574, 579–581, 583–584, 587, 832–833

Waldhirsen-Buchenwald 567–568, 581–583, 585, 587–589, 832–833, 835–836

Wald-Läusekraut 762–763

Waldlichtungsflur 425–426, 774–775

Waldlichtungsgebüsche 426, 435, 438–439

Waldmeister 505, 579

Waldmeister-Buchenwald 581, 860

Waldmoor-Läusekraut 279–280, 659, 727–728, 822–823

Wald-Nabelmiere 570

Waldnahe Staudenfluren und Gebüsche 393

Wald-Platterbse 413–414, 650–651, 857–858

Waldquellfluren 117

Waldrebe 866

Waldried 372, 375, 377–378, 383, 386, 388–389, 390

Waldriedwiese 388

Wald-Ruhrkraut 270, 278, 427–428, 430, 774–775

Wald-Sauerklee 437–438, 481–482, 484–486, 488, 490–491, 497, 499, 506–507, 510, 579, 583, 588, 597–599, 609, 612, 718, 765–766, 784–785, 833, 838–839

Wald-Schachtelhalm 488–491, 497, 605–606, 775–776

Waldschaumkrautflur 117, 126–128, 333, 335, 356, 359, 379, 381, 804–805

Wald-Schlüsselblume 490, 494, 497, 499, 507, 509, 572–573, 585, 598, 602, 609–610, 616, 621, 625, 627, 714–715, 732, 736, 763–764, 860, 862, 867

Wald-Schmiele 244, 248, 259, 485, 497, 517, 544, 774–775

Wald-Schwingel 479–480, 577–578, 583–584, 589, 595, 597–598, 603, 838–839

Waldschwingel-Tannen-Buchenwald 568, 595

Wald-Segge 345–346, 349, 431–432, 497, 503, 570, 579, 583, 585, 588, 609, 611

Waldsimse 372, 377–378, 383, 388–390

Waldsimsenwiese 313, 388, 390–392

Wald-Springkraut 120–121, 126–127, 431–432, 572, 574, 585, 605, 608–609, 613, 616, 619, 731, 804, 834

Wald-Sternmiere 400

Wald-Storchschnabel 215, 217, 237–238, 244, 247, 328–330, 332–334, 383–384, 387, 395–396, 399, 402, 404, 598, 602, 625, 710–713, 759, 777, 791–792, 796

Wald-Veilchen 572–573, 576, 583–584, 587, 598–599, 616, 620, 860, 862

Wald-Vergissmeinnicht 333–334, 427–429, 774–775, 805–806

Waldvögelein 590

Wald-Wachtelweizen 477, 502, 507, 511, 515, 517, 519, 532, 537, 552, 555, 557, 742–743, 793, 795

Wald-Weidenröschen 426–428, 430, 437–438, 774, 842

Wald-Wicke 415, 418, 421, 423, 758

Waldwicken-Schleier 413, 421, 423–424

Wald-Witwenblume 215, 218, 220–221, 415, 418, 422, 424, 490, 495, 497, 501, 591, 593, 625, 630, 732–733, 758, 867–868

Waldwitwenblumen-Saum 413, 422

Wald-Ziest 431–432, 572–573, 581, 585, 595, 597–599, 605, 609, 611, 616, 619, 626, 628, 803–804, 833–834, 838–839

Wald-Zwenke 431, 433, 570, 579–580, 591–592, 616, 618, 731, 840–841, 860, 862

Wander-Ehrenpreis 642, 645

Wärmeliebende Raugras-Kalkschuttfluren 155, 169

Wärmeliebende Saumgesellschaften 745, 756

Wärmeliebender Krautsaum 650

Wasserdost 126–127, 371, 374, 431, 434

Wasser-Greiskraut 377–378

Wasser-Minze 373

Wasserpfeffer-Knöterich 126, 128

Wechselblättriges Milzkraut 118–121, 126, 128, 605–606, 609, 612, 625, 627, 734, 859, 867

Weg-Rauke 634, 854

Wegwarte 637–638, 855

Weiche Trespe 317, 320, 326

Weiches Honiggras 428–429

Weide 310–311, 339, 437, 446, 458, 465, 607, 648, 672, 706, 709, 732, 744, 768, 771–772, 789, 825, 845, 862

Weidegesellschaften 339

Weiden-Auengehölze 455–457

Weidenblättriges Rindsauge 170, 414–416, 532, 756–757

Weidengebüsch 466, 624, 761
Weidenröschen-Waldlichtungsflur 421, 428 – 430, 774
Weiss- oder Edeltanne 480, 485, 577
Weissblühende Felsenmispel 451
Weissdornarten 445
Weisse Berg-Narzisse 329, 331 – 333, 337, 815 – 816
Weisse Pestwurz 402, 405, 488 – 490, 495, 497, 502, 507 – 508, 577 – 578, 607, 609, 611, 625, 629, 732 – 734, 765 – 766, 776, 793 – 794
Weisse Schnabelbinse 87 – 88, 90, 819, 825
Weisse Segge 614, 616, 620, 860 – 861
Weisse Sumpfwurz 105
Weisse Waldnelke 636 – 637, 652
Weisser Eisenhutblättriger Hahnenfuss 379
Weisser Gänsefuss 642 – 643
Weisser Germer 109 – 110, 401, 406 – 408, 410, 489 – 490, 495, 497, 503, 679, 694, 797 – 798
Weisser Honigklee 637 – 638, 652, 855 – 856
Weisser Mauerpfeffer 170 – 171, 789, 791, 811 – 812
Weisses Breitkölbchen 783, 797 – 799
Weisses Labkraut 421, 423
Weisses Waldvögelein 577, 578, 591, 593, 831, 832
Weisses Wiesen-Labkraut 419, 437
Weisses Zweiblatt 799
Weissfilzige Alpenscharte 249, 675 – 676
Weiss-Klee 801
Weissliche Brombeere 437 – 438, 446 – 447
Weissliche Hainsimse 428, 430, 577 – 578
Weisszunge 249 – 250, 268, 270, 277, 674, 720 – 721, 773, 808 – 809
Wenigblütige Segge 79 – 82, 84, 658
Wenigblütiges Sumpfried 102 – 103, 105, 109
Westlicher Alpen-Mohn 45, 67 – 68, 70, 158 – 162, 707 – 708
Wiesen- und Weiden-Gesellschaften 313
Wiesen-Augentrost 314, 333, 335, 346, 350, 797 – 798, 810 – 811
Wiesen-Bärenklau 316, 320, 325, 333, 335, 341, 343 – 344, 383, 385, 801 – 802
Wiesen-Bocksbart 292, 295, 316, 327, 791, 807
Wiesen-Ferkelkraut 325, 712
Wiesen-Flaumhafer 325
Wiesen-Flockenblume 381, 807
Wiesen-Fuchsschwanz 314, 317, 320 – 321, 324, 328, 379, 382 – 383, 386, 712 – 713, 785, 801 – 802
Wiesen-Glockenblume 318, 320, 322, 785 – 786
Wiesen-Hornklee 341 – 342, 365, 367
Wiesen-Kammgras 785
Wiesen-Kerbel 316 – 317, 320 – 321, 324, 333, 338, 801 – 802
Wiesen-Knäuelgras 369, 424, 638 – 639, 785, 801 – 802
Wiesen-Labkraut 318 – 320, 325, 438
Wiesen-Lieschgras 339 – 340

Wiesen-Margerite 791 – 792, 799, 807, 830 – 831, 862 – 863
Wiesen-Pippau 318 – 320, 322, 328, 333, 336, 638 – 639, 777, 785, 792, 805 – 806
Wiesen-Platterbse 314 – 315, 320, 325, 333, 338, 365, 369, 379, 381, 383, 386, 420 – 422, 424, 805 – 806, 850 – 851
Wiesen-Rispengras 314 – 315, 320, 326, 365, 369
Wiesen-Salbei 285 – 286, 292 – 293, 296, 791, 831 – 832, 864
Wiesen-Sauerampfer 314 – 315, 318 – 320, 322, 328, 333, 338, 341, 344, 365, 368, 383, 387, 389, 391, 712 – 713, 785 – 786
Wiesen-Schaumkraut 314, 318 – 321, 324, 333, 335, 379 – 380, 383, 385, 389, 391, 777, 785, 801 – 802
Wiesen-Schwingel 314, 317, 320, 327, 333, 336, 345 – 346, 348, 785, 801 – 802
Wiesen-Wachtelweizen 539, 542, 544 – 545, 783 – 784
Wiesen-Zweiblatt 105
Wilde Brustwurz 362 – 363, 366, 371, 374, 421 – 423, 609, 611, 616, 625, 629, 850 – 851, 867 – 868
Wilde Karde 636 – 637, 855
Wilde Malve 636, 855
Wilde Möhre 292, 298, 637 – 638
Wilde Sumpfkresse 647
Wilder Lattich 634, 854
Wilder Rhabarber 407
Wildes Täschelkraut 329 – 330, 333, 336
Wimpernalpenrosen-Schneeheide-Gesellschaften 234 – 235
Windecken-Gesellschaften 221
Windheide 249, 253, 258
Winkelseggen-Waldquell-Gesellschaft 117
Winter-Linde 809
Winter-Schachtelhalm 605 – 606
Wirbeldost 170, 413, 420 – 421, 650 – 651, 756 – 757, 789 – 790
Wirtschaftsgrünland 312
Wirtschaftswiesen 361
Wohlriechende Handwurz 200, 204, 220, 550, 552 – 553, 672 – 673, 745, 747, 850 – 851
Wollgräser 85, 713, 735, 737, 796
Wollgras-Rasenbinsen-Gesellschaft 82 – 83, 779
Wolliger Hahnenfuss 126 – 127, 422, 424, 490, 494, 497, 499, 572, 574, 595, 597 – 598, 602, 609, 613, 734 – 735, 793 – 794, 804 – 805
Wolliger Schneeball 446, 449, 451 – 452, 454, 591 – 592, 616, 618, 731, 760 – 761, 840 – 841, 865 – 866
Wolliges Honiggras 314, 317, 320, 326, 333, 338, 341, 343, 379, 382 – 383, 387, 389, 392, 805 – 806
Wolliges Reitgras 243 – 245, 249, 515, 517, 519, 726
Wurmflechte 259, 677
Wurzelnder Hahnenfuss 497, 503

Z

Zarte Binse 646 – 647
Zarter Ehrenpreis 356, 360, 408 – 409

Zarter Enzian 224 – 227, 683
Zartes Straussgras 270, 276, 398 – 399
Zaun-Wicke 320, 324, 333, 337, 420 – 421, 423, 649, 805 – 806
Zaun-Winde 371, 375
Zerbrechlicher Blasenfarn 144, 147 – 149, 166, 169, 507, 513, 747 – 748
Zierliches Wollgras 796 – 797
Zimbelkraut 148
Zittergras 301, 309, 320, 327, 341, 344, 346, 351
Zittermoos 658
Zitter-Pappel 436 – 438, 459, 545, 821, 862 – 863
Zottiger Klappertopf 292, 294, 320, 323, 332 – 334, 777, 791 – 792, 796, 830 – 831
Zottiges Habichtskraut 196, 198, 200, 204, 667, 748 – 749
Zottiges Weidenröschen 370 – 371, 373
Zurückgekrümmter Amarant 634 – 635
Zusammengedrückte Binse 646 – 647
Zwei- bis mehrjährige Ruderalgesellschaften 636
Zweiblatt-Eschenmischwald 569, 614 – 615
Zweiblättrige Schattenblume 479, 483, 485, 487, 497, 502, 507, 509, 595, 598, 603
Zweigriffeliger Weissdorn 443 – 444, 446 – 447
Zweihäusige Segge 86, 102, 105, 108
Zweijährige Nachtkerze 638
Zweizeiliger Goldhafer 698
Zweizeiliger Grannenhafer 164 – 165
Zwerg-Augentrost 270, 273
Zwergbuchs 532, 534, 669 – 670
Zwergbuchs-Fichtenwald 54, 476, 505, 514 – 515, 531 – 537, 557, 669 – 670
Zwerg-Fingerkraut 181 – 182, 185, 187, 666, 698 – 699
Zwerg-Gänsekresse 138 – 139, 141, 687
Zwerg-Holunder 431, 433, 834
Zwerg-Kreuzdorn 138, 141, 144, 146, 748 – 749, 760
Zwerg-Liebstock 224 – 226, 230
Zwerg-Miere 683 – 684
Zwergmispel 235, 237 – 238, 532, 536, 557, 560
Zwergorchis 65, 209, 211, 226, 229, 667, 684, 685
Zwerg-Ruhrkraut 176 – 180, 690, 697 – 698
Zwergsträucher 532, 549, 706, 719, 724, 729
Zwergstrauch-Gesellschaften 242, 249
Zwergstrauchheide 231, 234, 241, 253, 259, 264, 266, 353, 549, 675 – 677, 679, 721, 724 – 725
Zwerg-Wacholder 235, 237, 240, 243 – 244, 247 – 249, 252, 254 – 255, 266, 477 – 478, 557 – 558, 664, 675, 719 – 720, 725 – 726, 752
Zwergwacholder-Bärentraubenheide 234, 244, 248, 250 – 252
Zwischenmoore 77, 85, 91, 825
Zwittrige Krähenbeere 241, 244, 247, 253 – 254, 256, 260, 722 – 723
Zypressen-Wolfsmilch 170 – 171, 285 – 286

Viel Freude mit der
Pflanzenwelt im
Entlebuch wünscht Ihnen

Franz Portmann